中国华电集团有限公司 编

华电研究与探索

——优秀研究成果集

（2021年）

Research and Exploration
by China Huadian Corporation Ltd.

中国电力出版社
CHINA ELECTRIC POWER PRESS

图书在版编目（CIP）数据

华电研究与探索．优秀研究成果集：2021 年/中国华电集团有限公司编．—北京：中国电力出版社，2023.12
ISBN 978-7-5198-8504-5

Ⅰ．①华…　Ⅱ．①中…　Ⅲ．①电力工业－工业企业管理－中国－文集　Ⅳ．①F426.61-53

中国国家版本馆 CIP 数据核字（2023）第 256181 号

出版发行：中国电力出版社
地　　址：北京市东城区北京站西街 19 号（邮政编码 100005）
网　　址：http://www.cepp.sgcc.com.cn
责任编辑：刘汝青　闫柏杞
责任校对：黄　蓓　郝军燕　于　维
装帧设计：赵姗姗
责任印制：吴　迪

印　　刷：固安县铭成印刷有限公司
版　　次：2023 年 12 月第一版
印　　次：2023 年 12 月北京第一次印刷
开　　本：787 毫米×1092 毫米　16 开本
印　　张：34.25
字　　数：648 千字
印　　数：0001—1000 册
定　　价：98.00 元

《华电研究与探索——优秀研究成果集（2021年）》编委会

前　言

政策研究是一项富有意义的工作，对于把握政策、服务决策、解决问题、推动发展具有重要作用。2021 年以来，中国华电集团有限公司（以下简称“中国华电”）组织总部各部门、系统各单位，紧紧围绕贯彻落实党中央、国务院决策部署，紧紧围绕推动实施公司“五三六战略”，紧紧围绕企业生产经营改革发展中的重点、热点、难点问题，深入调研论证、认真分析研究，去粗取精、抽象凝炼，形成了一批具有较高质量和研究水平的成果。为了促进优秀政策研究成果的交流、推广和应用，中国华电办公室组织编辑了《华电研究与探索——优秀研究成果集（2021 年）》。该成果集收录了公司系统 40 项优秀政策研究成果，这些成果紧扣当前国内国际能源电力新形势新变化，紧扣中国华电战略部署和重点任务，紧扣企业生产经营和改革发展实际，对有关政策作了认真研究，对政策机遇和挑战作了深入解读，对自身优势和不足作了具体剖析，在此基础上提出务实可行的意见和建议，为企业战略实施、绿色发展、提质增效、改革创新、完善管理等提供了有益探索和思路方法。

中国华电正立足新发展阶段，完整、准确、全面贯彻新发展理念，服务和融入新发展格局，加快推动高质量发展，加快创建具有全球竞争力的世界一流能源企业。在碳达峰碳中和、构建新型电力系统的大背景下，能源电力行业面临新的机遇和挑战，肩负重大职责使命，一系列政策要求陆续出台，对政策研究工作提出了新的更高要求。坚持问题导向、目标导向、结果导向，进一步加强政策研究工作，有针对性地开展调查研究，创造性地提出具有决策辅助价值的意见和建议，有利于更好地把握和争取政策，有利于更好地助推企业高质量发展和做强做优做大。

善于在工作中研究、在研究中工作，是做好工作的重要方法论。政策研究是一个厚积薄发的过程，可以说是对脑力、笔力、脚力、定力的综合考验，需要“板凳要坐十年冷，文章不写一句空”的韧劲和执着，需要忠诚担当、勇于探索的精神品格。研究者应该用心专一、倾情投入，方能推出高质量成果，提出创造性建议，增强针对性和实效性，从而更好地服务决策、推动发展，实现政策研究的初衷。

本书编委会

2022 年 9 月

目　录

前言

▶ 氢能产业研究及集团公司氢能发展的建议
中国华电集团有限公司战略规划部、中国华电科工集团有限公司
乌兰陶克　宋　宁　罗　臻　魏国庆　刘广宇　白建明　裴　珏
王　昕　刘海锋　单小勇 ………………………………………………… 1

▶ 火电机组灵活性改造的政策导向及趋势
华电电力科学研究院有限公司　孙海峰　徐鹏志　王兴合　胡志勇
张鹏威　陈军华　何建乐　刘法志　陈广伟 ………………………………24

▶ 关于新型储能产业发展的政策研究
中国华电集团有限公司战略规划部、中国华电科工集团有限公司
乌兰陶克　袁玉琪　罗　臻　刘广宇　魏国庆　叶　骏　梁启广
李艳红　李俊飞　王兴兴 …………………………………………………48

▶ 中国华电集团碳达峰碳中和实施路径研究
中国华电集团有限公司科技信息部、华电电力科学研究院有限公司
曲金星　刘亦芳　郭　振　孙友源　王　静　解婷婷　韩学义
朱德臣　邹晓辉　何　胜 …………………………………………………74

▶ 我国新能源参与电力市场机制研究
中国华电集团有限公司市场营销部、中国华电集团有限公司甘肃分公司
解宏松　瞿　萍　徐　征　郝　浩　周保中　雒雷雷　赵浩林　李　艳
吴思翰　刘　谧 ……………………………………………………………87

▶ 推进“华电战略性清洁能源基地”建设对策研究
华电新疆发电有限公司 韩 嵩 田 亚 常家星 单子阳
白正广 吴 镝 李政光 缪卫贞 柳江山 齐 佶……………………………… 96

▶ 发电企业应对碳排放权交易的研究
中国华电集团有限公司山东分公司
姚 洪 赵训海 陈令强 崔 浩……………………………………………… 116

▶ 大型水风光清洁能源基地跨省跨区送电价格机制研究
贵州黔源电力股份有限公司 杨 焱 刘 华 赵 岩 张 琼
曾杨超 雷益川 孔 凯 周保中 吴巧玲 周畅游……………………… 135

▶ 风电光伏产业投资基金思考探索
中国华电科工集团有限公司、华电金泰（北京）投资基金管理有限公司
宋 新 王雨雷 王浩宇 吴 波 张嫘阁 杨瑞涵 门海鸥 赵书丰
闫 娜………………………………………………………………………… 158

▶ 集团公司创一流对标指标体系研究
中国华电集团有限公司企业管理与法律事务部
董全学 黄兴根 刘维成 郭 妍 叶楠楠……………………………… 172

▶ 关于集团公司数字化转型路径研究
中国华电集团有限公司科技信息部、国电南京自动化股份有限公司、
中国华电集团有限公司广东分公司、中国华电集团有限公司福建分公司、
华电新疆发电有限公司 赵晓东 王刚军 张 柯 张世超 杨乘胜
朱海东 冯佳峰 曹春兰 秦开敏 胡恩俊……………………………… 180

▶ “十四五”燃机发电市场化趋势及电价政策研究
中国华电集团有限公司市场营销部、华电电力科学研究院有限公司、
中国华电集团有限公司浙江公司、华电江苏能源有限公司、
中国华电集团有限公司天津分公司 赵 岩 吴巧玲
吴思翰 周保中 王建峰 夏 炜 张弘毅……………………………… 189

▶ 我国加入多双边经贸协议对能源行业及公司国际化发展的影响研究
中国华电集团有限公司国际业务部、华电电力科学研究院有限公司
叶德杰　耿克成　何亚晶　王泳涛　乔　阳　郭熙志　冯一铭
李昱曦　刘羽茜　王笑笑 ………………………………………………………… 200

▶ 低碳发展新形势下华电四川公司“双碳”目标分解与行动策划创新研究与应用
中国华电集团有限公司四川分公司　钟华富　周　达　赵金辉　刘　阳
唐　春　曾　科 …………………………………………………………………… 210

▶ 建设世界一流能源企业愿景下的知识管理体系研究
中国华电集团有限公司科技信息部、华电电力科学研究院有限公司
赵晓东　王刚军　张　柯　王　玥　王玉菲　张钟平　周保中
冯一铭　刘羽茜　李昱曦 ………………………………………………………… 227

▶ 基于企业文化定量的软实力评价研究
贵州乌江水电开发有限责任公司　杨雪涛　龚兰高　涂　勇　吴经纬……… 237

▶ 水库电站水光互补开发方案研究
中国华电集团有限公司四川分公司
杨奇臻　孟迪章　冯　威　唐晓波 …………………………………………… 250

▶ 新发展阶段传统火电企业践行碳达峰碳中和承诺的机遇与挑战
华电国际电力股份有限公司　刘灿起　解　尧　田　森
李　娜　于世秋 …………………………………………………………………… 268

▶ 华电发展综合能源智慧化服务的思考和建议
中国华电集团清洁能源有限公司　宋　伟　邢　政　车建炜
李　博　潘　赟　孙　利　邢金艳　程　笛　毛　曼　魏国庆……………… 288

▶ 电力辅助服务和并网运行营销策略研究
中国华电集团发电运营有限公司
肖黎明　王炜裕　陈　燕　易　腊 …………………………………………… 298

▶ “3060 双碳”政策背景下“光伏+”产业发展浅析
中国华电集团有限公司广东分公司
马永东　娄　祥　廖　韵　方天莉　贺　鼎　李世航……………………………311

▶ 以协同创新模式提升央企创新能力的研究
华电电力科学研究院有限公司　田　鑫　滕　斌　宁胜男　周　璐
张海珍　李振清　程思博　朱丹萍　冯一铭　李廷豪……………………………338

▶ 能源央企重大科技成果转化为导向的创新商业模式研究
华电电力科学研究院有限公司、中国华电集团有限公司浙江公司
太光复　刘　袖　杨　帆　潘永进　李勇辉　苏靖程　张宇龙
董　方　郭晨旭　屈江江……………………………………………………351

▶ 新形势下以融助产探索建立产融结合长效机制
中国华电集团资本控股有限公司
杨叶影　张越昕………………………………………………………………360

▶ 关于集团公司产业金融平台高质量发展的研究
中国华电集团有限公司财务资产部　曾龙平　吴学超　管庆佳
张　刚　周　进　陈　雳　黄建凯　郑　江　王雨雷……………………………375

▶ 煤炭产业采制化现状和智能化发展探索研究
中国华电集团有限公司煤炭产业部、华电电力科学研究院有限公司
王秀林　董建立　杨圣彬　包　军　高　为……………………………………383

▶ 创新打造一流自主可控品牌探索与研究——以华电“睿”系列为例
国电南京自动化股份有限公司
王凤蛟　温鹏举　霍　璐　孙新恩　温　丽……………………………………395

▶ 适应高质量发展的集团公司火电企业绿色发展评价体系研究构建与实践
华电电力科学研究院有限公司
王　静　孙友源　韩学义　朱德臣　刘亦芳　宋明光……………………………413

▶ 关于企业 IPO 阶段及上市后信息披露的内控机制研究
华电福新能源股份有限公司　黄永坚　张瑞君　李　红
张连清　王　安　尹　韬　张　珏　耿巧玲……………………………………… 426

▶ 提高巡视巡察整改质量有关问题的研究
华电能源股份有限公司　董凤亮　王新华　董衍良　张宏年…………………… 439

▶ “源网荷储一体化”开发模式的创新与实践
华电湖北发电有限公司　张首武　董　浩　蒋新红
吴　月　叶　亮　严丹霖　罗　娜　魏肖斌　熊肖宇………………………… 447

▶ 供热机组参与调峰辅助服务市场收益情况研究
中国华电集团有限公司河北分公司　毕立波　侯进峰　宋济洋
郑　涛　张淑君　连轶青　贾　朦　刘光宇　赵世峥　王晓鹏………………… 456

▶ 浮鹰岛海水抽蓄项目开发模式及配套政策研究
中国华电集团有限公司福建分公司　黄森炎　周家俊
陈　星　张建华　饶悌彬　李　娜　钱语眉　郑思捷………………………… 464

▶ 基于电力业务生态圈的综合能源服务智慧化发展问题研究
中国华电集团有限公司福建分公司　施加林　陈海凌　林怀州
卢荣奏　唐小强　陈骁骏　唐　成　吴梦琦　吴建华　游长杰………………… 476

▶ 新时代西藏可再生能源综合利用的现状研究及展望
华电西藏能源有限公司　程一书　林俊杰　母欢欢……………………………… 486

▶ 年轻干部选拔培养工作创新与实践
中国华电集团有限公司山东分公司
王正良　谢　明　姬　磊　杨玉振　陈　杰　高　扬………………………… 495

▶ 经理层成员任期制和契约化管理实践与探索
华电江苏能源有限公司　杨惠新　彭彤宇　杨　宏
杨少华　马文波　蔺　海……………………………………………………………… 504

▶ 煤炭产业碳达峰路径研究
中国华电集团有限公司煤炭产业部、华电电力科学研究院有限公司
董建立　李佩佩　杨圣彬　王兹尧　张翔宇　王　彤　汤效平
王光培　黄晓凡　张一帆……512

▶ 河南区域以地热供暖为主的综合能源服务实践与研究
中国华电集团有限公司河南分公司
范积立　侯冬慧　刘扬志　王建军……521

▶ 基于多场景应用的电储能系统集成及优化关键技术研究
中国华电集团有限公司浙江公司
盛华敏　丁　豪　程　刚　杨金星　邵　宁　单　然　许泽元……529

氢能产业研究及集团公司氢能发展的建议

中国华电集团有限公司战略规划部、中国华电科工集团有限公司

乌兰陶克　宋　宁　罗　臻　魏国庆　刘广宇　白建明　裴　珏
王　昕　刘海锋　单小勇

一、国内外氢能产业发展

根据国际氢能委员会（Hydrogen Council）预测，全球将从2030年开始大规模利用氢能，2040年氢能将承担全球终端能源消费量的18%，2050年氢能利用可使全球二氧化碳排放量降低20%，氢能在未来能源结构中将发挥举足轻重的作用。

（一）国外氢能产业发展

1. 主要国家氢能发展

全球共有20多个国家和地区发布了氢能发展规划或路线图，日本、美国、欧盟、韩国等在氢能及燃料电池发展方面走在世界前列，积极探索国家氢能发展定位，制定产业政策，促进技术进步，引领产业发展。各国在氢能产业技术应用方面有所成就，在减少碳排放、能源安全、促进经济增长等的背景下，汽车市场对于以氢能源为代表的燃料电池汽车需求逐渐增多。

（1）日本致力于建设“氢能社会”。日本政府承诺2030年、2050年温室气体排放量较2013年分别削减26%、80%，提出“成为全球第一个实现氢能社会的国家”，改变能源结构和消费方式。对内将氢能作为核心二次能源，提升能源安全，与可再生能源协同发展，构建零碳社会；对外通过开拓氢能及燃料电池市场，助力经济发展，引领全球氢能及燃料电池技术发展。

政府导向明确，政策逐步完善。受福岛核泄漏事故影响，日本提前加速“氢能社会”建设步伐。2013年，研究制定《氢能及燃料电池战略路线图》，全面阐述了日本氢能源政策、技术和发展方向，制定氢能源研发推广时间表，并于2016年3月和

2019 年 3 月，对路线图进行两次修订，细化成本目标及措施，将削减成本作为氢能推广应用的重点。

实现燃料电池车和家用热电联供系统的大规模商业化推广。日本氢能及燃料电池技术专利数量全球第一，丰田 2014 年 Mirai 燃料电池车电堆最大输出功率 114kW，可在–30℃启动，一次加氢只需 3min，续航超过 500km，全球累计销售约 7000 辆。同时，家用燃料电池的销量稳步增长，截至 2021 年 4 月，累计安装 30.5 万套。2017 年，日本在神户港建成世界首个氢热电联产项目，装机 1MW。

截至 2021 年上半年，日本在建及运营加氢站 167 座，燃料电池乘用车 6119 辆，燃料电池商用车 100 余辆（1 辆商用车加氢量相当于 30 辆乘用车）。计划到 2025 年和 2030 年，加氢站分别达到 320 座和 900 座，燃料电池乘用车达到 20 万辆和 80 万辆，2040 年实现燃料电池车普及。

（2）美国将氢能作为先进技术进行战略投资。美国是最早将氢能及燃料电池作为能源战略的国家。2018 年，美国宣布 10 月 8 日为国家氢能及燃料电池纪念日。

美国重视对战略性新兴技术的占领，各届政府将氢能及燃料电池作为先进技术进行战略投资，确保其技术经济领先地位。拜登政府认为氢能是“未来技术”，鼓励发展氢能汽车，提议可将目前的天然气和石油管道改为运送氢气，2035 年实现碳中和，预计到 2025 年，将创造至少 1.8 万个就业岗位。

美国在氢能及燃料电池领域拥有的专利数量仅次于日本，尤其在全球质子交换膜燃料电池、燃料电池系统、车载储氢三大领域技术专利数量上，两国的技术占比总和均超过 50%。

根据燃料电池和氢能源协会研究，目前美国氢气年需求量约 1100 万 t，投入运营的氢燃料电池动力叉车超过 3 万辆；预计到 2025 年，氢气年需求量将达到 1300 万 t，氢燃料电池叉车约 12.5 万辆；到 2050 年，氢气年需求量将增至 4100 万 t/年，将占美国能源需求量的 14%，每年将创造约 7500 亿美元的经济规模，提供 340 万个工作岗位。

（3）欧盟发展氢能应对能源挑战和气候变化。欧盟利用氢能助力低碳能源转型。欧盟积极向脱碳能源系统转型，认为氢能不仅是交通和工业等领域理想的低碳替代能源，还可大规模消纳可再生能源，在促进可再生能源发展的政策文件中均提及支持氢能及燃料电池。在欧盟能源体系长期脱碳过程中发挥重要作用，是能源安全及能源转型的重要保障。

在欧盟燃料电池和氢能联合组织的支持下，截至 2018 年底，巴黎、伦敦和汉堡等城市约有 1080 辆燃料电池乘用车运行，并且同步加快基础设施建设，围绕公路主干道

建设加氢站，目前在运加氢站 152 座，计划 2050 年达到 3.3 万座。欧盟还积极拓展燃料电池应用方式，氢燃料电池自行车、火车已在法国和德国等地投入运营。

2020 年 7 月，欧盟委员会推出欧盟氢能战略，将“绿氢”作为欧盟未来发展的重点，并联合相关企业、民间机构、投资银行等共同成立了“清洁氢能联盟”，旨在为氢能提供投资，推动相关技术合作。为充分利用氢能脱碳减排，欧盟非常重视氢能在燃料电池以外其他领域的应用，如建筑供热供电、工业原料、燃气轮机发电等，促进微型家用氢燃料电池热电联供装置的销售，德国对单套装置最高补贴 2.8 万欧元，已累计安装 1 万台微型家用氢燃料电池热电联供装置，计划到 2040 年将安装超过 250 万套。

目前，欧盟在氢气制取、储运等供应链技术全球领先，拥有 1500km 的专用输氢管道，率先开展了可再生能源制氢并掺入天然气管网的商业示范运营，计划利用可再生能源和氢能协同发展，实现在工业领域脱碳减排。

欧盟燃料电池和氢能联合组织预计，到 2050 年欧洲氢能发电总量将达到 2.25 万亿 kWh，占欧盟能源需求总量的 1/4，氢能生产及相关设备的产值将达到 8200 亿欧元，氢能行业可提供 540 万个高技能就业岗位，碳排放量将减少约 5.6 亿 t，公路交通氮氧化物排放将减少 15%。

（4）韩国将氢能确定为未来的战略投资之一。近年来，韩国密集出台政策追赶领先国家。2018 年将氢能产业列为战略投资方向之一，计划 5 年内投入 2.5 万亿韩元。2019 年发布《氢能经济发展路线图》，提出氢经济“准备期、发展期和引领期”三步走战略，明确氢气生产、储运、加氢站建设、氢能利用和安全等领域在不同发展阶段的目标和任务，提出在 2030 年进入氢能社会，率先成为世界氢经济领导者。

出台多项鼓励政策，加速燃料电池在交通和发电领域的推广应用。2018 年开始在首尔、蔚山示范运行燃料电池公交车，每辆车补贴约 2 亿韩元。为加速基础设施建设，政府对每座加氢站提供 30 亿韩元的建设补贴和 66%的运营补贴，减免加氢站国有土地 50%租赁费，对民营加氢站建设提供长期低息贷款。

2020 年，全球共销售氢燃料电池汽车 9006 辆，其中韩国氢燃料电池汽车销售 5823 辆，占全球销量的 65%。截至 2020 年底，韩国氢燃料电池车 10906 辆，占全球的 33.5%，成为世界第一；运营加氢站 55 座。2022 年韩国将投入 1.3 万亿韩元，计划到 2030 年和 2050 年，可再生能源制氢量分别达到 100 万 t 和 500 万 t。

2. 国外大型企业氢能实践

氢能市场潜力巨大，各国包括能源、气体生产、汽车制造等领域相关企业加大对氢气的制取、储运、加注、燃料电池等氢能利用全产业链的研发，希望通过发展氢能来解决能源安全问题，并占据能源领域的制高点。

英国石油公司（BP）制氢和汽车加氢站运营经验丰富。BP拥有超过40年的制氢经验和超过10年的加氢站运营经验，包括同戴姆勒克莱斯勒公司、福特公司合作研究先进燃料电池技术，与北京清能华通公司在北京建成中国第一座固定车用加氢示范站——北京永丰加氢站，目前由亿华通运营。

法国电力集团（EDF）在氢能利用的研发领域已超过15年，利用可再生能源电解水制氢，并负责为工业和移动客户提供“氢能解决方案”。2018年6月，EDF投资1800万美元收购氢气生产、储存和配送设备的领先供应商McPhy 21.7%股份（McPhy成立于2008年，是法国氢能基础设施初创企业之一，可提供包括电解槽、加氢站和储存设施等氢能解决方案，在法国、意大利、德国拥有三个研发生产中心）。目前，EDF在法国、比利时、德国和英国规划了约40个氢能利用项目。

法国液化空气集团（Air Liquide）是世界领先的工业气体生产和服务公司，在氢气（液氢）生产、加氢站基础设施建设运营方面拥有丰富的技术和经验，已在全球建设了近120座加氢站，是国际氢能理事会的创始企业和轮值主席。目前，法液空和中石化已合资成立了三家工业气体公司，以发挥法液空在氢气制、储、运、加全产业链的专业经验，为中国发展氢能及燃料电池提供有竞争力的氢气供应方案。

荷兰壳牌（Shell）在氢能领域全面发力。2016年，壳牌与川崎重工签署协议，合作开发液氢运输船；壳牌还与日本岩谷产业、日本电源开发公司合作，将澳大利亚丰富的低质褐煤转化为氢气，液化后船运至日本。2017年2月，壳牌与丰田正式达成合作协议，在加利福尼亚州建设7座加氢站，计划2024年增加至100座。2020年，壳牌在张家口投资约5.8亿元，建设1个可再生能源制氢厂、3个加氢站，一期年产氢量近3000t，可满足400多辆氢燃料电池公交车的需要，将为2022年冬奥会提供有力能源保障。

东京电力公司氢能布局侧重于制氢。2019年3月开始在东京电力公司部分热电厂中建造氢能站，生产氢燃料。

韩国SK集团2021年初以约16亿美元收购美国普拉格能源约9.9%股份，成为普拉格单一最大股东。普拉格能源作为全球氢能领军企业，拥有电解槽、液化、储运、氢燃料电池等氢能全产业链核心技术。目前，正筹备在韩国投资生产PEM电解槽/燃料电池，计划2024年建成投产。此外，SK在保宁LNG接收站推进天然气重整制氢项目，计划到2025年，年供应25万t氢气。

（二）国内氢能产业发展

中国政府高度重视氢能及燃料电池的发展，2019年将“推进加氢设施建设”写入政府工作报告，引导并鼓励氢能及燃料电池产业发展。目前，全国已形成以北上广为

中心的长三角、珠三角、京津冀等氢能产业集群。

1. 具有丰富的氢能供给经验和产业基础

氢能产业发展有基础有潜力，氢气产量和储氢材料产销量世界第一。我国以化石能源制氢和工业副产氢回收的生产，以及非能源利用的“氢气产业”已有相当规模。据中国煤炭工业协会数据统计，2012—2020年中国氢气产量呈稳步增长趋势，氢气年产量从1600万t增加到2500万t，是世界第一大产氢国家。其中，中石化和国家能源是国内氢气产量最大的两家企业。2020年，中石化氢气年产量350万t，占全国氢气产量的14%；国家能源年氢气产量400万t，占16%。2020年，我国金属储氢材料产销量已超过日本，成为世界最大储氢材料产销国。

我国氢燃料电池车产销量及加氢站数量也居世界前列。据中国汽车工业协会统计，2020年中国氢燃料电池汽车销售1177辆，居全球第二；建成投运加氢站69座，居全球第三。

初步掌握了产业链的核心技术，包括氢气制备、储运、加注，以及燃料电池电堆与关键材料、动力系统与核心部件、整车集成等，近年来我国氢能利用技术研发能力有了相当提高。自2015年以来，国内氢能源专利申请数量迅速攀升。根据2020上半年全球氢能产业发明专利排行榜（TOP100），入榜的全球前100名企业中，中石化氢能产业发明专利申请数量以434件专利位居第一，远高于其他企业。入榜的前100名企业中，中国占45%，日本占15%，美国占13%。

为推进氢能技术发展及产业化，2018—2020年，国家重点研发计划启动“可再生能源与氢能技术”专项。其中，科技部通过“可再生能源与氢能技术”重点专项部署了27个氢能研发项目，研发经费投入约5亿元，包括燃料电池、制氢、储氢、加氢站技术四大类。

氢能产业集群初步形成。目前，我国氢能产业已初步形成“东西南北中”五大发展区域：东部区域以上海市、江苏省和山东省为代表，是燃料电池汽车研发与示范较早地区；西部区域以四川省为代表，是可再生能源制氢和燃料电池电堆研发的重要地区；南部区域以广东省佛山市、云浮市为代表，是燃料电池车大规模示范和加氢网络规划较成熟地区；北部区域以北京市、河北省和辽宁省为代表，是较早开展燃料电池电堆和关键零部件研发的地区；中部区域以湖北省和河南省为代表，是燃料电池重要零部件研发和客车大规模示范地区。

2. 氢能产业相关政策框架基本形成

（1）国家政策导向：由技术储备走向产业化集成，将氢能上升到国家战略。“十五”和“十一五”期间，中国氢能发展政策主要以引导技术储备为导向。2006年国务院《国家中长期科学和技术发展规划纲要（2006—2020 年）》将氢能及燃料电池技术列入先进能源技术，提出重点研究高效低成本化石能源和可再生能源制氢、经济高效氢储存和输配、燃料电池基础关键部件制备和电堆集成、燃料电池发电及车用动力系统集成技术。

“十二五”期间，氢能发展政策逐步由引导技术储备过渡到引导产业化集成，将发展氢能纳入高技术产业、新能源汽车产业和能源发展战略版图。2011 年国家发展改革委、科技部等五部门《当前优先发展的高技术产业化重点领域指南（2011 年度）》将氢开发与利用纳入高技术产业化重点领域。2012 年国务院《节能与新能源汽车产业发展规划（2012—2020 年）》提出燃料电池汽车、车用氢能产业要与国际水平保持同步。2014 年国务院办公厅《能源发展战略行动计划（2014—2020 年）》将氢能及燃料电池、能源基础材料纳入重点创新方向。2015 年国务院《中国制造 2025》燃料电池汽车被写入氢能的重点应用领域和先进装备制造业。

“十三五”以来，中国氢能发展政策站位更加明确、路线更加清晰，上升到了国家能源战略和国家创新战略。2016 年国家发展改革委和国家能源局《能源技术革命创新行动计划（2016—2030 年）》将氢能及燃料电池技术创新作为重点任务。2016 年 5 月国务院《国家创新驱动发展战略纲要》要求开发氢能、燃料电池等新一代能源技术。2019 年 3 月《政府工作报告》强调“推动充电、加氢等设施建设”等内容，氢能首次被写入政府工作报告。2019 年 11 月国家发展改革委《产业结构调整指导目录（2019）》中，高效制氢、运氢及高密度储氢技术开发应用及设备制造、加氢站、氢燃料电池汽车关键零部件等内容被列入鼓励类。2020 年 6 月，氢能先后被写入《2020 年国民经济和社会发展计划》《2020 年能源工作指导意见》。

2021 年 3 月，“十四五”规划提出“在氢能与储能等前沿科技和产业变革领域，组织实施未来产业孵化与加速计划，谋划布局一批未来产业”。9 月 22 日，中共中央、国务院《关于完整准确全面贯彻新发展理念做好碳达峰碳中和工作的意见》提出，加强氢能生产、储存、应用关键技术研发、示范和规模化应用，统筹推进氢能“制储输用”全链条发展，正式将氢能纳入双碳“1+N”政策体系。10 月，国家能源局《中华人民共和国能源法（征求意见稿）》，氢气首次被列为能源，国家支持氢能领域的科学研究、技术开发和产业应用。10 月 26 日，国务院《2030 年前碳达峰行动方案的通知》提出，集中力量开展低成本可再生能源制氢、低成本二氧化碳捕集利用与封存等技术创新，加快氢能技术研发和示范应用，探索在工业、交通运输、建筑等领域规模化应用。推动氢能产业加快发展，成为优化能源结构、实现“双碳”目标，保障能源安全和提高制造业创新能力的重要方向之一。

财政部、工业和信息化部、科技部、国家发展改革委、国家能源局2020年联合发布《关于开展燃料电池汽车示范应用的通知》，鼓励申报燃料电池汽车示范应用城市群，打破行政区域限制，强强联合，自愿组队，取长补短。明确对示范城市群的支持方式采取“以奖代补”方式，按照其目标完成情况核定并拨付奖励资金。此外，财政部将分别在燃料电池汽车推广应用和氢能供应两个领域给予示范城市群补贴。

2021年8—9月，财政部等五部委正式批复燃料电池汽车示范应用京津冀城市群、上海城市群和广东城市群为首批示范城市群。由北京市牵头申报的京津冀氢燃料电池汽车示范城市群包括北京大兴区、海淀区、昌平区等六个区，以及天津滨海新区，保定、唐山等12个城市（区）；上海燃料电池汽车示范城市群是由上海联合苏州、南通、嘉兴、淄博、鄂尔多斯等6个城市（区域）共同组建“1+6”城市群；广东燃料电池汽车示范城市群包括佛山、广州、深圳、珠海、东莞、中山、阳江、云浮、福州、淄博、包头和六安等城市。首批燃料电池汽车示范城市群的批复，为行业发展注入了新的催化剂，技术进步推动产业链成本不断下降，氢能产业化加快，市场规模扩张在即，有望全面实现燃料电池汽车产业跨越式发展。

（2）地方政府积极性高，呈自下而上推动的态势。目前，在“双碳”目标下，氢能作为清洁能源的未来，地方政府非常重视氢能产业发展，全国31个省市自治区均发布了氢能产业发展的相关政策。安徽、湖南等在省的综合性政策规划文件中对氢能发展做出了部署和规划；北京、山东等在综合性规划文件之外，还发布了专门的氢能源相关专项政策或规划；另外，部分省市通过氢燃料汽车等相关政策规划发布氢能源产业建设目标。总体看，都把氢能产业发展的主导方向和重点放在了燃料电池汽车及其产业链的发展方面。

各地主要从规划、补贴和审批政策三方面布局。

一是地方政府纷纷发布产业规划，明确发展目标。上海市明确加快加氢站建设，推广燃料电池车应用。北京市将科学布局并适度超前推进燃料电池汽车、智能网联汽车的研制和示范，培育产业新增长点。山东省着力建设济南“中国氢谷”、青岛“东方氢岛”两大高地。吉林白城市规划到2035年，风光电装机力争达到3500万kW，年产氢能力达到百万吨级，形成具有国际影响力的新能源与氢能区域产业集群。

二是地方政府出台相应补贴政策。2021年11月，上海市在氢能燃料电池示范应用城市群中率先明确到2025年氢能补贴政策及标准。2025年底前，上海市财政将按照中央财政奖励资金1:1比例出资，统筹安排燃料电池汽车发展专项扶持资金；对在2025年前投产的加氢站，按照不超过核定投资总额的30%给予补贴。2020年11月，广东省规划在珠三角核心区、沿海经济带布局建设约300座加氢站，对于油、氢、气、电一体化站补助250万元；独立占地固定式加氢站补助200万元；撬装式加氢站补助150万元。佛山市给予加氢站150万～800万元不等的补贴，中山市加氢站补贴100万元/座。安徽六安市按加氢站设备投入金额30%给予补贴，最高400万元。济南对加氢站、加油加氢站，最高给予900万元的建设补贴。

三是积极探索制定支持氢能发展审批政策。广东省将氢气定义为能源，对于利用加油（气）站已有用地建设的合建站，免于办理规划选址、用地等手续。佛山市要求各部门尽量实行同步并联办理或提前对接，不互为前置，2017年11月建成中国首个商业化运营加氢站。武汉市2018年3月发布全国首个加氢站审批及监管的地方性政策，提出了“联席会议”的解决机制。江苏如皋市（2016年被联合国开发计划署命名为“中国氢经济示范城市”）免去加氢站节能审查环节，精简审批流程、压缩审批时间。

地方发布的氢能产业政策对行业的发展起到了促进作用，但各地产业规划同质化严重，地区间产业协调及产业链各环节间协同不够，尚未形成发展合力。主要省市氢能产业发展目标见表1。

表1　　主要省市氢能产业发展目标

省市	规划年份	产业规模	企业数量	燃料电车产量	推广/应用燃料电池车	加氢站（累计）	燃料电池发动机产能
北京	2023	500亿元（京津冀）	5～8家龙头企业	—	3000辆	37座	—
	2025	1000亿元（京津冀）	10～15家龙头企业	—	10000辆	72座	—
山东	2022	200亿元	100家相关企业	5000辆	3000辆	30座	20000台
	2025	1000亿元	10家知名企业	20000辆	10000辆	100座	50000台
	2030	3000亿元	一批知名企业	50000辆	50000辆	200座	100000台
河北	2022	150亿元	—	—	2500辆	20座	—
	2025	500亿元	10～15家领先企业	—	10000辆	50座	—
	2030	2000亿元	5～10家龙头企业	—	20000辆	100座	—
河南	2023	—	30家相关企业	—	3000辆	50座	—
	2025	—	—	—	5000辆	80座	—
重庆	2022	—	6家相关企业	—	800辆	10座	—
	2025	—	15家相关企业	—	1500辆	15座	—
天津	2022	150亿元	2～3家龙头企业	—	1000辆	10座	—
四川	2025	初具规模	25家领先企业	—	6000辆	60座	—

续表

省市	规划年份	产业规模	企业数量	燃料电车产量	推广/应用燃料电池车	加氢站（累计）	燃料电池发动机产能
浙江	2022	100 亿元	—	1000 辆	1000 辆	30 座	10000 台
上海	2023	1000 亿元（燃料电池车）	—	—	10000 辆	30 座	—
	2025	—	—	—	10000 辆	70 座	—
江苏	2021	500 亿元	1～2 家龙头企业	2000 辆	—	20 座	—
	2025	—	—	10000 辆	—	50 座	—
广东	2022	—	—	—	燃料电池车示范运行	300 座	—
内蒙古	2023	400 亿元	3～5 家龙头企业	—	3830 辆	60 座	—
	2025	1000 亿元（燃料电池汽车）	10～15 家龙头企业	—	10000 辆	90 座	—
宁夏	2025	—	一批相关企业	—	—	1～2 座	—

（3）标准体系逐步完善。目前，中国氢能产业正处于快速发展阶段，也促进了氢能标准体系的快速发展。2021 年 10 月 26 日，国务院《2030 年前碳达峰行动方案的通知》（国发〔2021〕23 号）提出，“健全可再生能源标准体系，加快相关领域标准制定修订。建立健全氢制、储、输、用标准”。

自 1985 年 GB 4962—1985《氢气使用安全技术规程》发布以来，我国的氢能标准化已有 30 多年的历史。根据 2021 年 10 月中国标准化研究院等编写的《氢能产业标准化白皮书》，氢能领域现行国家标准 99 项、国际标准 300 余项，构建了涵盖基础与通用、氢安全、氢制备、氢储存、氢输运、氢加注、氢能应用等 7 个子体系的全产业标准体系。2021 年 11 月，国家标准委批准发布了 GB/T 40045—2021《氢能汽车用燃料液氢》、GB/T 40060—2021《液氢贮存和运输技术要求》和 GB/T 40061—2021《液氢生产系统技术规范》三项液氢国家标准，进一步完善了氢能标准体系，填补了国内民用领域液氢标准空白，为指导液氢生产、储存和运输，促进氢能产业高质量发展提供了重要标准支撑。

此外，各城市也在积极布局氢能标准体系建设。据不完全统计，目前已发布的关于氢能的地方和行业标准超过 50 项。

3. 国内大型企业积极布局氢能产业

2018 年以来，国内氢能产业升温，工业能源领域已有十余家中央企业涉及氢能业务布局，包括中石化、中石油、国家电网、国家能源、华能、国家电投、东方电气等。

国家能源正在加快从制氢到加氢站、氢能利用的全产业链布局。2018年，牵头创立了“中国氢能源及燃料电池产业创新战略联盟”。2019年，开始在江苏如皋、陕西咸阳、内蒙古包头等地布局氢能项目。2021年初，与中国国新、中国东方联合成立了100亿规模的国能新能源产业投资基金，主要投资包括氢能在内的新兴产业的新技术项目。

国家电投2017年成立氢能科技发展有限公司以及氢能产业推进工作小组，设立10亿元的氢能产业投资基金。近三年，国家电投与北汽福田、亿华通等多家公司签署战略合作协议，在氢能及储能产业链发展等方面开展深度合作；与深圳市氢雄燃料电池科技有限公司签署战略合作框架协议，在氢能产业制、储、运等环节开展全方位合作。

中国华能与金鸿控股等签署战略合作协议，在氢能领域、可再生能源利用领域关键技术全面战略合作，目前已掌握质子交换膜燃料电池关键零部件制备与组装技术。2020年初，与吉林省签署战略合作协议，加快推动吉林省大型平价风光互补新能源基地开发建设。

中国大唐积极研究氢能技术创新和产业发展方向，重点加强跟踪和掌握储能和氢能技术，与白城市合作，发展氢能产业，全力打造“中国北方氢谷”。

国家电网与明天氢能合作打造全球最大、中国第一座兆瓦级氢能储能电站。全球能源互联网研究院开展还原一氧化碳制碳氢化合物技术、氢储能关键技术及其在新能源接入中的应用研究等，攻克了电解制氢与新能源发电的协调控制技术，研制了适用于新能源电解制氢实验平台，建立了氢安全分析技术体系。

中石化在全国开展氢气的制、储、运、加整体布局。中石化氢气年产量超过300万t，成本相对较低。中石化拥有的河南济源市工业园区—洛阳市吉利区氢气管道是目前我国管径最大、压力最高、输量最高的输氢管道。中石化规划“十四五”期间建设1000座加氢（油）站。借助2022年北京冬奥会契机，中石化与亿华通在氢气供应、车辆加氢、加氢站运营等方面展开合作。

东方电气在燃料电池领域起步较早，主要致力于燃料电池和交通领域的前沿技术，以及系统集成技术的研究及产品开发，已掌握膜电极制备、电堆设计、燃料电池系统集成与控制技术在内的氢燃料电池系统全套核心技术。2019年6月，东方电气全资子公司——东方电气投资管理公司与三峡集团下属三峡资本控股公司、成都创新风险投资公司发起设立“东方电气氢能产业基金”。

中国船舶重工集团公司第七一八研究所（简称七一八所），成立于1966年，是海军武器装备研制中唯一的化学技术应用研究所，是从事水电解制氢应用技术研究的国家级科研单位。先后研发出多型水电解制氢装置，广泛应用于军民品领域。七一八所

已将氢能产业作为“十四五”规划重要的战略方向，重点围绕可再生能源制氢、加氢站关键部件开发与集成、燃料电池车载氢系统等领域发展氢能产业。七一八所研发的燃料电池车载氢系统装车量今年已突破 1000 套。

传统大型能源企业正在不断加大氢能领域的投入力度，积极抢占市场资源布局氢能产业，推进传统产业的转型升级，力争在未来能源技术变革和能源产业竞争中占据主动。

二、氢产业链主要技术路线分析

氢能产业链包括制氢、储存、运输、加注、终端应用等方面，其中制氢是基础，储存、运输和加注是氢能应用的核心保障。当前，氢能产业各个链条环节上的产品已基本成熟。本报告主要探讨氢的“制储运”环节技术。

（一）主要制氢技术

氢气的制备主要包括五种技术路线：化石燃料制氢、工业尾气副产氢、化合物高温裂解制氢（化工原料制氢）、电解水制氢和新型制氢方法等。灰氢是通过煤炭、石油等化石燃料产生的氢气以及焦炉煤气、氯碱尾气为代表的工业副产气，在生产过程中会有二氧化碳等排放，市面上绝大多数氢气是灰氢，约占当今全球氢气产量的 95%；蓝氢由天然气通过重整制取，并将二氧化碳捕获、利用和封存（CCUS）；绿氢由可再生能源发电制取，在全球双碳行动中可与电力互为补充，是未来制氢的重要发展方向。2020 年，中国氢气产量约 2500 万 t，居世界第一。其中，大部分为灰氢和蓝氢，绿氢仅占 4%。

在各种制氢技术中，电解水制氢具有资源丰富、可有效解决可再生能源电力消纳等优势，是未来制氢主要发展方向和国内外技术攻关的重点。根据电解槽隔膜材料的不同，通常将电解水制氢分为碱性（AE）电解水、质子交换膜（PEM）电解水以及固体氧化物（SOEC）电解水。目前可实际应用的电解水制氢技术主要有 AE 与 PEM 两类，SOEC 理论上具有更高能效，但技术尚未成熟。

AE 技术较成熟，已经实现大规模工业化应用，国内关键设备主要性能指标接近甚至领先国际先进水平，设备成本较低，单槽电解制氢产量较大，最大产氢量达到 $1500m^3/h$，代表企业有七一八所、考克利尔竞立制氢设备有限公司、天津市大陆制氢设备有限公司等。

PEM 电解技术国内较国际先进水平差距较大，体现在技术成熟度、装机规模、使用寿命、经济性等方面。与 AE 制氢相比，PEM 电解水制氢工作电流密度更高，产氢纯度更高（≥99.99%），体积更为紧凑（约 AE 的 1/3），产气压力更高（PEM 为 3～4MPa，AE 为 1.6～3MPa），能量转化效率更高，动态响应速度更快，负荷调节范围更广（PEM

为 0%～125%，AE 为 30%～100%），能更好适应可再生能源发电的波动性，被认为是极具发展前景的水电解制氢技术，目前 PEM 水电解制氢技术已在加氢站现场制氢，风光电等可再生能源电解水制氢等领域得到示范应用并逐步推广。过去 5 年，PEM 电解槽成本已下降近 40%，但投资和运行成本高仍然是 PEM 电解水制氢亟待解决的主要问题，这与目前析氧、析氢催化剂只能选用贵金属材料相关，降低催化剂与电解槽的材料成本，特别是阴、阳极催化剂的贵金属载量，提高电解槽的效率和寿命，是 PEM 电解水制氢技术发展的研究重点。电解水制氢技术参数对比见表 2。

表 2　　电解水制氢技术参数对比

电解水制氢类型	碱水电解水	PEM 电解水	固体氧化物电解水
电解质	20%～30%的 KOH	PEM	Y_2O_3/ZrO_2
工作温度（℃）	80～90	70～90	700～1000
电流密度（A/cm^2）	1.0～2.0	1.0～4.0	1.0～10.0
电解效率（%）	60～80	70～90	85～100
单位能耗（kWh/m^3）	4.8～5.6	4.6～5.2	2.6～3.6
系统运行维护	有腐蚀性液体，运维复杂，成本高	无腐蚀性液体，运维简单，成本低	以技术研究为主，尚无运维需求
技术成熟度	国内外均已商业化，规模相对较大	国内外均已商业化，国内规模相对较小	实验室研究阶段
三废产生情况	碱液污染	无污染	无污染

（二）主要储氢技术

氢是所有元素中最轻的，在常温常压下为气态，密度仅为 $0.0899kg/m^3$。因此，其高密度存储、运输一直是世界级难题。

储氢可分为物理储氢和化学储氢两大类。物理储氢主要有液氢储存、高压氢气储存、活性炭吸附储存、碳纤维和碳纳米管储存等。化学储氢法主要有金属氢化物储氢、有机液氢化物储氢、无机物储氢等。衡量储氢技术性能的主要参数是储氢体积密度、质量分数、充—放氢的可逆性、充放氢速率、可循环使用寿命及安全性等。主要储氢方式的优缺点见表 3。

表 3　　主要储氢方式的优缺点

储存方法（单位质量储氢密度）	优点	缺点	技术突破	备注
高压气态储氢（1.0%～5.7%）	技术成熟、充放氢速度快、成本低	体积密度低	（1）提高体积密度；（2）耐高压储氢瓶	目前车用储氢主要采用方法

续表

储存方法（单位质量储氢密度）	优点	缺点	技术突破	备注
低温液态储氢（大于 5.7%）	体积储氢密度高、液态氢纯度高	液化过程耗能大、易挥发、成本高	降低能耗、成本，挥发	主要用于航空航天，民用较少
固体储氢（1.0%～4.5%）	体积储氢密度高、安全、不需要高压容器、可得到高纯氢	质量储氢密度低，成本高、吸放氢有温度要求	提高质量储氢密度，降低成本和吸放氢温度	未来重要发展方向
有机液体储氢（5.0%～7.2%）	储氢密度高，储存、运输、维护安全方便	成本高、操作条件苛刻、有发生副反应的可能	降低成本、操作条件	可以利用传统石油基础设施进行运输和加注，有前景

（三）主要运氢技术

按照氢在运输时所处状态的不同，可以分为气氢输送、液氢输送和固氢输送。其中，前两种应用最为广泛，气氢可以用管道或通过高压容器车、船等进行输送。管道输送一般适用于用量大的场合，而车、船运输则适合于量小、用户比较分散的场合。液氢、固氢一般是采用车船输送。

高压氢气长输管道输送。目前，美国有 2500km 的输氢管道，欧洲 1569km，我国仅约 100km。世界最长的氢气管道位于法国和比利时之间，长约 400km。氢气还可以利用天然气管网混合输送，当体积不超过 10%时，不需要对管道进行系统改造。荷兰、德国、英国等欧洲国家已允许不超过 10%的氢气混入天然气管网运输。2014 年 4 月，中石化湖南岳阳的巴陵石化—长岭炼化 42km 氢气长输管线建成投产，2017 年 6 月，河南济源市工业园区—洛阳市吉利区 24km 氢气长输管线建成投产。国内两条氢气管道参数对比见表 4。

表 4　　国内两条氢气管道参数对比

管道名称	巴陵—长岭	济源—洛阳
投产时间	2014 年 5 月	2017 年 6 月
全长（km）	42	24
设计管径（mm）	350	508
年输氢量（万 t）	4.42	10.04
设计压力（MPa）	4	4
投资额（亿元）	1.9	1.46
单位投资额（万元/km）	452	584

液氢远距离运输。2020 年日本开始从 9000km 外的澳大利亚进口液氢，用澳大利

亚富产的褐煤生成氢气，提纯并冷却至–253℃，制成液氢，体积压缩到 1/800，储氢罐长 25m，高 16m，可以装 1250m^3 的液氢，经 16 天运送至日本神户。

（四）技术经济性分析

主要包括氢的制取、储运、加注及氢燃料电池分布式发电等的成本分析。

1. 制氢成本分析

电解水制氢的成本主要由电价决定。一般情况下，按制氢电耗 5kWh/标方计算，电费占电解水制氢成本的 70%～90%（规模越大占比越大）。根据我国目前可再生能源（水电、风光电）电价为 0.2～0.4 元/kWh，初步匡算制氢成本为 20～30 元/kg。北京、佛山地区现有加氢站氢气价格约为 60 元/kg，以可再生能源发电进行电解水制氢并进行就地销售，存在较大的利润空间。传统制氢方式的成本对比见表 5。

表 5　　传统制氢方式的成本对比

制氢方式	制氢能力（m^3/h）	煤价（元/t）	氢气价格（元/kg）
煤气化制氢	20000/褐煤	200	10.58
		600	17.49
	30000/无烟煤	800	11.79
		1600	17.1
	150000/烟煤	400	6.47
		1000	10.3
天然气重整制氢	制氢能力（m^3/h）	气价（元/标准 m^3）	氢气价格（元/kg）
	1000	2	14.1
		4	23.32
	5000	2	12.49
		4	22.59
	20000	2	9.61
		4	17.46
	100000	2	9.37
		4	17.39
甲醇重整制氢	制氢能力（m^3/h）	甲醇价格（元/t）	氢气价格（元/kg）
	1200	2000	17.83
		3000	25.58
		3500	29.45
	4000	2000	17.03
		3000	22.41
		3500	25.1

由于常规化石能源制氢等方式产生的氢气，其纯度较低，必须通过增加提纯装置提纯后才能用于氢燃料电池，将进一步增加其制氢成本。由此可见，利用较低电价的可再生能源进行电解水制氢，将在一定程度上具有推广的价值和市场竞争能力。制氢装置的成本、电耗将进一步降低，随着大规模制氢，其经济效益更为显著。另外，考虑未来碳税征收造成的化石能源制氢成本增加，则电解水制氢技术更显竞争优势。

2. 运氢成本分析

目前，气氢拖车运输技术成熟，国内的氢气主要以气态运输为主，但运输效率仅为1%～1.5%，适用于小规模、200km内的短途运输。一台长管拖车的成本约160万元。当运输距离100km时，运输成本为9元/kg。随着距离增加，运输成本受人工费和油费推动显著上升。若国内运输压力标准由20MPa提升至50MPa，100km的运输成本可降至6元/kg以下。

液氢运输虽然在储氢密度和成本上较气态运输有一定优势，但是国内液氢技术仍存在瓶颈。大规模氢气运输的最佳方式是以管道运输。全球目前氢气管道主要用于向炼化和化工厂输氢，目前更多考虑在现有的天然气管道网络中混合一部分氢气，因为管道安全和因气质变化对用户影响等因素的限制，掺入氢气的比例受到限制。不同运输氢方式的技术比较见表6。

表6　　不同运输氢方式的技术比较

储运方式	运输工具	压力（MPa）	载氢量（kg/车）	体积储氢密度（kg/m^3）	质量储氢密度（质量分数，%）	成本（元/kg）	经济距离（km）
气态储运	长管拖车	20	300～400	14.5	1.1	9.0	≤200
	管道	1～4	—	3.2	—	1.2	≥500
液态储运	液氢槽罐车	0.6	7000	64	14	14	≥200
固体储运	货车	4	300～400	50	1.2	—	≤150
有机液体储运	槽罐车	常压	2000	40～50	4	15	≥200

国内的氢能示范应用主要在可再生能源制氢及工业副产氢附近布局，运氢范围在200km以内，以高压气态方式为主。为进一步扩大氢能市场，可以液氢和管道运输方式扩大输送范围。

3. 交通用氢成本分析

国内主要以开发交通运输领域氢燃料电池汽车带动氢能产业的发展。因此，以加氢站加氢作为应用场景可以倒推制氢成本，进而分析可行的制氢方式。以加氢站为应用场景的制氢电价分析见表7。

表 7　以加氢站为应用场景的制氢电价分析

项目	单位	金额	备注
加氢站建造成本	万元/座	1500	500kg/天，35MPa+70MPa
售氢价格	元/kg	40	
加氢站运营成本	元/kg	15	200kg/天：11（低使用率）～18（高使用率）元/kg；1000kg/天：6～12 元/kg
运输成本	元/kg	5	9 元（自有）/百公里，以 50km 为例
500kg/天按加氢站成本 15 元			
倒推制氢价格	元/kg	20	
	元/m^3	1.798	
制氢电耗	kWh/m^3	6	
折合电价	元/kWh	0.3	按照 6kWh/m^3 电耗
摊销加氢站建造成本			
运营年限	年	20	
政策补贴建设费用	万元/座	500	
运营天数/年	天/年	360	
加注强度	kg/天	300	
加氢站补贴摊销	元/kg	2.315	360 天运营，加注强度 300kg/天
	元/m^3	0.208	
	元/kWh	0.035	
考虑建造成本后折合电价	元/kWh	0.334	

由此可见，在考虑当前政策补贴情况下，以加氢站加注枪口销售价 40 元/kg 进行倒算，折合制氢电价为 0.334 元/kWh。

（五）氢能未来发展趋势

氢能为诸多领域、行业提供了减碳的有效途径，有助于促进碳减排目标的实现，优化能源结构，保障能源供应安全。目前，国内的氢能产业链已初步形成规模，从基础研究、应用研究到示范的全方位格局，涵盖了制氢、储运、加注、应用等环节。

从国家及地方产业政策导向及产业定位来看，当前国家积极推动氢能产业发展。在区域布局上，国内的氢能产业发展主要集中于京津冀、珠三角、长三角区域。在应用场景方面，重点围绕交通运输领域的示范带动氢能产业的发展。以氢燃料电池车为产业牵引，同时逐步开展氢燃料电池分布式能源供应、应急电源等方面的应用示范。

在氢的制备方式上，国内主要以化石能源和工业副产气制氢为主的格局暂时未能

改变。虽然化石资源制氢的工艺相对成熟、原料成本低廉，产量较高，但会排放大量温室气体。随着电解水装置价格进一步降低、电源结构调整以及电力负荷调峰响应需求的扩大，未来“可再生能源+电解水制氢”有望成为大规模制氢的发展方向。可再生能源制氢一方面可增加可再生能源消纳，提高可再生能源在能源消费中的比重；另一方面，将不稳定、波动大的可再生能源转化为稳定、可存储的氢能，减少对电力系统波动影响，提高对电力系统的适应性，助力以新能源为主体的新型电力系统构建。随着政策支持和产业进步，绿氢将迎来更好发展前景。

从氢的储运看，高压储氢、液化储运及固态储氢（复合储氢技术）三种方式更适用于商业应用。目前，国内主要以高压气态方式运输为主，同时积极开展包括天然气管网掺氢、氢液化等方面的技术研究与工程示范。通过天然气掺氢和氢液化方式，实现氢的远距离低成本运输，进一步扩大氢的消纳范围。

氢能利用和发展挑战与机遇并存。一是现有化石能源和工业副产气制氢工艺的碳排放高，而采用低碳能源（如可再生能源）制氢的成本较高。从碳排放角度来看，可再生能源是最有前景的一种制氢来源。二是当前氢主要用于化工行业，在能源、交通等领域占比过小。但氢能相比蓄电池，可以提供较长时间大容量存储，是一种新型储能方式。此外，其零碳排放、加注时间短、高动力输出性能等方面的优势，为交通领域重载/公共运输车用动力提供了更佳的选择。一旦解决了氢燃料电池成本问题，则其经济性凸显。

氢能在实现大规模可再生能源系统集成及发电、实现跨种类跨地区能源分配、为可再生能源提供缓冲、帮助交通运输、能源及工业用能领域脱碳、建筑供热供电等方面起到重要的作用。依托相关技术的不断发展、应用产业集群规模的扩大、产业政策的支持与推动、投资融资和需求端的刺激与支撑，氢能将实现多领域的大规模应用，成为未来社会低碳发展解决方案的重要组成部分。

三、华电发展氢能面临的机遇与挑战

我国已将氢能纳入国家能源战略和国家创新战略，氢能产业在未来三到五年将会迎来快速发展，氢能和电能有望成为未来能源供应的主要方式。

（一）集团公司氢能开发现状

1. 科工产业氢能开发现状

科工产业具备技术开发、系统集成、工程总包、建设运营、装备制造等方面的业务能力，在分布式能源供应、可再生能源发电、海上风电、储能等方面拥有较强的技术实力、研发实力和工程应用经验，并拥有多个装备制造基地，支撑工程建设的需要。

2020 年，华电重工成立氢能事业部，主要从事大型碱性电解水制氢设备和 PEM 电解水制氢设备的研发，以及氢燃料电池关键材料（质子交换膜、气体扩散层）、核心部件（膜电极、双极板）的合作研发，在四川泸定开展可再生能源制氢及氢能利用科技示范项目并配合集团公司各区域公司进行氢能产业项目开发。

2021 年，集团公司首批“揭榜挂帅”制项目揭榜实施。华电科工面向氢能技术前沿和集团公司可再生能源高质量发展的需求，在“十四五”期间承担具有国内领先水平的高效碱性、PEM 电解水制氢装备的研发，并依托集团公司可再生能源项目开展工程示范验证，形成电解水制氢核心材料、部件、装备的自主化产品开发能力、生产能力、工程服务能力，打造具有华电特色的绿色制氢产业链。

2021 年 5 月，国家发展改革委发布了“高比例可再生能源系统关键技术攻关”项目申报计划，解决以风光电为代表的可再生能源发电以及储能、氢能领域存在的技术短板与“卡脖子”问题。华电科工作为集团公司内部牵头单位，积极向国家发展改革委申报“高效可再生能源 PEM 电解水制氢装备开发”揭榜挂帅项目，并联合国内制氢技术及材料研究应用领域内位居前列的科研院所开展高效 PEM 电解水制氢装备开发工作，围绕核心材料、部件、电解槽及电解系统进行基础研究、系统集成、产品生产与工程示范，实现氢能核心技术与材料的自主化开发与国产化能力。

2. 相关区域公司氢能开发情况

近年来，各地方政府相继出台了与储能、氢能产业开发相结合的可再生能源政策，集团公司青海、内蒙古、江苏、广东、海南、山东等区域公司结合当地可再生能源相关政策，提出了氢能开发的初步设想。

（1）青海区域。青海省风光资源丰富，风电经济可开发量约为 2823 万 kW，光伏经济可开发量约为 1.464 亿 kW。截至 2020 年底，风光电装机 2446.8 万 kW，占全省装机容量的 60.65%。基于丰富的清洁能源资源条件和大规模荒漠化土地，青海省具备建设大规模风光氢储一体化综合能源基地的条件，有规模化绿氢生产能力和基础。青海省目前正在制定关于氢能发展的相关政策，青海省能源局委托华电重工开展可再生能源及氢能产业发展专项调研，并已形成初步方案。

2021 年 3 月，青海公司与青海海西州签署战略协议，“十四五”期间，规划开工建设都兰县诺木洪 500 万 kW 风光储、德令哈 500 万 kW 光氢储基地项目，其中德令哈 500 万 kW 光氢储示范基地项目一期建设 100 万 kW 光伏，同步建设 600 标准 m^3/h（约 3MW）的光伏制氢示范项目，积极推动海西州储能、氢能产业的科技创新与产业发展，打造制氢、储氢、运氢、加氢及燃料电池全产业链。

（2）内蒙古区域。内蒙古自治区风光资源丰富，风电经济可开发量 4.5 亿 kW，光

伏经济可开发量4亿kW。截至2020年底，风光电装机5023万kW，占全省装机容量的34.4%。基于丰富的清洁能源资源条件和大规模荒漠化土地和废旧矿区，内蒙古自治区具备建设大规模风光氢储一体化综合能源基地的条件，有规模化绿氢生产能力和基础。内蒙古自治区已将氢能产业写入"十四五"能源规划并正在制定关于氢能发展的相关政策，提出推进风光等可再生能源高比例发展，壮大绿氢经济，打造风光氢储产业集群，包头市、阿拉善盟等地区委托华电重工完成可再生能源及氢能产业发展方案。

2019年，内蒙古公司与内蒙古自治区人民政府、包头市人民政府签署战略协议，"十四五"期间，规划开工建设包头达茂旗400万kW风光配套氢储基地项目，积极推动自治区、包头市储能、氢能产业的科技创新与产业发展，打造制氢、储氢、运氢、加氢及燃料电池全产业链。2021年7月，内蒙古自治区能源局发布了七个风光制氢示范项目，华电取得其中的包头市达茂旗20万kW风光制氢一体化项目开发权。

该项目规划建设风电12万kW，光伏8万kW，电化学储能2万kW/2万kWh。根据政府要求，项目发电量80%及以上用于电解水制氢，年制氢7800t，计划2023年6月建成投产。

（3）江苏区域。江苏省风光资源丰富，海岸线长954km，海域面积约为3.5万km^2，陆上风电经济可开发量1553万kW，光伏经济可开发量8843万kW，海上风电经济可开发容量2500万kW，合计12896万kW。截至2020年底，风光电装机3231万kW，占全省装机容量的22.84%。江苏省"十四五"可再生能源发展专项规划（征求意见稿）提出，大力提高可再生能源消纳能力，鼓励推广光电制氢等应用，加强可再生能源与氢能、增量配电网等融合发展，聚焦氢能、燃料电池等新兴能源产业。根据江苏省氢燃料电池汽车产业发展行动规划，到2025年基本建立完整的氢燃料电池汽车产业体系，力争建成1～2家具有国际领先水平的氢燃料电池汽车产业技术研发与检测中心，基本形成布局合理的加氢网络，产业整体技术水平与国际同步，成为我国氢燃料电池汽车发展的重要创新策源地。

为积极争取华电在江苏区域的海上风电资源，华电江苏公司联合华电重工，编制了盐城滨海氢能产业园规划。其中，一期规划建设15万kW海上风电制氢项目（3万m^3/h）。

（4）广东区域。广东省风光资源丰富，海岸线长3368km，海域面积41.9万km^2，陆上风电经济可开发量1064万kW，光伏经济可开发量3397万kW，海上风电经济可开发量2500万kW，合计6961万kW。截至2020年底，风光电装机1361万kW，占全省装机容量的9.65%。广东省"十四五"规划提出，加快培育氢能产业，建设燃料电池汽车示范城市群，突破燃料电池关键零部件核心技术，打造多渠道、多元化氢能供给体系。广东省氢能产业发展较早，产业链条相对完善，氢能产业发展在我国处于领先地位。在电解水制氢方面，有深圳凯豪达等企业；在 PEM 燃料电池电堆和系统方面，有深圳通用氢能、鸿基创能、国鸿氢能、氢蓝时代等企业；在 SOEC 方面，潮州三环已经突破关键技术；在氢燃料电池汽车方面，有佛山飞驰客车、广汽等企业。

广东公司将以自身可再生能源发电资源为基础，开拓可再生能源电解水制氢项目，一方面为广东省氢能发展提供氢源，另一方面也可以解决部分可再生能源消纳。利用广东省在 PEM 燃料电池上的优势，布局燃料电池分布式综合能源站，开展氢能在综合能源服务方面的探索和应用。充分利用海上风电项目相对成熟的条件，探索结合海上风电制氢并积极向后端产业链延伸，结合区域燃气轮机项目探索利用氢燃料发电和供热。

（5）海南区域。海南省海岸线长 1617.8km，海域面积约 200 万 km^2，陆上风电经济可开发量 29 万 kW，光伏经济可开发量 712 万 kW，海上风电经济可开发量 395 万 kW，合计 1136 万 kW。截至 2020 年底，风光电装机 169 万 kW，占全省装机容量的 16.5%。“十四五”期间初步规划在东方西部、文昌东北部、乐东西部、儋州西北部及临高西北部等海域建设 300 万 kW 五个示范项目，鼓励发展风电制氢、水电制氢等可再生能源制氢，率先在汽车、船舶等交通领域启动氢能应用示范，实现上游制氢规模和下游氢能消纳方式和消纳规模的协同发展，海南省支持加氢站建设，2021 年初出台了加氢站建设的相关规定。

海南公司“十四五”期间初步规划投产 30 万 kW 海上风电、50 万～70 万 kW 光伏项目。后续开发的光伏项目拟研究配套海水淡化+电解水制氢。

（6）山东区域。山东省风光电资源丰富，风电经济可开发量约为 6453 万 kW，海上风电经济可开发量约为 2000 万 kW，光伏经济可开发量约为 19368 万 kW，截至 2020 年底，风光电装机 4067 万 kW，占全省装机容量的 26%。山东省在 2017 年新旧动能转换中明确将氢能作为清洁能源支柱产业发展，并明确了济南“中国氢谷”和青岛“东方氢岛”两大基地。山东省能源发展“十四五”规划中进一步要求健全完善制氢、储（运）氢、加氢、用氢全产业链氢能体系，打造山东半岛“氢动走廊”，加快氢能多场景应用。

华电潍坊公司与潍柴动力、空气（中国）公司签订氢能战略合作协议，计划利用华电潍坊的氢气资源，配合潍柴动力氢燃料电池产业发展和空气（中国）公司运能优势，深化产业合作；与深圳市凯豪达氢能源公司签订合作协议，双方在潍坊滨海开发区申报了山东首个 100MW 光伏发电制氢项目，潍坊公司联合华电重工将厂内光伏制氢项目作为“氢进万家”首选项目上报省能源局。

（二）集团公司发展氢能的优势

清洁能源装机规模较大，电价将进一步下降。截至 2021 年 9 月，集团公司清洁能源装机占比接近 43%，其中水电 2792 万 kW、风光电 2479 万 kW，规划到“十四五”末，风电达到 4429 万 kW、光电 5499 万 kW、水电 3224 万 kW，集团非化石能源装机占比达到 50%以上。随着我国可再生能源发电的快速发展，预计到 2035 年全国发电量增量的 1/3 将源自可再生能源，相关设备造价将大幅降低，风电和光伏发电上网电价将进一步下降，利用可再生能源电解水制氢的经济性预计将明显提升。

供电、供热、供冷等综合能源供应方面经验丰富。作为五大发电集团之一，华电集团涵盖了电力生产、热力生产和供应等方面，具有丰富的经验和大量专业人才。集团公司供热装机和供热量居同类型企业第二位，具有广阔的热力市场，可以为氢燃料电池分布式能源供应提供市场支撑。此外，集团公司致力于大力拓展综合能源服务，面向用户提供高质量的能源供应。氢能具有无污染、无噪声、无转动部件等优势，氢燃料电池热（冷）电联供系统具有小型化、模块化、布置灵活及运行维护成本较低的特点，可直接面对各类不同用户，实施热（冷）电联供，满足区域型、楼宇型及独立用户的不同供能需求，同时还可与分散式风电、分布式光伏及储能等互补使用，系统综合能效可达 90%。氢能作为零碳的清洁能源，将为进一步打造“清洁友好、多能联供、智慧高效”的综合能源产业体系助力。

火电装机量大，利于规模化开展碳捕集与氢能综合利用。目前，集团公司火电装机接近 1.2 亿 kW，其中煤电 9861 万 kW。今后一段时期，我国能源供应仍以燃煤发电为主，二氧化碳加氢合成甲醇、甲烷技术成熟，既可解决燃煤电厂碳捕集后的综合利用，又可解决氢气存储及长距离运输难题，集团公司较大规模的煤电装机，利于规模化开展碳捕集与氢能的综合利用。

集团公司具有较强的资金、资信实力。华电集团作为特大型中央企业、世界 500 强企业，具有雄厚的资金实力、强劲的融资能力、良好的市场口碑、优异的资信评级，是进入氢能产业的良好保障。同时，集团公司拥有相当一批高学历、高素质人才队伍，具有较强的学习能力、实践能力和创新能力，可为集团发展氢能产业提供一定智力支持。

科工产业集成创新能力突出，业务模式丰富。下属科工产业已经形成了技术开发、系统集成、工程总包、投资运营、装备制造等方面的业务能力。华电重工在海上风电开发建设方面具有一定优势；华电重工氢能事业部在氢能源方面拥有一定的技术、研发实力和工程应用经验，并开始架设装备制造基地，可支撑工程建设的需要。华电电科院和国电南自在火电、分布式能源、水电与新能源、综合能源服务、多能互补系统等方面也具有较强的科研开发和工程技术服务能力。在产业发展过程中可统筹各方资源、着力优化资源配置，充分发挥各个板块优势，形成合力，开发具有华电特色的氢能系统全方位的解决方案。

（三）集团公司发展氢能的挑战

（1）起步时间较晚。国家能源北京低碳院2014年就开始了对氢能的研究，研究方向聚焦在高效低成本制氢、加氢设施及设备和燃料电池系统。国家电投也于2017年5月注册成立了国家电投集团氢能科技发展有限公司，进行燃料电池、动力系统单元、制储技术研究以及氢安全、检测检验与实验验证平台研究。华能集团已掌握质子交换膜燃料电池关键零部件制备与组装技术，并与壳牌合作，在考克利尔竞立设立研发实验室。与其他发电集团相比，华电集团的氢能处于起步阶段。

（2）氢能产业相关技术、人才储备相对薄弱。由于集团在氢能产业起步较晚，对于PEM水电解制氢、燃料电池电堆、高压储罐等技术缺乏相应的技术储备和研究。集团公司目前在涉及制氢、储存和燃料电池领域也刚刚开始在核心技术和装备制造方面开展能力建设。同时，由于集团公司是传统的电力企业，对于氢能这一新兴领域的人才储备不足，缺乏高端领军人才支撑技术研究和科技创新。

四、集团公司氢能发展建议

氢能产业在能源安全、气候变化和技术进步三大动力的驱动下，日益受到各国重视，纷纷纳入国家能源战略和创新战略。集团公司应尽快制定合理的战略发展路径、产业定位、发展模式及发展目标。积极跟踪氢能技术进展、配套政策及全产业链发展动态，结合华电的特点，重点加强制氢环节关键核心技术研发攻关，在可再生能源电解水制氢、天然气重整制氢、氢燃料电池发电、二氧化碳捕集与氢能综合利用等方面开展研究论证工作，积极稳妥推进相关工作，助力集团公司清洁低碳、安全高效发展。

一是依托规模制氢优势、推进风光储氢示范项目开发。发挥集团可再生能源资源优势，采用高效电解水制氢工艺将水电、风光电转化为氢气，推动可再生能源与氢能利用的高效耦合。利用氢能实现大规模储能，通过耦合电网、气网，解决电力长期存储的问题并实现不同能源网络之间的协同优化，构建集团公司多能互补、协同发展的综合能源体系。近期，重点在内蒙古、青海、广东等区域，结合地方政府可再生能源及氢能产业相关政策，开发风光氢储一体化项目示范，并争取地方配套风光电资源。

二是加强下游市场开拓，打通氢能产业链。氢能应用可渗透到应用传统能源的各个方面，包括交通运输、工业燃料、化工原料等。目前，整个行业仍处于发展初期，受终端需求的限制，上、中游仍不具备规模效应，商业化成本较高。目前看，交通运输是最主要的应用场景之一，将来燃料电池汽车将与锂电池电动车形成有效互补。近

期，重点应在连接氢能上下游的中游加氢站和下游主要市场燃料电池两方面加强与国内有实力的大型企业加强合作与技术交流，打通下游消纳市场。同时，关注碳捕集与氢能综合利用，为小型区域型、楼宇型及独立用户提供综合能源供应服务，打造新型分布式能源系统，完善集团公司综合能源供应服务能力。

三是积极开展氢能技术研发。申报参与国家发展改革委、科技部等的国家级科技项目，以及国家和集团的“揭榜挂帅”项目，加大对大型碱性电解水制氢和 PEM 电解水制氢设备，以及氢燃料电池关键材料和核心部件的研发，依托集团公司可再生能源项目开展工程示范验证，形成氢能技术核心材料、部件、装备的自主化产品开发生产能力，并积极参与国家和地方的氢能发展政策和技术标准的制定，提升集团公司氢能产业技术水平，打造具有华电特色的氢能产业链。

四是加快人才队伍建设、补齐氢能技术短板。加大人才投资力度，引进高素质行业领军人才作为技术带头人，吸纳集团公司内专业技术过硬、创新意识强、团队意识强的优秀人才，构建合理的技术服务与研发队伍。同时，加强与国内外高校及科研机构的合作，充分发挥双方优势，通过“产学研用”深度融合，形成人才输送、成果应用、产业化发展的良性通道，提升自主创新能力和核心竞争力。

火电机组灵活性改造的政策导向及趋势

华电电力科学研究院有限公司

孙海峰 徐鹏志 王兴合 胡志勇 张鹏威 陈军华 何建乐
刘法志 陈广伟

一、工作背景及现状

（一）未来能源结构发展趋势

2020 年 9 月 22 日，习近平总书记在第七十五届联合国大会一般性辩论上发表重要讲话：二氧化碳排放力争于 2030 年前达到峰值，努力争取 2060 年前实现碳中和。这既是不容置疑的庄严承诺，也是需要坚定不移完成的既定目标，可以预见未来电力发展的重心要转向发展非煤电源来进一步推动低碳转型；而现役煤电未来的发展重点不再是装机规模的增长，而是提高现有机组的灵活性和可靠性，承担起高比例新能源电力系统安全稳定运行的重任。

2021 年 3 月，全球能源互联网发展合作组织在京举办中国碳达峰碳中和成果发布暨研讨会，根据本次会议发布的《中国 2030 年前碳达峰研究报告》《中国 2060 年前碳中和研究报告》《中国 2030 年能源电力发展规划研究及 2060 年展望》三项研究成果，削减煤电成为实现“碳中和”目标的重中之重。

2020—2060 年我国电源装机总量及结构如图 1 所示。截至 2021 年 8 月底，全国发电装机容量 22.8 亿 kW，同比增长 9.5%。其中，风电装机容量约 3.0 亿 kW，同比增长 33.8%。太阳能发电装机容量约 2.8 亿 kW，同比增长 24.6%。火电装机容量接近 11 亿 kW，占全球煤电总装机的一半，能源消费的二氧化碳排放强度比世界平均水平高出 30%以上。为了转变当前模式，中国煤电总量应控制在 2025 年达到峰值。煤电空出来的电力需求将由清洁能源弥补。预计在 4 年后（2025 年），中国清洁能源装机量达到 17 亿 kW，占全国总装机量的 57.5%，发电量 3.9 万亿 kWh，占全国总发电量的 41.9%；到 2030 年碳达峰之时，中国清洁能源装机占比将达到 67.5%，全国 48%的

电力都将由太阳能、风能提供；到 2050 年，中国电力系统要实现近零排放，相比峰值下降约 90%；最终在 2060 年，煤电完全退出，实现超 96%的电源装机和发电量由清洁能源承担。

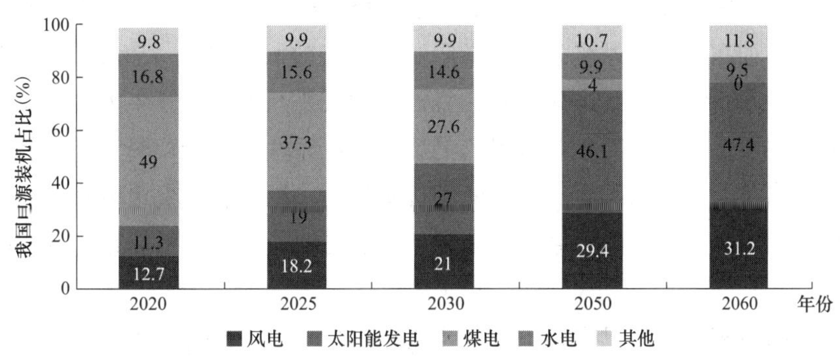

图 1　2020—2060 年我国电源装机总量及结构

（二）可再生能源快速增长与电网消纳能力间的矛盾

随着可再生能源装机容量的不断扩大，电网对可再生能源装机容量的消纳能力明显不足。受风电及光伏较强的间歇性和随机波动性、热电厂“以热定电”的运行模式、可再生能源富集地区跨省跨区通道能力不足等因素的影响，“三北”地区出现了较为严重的弃风、弃光和弃水问题，造成能源巨大浪费，电网对新能源的消纳能力亟待提高。

预计到 2030 年新能源发电量占比将超过 48%，随着新能源更大规模发展，发电量占比越来越高，消纳瓶颈问题需要未雨绸缪、引起高度重视。2020 年末全国发电装机容量 220058 万 kW，比上年末增长 9.5%。其中，火电装机容量 124517 万 kW，增长 4.7%；水电装机容量 37016 万 kW，增长 3.4%；核电装机容量 4989 万 kW，增长 2.4%；并网风电装机容量 28153 万 kW，增长 34.6%；并网太阳能发电装机容量 25343 万 kW，增长 24.1%。新疆地区弃风电量 49.7 亿 kWh，弃风率 10.3%；弃光电量 7.2 亿 kWh，弃光率 4.6%。

新能源发电出力具有随机性、波动性和间歇性特点，核电具有发电边界成本近似为零的特点，高比例接入电力系统后，前者增加了系统调节负担，后者将主要带基荷运行，不宜频繁调节，这就要求火电机组不仅要跟随负荷变化，还要平衡新能源的出力波动，因此系统的综合调节能力是影响新能源发展与消纳的关键。系统调节能力的提升涉及电源、电网、用户、政策、技术等多个方面。在电源侧，可通过实施煤电灵活性改造，建设抽水蓄能电站、天然气调峰电站等各类灵活调节电源提高系统调节能力。

（三）煤电灵活性改造是提高系统调节能力的现实选择

构建新能源为主体的新型电力系统，调峰能力与调峰需求矛盾突出，火电装机容量控制事关电力供应安全底线，目前储能技术还不成熟、储能电站建设成本高、运行安全性较差；抽水蓄能电站受站址资源限制，且能效低（仅为 75%），经济性差（单位千瓦投资约 6000 元）；气电受气源、气价和碳减排约束，不具备大规模建设条件。煤电未来的发展重点在提高存量机组的灵活性和可靠性，低负荷降低能耗是实现“双碳”目标的出路。从电源侧看，加快能源技术创新，挖掘燃煤机组调峰潜力，提升火电运行灵活性，全面提高电力系统调峰和新能源消纳能力，是提高系统调节能力的现实选择。

当前，国内部分电厂已开始深度调峰改造，技术经济性得到了验证。大部分区域建立了辅助服务补偿办法，政策及相关标准也在陆续出台，调动和激发了煤电企业改造的积极性，各方力量都在关注和投入大量的人力物力开展灵活性改造工作。

（四）国外火电灵活性现状

近年来，随着欧洲和美国间歇性、波动性可再生能源的增多，电力现货市场中价格波动性愈发显著。德国和丹麦的许多燃煤机组调节幅度由原来额定容量的 50%提高到了 80%，美国的一些燃煤机组甚至实现了日内启停调峰运行。这些国家的部分燃煤机组的灵活性指标已经接近燃气轮机，其在电力系统中的定位也已由基荷电源转变为灵活调节电源。

丹麦电源结构形式和机组分布方式与中国大致相同，热电联产机组经过多轮改造升级，大型热电联产机组安装大规模储热装置，小型热电联产机组安装储热罐。基本实现了“热电解耦”运行，可根据用户的热力需求和电力市场情况，灵活地独立控制热功率和电功率。在供热期电功率一般可以在 20%～105%额定功率之间调节。丹麦火电机组灵活性改造主要来自经济激励驱动。1999—2000 年丹麦加入北欧电力市场（Nordpool）。此前，丹麦火电机组主要承担基荷且不参与市场竞争。加入 Nordpool 后，丹麦火电机组面临来自其他北欧国家的水电、核电、其他边际成本更低的电源以及国内日益增长的风电竞争，利用率逐步下降。丹麦的火电机组通过提升灵活性，更好地响应市场价格信号获取收益。丹麦火电年利用小时数从调峰前的 5000h 下降到了调峰后的 2500～3000h，但深度调峰能力使其能够从备用市场和实时平衡市场中获得回报。

德国为促进新能源消纳，通过现货市场机制刺激煤电企业进行灵活性改造。在德国的现货市场中，当新能源出力高时，出清电价下降，甚至出现负电价，反之则出清

电价大幅上涨。价格机制刺激了德国常规电源均有非常大的意愿进行灵活性改造，以便在电价低时减少出力，电价高时增加出力。常规机组调节能力方面，除抽水蓄能、气电之外，褐煤发电、硬煤发电甚至核电均可参与调节。

国外存在利用煤电灵活性改造、增加系统调节能力、促进新能源消纳的先例。丹麦、德国的经验表明，煤电灵活性改造技术是可行的。完善的电价机制是煤电灵活性改造的驱动力。煤电参与系统调峰、利用小时数下降，碳排放量下降，仍然可以获得合理的收益。中国、丹麦、德国机组调峰能力对比图如图 2 所示。

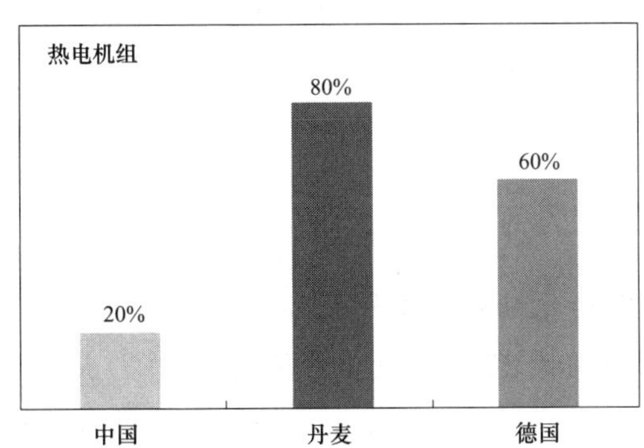

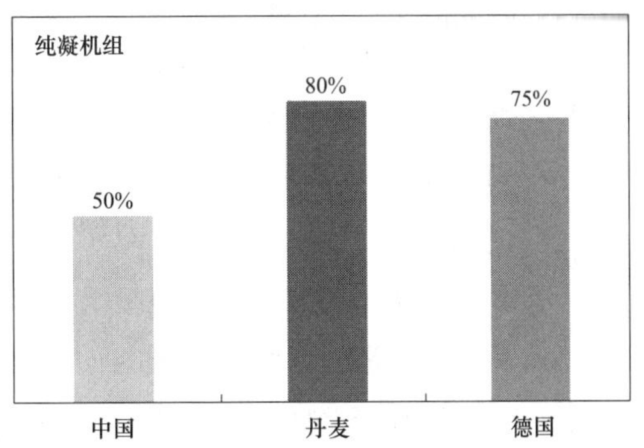

图 2　中国、丹麦、德国机组调峰能力对比图

目前我国在网运行煤电机组一般最小出力为 50%～60%，冬季供热期仅能低至 75%～85%，丹麦煤电调峰机组最小出力可以低至 20%，德国为 30%。德国和丹麦在提升火电灵活性方面的工作经验值得我们去学习和借鉴。

（五）国内火电灵活性改造现状

2016 年 6 月国家能源局正式启动灵活性改造示范试点项目。能源局选取了可再生能源消纳问题较为突出地区的 22 个典型项目进行试点，拉开了灵活性改造的序幕。2020 年，受火电灵活性发展等影响，清洁能源消纳整体形势持续好转，上半年风电、光伏发电利用率分别达到 96.1%、97.9%，同比上升 0.8、0.3 个百分点。

目前，我国各火电企业正在陆续进行机组灵活性改造，主要涉及低负荷稳燃、低负荷脱硝、热电解耦、提升机组变负荷速率、储能调峰等技术。在现有技术支撑下，纯凝煤电机组最低调峰负荷降低至 20%以下，供热机组电负荷调节能力降至 10%以下。与此同时，煤电灵活性研究还在两班制运行、快速调节等方面进行了大量技术探索，“十三五”末期，我国已有一大批煤电机组负荷响应速率可达到 2.0%Pe，相比于灵活性改造前调节速度大幅提升。

能源局火电灵活性改造示范项目开展以来，为提升燃煤机组调峰能力和促进新能源消纳做出了积极贡献，弃风率、弃光率、弃水率等情况总体趋好。但对照《电力发展“十三五”规划》，纵观“十三五”期间相关改造情况，煤电灵活性改造容量及范围等均偏离规划目标值较多，目前灵活性改造也存在许多问题。

一是示范项目技术路线多，但后续推广项目少，例如电锅炉或储热罐改造项目，后续推广的案例并不多；二是试验项目多但实际使用少，例如旁路供热大多属于试验、应急备用性质，但实际长期运行的项目不多；三是供热机组改造多，但纯凝机组改造少，例如北方热电解耦灵活性改造多，但是南方纯凝机组深度调峰改造偏少；四是部分技术性价比不高，有待进一步技术进步，例如蓄电池储能调峰调频项目等；五是部分灵活性改造技术路线，机组寿命必然或多或少受影响，全寿命周期内的损耗分布会发生变化，目前研究还不深入。

（六）华电集团火电灵活性改造现状

1. 总体情况

调研了集团公司 223 台煤电机组，总装机容量为 8821.9 万 kW，截至 2021 年 8 月已实施灵活性改造（含优化调整）的煤电机组共计 57 台，装机容量为 2210 万 kW，实施后总体提升深度调峰能力 228.3 万 kW，相当于机组最小发电技术出力平均降低 10.87%，灵活性改造总投资 12.13 亿元人民币（其中合同能源 6.15 亿）。

统计样本中已实施灵活性改造机组台数、容量如图 3 所示，近 3 年集团所属 223 台煤电机组参与电力辅助服务市场获得补偿如图 4 所示。结合 223 台煤电机组近三年电力辅助服务市场各项收益与考核数据可知，集团内 223 台煤电机组全年深度调峰总收益由 2018 年的 5718 万元增加至 2020 年的 83017 万元，年平均增长率 281%；2020 年全国电力辅助服务市场补偿费用总额约为 138 亿，集团内 223 台煤电机组在电力辅助服务市场补偿费用中占比约 3.96%，煤电装机容量在国内煤电总装机占比约为 8%，从辅助服务市场补偿费用占有率方面看，集团各区域公司煤电机组尚有一定的灵活性提升空间。

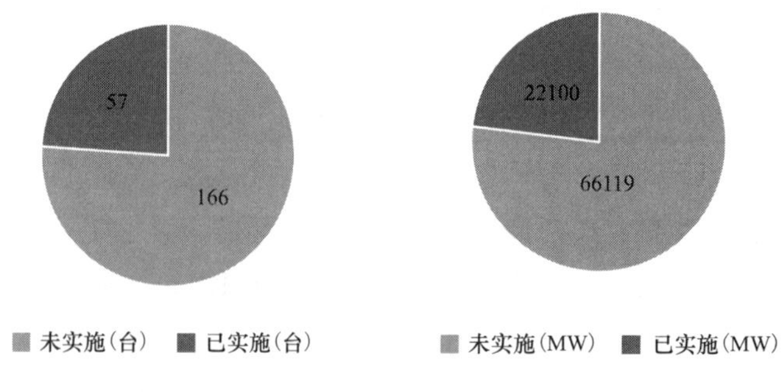

图 3　统计样本中已实施灵活性改造机组台数、容量

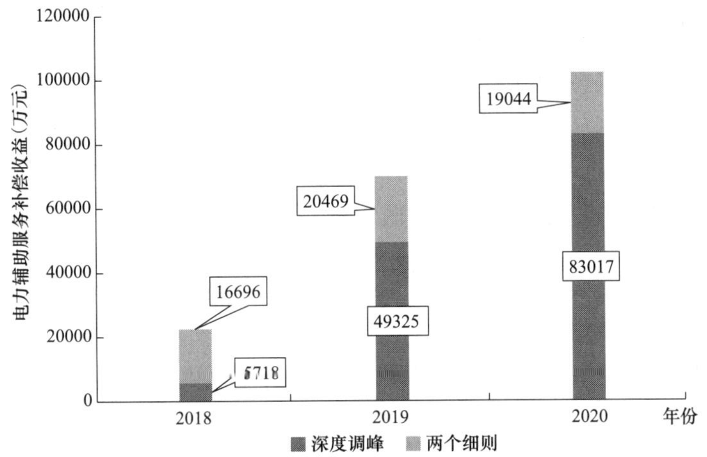

图 4　近 3 年集团所属 223 台煤电机组参与电力辅助服务市场获得补偿

2. 各区域煤电机组灵活性改造实施情况

（1）改造比例。

各区域灵活性改造实施容量占比分布如图 5 所示。结合各个公司统计数据，灵活性改造项目主要集中于“三北”区域，其中东北区域灵活性改造占比较为突出，从已实施灵活性改造或运行调整机组装机容量占比上看，超过 20%的有华电能源（69%），江苏公司（64%）、新疆公司（40%）、河北公司（38%）、陕西公司（37%）、金山能源（27%）、福建公司（24%）、山东公司（22%）。

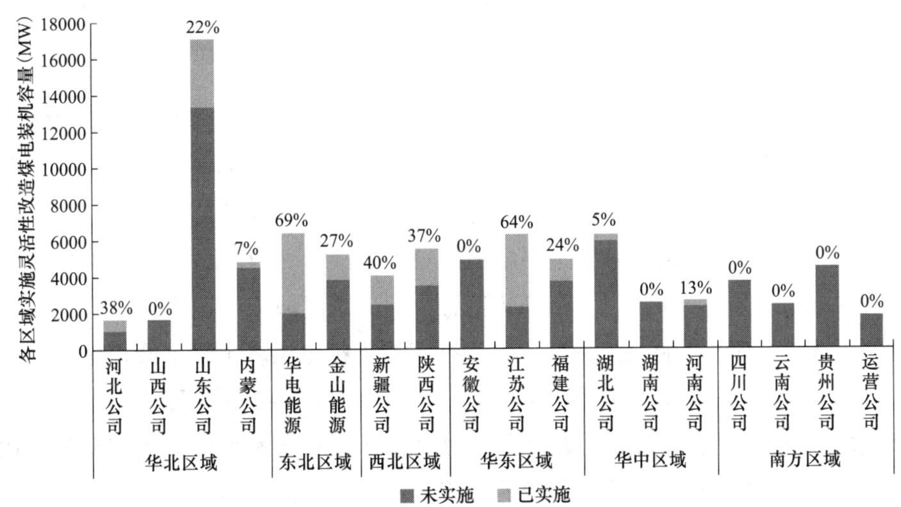

图 5　各区域灵活性改造实施容量占比分布

综合对比机组灵活性改造台数和容量占比，华电能源、金山能源、山东公司台数占比大于容量占比，中小容量机组实施灵活性改造比例较大容量机组更高，有利于降低集团参与深度调峰辅助服务总体能耗损失。

（2）已实施灵活性改造机组调峰能力提升幅度。

各区域灵活性改造后最小技术出力降低值、降低幅度如图6所示。从改造后机组调峰能力提升看，“三北”区域调峰能力提升较为显著，从改造后机组调峰能力幅度看，金山能源提升 28%。采用技术路线以低压缸光轴+蓄热罐为主，较华电能源、山东公司、河北公司改造后机组调峰能力提升更多。

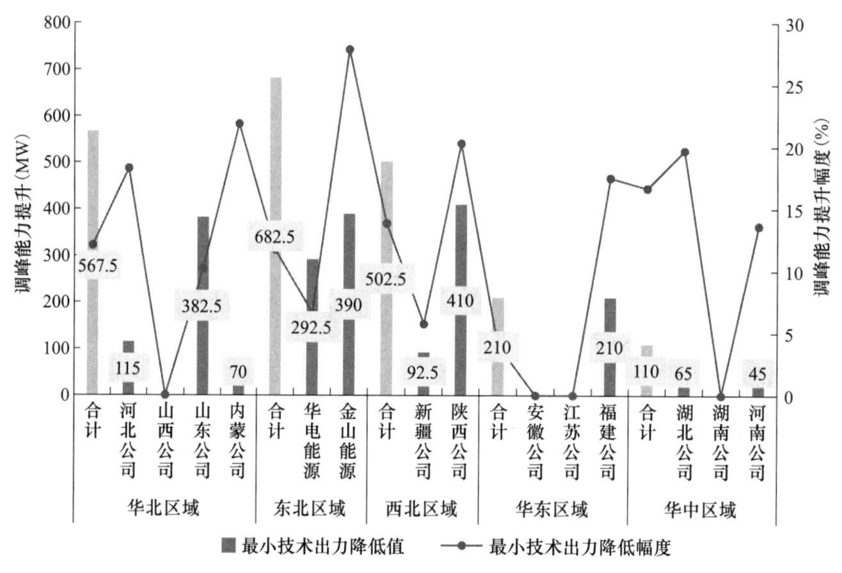

图6 各区域灵活性改造后最小技术出力降低值、降低幅度

河北公司热电解耦采用凝抽背+尖峰抽汽供热路线，可调至 32%额定发电负荷；福建公司2号机组采用烟气旁路技术路线最低可调至30%额定发电负荷，1号机组改造较早，采用分级省煤器技术路线最低可调至35%额定发电负荷，两者平均降低18%技术出力；河南公司渠东1号机组采用低压缸切除改造，改造后降低14%技术出力。

根据统计，受调峰辅助服务市场政策影响，山东区域深度调峰补偿收益偏低平均0.02元/kWh，该补偿不能覆盖深度调峰运行工况下机组煤耗水平下降、少发电量减少利润两方面的损失，因此山东公司灵活性改造以不被考核为主要目的；华电能源受供热面积过大、电热矛盾异常突出、投资能力较弱可用投资费受限等因素影响，2019年以前深度调峰补偿为负，在技术路线的选择方面存在一定困难，在技术路线选择和项目确定过程中，不得不选择相对“投资小、见效快”的技术路线和改造方案，主要目的为减少供热期调峰考核；新疆公司供热面积大，冬季调峰能力受限，同时疆内其他电厂陆续进行灵活性改造深度调峰市场竞争形势紧迫，调峰深度不足，调峰补偿收益

偏低平均为 0.18 元/kWh，综合测算深度调峰后发电收入和旋转备用补偿减少远大于调峰收益，未大规模参与夏季深度调峰。

（七）辅助服务市场政策

全国大部分省（区）均已出台辅助服务市场运营规则，其中湖北、内蒙古、新疆等省份，更是为了鼓励新能源发展，直接将煤电机组灵活性调峰（调减能力），以不同系数配套新能源容量，极大鼓舞各区域机组灵活性改造的工作热情。2021 年 8 月 26 日，内蒙古自治区能源局《内蒙古自治区推进火电灵活性改造促进市场化消纳新能源实施细则（试行）》的通知（内能电力字〔2021〕570 号），“燃煤电厂火电灵活性改造新增调节能力配套建设市场化并网新能源。新能源建设规模应与燃煤电厂新增调节能力相匹配，原则上不增加系统现有调峰压力”；2021 年 2 月 26 日湖北省发改委下发《关于 2021 年新能源建设有关事项的通知》，“……四、配置方式（二）普通新能源项目：1.直接配置，火电灵活性项目由省能源局直接配置一定比例新能源建设规模”。各省级区域有偿调峰基准、报价范围等内容汇总见表 1。

表 1　　各省级区域有偿调峰基准、报价范围等内容汇总

地区省份	有偿调峰基准负荷率	报价范围	备注
东北	非供热期：纯凝 50%，热电 48%； 供热期：纯凝 48%，热电 50%； 春节（正月初一至初六）：40%	＞40%：0～0.4 元/kWh； ≤40%：0.4～1 元/kWh	非供热期费用减半，供热期风、核、光按两倍电量计算分摊费用
西北	煤电 50%	按少发电量补偿，0.3 元/kWh	已实施辅助服务市场化的省（区）按照市场规则执行
华北	煤电 70%	每 10%为一档，40%～70%之间每档上限 0.3 元/kWh，40%以下每档上限 0.4 元/kWh	初期参与市场化交易的暂不参与分摊
华东	煤电 50%	负荷率大于（小于）50%时，报价下限不低于四省一市最低煤电上网标杆价的 55%（45%）；负备用统一按标杆价的 75%结算	卖方为 30kW 及以上煤电机组；申报最小单位 50MW
华中	煤电 50%	按少发电量补偿： 45%～50%：0.1 元/kWh； 40%～45%：0.2 元/kWh； 35%～45%：0.3 元/kWh； 35%以下：0.5 元/kWh	未包含供热期热电联产机组
南方	煤电 50%	按少发电量补偿： 40%～50%：3×R4 40%以下：6×R4	R4 取值，单位元/kWh（广东、广西、云南、贵州、海南）：0.02、0.01、0.0184、0.006、0.015

续表

地区省份	有偿调峰基准负荷率	报价范围	备注
福建	煤电60%、核电75%	60%～55%：0.1元/kWh； 55%～50%：0.2元/kWh； 50%～45%：0.4元/kWh； 45%～40%：0.5元/kWh； 40%以下：0.6元/kWh	采用下调容量比率形式报价，每5%为一档
山东	机组申报最大可调出力的70%	每10%为一档，报价上限暂定0.1元/kWh	—
山西	非供热期：50%； 供热期：纯凝50%，热电60%（12月～2月）或55%（11月、3月）	报价不超三档，每档上下限为0.3元/kWh、0.6元/kWh	—
新疆	非供热期：纯凝50%，热电45%； 供热期：纯凝45%，热电50%； 春节（腊月二十八至初八）：40%	＞40%：0～0.22元/kWh； ≤40%：0.22～0.5元/kWh	供热期运行机组台数超过最小运行方式开机台数时，补偿费用减半
宁夏	煤电50%	＞40%：0～0.38元/kWh； ≤40%：0.38～0.95元/kWh	—
甘肃	煤电50%	≥40%：0～0.4元/kWh； ＜40%：0.4～1元/kWh	—
蒙西	煤电70%	每10%为一档，每档报价上限0.4元/kWh	初期市场化交易用户及光伏扶贫项目不参与分摊
江苏	煤电50%，核电另行认定	共5档，第一档≤40%； 报价上限0.6元/kWh	未报价临时调用按0.15元/kWh
重庆	煤电50%	50%～45%：0.2元/kWh； 45%～40%：0.3元/kWh； 40%～35%：0.4元/kWh； 35%～30%：0.5元/kWh； 30%以下：0.6元/kWh	采用下调容量比率形式报价，每5%为一档
上海（模拟运行）	煤电47%	47%～40%：0.1元/kWh； 40%～35%：0.4元/kWh； 35%以下：0.6元/kWh	—

二、火电灵活性改造相关技术路线

（一）灵活性改造目标

1. 灵活性改造主要体现

（1）深度：更宽的负荷调节范围，负荷下限从原来的45%下调至30%，甚至更低。

（2）灵活：更快的变负荷速率、更短的启停时间。

2. 灵活性改造主要目标

通过低负荷稳燃、热电解耦、燃料灵活性，热电机组增加20%额定容量的调峰能力，纯凝机组增加15%～20%额定容量的调峰能力；部分机组预期达到国际先进水平，机组不投油稳燃时纯凝工况最小技术出力达到20%～25%。负荷响应速率能力提升，有条件的机组实现快速启停。

（二）代表性改造项目

华电集团进行灵活性改造项目比较多，已完成30多台，各种技术均有选用，主要有：

丹东金山热电、昌吉热电：已完成宽负荷脱硝+固体蓄热式电锅炉，昌吉最低技术出力25%ECR。

石家庄裕华热电、包头东华热电：已实施等离子点火稳燃技术改造+省煤器高温烟气旁路技术改造，最低技术出力30%ECR。

福建可门公司：已实施省煤器高温烟气旁路技术改造，25%ECR；

富拉尔基发电厂：热水蓄热罐+光轴背压供热，20%ECR；

哈尔滨热电厂：高低压旁路改造，20%ECR。

（三）热电解耦改造技术思路

热电解耦技术主要包括：余热回收技术（热泵技术、双转子高背压技术、凝抽背运行供热技术）、大型蓄热罐供热技术、再热或主蒸汽减温减压供热技术、电锅炉供热技术等。

1. 余热回收技术

余热回收技术是充分挖掘机组现有供热潜力，提高机组在热电解耦时段的供热能力，最主要为对机组循环水余热进行回收利用。可采取的技术有热泵回收循环水余热技术、双转子高背压回收循环水余热技术以及切除低压缸进汽的机组凝抽背运行供热技术。采用热泵以及双转子高背压回收循环水余热技术为成熟技术，回收机组余热，提升机组供热能力，但是由于余热量有限，因此，不能实现热电机组的完全热电解耦，仅能作为热电解耦的配合技术。

其中，机组凝抽背运行技术（低压缸切除供热技术）即供热时，将机组低压缸切除，低压缸几乎不进汽，仅保持很小量的一股冷却蒸汽，以降低低压缸鼓风损失。低压缸不进汽，中压缸排汽全部抽取用于供热。低压缸切除既能增加机组供热能力，又能减少机组的发电功率。但是，由于机组低压缸最小排汽量相对较小，则对机组发电功率的影响也相对较小，因此，不能实现热电机组的完全热电解耦，仅能作为热电解耦的配合技术。同时，由于低压缸不进汽，需对低压缸以及各辅机系统的安全运行进行重新核算以及重点监视。

2. 大型蓄热罐供热技术

在热源侧建设大型蓄热罐，以水为蓄放热介质，当热电机组降低出力时，输出热量弥补热负荷缺口；当热电机组增加出力时，储存富裕热量，实现“热电解耦”运行。蓄热装置可以解决电负荷和热负荷之间存在的时间上的矛盾，同时，蓄热装置还可以起到对热网负荷变化的实时调节功能。大型蓄热罐技术单独即能实现热电机组的热电解耦，但其运行方式分为蓄热和放热两个时间段，同时其运行受到外网热负荷以及机组供热能力的限制。

3. 再热或主蒸汽减温减压供热技术

从机组抽取再热蒸汽或者主蒸汽经过减温减压之后，作为调峰时期的补充供热热源，从而实现热电机组的热电解耦。抽取再热蒸汽以及主蒸汽时，需考虑锅炉再热器超温以及汽轮机安全运行方面的问题。抽汽减温减压技术单独即能实现热电机组的热电解耦，但是其对机组安全运行要求较高，同时利用高参数的再热蒸汽或者主蒸汽供热成本较高。

4. 电锅炉供热技术

在热源侧建设电锅炉，将机组发电直接引接至电锅炉加热热网水用于供热。电锅炉供热技术包含有电极式电锅炉以及固体蓄热式电锅炉两种。电极式电锅炉启停方便，但是单机容量较小。固体蓄热式电锅炉能将热量储存起来，在必要时释放，运行灵活，但是其占地较大，同时投资较大。电锅炉技术单独即能实现热电机组的热电解耦，但是相比于其他技术，由于利用高品位的电能进行供热，其供热成本高（华电丹东金山热电采用固体蓄热式电锅炉实现机组热电解耦）。

热电解耦方案的制定，需结合实际情况，既可以采用单一的技术实现热电解耦，也可以采用组合的技术，最终实现热电解耦。

为了实现热电解耦，建议技术路线为：余热回收技术（热泵技术、双转子高背压技术、凝抽背运行供热技术）——大型蓄热罐供热——再热或主蒸汽减温减压供热——电锅炉供热。原则上，建议电厂按照上面组合方式依次选取热电解耦技术路线进行改造，以尽量减少热电解耦运行成本。但有些电厂可根据自身条件或者外界投融资情况，经过科学论证，可单独将主蒸汽减温减压供热或者电锅炉供热作为单一的热电解耦技术方案。

（四）深度调峰技术思路

1. 锅炉侧改造技术思路

锅炉侧改造技术包括：制粉系统优化改造、燃烧器优化改造、点火稳燃系统改造、空气预热器防堵塞技术、风机等辅机改造、磨煤机安全改造、尾部烟道积灰解决、水动力安全、受热面超温、低负荷精细化燃烧优化调整（含掺煤掺烧的应用）。

（1）制粉系统优化改造。

1）动态分离器改造：改造后煤粉细且均匀，有利于降低锅炉未燃尽含碳量，增强磨煤机的煤种适应性，提高制粉系统出力，降低制粉电耗。可以根据煤质变化及负荷情况灵活调整煤粉细度增强锅炉的调峰能力。

2）磨煤机喷嘴环改造：适用于中速磨煤机，优化风环型线，改造后煤粉均匀性指数高，提高磨煤机出力，降低风粉比，降低制粉电耗。

3）风粉在线监测装置：直观地显示一次风速及煤粉浓度等重要参数，为锅炉运行人员监测每只燃烧器的风、粉情况和及时调整燃烧提供可靠的手段。

4）直吹式增加中间粉仓：中速磨煤机出口增加中间粉仓可以大大提高风粉分配均匀性，提高机组负荷调整速率，增强煤种适应性和锅炉低负荷稳燃能力。

（2）燃烧器优化改造。

煤粉浓缩技术、浓淡分离燃烧器、加装稳燃齿（环）、分级燃烧技术。关键要控制改造后 NO_x 排放、燃烧器钝体或稳燃齿（环）的防磨等。

（3）点火稳燃系统改造。

1）等离子点火稳燃：等离子点火及稳燃不需要投油，相对来说，安全、环保、运行费用较低，缺点是投资费用较高、电极寿命较短。

2）富氧微油点火稳燃：微油点火技术与富氧点火稳燃相结合，需要增加氧站及氧气输送管道，安全性方面不及等离子点火技术。

3）富氧等离子点火稳燃：等离子技术与富氧点火相结合。

（4）空气预热器防堵塞技术。

1）ABS 沉积区下移（热一、二次风预加热）技术：将空气预热器出口部分热风引至空气预热器冷端逆流加热低温换热片，使 ABS 沉积区下移，使沉积的 ABS 能够通过吹灰系统吹掉。

2）低温省煤器联合前置暖风器技术：利用低温省煤器回收的热量提高空气进风温度，实际上利用的是暖风器的加热作用，优点是较为节能，缺点是投资费用较高。

3）烟气余热暖风器技术：类似于回转式空气预热器，相当于替换空气预热器冷端的第二级空气预热器，烟气余热暖风器为独立系统，需要具备足够的安装空间。

4）吹灰器改造：实际上，只要存在氨逃逸，就难以避免 ABS 生成，低于其熔点就会凝固（在熔点以上会凝结形成黏结性很强的糊状物）。以上防止空气预热器堵塞的措施实际上主要作用是提高空气预热器换热元件温度，使 ABS 沉积区下移，便于被吹灰器吹掉（如果彻底不在空气预热器沉积，则很有可能对下游设备造成危害）。故而，安装有效的吹灰器彻底将少量沉积的 ABS 及时吹掉也是关键技术，例如目前应用较多的可调频高声强声波吹灰器。

（5）风机等辅机改造。

烟风管道优化改造（包括改造不合理的风机进、出口管道布置）、对风烟系统进行优化调整（降低管网阻力及风机进口风量）、变频调节改造、降转速或双速改造、永磁改造、叶轮局部改造。

（6）磨煤机安全改造。

永磁改造、液压系统改造等。

（7）尾部烟道积灰解决。

低负荷运行烟速下降，更容易在水平烟道位置产生积灰，较多的水平烟道积灰不但影响传热，造成受热面壁温偏差甚至超温，积灰达到一定厚度在炉膛负压扰动时垮灰则容易造成锅炉灭火，可以加装吹灰系统解决。

（8）水动力安全。

汽包锅炉一般不存在水动力安全性问题。主要控制好汽包的上下、内外壁温差，确保锅筒安全；采用相对较高的压力定压运行；控制变负荷速度，防止省煤器汽化。直流炉需对低负荷下的锅炉水动力进行校核并开展相关试验，确定最低安全负荷，确保水冷壁安全。控制煤水比，确保分离器出口过热度，尽量避免转湿态运行。

（9）受热面超温。

深度调峰期间，炉膛火焰充满度较差、水动力不足，受热面容易出现热偏差，导致机组受热面超温，主蒸汽、再热蒸汽温度出现较大偏差。

超临界机组干湿态转化点为 25%～30%BMCR，在该转换点对应负荷附近运行，容易产生机组管壁超温等问题。可以进行低负荷精细化运行优化调整，必要时进行燃烧器或受热面改造。

（10）低负荷精细化燃烧优化调整（含掺煤掺烧的应用）。

发电企业用煤煤质日趋复杂，而燃煤电站锅炉是根据特定煤种进行设计的。低负荷下，当燃料发生变化后，炉内燃烧工况发生变化，影响机组运行经济性、安全性，因此根据电厂实际情况开展多煤种混配掺烧试验研究具有重要意义。可以考虑选取高挥发分煤种为调峰煤。

锅炉在低负荷运行工况下可能出现的问题有主蒸汽、再热蒸汽汽温偏低、偏差和壁温超温问题，工质品质降低问题，存在燃烧稳定性差、火焰检测及炉内爆燃的可能，尾部烟道二次燃烧的可能等。对氧量、燃烧器二次风配风方式、一次风量、磨组合方式、煤粉细度、煤质情况等影响锅炉安全经济性的主要因素进行调整、确定，达到既安全又经济的目的（可以通过增加 CO 监测系统、优化改造火检系统等配合进行）。

2. 环保侧改造技术思路

灵活性改造环保侧主要涉及脱硝装置低负荷运行问题，目前，实现宽负荷脱硝改造方案主要有给水旁路、省煤器热水再循环、烟气旁路、省煤器分级设置以及蒸汽加热给水等，其中前四种技术方案较为成熟。

（1）省煤器分级设置。此方案基本原理为原有省煤器部分（靠烟气下游部分）拆除，在 SCR 反应器后增设一定的省煤器受热面。给水直接引至位于 SCR 反应器后面的省煤器，然后通过连接管道引至位于 SCR 反应器前面的省煤器中。通过减少 SCR 反应器前省煤器的吸热量，达到提高 SCR 反应器入口温度的目的，以保证 SCR 全负荷段正常运行。烟气通过 SCR 反应器脱硝之后，进一步通过 SCR 反应器后的省煤器进行放热，以保证空气预热器进、出口烟温基本不变，即在保证 SCR 所有负荷正常投运的同时，锅炉的热效率等性能指标不受影响。缺点是改造受限于 SCR 后烟道空间及荷载；施工周期长；改造成本高；改造后无法调节烟温，煤种适应性差；提温幅度受限于满负荷下烟温；不适应于超低负荷要求，工况适应性差。投资 1800 万～2000 万元；工期 65 天；烟温调节范围 30～40℃。实施案例：北仑、可门、襄樊、富拉尔基等。

（2）烟气旁路。此方案基本原理为在省煤器、低温过热器或低温再热器进口位置的烟道上开孔，抽取一部分烟气至 SCR 接口处，设置烟气挡板，增加部分钢结构。在低负荷时，通过抽取烟气加热省煤器出口过来的烟气，使低负荷时 SCR 入口处烟气温度达到脱硝最低连续运行烟温以上。缺点是对改造空间和位置有要求；可靠性差容易发生积灰堵塞烟道，挡板卡涩打不开；会提高排烟温度。投资 600 万～800 万元；工期 40 天；烟温调节范围 0～40℃。实施案例：邹县、东华、潍坊、国电泉州、国电恒泰电厂、庄河电厂等。

（3）给水旁路。该方案基本原理为在省煤器进口集箱之前设置调节阀和连接管道，将部分给水短路，直接引至省煤器出口连接管，减少给水在省煤器中的吸热量，以达到提高省煤器出口烟温的目的。改造后烟温可调节；改造费用低，施工周期短；缺点是烟温提高幅度受限（10℃左右）；对经济性影响较小。投资 600 万～800 万元，工期 25 天。实施案例：浙能滨海、阳西海滨、国电庄河电厂、中电投贵溪电厂等。

（4）热水再循环。该方案基本原理在锅筒下降管合适的高度位置另外引出循环管路，混合后经过新增加的循环泵加压，引入至给水管路。目的是提高省煤器进口水温，减小省煤器水侧与烟气侧的传热温差，从而达到减少省煤器吸热量，提高省煤器出口烟气温度的目的。优点是烟气提高幅度达 0～60℃；改造后系统运行简单可靠，改造周期短；设备可靠后期设备维护费用低。缺点是投资高、设备复杂。投资 1600 万～1800 万元，工期 30 天。实施案例：粤电沙角 C 电厂等。

（5）蒸汽加热给水（0号高压加热器）。该方案基本原理为通过对汽轮机回热系统改造，低负荷时通过蒸汽加热给水，提高给水温度，减少省煤器换热温差，来减少省煤器的对流换热量，使省煤器出口烟温提高，从而保证低负荷时SCR催化剂能够安全稳定连续运行，最终实现全负荷脱硝。优点是投资较少，降低机组热耗率。缺点是需校核对汽轮机本体机构与锅炉运行参数的影响；运行控制要求高。改造工期30天；投资700万～1000万元。实施案例：外三电厂、嘉华电厂。

3. 汽轮机侧改造技术思路

汽轮机侧改造主要包括热力系统优化、汽轮机运行方式优化以及汽轮机本体安全性、辅机设备安全经济运行。

（1）热力系统优化。

汽轮机本体采取通流改造方式，针对喷嘴采用高效宽负荷叶型，更好地适应负荷变化，减小叶型损失。高压缸模块优化保证良好的气密性；中压缸模块优化减小内、外缸的工作温度，控制外缸的膨胀量；低压缸通流改造，提高低负荷阶段经济性。

通过高压缸优化设计，提高高压缸效率、降低中低压缸分缸压力，使得低压缸进口温度降低，减小低压缸进汽、排汽温差，降低低压缸热应力，减小低压缸的变形，避免低压缸出现内漏，提高机组经济性和可靠性。

配汽方式进行更改，采取无调节级全周进汽+滑压运行的方式，降低进口部分的流动损失。针对汽轮机变工况运行的特点，兼顾快速性与经济性，优化阀门结构，降低压损。

1）主汽系统：优化主蒸汽管道、再热系统的压降，降低机组热耗。

2）回热系统：回热焓升分配和给水回热级数的优化更大限度地获得热耗率的改善。设置外置式蒸汽冷却器：充分利用第3级回热抽汽蒸汽的过热度，提高机组的给水温度。

3）给水系统：两台机组给水系统互为备用，缩短锅炉暖炉时间，缩短机组启动时间。

4）凝结水系统：加装低温省煤器降低排烟温度。

5）抽真空系统：真空系统改造和优化。

（2）汽轮机运行方式优化。

主调阀预节流调峰，汽轮机配汽优化调峰，重新测量汽轮机阀门流量特性、优化重叠度、必要时改变阀序、单阀曲线和顺序阀曲线有机结合、中压调节阀参与负荷调节，降低最小技术出力。

补汽阀调峰和回热系统调峰，在回热抽汽管道上增加调节阀，通过改变调阀开度，快速改变进入加热器（高压加热器或低压加热器）以及除氧器的抽汽量，瞬时获得一部分机组的负荷，从而快速响应电网调峰需求。

凝结水节流变频调峰，供热机组低压缸切除运行，降低汽轮机出力、进行调峰。

（3）汽轮机本体安全性、辅机设备安全经济运行。

汽轮机本体安全性：升、降负荷时蒸汽温度与金属变化对安全性的影响分析；快速变负荷过程机组寿命控制。

辅机设备安全经济运行：包括安全分析和经济运行部分。

4. 灵活调峰控制技术思路

控制系统及运行优化有：DCS 控制系统性能优化、AGC 协调系统优化控制技术、过热和再热汽温优化控制技术、低负荷下机组控制与逻辑保护梳理、机组快速启停技术等。

（1）DCS 控制系统性能优化。

1）给水控制系统：对两台给水泵控制系统进行必要的优化、完善并调试，系统投入自动控制，满足负荷变化的要求。

2）炉膛压力控制系统：对 2 台并列运行的引风机控制系统进行必要的优化、完善并调试，系统投入自动控制，满足负荷变化的要求。

3）风量控制系统：对 2 台并列运行的送风机控制系统进行必要的优化、完善并调试。对烟气含氧量校正系统进行必要的优化、完善并调试，系统投入自动控制，满足负荷变化的要求。

4）燃料量控制系统：对燃料控制系统进行必要的优化、完善并调试，系统投入自动控制，满足负荷变化的要求。

5）磨组控制系统：对于磨煤机控制系统进行优化、完善并调试，系统投入自动控制，保证磨煤机在负荷变化时，安全、稳定运行。

6）脱硝喷氨系统：重新设计调节回路，进行逻辑结构修改，对控制系统的静态函数和动态参数进行优化，确保 NO_x 排放得到有效控制。

7）供热负荷计算：根据系统状态判断供热投入，并根据抽汽量及疏水量，计算抽汽热负荷，并加入协调控制系统中，保证机炉能量平衡。

为了提高机组连续响应负荷的能力，对汽轮机高压调门的流量特性进行测试，根据实际情况对其控制参数进行优化整定，提高发电机组的控制品质和调节性能，保障发电机组安全、稳定运行。

（2）AGC 协调系统优化控制技术（主要是锅炉侧）。

采用新型的变负荷前馈：构造新型变负荷前馈，根据煤和水的静态配合、煤和比的动态配合、煤和水的时间差配合、煤水比在处理壁温超温时的调节配合、煤水比的综合调节配合等参数自动调整前馈需求量，以满足不同工况下机组运行的要求。

（3）过热和再热汽温优化控制技术。

主汽温度控制品质：变负荷时，主汽温度偏差大，不少机组的主汽温波动达15℃以上，且较长时间不能回调到设定值附近。除与煤水比调整有关外，还与汽温控制策略有关。采用先进的控制策略，可以使主汽温接近设定值，保持较高的热效率。

再热汽温控制品质：再热烟气挡板的控制效果差，有不少机组不能有效投入自动控制，再热汽温偏差大，有的经常长时间偏低，最低可低于设定值20℃以上，且相比主汽温，再热汽温偏低后需要更长的时间恢复，机组的运行效率受到明显影响。

（4）低负荷下机组控制与逻辑保护梳理。

主要针对各辅机长时间在低负荷运行下可能引发风机的抢风和失速，进而导致喘振、跳闸等一系列安全问题；保证低负荷运行工况下各辅机（包括风机和给水泵）在偏离了原设计工况的安全运行。

（5）机组快速启停技术。

机组快速启停技术主要包括：全程给水控制技术、全程凝结水控制技术、全自动旁路等。（华能丹东电厂控制系统优化30%以上具备协调自动投入）

三、电网系统辅助服务供需分析

（一）新能源发展现状

2005—2020年清洁能源装机容量如图7所示。截至2020年年底，清洁能源装机容量持续大比例增长，年发电量增幅也远超过年增速和其他形式发电增值。全国全口径发电装机容量220204万kW，比上年增长9.6%。其中，水电37028万kW，比上年增长3.4%（抽水蓄能3149万kW，比上年增长4.0%）；火电124624万kW，比上年

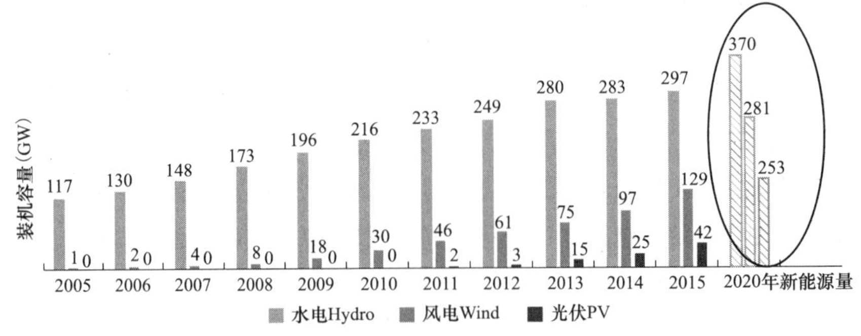

图7　2005—2020年清洁能源装机容量

增长 4.8%（煤电 107912 万 kW，比上年增长 3.7%；气电 9972 万 kW，比上年增长 10.5%）；核电 4989 万 kW，比上年增长 2.4%；并网风电 28165 万 kW，比上年增长 34.7%；并网太阳能发电 25356 万 kW，比上年增长 24.1%。

2020 年，全国全口径发电量为 76264 亿 kWh，比上年增长 4.1%，增速比上年下降 0.7 个百分点。其中，水电 13553 亿 kWh，比上年增长 4.1%（抽水蓄能 335 亿 kWh，比上年增长 5.0%）；火电 51770 亿 kWh，比上年增长 2.6%（煤电 46296 亿 kWh，比上年增长 1.7%；天然气 2525 亿 kWh，比上年增长 8.6%）；核电 3662 亿 kWh，比上年增长 5.0%；并网风电 4665 亿 kWh，比上年增长 15.1%；并网太阳能发电 2611 亿 kWh，比上年增长 16.6%。

（二）辅助服务补偿费用分布

国家能源局综合司曾通报过 2019 年上半年关于电力辅助服务有关情况，2019 年上半年，全国除西藏外 31 个省（区、市、地区）参与电力辅助服务补偿的发电企业共 4566 家，装机容量共 13.70 亿 kW，补偿费用共 130.31 亿元，占上网电费总额的 1.47%。调峰补偿费用总额 50.09 亿元，占总补偿费用的 38.44%；调频［西北区域调频为 AGC（自动发电控制）加一次调频，其他区域调频为 AGC］补偿费用总额 27.01 亿元，占总补偿费用的 20.73%；备用补偿费用总额 47.41 亿元，占比 36.38%；调压补偿费用 5.51 亿元，占比 4.23%；其他补偿费用 0.29 亿元，占比 0.22%。

2019 年上半年各区域电力辅助服务补偿费用构成如图 8 所示，调峰、调频和备用补偿费用占总补偿费用的 90%以上。其中，东北区域调峰补偿力度最大，西北区域调频补偿力度最大，南方区域备用补偿力度最大。总体来看，南方区域整体电力辅助服务补偿力度最大。从 2019 年电力辅助服务补偿费用来源来看，主要来自发电机组分摊

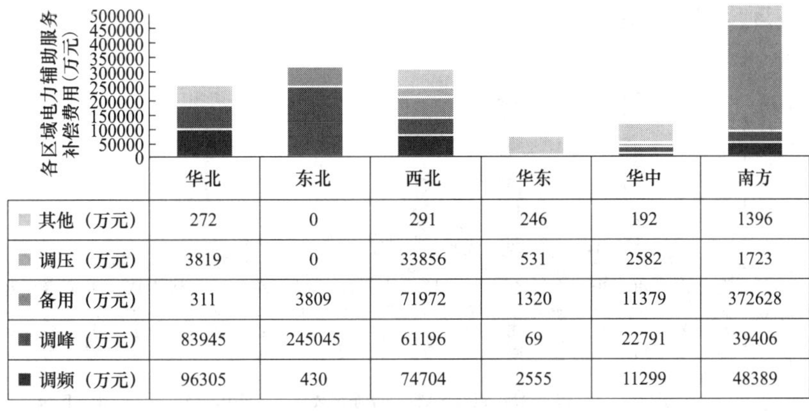

	华北	东北	西北	华东	华中	南方
其他（万元）	272	0	291	246	192	1396
调压（万元）	3819	0	33856	531	2582	1723
备用（万元）	311	3809	71972	1320	11379	372628
调峰（万元）	83945	245045	61196	69	22791	39406
调频（万元）	96305	430	74704	2555	11299	48389

图 8　2019 年上半年各区域电力辅助服务补偿费用构成

费用，合计114.29亿元，占比为87.71%。另外，跨省区（网外）辅助服务补偿分摊费用合计0.36亿元，新机差额资金0.79亿元，考核等其他费用14.87亿元，无分摊减免费用。

（三）不同能源类型补偿与分摊对比

从能源类型的角度来看，2019年上半年各类型机组电力辅助服务补偿分摊费用对比如图9所示。

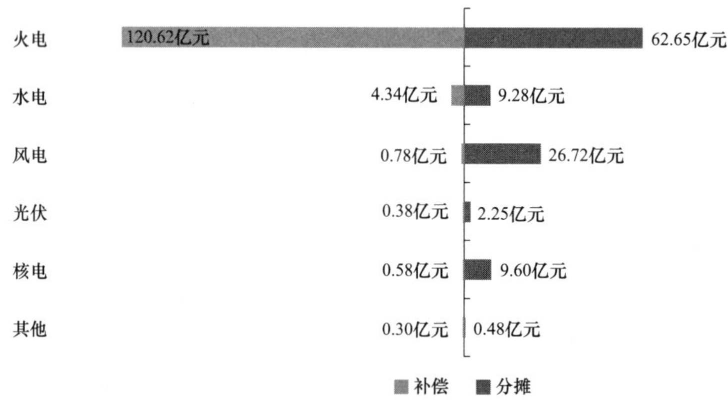

图9　2019年上半年各类型机组电力辅助服务补偿分摊费用对比

通过上述辅助服务补偿情况可以看出，各地辅助服务市场的辅助服务提供方以火电为主，分摊方一般涵盖了各种电源类型，个别省份的外来电也参与了辅助服务费用的分摊。火电提供大量辅助服务时虽然要牺牲一定的效率和经济性，但同时也可以获得辅助服务贡献和由系统带来的补偿收益。

（四）集团内辅助服务市场发展趋势

图10为集团内各区域公司近3年平均度电调峰收益情况，大部分区域平均度电调峰补偿收益逐步回落趋稳。

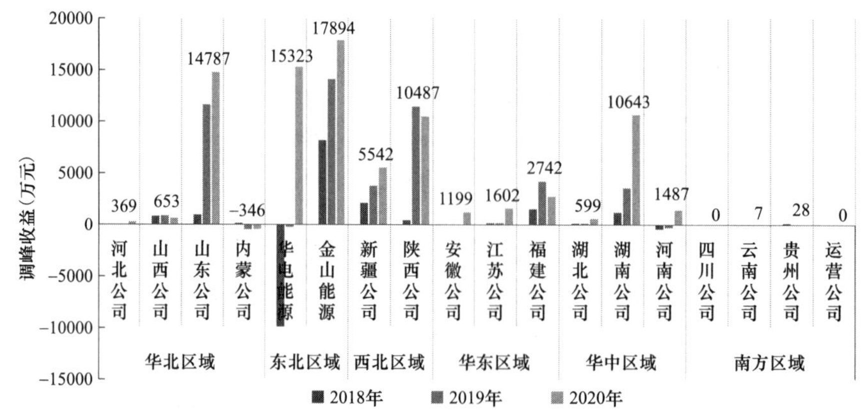

图10　集团内各区域公司近3年平均度电调峰收益情况

根据辅助服务费用来源可知，火电机组分摊费用占比约 60%，补偿费用占比 95% 以上，一方面随着灵活性改造的机组逐渐增多，火电机组间的深度调峰市场将向“趋窄趋稳”的方向发展，进入深度调峰第二档的调峰空间会逐渐减少，火电机组分摊和补偿费用将同时大幅减少并趋向稳定；另一方面“风电反哺火电的态势已进一步形成”，深度调峰辅助服务市场将由火电间竞争为主逐步向“消纳新能源”的市场本质回归。再者，随着各火电企业灵活性改造的逐渐增多，深度调峰辅助服务的报价机制和作用逐渐显现，调峰电价下行趋势明显。

四、总体灵活性改造需求预测

（一）中长期新能源发展展望

根据中电联编制的《煤电机组灵活性运行政策研究》（征求意见稿），随着技术进步成本持续下降，未来新能源发展将进一步加快。我国新能源资源丰富，风电、太阳能发电技术可开发量分别超过 35 亿、55 亿 kW。预计到 2025 年，我国电力总装机分别达到 28 亿 kW，其中风电和光伏装机合计约 7 亿 kW。我国中长期能源发展规划（2020—2025 年）如表 2 所示。

表 2　我国中长期能源发展规划（2020—2025 年）　单位：亿 kW

项目	2018 年	2020 年	2025 年
总装机	19	22.02	27.6
常规水电	3.22	3.702	4.07
抽水蓄能	0.3	0.31	0.8
核电	0.45	0.49	0.89
风电	1.84	2.8	3.5
太阳能发电	1.75	2.53	3.4
气电	0.83	0.99	1.79
煤电	10.06	10.8	12.5
生物质及其他	0.55	0.6	0.65
非化石能源发电装机比重	43%	43%	48%

我国到 2025 年新能源（风+光）发电量及弃电率、平均利用小时数预测如图 11 所示。图中 2014—2018 年数据为中电联《煤电机组灵活性运行政策研究》（征求意见稿）提供数据，2020 年尚无统计值，2020 年和 2025 年数据为预测数据，假设条件为：

（1）2020 年弃电率降至 4.8%，2025 年弃电率降至 3.8%；

（2）2020 年风电和光伏年平均利用小时数分别为 1609h 和 1604h。

到 2025 年，风电+光伏年发电量预计为 11070 亿 kWh，平均利用小时数趋稳达到 1604h，国内平均弃电率达到 3.8%，接近北欧 3%的水平。

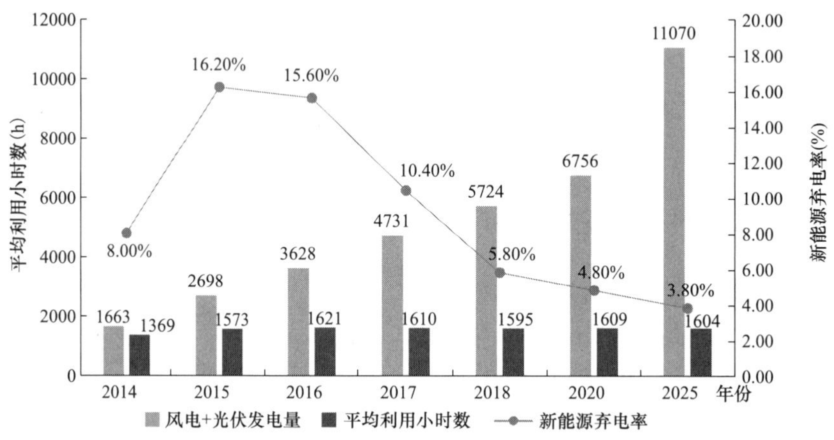

图 11　我国到 2025 年新能源（风+光）发电量及弃电率、平均利用小时数预测

（二）灵活性改造容量总需求

电力系统中可用于灵活调峰的电源构成主要是抽水蓄能、燃气轮机、实施灵活性改造的煤电。目前，由于储能技术还不成熟、储能电站建设成本高、运行安全性较差等原因，预计 2025 年左右尚不具备大规模商业化运营条件；抽水蓄能电站受站址资源限制，且能效低（仅为 75%），经济性差（单位千瓦投资约 6000 元）；气电受气源、气价和碳减排约束，不具备大规模建设条件。

受资源禀赋限制，预计到 2025 年，我国抽水蓄能、气电等灵活调节电源建设规模为中电联预测的 80%，即 2.07 亿 kW。不考虑电网系统因用户侧需求变化对峰谷调节容量需求的影响，可预测得 2025 年需新增煤电灵活性改造机组总容量 5712 万 kW（以 2020 年预测值为基准）。2020 年煤电机组灵活性改造容量如表 3 所示。

表 3　　2020 年煤电机组灵活性改造容量

项目	单位	2018 年	2020 年	2025 年
总装机	亿 kW	19	22.02	27.6
常规水电	亿 kW	3.22	3.702	4.07
抽水蓄能	亿 kW	0.3	0.31	0.8
核电	亿 kW	0.45	0.49	0.89
风电	亿 kW	1.84	2.8	3.5

续表

项目	单位	2018 年	2020 年	2025 年
太阳能发电	亿 kW	1.75	2.53	3.4
气电	亿 kW	0.83	0.99	1.79
煤电	亿 kW	10.06	10.8	12.5
生物质及其他	亿 kW	0.55	0.6	0.65
非化石能源发电装机比重	%	43	43	48
风+光伏	亿 kW	3.59	4.2	6.9
抽水+燃气	亿 kW	1.13	1.26	2.07
调峰需求	亿 kW	3.59	4.20	6.90
利用小时	h	1594	1609	1604
新能源发电量	亿 kWh	5724	6756	11070
弃电量	亿 kWh	332	324	421
弃电率	%	5.8	4.8	3.8
火电灵活性改造容量	万 kW	5078	9041	14753
火电调峰能力	万 kW	1016	1808	2951
总调峰能力	亿 kW	1.23	1.44	2.37
新增灵活性改造容量	万 kW	基准	3963	9675
		—	基准	5712

截至 2021 年 8 月，华电集团煤电机组总装机 9861.1 万 kW，同期国内煤电总装机约 11 亿 kW，装机容量占比约 9%，新增灵活性改造容量按照总装机容量均匀分配，则集团火电机组到 2025 年需新增灵活性改造装机容量约 514 万 kW，以集团前期改造平均单位容量投资 59 元/kW 进行估算，预计需要新增灵活性改造投资费用 30326 万元。

五、火电灵活性制约因素及工作建议

（一）火电灵活性发展制约因素

1. 技术层面制约

一是频繁快速变负荷、深度调峰，甚至快速启停，易产生锅炉炉膛应力变形、汽包、分离器等厚壁容器及主管道性能劣化，汽轮机低压转子叶片应力腐蚀，发电机振动增加、绝缘劣化等，造成发电机组主设备故障。二是运行过程中存在不可避免的超临界锅炉干湿态转换困难、屏式过热器超温、烟气超标排放、空气预热器堵塞风险，机组运行稳定性下降。三是低负荷运行，机组热耗增加、效率下降，造成能耗异常，特别是超（超）临界机组，机组经济性下降，直接影响机组能耗对标。四是灵活性改造涉及锅炉、汽轮机、供热，以及控制等多个专业，在技术路线选取上存在多样性以及复杂性。五是部分单位供热负荷过大，电热矛盾异常突出，技术路线选择上存在一定困难。

2. 资金层面约束

一是大部分灵活性改造技术投资额较大，煤电灵活性改造单位千瓦调峰容量成本约在500～1500元，再加上改造后的运维成本、煤耗成本增加，如果没有合理的补偿，企业积极性不足。特别是在没有统一规划的现状下，补偿政策不到位、不持久，投资回收期长，大多数区域改造没有收益。二是受投资总额限制，投资能力较弱，有限的生产投入大部分都用于设备安全、环保安全等方面，灵活性改造投入受到限制。同时，基层企业亏损面大，扭亏减亏任务艰巨，加之调峰补贴力度较小，基层企业改造动力不足。

3. 补偿政策束缚

一是除东北区域外，其他区域出台的辅助服务政策补偿力度小，部分区域虽然出台相关政策，补偿落实难，入不敷出，补偿收入甚至不能有效弥补机组低负荷运行，导致各类成本增加。二是随着灵活性改造的机组逐渐增多，火电机组间的深度调峰市场将向“趋窄趋稳”的方向发展，在调峰政策不变的情况下，进入深度调峰第二档的调峰空间会逐渐减少；深度调峰辅助服务的报价机制和作用逐渐显现，调峰电价下行趋势明显。在这种背景下，深度调峰效益的可持续性风险逐渐加剧。三是政策存在不确定性，可能会提高深度调峰基准，未来调峰收益不可预期。调峰费用完全由发电侧分摊，不可持续。在目前补偿机制下，如果大面积实施火电灵活性改造，势必形成收支不能平衡甚至“无收可支”的局面。

（二）工作建议

针对火电灵活性改造过程中存在问题及制约因素存在的问题，建议如下：

（1）总结经验，稳定政策，制定标准，加大补贴力度。

总结国内煤电灵活性改造试点区域的示范经验，分析辅助服务市场实际运转中存在的问题，尽快开展机组灵活性调峰相关政策、标准制定和完善工作。考虑低负荷运行期间煤耗上升、运维成本增加、设备老化速率上升，完善辅助服务补偿政策。研究改造投资压力疏导机制，制定改造补助或优惠财税政策，激励灵活性改造工作。

（2）因地制宜，灵活决策，疏解难题，完善补偿政策。

按照差异化原则，因地制宜，完善辅助服务补偿政策，并保证补偿政策执行的刚性，确保煤电灵活性改造项目取得合理收益及时到位，激发煤电企业灵活性改造积极

性。如果盲目大范围推广实施火电灵活性改造，势必产生新的浪费，应结合煤电机组自身特性做出差异化决策。重点可对 30 万 kW 及以下煤电机组进行灵活性改造，部分 30 万 kW 等级及以下的老旧机组临近服役年限，但政府对于是否许可延寿的政策不明朗，导致该类机组进行灵活性改造的决策风险较大。建议有关部门充分论证该类机组的延寿申请，并安排专项补助用于灵活性改造，改造后该类机组可主要承担电网调峰调频任务。

（3）统筹规划，网源协调，优化调度，实现效益优先。

研究网架结构、资源分布，结合新能源发展目标，统筹规划，建立区域协调沟通机制，推进区域有效灵活性改造推进，避免无序投资，防范灵活性资源过剩。区域电网和发电集团一起对区域电网内的设备进行整体评估和策划，根据电网需求，统一制定确认长期参与调峰的机组并进行相应的深度改造，其他机组尽量在经济负荷上运行，在电网的稳定可靠运行基础上，实现发电集团整体效益的最大化，将承担调峰任务的机组深度改造后，能够实现快速调峰调频，实现网源协调。加强调度工作监督，增加各发电集团区域公司机组调度协调权力，保证新能源消纳的同时，发挥煤电大机组节能减排的优势，提高国家能源利用效率。

关于新型储能产业发展的政策研究

中国华电集团有限公司战略规划部、中国华电科工集团有限公司

乌兰陶克　袁玉琪　罗　臻　刘广宇　魏国庆　叶　骏　梁启广
李艳红　李俊飞　王兴兴

以新能源为主的新型电力系统是国家实现碳达峰碳中和的重要支撑，截至 2020 年年底，我国风光电装机容量为 5.33 亿 kW，占全部发电装机容量的 24.4%，风光电发电量 7276 亿 kWh，占全部发电量的 9.5%。预计到 2030 年，我国非化石能源占一次能源消费比重达到 25%左右，风光电装机容量达到 12 亿 kW 以上。我国新能源发展进入大规模、高比例、市场化阶段。

2021 年以来，国家相继下发风光建设方案、可再生能源电力消纳责任权重、新能源上网电价政策、整县推动分布式光伏规模化开发试点等政策文件，支持新能源发展，大量新能源接入电网，其间歇性与波动性给电网安全稳定运行带来巨大挑战。为此，亟待利用储能技术的双向功率特性和灵活调节能力解决可再生能源波动性带来的系列问题，将电力生产和消费在时间上解耦，使传统实时平衡的“刚性”电力系统变得“柔性”，提高可再生能源系统的灵活性、稳定性和电网友好性，显著提升可再生能源的消纳水平。

在此背景下，国家和地方政府印发了一系列新型储能政策文件，推动储能产业实现高质量发展。为促进集团公司新型储能产业有序、高效发展，战略部联合华电科工研究了新型储能产业发展相关政策课题，本课题首先梳理了新型储能技术发展现状、产业发展概况；其次研究了国家及地方新型储能产业相关政策，重点政策分析，在国家层面重点研究储能顶层设计、关键技术、价格机制、项目安全管理等方面的政策，在地方层面重点研究“新能源+储能”、储能参与调峰、调频、电力辅助服务市场及用户侧储能政策；再次分析了新型储能面临的机遇与挑战，展望新型储能发展趋势；最后，从集团公司现有储能发展现状出发，提出了项目开发、技术研发、业务能力提升等方面的工作建议。

为发展可再生能源和优化现有电力系统，提高整体能源利用效率，世界主要国家均出台支持新型储能大规模发展的政策措施，我国储能产业政策目前处于从宏观指导意见向行动计划、实施细则过渡的时期，本文重点研究新型储能产业发展的政策。

一、新型储能技术概述

新型储能业务范围：新型储能是指除抽水蓄能以外的其他储能方式，包括电化学储能、机械储能、电磁储能、热储能等（详见图 1）。其中，电化学储能主要包括锂离子电池、液流电池、钠硫电池、铅酸电池；机械储能主要包括压缩空气储能和飞轮储能；电磁储能主要包括超导储能、超级电容储能；热储能包括储热和蓄冷。从全球及国内储能项目中不同技术流派的容量占比看，锂离子电池的产业链和技术逐渐成熟，成本下降迅速。锂离子电池作为电动汽车的主要动力源，大功率充放电使得锂电池在技术和成本上有了显著的突破。

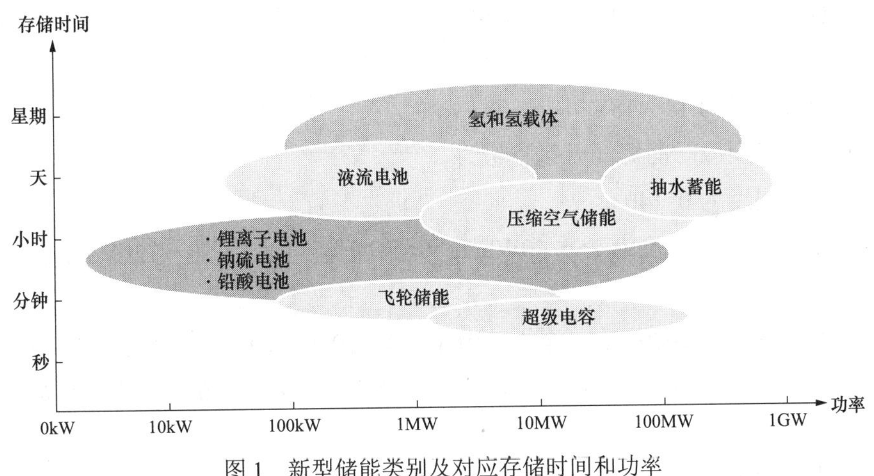

图 1　新型储能类别及对应存储时间和功率

（一）电化学储能

新型储能中的电化学储能因具有能量转换效率高、比功率大、安装简单、运行维护成本相对低等特点在电力系统调峰、调频及备用等场景应用中占据了主导地位。近几年，伴随技术的不断进步及信息化、智能化水平的不断提升，电化学储能安全性有望得到进一步改善、系统综合造价有望持续降低、项目的经济性有望持续向好。技术上均能做到毫秒级响应时间，也能做到小时级放电时间。

1. 锂离子电池

锂离子电池工作原理：锂离子电池是一个锂离子浓差电池，正负电极由两种不同的锂离子嵌入化合物结构，通过锂离子嵌入和可逆脱嵌正负极材料而实现充电与放电的一种电池。锂离子电池的特点如下。

（1）单体容量为0.05～100Ah；

（2）全功率反应时间短（百毫秒级）；

（3）工作温度为–20～55℃；

（4）比能量/功率密度为90～220Wh/kg；

（5）循环寿命为6000～10000次；

（6）单位造价为1400～2000元/kWh；

（7）能效为85%～98%；

（8）应用场景广。

2. 液流电池

液流电池的工作原理：液流电池通过正、负极电解液活性物质发生可逆氧化还原反应实现电能和化学能的相互转化。充电时，正极发生氧化反应使活性物质价态升高，负极发生还原反应使活性物质价态降低，放电过程与之相反。液流电池的特点如下。

（1）单体容量为14～18V；

（2）全功率反应时间短（百毫秒级）；

（3）工作温度为0～40℃；

（4）比能量/功率密度为25～40Wh/kg（全钒液流电池）、80～120Wh/kg（锌溴液流电池）；

（5）循环寿命为10000次（全钒液流电池）、5000～10000次（锌溴液流电池）；

（6）单位造价2500～3500元/kWh（全钒液流电池）、2200～2500元/kWh（锌溴液流电池）；

（7）能效为65%～75%（全钒液流电池）、65%～80%（锌溴液流电池）；

（8）更适用于长时储能。

3. 钠硫电池

钠硫电池的工作原理：分别以硫和金属钠作为正负极活性物质，放电时金属钠被氧化为钠离子，并通过电解质达到阴极，与硫结合成多硫化钠化合物，电子通过外电路供应给负荷，充电时过程相逆。钠硫电池的特点如下。

（1）可大电流、高功率放电，理论上可以实现100%放电；

（2）全功率反应时间短（百毫秒级）；

（3）工作温度为300～350℃；

（4）比能量/功率密度为150～750Wh/kg；

（5）循环寿命约 4500 次；

（6）单位造价 3000～3500 元/kWh；

（7）理论能效为 90%；

（8）钠和硫在自然界中的存储量较大。

4. 铅酸电池

铅酸电池的工作原理：铅酸电池内的阳极（PbO_2）及阴极（Pb）浸到稀硫酸电解液中，两极间会产生 2V 的电动势。充电时，正极板上的氧化铅变成二氧化铅，负极板上的氧化铅变成绒状铅；放电时，正、负极板上的活性物质都吸收硫酸发生化学变化，形成硫酸铅。铅酸电池的特点如下。

（1）单体容量为 1～4000Ah；

（2）全功率反应时间短（百毫秒级）；

（3）工作温度为 40～60℃；

（4）比能量/功率密度为 25～50Wh/kg；

（5）循环寿命为 1000～3000 次；

（6）单位造价为 800～1300 元/kWh；

（7）能效为 50%～75%；

（8）技术成熟、不易燃烧、环境污染较大。

（二）机械储能

机械储能型式主要有压缩空气储能、飞轮储能和抽水蓄能。

1. 压缩空气储能

压缩空气储能是指在电网负荷低谷期将电能用于压缩空气（10MPa），在电网负荷高峰期释放压缩空气推动汽轮机发电的储能方式。压缩空气储能具有安全性高、寿命长等优势，近几年在国内得到一定发展。存在应用场地要求多、场址受限、噪声较大等问题，在用户侧应用受到限制。目前，10 万 kW 级压缩空气储能项目，综合效率可达到 75%，单位造价约为 1300 元/kWh。

2. 飞轮储能

飞轮储能：充电时，电能以动能形式储存起来；放电时，飞轮减速，机械能通过发电机转变成电能。目前，国内飞轮储能处于技术验证阶段。飞轮储能具有使用寿命长、储能密度高、不受充放电次数限制、安装维护方便、对环境危害小等优点，但是有一定的自放电损耗，适用高功率、频繁充放电的场景，如电网调频、微电网调峰、电能质量管理等。经了解某国产飞轮厂商，针对单体飞轮功率 250kW 与 500kW、单体存电量 50kWh、放电时间 6～12min、综合效率大于 85%，单位造价为 4 万～6 万元/kWh。

3. 抽水蓄能

抽水蓄能是指利用电力负荷低谷时的电能抽水至上水库，在电力负荷高峰期再放水至下水库发电的水电站。抽水蓄能适于调峰、调频、调相，稳定电力系统的频率和电压，且宜为事故备用，还可提高系统中火电站和核电站的效率。我国近年建设的几座大型抽水蓄能电站技术已处于世界先进水平，综合效率为80%～82%。

（三）电磁储能

电磁储能主要包括超级电容器储能、超导储能等技术，具有充放电时间快、响应速度快、循环次数多等优点，但其投资成本高、能量密度低、放电时间短，独立使用场合有限，适合与其他储能技术联合使用。

1. 超级电容器储能

超级电容器储能原理：电容器也是一种储能元件，其储存的电能与自身的电容和端电压的平方成正比，即 $E=CU^2/2$ 电容储能容易保持，不需要超导体。超级电容器储能特点：能够提供瞬间大功率，非常适合于激光器、闪光灯等应用场合。

2. 超导储能

超导储能的特点：能量以超导线圈中循环流动的直流电流方式储存在磁场中，尚处于试验性阶段。

二、国内外储能发展现状

根据中国能源研究会储能委员会/中关村储能产业技术联盟（CNESA）全球储能项目库的不完全统计，截至2020年底，全球投运储能项目总规模1.9亿kW，同比增长3.4%。其中，抽水蓄能1.7亿kW，占89.6%；电化学储能1360万kW，占7.1%；压缩空气储能167万kW，占0.9%；飞轮储能96.7万kW，占0.5%；蓄热蓄冷378万kW，占2.0%。

目前，在全球范围内，新型储能中的电化学储能占主导地位。其中，锂离子电池储能1230万kW，占90.7%；铅蓄电池储能45.5万kW，占3.4%；钠硫电池储能43.2万kW，占3.2%；液流电池储能24.5万kW，占1.8%；超级电容器3.9万kW，占0.3%；其他电化学储能8.74万kW，占0.6%（详见图2）。

（一）国外新型储能发展现状

1. 装机规模

国外电化学储能市场典型国家包括美国、韩国、英国、日本、澳大利亚和德国等，上述国家电化学储能装机规模分别约为296万kW、206万kW、110万kW、91万kW、89万kW、69万kW，从应用数据分析，各国的装机应用侧重点各有不同，电化学储

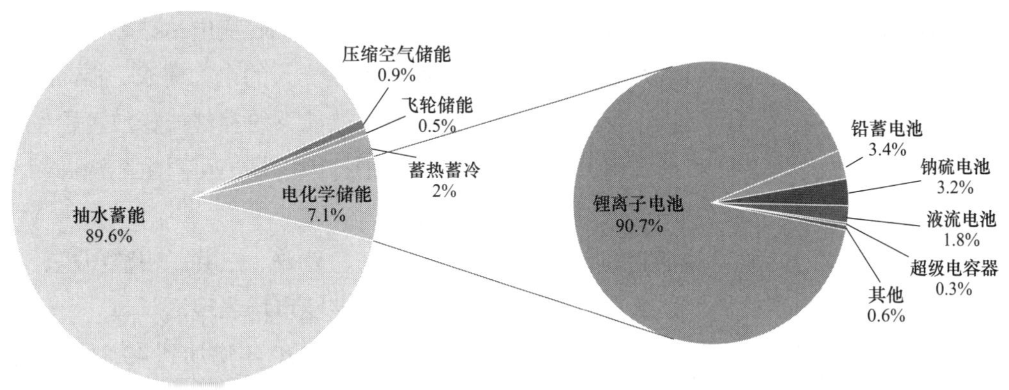

图 2　全球各类储能及电化学储能装机占比

能最主要的应用场景集中在新能源的消纳和电网稳定性服务方面。美国电化学储能在电网侧应用比例最高，占比约 50.1%；日本、韩国和澳大利亚电化学储能在新能源+储能应用比例最高，占比分别约为 78.4%、54%、75%；英国和德国电化学储能在电源侧辅助服务应用比例最高，占比分别约为 69.4%、60.2%。美国、日本、德国在储能技术创新和商业模式创新方面都进行了大量的领先实践，能源转型取得了显著成效。

（1）美国。美国储能产业的市场机制为储能提供了顺畅的成本传导机制和丰富的收益来源。以美国加州为例，截至 2019 年底加州已累计投运 47 个电池储能项目（仅包括供电侧及大型工商业项目），项目总功率达 25.5 万 kW/65 万 kWh，占全美储能装机容量的 1/3。

加州储能市场化发展为投资储能提供了良好的盈利模式：

一是随着光伏在电力装机中的占比持续提升，近年来加州的电力供需结构发生了显著改变。2010—2019 年，光伏在加州发电总装机容量中的占比由 0.2%提升至 14.1%，电力供给结构的改变拉大电力批发市场的价格差，2016—2019 年，电力批发价格从 30 美元/MWh 提升至 50 美元/MWh，有助于提升储能项目的收益。

二是电力辅助服务是加州发电侧储能项目另一个重要的收益来源，近年来各类辅助服务的平均出清价格呈明显上升趋势，储能项目的收益也随之提升。

三是除了市场化的峰谷套利、辅助服务收益外，加州大型公用事业公司的储能设施还可被纳入电网资产，通过政府核定的输配电价收回成本。

（2）日本。日本储能项目大部分应用在电力输配领域，在电池储能技术创新和应用领域保持领先，构建了覆盖储能研发、制造和商业化应用的完整产业链。福冈县 Buzen 变电站钠硫电池项目和福岛 Minami-Soma 变电站锂离子电池项目，是依托大规模储能电池系统提升电网供需平衡的示范项目，支持九州电力公司和东北电力公司通过安装储能系统向电网中引入更多的可再生能源。福冈县 Buzen 变电站钠硫电池项目系统总容量 50MW/300MWh，可以满足大约 30000 户家庭一天的电力需求。福岛地区可再生能源资源丰富，该项目正是通过利用锂离子电池储能系统存储或释放可再生能源电力，从而更好地管理和提升电网供需平衡，同时平抑因大规模可再生能源并网而引起的电力波动。

此外，日本的储能装备企业具有全球竞争力，东芝、夏普、三井、田渊电机、日产等企业都具有相当的储能技术实力，这些企业在全球储能市场表现活跃。

（3）德国。2011 年德国可再生能源发电量占比 20%，2020 年增加到 49.3%，年发电量为 2330 亿 kWh。

德国的可再生能源占比高，与德国储能技术进步与储能商业模式创新密不可分。德国储能产业发展具有如下几个显著特点：

一是政府的引导职能。德国储能产业发展的初期，政府为储能产业提供补贴。2013—2018 年，德国推出了针对小于 30kW 的并网型户用储能补贴政策，给予 30%投资补贴及低息贷款，该补贴 2018 年退出后，用户侧储能仍持续增长。

二是行业组织为储能发展制定标准与规范。2016 年，德国标准化研究所牵头制定了《德国储能标准化路线图》，为德国储能发展提供了清晰的路线。

三是充分发挥市场功能。由于德国居民电价较高，随着光伏系统和储能成本的下降，户用储能装机得到了迅速发展。截至 2020 年，德国户用储能装机已达 8.8 万套。

2. 政策特点

国外储能政策颁布较为活跃的国家有美国、日本、德国、英国、韩国、澳大利亚、意大利等国家，以完善多场景市场机制体制，为储能项目建设及产业研究提供财税支持为主。

（1）市场机制方面。

一是明确储能参与市场交易的合法地位。通过放开电力市场准入保障储能参与市场交易权利，消除储能在电力市场竞争中面临的障碍；

二是通过完善优化电力辅助服务、需求侧响应机制鼓励储能参与竞标；

三是设计可体现储能价值的市场交易和价格机制。

（2）财税支持方面。由于储能产业发展初期项目投资建设成本较高，补贴、税收减免等手段可提高投资者的积极性：

一是专项资金和强制采购政策，如美国能源部《复苏与再投资法案》，对 16 个储能项目予以 1.85 亿美元资助；

二是项目初始投资补贴政策，该类补贴侧重于在项目初始投资时进行资金援助，

如德国对光伏配套的储能设施发放不超过600欧元/kW的补贴等；

三是税费减免政策，如美国《可再生与绿色能源存储技术方案》，为大规模储能系统提供投资税减免等。

3. 国外储能政策的启示

欧美各国在积极支持储能技术研发转化，保护和满足国内生产制造需求，促进形成本土制造、本土应用的市场环境。其中，欧洲地区主要聚焦于电池储能技术本土化及规模化发展；美国政府发布的储能支持政策覆盖面更广，支持包括电化学储能、机械储能、储热、电磁储能等不同储能技术，包括了顶层设计和资金支持，更注重储能技术前瞻性布局和保持储能技术全球领先地位。无论欧洲还是美国，都具有较为成熟开放的电力市场，欧美各国在积极支持储能技术研发转化的同时对电力市场进行不断改革和完善，为储能技术装备研发制造及项目开拓提供了广阔的应用场景和可观的收益。

我国科技部发布的“十四五”国家重点研发计划“储能与智能电网技术”等18个重点专项年度项目申报指南的征求意见，针对储能技术主要围绕中长时间储能和短时高频储能两大类储能技术展开。与欧美相比，国内目前储能技术重点研发计划主要围绕锂离子电池储能技术基础研发和应用研究展开，特别是与美国相比，目前我国储能产业政策在顶层设计和规划方面有待完善，政策系统性和针对性仍需加强。在“双碳”目标提出后，以风光电为代表的可再生能源进一步提速发展，储能作为发展以新能源为主的新型电力系统的重要支撑，在未来能源体系中扮演重要角色，除了通过国家重点研发计划突破现有技术瓶颈，攻克现有难题外，国家层面应进一步通过制定储能技术发展路线图，支持多种形式储能技术发展，促进产学研用结合和市场化应用。

（二）国内新型储能发展现状

1. 装机规模

根据国内相关储能产业发展专项报告，截至2020年底，我国投运储能项目516个、3604万kW，居全球第一。其中，抽水蓄能项目38个、3231万kW，占89.6%，同比增长2.7%；电化学储能项目463个，328万kW，占9.1%，同比增长27.6%；其他储能技术（压缩空气和飞轮储能）约占1.3%。国内电化学储能中，锂离子电池占比较大，约为88%，铅蓄电池占8%，液流电池占4%。2020年中国新增投运新型储能项目装机规模156万kW，99.4%为电化学储能。而压缩空气储能、飞轮储能、电磁储能合计占比不足1%（详见图3）。

压缩空气储能处于示范应用阶段，截至2020年底，累计投运装机容量11MW，2021年，中国科学院工程热物理研究所自主研发的国际首套100MW先进压缩空气储能示范项目取得进展，系统主要核心设备发电机定子吊装成功；小微型飞轮储能早期主要作为医院、军事等不间断电源（UPS），2019 年兆瓦级飞轮储能装置商业应用取得突破后，在调频等领域迎来更多关注；超级电容器和超导储能更多被用作系统装置的部件或元器件。

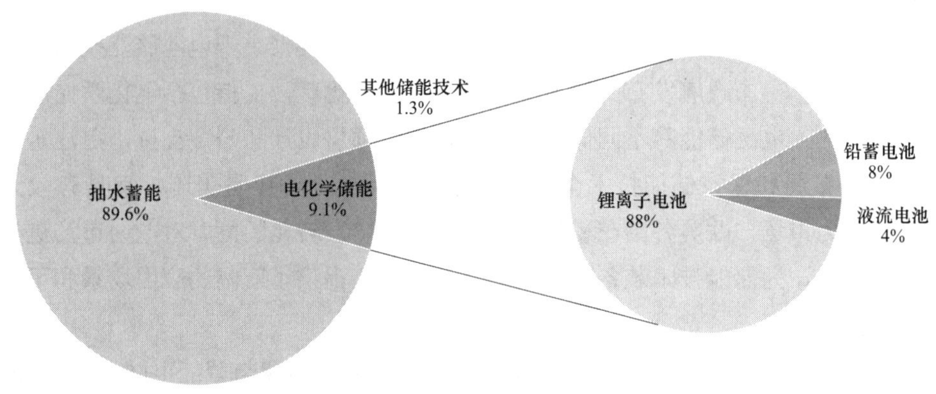

图 3　我国各类储能及电化学储能装机占比

2. 各省份装机规模

截至 2020 年年底，中国所有省（自治区、直辖市）均有电化学储能项目投运，累计装机规模排名前五位的分别是江苏、广东、青海、安徽、河南省，合计装机容量约占全国累计装机规模的 58%，其中江苏省装机规模 63.6 万 kW，占比 19%。

2020 年，中国新投产的电化学储能项目分布在 29 个省（自治区），装机规模排名前十位的分别是广东、青海、江苏、安徽、山东、西藏、甘肃、内蒙古、浙江和新疆，这 10 个省（自治区）的新增装机规模合计占 2020 年全国新增总规模的 86%。其中广东省新增装机规模 29.2 万 kW，占比 19%。

3. 政策特点

截至 2020 年 10 月，26 个省份的地方政府提出集中式新能源+储能配套发展激励政策，储能对新能源规模化发展的作用逐步形成共识，储能对电力系统安全稳定运行的作用开始显现，并探索储能在黑启动和应急备用方面的应用。随着 5G 通信、数据中心、新能源汽车充电站等新基础设施建设加速，储能在用户侧的跨领域应用进一步拓展。

2020 年，各地在峰谷电价的基础上推行尖峰电价机制，用户侧储能经济性得到一定提升。另外，各区域和地方电力市场明确了第三方独立主体和用户资源参与辅助服务的基本条件，提出辅助服务成本逐步向用户传导的发展思路，有效推进储能逐步参与辅助服务市场。

随着新型储能细分应用，新模式不断出现：

一是部分省份推出共享储能模式，明确储能的独立主体身份；

二是部分省份储能项目采用租赁模式；

三是第三方公司以代理运营商模式，通过一个中央控制室，将分散式储能系统、充电桩集合起来，参与电网服务，获取收益。多种模式的探索和实践，将为优化储能配置方案、有效推进储能多重应用价值叠加和提升项目盈利能力积累经验。

三、我国新型储能政策研究

国家高度重视储能产业发展。“十三五”期间就把储能列入战略性新兴产业，给予政策支持。“十四五”规划明确提出要实施电化学储能、压缩空气储能、飞轮储能等储能示范项目，为我国储能产业的发展提供了明确的战略路径和坚强的政策支持。“双碳”目标下，储能成为以新能源为主体的新型电力系统中的关键技术，发展和利用储能技术成为政策热点。2021 年 4 月和 8 月，北京分别发生了一起电池储能和飞轮储能事故，储能安全问题引发广泛关注。在利好消息和负面新闻夹杂中，对储能行业的管理正在从过去的以省为单位的分散实践，走向国家层面统一部署。

（一）国家新型储能政策研究

2019—2021 年间，国家出台的储能政策逐渐明晰，规定新增新能源项目强制配建储能、确定储能电站独立市场地位、保护储能电站公平参与电网调度、完善分时电价、规范新型储能项目管理，为电化学储能大规模商业化发展提供了保障。

1. 注重顶层设计，明确产业发展路径规划

近年来，为促进储能产业健康有序发展，相关部门也加大了新型储能产业发展规划力度，从顶层设计角度勾勒发展路径图，主要政策包括《关于促进储能技术与产业发展的指导意见》《关于推进电力源网荷储一体化和多能互补发展的指导意见》及《关于加快推动新型储能发展的指导意见》等（详见表 1）。

表 1　　国家新型储能政策

时间	政策/文件	出台部门	重点内容
2021 年 10 月	关于完整准确全面贯彻新发展理念做好碳达峰碳中和工作的意见	中共中央、国务院	加快推进抽水蓄能和新型储能规模化应用
2021 年 9 月	新型储能项目管理规范（暂行）	国家能源局	拓宽储能边界，引导新型储能安全有序发展，明确要求遵循全生命周期理念
2021 年 9 月	关于能源领域深化“放管服”改革优化营商环境的实施意见（征求意见稿）	国家能源局	针对电网功能定位，新能源项目审批、储能等新业态管理作出明确规定

续表

时间	政策/文件	出台部门	重点内容
2021年8月	关于鼓励可再生能源发电企业自建或购买调峰能力增加并网规模的通知	国家发展改革委 国家能源局	鼓励新能源发电企业通过自建或购买的方式配置储能或调峰能力
2021年8月	并网主体并网运行管理规定（征求意见稿）	国家能源局	提出抽水蓄能、新型储能等作为电力辅助服务提供主体
2021年8月	电化学储能电站安全管理暂行办法（征求意见稿）	国家发展改革委 国家能源局	明确建设单位主体责任，项目准入、质量管控、并网检测、政府分工协作等机制
2021年7月	关于加快推动新型储能发展的指导意见	国家发展改革委 国家能源局	提出到 2025 年新型储能装机规模达3000万kW以上，接近当前装机的10倍
2021年7月	化学储能电站项目督导检查工作方案	国家能源局综合司	要求检查化学储能电站项目的安全管理情况，包括关键设备质量、电站设计、电站施工、电站运维、电站并网、安全生产管理等
2021年7月	关于做好2021年能源迎峰度夏工作的通知	国家发展改革委	加强调峰能力建设，提高电力系统灵活性，加大抽水蓄能和新型储能发展，提升电源侧、电网侧、用户侧储能调峰能力
2021年7月	关于进一步完善分时电价机制的通知	国家发展改革委	进一步拉大峰谷电价差，建立健全尖峰电价、季节性电价等机制
2021年5月	关于2021年风电、光伏发电开发建设有关事项的通知	国家能源局	提出通过市场化方式落实并网条件，并网条件主要包括配套新增的抽水蓄能、储热型光热发电、火电调峰、新型储能、可调节负荷等灵活性调节能力
2021年5月	关于“十四五”时期深化价格体制改革行动方案的通知	国家能源局	完善风电、光伏发电、抽水蓄能价格形成机制。建立新型储能价格机制
2021年5月	关于加强自由贸易试验区生态环境保护推动高质量发展的指导意见	生态环境部等八部门	指出推动新型储能产业化、规模化示范，促进储能技术装备和商业模式创新
2021年3月	关于推进电力源网荷储一体化和多能互补发展的指导意见	国家发展改革委 国家能源局	通过优化整合本地电源侧、电网侧、负荷侧资源，探索构建源网荷储高度融合的新型电力系统发展路径
2021年3月	中华人民共和国国民经济和社会发展第十四个五年规划和2035年远景目标纲要	中共中央	推进“新能源+储能”等示范工程，进一步探索新模式新业态
2017年	关于促进储能技术与产业发展的指导意见	国家发展改革委等五部委	储能产业第一个指导性政策，在未来十年分两个阶段推出相关工作：一是实现储能由研发示范向商业化初期过渡；二是实现商业化初期向规模化发展转变

2. 鼓励储能关键技术和核心装备研发

相关政策以装备制造水平提升为核心，注重依托试验示范提升储能工程实践经验。相关政策包括《“十三五”国家战略性新兴产业发展规划》《能源发展战略行动计划

（2014—2020 年）》《能源技术革命创新行动计划（2016—2030 年）》《中国制造 2025 能源装备实施方案》《关于加强自由贸易试验区生态环境保护推动高质量发展的指导意见》及《关于在我国大力发展钠离子电池的提案》等。

3. 完善电力市场和价格机制，强化行业管理

电力辅助服务市场、峰谷电价等市场和价格机制逐渐重视储能调峰、调频作用，为储能发现价值提供平台，推动储能与电力系统的协调优化运行。涉及的政策包括《关于促进储能参与"三北"地区电力辅助服务补偿（市场）机制试点工作的通知》《完善电力辅助服务补偿（市场）机制工作方案》《关于创新和完善促进绿色发展价格机制的意见》及《国家发展改革委关于进一步完善分时电价机制的通知》等。

4. 确定电化学储能的市场地位、完善电化学储能项目管理和安全管理

2021 年国家密集出台了多项政策，对电化学储能可以独立参与并网调度的身份进行了明确，为电化学储能公平参与电网调度提供了合法依据；针对电化学储能项目特点，出台了新型储能项目管理和验收的规范要求，为电化学储能项目规范建设提出了政策性要求，弥补了近十年来电化学储能项目建设管理规范的空白。涉及的主要政策包括《电网公平开放监管办法》《新型储能项目管理规范（暂行）》及《电化学储能安全管理暂行办法》等。

（二）国家新型储能重点政策分析

1. 关于加快推动新型储能发展的指导意见

2021 年 7 月，国家发展改革委、国家能源局联合印发《关于加快推动新型储能发展的指导意见》（发改能源规〔2021〕1051 号），推动新型储能发展新阶段顺利开局。"十三五"末我国新型储能装机规模约 300 万 kW，而要满足 2025 年我国非化石能源消费占比达到 20%目标，即使考虑新能源发展布局充分优化、火电灵活性改造等措施到位、新能源利用率考核适当放开的情况下，新型储能装机需求预测值不低于 3000 万 kW，客观上要求新型储能发展必须提速。与此同时，国家层面宏观规划引导缺失、政策机制和市场环境不完善、建设运行管理不明确不规范、标准体系不健全等问题日益突出。指导意见的出台为"十四五"新型储能高质量规模化发展的顺利起步奠定坚实基础。

（1）锁定"十四五"装机规模基础目标，贯穿高质量发展主线。指导意见在主要目标中坚持远近结合思路，"十四五"期间锁定 3000 万 kW 作为基本规模目标，是当前装机规模的 10 倍左右。但是指导意见不单纯强调规模发展，而是从技术进步、标准完善、产业发展、市场环境、商业模式等提出了多维度发展目标，注重高质量发展。在重点工作方向中贯穿了高质量发展的主线：

一是统筹引导发展规模和布局，充分发挥储能提升能源电力系统调节能力、综合效率和安全保障能力的作用，避免无序建设和利用不足的问题；

二是强化技术创新，攻克“卡脖子”技术，并以技术进步推动成本下降和规模化发展，提升本体安全性和可靠性；

三是完善政策和市场环境，充分体现储能的系统价值，通过市场机制实现盈利，培育成熟的商业模式；

四是健全标准体系和行业管理，提升建设运行质量水平，强化安全风险防范。

（2）紧扣新阶段的新型储能功能定位，通过规划引导新型储能科学有序发展。指导意见着眼习近平总书记关于构建新型电力系统的重要部署，开篇提出新型储能是提升能源电力系统调节能力、综合效率和安全保障能力，支撑新型电力系统建设的重要举措。为实现这一功能定位，保障新型储能在新阶段政策环境下的有序发展，指导意见提出国家和地方层面需要开展新型储能规划研究，充分发挥储能系统价值，促进储能多元化应用。从导向上看，电源侧研究电力供需形势、新能源消纳形势、电价承受能力等因素，推动储能与新能源、常规电源协调融合发展；电网侧根据电力系统实际需求和价格疏导机制，合理确定建设规模和布局，发挥储能对电力系统安全稳定运行的支撑作用；用户侧以市场为导向，满足用户多元化需求，进行储能资源要素整合、场景创新以及跨界应用。

（3）明确提出新型储能发展的差异化政策，着力化解新型储能发展的主要矛盾。当前新型储能成本偏高，加之商业模式单一，盈利空间小，项目对政策敏感性高、抗风险能力差。如果没有稳定的政策预期和市场环境，很难培育出可大规模复制的商业模式。指导意见结合我国电力体制改革和电力市场体系建设，提出要明确新型储能市场主体身份，推动储能进入并允许同时参与各类电力市场，就是为了实现多重市场价值的叠加，培育健康的商业模式。从导向上看，指导意见立足于新型储能的系统价值，对不同储能项目给予差异化政策，提出建立独立储能电站、电网替代性储能设施的成本疏导机制，完善峰谷电价扩大用户侧储能获利空间，采用政策倾斜激励配套建设或共享模式落实新型储能的新能源发电项目。可以预见，一旦有了明确稳定的政策预期，新型储能发展将驶入快车道，同时也避免了因成本问题造成以次充好、“劣币驱逐良币”的问题。

（4）面向新型储能规模化发展需求，从多维度破解安全问题。新型储能规模化发展的前提是解决安全问题，近年来国内外储能安全事故频发，引发社会和业界广泛关注和担忧，指导意见从安全技术、安全标准、安全管理三个维度提出对策。在安全技术方面，要研发高安全的储能设备、系统集成和安全防护等技术，创新储能调度运行

技术；在安全标准方面，要健全储能电站设备制造、建设安装、运行监测等环节的安全技术标准及管理体系，完善设备检测认证和并网检测标准；在安全管理方面，要求加强质量监督和消防安全管理，压实安全责任。

2. 关于可再生能源发电企业自建或购买调峰能力增加并网规模的通知

2021 年 8 月，国家发展改革委、国家能源局联合印发《关于鼓励可再生能源发电企业自建或购买调峰能力增加并网规模的通知》（发改运行〔2021〕1138 号，以下简称通知），通知明确提出了鼓励可再生能源发电企业自建合建、购买调峰资源等方式来增加可再生能源并网规模，提出确认、管理、运行等有关规定。

（1）多渠道配置调峰等资源，有效增加风光并网规模。我国对新核准风电和新备案光伏发电项目实施新的项目建设管理办法，即并网多元保障机制，新安排项目分为两类：

一是各省份完成年度非水电最低消纳责任权重所必需的新增并网项目为保障性并网项目，电网企业作为承担可再生能源并网消纳的主体，需要在每年新增的并网消纳规模中承担主要责任，因此这类项目由电网企业实行保障性并网；

二是在保障性并网范围以外仍有意愿并网的项目为市场化并网项目，鼓励和允许发电企业通过自建、合建、购买储能或调峰资源来落实并网条件，经电网企业按程序认定后，可安排相应装机并网。

（2）明确调峰资源范围和能力。

调峰资源范围方面：包括抽水蓄能电站、化学储能等新型储能、气电、光热电站、灵活性制造改造的煤电，基本上包括了主要的调峰电源形式。以上调峰资源不包括已列为应急备用和调峰电源的资源。

调峰能力方面：抽水蓄能电站、电化学储能和光热电站，按照装机规模认定调峰能力；气电按照机组设计出力认定调峰能力，对于因气源、天气等原因导致发电出力受限的情况，按照实际最大出力认定调峰能力；灵活性制造改造的煤电机组，按照制造改造可调出力范围与改造前可调出力或者平均可调出力范围的差值认定调峰能力。

（3）明确自建、合建及购买调峰能力的确认与管理。

一是自建调峰资源，指发电企业按全资比例建设调峰资源；

二是合建调峰资源，指发电企业按一定出资比例与其他市场主体联合建设调峰资源，并按照自建调峰资源方式挂钩比例乘以出资比例配建可再生能源发电；

三是购买调峰资源，对于部分新能源企业，在调峰能力建设方面的资源条件和技术能力比较欠缺，例如不具备建设抽水蓄能电站的能力，也没有自有煤电可实施灵活性改造，就可以考虑通过市场化方式购买调峰资源，要求仅限于购买本年度新建调峰资源。

（4）明确调峰能力与新能源规模的挂钩比例。对于自建和购买调峰资源，通知明确超过电网企业保障性并网以外的规模初期按照 15%的挂钩比例（时常 4h 以上，下同）配建/购买调峰能力，20%以上优先并网。对于合建调峰资源，可按照调峰资源的出资比例确定调峰能力。

（5）允许调峰资源指标交易，建立调峰能力配建标准和配建比例动态调整机制。通知提出未用完的调峰资源可交易至其他市场主体，这对于无补贴阶段的可再生能源项目开发权转让是一种明确的制度安排，有利于发挥市场机制作用。同时，调峰资源指标交易的过程中，均在本省（区、市）范围内统筹。考虑到各地电力系统情况不一，通知明确对调峰能力标准和配建比例在 2022 年后根据实际情况进行动态调整，每年调整一次。

3. 关于进一步完善分时电价机制的通知

2021 年 7 月，国家发展改革委印发《关于进一步完善分时电价机制的通知》（发改价格〔2021〕1093 号），在新型电力系统建设加速推进的背景下，对分时电价的时段划分、电价调整机制以及与市场的接轨机制等提出了指导性意见，为下一阶段各省区分时电价政策的调整提供了依据。

利用价差空间，实现“低电价时充电、高电价时放电”，是储能盈利的基本模式。目前，国内多个省区销售电价的峰谷价差对储能等需求侧响应资源的激励仍有待加强。为此，通知提出“上年或当年预计最大系统峰谷差率超过 40%的地方，峰谷电价价差原则上不低于 4:1，其他地方原则上不低于 3:1”。峰谷价差的拉大将对储能产业的发展和新型电力系统建设起到明显的推动作用。除此之外，通知提出各地要因地制宜建立尖峰电价和深谷电价，这有助于进一步发挥价格杠杆在用电高峰时期调节电力供需的作用，更好地削峰填谷，让电于民，保障民生用电，实现资源的优化配置和社会效益、经济效益的统筹协调。

（三）省级（地区）新型储能政策研究

2020—2021 年，在国家政策引导下，各省市为鼓励电化学储能建设，明确了新能源配储能的政策、储能参与调峰、调频电力辅助服务补偿政策、火储调频政策，以及风光电具备一次调频能力等政策，为电化学储能项目落地提供了保障。

1. 明确地区电化学储能发展方向和规模

新增风光电项目须配置 5%～20%储能，连续放电时长规定 1～4h。主要政策包括新疆维吾尔自治区《关于开展发电侧光伏储能联合运行项目试点的通知》、陕西省《新型储能建设方案（暂行）（征求意见稿）》、内蒙古自治区《关于加快推动新型储能发展

的实施意见》及湖北省能源局《关于开展2020年平价风电和平价光伏发电项目竞争配置工作的通知》等。

2. 明确了电化学储能项目建设和参与调峰、调频、电力辅助服务的补贴政策

各地区根据各自的资源优势特点和电化学储能应用需求，制定了相关补贴政策、扶持电化学储能项目建设。主要政策包括《山东电力辅助服务市场运营规则（试行）（2020年修订版）》《广东调频服务市场规则（试行）》《江苏电力辅助服务（调频）市场交易规则（试行）》《华中区域并网发电厂辅助服务管理实施细则》及《东北电力辅助服务市场运营规则》等。

3. 鼓励电化学储能全产业链发展

部分地区根据自身的资源优势、产业优势、区位优势，分别发布了相应的电化学储能全产业发展规划，为电化学储能产业平稳健康发展打下了坚实的基础。主要政策包括《江西省新能源产业高质量跨越式发展行动方案》《"两湾"产业融合发展先行试验区（广西玉林）发展规划（2021—2025年）》及贵州省《关于推进锂电池材料产业高质量发展的指导意见》等。

4. 完善分时电价，扩大峰谷电价差

2021年各地区为响应国家峰谷电价差扩大到3:1，部分地区扩大到4:1的政策，纷纷完善制定了峰谷电价政策，提高了峰期电价，降低了谷期电价，扩大的电价差为电化学储能的获利空间提供了支撑。主要政策包括《山东省落实"六稳""六保"促进高质量发展政策清单（第三批）》《关于完善广西峰谷分时电价机制方案公开征求意见的公告》及《宁夏回族自治区发展改革委关于进一步完善峰谷分时电价机制的通知》等。

5. 完善投资环境和加强项目管理、明确电网调度要求

各省市在明确支持储能产业发展基础上，提出了更深层次要求，对自身软实力提出了更高要求，如提高营商环境、确保电力调度、完善储能管理规范等。主要政策包括《浙江省全面提升"获得电力"服务水平持续优化用电营商环境三年行动计划（2021年—2023年）》《北京市电力储能系统建设运行规范》及《山东省关于印发新能源场站调峰优先调度原则的通知》等。

（四）省级（地区）新型储能重点政策分析

储能的本质驱动来自新型电力系统安全稳定运行、灵活性调度及用户侧的低成本高质量用电需求，具体可分为发电侧、电网侧和用户侧共3大类7种场景（详见图4）。发电侧：平抑发电波动，维持电网平衡，以新能源配套储能为主，从新能源装机角度测算；电网侧：以调峰调频等辅助服务维持电网平衡需求为主，另外还可延缓电网投资需求；用户侧：国内以工商业储能为主，国外包括家庭用户储能和工商业储能。

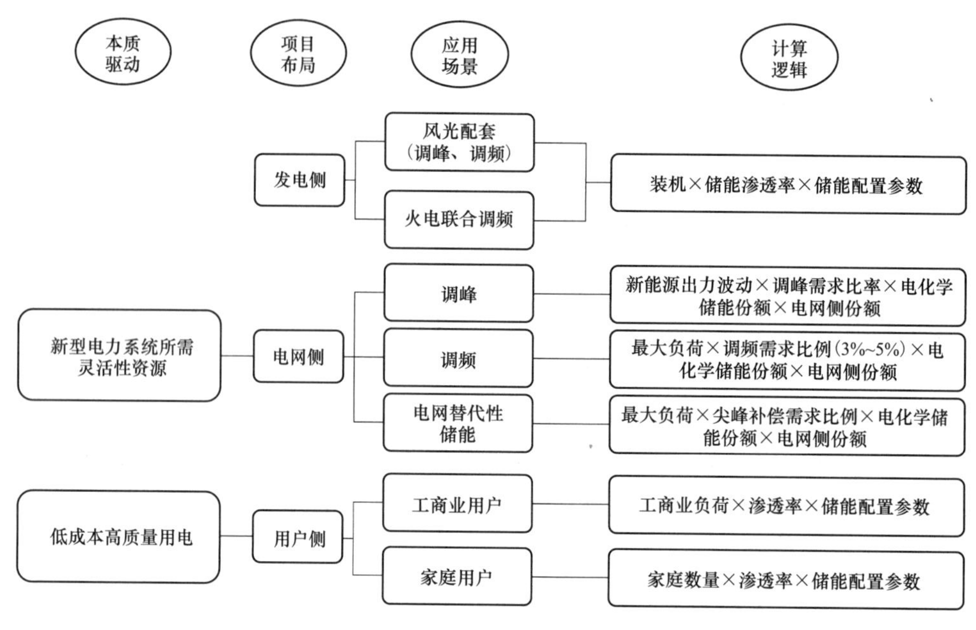

图 4　储能应用场景

1. 新能源+储能

2020 年和 2021 年各省市响应国家发展规划，密集出台了一系列储能政策。截至 2021 年 6 月，已有 26 个省份出台了新能源+储能的政策（详见表 2），黑龙江及云南省政策待发布，北京、上海、重庆及港澳台尚未发布储能政策。上述 26 个省份从支持力度来看可分为强制型、支持型和鼓励型三类：强制型省份要求增量或某些特定的新能源项目必须配置一定容量的储能，主要包括山东、陕西、山西、青海、新疆、湖北、湖南、贵州、海南、天津、河南共 11 个省份；支持型省份对于配置储能的新能源项目，在政策上予以一定的支持，包括辽宁、甘肃、宁夏、江西、广西、安徽、福建、河北、内蒙古共 9 个省份；鼓励型省份出台了相关文件表示鼓励“新能源+储能”的发展模式，主要包括吉林、江苏、浙江、云南、西藏、广东 6 省份。

表 2　新能源配套储能政策及规划（截至 2021 年 10 月）

序号	省级行政区	新能源+储能政策/规划		
		储能规模	配置比例要求	备注
1	河北		10%	各市会同当地电网企业着手研究编制储能规划
2	山西	试点 500MW～1GW	5%～20%	大同市：单体电芯容量≥280Ah，循环寿命 8000 次（25℃，0.5C 充放，容量>80%）

续表

序号	省级行政区	新能源+储能政策/规划		
		储能规模	配置比例要求	备注
3	辽宁		10%～15%	适时开展与新能源发展配套的电化学、飞轮等储能规划
4	吉林		已有部分项目按10%	打造“新能源+储能+局域电网”的源网荷储模式
5	江苏		鼓励按一定比例配置	鼓励新能源配套储能解决电网消纳
6	浙江	到2024年1GW	鼓励按一定比例配置	鼓励新能源企业绿电交易收益，优先用于配置一定比例的电源侧储能设施
7	安徽	到2024年1.24GW	10%，1h	循环6000次，10年Eol（电池设计寿命终止时的剩余容量）≥80%，禁止梯次电池
8	福建	试点300MW	10%	
9	江西		10%，1h	支持锂电池、钒电池等二次电池在光伏、风力等新能源发电配建储能
10	山东	到2025年4.5GW	10%，2h	可自建或租赁，优先租赁共享储能
11	河南		10%，2h	鼓励各类市场主体与储能产业领军企业合作，建设共享储能电站
12	湖北	2021新能源配套，500MW	10%	循环≥6000次
13	湖南	到2025年4GW	10%～20%，2h	
14	广东	到2025年2GW		推进“可再生能源+储能”建设
15	海南		10%	
16	贵州		10%	要求项目单位提供不拖欠储能设施配置比例等书面承诺
17	云南		鼓励风光配置储能	未来两年云南新能源电源比例提升至18%
18	陕西		10%～20%，2h	循环＞5000次，10年Eol≥80%，系统效率＞85%，DOD（放电深度）≥90%
19	甘肃	存量+新增初步866MW	5%～20%，2h	对配置储能设施的项目业主，将在后续新增项目竞争性配置方面给予支持
20	青海		10%，2h	给予0.1元/kWh运营补贴，使用本省储能电池60%以上，增加0.05元/kWh补贴
21	内蒙古	到2025年5GW	15%，2h/4h	循环≥6000次，单体电芯容量≥150Ah
22	广西		5%～10%，2h	循环＞5000次，10年Eol≥80%
23	西藏	试点220MW		加快推进“光伏+储能”研究和试点
24	宁夏		10%，2h	每年调用完全充放电次数≥250次

续表

序号	省级行政区	新能源+储能政策/规划		
		储能规模	配置比例要求	备注
25	新疆	到2023年770MW	10%～15%，2h	
26	天津	2021—2022年 526MW	10%～15%	

从配置对象来看，强制型省份一般要求增量新能源项目配置储能，如山东要求“新增集中式风电、光伏发电项目，原则上按照不低于10%比例配建或租赁储能设施”。各个支持型省份对增量或存量新能源配置储能要求不一，比如甘肃和宁夏新能源渗透率攀高，也要求存量项目配置储能，其余省份倾向于增量项目。鼓励型省份探索在风光电场站合理配置储能。

从配置容量来看，20个强制型和支持型省份均明确了储能配置比例，其中17个省份明确要求储能容量应按照不低于新能源装机10%配置，湖南省和陕西省榆林地区要求储能应按照20%或不低于20%配置。各省份一般要求储能充电时长不低于2h，仅江西省、安徽省要求电池充电时长不低于1h。

从配置需求来看，发文要求配置储能省份，其新能源装机规模一般较大，新能源渗透率较高。所有强制型和支持型省份2020年当年风光电装机总量和全社会最大负荷比值均大于30%，且3/5的省份该比值大于50%。鼓励型省份风光电装机容量和全社会最大负荷比值一般小于20%，比如浙江省2020年全社会最大负荷为9268万kW，风光电装机总量为1827万kW，该比值仅为18%。

强制型省份中，山东、青海和新疆3个省份提出了储能成本疏导机制。山东对于“新能源+储能”示范项目“参与电力辅助服务报量不报价、在火电机组调峰运行至50%以下时优先调用，按照0.2元/kWh给予补偿”，青海对“新能源+储能”项目中自发自储设施所发售的省内电网电量，给予0.1元/kWh运营补贴，由本省生产的储能电池60%以上的项目，另增0.05元/kWh补贴；新疆对充电状态的电储能设施所充电的电量给予0.55元/kWh补偿。

支持型省份的激励措施一般是在后续竞争性配置中予以支持。甘肃和宁夏明确对于存量能源项目中配置储能的企业，在后续新增项目竞争性配置方面给予支持。辽宁明确提出“优先考虑附带储能设施、有利于调峰的项目”；江西、广西和辽宁明确对于配置储能设施和风光储一体化项目，在竞争优选评分中给予倾斜支持，特别是广西在评分机制中将配置储能的评分比例调整至25%，极大地提升了“新能源+储能”项目的竞争力。

2. 储能参与调峰、调频辅助服务市场

以往储能参与辅助服务市场主要是联合火电机组参与二次调频，利用电池储能快速、精确响应的特点，补偿 AGC 指令与机组负荷出力的偏差，提升综合性能指标，获取更多调频补偿。但是由于储能的不明确身份，导致在市场准入、并网流程、商业模式、计量结算等方面衍生出诸多问题，影响了行业的快速发展。

现在随着政策不断完善，多个区域及省份出台了独立储能作为市场主体参与辅助服务的相关政策，2021 年 9 月，国家能源局综合司公开征求对新版《并网主体并网运行管理规定（征求意见稿）》《电力系统辅助服务管理办法（征求意见稿）》（以下简称两个细则）意见，明确了储能获独立主体资格，同时增加了转动惯量、爬坡、调相、稳控切机、快速切负荷等多个辅助服务品种，对行业是重大利好消息。

在储能参与调峰方面，已有安徽、青海、江苏、山东等 10 余个省份（地区）发布有关调峰辅助服务补偿规则文件，当前，广西、东北、西北、宁夏、山西等地区风电场及光伏电站需要具备一次调频功能。全国 31 个省市在“两个细则”基础上，目前已有广东、山西、内蒙古、河北等地区已落地调频电力辅助服务市场。表 3 所示为截至 2021 年 10 月部分区域或省份出台的储能调峰政策。

表 3　　部分区域或省份储能调峰政策（截至 2021 年 10 月）

地区		调峰政策	
		储能门槛	补偿（元/MWh）
区域	华北	10MW/30MWh	0～600
	东北	10MW/40MWh	100～200
	西北	对新能源场站的考核精度和罚款力度较高，同时补偿的种类较多	
	华东		160
	华中	5MW/2.5MWh	≥120
	南网	2MW/1MWh	500
	京津唐		
部分省份	山西	20MW/40MWh	750～950，高峰 2 倍
	广东	2MW/1MWh	500
	蒙西		
	江苏	20MW/40MWh	可调：250～2000 启停调峰：未明确
	云南	2MW/1MWh	500

续表

地区		调峰政策	
		储能门槛	补偿（元/MWh）
部分省份	青海	10MW/20MWh	500
	福建	20MW/40MWh	未明确
	山东	5MW/10MWh	200～400
	甘肃	10MW/40MWh	100～500
	浙江	5MW/10MWh	0～500
	江西		0～600
	四川		
	新疆	5MW/10MWh	550
	湖南	紧急调峰要求10MW以上	深度调峰0～200；紧急调峰：450～650

3. 用户侧储能

除了大型集中式风光电场站配套储能，国内多个省市也出台了分布式光储充及微电网补贴支持政策（详见表4），建设光储充一体化电站不仅可以解决新增充电桩面临的配电增容问题，还可以通过储能削峰填谷，增加新能源的就地消纳，实现本地发电与用能负荷基本平衡，根据需要与大电网灵活互动且相对独立运行。近期广东、浙江、广西、江苏、安徽等地也陆续出台了扩大峰谷价差的电价政策，用户侧储能、光储充及微电网项目盈利模式越发明朗。

表4　　用户侧储能相关政策

省份	政策概要
内蒙古	积极推动分布式光伏与储能、微电网等融合发展，加快分布式光伏发电的推广和利用
云南昆明	对于集光伏发电、储能、充电为一体的示范站，一次性补贴50万元/座
辽宁沈阳	对于集光伏发电、储能、充电为一体的示范站，按照投资额10%的标准给予一次性补贴奖励，最高50万元/座
陕西西安	2021—2022年投运的光储系统，自投运次月按储能实际充电量1元/kWh补贴，每年不超过50万元
江苏南京	给予具备“光储充放”功能，储能电量达到500kWh及以上且光伏装机容量达到100kW及以上的社会公用充电设施运营补贴0.2元/kWh
安徽合肥	光伏储能系统，自项目并网次月起给予储能系统充电量1元/kWh补贴，每年不超过100万元
福建	推进一批风光储一体化、光储充一体化和储能电站项目建设

四、新型储能发展的机遇与挑战

（一）新型储能发展机遇

1. 明确了储能市场主体地位，发展空间较大

允许储能作为独立市场主体同时参与各类电力市场，因地制宜建立完善“按效果付费”的电力辅助服务补偿机制。截至 2020 年底我国已投运的新型储能累计装机约 373 万 kW，为实现 2025 年规划的 3000 万 kW，未来五年年均增长率约 60%。

2. 发展方式多元化

一是电源侧与风光电同场建设储能，配套建设储能可以在一定程度上使电力输出更加稳定，提升发电可靠性。既可在风光电出力过剩时存储电量、在用电高峰时释放存储的电量，也可平抑可再生能源输出波动性，限定出力的波动范围。

二是按电网的需要建设独立储能电站，通过关键节点布局电网侧储能，提升大规模高比例新能源及大容量直流接入后系统灵活调节能力和安全稳定水平，可为电网提供调峰、调频、备用、黑启动、需求响应等多种服务，促进地区性电网削峰填谷，缓解电网供电压力。

三是用户侧多元融合发展，用户侧电价峰谷差不断扩大，在价格承受能力强、峰谷价差较大的区域，围绕分布式能源、微电网、大数据中心、5G 基站、充电设施、工业园区、写字楼、医院等其他终端用户，探索储能融合发展新场景。

3. 储能成本收益疏导机制逐步健全

采用政策倾斜的方式激励配套建设或租赁新型储能的新能源发电项目。提出建立电网侧独立储能电站容量电价机制，逐步推动储能电站参与电力市场，将电网替代性储能设施成本收益纳入输配电价回收。完善峰谷电价政策，为用户侧储能发展创造更大空间。

（二）新型储能面临挑战

1. 储能系统价格仍较高，项目收益难以保证

作为一种新兴技术，储能系统的价格仍较高，虽然过去五年里储能系统造价降幅较大，1C 的储能系统从 2017 年的 3000 元/kWh 降低到了 2021 年的 1500 元/kWh，但是受各地区不同政策的影响，独立储能项目收益仍然较低，风光电同场建设的储能运行模式尚不明确，价值不能很好体现。亟待各地政府依据所属区域电力系统实际情况，制定储能参与电力现货市场、辅助服务市场具体政策，健全新型储能价格机制。

2. 储能技术有待进一步提升

目前，新型储能距离低成本、高安全、长寿命、易回收的总体目标还有相当大的

差距，对于电池储能材料、结构、制造、应用、回收处理等技术有待创新和突破。如锂离子电池技术，还需要研究不易燃的电解液和固态电解质以提高其安全性；结合退役动力电池梯次利用以大幅降低其成本；并实现废旧锂离子电池的无害化处理以减少对环境的影响；开发耐低温的锂离子电池，以实现在我国北方地区的普及应用。

3. 储能技术标准体系建设有待加快

截至目前，在电化学储能技术统一规范、并网调度规则、产品检测认证等方面仍无明确标准，储能系统运输、安装、调试、运维方面的安全性标准尚不成熟，对储能消防要求、环保、社会经济效益等方面的评价标准仍是空白。未来储能的大规模应用，除了继续完善储能本体技术标准以外，还要加强储能电站安全评价及消防、储能电站环保要求、与国际标准的等同转化、储能电站全生命周期效益评估等标准建设，这需要政府、社会团体、产业链相关方、高校科研院所及第三方检测认证机构的共同参与。

4. 政策收益缺少长效商业模式

目前，储能收益仍存在很大不确定性。

一是我国的现货市场仍然以发电侧单边交易为主，价格信号无法传导到用户侧形成有效激励引导，从而造成商业模式无法形成闭环。各地出台的短期鼓励性政策，使储能投资面临较大的风险，不利于行业长远发展。

二是用户侧储能主要依靠峰谷电价差为收入来源，形式单一，收益难以保障，投资回报周期较长。

三是用户侧储能单个项目规模较小，客户所处行业分散且需求差异大，应用环境复杂，导致项目可复制性较差，推广速度较慢。

五、新型储能发展趋势

1. 储能产业迎来市场化发展

从国家发展改革委、国家能源局发布的《关于加快推动新型储能发展的指导意见》来看，短期内在发电侧以强制性或鼓励配套储能为主，长期目标是基于技术创新和市场机制完善，实现储能产业市场化发展。从国外的发展经验也清晰看到政府支持一段时间后，主要由市场需求拉动和技术进步驱动储能产业发展。国内已经形成了覆盖储能技术研发、装备制造、系统集成、投资运营和回收利用的完整产业链，尤其在制造环节具有全球竞争力。

2. 电力供需双侧都将迎来储能发展的战略机遇

在发电侧，抽水储能在一段时间内仍然是最主要的储能方式，压缩空气储能也有望在发电侧得到大规模发展。由于政策强制性或鼓励新能源项目要配置一定容量的储

能，“新能源+储能”会刺激储能产业在发电侧爆发。在用户侧，国内工商业户用储能机会逐渐显现，一方面储能系统具有调峰的作用，可使实际的用电功率曲线更加平滑，从而降低用户的尖峰功率以及最大需量，起到降低基本电价的作用；另一方面目前全国较多地区工商业用电已实行峰谷电价，储能系统可将用户高峰时间的用电量平移至低谷时段，尤其在一些峰谷价差比较大的地区，比如上海、湖北、江苏等地大工业用户的夏季峰谷价差超过 0.7 元/kWh，储能发展空间更加巨大。国内居民户用储能市场与德美澳等发达国家不同，尚不具备大规模增长的条件。

3. 电化学储能有望成为新型储能主要形式

目前抽水蓄能是全球电力系统中主要的储能形式，虽然抽水蓄能规模大、寿命长、技术成熟，但只有具备特定自然地形条件的地区才能进行建设，因此持续增长的电力储能需求仍需由其他的储能形式进行填补。从新增装机情况来看，近年来电化学储能已成为主流，2012—2020 年全球电化学储能装机由不到 100 万 kW 增加到 1360 万 kW。

六、集团公司新型储能发展现状

在“双碳”目标以及能源转型的背景下，新型储能产业实现规模化发展是大势所趋，集团公司储能发展目前处于起步阶段，在储能技术研发、装备制造和示范应用中已经取得了一定的积累，拥有电科院、科工、国电南自和风、光、火、水及分布式等电力企业，已初步具备储能系统相关产品研制、储能系统集成等能力。

（1）项目开发方面。在忻州广宇 AGC 储能辅助调频、西藏尼玛微电网、宁夏远程集控中心分布式储能、山东滕州自建共享储能（100MW/200MW）等典型应用场景开展储能应用。截至 2021 年 10 月，完成储能立项 277.8MW/852.8MWh，其中河南延津风电同场自建 2.8MW/2.8MWh、海南儋州光伏同场自建 25MW/50MWh、青海光伏同场自建 150MW/600MWh，山东滕州独立储能调峰电站 100MW/200MWh；完成发起储能项目约 1000MW/2500MWh，青海、山西、山东、浙江等省份风光电同场自建约 400MW/700MWh、北京、广西、山东独立储能调峰调频电站约 600MW/1800MWh。

（2）技术资源条件方面。拥有“国家能源分布式能源技术研发中心”下设的储能技术研究室和“浙江省蓄能及建筑节能重点实验室”等储能研发平台。拥有国家计量认证 CMA 储能、微电网及多能互补检测认证参数，其中储能认证参数包含储能电能质量、SOC 和其他性能参数。

（3）储能系统集成方面。具备辅助新能源发电、火电调峰调频、用户侧及微电网等电化学储能电站设计咨询、工程建设、项目运维等服务能力。

（4）储能系统产品研制方面。具有完全自主知识产权的能量管理系统（EMS）、储能变流器（PCS）、电池管理系统（BMS）、储能站监控系统等产品。

七、工作建议

随着指导意见的出台，新型储能商业模式日益清晰，多个地区出台或即将出台风光电配套储能及电力辅助服务市场相关政策。结合集团公司大力发展风光电项目，稳步推进集团公司新型储能业务，我们建议，在积极跟踪国家及地方政府新型储能专项规划编制情况，加强相关政策研究的基础上，重点做好以下相关工作。

1. 合理布局储能

区域公司根据所在省发展改革委、能源局的储能专项规划，实时跟踪出台的储能政策，统筹把控各区域“十四五”时期储能发展规模，储能项目应与新能源发电、传统电源协调发展，优先挖掘存量灵活性资源潜力，推进火电灵活性改造、抽水蓄能等项目，同时尽量做到调峰资源指标当年应用尽用，并可根据项目开发实际情况，与区域内其他发电企业灵活串换指标。

2. 依需开发风光电配套新型储能项目

多个省区在 2021 年风光电竞配办法中明确提出了风光电场同步配套建设 5%～20%储能并要求与风光电同步投产，结合集团公司风光电大力发展的实际要求及地方政府储能发展政策，在满足集团公司投资收益要求的前提下，为利于风光电资源的争取及并网消纳，积极推进与风光电项目配套的一体化储能项目。

3. 择优推进共享储能示范项目

加强和电网公司的交流和合作，在有明确支持政策的省区开展共享储能试点建设，在技术经济方案满足集团公司收益要求的条件下，将储能容量租赁给风光电项目既可满足配套建设储能的需要，又可享受调峰辅助市场的收益，同时减少因储能分散到风光电场而增加的安全消防风险。如山东省“十四五”规划率先支持建设运营共享储能设施，鼓励风光电优先租赁共享储能，滕州独立储能项目已被列为首批示范项目并纳入省“十四五”规划。

4. 优化布局用户侧新型储能项目

随着电力市场化交易不断完善，用户侧电价峰谷差不断扩大，在价格承受能力强、峰谷价差较大的区域，结合集团公司综合能源服务业务发展需要，适时开发用户侧储能，参与配电网侧调峰、调频等辅助服务，并积极探索用户侧储能与分布式光伏、充电桩等业务的高效集成，打造华电示范。

5. 积极开展储能技术研发及示范应用

依托“国家能源分布式能源技术研发中心”下设的储能技术研究室、“浙江省蓄能

及建筑节能重点实验室”等储能研发平台，以及华电科工储能业务技术储备，联合国内知名储能企业、科研院所及设计单位，积极参与储能国标、行标的编制，国家“揭榜挂帅”项目及集团“十大重点”科技项目，提升集团公司新型储能技术水平。

6. 适时开展储能相关业务培训

对已建待建电化学储能项目责任单位，建立健全消防安全管理制度，逐级细化明确消防安全管理职责，签订消防安全责任书。对储能电站控制室、电池室等重点部位的工作人员开展专业技能培训。定期开展安全生产教育和消防安全培训，确保熟悉储能电站火灾特性，掌握储能消防设施及器材操作规程和应急处置流程，定期组织开展初期火灾扑救及应急处置演练。

中国华电集团碳达峰碳中和实施路径研究

中国华电集团有限公司科技信息部、华电电力科学研究院有限公司

曲金星　刘亦芳　郭　振　孙友源　王　静　解婷婷　韩学义　朱德臣
邹晓辉　何　胜

一、研究背景

（一）全球在应对气候变化问题上达成共识

温室气体排放带来全球气候变化问题，给人类社会带来了诸如海平面上升、极端天气灾害频发、生物多样性丧失等严重的不利影响，人类生存环境面临严峻形势。2016年签订的《巴黎协定》确立了将全球变暖温升控制在工业化前水平2℃以下，并为1.5℃温控目标而努力的目标。《巴黎协定》就2020年后全球气候治理做了制度性安排。在控制全球温升不超过2℃目标的指引下，以各缔约方“自下而上”国家自主贡献方式提出各自目标和行动计划，并以全球定期集体盘点的方式促使各方不断提高承诺和行动的力度，但距实现全球控制温升不超过2℃甚至1.5℃目标的减排路径尚有150亿t缺口，需要各国加强行动，加大能源和经济转型的力度。根据世界资源研究所（WRI）数据显示，截至2020年，当前约有50个国家实现碳达峰，多数发达国家已实现碳达峰，全球至少有31个国家提出21世纪中叶实现碳中和，110多个国家提出将更新2030年自主贡献目标，各种行业、企业、社会团体的气候联盟和行动倡议组织也蓬勃发展。应对气候变化将转变为各国基于低碳发展打造技术经济竞争力的新机遇，碳中和将成为未来国际气候谈判中重要的议题，是全人类改善生存环境需要面对的重要挑战。

（二）中国短时间内实现碳达峰碳中和任务艰巨

中国目前仍处于工业化向后工业化发展的转型阶段，经济发展对以煤炭为主的化石能源的依赖性较高，总体碳排放基数较大。如2019年全球碳排放总量为330亿t，中国碳排放总量为100亿t，占世界总排放量的30.30%，是世界第一碳排放大国。

2019 年中国人均碳排放量为 8.1t，超过欧盟人均碳排放量 25%，超过全球人均水平 65%。而欧盟和美国分别于 2006 年和 2007 年实现了能源消耗达峰和碳排放达峰，中国 GDP 单位能耗约高出世界平均水平 40%。同时，中国正在实施新型城镇化发展战略，根据国家统计局统计，2019 年中国城镇化率为 60.60%，而发达国家如美国、日本已经达到了 81.96%和 94.32%，因此中国新型城镇化建设水平还有较大的提升空间，中国还会有大规模的基础设施体系建设，能源消耗总量和碳排放总量仍处于同时上升中，实现碳达峰和碳中和战略目标面临的减排压力巨大。

（三）电力行业率先达峰对我国实现“双碳”目标意义重大

2020 年 9 月，习近平主席宣布“双碳”目标，同年 12 月又在气候雄心峰会上明确了 2030 年清洁转型的具体目标。2021 年 3 月，在中央财经委员会第九次会议上，首次提出要“构建以新能源为主体的新型电力系统”；4 月在领导人气候峰会上升级控煤力度，“将严控煤电项目”，“十四五”严控煤炭消费增长，“十五五”逐步减少。10 月中共中央先后印发两份重要文件，明确碳达峰、碳中和“1+*N*”政策体系中 1 个顶层设计指导意见和碳达峰行动方案，提出现阶段我国首要任务为持续推进产业结构和能源结构调整。立足我国富煤贫油少气的能源资源禀赋，坚持先立后破，推动能源低碳转型平稳过渡，稳妥有序、循序渐进推进碳达峰行动，确保安全降碳。电力行业在我国能源消费与碳排放中占据重要地位，需要率先实现低碳转型以支撑我国低碳发展转型目标。构建以新能源为主体的新型电力系统是电力行业落实碳达峰、碳中和目标的重要举措。需要全行业产业链、价值链上下游共同努力，其未来呈现的电力系统新的发展特征将对电力行业发展产生深刻影响。在电源侧，到 2030 年，我国风电、太阳能发电总装机容量将达到 12 亿 kW 以上，以新能源为主的电源结构加快形成。随着我国将加快煤炭减量步伐，煤炭和煤电将面临季节性、区域性偏紧，煤电将逐步实现基荷电源到保供支撑电源和调节电源的转变，煤电机组绿色低碳发展依赖于灵活性改造技术、脱碳、零排放和负排放等关键技术的攻关和较大规模应用，煤电将与其他电源建设形成合力，保障低碳转型过程电力平稳有序供应。在电网侧，电网资源配置能力进一步提升。到 2025 年，新型储能装机容量达到 3000 万 kW 以上。到 2030 年，抽水蓄能电站装机容量达到 1.2 亿 kW 左右。为适应高比例新能源、高比例电力电子设备需要，高弹性的数字化、智能化电网建设将逐步加快，灵活性、拓展性和柔性将进一步凸显。储能技术将快速发展，“储能+”新业态加速涌现，支撑高比例新能源柔性并网。在终端用能侧，新电气化进程加速。全社会电气化水平将明显提升，以电代煤、以电代油、以电代气等需求不断增加，终端电能替代特别是绿色电能替代加快推进，形成以电能为主的能源消费格局，有力推动用能清洁化和能效水平提升。随着全国碳市场的不断完善和深化，国家核证自愿减排量（CCER）、碳金融等的适时引入，将促进碳市场机制在推进低成本减排的优势，进一步深挖减排潜力。绿证、用能权、排污权、碳市场和电力市场等市场的建立完善，将形成交叠补充的新局面，引导电力绿色低碳发展。

二、现状和理论基础

（一）全球碳达峰碳中和主要实施路径

1. 加快能源结构调整

在能源结构调整方面，全球均大力发展清洁能源，降低传统化石能源的供应，推动能源供给侧的全面脱碳。为实现碳中和目标，全球多个国家均已采取措施降低对煤炭和石油、天然气等化石能源的依赖。2017年英国和加拿大共同成立“弃用煤炭发电联盟”，已有32个国家和22个地区政府加入，联盟成员承诺未来5～12年内彻底淘汰燃煤发电；丹麦停止发放新的石油和天然气勘探许可证，并将在2050年前停止化石燃料生产。可再生能源因分布广、潜力大、可永续利用等特点，成为各国应对气候变化的重要选择。德国是欧洲可再生能源发展规模最大的国家，2019年出台了《气候行动法》和《气候行动计划2030》，明确提出可再生能源发电量占总用电量的比重将逐年上升，该比重将在2050年达到80%以上。

2. 加大低碳技术研发力度

在低碳技术研发方面，布局零碳技术，包括引导公共和私营部门加大关键技术的研发力度，诸如储能、可持续燃料、氢能，碳捕获、利用或吸收技术等。未来十年，锂离子电池、先进核反应堆和氢能技术发展也将提速。2020年6月，德国发布国家氢能战略，确认了“绿氢”的优先地位。随后欧盟公布酝酿已久的《欧盟氢能战略》，在未来十年内将向氢能产业投入5750亿欧元。英国、丹麦、加拿大、中国等也在设计氢能发展蓝图。

3. 推动社会各领域全面降碳

在推进低碳生活和交通方面，全面激发对绿色产品和服务的需求，包括提供税收优惠以鼓励民众淘汰旧的汽油车，建设绿色社区，实施零排放车辆战略，加大植树造林力度，对垃圾进行分类回收和循环再利用，加大对屋顶太阳能的补贴，取消相关电力税费等。

4. 创造有利的政策与投资环境

在政策支持方面，致力于创造有利的政策与投资环境，包括取消化石燃料补贴，进行气候立法，建设碳排放权交易市场，制定碳定价政策，引入新的清洁燃料标准，

投资清洁技术，加大绿色采购力度等。国际碳行动伙伴组织（ICAP）全球碳市场进展2021年度报告显示，截至2021年1月，全球在运行碳市场共24个，另有8个碳市场计划实施，正在运行的碳市场的司法管辖区占全球GDP的54%，覆盖的温室气体排放量约占全球的16%。

（二）国内外电力系统低碳战略与路径研究现状

电力系统低碳清洁转型的战略与路径一直是国内外关注的热点。有文献研究以澳大利亚电力系统作为案例，计算了清洁能源替代所需的可再生能源装机与将会带来的成本。有研究分析了全球139个国家与地区全能源系统实现风光水清洁化在给定路径下的可行性。另有研究分析了基于EnergyPlus软件建立了德国跨能源系统的运行模拟模型，除了电力网外还包括热力网，工业能源，交通网等，分析实现100%可再生能源渗透的途径。有学者对法国2050年达到40%～100%可再生能源渗透率的可行途径进行研究。全球范围内多个国家和地区已经开展了高比例可再生能源并网的研究与实践。丹麦提出了“IDA Energy Plan 2030”计划，设想在2030年建立以可再生能源和核电为主导的清洁能源电力系统，甚至进一步在2050年关停核电，实现100%可再生能源并网的构想。欧洲专家提出2050年在欧洲和北非实现100%可再生能源电力系统的技术路线图，进一步整合各国电网，形成真正的以市场为基础的欧洲“超级电网”。美国可再生能源国家实验室发布技术报告，提出美国电力系统2050年实现80%可再生能源并网的发展蓝图。国家可再生能源中心牵头发布了《中国2050高比例可再生能源发展情景暨路径研究》报告，提出中国2050年要实现60%电力来自可再生能源。部分研究从更高视角出发，综合考虑经济、社会以及不同能源系统之间的复杂耦合关系，研究了新社会经济发展形势对区域能源格局、可再生能源发展规模等的影响。国内的研究机构，包括国网能源院、发展改革委能源所、清华大学气候院、全球能源互联网发展合作组织等，也发布了针对我国电力系统清洁转型的战略规划研究结果。总的来说，当前研究主要是从“电视角”出发，根据电力系统自身演化发展规律分析未来结构形态演化，缺少从“碳视角”出发，面向碳中和目标倒逼驱动电力系统深度脱碳转型的研究。

（三）华电集团碳排放现状

1．“十三五”碳排放情况

“十三五”期间，集团公司依靠结构转型和节能技改实现二氧化碳有效减排，碳排放年均增幅2.43%，低于“十二五”期间3.09%的年均增幅。2016—2020年集团公司供电量和供热量平均增幅分别为3.77%和12.8%（详见图1），碳排放总量增幅明显低于发电量和供热量增幅，充分展示了集团公司绿色低碳举措成效。集团公司关停444.5

万 kW 小火电，在国内同类型发电企业中位居第一，火电供电煤耗为国内同类型企业最低，气电装机容量居国内同类型企业首位。截至 2020 年底，集团公司清洁能源装机占比达 43%，非化石能源装机占比达 31.2%，全面完成“十三五”降碳目标，全口径供电碳排放强度较“十二五”末下降 53g/kWh，较规划目标低 7g/kWh，处于五大发电集团第二低（详见表 1）。率先发布“十三五”碳排放专项规划，广泛参与全国碳市场 MRV（温室气体监测、报告与核查）、注册登记交易、监督管理等核心规则研讨工作，深度参与发电企业二氧化碳排放配额分配测算方案研讨，配合开展相关能力建设、系统测试等工作；建成国内电力行业首个碳排放在线检测实验平台，率先实现入炉煤元素碳实测全覆盖，建成华电江苏句容百万千瓦机组万 t/年碳捕集示范工程、华电襄阳公司生物质耦合发电项目等一系列降碳减排技术攻关重点项目。

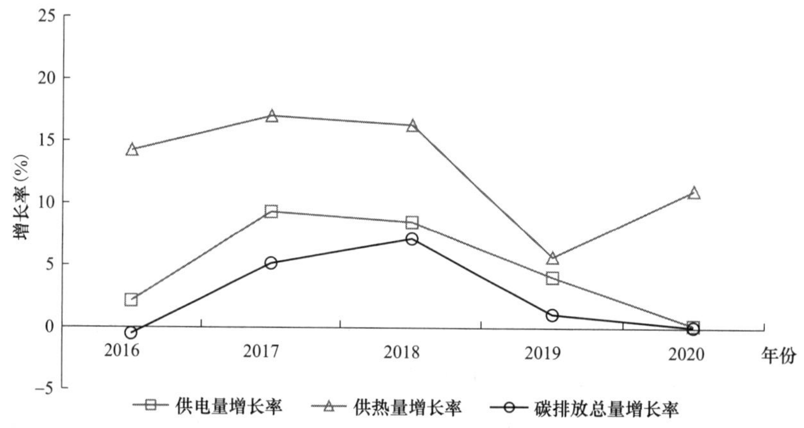

图 1　2016—2020 年集团公司碳排放总量与产能增速对比

表 1　　五大发电集团 2020 年碳排放关键指标对标（不含供热）

发电集团名称	发电碳排放量①（亿 tCO_2）	碳排放强度（g/kWh）		
		全口径	火电	煤机
华能集团	4.29	629	832	853
大唐集团	3.30	609	834	856
华电集团	3.36（排名第三低）	605（排放第二低）	818（排名第一低）	865（排名第三低）
国家能源集团	6.67	712	864	867
国家电投集团	2.71	486	843	867

① 2020 年度五大发电集团发电碳排放量及全口径碳排放强度是根据五大发电集团发电量、厂用电率及供电煤耗等对标数据，按照华电集团 2020 年度煤电机组和燃气轮机组碳排放强度进行统一测算，测算过程中不包括供热产生的碳排放量，未扣除其海外发电量。

2. 面临主要问题

（1）低碳转型需进一步加快。截至 2020 年底，集团公司老小煤电机组比重偏高，30 万 kW 以下煤电机组超过 10%，存量煤电机组结构需进一步调整。非化石能源发电装机占比 31.2%，低于全国 42%的装机比重。“十三五”以来，风电装机年均增速 10.62%，太阳能装机年均增速 26.38%，分别低于全国 12.4%和 48.5%的年均增速，风电和太阳能发展需进一步加快。非化石能源发电量占比 24.6%，低于全国 34%的电量占比，电量低碳化水平需进一步提高。在加快构建以新能源为主体的新型电力系统形势下，集团发电结构清洁化水平仍有较大优化提升空间。

（2）节能降碳水平需进一步提升。2020 年集团公司煤电机组供电煤耗 303.35g/kWh，与华能集团（299.16g/kWh）和大唐集团（300.15g/kWh）差距较为明显，且百万千瓦和 20 万 kW 及以下煤电机组供电煤耗在五大发电集团中最高，导致上述类型煤电机组碳排放强度在五大发电集团中最高，煤电结构的高能耗和高碳特征依然较为明显，在碳市场中面临较大的履约压力。

（3）零碳负碳技术尚需突破，碳达峰碳中和责任落实体系亟待建立。当前，集团公司重点低碳示范项目建设质量和数量不足，低碳创新要素集聚效应尚未充分发挥，低碳乃至负碳技术储备和创新能力有待增强，实现碳达峰的科技创新推动力存在短板；为实现碳达峰、碳中和目标，需要做好目标、措施和检查等方面的实施保障，为此集团公司需加快建立与碳达峰、碳中和相适应的发展目标、行动措施和监督考核机制，支撑碳达峰目标落地。

三、研究目标和内容

本报告采用了定性分析与定量分析相结合的手法，“自下而上”和“自上而下”相结合的研究方法，针对集团公司自身的装机及产能结构、能耗水平及“十四五”发展规划，研究长期低碳发展趋势、政策和路径，以实现深度脱碳为目标倒逼减排路径，“自上而下”建立宏观模型进行测算和模拟。

（一）情景设置

“十九大”提出社会主义现代化建设“两个阶段”安排，我国长期低碳发展战略也要相应按照两个阶段研究部署。为实现美丽中国和深度脱碳目标，能源低碳转型面临着在满足不断增长的能源消费的同时减少碳排放的双重挑战。为此，面向国家承诺的 2030 年前碳达峰、2060 年前碳中和的目标，设计了全国 2060 二氧化碳中和的 2℃情景和全国 2060 温室气体中和的 1.5℃情景。

通过电力行业碳中和路径测算可知，在 2℃目标情景下，电力行业提前至 2050 年左右实现二氧化碳净零排放。因此集团公司碳排放情景设置如下：与电力行业保持一致的2050碳中和情景和提前5年时间的2045碳中和情景。测算中仅考虑发电相关的二氧化碳排放，供热排放、其他业务排放及其他非二气体排放尚未考虑到研究范围内。

2050碳中和情景：与电力行业的2℃目标情景一致，全国2060左右实现二氧化碳净零排放，电力行业提前至2050年左右实现二氧化碳净零排放，华电集团作为能源央企，相比电力行业，提前至2050年实现二氧化碳净零排放。

2045碳中和情景：与电力行业的1.5℃目标情景一致，全国2060左右实现全部温室气体净零排放，2050年左右实现二氧化碳净零排放，电力行业提前至2045年左右实现二氧化碳净零排放，华电集团与电力行业保持一致，2045年实现二氧化碳净零排放。

两种情景发展目标见表2。

表2　两种情景发展目标

不同情景	中期碳排放目标	远期碳排放目标
2050碳中和情景	2025年碳达峰； 非化石能源装机占比超50%； 非水可再生能源发电量达全部发电量的19%； 全口径单位供电碳排放在496～502g/kWh	2050年实现净零排放； 非化石能源装机占比超90%； 非水可再生能源发电量达全部发电量的79%以上
2045碳中和情景	2025年碳达峰； 非化石能源装机占比超50%； 非水可再生能源发电量达全部发电量的19%； 全口径单位供电碳排放在496～502g/kWh	2045年实现净零排放； 非化石能源装机占比超95%； 非水可再生能源发电量达全部发电量的84%以上

（二）集团公司碳排放轨迹

能源生产清洁化、能源消费电气化是能源行业低碳转型的两大方向。总体来看，未来电力消费的增长速度将快于能源消费的增长速度。两种情景下集团公司发电碳排放轨迹如图2所示。2030年前碳排放轨迹一致，两种情景下，集团公司均可在2030年前实现碳达峰。随着非化石能源装机占比与消费比重逐渐提高，集团公司在2030年后进入二氧化碳排放快速下降通道。随着低碳技术的快速发展，在碳捕集与封存技术（CCS）和生物能源与碳捕集和封存技术（BECCS）的双重作用下，2045碳中和情景中到2050年集团公司可实现负碳排放–0.39亿t。

1. 装机与电量结构

研究表明，未来的电源装机结构将以非化石能源为主，其中非水可再生能源发电占比将显著提升。通过测算可知，2050碳中和情景和2045碳中和情景下，2025年集团公司实现碳达峰，非化石能源装机占比为50.14%，发电量占比为34.16%；非水可再生能源装机占比为37.85%，发电量占比为19%。2050年华电集团非化石能源装机

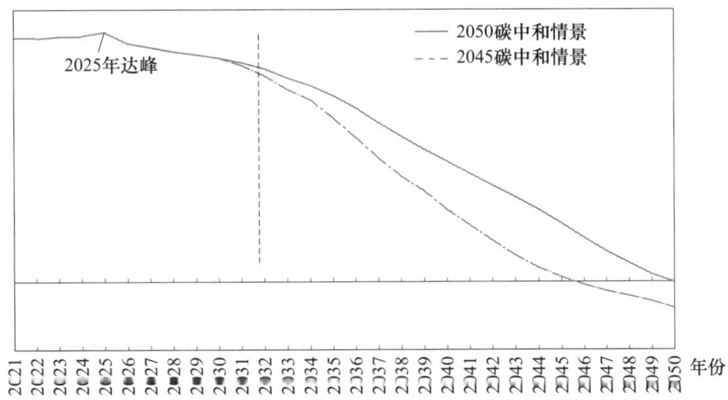

图 2　两种情景下集团公司发电碳排放轨迹

占比分别为 93.58%和 95.25%，发电量占比分别为 89.72%和 93.05%；非水可再生能源装机占比分别为 87.87%和 90.25%，发电量占比分别为 79.42%和 84.26%。两种情景下集团公司 2025 年与 2050 年能源装机与电量结构如图 3～图 5 所示。

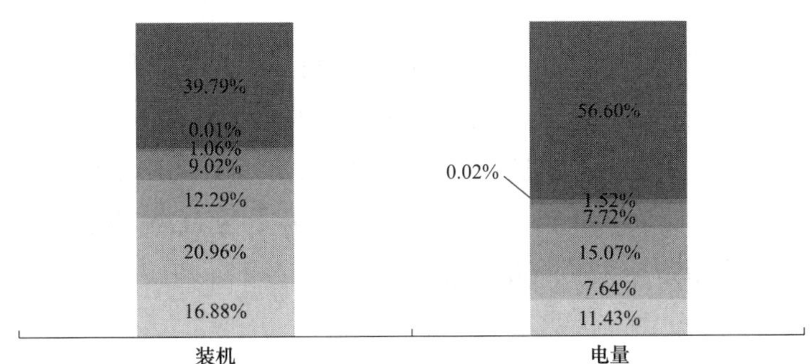

图 3　两种情景下 2025 年装机与电量结构

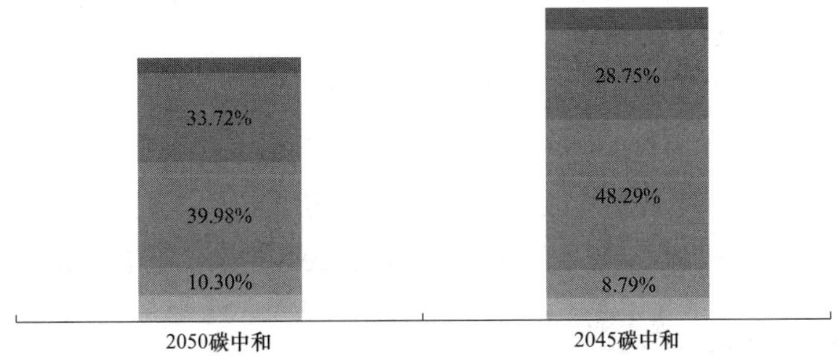

图 4　两种情景下 2050 年装机结构

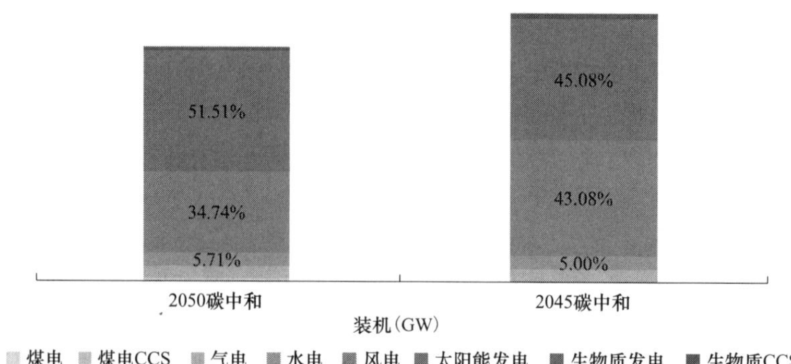

图 5　两种情景下 2050 年电量结构

未来我国可以保留的煤电容量很大程度上将取决于 CCS 和 BECCS 技术的潜力和发展水平。在燃煤电厂加装 CCS 可以捕获 90%的碳排放量，是一种低碳发电技术。生物质 BESS 是负排放技术，用于中和火力发电剩余的碳排放量。CCS 技术的应用取决于未来的成本下降速度，而 BESS 技术应用除了成本下降速度外，还取决于可利用的生物质资源量。

在两种情景下，CCS 技术和 BECCS 技术都将发挥重要作用。2050 碳中和情景下，2035 年开始规模使用煤电 CCS，到 2050 年装机容量达 4GW 以上；2040 年开始规模使用 BECCS，到 2050 年装机容量达 14GW 以上。在 2045 碳中和情景下，煤电 CCS 规模使用时间提前到 2030 年，到 2050 年装机容量达 2GW 以上；2040 年开始规模使用 BECCS，到 2050 年装机容量达 20GW 以上。

2. 煤电机组的退役

不同国家电力转型路径选择与资源禀赋、电源结构、经济发展水平等因素密切相关，我国难以照搬发达国家的退煤经验。需要说明的是，本研究中所说的煤电退出是指不能按照常规意义上的经济运行，但其中部分机组还可以提供有价值的服务，例如，作为备用机组以弥补特定时段内的电力负荷缺口。

长期来看，非化石能源电力还将进一步替代存量煤电，以实现低碳排放的要求。图 6 展示了两种情景下的煤电退出时序。总的来看，2050 碳中和情景下，煤电在 2035 年之后开始大规模退出，持续到 2050 年可保留装机占比约 1.33%；2045 碳中和情景下，煤电集中在 2030—2045 年之间大规模退出，2050 年仅保留约 0.32%的煤电装机。

四、应对策略及政策建议

以集团公司 2025 年实现碳达峰，2050 年左右实现碳中和为目标，坚持全局统筹、重点突出、双轮驱动、稳妥有序的原则，推动集团公司低碳转型，全面提升集团公司

可持续发展能力和低碳竞争力。

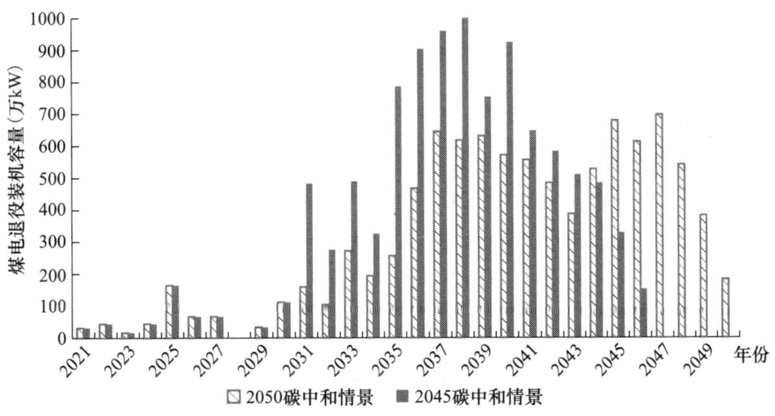

图 6　两种情景下煤电退出时序

（一）加快电源结构调整，构建以新能源为主体的新型电力系统

在保障能源安全的前提下，大力实施可再生能源替代，加快构建清洁低碳安全高效的能源体系，是实现碳达峰碳中和的根本途径。

1. 大力发展风光新能源

根据不同区域资源特点，建购并举全面加快发展风光电。在“三北”资源富集地区，重点推进基地式、规模化开发风光电。探索推动增量“风、光、储一体化”基地，最小化综合发电成本。在西南地区，充分发挥公司水电资源优势，利用水电流域土地、送出等有利条件，开发建设“风、光、水（储）一体化”基地项目。在中东南部地区积极推进集中式和分布式风光电开发，因地制宜选择开发与消纳模式，灵活选择风、光、储或一体化互补开发模式。积极推进近海风电规模化开发，开展深远海示范项目建设，跟踪漂浮式海上风电技术进展。不断拓宽风光电应用场景，推动各种“新能源+”综合利用，实现新能源与多种产业融合发展。超前谋划老小风电机组升级改造，探索开展以旧改新、以小改大。

2. 持续发展水电

综合流域效应、生态环保、移民安置和电力消纳、经济性等因素，统筹推动水电资源开发和流域龙头水库建设。有序推进金上水电开发，积极推进金中水电开发。重点追踪怒江及西藏雅鲁藏布江下游水电规划进展，全力争取部分水电资源开发权。积极拓展并大力推进抽水蓄能项目开发，发挥抽水蓄能灵活调峰作用。扩大集团公司水电规模优势，开展水电长周期优化运行，研究建立流域统一运营管理机制，提升运行效率，推动存量水电内涵式发展。

3. 推动煤电高质量发展

要推动集团公司绿色转型，火电板块面临较大挑战，严控煤电规模，大力开展存量煤电机组技术改造，实现二氧化碳排放值的绝对下降，是实现集团公司碳达峰的必要途径。煤电机组正逐步向电量、电力调节型电源转变，“少新建、多延寿”是发挥存量煤电作用的重要途径。随着高比例的可再生能源并网，调峰需求激增，需要煤电提升灵活性能力以支撑电网的稳定运行，应充分挖掘煤电存量资产的经济潜力，大力实施火电机组灵活性改造和节能改造，实现热电联产机组的热电解耦，通过发挥其灵活性的调节作用及深度调峰能力，促进大规模可再生能源消纳，探索“电热为主、多能互补”发展形式，推广综合能源基地建设，不断提高现有燃煤电厂的效率和效益。积极开展降碳增效技术应用研究，提前布局清洁能源利用，二氧化碳捕集、利用和封存（CCUS）技术，零碳技术等低碳新技术，提升煤电机组清洁低碳水平。

4. 有序发展气电

与煤炭相比，天然气具有碳排放强度低、燃烧效率高、燃烧后污染物少等优点，同时具备了新能源电源无法比拟的可调度性，最适合在新旧系统交替中作为过渡调节电源。因此应持续巩固加强集团公司在天然气发电领域的特色和优势，做好存量项目提质增效，做优做精增量项目。在天然气资源有保障、有调峰需求的地区，择优建设调峰燃气轮机项目，控制开发风险，确保项目效益。加强与油气企业合作，吸引外部投资，增强天然气项目气源保供能力。加强燃气领域碳减排技术研究，提高燃气降碳空间。

（二）促进不同产业转型升级，推动产业板块之间协同降碳

1. 推动煤矿绿色转型发展

加快煤矿开采关键共性技术研发，逐步探索建立适用不同地质条件和开发条件的煤层气抽采利用技术、工艺和装备体系，大幅提升煤层气抽采利用规模、效率和质量。实施余热、余压、节水、节材等综合利用节能项目。开展矿用设备节能技改，降低煤矿开发利用能源消耗强度。开展绿色矿山建设，利用采空区、塌陷区实施矿区生态修复和植树造林，开发生态碳汇，探索矿山近零排放或负排放发展路径。

2. 创新金融服务升级

在保证资金链安全的情况下，加大信贷资源向绿色低碳发展的倾斜，提升绿色能源企业的授信及资金投放。利用贷款、票据和担保等多样化的产品与服务，引入创新资金及拓展投放方式支持集团公司绿色能源发展。探索和发展“碳中和”绿色信托、“碳中和”资产证券化、ESG（环境、社会、公司治理）投资、碳排放权信托、绿色发展慈善信托等金融产品，支持绿色能源发展。通过发行绿色债券、绿色基础设施 REITs

（不动产投资信托基金）等产品，助力解决绿色产业投资融资问题。

（三）提升科技创新能力，推进企业系统提效降碳

1. 开展智慧能源技术

充分利用新一代信息技术，加快实现生产智能化；基于新型基础设施，通过系统整合打通应用系统的数据、服务、流程通道，实现全业务、全链条的信息化覆盖和优化；积极开展综合智慧能源系统技术研究及数字化转型示范工程，充分发挥能源数据价值，大幅提升系统整体技术水平和运行效率，实现提效降碳。

2. 拓展综合能源服务业务

进一步加强综合能源服务支撑技术及模式的研究，通过与信息技术融合，构建“源网荷储控”协调发展、集成互补的综合能源系统，建成综合能源智慧控制平台和服务平台，为集团公司提供可持续盈利的“平台+生态”运营模式，推动集团公司向能源服务型企业转变，能源生产由供给侧向终端用户侧延伸，有效提升能效、促进清洁能源利用。

3. 加大低碳零碳负碳技术研发应用

积极布局碳监测、捕集与利用关键技术研发。适时建设低成本、全流程、集成化、规模化二氧化碳捕集利用与封存示范项目。积极推进生物质利用及固废掺烧发电技术研究，因地制宜开展示范项目工程建设。大力推进储能技术研发与应用。研究电化学储能系统应用关键技术，因地制宜开展不同应用场景储能示范项目建设，重点布局一批配置储能系统的新能源项目，探索利用退役机组建设储能实施。加快氢能关键技术研发与示范。重点开展可再生能源制氢、存储、运输、应用技术研究。加快明确氢能发展规划。

（四）深化绿色华电建设，全面构建有利于实现“双碳”目标的低碳格局

1. 积极开展国际合作

加强与国际组织、研究机构及同类型企业在低碳技术和低碳管理经验方面的交流与合作，服务绿色“一带一路”建设，将华电绿色理念输出到第三方市场，提高境外电力投资清洁低碳比例，积极主导或参与国际低碳领域技术标准及规范制定，不断提升全球话语能力，推动产业链上下游共同实现绿色发展。

2. 加强低碳管理能力

积极参与全国碳市场交易，深度参与全国碳市场建设，构建与市场需求相匹配的管理体制机制，实现碳资产的集约管理和统一运营；积极推进 CCER、碳普惠等减排信用类产品项目的统一开发和管理，提升可再生能源及碳汇项目碳减排价值；研究碳排放权、用能权及电力市场等多市场耦合发展管理模式，利用市场化手段提升综合竞

争力。

3. 加快形成绿色低碳文化

全面推行绿色生产生活方式，建立资源节约型企业，推行绿色生产，构建绿色电厂评价体系，提高能源资源利用效率。推行绿色办公，倡导无纸化办公，提升公共建筑能效，减少原料采购、生产、运输环节碳排放。推行绿色生活，鼓励员工转变传统观念，支持绿色出行，使绿色环保观念深入人心。

（五）加强体制机制建设，践行中央企业碳减排责任担当

1. 加强保障体系建设

建立“双碳”目标落实、管理和考核体系，统筹指导和研究落实“双碳”目标重点任务、重点项目，协调解决重点问题。建立绿色发展评价指标体系，强化运营项目碳预算管理，实施项目建设碳评价，探索研究产品碳足迹。建立碳排放信息披露的指标统计体系、披露模式和管理办法，构建常态化碳信息披露机制。建立技术创新体系，尝试利用研发基金等，推动破解瓶颈障碍，形成有效的技术研发到产业推广的模式。建立人才能力建设体系，加强低碳高端人才引进，加大人才培养力度，确保新形势下人才需求和梯队建设。

2. 合理反映建议诉求

未来发电企业必将面临能源约束和“双碳”目标带来的新挑战，建议在做好自身应对策略的同时，还应加强对政策研究和对市场发展的密切追踪，加强沟通协调，积极向主管部门反馈诉求和建议，主动参与和引导政策制定，争取新能源发展支持政策及煤电机组升级改造资金支持等，合理争取公司利益。

我国新能源参与电力市场机制研究

中国华电集团有限公司市场营销部、中国华电集团有限公司甘肃分公司

解宏松　瞿　萍　徐　征　郝　浩　周保中　雒雷雷　赵浩林　李　艳
吴思翰　刘　谧

一、研究背景

实现碳达峰、碳中和是我国的重大战略决策，能源结构转型是实现“双碳”目标的重要途径，构建以新能源为主体的新型电力系统是实现“双碳”目标的必然选择。截至2020年底，我国全口径发电装机容量22.6亿kW，其中风电2.8亿kW，占全部装机容量的12.79%，并网太阳能发电2.5亿kW，占全部装机容量的11.52%。“十四五”期间，风电和光伏的年新增装机规模将达到1亿kW以上，2035年新能源将成为电源装机主体，2050年前后成为电量供应主体。

随着电力体制改革和电力市场建设纵深推进，新能源将逐步并最终进入全面参与电力市场竞争的时代。目前在新能源中长期合同签约比例、曲线签订及分解原则、参与现货交易申报方式、偏差处理与结算等适应新能源发电特性的电力市场交易机制尚不健全，可再生能源消纳责任权重、绿证、灵活性资源的激励机制等促进新能源发展和消纳的保障机制仍需要进一步完善。因此，新能源出力的随机性、波动性和不可预测性为电力系统带来新的挑战，其低边际成本、高系统成本将使电力市场理论体系面临重构。

本课题基于我国新能源发展现状，综述国际上新能源参与电力市场路径，调研国内不同省份新能源参与中长期和现货市场机制，梳理集团公司各区域新能源发展及市场竞争情况，对新能源参与市场交易机制提出集团公司及国家层面的政策建议，有助于构建适应新能源发电特性的电力市场交易机制和政策体系，促进我国新能源高质量发展。

二、国外新能源发展政策和市场机制

（一）典型国家情况

为促进新能源的发展和利用，不同国家在不同发展时期，根据本国新能源的战略定位制定了多样化的新能源激励政策和市场配套机制。

1. 美国

美国促进可再生能源政策体系框架呈现自下而上的各州政策和自上而下的联邦政策相互结合的特点。在州层面主要通过可再生能源配额制（RPS）推动新能源发展，并配套采用绿色证书制度，为美国可再生能源的发展奠定了坚实的基础。联邦政策则以财税激励政策为核心，主要包括以投资抵税政策（ITC）和生产抵税政策（PTC）为主的长期税收优惠政策，具体的税收抵免标准因可再生能源发电类型、投运时间等不同而异。

2. 德国

德国新能源发展政策由早期政府为导向的财税支持政策逐步向以市场为基础的政策体系转变，主要分为以下四个典型阶段：

（1）实施《引入生态税改革法》，对矿物能源、天然气等化石能源设定较高的税率，而对使用风能、太阳能、地热能等生产出的电能则给予税收减免的优惠；

（2）出台《可再生能源法》（EEG），引入上网电价补贴，确立了以固定上网电价制度（FIT）为主的可再生能源激励政策，并不断调整上网电价补贴标准，建立基于新增容量的固定上网电价调减机制；

（3）对《可再生能源法》进行改革提出溢价补贴机制（FIP），鼓励可再生能源发电参与电力市场竞价上网，政府根据各类可再生能源规定的电价水平与市场月度价格的平均值给予发电商溢价补贴；

（4）全面引入可再生能源发电招标制度，正式结束基于固定上网电价的政府定价机制，推进可再生能源发电参与市场。

3. 英国

英国政府制定的可再生能源义务指令和推动差价合约机制对促进英国新能源发展具有重要意义。《可再生能源义务法令》要求供应商所售能源的一定比例必须来自可再生能源，发电商每发 1MWh 可再生能源，就可以获得一个可再生能源义务证书，供应商通过供给规定量的可再生能源电量或购买可再生能源义务证书以满足可再生能源义务法令要求。2015 年，英国政府逐步引入可再生能源发电招标制度，完全由招标确定可再生能源发电价格，并配套差价合约机制帮助可再生能源发电商获得市场参考电价

和合约执行电价的差别支付，有效降低可再生能源项目的投资和收益风险，促进可再生能源稳定发展。

（二）国外经验总结

1. 价格机制

在价格机制方面，国外新能源价格机制主要包括固定上网电价机制、溢价补贴机制、差价合约机制、可再生能源配额和绿证机制等。

固定上网电价机制是各国在可再生能源开发利用起步和成长阶段普遍实施的机制之一，根据各类新能源发电标准成本，政府明确规定其上网电价，电网企业按照政府定价无条件收购新能源上网电量，由此增加的额外购电成本由国家补贴或计入终端用户销售电价。固定上网电价机制使可再生能源项目收益预期明确，有利于吸引投资，扩大规模，降低成本。缺陷是需要稳定的补贴资金来源，且在上网电价调整时间节点，市场规模常常大幅度波动，易引发“抢装潮”。

溢价补贴机制下新能源按照电力市场规则与其他常规电源无差别竞价上网，同时政府为新能源上网电量提供溢价补贴，新能源上网电价水平为“电力市场价格+溢价补贴”，溢价补贴包括固定溢价和浮动溢价两种。溢价补贴机制的优势是可以较好地与电力市场衔接，一定程度上降低新能源参与市场风险，但仍然需要有稳定的溢价补贴资金来源。

差价合约机制可以视为一种特殊的双边浮动溢价机制，即新能源发电商与政府签订双向差价合约，当市场电价低于合约电价时，由政府向发电商补贴差价，当合约电价高于市场电价时，发电商需要向政府退还差价。差价合约机制完全规避了新能源发电商参与电力市场的收益风险，相当于由政府承担市场电价波动的风险，能够为新能源发电商提供清晰、稳定、可预测的投资激励。

可再生能源配额和绿证机制是政府以法律的形式对可再生能源发电市场份额做出的强制性规定，配套绿色证书对可再生能源发电方式进行确认，可再生能源参与电能量市场出售电能并获取与其发电量相对应的绿色证书，同时将其在绿证市场上出售以获取绿证收益。配额和绿证机制的优点是能够获得作为绿色电力的额外收益，并且可以与各种形式的电价机制、各类电力市场结合，能促进可再生能源电力收购和使用，缺点是配额指标确定难度大，如果指标低或者时空分配不合理，可能造成配额指标对应电量是可再生能源电量入网的上限，反而限制了可再生能源开发和利用。

2. 市场交易机制

国外在市场组织和运营中充分考虑新能源的发电特性及系统充裕性等问题，建立适应新能源接入的市场交易机制，包括偏差考核机制、调节性机组投资保障机制、调峰机制、跨区跨国交易机制等。由于新能源出力的随机性和波动性，国外电力市场对新能源的偏差考核机制相比常规机组更为宽松，以鼓励新能源参与电力市场交易。除鼓励具有良好调峰能力的机组参与市场外，还建立了引导新能源主动参与调峰的市场机制，如新能源发电机组减出力奖励、负电价交易制度等，以更好地促进新能源消纳。关于投资保障机制方面，国外通过容量市场、稀缺电价机制、战略备用机制、容量补贴机制调动各类型电源投资的积极性，保障电力系统长期的安全可靠运行。此外，国外积极倡导电力的跨区跨国交易，加大新能源跨区跨国外送，在更大的区域范围内保障新能源消纳。

三、我国新能源发展现状和市场政策体系

（一）我国新能源发展现状

2020 年，我国向国际社会做出碳达峰、碳中和的郑重承诺。“十四五”是碳达峰的关键期、窗口期，中共中央、国务院发布《关于完整准确全面贯彻新发展理念做好碳达峰碳中和工作的意见》，提出积极发展非化石能源，实施可再生能源替代行动，大力发展风能、太阳能、生物质能、海洋能、地热能等，不断提高非化石能源消费比重。

我国新能源上网电价机制发展可分为以下三个阶段：

2009—2015 年，执行统一标杆上网电价，明确风电电价按照全国四类风能资源区制定相应的风电标杆上网电价，非招标光伏发电项目实行全国统一的标杆上网电价。

2016—2020 年，逐步下调上网电价，实行陆上风电、光伏发电上网标杆电价随发展规模逐步降低的价格政策，开始实施电价补贴退坡，风电和光伏电价正式开始进入下行轨道。

2021 年，我国风电、光伏行业正式实行平价上网。新建项目可自愿通过参与市场化交易形成上网电价，新建项目上网电价，按当地燃煤发电基准价执行，由当地省级价格主管部门制定，具备条件的可通过竞争性配置方式形成，上网电价高于当地燃煤发电基准价的，基准价以内的部分由电网企业结算。

配套政策方面，采用新能源保障性收购和绿证政策相结合。2016 年 3 月 28 日，国家发展改革委发布《可再生能源发电全额保障性收购管理办法》，可再生能源并网发电项目年发电量分为保障性收购电量部分和市场交易电量部分。其中保障性收购电量部分通过优先安排年度发电计划，与电网公司签订优先发电合同保障全额按标杆上网电价收购；市场交易电量部分由可再生能源发电企业通过参与市场竞争方式获得发电合同，电网企业按照优先调度原则执行发电合同。

2017 年 1 月，开始试行可再生能源绿色电力证书核发及自愿认购交易制度，2020 年，

财政部、国家发展改革委、国家能源局发布《关于促进非水可再生能源发电健康发展的若干意见》及补充通知，明确提出全面推行绿证交易制度，规定了项目合理利用小时数规则，并规定纳入可再生能源发电补贴清单范围的项目，所发电量超过全生命周期补贴电量部分，不再享受中央财政补贴资金，核发绿证准许参与绿证交易。纳入可再生能源发电补贴清单范围的项目，风电、光伏发电项目自并网之日起满20年后，无论项目是否达到全生命周期补贴电量，不再享受中央财政补贴资金。

2021年9月，开展了绿色电力交易试点，首批绿电交易涉及17个省区，成交电量79.35亿kWh，较中长期交易价格增加0.03～0.05元/kWh。绿电交易旨在通过在中长期范畴设立专场交易，优先安排完全市场化上网的风电和光伏参与交易，满足用户对绿色电力消费需求，体现新能源环境价值，但是在组织方式、认证机制、绿电交易和绿证、碳市场等衔接方面仍需要进一步完善。

（二）新能源市场化交易

新能源参与中长期电力市场的省区有新疆、甘肃、宁夏回族自治区、青海、蒙西、蒙东、黑龙江、辽宁、吉林、云南、贵州、山西、河北和福建，参与方式包括大用户直供交易、跨省跨区外送交易、风火置换交易、风电清洁供暖交易等。对于未核定最低保障收购年利用小时数的地区，按照当月实际上网电量以及政府批复的价格水平或者价格机制进行结算。对于核定最低保障收购年利用小时数的地区，最低保障收购年利用小时数内的电量按照政府批复的价格水平或者价格机制进行结算，超出最低保障收购年利用小时数的部分应当通过市场交易方式消纳和结算。对于纳入补助目录的存量项目，市场化交易电量除市场电价外还可以获得补贴。

新能源参与现货市场方面，首批8个电力现货市场试点地区中，新能源参与电力现货市场交易的省区有山西、甘肃、山东和蒙西，其中山西采用“全电量集中竞价、新能源优先出清”的模式，新能源以报量不报价形式参与现货市场；甘肃是率先试点新能源报量报价参与现货市场的试点地区，其省内现货市场平衡后，富余发电能力继续参加跨省区交易和省间交易；山东今年12月即将开启现货市场，规定新能源场站可自愿参与中长期交易，参与中长期交易的以报量报价方式全电量参与现货市场，未参与中长期交易的新能源电站参与目前市场出清及定价，实际上网电量的90%按照实际发电曲线和政府批复价格结算，其余10%电量报量报价参与现货市场。蒙西新版现货规则发电侧采用全电量申报、集中优化出清的方式开展，新能源以交易单元为单位“报量报价”方式参与现货市场。

截至2021年三季度，全国风电保量保价电量2921.4亿kWh，不含补贴电价最高450元/MWh（湖南），最低242.57元/MWh（宁夏）。光伏保量保价电量1426.7亿kWh，不含补贴电价最高 420.7 元/MWh（广西），最低 241.36 元/MWh（宁夏）。全国风电市场化交易电量 1260.4 亿 kWh，不含补贴电价最高 404.4 元/MWh（安徽），最低 55.7 元/MWh（蒙西）。光伏发电市场化交易电量 468.6 亿 kWh，不含补贴电价最高 425.3 元/MWh（浙江），最低 55.7 元/MWh（蒙西）。

四、集团公司新能源发展及参与市场交易分析

（一）集团公司新能源发展分析

截至 2021 年三季度，集团公司风光总装机 2481 万 kW，占五大发电集团风光总装机的 11.70%。分省份看，风光装机最大省份为新疆（310 万 kW），其次为蒙西（279 万 kW）、甘肃（219 万 kW）、河北（193 万 kW）、宁夏（160 万 kW）、山东（142 万 kW）。

分类型看，风电总装机 1932 万 kW，占五大发电集团风电总装机的 12.56%。其中，风电装机最大省份为新疆（249 万 kW），其次为蒙西（244 万 kW）、甘肃（174 万 kW）、河北（154 万 kW）、宁夏（145 万 kW）、山东（124 万 kW）。光伏总装机 549 万 kW，占五大发电集团光伏总装机的 9.42%。其中，光伏装机最大省份为贵州（143 万 kW），其次为新疆（61 万 kW）、江苏（48 万 kW）、甘肃（45 万 kW）、河北（38 万 kW）、蒙西（35 万 kW）。截至 2021 年三季度五大发电集团新能源装机容量对比如表 1 所示。

表 1　截至 2021 年三季度五大发电集团新能源装机容量对比

五大发电集团	光伏（万 kW）	风电（万 kW）	合计（万 kW）
华电	549	1932	2481
华能	808	2732	3540
大唐	474	2379	2853
国家能源	194	4724	4918
国家电投	3806	3616	7422

截至 2021 年三季度，集团公司清洁能源装机占比达到 43.4%，位居五大发电集团第二，仅次于国家电投。但在新能源装机排名上并不靠前，清洁能源占比较高主要是由于电力装机结构中水电占比仅次于煤电。在新能源发展规划方面，“十四五”期间，集团公司规划新增新能源规模 7500 万 kW，仅次于华能集团的 8000 万 kW；“十四五”末，集团公司非化石能源装机占比力争达到 50%，清洁能源装机占比接近 60%。要想完成“十四五”规划，集团公司需要加快发展风光电，下好“建”“选”“储”三步棋，

推动形成建设一批、优选一批、储备一批的发展格局，进一步推动绿色高质量发展。

（二）集团公司新能源参与市场交易分析

截至 2021 年三季度，风电保量保价电量 234.03 亿 kWh，不含补贴电价最高 450 元/MWh（湖南），最低 237.99 元/MWh（新疆）。光伏保量保价电量 32.91 亿 kWh，不含补贴电价最高 663.91 元/MWh（上海），最低 244.11 元/MWh（新疆）。风电市场化交易电量 132.81 亿 kWh，不含补贴电价最高 394.9 元/MWh（山东），最低 55.7 元/MWh（蒙西）。光伏市场化交易电量 12.08 亿 kWh，不含补贴电价最高 425.3 元/MWh（浙江），最低 55.7 元/MWh（蒙西）。

风电方面，华电东北区域风电较区域市场化交易均价上涨最高，为 18.5 元/MWh，西北区域较区域市场化均价下浮最大，为–11.3 元/MWh。光伏方面，华电东北区域光伏较区域市场化交易均价上涨最高，为 30.8 元/MWh，西北区域较区域市场化均价下浮最大，为–8.6 元/MWh。

（三）存在的主要问题

通过对 2020 年—2021 年集团及国内新能源市场交易情况摸底，按电网区域划分，集团有 5 个区域市场交易部分执行全额保障性收购政策，而西北、东北区域全部，以及冀北、山西、蒙西、湖南、云南等部分区域均通过市场方式形成交易价格。

截至 9 月份，集团风电市场交易价格（不含补贴）为 252.9 元/MWh，较全国交易水平高 35.24 元/MWh；光伏市场交易价格（不含补贴）为 188.47 元/MWh，较全国交易水平高 1.16 元/MWh。三北地区市场让利幅度为全国整体最高。集团公司风电平均市场让利 97.92 元/MWh，光伏平均市场让利 95.45 元/MWh。

整体来看，全国“三北”地区新能源装机最为集中，为促进新能源消纳，均采用不同开放程度的市场机制，尤其是青海地区，已全部取消保量保价，优先电量全额参与市场消纳。随着三北地区新能源规模的不断扩大，集团在该区域的市场让利程度将进一步加大。

五、未来形势及政策建议

（一）未来发展形势研判

在“双碳”目标下，新能源将逐步替代化石能源的主导地位。综合新能源补贴退坡机制的逐步实施、清洁能源消纳责任权重及绿证交易体系的不断完善、碳交易及电力市场的纵深推进等一系列措施，将从各方位推进新型电力系统体系建设，而新能源的各类保障措施也将从政策保障向市场机制保障推进。“十四五”时期，新能源发展将主要呈现以下几方面趋势：

一是新能源将大规模、跨越式发展。到 2025 年，我国新能源发电累计装机容量有望突破 10 亿 kW，新能源装机占比将超过 30%，发电量占比将接近 20%；到 2030 年，新能源累计装机占比将超过 40%，超过煤电成为第一大电源，发电量占比有望突破 25%。

二是市场化交易成为消纳新能源的主要途径。促进新能源消纳是我国电力市场建设的重要目的之一，“十四五”期间，适应新能源消纳的全国统一电力市场加快构建，新能源消纳市场机制逐步建立，新能源消纳将由保障性收购为主的计划模式向以市场化交易主导的市场模式转变。目前约 52%区域新能源不再执行全额保障消纳，多数以“保障性消纳+市场化交易”结合的方式促进新能源消纳，参与市场化交易的区域主要集中在新能源装机占比较高的地区。

三是分布式电源、微电网、综合能源系统成为新能源发展的重要支撑。新能源分布式开发利用是实现新能源跨越式增长的重要途径之一，对于构建以新能源为主体的新型电力系统具有重要意义。通过发展分布式电源、微电网、综合能源系统等，推动新能源就近开发利用。

四是随着新能源电量渗透率的提升，高比例新能源下系统的消纳成本增加。随着新能源装机规模和电量渗透率的提升，作为系统第二大电源，新能源承担的功率预测、调压和调频等考核费用，常规电源为平抑新能源波动性提供的辅助服务成本，以及电网服务新能源接网及消纳的投资都将增加。新能源发电企业将面临较高的交易风险，其中主要表现在中长期合约偏差、电力现货偏差风险以及高昂的调节成本。

（二）相关建议

1. 国家层面建议

适应高比例新能源的新型电力市场是我国当前实现“双碳”目标的基石，持续完善新能源市场参与机制与鼓励政策措施是推进新型电力市场的主要措施。

在市场机制建设方面，一是需要不断深化电力体制改革作为构建新型电力系统的基本保障，把持续完善中长期合约灵活调整机制、创新 PPA 市场交易模式、虚拟电厂建设，作为规避新能源波动性造成的合约机制。二是实现中长期财务合约与物理运行约束条件解耦，规避现货市场物理约束条件故意修正造成的安全问题。三是建立现货市场新能源机组报价出清机制，真实体现新能源电能量时空价值。

在配套政策鼓励方面，一是鼓励新能源自建储能或调峰资源，对配建储能或调峰能力的可再生能源发电企业参与辅助服务市场实施辅助服务品种价格鼓励措施，保证容量成本回收和调峰能力合理收益。二是完善的绿证环境价值体系。构建证电价值分离，证电捆绑或独立的交易体系，对固定补贴新能源项目实施“绿证+补贴”联动机制，实现降低国家财政补贴的同时，加快企业资金回笼。三是优化新能源相关考核分摊机制。对“两个细则”辅助服务管理实施细则相关条款及辅助服务市场费用，向用户侧疏导并建立市场主体发用共担机制。提高燃煤发电机组灵活性改造、提高新能源电力系统的消纳能力。

2. 集团公司层面建议

从集团公司新能源装机情况来看，新能源布局区域明显多于具有调节性机组的布局区域。西北五省煤电整合以后，除新疆外，其他四省均为单一的新能源产业，进入市场将无调节电源与其形成合力平衡市场风险。以甘肃为例，现货市场运行期间，风光资源富裕情况时，新能源电能量价格基本为地板价，形成低价增量，资源较差情况下造成高昂的电力购买成本，出力波动造成额外的辅助服务分摊成本，造成严重的机会成本外流。为提升集团公司新能源电力市场竞争能力，降低市场风险，提出以下建议：

一是在区域布局方面，在纯新能源装机区域，实现以新能源为主，形成多元化调节性资源建设格局，减少新能源的市场机会成本外流，对新建未建新能源项目提前做好储配等调节资源同步设计。

二是管理体系方面，推动区域公司运营报价中心建设，开展区域资源优化整合，以统一指挥、统一参与、统一协调为工作基调，以实现整体竞争效益最大化为目标。积极推进产业下沉发展，实现售电公司实体化运作，把售电公司作为新能源市场化风险的兜底产业，利用其桥梁作用实现新能源与调节资源整合，实现风险抵消作用。

三是技术支撑方面，从新能源进市场政策机制研究，新能源出力预测、虚拟电厂、市场仿真、多市场耦合等关键技术攻关，以及辅助决策、虚拟电厂等信息化平台建设等方面为新能源参与市场提供技术支撑。

四是人才梯队建设方面，建立营销人员档案库，分专业、分类型有针对性地培养，对营销管理人员要实施复合型人才战略培养机制，提升公司市场政策研究、交易报价、调度协调、经营计划、客户维护及客服增值服务等营销综合实力。

推进“华电战略性清洁能源基地”建设对策研究

华电新疆发电有限公司

韩 嵩 田 亚 常家星 单子阳 白正广 吴 镝 李政光 缪卫贞
柳江山 齐 佶

温室气体的过量排放导致温室效应不断增强，对全球气候产生不良影响，二氧化碳作为温室气体中的最主要部分，减排被视为解决气候的主要途径，如何减少碳排也成为全球性议题。为承担解决气候变化问题中的大国责任、推动我国生态文明建设与高质量发展，习近平主席在第七十五届联合国大会一般性辩论上的讲话提出“二氧化碳排放力争于 2030 年前达到峰值，努力争取 2060 年前实现碳中和”，指明我国面对气候变化问题要实现的“双碳”目标。2020 年 12 月 12 日，习近平主席在气候雄心峰会上宣布：到 2030 年，中国单位国内生产总值二氧化碳排放将比 2005 年下降 65%以上，非化石能源占一次能源消费比重将达到 25%左右，森林蓄积量将比 2005 年增加 60 亿 m^3，风电、太阳能发电总装机容量将达到 12 亿 kW 以上。

2021 年全国两会将“双碳”目标首次被写入政府工作报告；3 月 15 日，习近平主席主持召开中央财经委员会第九次会议，研究促进平台经济健康发展问题和实现“碳达峰”“碳中和”的基本思路和主要举措，会议指出，要构建清洁低碳安全高效的能源体系，控制化石能源总量，着力提高利用效能，实施可再生能源替代行动，深化电力体制改革，构建以新能源为主体的新型电力系统。这就为能源电力发展指明了科学方向、提供了根本遵循，意味着新能源发电会成为未来电力系统的主体，煤电将转变为辅助性能源。

2021 年 10 月 12 日，习近平主席在《生物多样性公约》第十五次缔约方大会领导人峰会上的主旨讲话中指出，为推动实现碳达峰、碳中和目标，中国将陆续发布重点领域和行业碳达峰实施方案和一系列支撑保障措施，构建起碳达峰、碳中和“1+*N*”政策体系。中国将持续推进产业结构和能源结构调整，大力发展可再生能源，在沙漠、

戈壁、荒漠地区加快规划建设大型风电光伏基地项目。

中国华电集团有限公司作为5大发电集团之一，在面对严峻复杂的国内外形势、艰巨繁重的改革发展任务，特别是新冠肺炎疫情的冲击下，做好“六稳”、落实“六保”、锐意创新、争创一流，锚定以清洁能源特别是非化石能源为主攻方向，聚焦科技创新、倾力转型发展，全力打造大型风电、光伏基地，利用电网存量通道实现外送消纳，结合负荷增长及调峰资源实现就地消纳，加快创新步伐，实现绿色崛起。

华电新疆公司梳理清洁能源发展现况，结合不同区域存量资源以及禀赋特征，针对性提出未来发展对策。

一、能源资源

（一）煤炭资源情况

新疆煤炭资源丰富。根据全国第三次煤炭资源预测与评价成果，新疆在垂深2000m以浅、面积76394km^{2}范围内，煤炭预测资源量2.19万亿t，占全国预测资源总量的40.5%，位居全国首位。根据目前最新数据，截至2015年底，全疆煤炭资源储量累计查明3795亿t，2015年煤炭年产量1.4亿t；规划到2020年和2030年全疆煤炭年产量分别为4.3亿t和6.1亿t。

新疆煤炭资源以动力煤为主，主要分布于天山南北两侧，占预测总储量的81%，其余是炼焦煤，占19%。动力煤中以中低变质的长焰煤、不黏结煤为主，分别占预测总储量的56%和22%，贫煤、无烟煤和褐煤资源较少。煤质优良，具有低灰（部分为特低灰，仅为3%～5%）、特低硫、特低磷、高中发热量特点，是优质动力煤和化工原料煤。在预测资源总量中，煤质灰分低于25%的约占95%，低于15%的约占47%，低于10%的约占16%；硫分低于1.5%的约占96%，低于1%的约占80%。

新疆煤炭资源分布的最大特点是北富南贫、资源整装。根据新疆能源资源总体布局和自治区煤炭开发战略，《新疆维吾尔自治区国民经济和社会发展第十三个五年规划纲要》中提出以推进煤炭清洁高效利用为主攻方向，以调整产业结构和转变发展方式为重点，依托准噶尔、吐哈、伊犁、库拜四大煤田，建设国家第十四个大型煤炭基地。准噶尔煤田以发展“疆电外送”、煤炭深加工项目为主，参与“疆煤外运”，配套开发五彩湾、大井、西黑山、将军庙、塔城白杨河等矿区；吐哈煤田以“疆煤外运”和“疆电外送”为主，适度发展煤炭分质利用项目，重点开发大南湖、三塘湖、淖毛湖、三道岭、克（布）尔碱等矿区；伊犁煤田以发展煤化工示范项目、适度发展煤电，实施煤炭就地加工转化，重点开发伊宁矿区；库拜煤田主要满足南疆四地州生产、生活用煤为主，适度发展煤电和现代煤化工，重点开发阿艾、拜城矿区。结合“疆电外送”

“西气东输”“疆煤外运”等重大工程项目，优先开发建设大型特大型现代化煤矿，积极推进开发大型绿色矿山示范项目。大力改造现有中小型煤矿，坚决关停一批技术水平低、存在安全隐患的小煤矿，严禁在水源涵养区、饮用水源保护区、风景名胜区等生态敏感区域开发煤矿项目。

准噶尔（准东）煤田、吐哈煤田和伊犁煤田都分布在新疆北部和东部，仅库拜煤田地处南疆区域，上述四大煤田预测资源量和保有资源量分别占全疆的80%和70%以上，具备建设特大型煤炭生产基地的条件。

（二）水力资源情况

新疆水能资源较丰富，但分布不均，南疆地区总量较丰富，北疆地区分布相对集中，境内共有河流570条，其中大部分是流程短、水量小的河流，年径流量在1亿m^3以下的河流有487条，占河流总条数的85.3%，其径流量仅有82.9亿m^3，占总径流量的9.4%；年径流量大于10亿m^3以上的河流共18条，径流量为534亿m^3，占总径流量的60.4%。

2003年水力资源复查的河流共有340条，其中：理论蕴藏量大于1万kW的河流有323条，总水力资源理论蕴藏量为3817.9万kW，主要集中于伊犁河流域、叶尔羌河流域、额尔齐斯河流域、和田河流域、喀什噶尔河流域、阿克苏河流域、开都河流域、渭干河流域和玛纳斯河流域，九大流域水力资源理论蕴藏量总计3199.9万kW，占新疆全区总水力资源理论蕴藏量的83.8%。根据最新资料统计，全疆水力资源技术可开发量约2526.7万kW，占全国水能资源技术可开发装机容量的4.8%。

（三）风电资源情况

新疆是我国的多风区省份之一，由于其独特的地理环境，造成风向风速分布的多样性。总体来说，北疆风速大于南疆，山区风速大于盆地，高山风速大于中低山区，山口、峡谷、河谷多为风速大的区域。特别是北疆、东疆风口、风区年平均风速在6m/s以上，十三间房达8m/s以上，全年大风日数多达100天以上，阿拉山口、达坂城、十三间房高达150天以上，最大风速超过40m/s。

新疆拥有九大具有开发价值的风区，包括乌鲁木齐达坂城风区、小草湖风区、哈密东南部风区、三塘湖－淖毛湖风区、哈密十三间房风区、额尔齐斯河河谷风区、阿拉山口风区、塔城老风口风区和罗布泊风区。新疆的九大风区多处于戈壁上，地形平坦，可开发面积大，建场条件优越；年平均风功率密度均在150W/m^2以上，有效风速小时数在5500h以上，具备建设大型风电场的条件。

此外，通过资源详查发现，准东地区风能资源十分丰富，是继九大风区之后的又一个大型风区。

新疆地域宽广，地形复杂，风能资源时空分布极其复杂：额尔齐斯河谷冬季风能资源最丰富，春季次之，夏季最小；伊犁河谷境内的察布查尔至新源一带以及天山、阿尔金山、昆仑山等高大山体顶部、北疆沿天山一带、南疆东部沿山一带等前山脚下，冬季最大，夏季最小，春秋相当。南疆北部、西部前山一带夏季最大，冬季最小。塔城境内的玛依勒山、加依尔山与齐吾尔喀叶尔山等山地的平均风功率密度除了夏季较小外，其余 3 季差别不大。阿拉山口风区、小草湖风区、十三间房风区、老风口风区、三塘湖一淖毛湖风区、吐鲁番盆地南部低山戈壁、罗布泊北部与东北部、南疆北部、西部沿山一带等，春季平均风功率密度最大，夏季次之，冬季最小。哈密东南部风区年际变化略小，春季略大，冬季略小，夏秋相当。达坂城风区平均风功率密度的季节变化随空间而异：秋冬季以河谷上游较大，春夏季以河谷下游较大。

（四）太阳能资源情况

新疆太阳能资源十分丰富，全年日照时间较长，日照百分率为 60%～80%，全疆日照 6h 以上的天数在 250～325 天，太阳新疆水平表面年太阳辐射总量为 5000～6500MJ/m^2，年平均值为 5800MJ/m^2，年总辐射量比同纬度地区高 10%～15%，比长江中下游高 15%～25%。太阳辐射峰值出现在东疆和南疆东部一带，最低值出现在博州、阿尔泰和天山北麓部分地区，年总辐照度的区域分布大致是由东南向西北不均匀递减。东南部太阳总辐射量在 5800MJ/（m^2·a）以上，西北部均为 5200MJ/（m^2·a）。这是由于新疆的山体西高东低，南高北低，西来的低层气流很难直入塔里木盆地，多从西部几个缺口入境，在西北部形成比较多的云和降水，使太阳辐射减弱，东南部则云雨少，辐射量增大。

新疆太阳能资源，主要分布于五大区域（天山南麓、天山北麓、东疆东部、北疆中部、北疆北部）。

（1）东疆东部为资源丰富带，年太阳总辐射量大于 6200MJ/m^2。

（2）天山南麓为资源次丰富带，年太阳总辐射量为 5800～6200MJ/m^2。

（3）天山北麓为资源较丰富带，年太阳总辐射量为 5400～5800MJ/m^2。

（4）北疆中部、北部为资源亚丰富带，年太阳总辐射量为 5000～5400MJ/m^2。

从全疆来看，各地气温相差很大，影响太阳能利用的主要因素是环境温度和沙尘天气。春季多沙尘暴的南疆地区，冬季总是阳光普照，晴空万里，极少风雪天气，虽然云雨量少，但多沙尘天气，太阳辐射减弱，散射分量增大；而北疆 1 月平均气温在 -10℃左右；东疆和北疆地区空气中水分少、晴天多、大气透明度高，虽然总辐射较弱，但是直射分量较大。利用太阳能的最有利季节是夏秋季，不利季节北疆为冬季、南疆为春季。

新疆太阳能资源储量占西北地区的 50%以上，是全国储量最大的省份。根据国内目前相关研究，新疆维吾尔自治区太阳能资源总储量为 97.416×10^{14}MJ，可开发储量为 16.029×10^{14}MJ。

目前新疆未利用土地总面积约为 1022083km²，按照基本情景预测，新疆未利用土地的 10%用于开发光伏发电，新疆用于开发光伏发电的总面积约为 102208.3km²。按照积极情景预测，新疆未利用土地的 30%用于开发光伏发电，新疆用于开发光伏发电的总面积约为 306624.9km²。按照新疆太阳辐射总量年平均值为 5800MJ/m² 计算，基本情景下，新疆维吾尔自治区太阳能资源可开发储量为 5.928×10^{14}MJ；积极情景下，新疆维吾尔自治区太阳能资源可开发储量为 17.784×10^{14}MJ。

从太阳能资源的分布来看，新疆太阳能峰值出现在东疆和南疆东部一带，低值出现在博州、阿尔泰和天山北麓部分地区，年总辐射照度的区域分布大致由东南向西北不均匀递减，辐射峰值点一般分布在哈密一带。平均日照时数东疆为全疆第一，为 3121.5h，其次是北疆 2703.3h，南疆为 2689.9h。可开发储量从区域考虑东疆地区太阳能资源开发潜力最大，其次是南疆地区，再次为北疆地区。

二、负荷预测

（一）地区经济发展现状

近年来，新疆国民经济呈现出快速发展的趋势，综合实力明显增强，建立了以农业为基础、工业为主导的国民经济体系，初步形成了以天山北坡经济带为依托、以铁路和公路干线为骨架、以区域性和地区性经济中心城市为支点、辐射带动地区经济发展的区域经济格局。

2019 年，实现地区生产总值（GDP）13597 亿元，同比增长 6.2%。第一产业增加值 1781.75 亿元，增长 5.3%；第二产业增加值 4795.50 亿元，增长 3.7%；第三产业增加值 7019.86 亿元，增长 8.1%。第一产业增加值占地区生产总值的比重为 11.10%，第二产业增加值比重为 35.27%，第三产业增加值比重为 51.63%。从三次产业增加值占比情况来看，2019 年第三产业已超新疆生产总值的一半，已成为拉动经济增长的第一推动力。

（二）电力需求现状分析

2005—2019 年，新疆电力消费弹性系数一直维持较高水平，十四年年平均电力消费弹性系数达到 1.55，电力消费弹性系数最大值出现在 2012 年，达到 2.5。2016—2018 年期间，随着高载能产业发展的逐步放缓，电力消费弹性系数呈现下降趋势，但三年平均电力消费弹性系数仍然达到 1.3 水平，因此，经济社会发展对电力供应的需求依

然旺盛。

（三）国民经济发展预测

第二次中央新疆工作座谈会以来，国家加大新疆项目的支持力度，新疆抓住机遇，提出新疆丝绸之路经济带核心区建设的总体思路，即以“三通道”（北、中、南三条通道）为主线，以“三基地”（国家大型油气生产加工基地、大型煤炭煤电煤化工基地、大型风电基地）为支撑，以“五大中心”（交通枢纽中心、商贸物流中心、金融中心、文化科教中心、医疗服务中心）为重点，以“十大进出口产业集聚区”为载体，充分利用两种资源、两个市场，推进改革创新，加快开放步伐。到2020年，确保如期全面建成小康社会，为社会稳定和长治久安奠定坚实基础。

根据《2020年新疆维吾尔自治区政府工作报告》，2020年地区生产总值增长5%左右；全社会固定资产投资年均增长5%，社会消费品零售总额增长5.5%左右；外贸进出口总额增长5%左右；价格总水平保持基本稳定；城镇居民人均可支配收入增长6%左右，单位地区生产总值能耗下降1.2%，主要污染物排放指标控制在国家下达指标内。

一是聚焦社会稳定和长治久安总目标，确保社会大局持续稳定。二是坚决打好三大攻坚战，确保同步全面建成小康社会。三是培育壮大特色优势产业，推动建立具有新疆特色的现代化经济体系。四是大力实施乡村振兴战略，加快推进农业现代化。五是全面实施旅游兴疆战略，把旅游业建成带动能力最强、造福百姓最广的富民产业。六是加快丝绸之路经济带核心区建设，努力推动形成全方位开发格局。七是加大基础设施建设力度，推动经济高质量发展。八是深化重点领域改革，进一步优化营商环境、激发市场活力。九是加快社会事业发展，确保民生特别是困难群众基本生活得到有效保障和改善。十是坚持党的民族宗教政策，大力促进民族团结宗教和谐。十一是大力支持兵团深化改革加快发展，充分发挥兵团的特殊作用。

严格落实严禁三高项目进新疆要求，实行最严格的生态环境保护制度和空间用途管制制度、最严格的水资源管理制度。以“乌—昌—石”“奎—独—乌”区域为重点，积极推动产业结构、能源结构、交通运输结构的调整和优化，强化区域联防联控和重污染天气应对，坚决打赢蓝天保卫战。

加快推动“三基地一通道”建设。突出重点区域，优化产业空间布局，加快推进中石油塔里盆地300万t油气田、玛湖油田、吉木萨尔致密油田、准格尔盆地南缘油气田、中石化顺北油田等大型油气田建设，加快推进现代煤炭、煤电、煤化工产业发展，开工建设哈密三塘湖石头梅一号露天煤矿一期工程。加快准东国家现代煤化工产业示范区、哈密新型综合能源基地和现代煤化工产业示范区、巴州上库石油化工园区建设，将准东、哈密经济开发区打造成为优势能源有效利用示范区，积极推进“疆电外送”第三通道、“西气东输”四县前期工作，推进能源大区向能源强区转变。大力发展劳动密集型产业，发展战略性新兴产业，高质量推进纺织服装产业发展。

加快推进“一港口”“两区”“五大中心”“口岸经济带”建设。加快中欧班列乌鲁木齐集结中心和国际货物返程分拨中心建设。着力提升霍尔果斯、喀什经济开发区建设水平，加快推进口岸经济带基础设施建设和产业发展。积极推动中巴经济走廊综合承载区建设。

加快重大交通基础设施建设，扎实开展国际首批交通强国建设试点，推进丝绸之路经济带大通道建设，实施一批公路、铁路、航空重大项目，加快推进 G7 线伊吾—巴里坤—木垒高速公路、乌鲁木齐—尉犁高速公路等项目；加快推进和田—若羌铁路、准东将军庙—哈密淖毛湖铁路等项目建设，开工建设乌将铁路增建二线扩能改造；推进乌鲁木齐国际机场北区改扩建工程、喀什机场改扩建工程、昭苏机场、塔什库尔干机场等建设；加快推进重大水利设施建设，建成阿尔塔什、大石门水利枢纽，开工建设玉龙喀什水利枢纽、库尔干水利枢纽工程等建设。

（四）“十四五”新增负荷增长点

1. 南疆四地州煤改电

根据自治区人民政府办公厅关于印发《南疆四地州煤改电工程（一期）实施方案（2019—2021 年）的通知》（新政办发〔2019〕20 号），一期工程主要对南疆三地州（喀什、克州、和田以及兵团一、三、十四师）农村区域 93.2 万户（国网区域 89.8 万户，兵团区域 3.4 万户）进行改造，2017 年已完成 0.6 万户（均为国网区域），2019—2021 年改造 92.6 万户（国网区域 89.2 万户，兵团区域 3.4 万户）。

南疆“煤改电”一期工程（主要针对喀什、克州、和田以及上述区域内兵团）煤改电每户居民以 $50m^2$ 供暖面积考虑，根据 GB 50176《民用建筑热工设计规范》，每平方米供暖负荷为 80W，户均供暖负荷为 4kW。南疆三地州冬季采暖期为 4 个月 120 天，一个采暖季户均用电量为 5760kWh。南疆三地州国网供电区实施 89.2 万户“煤改电”，将新增电采暖负荷 296 万 kW，新增电采暖电量 53.3 亿 kWh。

截至 2019 年南疆煤改电最大用电负荷为 65 万 kW，其中喀什 35 万 kW，克州 6 万 kW，和田 24 万 kW。受居民生活习俗以及电价等因素影响，目前煤改电用电负荷相对处于较低水平，后续南疆煤改电用电负荷仍然具有较大的增长潜力。

2. 北方地区冬季清洁取暖

2016—2017 年，国家能源局及自治区政府分别印发了《关于印发北方地区冬季清洁取暖规划（2017—2021 年）的通知》（发改能源〔2017〕2100 号）、《关于印发加快

推进电气化新疆工作方案的通知》（新政办发〔2016〕161 号），相关政策的推进对推动能源消费革命、落实国家能源战略、加快推进“电气化新疆”具有里程碑意义。

3. 兵团向南发展

新疆生产建设兵团（简称兵团）是实现党中央关于新疆工作总目标的重要战略力量、是新疆经济社会发展的重要力量、是促进民族交往交流交融的重要力量。兵团向南发展是以习近平同志为核心的党中央作出的重大战略决策部署，对实现新疆社会稳定和长治久安工作总目标，建设团结和谐、繁荣富裕、文明进步、安居乐业的中国特色社会主义新疆具有重大意义。

根据兵团向南发展规划纲要，南疆兵团将打造“一中心、三依托、八支点”，将建设国家级产业园区 2 个，自治区级、兵团级产业园区 6 个，以新型工业化为先导、以新型城镇化为载体、以产业发展带动人口集聚为主线，发展壮大产业，促进人口集聚，到 2022 年将新增聚集人口 30 万人，工业生产总值年均增长 20%，兵团向南发展将促进南疆经济跨越式发展。

同时规划纲要提出，2017—2022 年期间南疆 4 个师市将开发 160 万 kW 光伏、40 万 kW 风电。光伏主要分布在第一师（阿拉尔地区）、第二师（铁门关、且末、若羌地区）、第三师（图木舒克地区）、第十四师（皮山、墨玉地区），风电主要分布在第二师（若羌地区），将推动南疆能源资源开发。

4. 准东、哈密能源基地建设

2019 年自治区多次组织“乌—昌—石”“奎—独—乌”区域大气污染防治会并印发了《“乌—昌—石”“奎—独—乌”区域大气污染防治攻坚方案》。准东经济技术开发区采用飞地模式规划工业园区，承接“乌—昌—石”“奎—独—乌”地区“三高”项目的布局。“十四五”期间，准东开发区将继续紧紧围绕“现代煤电煤化工基地、新能源基地”定位，以“煤炭”“煤电”为支撑产业，一是大力发展现代煤化工产业，重点协调将昊华骏化、山东兖矿、心连心、特变电工及新疆东方希望 5 家重点煤化工项目纳入国家发展规划，力争项目早日落地建设；二是稳步推进铝基、硅基新材料产业；三是进一步推进准东新能源基地能源资源优势转换，促进区域新能源发展。

“十四五”期间，哈密市重点打造哈密新型综合能源基地，以煤基清洁能源、煤基化工原料、煤基化工新材料、其他精细化工以及多联产和循环融合为发展方向，按照“横向分质利用、纵向梯级转化、跨领域产业融合、弹性化发展方案”的多维度方向构建煤化工产业体系，建成煤油化综合延伸型淖毛湖产业园、能化综合型条湖产业区、煤制清洁燃料型汉水泉产业园，主要推进煤制油、煤制天然气、煤制烯烃等产业链发展。

（五）负荷电量预测结果

受新一轮西部大开发、援疆援藏等战略拉动，第二产业用电将保持较快增长，同时，受居民生活水平不断提高拉动，第三产业及居民生活用电延续快速增长态势，电力需求将保持较快增长。本次预测中考虑2005—2019年期间负荷、电量的年平均增长率，结合近几年全社会用电量增长水平、电力消费弹性系数、新疆重大工业、农业排灌、矿产开发、电气化铁路等建设项目情况，以及宏观经济形势变化的影响，在此基础上提出了新疆电力电量需求的高、中、低三个预测方案，以中方案作为基本方案。预计“十四五”期间新疆全社会用电量年均增长率为7.58%、用电负荷年均增长率为8.01%，预计到2025新疆全社会电量和负荷分别达到4707亿kWh、6185万kW。

敏感性方案考虑经济结构调整力度进一步加大，钢铁、化工等高耗能行业发展进一步放缓，高耗能行业用电量较基本方案下降较多。预计2025年，全社会用电量、最大负荷分别为4269亿kWh、5610万kW，“十四五”年均增速分别为6.6%、5.9%。

（六）电力负荷特性

1. 新疆电网历史负荷特性

根据2014—2019年历年实际负荷统计资料，新疆电网典型日负荷特性有如下特点。

（1）日负荷变化有所趋缓，日负荷率和日最小负荷率均有一定幅度的上升，夏季典型日出现两个负荷高峰时段，其中午高峰出现在12:00—14:00，晚高峰出现在21:00—23:00；冬季典型日最高负荷出现在18:00—21:00，次高峰出现在11:00—13:00。

从统计结果看，近年来新疆主电网年负荷特性变化略有增长，但日负荷变化有所趋缓，分析认为主要原因有以下几点：①近两年新疆极端气候出现较为频繁，冬季较往年偏冷，而夏季偏热，导致近两年年负荷变化较大，年负荷率水平略有下降；②从各行业用电来看，随着前几年钢铁业、铝业和石油化工等高耗能产业的迅速发展，工业用电量比重逐步增大，用电结构总体向减缓负荷变化的方向发展，导致日负荷变化有所趋缓。

（2）由新疆电网最小负荷率β夏季在0.88～0.93之间变化，冬季在0.89～0.92之间变化，平均负荷率γ在0.94～0.97之间波动。

2. 尖峰负荷特性

相较于经济发达省份，新疆电网的全网负荷峰谷差相对较小。2019年12月全网最大负荷为3358万kW，当月最小负荷为2957万kW，峰谷差比为1:0.88，是典型送端电网负荷特性。“十三五”前四年除有序用电和错峰避峰方案外未采取其他尖峰负荷控制措施，总体上有能力保障尖峰负荷用电。

随着社会经济的发展，第三产业与居民用电量逐渐成为电量增长的重要因素。由

于第三产业与居民用电具有明显的峰谷特性，因此系统负荷峰谷差特性进一步加大。随着直流外送功率的提升，新疆电网在冬季晚高峰个别时段（新能源小发情况）甚至出现电力无法满足外送需求的情况，通过尖峰负荷控制措施可以有效避免该情况出现，保障内用和外送负荷用电需求。

3. 负荷需求侧管理可挖掘潜力

新疆区域内第一产业主要包括农、林、牧、渔业；第二产业是指采矿业、制造业，电力、热力、燃气及水生产和供应业、建筑业；第三产业主要是指服务产业，包括软件和信息技术服务业（含大数据）、充换电服务业以及蓄热式电采暖等。第一产业、城乡居民用电负荷与第二、三产业的用电负荷相比，用户分散且用电规模小，不具备在系统高峰时段转移或者削减其用电负荷的能力。此外，从国外已经广泛实施的可调节负荷控制措施来看，主要应用于冶金、水泥、造纸、钢铁、纺织等工业用户，并取得了较为显著的调荷效果。因此，第二、三产业用电量将是疆内可调节负荷资源的主力。

2019 年全疆钢铁行业负荷中电压等级超过 110kV、负荷超过 5 万 kW 的有八钢、闽新钢铁、新安特钢和昆玉钢铁，总生产负荷为 49 万 kW，通过电网运行经验及电话沟通确认，可调节负荷比例约为 25%。此外，110kV 及以上用电负荷超过 5 万 kW 的其他工业用户有信发铝业、神火、其亚、嘉润、天龙矿业 5 家，总生产负荷为 616 万 kW，可调节负荷比例约为 10%。经过上述分析，第二产业中可调节负荷总量约为 73 万 kW。

第三产业中的信息传输、软件和信息技术服务业主要集中在昌吉、哈密、阿勒泰、奎屯地区，总用电负荷为 152 万 kW，可调节比例约为 20%（共 30 万 kW，可中断 1～2h）。全疆电采暖用负荷为 25 万～40 万 kW，可调节比例为 100%，可中断 1～2h。因此，预计第三产业可调节负荷总量为 60 万 kW。

综上所述，预计全疆可调节负荷规模约 132 万 kW。

4. “十四五”新疆区域电能替代重点领域与替代潜力预测

建筑领域：主要包括建筑电采暖和建筑电蓄冷空调。其中，电采暖作为电能替代技术的一种，符合国家治理大气污染、促进节能减排、推动能源消费和生态文明建设、实现经济社会持续发展的形势。

工业领域：工业领域的电能替代主要有燃煤自备电厂替代、油田钻机“油改电”、油气管线压气站“油改电”、冲天炉改造中频炉、电窑炉代替燃煤窑炉、皮带廊“油改电”等。

交通领域：交通领域电能替代主要包括电动汽车、轨道交通。

三、装机规划

（一）电源布局原则

1. 火电布局原则

“十四五”期间火电布局原则主要考虑如下。

（1）优先安排热电项目，保障民生用热需求。

（2）严格执行环保相关政策，在“乌—昌—石”“奎—独—乌”大气污染联防联控区域不再规划新建火电电源。

（3）在负荷和电量市场空间较大，火电建设条件较好的区域考虑就地布局火电。

（4）重点考虑布局坑口煤电一体化火电，单机容量以60万kW以上为主。

（5）跨区送电电源布局与电网网架规划相协调。

2. 新能源布局原则

（1）以电力市场消纳为主导，有序推进新能源可持续、高质量发展。

（2）遵循国家、自治区风电产业政策及相关规划，科学预测产业发展规律，把提升消纳能力作为改进和发展电力系统的重要目标，有序扩大新能源装机规模。

（3）把创新示范作为引领全疆新能源发展的第一动力，加大科技创新力度，降低新能源项目建设成本，提升项目经济效益，拥抱平价上网新时代。

（4）采用先进的资源评估手段，准确评估区域新能源资源特点，合理确定开发规模、项目布局和建设时间；严格把握规划、国土、生态等政策规定，科学确定项目选址，促进可再生能源协调持续健康发展。

（5）提高电力系统调节能力，实施煤电灵活性提升工程，加快储能、储热的示范应用，重点推进阜康、哈密抽水蓄能电站建设，积极推进阿克陶等抽水蓄能电站规划及前期论证工作。

（二）火电电源建设方案

“十四五”期间，发挥能源基地优势，统筹本地供电供热需求和外送需要，合理安排清洁高效煤电发展规模。目前，煤电核准在建项目1738万kW（含停缓建）；结合需求增长、市场空间及发展意愿，规划增加煤电730万kW，“十四五”新增2468万kW。到2025年，新疆煤电装机8776万kW。

“十四五”有序推进到龄机组退役，计划退役28万kW。

（三）水电电源建设方案

“十四五”期间按照“有序开发水电”的原则，综合考虑各河流流域资源情况、开发利用条件、流域农业灌溉、调水工程建设和电力市场需求等因素，新疆未来水利资

源开发主要集中在额尔齐斯河、叶尔羌河等流域。本次“十四五”规划，针对水电开发仅考虑已核准在建的项目。

预计“十四五”期间新疆电网新增水电 271 万 kW。到 2025 年，新疆水电装机规模为 1106 万 kW，其中常规水电装机规模为 986 万 kW，抽水蓄能规模为 120 万 kW。

（四）风电基地电源规划

“十四五”期间，稳步推进新能源建设。结合新疆维吾尔自治区新能源发展预期和消纳能力，预计“十四五”新增风电发电装机 1665 万 kW。到 2025 年，新疆风电发电装机达到 3801 万 kW。

（五）光伏建设方案

“十四五”期间，稳步推进新能源建设。结合新疆维吾尔自治区新能源发展预期和消纳能力，预计“十四五”新增太阳能发电装机 710 万 kW。到 2025 年，新疆太阳能发电装机达到 1951 万 kW。

（六）规划电源装机规模

预计到 2025 年，新疆电网电源装机 1.58 亿 kW，其中煤电 8776 万 kW，水电装机 1106 万 kW（常规水电 986 万 kW，抽蓄 120 万 kW）；风电、太阳能发电装机 3801 万、1951 万 kW；气电装机规模 54 万 kW；生物质及其他 88 万 kW。煤电装机占比较“十三五”末降低 4.1 个百分点，新能源装机占比较“十三五”提高 4.6 个百分点。

预计到 2025 年，新疆电网内用电源装机 1.13 亿 kW，其中煤电 6400kW，水电装机 1106 万 kW（常规水电 986 万 kW，抽蓄 120 万 kW）；风电、太阳能发电装机 2181 万、1476 万 kW；气电装机规模 54 万 kW；生物质及其他 88 万 kW。

四、电力电量平衡

（一）平衡原则

（1）电力电量平衡分两部分进行，第一部分考虑新疆内用负荷和向西北主网送电负荷与电源之间的平衡，第二部分考虑特高压直流外送电力的平衡。

（2）电力平衡选择全疆负荷最大的 11 月或 12 月，最大负荷、用电量采用新疆电力需求预测中方案。

（3）网内备用容量按年最高负荷的 13%计算。

（4）考虑省间互济和需求侧响应，参与平衡负荷按照最大负荷的 97%考虑。

（5）热电机组冬季考虑 20%受阻容量，非供热机组冬季大负荷方式按装机容量的 100%参与电力平衡；夏大负荷方式火电出力按照 95%参与电力平衡；小负荷方式、腰负荷方式按照 60%参与电力平衡。

（6）水电机组夏大按装机容量的80%参与平衡；冬季考虑有调节性能的水电装机后，最大出力按装机容量的40%参与平衡；夏腰方式按装机容量的60%参与平衡。

（7）风电夏大、冬大按7%的出力参与电力平衡，夏腰、冬小方式按50%参与平衡，光伏夏大、冬大按不参与电力平衡，夏腰光伏按60%参与平衡，冬小不参与平衡。

（8）电量平衡中水电年利用小时数按平均3700h考虑，风电年利用小时数按平均2400h考虑。光伏电站利用小时数按1450h考虑。

（9）光热电源按照装机容量的50%参加电力平衡，电量平衡中年利用小时数按平均3500h考虑。

（二）电力平衡分析

按照基础负荷预测水平、电源规划方案，2019—2025年全疆整体电力盈余逐年降低。从2024年开始，冬季大负荷期间内用电力平衡将出现缺口。

（三）电量平衡分析

按照预测负荷电量水平和网内初步电力2019—2025年火电机组整体利用小时呈现上升趋势。

（四）新疆电网“十四五”电力供需形势总体分析

通过对“十四五”期间新疆电网夏大、夏腰、冬大等典型方式各地区电力平衡分析，“十四五”期间，新疆电网供需形势总体如下。

1. 2021年新疆电网供需形势总体分析

2021年新疆电网整体供需形势整体平衡，冬季大负荷期间电力略有盈余，其余方式下电力盈余较大。从各地州电力供需形势来看：2021年冬季大负荷期间新疆电网电力盈余的地州主要为昌吉、伊犁、哈密、巴州、阿克苏地区，存在电力缺口的地州主要为南疆三地州及奎屯、吐鲁番。其中奎屯地区电力缺口主要为石河子电网下网引起；南疆三地州电力缺口主要由于电采暖负荷增长较快，下网需求较大，哈密、昌吉、阿克苏、巴州地区主要由于火电装机较大，全年处于电力盈余的局面。

2. 2022年新疆电网供需形势总体分析

2022年，新疆电网整体电力供需基本平衡，但由于规划投产电源较少，供需形势相对紧张，其余方式下电力盈余较大。

分地州来看：2022年冬季南疆三地州（和田、喀什、克州）大负荷期间从主电网下网需求进一步增加，南疆三地州局部地区电力供应紧张的局面得到极大的缓解。

全年电力盈余的区域与2020年相差不大，仍然集中在哈密、巴州、昌吉等地区。奎屯地区由于规划火电电源投运，电力缺口相比2021年明显降低。

3. 2023 年新疆电网供需形势总体分析

2023 年，新疆电网随着和田规划电厂、俄矿电厂等规划电源项目的投产，电力供需形势较 2022 年出现一定的缓解，大负荷期间电力供需整体平衡，略有盈余，其余方式下盈余较大。

通过对各地州电力平衡情况分析，存在较大电力缺口的地州主要在南疆三地州，其中和田地区由于规划火电的投运电力缺口明显降低；乌鲁木齐、吐鲁番、奎屯地区随着负荷的增长电力缺口相比 2022 年增加；塔城地区由于规划火电的投运电力供需由略有缺口转为全年电力盈余。

从总体供电形势看，随着和田、塔城、准东等规划电源的投产，局部地区断面受电压力进一步减轻，电力供需形势相比 2022 年明显缓解。

4. 2024 年新疆电网供需形势总体分析

2024 年，新疆电网随着规划博乐热电厂、沙湾电厂、巴州纺织热电厂等电源项目的投运，扭转了大负荷期间博州、奎屯电网缺电的局面，其中博州电网电力供需由缺转盈，全年电力盈余，奎屯电网大负荷期间从主电网下网需求明显降低。全年电力盈余的地州主要有昌吉、伊犁、哈密、阿克苏、巴州；全年大负荷期间缺口较大的地州主要有乌鲁木齐及南疆三地州。

从总体供电形势看，随着 2024 年规划电源的投产，局部地区电力需求进一步减轻，除乌鲁木齐、南疆三地州外，电力供需形势相比 2023 年进一步缓解。

5. 2025 年新疆电网供需形势总体分析

2025 年，新疆电网随着伊犁、巴州等地区规划电源的进一步投运，补充了疆内部分地区电力缺额的局面，电力供需形势整体平衡，略有盈余。分地州看：电力盈余较大的地州主要为昌吉、塔城、伊犁、哈密、巴州、阿克苏，缺口较大的主要为乌鲁木齐、奎屯、南疆三地州。

（五）电源装机及电力平衡敏感性分析

由于目前国网能源院下发的新疆电源规划边界条件与新疆公司报自治区的电源边界条件存在一定的差异，自治区层面建议电源边界条件增加部分火电规模，对自治区层面建议的“十四五”电源边界进一步进行电力平衡敏感性分析。

自治区“十四五”电源装机建议规模与国网版主要差异在于考虑的边界条件不同，其中水电方面到“十四五”末自治区版较国网版增加 194 万 kW；火电方面到“十四五”末自治区版较国网版增加 623.5 万 kW；风电方面到“十四五”末自治区版较国网版减少 57 万 kW；光伏方面到“十四五”末自治区版较国网版增加 154 万 kW。其中，差异最大的为火电装机，主要原因为自治区建议电源装机增加准东规划电厂、哈密三塘湖规划电厂、伊犁规划电厂、和丰规划电厂、鄯善规划电厂布点。

五、电网规划

（一）2021年网架规划

2021年新疆电网供需形势整体平衡，冬季大负荷期间电力略有盈余，其余方式下电力盈余较大。从各地州电力供需形势来看：2021年冬季大负荷期间新疆电网电力盈余的地州主要为昌吉、伊犁、哈密、巴州、阿克苏地区，存在电力缺口的地州主要为南疆三地州及奎屯、吐鲁番。其中，奎屯地区电力缺口主要为石河子电网下网引起；南疆三地州电力缺口主要由于电采暖负荷增长较快，下网需求较大，哈密、昌吉、阿克苏、巴州地区主要由于火电装机较大，全年处于电力盈余的局面。

为满足乌昌核心区负荷发展需求，缓解乌北变电站，亚中750kV变电站的供电压力，梳理、优化昌吉中西部及乌鲁木齐西北部主网架结构，缓解乌昌核心区局部区域短路电流超标问题，建成乌昌750kV输变电工程。

为满足南疆五地州负荷增长需求，加强南部750kV主网架结构，提高南部电网与主电网的稳定水平，提升南部电网的送、受电能力，建成吐鲁番—巴州—库车Ⅱ回输变电工程。

为进一步推进北方地区冬季清洁取暖，支撑南疆四地州煤改电的实施，提升喀什、克州、和田地区电网供电能力及提高供电可靠性，建成莎车—和田750kVⅡ回输变电工程及喀什、和田750kV变电站主变压器扩建工程。

（二）2022年网架规划

2022年，新疆电网整体电力供需基本平衡，但由于规划投产电源较少，供需形势相对紧张，其余方式下电力盈余较大。

全年电力盈余的区域与2020年相差不大，仍然集中在哈密、巴州、昌吉等地区。奎屯地区由于规划火电电源投运，电力缺口相比2021年明显降低。

为满足乌鲁木齐西南部地区负荷发展，完善750kV乌昌小环网网架结构，提高N–1故障及检修方式下的供电可靠性，实施凤凰—乌北、凤凰—亚中、亚中—达坂城750kVⅡ回线路工程。

为满足吉泉直流外送需求，实施国网能源、潞安准东电厂—准东五彩湾换流站750kV线路工程。

（三）2023年网架规划

2023年，新疆电网随着和田规划电厂、俄矿电厂等规划电源项目的投产，电力供需形势较2022年出现一定的缓解，大负荷期间电力供需整体平衡，略有盈余，其余方式下盈余较大。

通过对各地州电力平衡情况分析，存在较大电力缺口的地州主要在南疆三地州，其中和田地区由于规划火电的投运电力缺口明显降低；乌鲁木齐、吐鲁番、奎屯地区随着负荷的增长电力缺口相比2022年增加；塔城地区由于规划火电的投运电力供需而由略有缺口转为全年电力盈余。

从总体供电形势看，随着和田、塔城、准东等规划电源的投产，局部地区断面受电压力进一步减轻，电力供需形势相比2022年明显缓解。

为满足伊犁、博州地区富余电力送出，提升环天山西段大环网稳定水平，对西部750kV网架进行补强，建成伊犁—博州—乌苏—凤凰Ⅱ回750kV线路工程。

为进一步完善南疆750kV主网架，提高电气化铁路供电可靠性，提升交流通道外送能力及特高压故障支撑能力，建成巴州-铁干里克-若羌750kV输变电工程。

为满足兵团农八师石河子市产业园区负荷增长需求，梳理石河子天富电网220kV主电网网架结构，实现石河子天富电网与新疆主电网750kV联网，建成石河子750kV输变电工程。

为解决北疆三地市新能源电力送出受阻问题，提升盈余电力送出能力，支撑地区新能源进一步开发及外送，实施塔城—乌苏750线路工程。

为满足国家级准东开发区西部产业区及吉木萨尔区域负荷发展需要，提高区域供电能力，同时梳理优化区域220kV网架结构，实施五彩湾北750kV输变电工程。

为满足库车俄矿、准东规划一电厂接入需求，实施俄矿电厂、准东规划一电厂750kV送出工程。

为解决烟墩750kV变新能源送出受阻问题，实施烟墩750kV变扩建第四台主变压器。

（四）2024年网架规划

2024年，新疆电网随着规划博乐热电厂、沙湾电厂、巴州纺织热电厂等电源项目的投运，扭转了大负荷期间博州、奎屯电网缺电的局面，其中博州电网电力供需由缺转盈，全年电力盈余，奎屯电网大负荷期间从主电网下网需求明显降低。全年电力盈余的地州主要有昌吉、伊犁、哈密、阿克苏、巴州；全年大负荷期间缺口较大的地州主要有乌鲁木齐及南疆三地州。

从总体供电形势看，随着2024年规划电源的投产，局部地区电力需求进一步减轻，除乌鲁木齐、南疆三地州外，电力供需形势相比2023年进一步缓解。

为满足新疆第三条特高压直流配套电源接入及外送需求，实施三塘湖北、淖毛湖750kV输变电工程。

为解决达坂城、三塘湖变电站区域新能源送出受阻问题，实施三塘湖、达坂城

750kV 变电站扩建第三台主变压器。

为满足南疆经济社会发展的用电需求，支撑南疆煤改电，实施库车—阿拉尔—巴楚 750kV 输变电工程及民丰 750kV 输变电工程，同时莎车 750kV 变电站扩建 1 台主变压器。

为促进新疆能源资源的进一步开发建设，提升新疆 750kV 交流外送能力，解决哈墩双线同杆问题，实施哈密—敦煌Ⅲ回 750kV 输变电工程。

（五）2025 年网架规划

2025 年，新疆电网随着伊犁、巴州等地区规划电源的进一步投运，补充了疆内部分地区电力缺额的局面，电力供需形势整体平衡，略有盈余。分地州看：电力盈余较大的地州主要为昌吉、塔城、伊犁、哈密、巴州、阿克苏，缺口较大的主要为乌鲁木齐、奎屯、南疆三地州。

为进一步满足南疆负荷增长的用电需求，支撑南疆能源基地开发，构建环塔里木盆地 750kV 环网结构，建成且末—若羌 750kV 输变电工程及民丰—且末 750kV 输变电工程，同时补强喀什—巴楚Ⅱ回 750kV 线路；为满足国家级准东开发区东部产业区负荷发展需要，提高区域供电能力，建成将军庙 750kV 输变电工程；为满足托克逊县负荷增长的用电需求，支撑用户供电，建成托克逊 750kV 输变电工程；为进一步支撑准东新能源基地开发及外送，实施木垒 750kV 变电站增容扩建第三台主变压器。

（六）“十四五”期间新能源规划

中国华电集团新疆分公司作为当地最大的火力发电企业，截至目前在疆装机约 1800 万 kW，结合华电在疆资产分布，初步拟定以下 6 个项目。

1. 新疆准东风电、光伏项目

项目位于新疆准东地区，依托±1100kV 吉泉直流实现基地新能源外送，吉泉直流设计容量为 1200 万 kW，通道利用小时数为 5500h，理论外送电量约为 660 亿 kWh；按照存量通道输送新能源电量占比不低于 30%考虑，通道应输送新能源电量约为 198 亿 kWh，2020 年通道累计外送电量 439.6 亿 kWh，其中新能源电量为 150 亿 kWh，存在一定新能源装机规划空间，按照当地风电 2200 利用小时数、光伏 1500 利用小时数，应规划新增 200 万 kW 风电、100 万 kW 光伏。

考虑吉泉直流配套电源中古海电厂（4×66 万 kW）为公司所属，初步考虑在准东地区规划 200 万 kW 风电，通过 1 回 750kV 线路接入古海电厂母线，新增 1 回古海至昌吉换 750kV 线路。

2. 新疆昌吉 100 万 kW 风电、光伏项目

项目位于新疆昌吉地区，紧邻新疆乌昌环网负荷中心，依托昌吉地区公司所属火

电灵活性改造，新增调峰空间约 72 万 kW，充分发挥风、光、火电联合运行优势，并配置每 4h15%储能，初步拟定开发规模约为 100 万 kW（风电 90 万 kW，光伏 10 万 kW），通过 2 回 220kV 线路接入乌北 750kV 变电站 220kV 侧。

项目充分利用企业自身资源优势，通过火电灵活性改造及储能配置提升新能源消纳能力，能够不占用主网调峰能力，并充分考虑了所在地区的消纳能力，具备一定开发优势。

3. 新疆塔城 150 万 kW 风电项目

塔城阿勒泰地区地处新疆北部，老风口、罗布泊两地风电资源优势明显，风电开发滞后主要受限于网架发展，随着“十四五”期间塔城—乌苏双回 750kV 线路投运，北部外送断面整体送电能力由 120 万 kW 提升至 300 万 kW 左右。

项目结合优势资源开发的同时，也充分考虑利用电网存量资源利用，初步考虑 150 万 kW 开发规模，通过 1 回 750kV 线路接入塔城 750kV 变电站。

4. 新疆博州 100 万 kW 风电项目

博州具有良好风、光资源，“十三五”期间，地区受伊犁、博州、乌苏 750kV 单回路网架结构影响，不具备大规模新能源开发条件，“十四五”期间，北疆地区全面形成双线双变环网结构，满足电网安全稳定导则，“*N*–1”故障不丢失负荷；此外，随着石河子地区负荷增长，需在博州地区开发电源满足供电需要，因此，适时开发博州新能源风电（100 万 kW）项目是必要的。

项目接入初步考虑 2 回 220kV 线路接入博州 750kV 变电站 220kV 侧。

5. 新疆叶尔羌 500 万 kW 风电、光伏项目

“十四五”期间，南疆供电作为新疆电网建设的重点任务，巴楚—阿拉尔—库车作为南疆网架加强三步走的第一步，极大地增强了断面从西向东潮流输送能力；同时该地区叶尔羌河流域的开发初步拟定 260 万 kW 具有年调节能力的水电装机，有效提升了当地新能源消纳空间。结合网架、水电资源，初步考虑叶尔羌河流域开发风电 300 万 kW、光伏 200 万 kW，并配置每 4h 15%储能。建设时序分两个阶段，2022 年开发风电 100 万 kW、光伏 50 万 kW；结合水电及储能建设工期，2024 年开发风电 200 万 kW、光伏 150 万 kW。

项目初期以 1 回 500kV 线路接入阿克苏 750kV 变电站，终期再以 1 回 500kV 线路接入阿拉尔 750kV 变电站。

6. 新疆吐巴千万千瓦风电、光伏项目

新疆目前已建成天中、吉泉 2 条特高压直流通道，第三回（哈密—重庆）直流预计“十四五”末期能够实现建成投产，随着 3 条直流配套电源相继投产、调相机等辅

助设备的跟进，3 条直流输送容量将逐步达到设计水平，在此基础上，为实现新疆资源最优利用，依托天山东环网交流网架支撑，结合哈密地区资源优势，通过部分天中直流配套电源和新建鄯善电网为电压支撑，可适时考虑联合国网等相关企业，助力区政府适时推进形成吐巴为起点、江西为落点的第四回直流，形成吐巴千万千瓦风电、光伏基地。

项目初期可开发 100 万 kW 风电、100 万 kW 光伏分别通过 750kV 线路接入国电电厂母线及鄯善 750kV 变电站，后期在直流建成投产后，接入吐巴换流站，并适时加大新能源开发规模。

六、消纳分析

本轮新能源开发规划水平年按照 2023、2025 年考虑。

2023 年累计新增新能源 900 万 kW，其中，风电 740 万 kW，光伏 160 万 kW，建成储能 150 万 kW，2/4h 时长不等；累计发电 174 亿 kWh，其中风电电量 150 亿 kWh，光伏电量 24 亿 kWh，塔城、博州项目新能源利用率在 90%以下，其余项目均在 90%以上。

2023—2025 年累计新增新能源 1150 万 kW，其中，风电 700 万 kW，光伏 450 万 kW，建成储能 185 万 kW，2/4h 时长不等；累计发电 210 亿 kWh，其中风电电量 143 亿 kWh，光伏电量 67 亿 kWh，叶尔羌、吐巴新能源利用率均在 90%以上，叶尔羌新能源利用率略低。

七、对策研究

（一）对策分析研究

（1）新疆地区具有良好的风电、光伏资源禀赋，风电、光伏年利用小时数均位于全国前列水平。因此，在新疆维吾尔自治区优先考虑发展建设大型风电、光伏基地。结合资源分布及电网网架结构进一步选择合适的区域开发项目。针对接入本地电网或者打捆外送的大型风电、光伏基地均需配套建设一定规模的储能电站，储能设施的投入能够有效降低风电、光伏弃电率，并且提高非水可再生能源消纳责任权重。

（2）在保持系统稳定运行的前提下，根据企业具体运行情况配置一定比例的风电、光伏、储能等新能源和清洁能源项目，替代部分火电发电量，保证园区消纳、电量平衡，提高系统调峰能力和安全性。帮助园区企业生产经营过程尽快实现降耗减排，加快推动新能源产业实现高质量发展。

开展高质量清洁取暖和散煤替代工作。实施清洁取暖替代工程，因地制宜采用太

阳能、风能、生物质能等可再生能源替代传统能源，重点推广太阳能热利用取暖和可再生能源电力取暖，实现散煤燃烧取暖的长效、经济替代。

（3）推进抽水蓄能电站建设，发挥调节能力逐步替代煤电调峰，塑造新能源为主体的新型电力系统。高效利用水能资源，充分发挥梯级水库调蓄能力，在开工建设的水电站基础上，加快更多抽水蓄能电站前期工作，进一步提升自治区电网系统调峰能力。

联合水风光电项目开发，建设水、风、光、储、输、配一体的绿色能源体系，增强调峰能力，平滑电能输出曲线，提升绿色能源消纳能力和外送水平。

（二）基地开发布局

可再生能源开发布局要结合地区资源禀赋、本地电网接入条件或外送通道配套电源基地规模等因素综合考量。

新疆拥有九大具有开发价值的风区，包括乌鲁木齐达坂城风区、小草湖风区、哈密东南部风区、三塘湖－淖毛湖风区、哈密十三间房风区、额尔齐斯河河谷风区、阿拉山口风区、塔城老风口风区和罗布泊风区。新疆的九大风区多处于戈壁上，地形平坦，可开发面积大，建场条件优越；年平均风功率密度均在 150W/m^2 以上，有效风速小时数在 5500h 以上，具备建设大型风电场的条件。此外，通过资源详查发现，准东地区风能资源十分丰富，是继九大风区之后的又一个大型风区。建议风电开发布局在十个大型风区内。

从太阳能资源的分布来看，新疆太阳能峰值出现在东疆和南疆东部一带，低值出现在博州、阿尔泰和天山北麓部分地区，年总辐射照度的区域分布大致由东南向西北不均匀递减，辐射峰值点一般分布在哈密一带。平均日照时数东疆为全疆第一，为 3121.5h，其次是北疆 2703.3h，南疆为 2689.9h。可开发储量从区域考虑东疆地区太阳能资源开发潜力最大，其次是南疆地区，再次为北疆地区。建议光伏开发布局优先考虑东疆地区，该地区光资源最佳，接入本地电网或者建设外送通道条件也有一定优势。

发电企业应对碳排放权交易的研究

中国华电集团有限公司山东分公司

姚　洪　赵训海　陈令强　崔　浩

一、课题背景

（一）国际方面

2015 年《巴黎气候变化协定》提出总量、强度双控目标，控制全球温升和温室气体长期减排目标，国际社会历经多轮谈判，积极应对气候变化已成为全球共识。

（二）国内方面

习近平总书记在 2020 年 9 月 22 日第 75 届联合国大会一般性辩论中郑重承诺：中国力争二氧化碳排放 2030 年前达到峰值、2060 年前实现碳中和。

生态环境部自 2020 年 12 月 30 日，连续颁布碳排放权交易相关办法，主要有《2019—2020 年全国碳排放权交易配额总量设定与分配实施方案（发电行业）》（方案明确，按照 2018 年供电量和供热量的 70%发放 2019 年度配额和 2020 年度配额，两年配额一起分配，一同进行履约）、《纳入 2019—2020 年全国碳排放权交易配额管理的重点排放单位名单并做好发电行业配额预分配工作的通知》（国环规气候〔2020〕3 号）、《企业温室气体排放报告核查指南（试行）》《关于加强企业温室气体排放报告管理相关工作的通知》《企业温室气体排放核算方法与报告指南发电设施》《碳排放权交易管理暂行条例（草案修改稿）》（以下简称《条例》）。

《条例》明确了省级生态环境主管部门负责组织核查并认定下达最终排放量、开展区域内配额分配和清缴，并向社会公开分配配额，设置了全国碳市场注册登记系统（落户武汉，其重要功能是主管部门管理配额的技术服务平台，用于配额的发放、持有、转移、变更、上缴、注销及相关信息的记录和管理）和全国碳市场交易系统（设在上海，是控排企业之间完成配额交易的平台，也允许投资机构注册账号参与交易，配额交易必须通过交易系统实现）。

集团公司“十四五”规划明确到2025年非化石能源装机占比力争达到50%，较国家要求提前5年实现碳达峰，加快结构调整优化，大力发展风光电等新能源，研究推进碳排放权交易市场有关工作。

开展发电企业如何在存量煤电和增量新能源发展基础上应对碳排放权交易的研究是必须的、急迫的。本课题以山东公司存量资产和“十四五”期间的发展规划为基础支持，开展研究。

二、山东公司碳排放数据现状及预测

（一）碳市场履约现状

1. 碳市场首次履约（2019、2020年度）排放、配额计算

2019年度，山东公司碳排放量共计6861.93万t，配额量为7519万t，配额呈现盈余状态，共盈余657万t，盈余比例为9.57%。

2020年，山东公司碳排放量共计6636.68万t，配额量为7427万t，配额呈现盈余状态，共盈余790万t，盈余比例为11.91%。

从两年配额盈余总量来看，莱州公司配额盈余总量最大，为340万t；龙口公司配额盈余量最小，为27万t。从时间维度来看，除了莱州公司配额盈余有较大幅度增长外，其余发电公司2019—2020年度配额盈余量变化不大，如图1～图3所示。

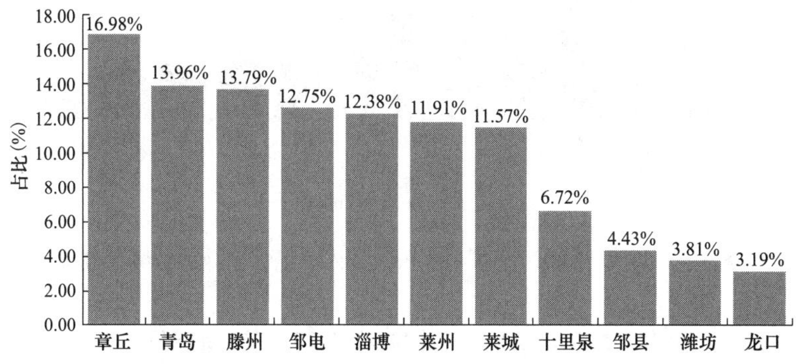

图1　2019年度山东公司各火电单位配额盈余占比情况

2. 现有机组2021—2025年碳市场履约形势预测

根据碳市场试点政策经验，供电碳强度基准值会逐年递减1%～5%而导致配额缩紧。因此，按保守方法，供电碳强度基准值2020年统一采用0.979t/MWh，假设2021年开始逐年递减5%；供热比采用反平衡法估算，得到“十四五”期间的配额量与排放量关系。通过表1，可以看出山东公司“十四五”期间配额在2023年出现配额缺口

40 万 t，后缺口越来越大。“十四五”山东公司各火电单位配额预测如图 4 所示。

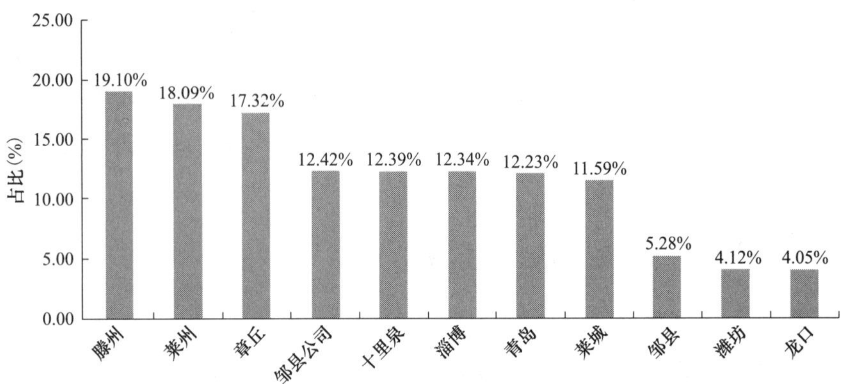

图 2　2020 年度山东公司各火电单位配额盈余占比情况

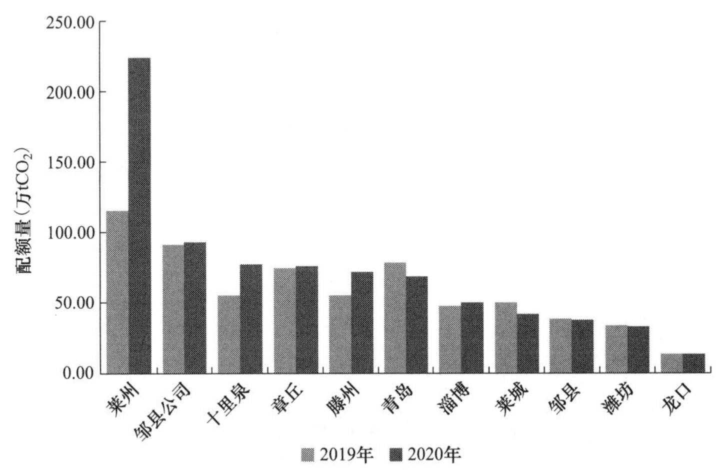

图 3　2019 年与 2020 年度山东公司各火电单位配额盈余情况对比

表 1　　按目前配额分配规则预测 2021—2025 年的盈余情况

年份	碳排放量（万 t）	配额量（万 t）	配额盈余（万 t）
2021	6607.63	7164.08	556.45
2022	6803.35	7075.14	271.79
2023	6969.86	6926.91	−42.95
2024	7586.03	7169.72	−416.31
2025	7760.91	7017.77	−743.14

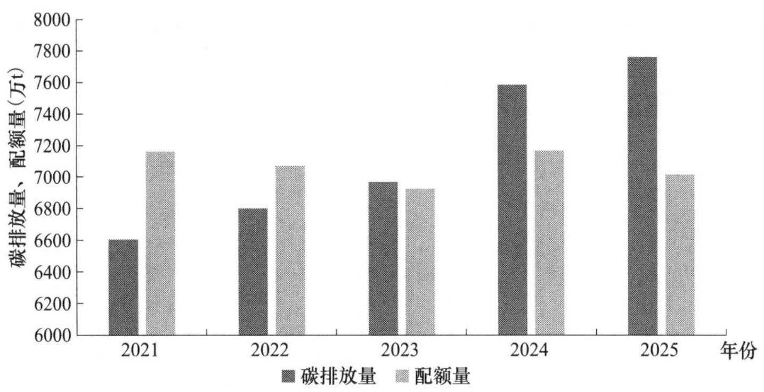

图 4 “十四五”山东公司各火电单位配额预测

（二）碳排放峰值数据测算

山东公司下属的 11 家火电单位，能源消费组成主要有煤炭、电力、辅助燃油。按照集团建议标准煤碳排放系数，煤电机组取 2.86t/t 标准煤，燃气轮机取 1.628t/t 标准煤；煤机供电标准煤耗逐年递减，燃气轮机供电标准煤耗不变（255g/kWh）；“十五五”不增加火电装机，各指标假设数据如表 2 所示，来预测碳排放达峰情况。

表 2　　各指标假设情况

年份	装机量（万 kW）		发电量（万 kWh）		供电煤耗（g/kWh）		供热量（GJ）		供热煤耗（kg/GJ）	
	煤电机组	燃气轮机	煤电机组	燃气轮机	煤电机组	燃气轮机	煤电机组	燃气轮机	煤电机组	燃气轮机
2021	1880	0	7313850	0	292.1	255	74580000	0	40	36
2022	1880	8.4	7482850	0	290.8	255	82030000	0	40	36
2023	1946	104.4	7561850	41160	290.3	255	90240000	0	40	36
2024	1946	104.4	8137650	207600	289.8	255	99260000	0	40	36
2025	2012	205.4	8182250	288000	289.3	255	109190000	0	40	36
2026	1940	205.4	8050000	288000	288.8	255	120110000	0	40	36
2027	1843	205.4	8050000	288000	288.3	255	132120000	0	40	36
2028	1843	205.4	8050000	288000	287.8	255	145330000	0	40	36
2029	1809.5	205.4	8050000	288000	287.3	255	159860000	0	40	36
2030	1809.5	205.4	8050000	288000	286.8	255	175850000	0	40	36

结果如图 5 所示，发现总的碳排放量一直在增长，没有出现碳达峰，原因是供电产生的碳排放在 2025 年可实现达峰（6512 万 t），但供热碳排放在一直增长，影响了 2025 年总体达峰。根据山东公司规划数据，虽然燃煤装机容量、发电量都在“十五五”

不再增加，但是规划中的供热量在逐年增加，供热量也同样需要计算原煤消耗量，故这部分排放增加了燃煤消耗导致的排放量。

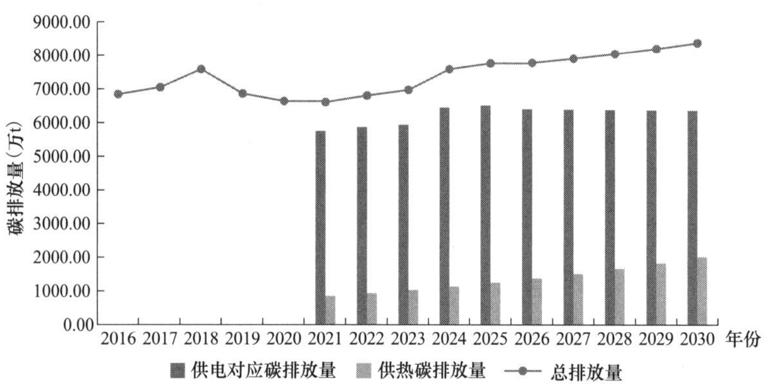

图 5　山东公司碳排放总量变化趋势图

山东公司各年度碳排放量表见表 3。

表 3　　山东公司各年度碳排放量表　　单位：万 t

年份	总排放量	供电对应碳排放量	供热碳排放量
2016	6841	—	—
2017	7048	—	—
2018	7584	—	—
2019	6862	—	—
2020	6637	—	—
2021	6608	5754	853
2022	6803	5865	938
2023	6970	5938	1032
2024	7586	6450	1136
2025	7761	6512	1249
2026	7777	6403	1374
2027	7903	6392	1511
2028	8044	6381	1663
2029	8199	6370	1829
2030	8371	6359	2012

2019—2025 年山东公司碳排放强度见表 4。

表 4　2019—2025 年山东公司碳排放强度　单位：g/kWh

年份	纯火电供电排放强度	包括新能源的全口径供电排放强度
2019	921	813
2020	813	786
2021	835	804
2022	832	798
2023	828	783
2024	818	766
2025	813	750

（三）山东公司新能源减排量数据测算

1. 2020 年新能源减排量指标储备情况

《碳排放权交易管理暂行条例（草案修改稿）》也指出重点排放单位可以购买经过核证并登记的核证自愿减排量（CCER），用于抵销其一定比例（比例是不高于配额量的 10%）的碳排放配额清缴，因此合理计算风电、太阳能等新能源的减排量，可明晰碳减排的储备情况。

如项目备案政策不变，有四类项目能够申请：第一类是用 CCER 方法学申请备案的项目，第二类是获得国家发展改革委批准为 CDM 项目但未在联合国 CDM 注册的项目，第三类是获得国家发展改革委批准为 CDM 项目且在联合国 CDM 执行理事会注册前产生排放量的项目，第四类是在联合国 CDM 注册但减排量未获得签发的项目。

新能源平均利用小时数，按照 2019 年全国电力工业统计快报数据山东省 2019 年风电、太阳能分别为 1863h、1284h 来估算新能源减排量，减排系数按照 2019 年中国华北区域电网基准线排放因子估算（0.75OM+0.25BM）。（国家区域电网基准线排放因子的核算和取值，是用于核算各区域 CCER 项目减排量核算的基本排放因子，是统一、公开的核算系数。）

2020 年山东公司风电 125 万 kW、光电 18 万 kW，可以得到新能源发电量约为 26 亿 kWh，减排量约为 212 万 t，其中风电 193 万 t、太阳能 19 万 t。该指标可经过认证程序后，全部用于碳市场中的抵消机制使用，通过与配额的置换实现收益。

2. “十四五”期间新增新能源装机及减排量测算

山东公司“十四五”期间新增新能源装机 280 万 kW，其中风电 100 万 kW、光电 180 万 kW。按照新能源发电量与减排系数估算新能源减排量，可以得到“十四五”期间新能源装机五年减排量约 1823 万 t，包括风电 1279 万 t、太阳能 545 万 t，每个新增项目及每年度减排量具体见表 5、表 6。

表 5　“十四五”期间新能源总减排量

项目		2021 年	2022 年	2023 年	2024 年	2025 年	合计
风电	装机总量（万 kW）	125	130	160	190	225	
	减排量（万 tCO_2）	193	200	246	293	347	1279
光电	装机总量（万 kW）	30	45	95	145	198	
	减排量（万 tCO_2）	32	48	101	154	210	545
新能源减排量（万 tCO_2）		225	248	347	447	557	1824

表 6　“十四五”期间新能源装机及减排量

项目名称		每年减排量（万 t）	2021—2025 年总减排量（万 t）
风电	临邑德惠新河风电二期	7.70	30.81
	菏泽成武孙寺风电	23.11	69.32
	莱州郭家店风电四期	7.70	23.11
	新拓展及其他风电项目	115.54	192.56
光电	邹城阳来光伏	6.37	31.85
	台儿庄伊运光伏一期	6.37	31.85
	滕州滨湖光伏	15.93	63.70
	莱州虎头崖光伏	5.31	15.93
	新拓展及其他光伏项目	157.14	305.78

根据碳市场抵消机制的使用规则，可用约配额量的 5%进行抵消机制的抵消，从 2023 年开始到 2025 年，新能源的 CCER 可使用达到满额度使用，并有富余。

3. 新能源装机规划对达峰的影响

对于新能源，不会影响碳达峰的总量和时间，但会影响全口径的供电碳排放强度。采用 2019 年山东省的新能源平均利用小时数，预估新能源的发电量，来测算全口径的供电碳排放情况，结果如表 7 所示，全口径供电碳排放强度 2025 年为 750g/kWh，如图 6 所示。

表 7　新能源相关指标假设情况

年份	新能源装机量（万 kW）		利用小时数（h）	
	风电	太阳能	风电	太阳能
2021	125	30	1863	1284

续表

年份	新能源装机量（万 kW）		利用小时数（h）	
	风电	太阳能	风电	太阳能
2022	130	45	1863	1284
2023	160	95	1863	1284
2024	190	145	1863	1284
2025	225	198	1863	1284
2026	265	258	1863	1284
2027	305	318	1863	1284
2028	345	378	1863	1284
2029	385	438	1863	1284
2030	425	498	1863	1284

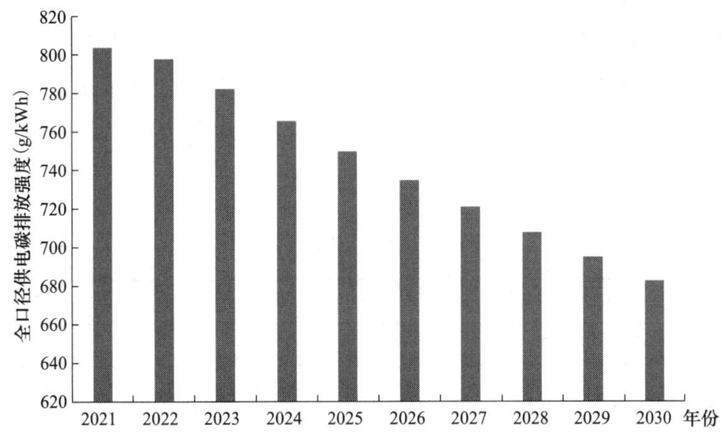

图 6　山东公司全口径碳强度变化趋势图

（四）小结

碳市场管控下，2019、2020 两个履约年度山东公司整体呈配额盈余状态，两年共计盈余约 1440 万 t。根据碳市场试点政策经验，供电碳强度基准值会逐年递减 1%～5%而导致配额缩紧。

2021—2030 年，山东公司总的碳排放量一直在增长，未能达峰。供电产生的碳排放在 2025 年可实现达峰（6512 万 t），但根据供热规划，供热碳排放在一直增长，供热的煤耗也要算排放，故总体仍呈上升趋势。

新能源规划并不影响山东公司达峰。

山东公司 2020 年新能源可开发的减排量 212 万 t，可全部用于本公司内部碳市场履约的配额置换，从而实现一部分收益，但未到抵消机制的使用上限，可通过碳市场中购买来实现配额和 CCER 置换。

从 2023 年开始到 2025 年，新能源的 CCER 可使用达到配额的 5%，能够满额度使用，并有富余。

三、2025 年达峰情景分析及对策

（一）按照目前的生产规划趋势，无法实现 2025 年度达峰

按照当前现状发展，山东公司“十四五”按照规划新增燃煤机组 132 万 kW，总量到 2012 万 kW；燃气轮机新增 205.4 万 kW；“十五五”燃煤机组容量降到 1809.5 万 kW，燃气轮机不新增。结果发现总耗煤量在逐年增长（如表 8 所示）。其中，供电碳排放预计 2025 年达峰，火电总装机量为 2217.4 万 kW，供电峰值大约处于 6500 万 t 水平，但由于供热量导致的排放逐年增加（规划中装机容量、发电量虽然不再增加，但是规划中供热量的逐年增加意味着供热耗煤量逐年在增加，故供热导致的排放量也在增加），在 2030 年总的碳排放达到了 8371 万 t。虽然供热碳排放强度相对稳定，但供热耗煤的排放同样需要被关注，需提前进行整体的热电规划，实现热、电整体的达峰规划。

表 8　　每年度总标准煤耗情况　　单位：t

年份	供电耗标准煤量	供热耗标准煤量	总耗标准煤量
2021	20120385	2983200	23103585
2022	20506744	3281200	23787944
2023	20805742	3609600	24415342
2024	22782214	3970400	26752614
2025	23084794	4367600	27452394
2026	22704138	4804400	27508538
2027	22666102	5284800	27950902
2028	22628066	5813200	28441266
2029	22590029	6394400	28984429
2030	22551993	7034000	29585993

（二）若 2025 年达峰生产规划需做出调整

1. 缩减供电量

保守估计，2026—2030 年总排放量维持在 2025 年达峰量水平，供热量维持规划状态，那么燃煤机组供电量需要从 2026 年逐年降低，每年度供电量具体如表 9 所示，

2026—2030 年每年约减少供电量 2.3%，到 2030 年约 686 亿 kWh。

表 9　　每年度燃煤机组供电量和利用小时变化情况

年份	总排放量（t）	燃煤机组供电量（万 kWh）	燃煤机组装机量（万 kW）	燃煤机组利用小时数（h）
2021	66076254	6888184	1880	3890
2022	68033521	7051838	1880	3980
2023	69698569	7130825	1946	3886
2024	75860279	7678687	1946	4182
2025	77609065	7725680	2012	4067
2026	77609065	7587809	1940	4139
2027	77609065	7434337	1843	4269
2028	77609065	7263653	1843	4171
2029	77609065	7073997	1810	4137
2030	77609065	6863317	1810	4014

若考虑规划的装机量不改变情况下，到 2030 年利用小时需控制在 4010h。

若考虑规划的利用小时不变的情况下，2026—2030 年利用小时采用 4443h，则每年需要缩减的装机容量约为 50 万 kW（见表 10）。

表 10　　每年度燃煤机组供电量和装机控制情况

年份	总排放量（t）	燃煤机组供电量（万 kWh）	燃煤机组装机量（万 kW）	规划装机量（万 kW）
2021	66076254	6888184	1880	1880
2022	68033521	7051838	1880	1880
2023	69698569	7130825	1946	1946
2024	75860279	7678687	1946	1946
2025	77609065	7725680	2012	2012
2026	77609065	7587809	1807	1940
2027	77609065	7434337	1771	1843
2028	77609065	7263653	1730	1843
2029	77609065	7073997	1685	1810
2030	77609065	6863317	1635	1810

2. 缩减供热量

假设 2026—2030 年总排放量维持在 2025 年达峰量水平，供电量维持规划水平，那么燃煤机组 2026 年供热量需要在规划的基础上减少相应的比例，平均下降比例约

16%，具体每年度数据如表 11 所示。

表 11 每年度燃煤机组供热量变化情况

年份	燃煤机组供热量（GJ）	规划燃煤机组供热量（GJ）	比规划数据降低比例（%）
2021	74580000	74580000	—
2022	82030000	82030000	—
2023	90240000	90240000	—
2024	99260000	99260000	—
2025	109190000	109190000	—
2026	118706389	120110000	1.17
2027	119657295	132120000	9.43
2028	120608201	145330000	17.01
2029	121559107	159860000	23.96
2030	122510014	175850000	30.33

3. 降低煤耗

假设 2026—2030 年总排放量维持在 2025 年达峰量水平，供电量、供热量维持规划水平，那么 2025 年后供电煤耗需要加大下降比率，年度下降率需达到 2%～3%，到 2030 年供电煤耗为 258.8g/kWh，具体每年度数据如表 12 所示。

表 12 每年度供电煤耗变化情况

年份	总排放量（t）	供电标准煤耗（g/kWh）	原规划供电标准煤耗（g/kWh）	煤耗下降比率（%）
2021	66076254	292.1	292.1	
2022	68033521	290.8	290.8	0.45
2023	69698569	290.3	290.3	0.17
2024	75860279	289.8	289.8	0.17
2025	77609065	289.3	289.3	0.17
2026	77609065	288.1	288.8	0.43
2027	77609065	281.7	288.3	2.19
2028	77609065	274.8	287.8	2.47
2029	77609065	267.2	287.3	2.78
2030	77609065	258.8	286.8	3.15

（三）山东省发电规划对达峰的影响

按照《山东省能源发展“十四五”规划（征求意见稿）》中“全社会用电量”和“煤

电发电量占比”两项指标计算出山东省煤电发电量 2020 年 4754 亿 kWh、2025 年 5015 亿 kWh，相当于煤电发电量每年增长 1.08%。因此，假设山东公司“十四五”期间发电量在 2020 年发电量基础上同样按照每年 1.08%增长，供热量等其他指标维持规划水平，则发现山东公司“十四五”期间供电碳排放仍然一直增长到 2025 年达到最高，因此山东省能源规划不影响山东公司达峰时间，但比按公司规划计算出的排放量略低，如表 13 所示。

表 13　　按山东省能源规划指标改变发电量的碳排放情况

年份	发电量（亿 kWh）		供电对应碳排放量（t）	
	公司规划数据	按省指标数据	公司规划数据	按省指标数据
2021	7313850	7727312	57544302	60797363
2022	7482850	7810388	58649289	61216479
2023	7561850	7894358	59375113	61978427
2024	8137650	7979230	64504935	63265959
2025	8182250	8065014	65117729	64201849

（四）龙口公司装机容量替换对达峰的影响

考虑龙口公司从 2022 年开始每年关停一台 22 万 kW 的机组，其他指标维持规划不变，碳排放具体变化情况见表 14，发现龙口公司装机的更替会导致供电碳排放可能在 2024 年开始处于峰值平台期，但总的碳排放由于供热的增加导致供热耗煤增加、排放量增加，总体还是无法实现达峰。

表 14　　龙口公司装机量替换导致的碳排放变化情况

年份	不考虑龙口淘汰情况				考虑龙口淘汰情况			
	装机容量（万 kW）	供电碳排放量（t）	供热碳排放量（t）	总排放量（t）	装机容量（万 kW）	供电碳排放量（t）	供热碳排放量（t）	总排放量（t）
2021	1880	57544302	8531952	66076254	1880	57544302	8531952	66076254
2022	1880	58649289	9384232	68033521	1858	57962968	9384232	67347200
2023	1946	59375113	10323456	69698569	1902	58036476	10323456	68359932
2024	1946	64504935	11355344	75860279	1880	62346433	11355344	73701777
2025	2012	65117729	12491336	77609065	1924	62321930	12491336	74813266

燃气轮机的生产规划同样带来达峰的不确定性：

由于达峰假设条件为燃气轮机“十五五”期间不新建，同时不考虑“十四五”“十五五”期间的供热量，则在燃气轮机 2025 年达峰前提下，燃气轮机每年总煤耗如表 15 所示，不影响公司整体达峰。若后续燃气轮机有新建且提高供热量，则会带来达峰的不确定性。

表 15　　每年度燃气轮机总标准煤耗情况　　单位：t

年份	供电耗煤量	供热耗煤量	总耗煤量
2021	0	0	0
2022	0	0	0
2023	104958	0	104958
2024	529380	0	529380
2025	734400	0	734400
2026	734400	0	734400
2027	734400	0	734400
2028	734400	0	734400
2029	734400	0	734400
2030	734400	0	734400

（五）小结

2021—2030 年，山东公司总的碳排放量一直在增长，未能达峰。供电产生的碳排放在 2025 年可实现达峰（6512 万 t），但根据供热规划，供热碳排放在一直增长。故总体仍呈上升趋势。

通过缩减供电量实现 2025 年碳达峰，维持供热规划，则 2026—2030 年每年约减少供电量 2.3%，可以通过装机不变、利用小时控制在 4010h，或者利用小时不变、“十五五”期间每年需在原规划基础上缩减装机 50 万 kW。

通过缩减供热量实现 2025 年碳达峰，维持供电规划，则“十四五”在规划基础上需平均减少供热量 16%。

通过节能降耗实现 2025 年碳达峰，维持供电、供热规划，则 2025 年后供电煤耗年度在原规划基础上下降率需达到 2%～3%，2030 年供电煤耗降至 258.8g/kWh。

山东省能源规划不影响公司达峰时间，但比按公司规划计算出的排放量略低。

考虑龙口公司从 2022 年起每年关停一台 22 万 kW 的机组，替换新增的 2 台 66 万 kW 机组，发现只是排放量略低，排放趋势不变，仍无法实现达峰。

若后续燃气轮机有新建且提高供热量，则会增加达峰时间及峰值的不确定性。

四、国内碳达峰、碳中和技术应用现状

（一）低碳技术应用情况

从技术角度针对山东公司提出三个维度的管理降碳路径，分别是 CCUS 技术、氢

能技术、储能技术。

随着工业化进程的加快，国内也开启了 CO_2 捕集项目的研究，目前，国内以捕集量为 10 万 t 级规模的项目为主，国内 CCS/CCUS 项目如表 16 所示。15 万 t/年 CCS 示范项目在陕西省榆林神木市国能锦界公司一次通过 168h 试运行，试运期间连续生产出纯度 99.5%的工业级合格液态二氧化碳产品，成功实现了燃煤电厂烟气中二氧化碳大规模捕集。我国典型 CCUS 项目成本如图 7 所示。

表 16　　　　国内 CCS/CCUS 项目

项目名称	地点	捕集能力（万 t/a）	CO_2 来源	CO_2 去向	运行年份
中国石油吉林油田 CO_2-EOR 研究与示范	吉林	35	天然气处理	EOR	2007
华能集团上海石洞口捕集示范项目	石洞口	12	燃煤电厂	商业用途	2009
胜利油田 CCU 示范项目	山东	40	燃煤电厂	EOR	2010
国电投重庆合川双槐电厂碳捕集示范项目	重庆	1	火力电厂	商业用途	2010
鄂尔多斯煤制油 CO_2 捕集和封存项目	鄂尔多斯	10	煤制油装置捕集	咸水层封存	2011
连云港清洁煤能源动力系统研究设施	江苏	3	燃煤电厂	盐水层+工业使用	2011
天津北塘电厂 CCUS 项目	天津	2	燃煤电厂	商业用途	2012
延长石油榆林煤化工公司碳捕集项目	靖边	5	甲醇和乙酸生产装置	EOR	2012
华能绿色煤电 IGCC 电厂捕集利用和封存示范	天津	6～10	燃煤电厂	EOR	2016
新疆敦华利二氧化碳捕集项目	克拉玛依	10	甲醇厂 PSA 驰放气	EOR	2016
华中科技大学 35MW 富氧燃烧项目	湖北	10	热电厂	商业用途	2015 年建成，已暂停运营
华润海丰电厂碳捕集测试平台项目	广东	2	电厂	商业用途	2019

在氢能技术市场化进程方面，碱水电解（AWE）作为最为成熟的电解技术占据着主导地位，尤其是一些大型项目的应用，代表性的制氢工程是河北建投新能源有限公司投资的沽源风电制氢项目（4MW）。目前可再生能源制氢应用方面，在风电应用较多。国内可再生能源制氢应用项目如表 17 所示。

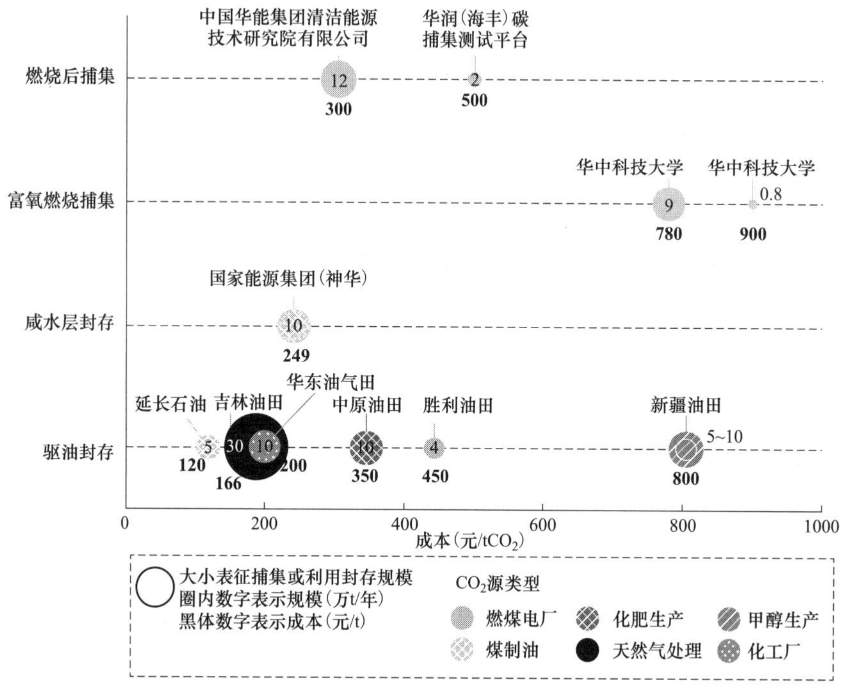

图 7　我国典型 CCUS 项目成本

表 17　国内可再生能源制氢应用项目

2020 年	内蒙古 500MW 风电制氢项目	河北建投新能源内蒙古区域公司	项目将在化德县长顺工业园区建投 50 万 kW“源-网-荷-储”综合应用示范项目和化德县 50 万 kW 风电制氢示范项目
2019 年	长岭县龙凤湖 200MW 风电制氢示范项目	长岭县长润风电有限公司	项目总装机 66 台（16 台 1.5MW+50 台 3.0MW）机组，总装机容量为 174MW，计划开工时间 2020 年 6 月
2018 年	张家口氢能产业化应用示范园建设项目	张家口海珀尔新能源科技有限公司	项目利用张家口丰富的无法上网的弃风弃电资源，采用脱盐水经过电解过程生产氢气和氧气
2019 年	河北建投集团大规模风光储互补制氢关键技术与应用示范项目	崇礼新天风能有限公司	河北省 2020 年氢能产业重点项目，崇礼区建设 2MW 电解水制氢系统，制氢规模为 800kg/天，投资 12589.54 万元
2020 年	包头风电产业创新和氢能利用融合示范项目	国家电投能源集团科技工程有限公司	2020 年 4 月 20 日签约

储能技术在国内应用非常广泛，从应用场景维度，长期储能主要用于季节性调峰、长期需求响应、多能互补等场景；短期储能主要用于日内调峰、缓解电网阻塞、备用等场景；调频、提高电能质量等超短期应用场景，由于对储能需求量较小，可由短时

储能同时兼顾。以抽水蓄能项目来看，天荒坪、荒沟等项目已得到了成熟的应用，同时满足新能源消纳的快速响应，大批的电池蓄能项目也逐渐开展，同时适合火电降碳的飞轮蓄能项目也正在逐步开展。

（二）山东公司低碳技术参考建议

碳捕集技术主要的问题是成本较高，而目前中国的碳市场下，碳价较欧盟低，经济性问题是碳捕集技术在国内应用的主要问题。考虑目前国内碳配额富余，价格较低的情况，采用 CCUS 技术的需求不大，如果考虑配额的发放情况，可以将 CCUS 技术作为未来碳中和的研究方向来处理。

山东公司可采用制氢技术降碳，实现光伏、风电等可再生能源富余电力增发，进而降低山东分公司的全口径碳排放强度，同时增加公司的 CCER 配额。山东是化工能源大省，氢气消耗量巨大，通过高效率氢能技术实现低成本制氢，提升公司在氢能销售上的利润空间。

山东电网以及华北电网是综合性能源网络，调峰、调频服务响应较多，同时山东公司在新能源的规划上也有计划，在此基础上，储能项目能提高负荷调节速率、降低火电机组在需求响应中的能耗，同时通过储存富余电力促进可再生能源机组的发电，让全口径的发电碳排放强度下降。考虑后续 CCER 政策的拓展，增发的新能源电量还能让 CCER 额度得到提升，产生相关收益。

五、应对碳排放权交易规划思路

（一）优化发电结构

围绕“双碳”目标，积极支持存量煤电机组灵活性改造，通过增设储热系统，实现电力和热力生产的解耦运行，可显著提升热电机组调峰能力，从而缓解可再生能源消纳困境。对纯凝机组和已热电解耦的供热机组，可通过挖掘机组潜力，通过电厂的运行调试、设备优化和控制系统优化，降低锅炉最小稳燃负荷、减少机组出力，在一定程度上解决电力调峰问题。多措并举发展可再生能源，不断增加零碳和低碳电源装机比重，推进风光水储一体化可再生能源综合基地开发。

（二）低碳技术攻关

加快燃煤耦合发电技术应用，研究认为混烧 10%～20%生物质可进一步降低排放，在煤电机组中掺烧生物质，再辅以碳捕集技术，可以有效地在保留煤电机组的同时实现低碳化。

提前布局 CCUS 产业链，开展 CCUS 技术研究示范工作，为集团寻求适应的低碳技术发展路径、抢占低碳发展先机提供支撑。做强综合能源服务，积极探索新兴业务，提出储能、氢能等关键技术研发和重点项目实施，加快 CO_2 资源再利用。

（三）CCER 指标开发规划，做足准备工作

目前山东公司下属各火电单位配额均有所盈余，因此山东公司下一步需把注意力集中在提升下属火电单位碳资产收益上。山东公司需提前制定不同情景的交易履约方案，以降低风险，并争取更多有利市场时机。未来公司在选择 CCER 进行履约时需深度理解政策要求，确保购买的 CCER 满足相关政策要求，降低履约成本的同时，避免资产的损失。

公司可成立专项资金支持 CCER 的开发项目。新能源公司需重点关注光伏发电、风力发电、垃圾发电等新能源项目及林业、海洋碳汇等作为可使用减排量的开发流程和要求，提前制定 CCER 项目申报及开发策略。加快与地方主管部门、林业等主管部门的协同合作，率先布局碳汇，圈地建设大规模碳汇林，通过植树造林和森林保护等措施吸收固定二氧化碳。

（四）绿色金融及投融资

公司需积极布局碳中和金融产品，探索 ESG 投资、碳债券、碳托管、碳期货等，培育碳市场新兴业务，提升市场活跃度。加强碳中和绿色债券相关产品发行研究，以充分发掘公司清洁能源装机电量对碳中和的贡献和价值，通过金融手段进行抵押贷款，进一步盘活公司碳资产。

山东公司 2021—2030 年电源及电量发展规划见表 18。

表 18　　山东公司 2021—2030 年电源及电量发展规划

项目	年份	火电		新能源	
		燃煤机组	燃气轮机	风电	太阳能
装机容量（万 kW）	2021	1880	0	125	30
	2022	1880	8.4	130	45
	2023	1946	104.4	160	95
	2024	1946	104.4	190	145
	2025	2012	205.4	225	198
	2026	1940	205.4	265	258
	2027	1843	205.4	305	318
	2028	1843	205.4	345	378
	2029	1809.5	205.4	385	438
	2030	1809.5	205.4	425	498

续表

项目	年份	火电		新能源	
		燃煤机组	燃气轮机	风电	太阳能
发电量（万kWh）	2021	7313850	0	232875	38520
	2022	7482850	0	242190	57780
	2023	7561850	41160	298080	121980
	2024	8137650	207600	353970	186180
	2025	8182250	288000	419175	254232
	2026	8050000	288000	493695	331272
	2027	8050000	288000	568215	408312
	2028	8050000	288000	642735	485352
	2029	8050000	288000	717255	562392
	2030	8050000	288000	791775	639432
发电用厂用电率（%）	2021	5.82		1.5	
	2022	5.76		1.5	
	2023	5.70		1.5	
	2024	5.64		1.5	
	2025	5.58		1.5	
	2026	5.5		1.5	
	2027	5.5		1.5	
	2028	5.5		1.5	
	2029	5.5		1.5	
	2030	5.5		1.5	
供热量（GJ）	2021	74580000			
	2022	82030000			
	2023	90240000			
	2024	99260000			
	2025	109190000			
	2026	120110000			
	2027	132120000			
	2028	145330000			
	2029	159860000			
	2030	175850000			

续表

项目	年份	火电		新能源	
		燃煤机组	燃气轮机	风电	太阳能
供电煤耗（g/kWh）	2021	292.10			
	2022	290.80			
	2023	290.30	255.00		
	2024	289.80	255.00		
	2025	289.30	255.00		
	2026	288.80	255.00		
	2027	288.30	255.00		
	2028	287.80	255.00		
	2029	287.30	255.00		
	2030	286.80	255.00		
供热煤耗（kg/GJ）	2021	40			
	2022	40			
	2023	40			
	2024	40			
	2025	40			
	2026	40			
	2027	40			
	2028	40			
	2029	40			
	2030	40			

大型水风光清洁能源基地跨省跨区送电价格机制研究

贵州黔源电力股份有限公司

杨　焱　刘　华　赵　岩　张　琼　曾杨超　雷益川　孔　凯　周保中
吴巧玲　周畅游

2020 年 9 月，习近平主席在第七十五届联合国大会一般性辩论上阐明，应对气候变化《巴黎协定》代表了全球绿色低碳转型的大方向，是保护地球家园需要采取的最低限度行动，各国必须迈出决定性步伐。同时宣布，中国将提高国家自主贡献力度，采取更加有力的政策和措施，二氧化碳排放力争于 2030 年前达到峰值，努力争取 2060 年前实现碳中和。2021 年 3 月 15 日召开的中央财经委员会第九次会议提出，要构建清洁低碳安全高效的能源体系，控制化石能源总量，着力提高利用效能，实施可再生能源替代行动，深化电力体制改革，构建以新能源为主体的新型电力系统。构建新型电力系统是促进能源转型和实现碳达峰、碳中和的重要支撑。实现碳达峰、碳中和，能源清洁低碳转型是关键。加快大型水风清洁能源基地打捆开发是实现“双碳”目标和攻坚新型电力系统的必备途径。本课题将研究大型水风光清洁能源基地跨省跨区送电价格机制，并为可再生能源企业参与电力市场竞争提供有益建议。

一、研究背景和意义

我国能源与负荷的逆向分布将持续存在。山西、内蒙古等能源基地位于西北，湖北、云南、四川、贵州等水能资源丰富地区位于我国中部和西南地区；京津唐、长江三角洲和珠江三角洲地区等重要的负荷中心又分布在东南部经济较为发达地区。这就决定了跨区跨省输电是现在以及将来必须倚重的手段之一。经济发达地区负荷的持续增长需要充足的电能供给，而这些地区日益严重的环境污染问题也制约着本地发电企业的投资。我国中西部地区蕴藏着充沛的水能资源、西北地区蕴含着丰富的风能、太阳能资源，将清洁能源通过跨区跨省输电工程有效地输送至沿海发达地区既能缓解日益严重的污染问题，也能促进能源的可持续发展。

合理的跨区跨省输电价格将是促进大型水风光清洁能源健康发展的重要保障。跨区跨省的价格机制作为一只看不见的手，是促进跨区跨省资源优化配置、刺激市场成员主动参与跨区跨省交易乃至于推进电力改革进程的关键所在。合理的跨区跨省送电价格形成机制将起到引导电力投资、促进西部资源开发、优化我国能源资源配置的重要作用。

随着国家西部大开发战略的实施，西部水风光清洁能源基地相继建成，以及国家电网特高压线路的投入运行，大量西部清洁能源电力将送入东部负荷中心，跨省跨区清洁能源消纳实现了我国大范围的能源优化配置。然而如何合理确定跨省跨区送电价格，完善电价形成机制，是平衡各方利益，推进跨省跨区电力市场化交易，促进能源资源在更大范围内优化配置的关键问题。结合我国电网现状及未来发展规划，在国家已有政策和有关理论研究的基础上，通过系统、深入、理论与实践相结合的研究，提出适合我国国情、网情的跨省区送电价格形成机制，为我国建立科学、合理的跨省区送电价格体系及其机制提供理论依据和参考方案。

二、跨省跨区电力能源环境

（一）可再生能源资源环境

根据《中华人民共和国国民经济和社会发展第十四个五年规划和2035年远景目标纲要》，“十四五”期间将重点发展九大清洁能源基地、四大海上风电基地。在西部地区、北部地区，新能源资源富集地区，布局一批以新能源为主的电源基地和电力输送通道实现新能源电力全局优化配置。通过重大基地支撑发展，通过示范工程引领发展，通过行动计划落实发展，加快实施可再生能源的替代工程促进可再生能源高比例、高质量、低成本、市场化发展。持续加强新能源电力消纳和跨区输送能力建设，有序推进风电、光伏发电的集中式开发，积极推进多能互补的清洁能源基地建设。

全国可再生能源装机情况。截至2021年6月底，全国可再生能源发电装机达到9.71亿kW。其中，水电装机3.78亿kW（其中抽水蓄能3214万kW）、风电装机2.92亿kW（其中陆上风电累计装机2.81亿kW、海上风电累计装机1113.4万kW），光伏发电装机2.68亿kW，生物质发电装机3319万kW。预计“十四五”期间可再生能源发电装机将持续增长。

贵州省可再生能源装机情况。截至2020年12月底，贵州电源结构仍继续保持以火电为主、水电为辅、新能源为补充的格局。贵州电网统调装机容量6006.5万kW。其中，火电装机2754万kW，水电装机1720.4万kW，风电装机498.6万kW，太阳

能装机 1006 万 kW，生物质及其他 27.5 万 kW。可再生能源装机共计 3252.5 万 kW，占总装机 54%。随着可再生能源不断发展，电源装机结构正逐渐向水电新能源领域倾斜。贵州省各类型电源装机占比如图 1 所示。

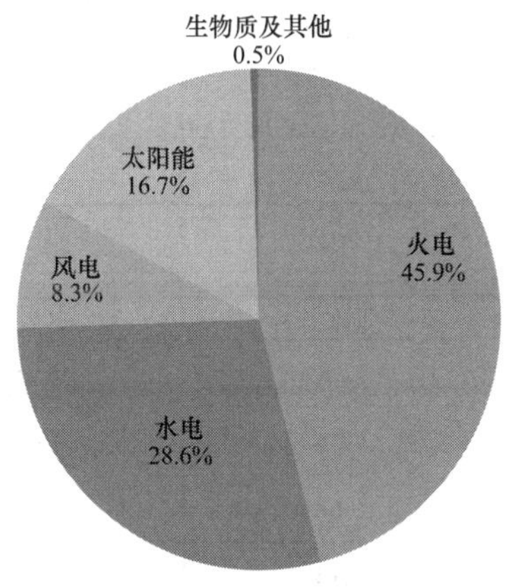

图 1　贵州省各类电源装机占比

（二）受送端电力供需情况

近年，贵州电量从全年总量来看供应平衡有余，阶段性看存在短期供应紧张的问题。受限于年初水电机组检修、火电出力受限较大等因素，1 月和 12 月份电力供应紧张。

从电源结构看，贵州电力系统是以火电和水电为主，预计 2021 年火电占比为 43.84%，水电占比达 27.08%。近三年贵州省装机情况见图 2 和表 1。

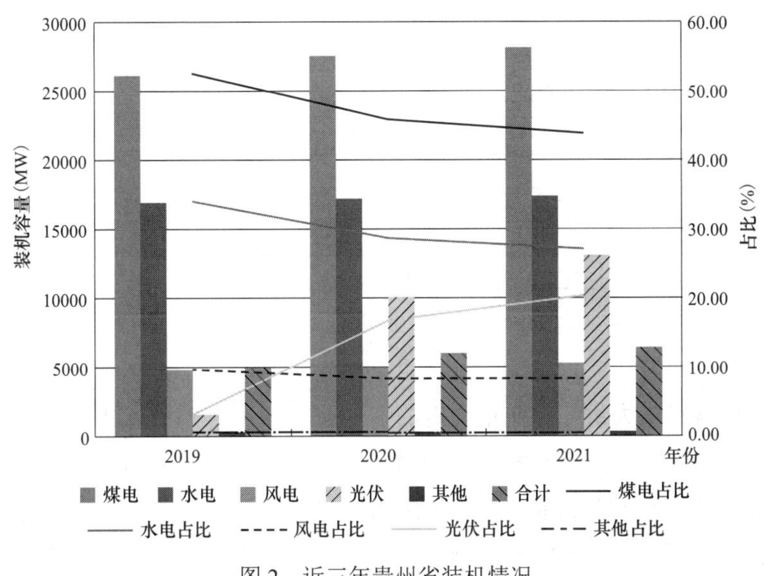

图 2　近三年贵州省装机情况

表 1　　近三年贵州省装机情况

电源类型		2019 年	2020 年	2021 年
容量（MW）	煤电	26130	27540	28140
	水电	16925	17204	17381
	风电	4812	4986	5282
	光伏	1560	10060	13060
	其他	293	275	330
	合计	49720	60065	64193
占比（%）	煤电	52.55	45.85	43.84
	水电	34.04	28.64	27.08
	风电	9.68	8.30	8.23
	光伏	3.14	16.75	20.34
	其他	0.59	0.46	0.51

预计 2021 年贵州电网发电能力 2323.5 亿 kWh，全年火电可发 1555 亿 kWh，水电可发 558.4 亿 kWh，新能源可发 210.4 亿 kWh。分月可发电量详见图 3。

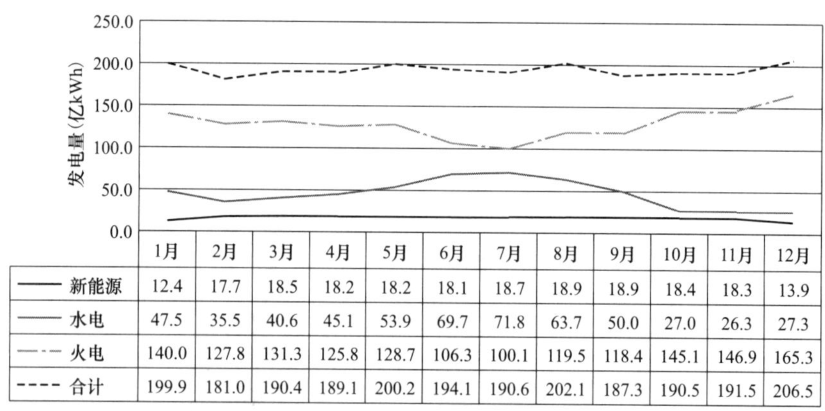

	1月	2月	3月	4月	5月	6月	7月	8月	9月	10月	11月	12月
新能源	12.4	17.7	18.5	18.2	18.2	18.1	18.7	18.9	18.9	18.4	18.3	13.9
水电	47.5	35.5	40.6	45.1	53.9	69.7	71.8	63.7	50.0	27.0	26.3	27.3
火电	140.0	127.8	131.3	125.8	128.7	106.3	100.1	119.5	118.4	145.1	146.9	165.3
合计	199.9	181.0	190.4	189.1	200.2	194.1	190.6	202.1	187.3	190.5	191.5	206.5

图 3　分月可发电量

在经济形势和电力供应存在不确定的情况下，预计 2021 年省内供电量分高、中、低三个方案。中方案（目标方案），省内供电量为 1386.5 亿 kWh，同比增长 7.8%；高方案，省内供电量为 1422.0 亿 kWh，同比增长 11.4%；低方案，省内供电量为 1327.0 亿 kWh，同比增长 4%。2021 年贵州电网省内供电量需求及需求同比详见图 4。

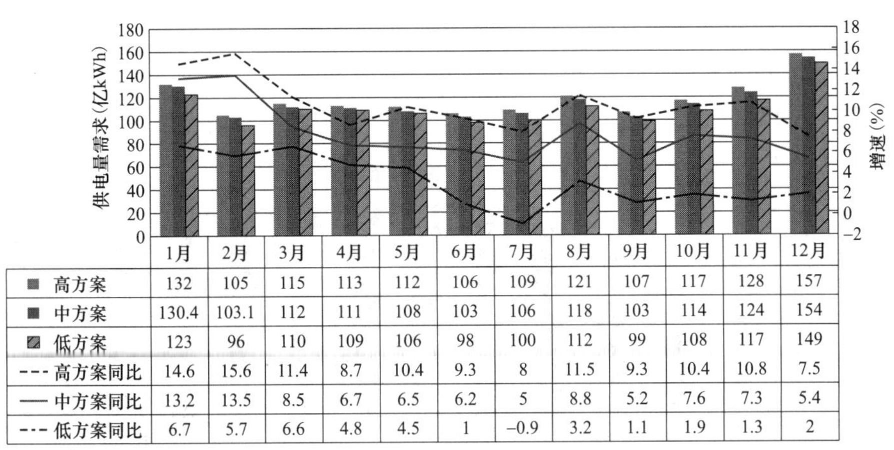

	1月	2月	3月	4月	5月	6月	7月	8月	9月	10月	11月	12月
高方案	132	105	115	113	112	106	109	121	107	117	128	157
中方案	130.4	103.1	112	111	108	103	106	118	103	114	124	154
低方案	123	96	110	109	106	98	100	112	99	108	117	149
高方案同比	14.6	15.6	11.4	8.7	10.4	9.3	8	11.5	9.3	10.4	10.8	7.5
中方案同比	13.2	13.5	8.5	6.7	6.5	6.2	5	8.8	5.2	7.6	7.3	5.4
低方案同比	6.7	5.7	6.6	4.8	4.5	1	−0.9	3.2	1.1	1.9	1.3	2

图 4　2021 年贵州电网省内供电量需求及需求同比

近三年贵州省内全年供电量呈增长趋势，2019 年供电需求量为 1255.5 亿 kWh，2020 年供电需求量为 1286.5 亿 kWh，2021 年供电需求量为 1386.5 亿 kWh。近三年贵州电网省内供电量需求及需求同比详见图 5。

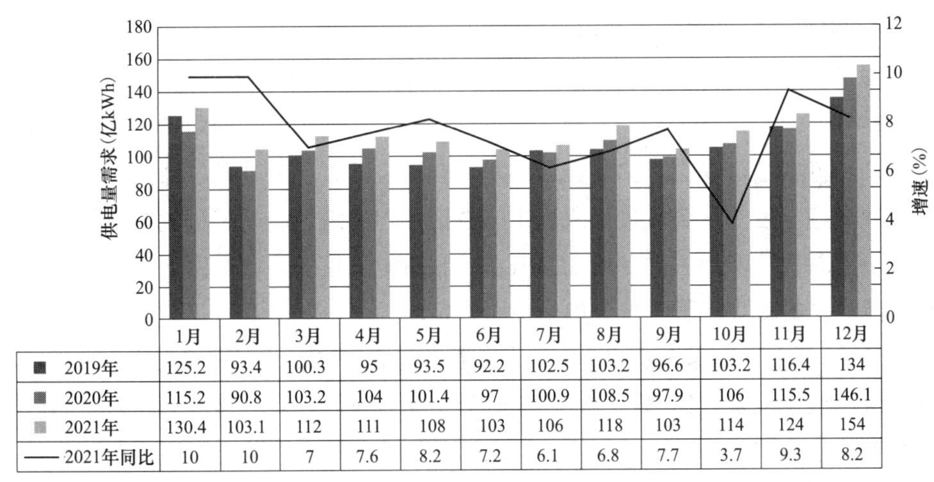

	1月	2月	3月	4月	5月	6月	7月	8月	9月	10月	11月	12月
2019年	125.2	93.4	100.3	95	93.5	92.2	102.5	103.2	96.6	103.2	116.4	134
2020年	115.2	90.8	103.2	104	101.4	97	100.9	108.5	97.9	106	115.5	146.1
2021年	130.4	103.1	112	111	108	103	106	118	103	114	124	154
2021年同比	10	10	7	7.6	8.2	7.2	6.1	6.8	7.7	3.7	9.3	8.2

图 5　近三年贵州电网省内供电量需求及需求同比（中方案）

外送电量方面。贵州除向广东大量送电外，还向周边湖南、重庆、广西等省份送电，预计 2021 年黔电送粤电量占贵州全省供电量的 26.5%。根据广州电力交易提供的 2021 年度贵州送广东（含深圳）电量计划，全年送电量初步为 500.1 亿 kWh，2019 年和 2020 年全年送电量分别为 450.1 亿 kWh、500.7 亿 kWh。近三年贵州电网黔电送粤

电量需求见图 6。

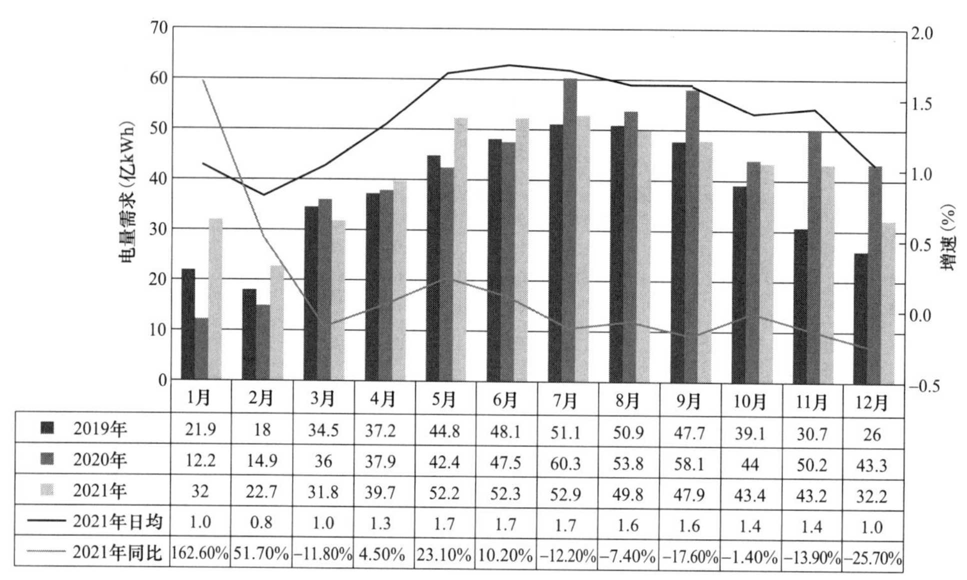

	1月	2月	3月	4月	5月	6月	7月	8月	9月	10月	11月	12月
2019年	21.9	18	34.5	37.2	44.8	48.1	51.1	50.9	47.7	39.1	30.7	26
2020年	12.2	14.9	36	37.9	42.4	47.5	60.3	53.8	58.1	44	50.2	43.3
2021年	32	22.7	31.8	39.7	52.2	52.3	52.9	49.8	47.9	43.4	43.2	32.2
2021年日均	1.0	0.8	1.0	1.3	1.7	1.7	1.7	1.6	1.6	1.4	1.4	1.0
2021年同比	162.60%	51.70%	−11.80%	4.50%	23.10%	10.20%	−12.20%	−7.40%	−17.60%	−1.40%	−13.90%	−25.70%

图 6 近三年贵州电网黔电送粤电量需求

（三）跨省跨区送电相关政策

2017 年底，国家发展改革委出台了《跨省跨区专项工程输电价格定价办法（试行）》（发改价格规〔2017〕2269 号），规定新投产跨省跨区专项工程输电价格按经营期电价法核定，经营期电价是指以弥补合理成本、获取合理收益为基础，考虑专项工程经济寿命周期内各年度的现金流量后所确定的电价，跨省跨区专项工程输电价格形式按功能确定，以联网功能为主的专项工程按单一容量电价核定，由联网双方共同承担，以输电功能为主的专项工程按单一电量电价核定。

2021 年 7 月，国家发展改革委出台了新的跨省跨区专项工程输电价格定价办法征求意见稿，根据征求意见稿内容，与原政策相比有以下几点变化：一是跨省跨区专项工程输电价格将实行单一电量电价制，取消了原政策中联网功能对应的单一容量电价制；二是明确核价电量取落地电量，实现核价模式与结算模式的统一；三是对于实际利用小时超出核价利用小时产生的收益，由发改委专项用于支持新能源跨省跨区外送；四是定价参数方面，明确权益资本收益率参照最近一期核定的省级和区域电网平均值确定，最高不超过 5%，运行维护费率按照成本监审核定的跨省跨区专项工程运行维护费除以固定资产原值的比例确定，最高不超过 2%，经营期 35 年（原政策为 30 年），折旧年限均与经营期限相同。

三、典型大型水风光清洁能源基地跨区跨省上网定价机制分析

（一）水风光上网电价政策梳理

1. 水电上网电价政策梳理

我国水电上网电价主要以标杆电价为基础，按工程特性选择性使用分时电价或者分类标杆电价，并以统一流域梯级水电站上网电价为目标。2014 年，国家发展改革委提出在标杆电价基础上需实行分时电价或者分类标杆电价，逐步统一流域梯级水电站上网电价的思路。同年《国家进一步完善水电价格形成机制》（以下简称《机制》）出台，规定仅政府定价部分实行标杆价格管理，进一步减少了政府定价过程中的自由裁量权，意在引导水电合理投资，激励水电企业降低成本。《机制》规定，新投产水电站，跨省跨区域交易价格由供需双方参照受电地区省级电网企业平均购电价格扣减输电价格协商确定；省内消纳电量上网电价实行标杆电价制度。其中，水电比重较大的省份可在水电标杆上网电价基础上实行丰枯分时电价或者分类标杆电价；同时，也鼓励探索通过招标等竞争方式确定水电项目上网电价。

2019 年贵州省发展改革委印发《关于调整我省水电上网电价有关事项的通知》（黔发改价格〔2019〕577 号）调整新投产标杆上网电价，按照调节能力和装机容量实行分类标杆上网电价，如表 2 所示。

表 2　　贵州省新投产水电站标杆上网电价

装机容量	上网电价（含税，元/kWh）	
	多年调节、年调节	年调节以下
5 万 kW 以下	0.27	0.26
5 万（含）～30 万 kW	0.2946	0.2848
30 万 kW（含）以上	0.3273	0.3176

2. 风电、光伏上网电价政策梳理

十余年来，风电、光伏上网电价政策的不断完善，对促进风电、光伏发电产业持续健康发展发挥了重要作用。风电、光伏上网电价政策主要经历了以下五个阶段的变化。

1999 年，（原）国家经贸委发布《关于进一步促进风力发电发展的若干意见的通知》（国经贸电力〔1999〕1286 号），首次提及风电上网电价核定方法的相关内容，应以物价部门批准的上网电价全部收购，其电价高于电网平均电价的部分在全省（区、市）电网范围内均摊。

之后，陆续提出上网电价实行政府定价与政府指导价格。2006 年，国家发展改革委印发《可再生能源发电价格和费用分摊管理试行办法》（发改价格〔2006〕7 号）提出对包括风电、光伏在内的可再生能源电价实行政府定价和政府指导价两种形式，电价标准由国务院价格主管部门按照招标形成的价格确定。2008 年，发改委先后核准 4 个光伏电站上网项目，是我国首次明确核定光伏上网电价。

随后，政府出台了标杆上网电价政策。2009 年，国家发展改革委印发《关于完善风力发电上网电价政策的通知》（发改价格〔2009〕1906 号），按风能资源状况和工程建设条件，开始将全国分为四类风能资源区，相应制定风电标杆上网电价。2011 年，国家发展改革委印发《关于完善太阳能光伏发电上网电价政策的通知》（发改价格〔2011〕1594 号），对非招标太阳能光伏发电项目开始实行全国统一的标杆上网电价。

随着新能源规模化发展、技术进步和发电成本下降，为提高可再生能源电价附加资金补贴效率，2015 年年底，国家发展改革委印发《关于完善陆上风电、光伏发电上网标杆电价政策的通知》，开始实行陆上风电、光伏发电上网标杆电价退坡政策。2016 年，国家发展改革委发布《关于调整新能源标杆上网电价的通知》（发改价格〔2016〕2729 号），分资源区降低光伏、陆上风电标杆上网电价。2016—2018 年，光伏、陆上风电标杆上网电价逐年下降。

2019 到 2020 年，光伏发电上网电价处于转型阶段。2019 年，国家发展改革委《关于完善风电上网电价政策的通知》（发改价格〔2019〕882 号）陆上风电标杆上网电价和海上风电标杆上网电价均改为指导价，新核准上网电价通过竞争方式确定。十余年来，伴随产业技术不断精进、规模化活力顺利释放，风电、光伏上网电价的政策导向体现出由依靠补贴向市场竞争转变的趋势。光伏上网电价从 2011 年最高 1.15 元/kWh 降至 2020 年最低 0.35 元/kWh，跌幅约 69.57%；陆上风电上网电价从 2009 年最高 0.61 元/kWh 降至 2020 年最低 0.29 元/kWh 跌幅约 52.46%。风电、光伏近年上网电价变动趋势如图 7 和图 8 所示。

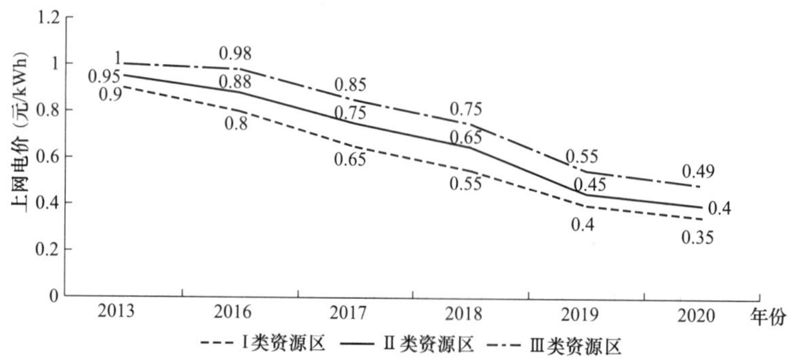

图 7　2013—2020 年光伏上网电价变动趋势

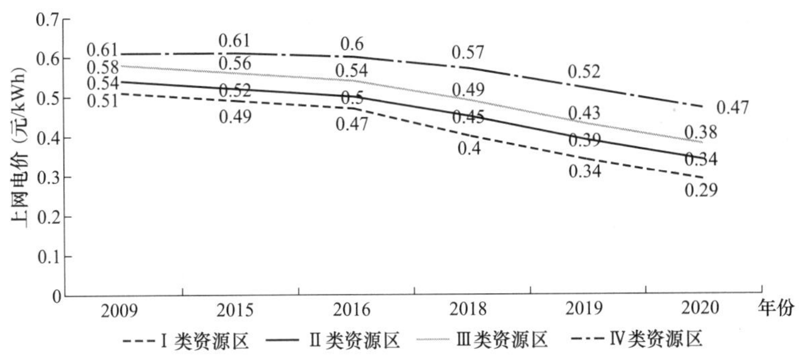

图 8　2009—2020 年陆上风电上网电价变动趋势

截至 2020 年底，我国风电、光伏发电装机达到 10 年前的 18 倍，约 5.3 亿 kW。产量、规模扩张的同时，新建成本也在不断下降。据国家发展改革委测算，在执行各地燃煤发电基准价的情况下，新建光伏、陆上风电项目全生命周期全国平均收益率均处于较好水平，资源条件较好省份的新建项目、技术和效率领先的新建项目能够实现更好的收益，我国光伏发电开启平价时期。《关于 2021 年新能源上网电价政策有关事项的通知》（发改价格〔2021〕833 号），明确 2021 年起对新备案集中式光伏电站、工商业分布式光伏项目和新核准陆上风电项目，中央财政不再补贴，实行平价上网。交易形式上，也明确 2021 年新建项目不再通过竞争性方式形成具体上网电价，直接执行当地燃煤发电基准价。但考虑到部分用电企业希望与新能源发电企业直接开展市场交易购买绿电并支付更高价格，因此，新建项目也可自愿通过参与市场化交易形成上网电价。

（二）跨省跨区输配电价政策梳理

我国跨省跨区电力交易、定价相关政策办法从 2007 年颁布《跨区域输电价格审核暂行规定》至今，自上而下按中央到区域、区域到地方的层次逐步补充、完善。2017 年，国家发展改革委印发包含《区域电网输电价格定价办法（试行）》《跨省跨区专项工程输电价格定价办法（试行）》《关于制定地方电网和增量配电网配电价格的指导意见》的系列办法（发改价格〔2017〕2269 号）按功能对跨省跨区专项工程进行了分类，并对各类工程输电价格形式做出相应规定。2018 年，《南方区域跨区跨省电力中长期交易规则（暂行）》（广州交易〔2018〕70 号）对跨区跨省市场化交易方式和输电价构成及计算方法做出了如下补充：第一，跨区跨省市场化交易成交价格主要通过双边协商、集中竞价和挂牌三种交易方式产生；第二，跨区跨省输电价由送端电网 500kV 输电价、超高压输电价、受端省输配电价中的若干部分组成；第三，对于购、售电省（区）之间已核定的点对网或网对网输电价及线损率的跨区跨省交易的落地价格由超高压输电上网电价、超高压输电价与线损电价组成。2021 年，贵州省能源局、国家能源局贵州监管办联合印发《贵州省 2021 年电力市场化交易工作实施方案》，明确跨省跨区电力交易购电价格由市场交易价格、输配电价、辅助服务费用和政府性基金及附加等组成，与国家、区域电力市场交易规则接轨。

（三）典型工程案例分析

《中华人民共和国国民经济和社会发展第十四个五年规划和 2035 年远景目标纲要》提出，将统筹考虑推进西南地区重要水风光一体化基地建设，计划投建位于云贵川三省的金沙江上游清洁能源基地、雅砻江流域清洁能源基地和金沙江下游清洁能源基地，共三个“风光水储一体化”基地。云贵川三省一方面具有得天独厚的优势，符合基地建设生态环境保护要求；有助于激活三省跨区域通道外送能力，促进跨省跨区新能源电力交易发展。

1. 云南省

云南省水电富集程度较高，水能资源集中在金沙江、澜沧江、怒江三大流域，可开发潜力巨大。云南省光伏发展势头也同样强劲。截至 2020 年 10 月底，全省建成投产的光伏项目有 11 个。今年，云南省政府印发《国民经济和社会发展第十四个五年规划和二〇三五年远景目标纲要》，表示将以金沙江下游、澜沧江中下游大型水电站基地以及送出线路为依托，规划建设“风光水储一体化”国家示范基地，建设金沙江下游、澜沧江中下游、红河流域“风光水储一体化”基地以及“风光火储一体化”示范项目。

途经云南省的跨省跨区输电线路包括锦苏直流、金中直流、新东直流等工程，交易电能有水电，途经湖南、湖北、安徽、贵州、广东、广西等省（区、市）。

2. 贵州省

贵州省是“西电东送”南通道枢纽，能源资源具有“水煤并存，水火互济”的特点，风电、光伏也持续健康发展。根据《2020 年贵州省各市州新增光伏发电项目电力送出消纳规模表》，2020 年电网新增建设规模 235 万 kW，有望成为我国光伏开发新势力。同年，贵州电网“黔电送粤”项目送电量 500.8 亿 kWh，创历史新高。今年，《贵州省国民经济和社会发展第十四个五年规划和二〇三五年远景目标纲要》指明，贵州省将在毕节、六盘水、安顺、黔西南、黔南等地建设光伏基地，依托已有的大型水电基地，打造乌江、北盘江、南盘江、清水江水风光一体化千万千瓦级可再生能源开发基地。

途经贵州省的跨省跨区输电线路有贵广二回、溪浙工程等，交易电能有火电、水电，途经四川、湖南、江西、浙江等省（区、市）。

3. 四川省

四川省能源资源以水能、煤炭和天然气为主，太阳能、风能、地热资源也较为丰富，是我国最大的水电开发和西电东送基地。《四川省“十四五”光伏、风电资源开发若干指导意见》（川发改能源规〔2021〕181 号）要求秉持“优先自用，合理外送”原则，规划建设金沙江上游、金沙江下游、雅砻江流域、大渡河中上游 4 个风光水一体化可再生能源综合开发基地。将流域梯级水电站周边一定范围内的光伏、风电就近接入水电站，利用水电站互补调节和其通道送出，提高送出通道利用率。

以四川为起点的跨省跨区输电通道有锦苏直流、复奉直流、宾金直流、德宝直流等工程，交易电能为水电，途经湖南、湖北、安徽、浙江、江苏、上海等省（区、市）。

（四）现有问题分析

（1）电价定价机制尚未全面考虑跨省跨区清洁能源电力送电工程特点，无法从电价中真实反映其社会、环境和生态的真实价值，影响清洁能源电力市场竞争力和开发积极性。从电价定价机制看，清洁能源电力工程早期投资高，建设时间长，但运行寿命可达百年，由于电价调节规则缺失，清洁能源电力工程还贷期和运营期过后可长期低价运行的特性被忽略，全生命周期经济性无法体现。同时，现行电价也无法反映清洁能源电力的清洁能源资源综合利用功能、电力系统调峰和辅助服务能力、区域社会经济带动能力以及节能减排效益。此外，受到投资影响，未来清洁能源电力电价总体上涨，现有的市场竞价模式下，外送清洁能源电力参与受端市场竞争，所获得的电价收益不足以弥补开发成本和合理收益，影响行业开发积极性。

（2）现行交易方式尚未考虑送受两端供需特点，造成送端外送电价较低，内需电价较高，从而形成送受端“倒挂”矛盾，阻碍市场发展。在供大于需的宽松市场环境下，没有国家宏观协调，送受端难以开展平等协商。更重要的是，按照目前送电模式，形成送端落后地区以低价清洁能源电力保障受端发达地区的用电经济性，而用于送端地区自身发展的超高的内需电价难以承受，送受端“倒挂”矛盾阻碍了电力市场改革发展，有悖于国家战略的初衷。由于电价水平影响，送端地区对外送电量留存自用的诉求更加强烈，加剧“西电东送”矛盾。

（3）现行税费等国家政策与跨省跨区清洁能源电力工程不配套，忽视清洁能源电力公益性和经济性，影响其市场竞争力。从支持政策看，清洁能源电力的调节能力和辅助服务能力支撑是构建以新能源为主体的新型电力系统和推动实现“碳达峰”“碳中和”目标的核心；但目前国家对于清洁能源电力的开发成本和经济社会效益尚未实现完全合理的评价，使得与跨省跨区清洁能源电力工程相关的现行国家政策尚未考虑完全。例如，现行的税费政策忽视了清洁能源电力作为优质能源资源的基本定位，以及所承担的能源安全、调频调峰等公益性效益和区域经济社会发展的带动能力，降低了跨省、跨区外送清洁能源电力参与电力市场竞争的可持续性。

四、大型水风光清洁能源基地定价研究及情景分析

本报告在确定水风光电外送电价时综合考虑发电侧上网电价以及电网侧输配电价。水电上网电价结合了现行的经营期上网电价、市场倒推上网电价以及考虑市场竞争的上网电价三种上网电价。风光电上网电价结合了按各地燃煤发电基准价确定的上网电价以及考虑市场竞争的上网电价两种上网电价，分别考虑水风光能源的特点，利用综合因素法确定水风光电外送上网电价；输配电价部分采用两部制计价形式。水风光跨省跨区电力交易定价模型过程如下。

（一）水电外送电价定价模型构建

1. 水电上网电价计算

本文根据现行水电定价机制以及弥补水力发电成本投资等要求，认为经营期上网电价、市场倒推电价以及考虑市场竞争的水电上网电价能较为全面地体现各种水电上网定价机制。可再生能源除电能价值外还可通过补贴与出售绿证的方式体现其清洁能源价值，但由于水电装机规模较大，对水电核发绿证将导致绿证供应量过大，不利于绿证价格稳定，我国暂时尚未对水电进行绿证核发，同时，目前贵州暂无水电补贴，但为考虑全面仍将清洁能源价值作为模型组成部分。

（1）经营期上网电价计算方法。

经营期上网电价是在测算时，计算得到能使其经营期内的净现金流量满足约定内部收益率的上网电价，此电价水平即经营期电价 P_{op}，可通过计算 P_{op} 与 CI 的关系求得，具体计算如下：

$$\sum_{t=1}^{n}\frac{(CI-CO)_t}{(1+IRR)^t}=0$$

式中：t 为年份的时间序列；n 为年数；CI 和 CO 分别为现金流入、流出；IRR 为资本金内部收益率。

考虑水电所带来的清洁能源价值，可以得到基于经营期上网电价计算方法的水电上网电价计算公式如下：

$$P_{\mathrm{on}}=P_{\mathrm{op}}+P_{\mathrm{ft}}$$

式中：P_{on} 为水电上网电价；P_{op} 为采用经营期上网电价计算方法计算得出的电价；P_{ft} 为水电上网电价补贴。

（2）市场倒推上网电价计算方法。

采用市场倒推计算方法得出的电价计算公式可表示为：

$$P_{\mathrm{b}}=(P_{\mathrm{in}}-P_{\mathrm{int}})\times(1-k_{\mathrm{loss}})$$

式中：P_{b}为采用市场倒推上网电价计算方法计算得出的电价；P_{in}为受电地区的落地电价；P_{int}为受电地区的输电电价；k_{loss}为受电地区的综合线损率。

考虑到水电所带来的清洁能源价值，可以得到基于市场倒推上网电价计算方法的水电上网电价计算公式如下：

$$P_{\mathrm{on}}=P_{\mathrm{b}}+P_{\mathrm{ft}}$$

（3）考虑市场竞争的上网电价计算方法。

该方法以水电发电成本为基础，考虑市场竞争情况并结合博弈论方法，在掌握信息有限的情况下，将竞争企业的决策置于定价过程中以确定上网电价。考虑市场竞争的上网电价计算公式可表示为：

$$P_{\mathrm{m}}=\frac{1}{2}MC_{\mathrm{w}}+\frac{\theta MC_{\mathrm{l}}-MC_{\mathrm{h}}}{2(\theta-1)}$$

式中：P_{m}为采用考虑市场竞争上网电价计算方法得出的电价；MC_{w}为水力发电边际成本；MC_{l}和MC_{h}为对竞争企业边际成本区间范围的市场判断；θ为上网电价等于边际出清电价的可能性。

考虑到水电所带来的清洁能源价值，可以得到考虑市场竞争的水电上网电价计算公式如下：

$$P_{\mathrm{on}}=P_{\mathrm{m}}+P_{\mathrm{ft}}$$

（4）水电综合上网电价。

本文结合当前水电上网电价定价机制、水电厂经营投资效益以及市场竞争等因素，利用综合因素法确定水电外送上网电价。目的是从多方面对水电上网电价进行全面考量，集各现行定价机制的优点于一身，综合考虑水电建设成本、受电地区消纳特性及市场竞争关系，以此平衡水电长期、稳定、合理回报与受电地区电价承受力间的矛盾关系，利用电价这一杠杆调整能源结构、促进水电清洁能源发展。

基础水电综合上网电价如下：

$$P_{\mathrm{basic}}=\begin{bmatrix}P_{\mathrm{op},1} & P_{\mathrm{op},2} & \cdots & P_{\mathrm{op},i}\\ P_{\mathrm{b},1} & P_{\mathrm{b},2} & \cdots & P_{\mathrm{b},i}\\ P_{\mathrm{m},1} & P_{\mathrm{m},2} & \cdots & P_{\mathrm{m},i}\end{bmatrix}$$

式中：P_{basic}为计算水电综合上网电价的基础价格；$P_{\mathrm{op},i}$、$P_{\mathrm{b},i}$，$P_{\mathrm{m},i}$分别为第i个受电地区的经营期上网电价、市场倒推上网电价以及考虑市场竞争的上网电价；i为受电地区编号。

基础水电综合上网电价影响系数如下：

$$\beta=\begin{bmatrix}\beta_{\mathrm{op},1} & \beta_{\mathrm{b},1} & \beta_{\mathrm{m},1}\\ \beta_{\mathrm{op},2} & \beta_{\mathrm{b},2} & \beta_{\mathrm{m},2}\\ \vdots & \vdots & \vdots\\ \beta_{\mathrm{op},n} & \beta_{\mathrm{b},n} & \beta_{\mathrm{m},n}\end{bmatrix}$$

式中：β 为基础水电综合上网电价的影响系数；$\beta_{\mathrm{op},i}$、$\beta_{\mathrm{b},i}$、$\beta_{\mathrm{m},i}$ 分别为第 i 个受电地区经营期上网电价、市场倒推上网电价以及考虑市场竞争上网电价的影响系数。

本文在确定上网电价时综合考虑了多种因素，集各现行定价机制的优点确定上网电价，但同时也需考虑该上网电价在受电地区的实现情况。因此，本文从实际情况出发，将测算的基础水电综合上网电价与受电地区实际上网电价相对比，确定基础水电综合上网电价影响系数。确定系数 β 的方法如下：

$$\beta=\left\{\begin{array}{l}\beta_{\mathrm{op},i}=\dfrac{P_{\mathrm{op},i}-P_{\mathrm{r},i}}{(P_{\mathrm{op},i}-P_{\mathrm{r},i})+(P_{\mathrm{b},i}-P_{\mathrm{r},i})+(P_{\mathrm{m},i}-P_{\mathrm{r},i})}\\ \beta_{\mathrm{b},i}=\dfrac{P_{\mathrm{b},i}-P_{\mathrm{r},i}}{(P_{\mathrm{op},i}-P_{\mathrm{r},i})+(P_{\mathrm{b},i}-P_{\mathrm{r},i})+(P_{\mathrm{m},i}-P_{\mathrm{r},i})}\\ \beta_{\mathrm{m},i}=\dfrac{P_{\mathrm{m},i}-P_{\mathrm{r},i}}{(P_{\mathrm{op},i}-P_{\mathrm{r},i})+(P_{\mathrm{b},i}-P_{\mathrm{r},i})+(P_{\mathrm{m},i}-P_{\mathrm{r},i})}\end{array}\right\}$$

式中：$P_{\mathrm{r},i}$ 为第 i 个受电地区的实际上网电价。

综上，利用综合因素法确定水电外送上网电价可表示如下：

$$P_{\mathrm{on}}=\begin{bmatrix}P_{\mathrm{on},1}\\ P_{\mathrm{on},2}\\ \vdots\\ P_{\mathrm{on},i}\end{bmatrix}=\begin{bmatrix}P_{\mathrm{on},1}=\beta_{\mathrm{op},1}\times P_{\mathrm{op},1}+\beta_{\mathrm{b},1}\times P_{\mathrm{b},1}+\beta_{\mathrm{m},1}\times P_{\mathrm{m},1}\\ P_{\mathrm{on},2}=\beta_{\mathrm{op},2}\times P_{\mathrm{op},2}+\beta_{\mathrm{b},2}\times P_{\mathrm{b},2}+\beta_{\mathrm{m},2}\times P_{\mathrm{m},2}\\ \vdots\\ P_{\mathrm{on},i}=\beta_{\mathrm{op},i}\times P_{\mathrm{op},i}+\beta_{\mathrm{b},i}\times P_{\mathrm{b},i}+\beta_{\mathrm{m},i}\times P_{\mathrm{m},i}\end{bmatrix}+P_{\mathrm{ft}}$$

式中：$P_{\mathrm{on},i}$ 为采用综合因素法确定的第 i 个受电地区的水电外送上网电价。

2. 输配电价计算

输配电价是构成电价的一部分，其定价目的是在输配电用户之间科学合理地分摊提供输配电服务的准许收入。输配电价计算步骤如下：

（1）确定准许收入。

目前的共用网络，主要采用经营期方法确定准许收入。根据政府部门改革趋势，本文采用成本加收益方式确定准许收入。

$$C_{\mathrm{p}}=d+C_{\mathrm{s}}$$

式中：C_{p} 为电网公司的准许成本；d 为与输配电相关的资产折旧费用；C_{s} 为电网公司

维持电网正常运行的费用。

$$R_r = A_e \times R_p$$

式中：R_r为允许电网公司赚取的合理收益；A_e为电网公司与输配电相关的允许计提投资回报的输配电资产；R_p为电网公司准许收益率。

其中，

$$R_p = ROE \times (1 - TDR) + ROD \times TDR$$

式中：*ROE* 为权益资本收益率；*TDR* 为资产负债率；*ROD* 为债务资本收益率。

（2）准许收入的分摊。

1）分摊方法选择。

按照受益程度，各种分摊方法总结对比如表 3 所示。

表 3　　准许收入分摊方法总结

方法	基本原理	优点	缺点	适用场景
邮票法	仅根据输送功率的大小按比例分摊准许收入，不考虑用户所在的节点和用户对电网的实际影响	（1）模型简单，易于理解； （2）不需要进行潮流计算	计算出来的费用不能反映用户对特定输电设施的使用程度，这样就忽略了电网的实际潮流分布情况，不能为用户提供明确的激励信号	负荷分布均匀，输配电价不考虑位置信息
合同路径法	假定各交易的电力按照事先约定的路径进行输送，根据此路径确定各交易应该承担的输配电服务费用	（1）只需要为特定网络设备的使用支付费用； （2）计算简单，易于操作； （3）不需要进行潮流计算	（1）根据基尔霍夫定律，电力潮流并不只是在合同规定的路径流动，它还会流经许多其他路径，因此这样的假设违背了电路的基本原理，不能正确反映用户的使用成本； （2）忽略了转运潮流对电网其他部分的影响； （3）对节点数和线路较多的大规模电网不适用	适用于以物理双边交易为主同时电网规模较小的情况
边界潮流法	以转运电网间边界潮流的变化为分摊依据	（1）考虑边际的影响，具有一定的经济作用； （2）考虑潮流分布的情况，能够一定程度上反映输电用户的位置信息	（1）不能处理反向潮流的问题； （2）不能解决交易顺序对分摊结果的影响问题	适用于在电网互联不紧密的、转运交易较少的、不同地区的电力公司之间输电费用的计算
兆瓦公里法	基于用户对电网的使用程度进行分摊，考虑网络中实际潮流的情况，即根据各用户对网络中每条支路的使用程度来确定其应承担的输配电服务费用，而前面介绍的方法则不考虑用户对每条支路的影响	合理反映了用户对网络中每条支路的实际使用程度	（1）需要计算每一输电业务在每条线路上的潮流分布； （2）计算量较大，难度较高； （3）缺少可信的经济理论支持	适用于负荷分布不均匀、电网规模较大且含有大量环网的网络

邮票法和合同路径法均未进行潮流计算，不能反映用户位置信息，在现有的电价定价机制中，更倾向于考虑潮流分布的情况进行电价定价。兆瓦公里法需要计算每一输电业务在每条线路上的潮流分布，计算量大，所以本报告更倾向于选择边际潮流法来分摊准许收入。

2）边界潮流法。

边界潮流法以转运电网间边界潮流的变化为准许收入分摊的依据。分别对有无输电业务的情况下，进行两次潮流计算，得出各联络线上潮流的变化，视其为流经系统的潮流值。采用边界潮流法分摊步骤如下：

①选择合适的负荷水平为计算基准；

②计算没有转运业务时的系统潮流，求得各边界功率联络线上的功率 ρ_l，l 为边界联络线的序号；

③计算转运交易加上以后的系统潮流，求得各边界功率联络线上的功率 p_l；

④计算每条联络线上功率的变化 $\Delta\rho_l = \rho_l - \rho_l'$；

⑤根据邮票法将联络线准许收入按联络线额定容量分摊，计算平均单位输电服务费用 C_{u}；

⑥用转运对电网潮流的综合影响乘以单位价格，就是转运业务需支付的总输电费

$$TC = (\alpha \times \sum |\Delta\rho|) \times C_{\mathrm{u}}$$

式中：TC 为转运业务需支付的总输电费；$\Delta\rho$ 为边界联络线功率变化值；C_{u} 为平均单位输电服务费用，可用邮票法计算得到；α 为联络线准许收入在两个电网间的分摊比例。

3）容量电费与电量电费分摊。

各受益省级电网的准许收入分摊额分解为容量电费和电量电费。

$$C_{\mathrm{c}} = REV_i \times \gamma$$

$$C_{\mathrm{e}} = REV_i \times (1-\gamma)$$

式中：C_{c} 为某省承担的容量电费；REV_i 为某省承担的总准许收入；γ 为容量电费分摊比例；C_{e} 为某省承担的电量电费；（$1-\gamma$）为电量电费分摊比例。

4）计算输电价。

共用网络输电价，目前交、直流分开定价，计价形式采用单一容量电价、单一电量电价、两部制电价。

①单一容量电价计算如下：

$$P_{\mathrm{c1}} = \frac{REV_i}{Load_{\max}}$$

式中：P_{c1}为单一容量电价；$Load_{max}$为该省最大负荷。

②单一电量电价计算如下：

$$P_{e1}=\frac{REV_i}{Q_e}$$

式中：P_{e1}为单一电量电价；Q_e为该省销售电量。

③两部制电价中，为反映专用工程的固定成本，容量电价按输送容量确定，以保障专用工程线路的投资者的合理收益；电量电价按输送电量确定，主要反映输送电能的变动成本。

$$P_{c2}=REV_i\times\frac{\gamma}{Load_{max}}$$

$$P_{e2}=REV_i\times\frac{1-\gamma}{Q_e}$$

$$P_{td}=P_{c2}+P_{e2}$$

式中：P_{c2}为两部制容量电价；P_{e2}为两部制电量电价；P_{td}为两部制电价输电电价。

3. 水电跨省跨区电力交易定价模型

《贵州省 2021 年电力市场化交易工作实施方案》中规定，跨省跨区电力交易购电价格由市场交易价格、输配电价、辅助服务费用和政府性基金及附加等组成。由于辅助服务费用和政府性基金及附加等部分不是本文研究重点内容，式中用常数μ表示。本文在确定水电跨省跨区电力交易价格时综合考虑发电侧上网电价以及电网侧输配电价，水电跨省跨区电力交易价格如下：

$$P_w=P_{on}+P_{td}+\mu$$

（二）风电、光伏外送电价定价模型构建

1. 风电、光伏上网电价计算

根据国家发展改革委印发《关于 2021 年新能源上网电价政策有关事项的通知》（发改价格〔2021〕833 号）规定，2021 年起对新备案集中式光伏电站、工商业分布式光伏项目和新核准陆上风电项目（以下简称“新建项目”）中央财政不再补贴，实行平价上网。同时，考虑到部分用电企业希望与新能源发电企业直接开展市场交易购买绿电并支付更高价格，《通知》明确新建项目可自愿通过参与市场化交易形成上网电价，以更好体现光伏发电、风电的绿色电力价值。因此，本部分不考虑组合电价，而根据发电商需求进行选择。

（1）按各地燃煤发电基准价确定方法。

国家发展改革委明确 2021 年新建陆上风电、光伏发电项目上网电价按各地燃煤发电基准价执行，将有利于进一步稳定投资预期，促进新能源产业加快发展。风电、光伏上网电价为：

$$P_{\mathrm{bp}} = P_{\mathrm{coal,bp}}$$

式中：P_{bp} 为参考各地燃煤发电基准价确定上网的电价；$P_{\mathrm{coal,bp}}$ 为各地燃煤发电基准价。

考虑带来的清洁能源价值，上网电价计算公式如下：

$$P_{\mathrm{on}} = P_{\mathrm{bp}} + P_{\mathrm{cv}}$$

式中：P_{cv} 为反映风电、光伏发电所带来的清洁价值，其由绿证价格 P_{tg} 或发电商适用的补贴构成 P_{ft}，按照发电商参与市场具体情况确定。

（2）考虑市场竞争的上网电价计算方法

计算公式可表示为：

$$P_{\mathrm{m}} = \frac{1}{2}MC_{\mathrm{wi}} + \frac{\theta MC_{\mathrm{l}} - MC_{\mathrm{h}}}{2(\theta - 1)}$$

式中：P_{m} 为采用考虑市场竞争上网电价计算方法计算得出的电价；MC_{wi} 为风力发电边际成本；MC_{l} 和 MC_{h} 分别为对于竞争企业边际成本的市场判断；θ 为上网电价等于边际出清电价的可能性。

考虑带来的清洁能源价值，上网电价计算公式如下：

$$P_{\mathrm{on}} = P_{\mathrm{m}} + P_{\mathrm{cv}}$$

2. 风电、光伏跨省跨区电力交易定价模型

风电、光伏跨省跨区电力交易价格如下：

$$P_{\mathrm{w},l} = P_{\mathrm{on}} + P_{\mathrm{td}} + \mu$$

（三）场景分析

根据对贵州省黔源电力股份有限公司调研获取的2020年发电成本、收入相关数据，将外送电价分为上网电价和输配电价两部分，水电与风电、光伏外送电价测算过程类同。此部分仅对水电跨省跨区电力交易定价进行测算，并根据不同场景展开对比分析。具体分析结果如下：

1. 董箐电站

董箐电站位于贵州北盘江下游贞丰县与镇宁县交界处，是西电东送第二批重点电源建设项目之一。工程于2005年3月28日正式开工，总投资约60亿元，2010年6月工程基本完工。总装机容量为88万kW，安装4台22万kW水轮发电机组，保证出力17.2万kW，年平均发电量为31亿kWh，水库正常蓄水位490m，总库容9.55亿m^3，调节库容1.438亿m^3，以发电为主，兼有防洪、供水、养殖和改善生态环境等综合效益。董箐水电站为华南地区提供优质电能，对缓解珠三角地区电力供应的紧张局面和推动该地区经济社会发展发挥重要作用。

2. 董箐电站跨省跨区交易价格计算分析

（1）水电上网电价。

1）经营期上网电价。

由于收资有限，本报告以贵州北盘江电力股份有限公司董箐分公司 2020 年 1—12 月利润表中各月水电产品营业收入与营业支出代替现金流入与现金流出，根据历史数据变动趋势拟合整个经营期内现金流入与现金流出用于经营期上网电价计算。同时，考虑一般大型水电站使用年限在一百年以上以及资本内部收益率一般为 8%～10%，本报告采用 10%计算经营期上网电价。

按照董箐电站目前数据进行计算，经营期内净现金流折现加总为–11.07 亿元，表示按照目前的定价不能在经营期内收回电站投资成本，需要对定价进行调整。经反复测算，当董箐电站平均售电价格涨幅在 17.30%时，能够满足内部收益率为 10%的情况下回收全部投资成本。按照经营期上网电价方法计算的上网电价 P_{op}=0.2505×（1+17.30%）=0.2939（元/kWh）。

2）市场倒推上网电价。

董箐电站输送至广东地区电价取自贵州黔源电力股份有限公司 2020 年年度报告中关于董箐电站上网结算价格与参加“西电东送”电量价格的说明，P_{in}=0.29（元/kWh）。受电地区输配电价根据《国家发展改革委关于核定 2020—2022 年省级电网输配电价的通知》中规定了广东省的电网输配电价预估最大需量计算而得。受电地区综合线损率取自《电力行业 2020 年度发展报告》为 3.63%。据此计算出市场倒推方法计算的上网电价 P_b=（0.29–0.0057）×（1–3.63%）=0.2258（元/kWh）。

3）考虑市场竞争的上网电价。

根据贵州北盘江电力股份有限公司董箐分公司 2020 年利润表相关数据，同时，参考多个水电站发电成本对竞争企业成本区间进行判断。依据《贵州电力市场化交易工作简报》中近三月贵州电力市场交易情况计算得出上网电价等于边际出清电价的可能性 θ=0.08918。按照考虑市场竞争方式的计算方法得 $P_m=\dfrac{1}{2}\times 0.148+\dfrac{0.08918\times 0.06-0.285}{2\times(0.08918-1)}$ $=0.2275$（元/kWh）。

4）水电综合上网电价。

根据上述计算，基础水电综合上网电价为：

$$P_{basic}=\begin{bmatrix} P_{op}=0.2939 \\ P_b=0.2258 \\ P_m=0.2275 \end{bmatrix}$$

基础水电综合上网电价影响系数为：

$$\beta=\begin{bmatrix}\beta_{\mathrm{op}}=0.14043625\\ \beta_{\mathrm{b}}=0.43355425\\ \beta_{\mathrm{m}}=0.42600951\end{bmatrix}$$

因此，利用综合因素法确定水电外送上网电价：P_{on}=0.2361（元/kWh）。

（2）水电跨省跨区电力交易定价计算。

由于输配电价计算不是本报告研究重点，因此依据《国家发展改革委关于核定2020—2022年省级电网输配电价的通知》中规定的各省电网输配电价作为计算基础。最终可得董箐电站水电跨省跨区电力交易价格为0.291808元/kWh。

3. 董箐电站跨省跨区交易价格场景对比分析

通过对贵州大型跨省跨区水风光清洁能源基地的信息搜集与数据获取，本报告选择典型的董箐电站为分析对象，通过多场景分析，更加全面地探究水风光清洁能源跨省跨区送电价格机制。将前文所述相关定价模型作为基础场景，通过调整与发电侧利益相关的系数以及与市场化水平相关的系数作为拓展场景，将三种场景下的送电价格与当前的价格进行对比分析，进而得出最优的水风光清洁能源跨省跨区送电价格机制。

（1）基础场景与实际情况对比分析。

前文所述跨省跨区定价模型计算得出水电的送电价格作为基础场景，根据前文计算可知基础场景下的董箐电站水电跨省跨区电力交易价格为0.291808元/kWh，将其与现阶段贵州省发改委文件“西电东送”电价测算结算执行价格为0.29元/kWh对比分析。

通过对比可得，基础场景下董箐电站水电跨省跨区电力交易价格大于现阶段贵州跨省跨区测算结算执行价格，因此，前文所提出的定价模型具有一定的合理性及可行性，同时相较于当前贵州跨省跨区实际执行的送电价格，本文所构建的定价模型计算得出的送电价格能够保证发电商的预期收益，并在一定程度上提升发电商的利润空间。

（2）强化发电企业利益场景与实际情况对比分析。

为强化发电企业自身利益，适当提高模型中的经营期定价方法系数，作为考虑强化企业自身收益角度场景的跨省跨区送电价格，将其与现阶段贵州跨省跨区测算结算执行价格进行对比。

此时，基础水电综合上网电价影响系数为：

$$\beta_2=\begin{bmatrix}\beta_{\mathrm{op},2}=0.24043625\\ \beta_{\mathrm{b},2}=0.38355425\\ \beta_{\mathrm{m},2}=0.37600951\end{bmatrix}$$

董箐电站水电跨省跨区电力交易价格为 0.29853 元/kWh。

通过上述计算所得数据及对比分析可得，董箐电站水电跨省跨区电力交易价格大于现阶段贵州跨省跨区测算结算执行价格，即说明当前贵州所执行的跨省跨区送电价格定价机制对于发电商所得利润方面的考虑尚显不足，不能够很好地平衡发电商前期的成本投入，也不能很好地满足发电商的收益预期。本文所构建的定价模型通过调整经营期定价方法系数，能在一定程度上平衡发电商的前期投入，同时能够在合理的范围内较好地满足发电商的收益预期，从而实现跨省跨区水电发电商的可持续发展。

（3）强化市场化竞争场景与实际情况对比分析。

为强化市场化竞争，适当提高竞争定价方法系数，作为考虑未来市场化竞争发展场景的跨省跨区送电价格，将其与现阶段贵州跨省跨区测算结算执行价格进行对比。此场景计算过程如下：

此时，基础水电综合上网电价影响系数为：

$$\beta_3 = \begin{bmatrix} \beta_{\mathrm{op},3} = 0.09043625 \\ \beta_{\mathrm{b},3} = 0.38355425 \\ \beta_{\mathrm{m},3} = 0.52600951 \end{bmatrix}$$

董箐电站水电跨省跨区电力交易价格为 0.28858 元/kWh。

通过上述计算所得数据及对比分析可得，董箐电站水电跨省跨区电力交易价格小于现阶段贵州跨省跨区测算结算执行价格。贵州跨省跨区送电价格通过市场化竞争形成是未来发展趋势，然而当前相关国家政策尚不完善，电力市场处于转型变革期，科学合理的市场化价格机制尚待确立，在当前市场环境下强化市场化竞争因素会使得送电价格低于当前政策管控价格，不能平衡发电商前期投入，不利于市场稳定发展。因此，市场化竞价应随着电力市场发展状况逐步放开，现阶段并不适合强化定价模型中的市场化竞争因素，电力市场化改革仍需循序渐进。

通过上述三种场景的对比分析可以得出，本文所构建的水电送电价格定价模型具有一定的合理性，且可以根据不同需求调整相应的系数，具有一定的灵活性。与当前所执行的价格机制相比更贴合市场发展的需求，能够为发电商带来更大的利润空间。同时，通过场景对比分析我们可以发现，当前所执行的价格机制并不能将水电的价值体现出来，尤其在国家取消水电相关补贴以及绿证市场尚未将水电纳入其中的背景下，本文所提出的定价模型更加综合全面地考虑了水电自身及其作为清洁能源的发电价值，并将价值融合进了定价模型中，让跨省跨区水电送电价格更好地体现水电的价值，有利于水电行业未来更好的发展。

五、建议与策略

加快推进清洁能源电力电价改革，是贯彻习近平生态文明思想，落实党中央、国务院关于碳达峰、碳中和工作部署的重要举措。考虑跨省跨区清洁能源电力发展情况及电价机制现状，围绕跨省跨区清洁能源电力送电价格机制目前面临的问题，结合本报告所分析的多类场景，为推动清洁能源电力进一步持续稳定发展，相关电价定价机制逐步完善，现提出如下建议。

（1）国家应建立政府引导和市场化竞争并存的外送电价价值，全面反映清洁能源电力价值。国家应从宏观层面完善跨省跨区清洁能源电力送电价格定价机制，建立形成政府引导和市场化并存的外送电价机制，从清洁能源电力电价中真实反映其社会、环境和生态的真实价值，推动实现市场竞争，建立公平合理的竞争机制和环境，真正实现用市场经济手段促进能源结构转型升级。在辅助服务市场逐步完善前，国家应合理确定各清洁能源电力开发的成本和基本收益，在合理分析送受端地区市场供需基础上，结合清洁能源电力特性，全面考虑清洁能源电力价值，颁布更加契合跨省跨区清洁能源送电需求的国家政策。国家应主导建立跨省跨区清洁能源电力送电协议标准，综合考虑区域能源规划、东西部经济发展以及各类清洁能源资源特性，改变仅以火电标杆电价作为清洁能源上网电价的经济性评价和决策思路，建立以满足电力系统全面需求和节能减排效益的边际电价评价体系，作为“西电东送”等跨省、跨区外送清洁能源电力的落地电价定价参考标准，保障清洁能源电力参与市场竞争相对公平。

（2）完善发展绿证市场，提升绿电发电收益，增强绿电市场竞争力。跨省跨区外送清洁能源电力由于参与“西电东送”战略定位的特殊性，需要结合国家电力市场改革进程，有序实现市场化交易。国家应逐步引入符合各清洁能源电力特点的可再生能源配额考核及绿色证书交易制度，保障清洁能源电力的消纳和经济可持续性。除目前已纳入市场的陆上风电和集中式光伏发电外，还应逐步考虑将水电、海上风电等清洁能源电力纳入其中，更加完善发展绿证市场，稳步推动清洁能源电力定价机制制定，全面反映绿色电力的经济和环境价值。从长远来看，为更加合理地制定清洁能源电力送电价格机制，形成统一的市场化电价，必须考虑不同可再生能源的技术成本差异，从而增加绿色证书交易市场的竞争性、透明性和流动性。开展绿电交易的意义在于，全面反映绿色电力的电能价值和环境价值，提升绿色电力产品的发电收益，增强绿电在市场中的竞争力，有力促进新能源发展，助推我国“双碳”目标的实现；另外，能够为电力用户购买绿色电力、实现产品零碳需求提供便捷可行的购买途径，有效满足用户的绿电消费意愿，让用户能够有动力去主动消纳绿色电力，形成良好的示范效应。

（3）建立宏观协调的送电定价机制考核监督，缓解“倒挂”矛盾。从监督方面健全能源发展宏观协调，强调政府的宏观调控作用，以全国节能减排总目标为约束条件，在可再生能源配额中纳入跨省、跨区清洁能源电力，形成宏观协调的考核监督机制。根据经济发展水平，协调供需双方利益，合理制定跨省跨区送电价格定价机制，保证供需双方协商谈判的公平性，保证跨省、跨区外送清洁能源电力的资源开发环境补偿和基本的合理收益，专用于支持清洁能源电力资源开发地社会经济发展和生态环境保护，促进跨省、跨区外送清洁能源电力合理有序发展。同时，对宏观调控的实施效果进行监督，保证跨省跨区清洁能源电力送电价格机制的科学合理性，提升跨省、跨区外送清洁能源电力参与市场竞争的能力。

六、结论及展望

深化电力体制改革，构建新型电力系统是促进能源低碳转型和实现碳达峰、碳中和的重要支撑。加快大型跨省跨区水风光清洁能源基地打捆开发是实现“双碳”目标和构建新型电力系统的必备途径，面对复杂的电力市场环境，清洁能源发电企业必须尽快确定合适的清洁能源外送电价，以提升自己在电力市场中的竞争力。

本文建立的水风光跨省跨区外送电价定价模型主要包含上网电价定价和输配电价定价部分，比较全面地考虑了发电方和输电方的利益。上网电价定价模型部分，结合当前水风光电的多种上网电价定价机制，集各现行定价机制的优点于一身，利用综合因素法确定水风光电外送上网电价。输配电价定价模型部分，采用两部制电价计价形式，选取边际潮流法分摊准许收入，将容量电价与电量电价组合为输配电价。在确定外送电价定价模型后，设置了三个情景，通过数据体现了清洁能源电价对政策引导与市场竞争的敏感度。针对目前跨省跨区清洁能源电力发展及电价机制存在的问题，结合情景分析结果，提出了相关的建议和措施，为跨省跨区清洁能源发电基地在外送水风光电的过程中提供定价的参考和依据。

下一步，随着新型电力系统建设制度的完善，以及清洁能源发电的推广，课题具有进一步深入研究和推广的意义。一是对跨省跨区清洁能源电力送电价格定价机制进行优化，真正将社会、环境和生态的真实价值体现到电价中，真正实现用市场经济手段促进能源结构转型升级。二是完善绿证市场，考虑不同可再生能源的技术成本差异，增加绿色证书交易市场的竞争性、透明性和流动性，从而更加合理地制定清洁能源电力送电价格机制。三是缓解“倒挂”矛盾，由政府来进行清洁能源电力供需双方之间的利益调控，保证跨省跨区清洁能源电力送电价格机制的科学合理性。

风电光伏产业投资基金思考探索

中国华电科工集团有限公司、华电金泰（北京）投资基金管理有限公司

宋　新　王雨雷　王浩宇　吴　波　张嬛阁　杨瑞涵　门海鸥
赵书丰　闫　娜

一、产业投资基金发展情况

（一）产业投资基金概述

产业投资基金是一个大类概念，通常包括风险投资基金（Venture Capital）、产业引导基金、并购重组基金等私募股权投资基金，一般是指向具有高增长潜力的未上市企业进行股权或准股权投资，并参与被投资企业的经营管理，以期所投资企业成长后通过股权转让实现资本增值。

产业投资基金主要特点如下：

（1）投资对象主要为非上市企业；

（2）投资期限通常为3～7年；

（3）积极参与被投资企业经营管理；

（4）投资目的是追求资本增值收益，产业投资基金具有鲜明的产业属性。

产业投资基金涉及多个当事人，包括基金股东/投资人、基金管理人、基金托管人以及会计师、律师等中介服务机构，其中基金管理人负责基金具体投资和日常管理。

（二）产业基金发展情况

1. 股权投资基金逆势增长

2021年1月，证监会表示，在经济下行和内外形势压力下，私募基金逆势增长，截至2020年底，已登记管理人2.46万家，已备案私募基金9.68万只，管理基金规模15.97万亿元。

截至2020年三季度，私募股权基金、创业投资基金累计投资于境内未上市未挂牌企业股权、新三板企业股权和再融资项目数量达13.2万个，为实体经济形成股权资本

金 7.88 万亿元。

2. 产业基金引导转型升级

经过最近十几年大发展，基金业在改革中成长，在开放中提高，在规范中进步，成绩可圈可点，具体体现在规模体量实现跨越式发展、合规风控水平稳步提升、主动融入资本市场改革全局成效明显、投资者信任度明显增强、支持创新创业和转型升级的作用日益显现等几个方面。

在我国碳达峰碳中和、物联网新基建以及国内国际双循环大背景下，私募股权投资基金已融入经济主战场，对支持科技创新、促进产业升级、补足产业链短板，加速产业链融合和产业聚集发挥着重要作用，千亿体量的产业基金尤其能在深度和广度上对产业升级、区域经济发展起到导向性作用。

未来在新能源、节能节材、电能替代、循环经济、传统能源转型升级、碳技术与碳市场等领域，私募股权基金均可以在资本层面提供支持，还可在投后管理中助推被投企业绿色转型，为其嫁接相关资源。

3. 基金募资头部效应增强

放眼全球，私募基金募资难度加大但速度加快、资金向头部聚集、PE（私募股权投资）募资创历史纪录、投资者更加多样化。从国内来看，基金募集规模增速放缓，募资“冷”却“高效”，传统行业转型会在未来带来新的机遇。

机构头部化趋势凸显，洗牌加速，强者恒强；PE 机构 VC（风险投资）化，VC 机构 FA（财务顾问）化，生态圈建设成为重点；政府引导基金快速发展，新兴产业为主导；出海投资成为成熟机构的重点投资方向；科创板与注册制落地，价值投资时代来临；机构同质化向品牌化发展，全行业覆盖到专业化发展。

2020 年 11 月，银保监会发布通知，取消保险资金财务性股权投资行业限制，险资迈入股权投资行业。2021 年，基金投资策略越发丰富，风格日渐鲜明。2021 年，募资市场分为三种情况：一是头部机构募资成功消息不断；二是具有产业优势的黑马基金也可以获得 LP（有限合伙人）青睐；三是中小 GP（普通合伙人）面临募资困境，资金流入头部机构。

4. 产业基金成为长期资本动力源泉

2021 年 10 月，中国证监会市场监管有关领导在金融街论坛年会表示，私募股权基金在为投资者创造财富回报的同时，也通过其投资活动对直接融资和实体经济具有重要的促进作用。

一是私募股权基金、创投基金是长期资本形成的新动力。截至 2021 年中，私募基金投向各类股权项目超过 10 万个，投资本金超过 8.4 万亿元，为实体经济形成宝贵的股权资本。

二是私募股权基金、创投基金是创新资本主要力量。私募股权投资项目主要集中在产业升级和新经济领域，投资数量和本金占比均超过总数的50%。中国国内国际双循环新发展格局，“双碳”目标等国家级发展规划正推动环境、社会和公司治理（ESG）领域成为投资主流。

三是私募股权基金、创投基金是推动公司改善治理的重要参与者。超过80%的科创板企业和60%的创业板企业，上市前曾获得私募股权和创投基金投资。

二、中央企业产业基金发展分析

（一）中央企业投资基金业务规定

1. 总体要求

国资委《关于加强中央企业基金业务风险管理的指导意见》（国资发资本规〔2020〕30号）文件：

中央企业基金是指中央企业设立和管理（实际控制基金管理人），主要投资于非公开交易企业股权的股权投资基金和创业投资基金。要求按照“坚持服务主业，强化风险防范，实施分类管理”三大原则开展工作。

产业基金是指立足主责主业重点推动中央企业科技创新和突破关键核心技术、培育战略性新兴产业、服务产业转型升级和发展的基金。财务性基金指主要为获取财务回报的基金。

产业基金设立宗旨是服务集团公司主业及新兴领域股权融资需求，依托集团产业布局，聚焦产业并购、培育、技术孵化、混合所有制改革等领域，巩固和提升集团产业链、供应链一体化优势。

2. 工作措施

2018年10月，国资委资本局举办中央企业投资基金业务培训。

（1）就中央企业基金产融结合提出四点意见。

一是明确定位，审慎开展金融业务；

二是立足主业，提升金融服务能力；

三是持续加强风险管控；

四是提升金融投资专业水平。

（2）就中央企业基金业务发展提出四点要求。

一是科学规划，坚守服务主业；

二是健全制度，强化集团管控；

三是全面排查，严控投资风险；

四是党建经营有机统一，加强党建。

（二）中央企业产业基金发展原则

2018 年 9 月，中共中央办公厅、国务院办公厅印发《关于加强国有企业资产负债约束的指导意见》，明确提出：引导国有企业通过私募股权投资基金方式筹集股权性资金，扩大股权融资规模。

2020 年，国务院国资委《关于加强中央企业基金业务风险管理的指导意见》（国资发资本规〔2020〕30 号）和《关于做好中央企业新增基金业务备案工作的通知》（资本函〔2020〕4 号）文件，要求加强中央企业基金风险管控。

2021 年 8 月，中国证监会主席易会满在中国证券投资基金业协会会员代表大会上讲话，提出基金行业高质量发展五个“突出”原则。

原则一：更加突出处理好规模、结构与发展质量的关系。

原则二：更加突出抓规范、防风险和促创新的统筹平衡。

原则三：更加突出行业自身发展和客户价值增长的同提升、共进步。

原则四：更加突出回归行业本源，坚守“真私募”定位。

原则五：更加突出厚植行业文化，促进健全发展生态。

（三）中央企业产业基金发展思路

1. 中央企业产业投资基金概况

按照国资委内部数据统计，绝大部分中央企业涉水股权投资基金，在五年前就已超过 100 家。截至 2020 年 6 月，保守估算目前国资主导的基金规模在 2.5 万～3 万亿元；母子基金群总规模在 10.7 万亿元左右。

中央企业设立的投资基金，既有股权投资基金，也有风险投资基金，规模小则数亿元、十几亿元，多则数十亿元、数百亿元。更迭发展的多项基金，支撑起价值投资和赋能投资，重构价值链的功能效用，对于中央企业来说，投身“国家战略与市场机制有机结合”的路径当中，将更有利于放大国有资本，并利用资本力量助推国企改革。

从目前中央企业整体的情况看，中央企业基金更多集中在产业基金业务上，围绕着自身产业链的上下游。这是中央企业基金的使命所在，也是其与其他市场化基金的区别所在。

实践来看，中央企业基金需要关注投资风险与监管、潜在可选标的、集团政策支持、市场化运作水平、基金退出渠道等方面。对于国资主导的基金，尤其是产业基金而言，如何改变其广泛化和分散化的现状，将成为未来的方向之一。

典型产业基金范例：

（1）中国神华煤电纵向一体化模式，业务边界扩张。通过基金进行产业整合和业务延伸，实现结构优化、产业升级，重构价值链。

（2）华能资本产业基金平台——华能投资管理有限公司，通过产业基金让金融支点前移。目前，其旗下基金有光伏基金、新能源发展基金、大交通基金，综合服务基金等，均围绕集团能源转型来设计。

（3）2018年7月，中国石化资本有限公司落户雄安新区，以直投和基金互相协助的方式布局战略性新兴行业。

2. 中央企业基金推动产业创新发展

（1）实现科技与资本双轮驱动。中央企业基金投资以股权为纽带，与内部中小型科技公司、创新平台、技术中心等创新主体产生深度结合，形成多元化、多层次、多渠道的科技投入体系，能够丰富中央企业科技资金投入方式，实现科技与金融的结合，为企业创新注入新的活力和动力，实现科技与资本的双轮驱动。

（2）推动科技投入体制机制改革。基金方式有助于科技经费的“松绑”，更加遵循科技活动规律和特点。在经费使用、设备采购、激励和成果转化等方面实现权限下放，向被投企业要产出效益和经济效益，有效调动和激发科技人员的积极性和创造性，把创新、创业和创利有机结合起来，打通科技成果转化的通道，成为科技投入体制机制创新的有效手段。

（3）促进企业科技成果转化。中央企业开展科技创新更需要兼顾经营质量和效益，科技创新的成果需要渗透到企业经营管理效益中体现出来。拓展运用基金投资手段，一方面能够加大科技经费投入力度，将政策性补贴资本化，满足国资委对于各中央企业科技经费投入的基本要求；另一方面，也能够提高资金的使用效率以及企业自身的科技产出成果，引导科技创新资源服务中央企业自身的主业发展。

（4）整合企业内外部科技资源。基金投资是科技资金“拨改投”的重要转变方式，实现“拨投并举”的全新局面。基金投资能够帮助引入社会资本、非公经济参与中央企业科技创新工作，发挥资本对科技创新的引领作用，引入增量资金助力企业内在发展，另外也能补充外部创新力量，在合作过程中优势互补、协同发展，实现各方合作共赢。此外，基金投资更是科技成果产业化的重要载体，整合企业内外部的创新资源。

（5）助力推动企业转型升级。随着国家经济结构调整、新旧动能转化，各中央企业在聚焦主业的同时，也面临着传统产业转型升级的客观要求，国资委也已将技术进步要求高的中央企业研发投入占销售收入的比例纳入经营业绩考核。因此，以基金投资的形式不仅将加快自身新技术、新产品的研发速度，更能够广泛吸纳和联合新领域创新资源，促进企业在新兴产业领域的创新与拓展，发掘新利润增长点，进而推动企业转型升级。

三、风电光伏产业基金发展思路

（一）产业基金本质分析

1. 资金运用方向

作为产融结合抓手的基金，从资金来源与资金运用角度来看，无论资金来源于内部或外部，只有将资金运用于内部，直接帮助集团产业发展，才是真正的产融结合。

2. 中央企业基金投向

中央企业基金包括基础设施、结构调整等战略性平台、并购重组、国企纾困、创新成果转化、新能源等产业投资、区域发展、海外投资等。根本在于立足主业发展、培育战略性新兴产业、服务产业转型升级，真正服务集团产业。

3. 基金投资主体

中央企业基金投资人及资金来源不外乎两类：①中央企业集团、集团下属产业单位、集团下属金融单位；②社会投资者。从投资主体及其投资目的来看，可以分为战略性投资和财务性投资。显然，只有战略性投资，以发展集团产业为目的，才是真正的产融结合。

4. 私募股权基金

与产业基金相对应，还有一种脱离集团产业或与集团产业关系不大的私募股权基金，退出渠道主要为外部股权转让或上市。此类基金只为集团贡献了利润价值，并非产融结合。

5. 产业基金类型

中央企业产业基金主要包括并购重组基金、股权投资（产业发展）基金、创投创新基金等。产业单位从自身业务发展战略、发展方向和发展阶段出发，可能需要不同类型基金。

6. 基金股权比例

集团全资或者绝对控股，才能保证集团对产业基金的管控，保证基金为集团产业发展服务。相应金融主体单位也能更好地得到集团支持。为发挥基金项目不并表优势，常见做法是在全资或控股公司下面单独成立相对控股公司。

7. 中央企业出资比例

中央企业系统内单位出资，三年前一般在20%～30%，近两年一般在40%～50%，其他为系统外产业链相关单位（相关业务诉求）或纯财务性投资人。也即引入权益性资金放大1～2倍或3～5倍。中央企业产业单位参与基金出资，本质上起到类似基石投资人的作用。一是决定项目投资方向；二是保证基金产业投资战略目的；三是发挥稳定器、放大器、压舱石作用；四是为基金项目退出起到类似承诺或保底作用。

8. 产业基金结构

产业基金可为结构化基金，即分层基金，包括优先级、劣后级和中间级（夹层），或非结构化设计，即平层基金。基金投资者对风险、收益偏好不同，需要合理设计基金结构，确保不同资金（不同投资者）获得合理风险收益。

9. 基金投资收益

私募股权基金是从事私人股权（非上市公司股权）投资的基金。主要包括投资非上市公司股权或上市公司非公开交易股权两种。投资人追求的不是股权收益，而是溢价出售股权获利，也即追求股权增值收益。

（二）风电光伏产业基金发展原则

1. 风电光伏产业发展迎来“黄金十年”

2021 年被视为中国开启碳达峰碳中和征程元年，碳中和带来一场涉及各个行业的能源革命。

（1）中国绿色能源产业具备世界领先优势。从产业链来看，中国新能源居全球领导地位。在光伏行业，中国是全球唯一具备从上游材料到中游组件再到下游电站投资能力的国家，拥有全球 60%～70%的光伏产业链资源。此外，中国风电产业具有全球 40%的产业链资源。2020 年 5 月统计数据显示，全球最大 15 家风电机组制造商中国企业有 8 家。

从技术创新来看，我国也保持着较大的国际竞争优势。在光伏行业，PERC 黑硅多晶电池片平均转换效率达到 20.6%，PERC 单晶电池片平均转换效率为 22.4%～22.5%，最高量产效率接近 23%，皆属于全球领先水平。在风电行业，我国在大容量机组研发，长叶片、高塔架应用等方面也处于国际领先水平。

2021 年 6 月，国家发展改革委发文要求：2021 年起，对新备案集中式光伏电站、工商业分布式光伏项目和新核准陆上风电项目，实行平价上网。风电、光伏平价时代来临，项目已能实现较好投资收益。

（2）风电光伏行业进入跨越式发展期。2020 年 9 月，国家主席习近平宣布“3060”双碳国家战略。2021 年 3 月，中央财经委员会第九次会议要求如期实现“3060”目标。构建清洁低碳安全高效的能源体系，构建以新能源为主体的新型电力系统。

非化石能源占比成为“十四五”规划的核心指引。“十四五”期间，可再生能源将成为能源消费增量主体：预计到 2035 年，可再生能源将基本满足能源消费增量；2050 年，可再生能源成为能源消费总量主体。

国家层面预计到2025年新增新能源装机6亿kW（风电2亿kW、光伏4亿kW），每年新增1.2亿kW左右。显然，传统火电企业均将大力转型新能源发电。未来十年将是新能源发电产业发展“黄金十年”。

2021年6月，华电集团举办“十三五”碳排放白皮书暨碳达峰行动方案发布会，提出力争在2025年实现碳达峰，非化石能源占比达到50%，清洁能源装机超过60%，计划在未来五年内新增新能源装机7500万kW，非化石能源装机占比达到50%以上。

传统能源集团尤其是发电企业产业转型升级和新能源产业超常规发展需求，对多渠道推动新能源项目开发、投资、并购提出更高要求。

（3）产业链巨头强强联手一体化发展。2021年11月，第四届进博会期间，风电巨头维斯塔斯先后与京能国际、国华能源投资、中国能建和中国电建国际公司达成一系列合作协议。

维斯塔斯与京能国际双方约定将依托各自在产业布局、市场开发、海上风电以及风电场运维等方面优势，充分调动内外部资源，利用彼此在中国与海外市场的经验、研发及技术实力，积极探索资源拓展、合作开发、共同建设、长期运维、风电制氢等全方位合作。

维斯塔斯与国华能源投资作为长期合作伙伴，将依托各自产业布局、运营表现等优势，充分调动资源，积极探索海上及陆上风电领域的项目合作，形式包括合作开发、共同建设等。

维斯塔斯和中国能建将围绕产品、技术和资源共享，可再生能源项目开发建设等领域展开长期合作，推动双方在中国与海外市场的业务发展。

维斯塔斯与电建国际公司将在未来共谋开放包容、互惠发展的新机遇，充分释放合作潜能，共同拓展“一带一路”合作伙伴的可再生能源市场，推动中国国内及海外市场的能源脱碳转型。

显然未来五年，风电、光伏发电产业从自由竞争市场快速走向垄断竞争市场，迎来政策支持、绿色能源转型、跨界开发、重组并购、集中开发、联合投资热潮，几乎所有中央企业、地方国企、产业链条上市公司、大型民企，甚至金融机构等，均纷纷成立基金，强强联手，共同开发。

2. 风电光伏产业基金设立原则

构建高质量新发展格局，关键在于实现经济循环流转和产业关联畅通。加快构建新发展格局是发挥规模经济优势的内在要求。需要大力提高直接融资比重，完善金融支持创新的政策，发挥资本市场对于推动科技、资本和实体经济高水平循环的枢纽作用。产业基金作为中央企业集团产融合作抓手、作为直接融资核心金融工具，天然成为新发展格局、高质量发展选择。

（1）集团应为设立产业基金主体。从产业基金实践来看，集团及其金融单位应成为产业基金发起设立主体。

一是企业集团融资、引资、项目整合能力强，在市场上处于有利地位。通过设立产业基金，能够有效利用社会各类权益性资金，为集团公司重大项目拓展，开辟新投融资渠道，以集合化、组合性投资，分散投资风险，做大做强做优国有资本。

二是基金定位高，能够最大程度发挥基金“产融结合、以融促产”作用。通过产业基金进行资本投资，采用“母子基金”或者“母基金直投”的模式进行项目投资，用资本撬动各方资源，帮助集团公司发展新能源产业，进一步提升资本运作能力。

三是可以全面梳理集团各单位业务需求，发挥各单位协同管理优势。采取项目投资建设、并购协同方式，通过与产业单位、地方政府、上游制造厂商等建立产业链协同，可以迅速抢占前期优质资源，为公司孵化和培育具有战略价值的新能源项目。

四是通过集团金融单位专业机构管理，在创造价值贡献的同时实现合规风险管控。通过设立项目投资收益边界条件、产业单位联动把关、结构化基金设计、合作方出资/股比要求、证照/印章/账户管理等措施，保证项目成本控制和质量效益。

产业基金应发展着眼于产业转型升级的任务型投资、高质量发展重组并购型投资、集团自身突出优势比如碳中和/综合能源服务等专门产业投资、产业链布局完善/市场拓展业务壮大等专门目的型投资、打通资本市场的孵化创新型投资等各种模式体系。

可以参照电建基金或中国石化下属资本公司及其基金公司职能定位，在集团顶层设计中，石化资本公司作为集团产融结合投资主体，以围绕服务实体经济为主线，采取基金有限合伙形式投入部分资金，引入外部投资者，主要聚焦智能装备、新能源、新材料、节能环保、产业链新技术等领域，尤其关注氢能技术投资，探索集团下一个三十年发展方向。

（2）坚持集团产业战略投资定位。按照中央企业产业基金要求，基金投资价值最大化，对于中央企业集团即为产业价值最大化。集团金融单位尤其是基金应以产业基金即集团产业发展战略投资者为公司定位，确保产融结合、以融促产。作为集团金融板块单位产融结合发展基石，应当改变以往金融投资“获取利润”单一目的，将重心回归到“产业发展”。

华电集团发展愿景就是建设具有全球竞争力的世界一流能源企业。为此集团要求坚持新发展理念，从要素驱动向创新驱动为主转变，实现一流的可持续发展能力。产业基金的核心作用就是服务集团产业结构升级、探索集团未来发展方向。

从5～10年的时间段来看，新能源发电资源会逐步被各大单位牢牢把持，新能源

产业也会成为传统行业。届时集团需要开辟新的第二战场，需要开发新技术、新项目，需要有自己的孵化基地。集团新兴产业孕育，需要摸着石头过河，要求广撒种子，敢于反复试错。

出于集团形象、上市公司业绩及市值管理等考虑，新兴产业孕育通常通过基金形式来进行投资孵化。创业基金天然服务于创业企业及创新技术孵化。

（3）应按市场化标准要求投资回报。产业基金“募资”和“投资”两头在外。产业基金也是基金，也有集团外投资者。前端募资虽有集团投入资金支持，通常只占整个基金规模30%左右，仍需市场化募集资金配套方可成立，偏重市场化运作，当然应该以基金投资者价值最大化为导向。基金后端投资项目主要来源于行业协会、政府部门、同业或异业机构、产业链上下游公司、各种投资活动等市场渠道，再加上很多项目早期就要介入，项目投资决策对投资者综合研判能力要求很高。

基金管理者完全以企业成长能力作为投资选择原则。投资者用自己的资金作为选票，判断项目投资价值并排序，将社会稀缺资源（资金）使用权让渡给社会最需要发展的产业，投给行业中最有成长性或效率高的企业，实现整个社会的资源配置效率大幅提高。

同时，股权投资是价值增值型投资。基金管理人通常在投后管理阶段投入资源，提供各种商业和管理支持，帮助被投企业发展，促进项目价值加速释放。基金应保证退出合理价格，即以商业性投资标准来要求投资回报。在集团区域公司保底的情况下，显著降低了投资不确定性风险，应该以适当优惠价格转让。

（4）应该注重打造资产良性流动渠道。产业基金投资期限短则2～3年，长则5～7年，需要按照基金“募、投、管、退”流程，从此类资金特点性质出发，关注资本循环，打造资产流动渠道，通过配套集团产业单位发展、直接或间接建立上市平台、资产证券化等方式增强资产流动性。

在实际操作中，针对不同投资主体，无论是企业集团并购，还是上市公司并购，或者机构投资者、个人投资者等，项目业主会有不同报价策略。

对于大型集团尤其是上市公司，大都是意向控股，业主报价会依据公开市场（股票二级市场）定价，往往市盈率较高，比如15～30倍。对于投资基金等参股型投资，属于一级市场交易，项目往往也处于早中期，价格可控制在合理范围内，市盈率一般不超过6～10倍，能够给投资基金预留未来利润空间，保证退出成功。

（5）注重风险承受能力，发挥风险控制职能。根据投资主体对风险的偏好，从经济学上来讲，可以分为风险回避型、风险追求型和风险中立型。风险回避者偏好低风险的资产，风险追求者相对而言会面对风险，谋求较高的预期收益。

一般企业集团投资项目要求较高，决策相对保守稳妥。产业投资基金脱胎于创业投资基金，这部分资金相对于银行理财等保守资金天生比较偏好风险，对风险的容忍度较高，愿意以较高的风险承受能力换取较好的预期收益。

同时，基金投资的特点是“先参后控”，即投资前期（半年到两年）少量参与股权投资，通过参与被投资企业股东会、董事会、经营层等形式，变外部监管为内部参与，实现“内部人管理”功能，从而能够摸清企业真实情况，有效解决传统委托-代理机制导致的管理人道德风险问题。在充分了解被投企业情况之后，做到正确判断企业价值，从容决策下一步投资方向，究竟是控股收购还是及早转让处理。

由于产业基金投资的目的是最终谋求项目的控制权，为此更需要在风险控制上下大力气，花大工夫。通过协议约定、行业研究、专业投后管理、直接派员参与、早期建设参与、关键节点把握、一票否决、回购要求、利益分配机制、区域公司协同、股份平价转让、或有负债义务、收费权利质押、资产抵押、优先收购等，实现对风险的全过程识别和管理。

（三）风电光伏产业基金实例

1. 央企新能源产业基金情况

截至2020年末，根据基金业协会披露信息，新能源、绿色、光伏、风电等相关字样基金超过400只。包括国家电投、国家能投、华能集团、三峡集团、国家开发投资集团等多家中央企业均已设立新能源产业基金。

三峡资本目前是三家基金管理公司的实际控制人，投资管理10余只产业投资基金，基金总规模330亿。

2018年2月，华润电力数家子公司共同设立广东润创新能源股权投资基金，以新能源发电项目控股投资为主，规模30亿元。

2021年6月，国网新兴产业基金母基金在上海设立，认缴资金规模10亿元。预计“十四五”期间基金总规模将达到150亿元。

2021年6月，大唐集团发布《碳达峰与碳中和行动纲要》，并与中金公司签署《绿色金融战略合作协议》。

国家电投基金依托集团产业背景，定位于发起、管理针对风电、太阳能发电、核电等清洁能源项目的私募股权投资基金。截至2020年，基金公司发起设立各类基金30余只，基金管理规模超300亿元，名列私募基金管理人百强，在能源央企基金名列前茅。

最近三年来，华能集团新能源产业基金规模合计超过人民币600亿元。2021年1月，国家能源集团、中国国新、中国东方联合发起国能新能源产业投资基金，总规模100.2亿元。

2016 年 12 月，中国电建组建电建（北京）基金公司，推动主业发展，促进市场开拓，支持成果转化。公司秉持“服务集团战略，服务集团发展”，成为电建集团产融结合驱动平台职责。公司成立三年即进入专业领域头部序列。

2. 风电光伏产业基金要素

（1）公司定位。无一例外，能源央企基金均立足主责主业，通过产融结合，服务集团产业发展。也即均为产业投资基金。这也是所有央企基金的定位。

（2）发展战略。以集团发展战略为产业基金发展方向指导。具体而言就是，促进集团产业转型升级，壮大产业发展规模，增强产业市场地位，推动科技创新进步，培育战略性新兴产业。

（3）经营绩效。

1）电建基金。2016 年 8 月公司成立，注册资本 3 亿元。当年 12 月，中国电建、建设银行共同发起设立总规模逾 470 亿元基础设施建设基金。

公司定位集团“产业基金归口管理平台、金融创新实践平台、产融结合驱动平台”三大功能。截至 2020 年末，公司管理基金规模近 800 亿元，已投放各类资金超 500 亿元。

2020 年 11 月，电建基金公司荣获“2020 中国私募基金影响力 100 强”“2020 中国金融行业抗疫贡献奖”称号。

2）华润资本。华润资本 2017 年定位为产业基金管理公司。截至 2021 年中，华润资本旗下正运营基金 25 只，累计管理规模超千亿元人民币。

3）国家电投基金。国家电投集团基金管理公司由集团全资控股（二级公司），成立于 2018 年 9 月，注册资本 2.2 亿元。旗下拥有三大基金管理公司。

截至 2020 年，国家电投基金公司在资产并购、债转股、科技创新等领域发起设立多只私募基金，累计实缴规模超 300 亿元。

（4）管控机制。依据《私募基金管理人内部控制指引》及《法律意见书指引》等文件要求，持续完善内控机制。强调风控关口前移、积极支撑主业发展。全程参与业务，以及投后管理。

四、风电光伏产业基金发展措施

（一）发展原则定位

秉承“服务集团、面向市场”的经营理念，围绕华电资本控股“建设能源特色一流产业金融集团”目标，坚持“服务主业、产融结合、以融促产、协调发展”方针，重点发展以“产融结合”为目标的产业基金，打造新能源发电产业特色投资基金体系，助力华电资本跨越式高质量发展，为华电集团创造更大价值。

具体措施如下：

1. 做好远期规划

中央企业基金是一种中期（5～10年）投资，需要从中期促进产业发展的角度出发，找到确定性比较高的投资机会和方向。比如风电/光伏发电，碳中和、储能、综合能源服务、三年后的氢能业务等。

这些业务如下：

（1）与集团产业相适应，或配套、或延伸；

（2）服务于集团产业转型升级；

（3）经常处于不同产业交叉点；

（4）具有适当的前瞻性。

2. 实现规模发展

从公司体量较小、人员较少、资源较缺的现实出发，工作应该注重推动重组并购基金、新能源开发基金、省会城市政府金控集团合作等大项目大基金，实现规模快速发展。

3. 注重专业管理

要将上级单位和公司董事会指示精神内化于心、外化于行：投资逻辑要清，投资研究要专，投资方向要明，经济评价要优，投后管理要实，项目风险要控。

4. 打造基金体系

产业基金类型丰富。需要实地调研集团产业单位真实需求，弄清产业发展逻辑，找准基金投资方向。

（1）对于现有项目，考虑并购重组基金、区域绿色能源发展基金等类型；

（2）对于产业升级转型板块，考虑新能源开发/发展基金、碳中和/综合能源服务专门基金等；

（3）对于新技术、新业务、新方向等科技创新板块，设立创投基金、业务开拓/发展基金等。

5. 区别管理目标

可以考虑让市场的归市场、发展的归发展。也就是说，财务性投资、投行中介等市场化业务，按照市场化标准管理。产业投资基金这种战略性投资，肩负探索、发展、壮大产业重担，按照集团化标准管理。

（二）发展措施建议

建议强化中央企业基金产业发展职能，将产业基金作为华电资本控股创建能源特

色一流产业金融集团“十四五”目标规划重要抓手。

1. 将产业投资基金提高到集团高度

站在集团产业高度看待基金业务，顶层规划、高位设计、分步实施，发挥基金产融结合先天优势，实现产业基金主动全面深入融合集团业务，推动资本控股乃至集团产业投资跨越发展。

2. 为产业单位打造投资基金体系

围绕集团产业单位发展需求，打造产业基金投资体系。包括产业结构转型升级基金（新能源发电等）、集团优势产业发展基金（碳中和/综合能源服务/储能等）、集团产业高质量发展基金（火电、水电、核电等）、集团新兴产业发展基金（产业链新技术/关键创新）、重组并购/区域发展/基础设施专门基金等。

3. 集团产业金融单位联动发展

设立华电全资或绝对控股基金管理公司，与现有相对控股公司搭配使用，获得集团产业单位、区域公司支持（出资/项目承诺收购/项目预算、设计、施工、运营等现场管理），强化集团风险管控，奠定华电产业投资发展基石。

集团公司创一流对标指标体系研究

中国华电集团有限公司企业管理与法律事务部

董全学　黄兴根　刘维成　郭　妍　叶楠楠

习近平总书记在党的十九大报告作出“培育具有全球竞争力的世界一流企业”的战略部署，国资委也提出了“三个领军”“三个领先”“三个典范”的创建要求。集团公司党组认真贯彻党中央决策部署以及国资委要求，明确把创建具有全球竞争力的世界一流能源企业作为愿景目标，提出了“五个坚持、三个转变、六个一流”的“五三六战略”，并于2020年印发的公司年度工作要点中专门对加快创建具有全球竞争力的世界一流能源企业进行部署。

一流的企业，必定具备一流的管理。2020年6月，习近平总书记主持召开中央深改委会议审议国企改革三年行动方案时，明确提出要在国有重点企业开展对标提升行动，大力推进管理体系管理能力现代化。开展创一流对标，加强企业管理，是加快创建具有全球竞争力的世界一流能源企业的重要支撑和关键抓手。为科学、系统、合理地开展创一流对标工作，不断提升企业管理体系和管理能力，集团公司企法部组织开展创一流对标指标体系研究，深入落实对标管理工作，推动企业高质量发展，加快创建具有全球竞争力的世界一流能源企业。

一、研究背景

对标管理也称标杆管理，于1979年由美国施乐公司首创，是现代西方发达国家企业管理活动中支撑企业不断改进和获得竞争优势的重要管理方式之一。西方管理学界将其与企业再造、战略联盟一起并称为20世纪90年代三大管理方法。杜邦、柯达、通用、福特、IBM等国际知名企业在日常管理活动中均应用了标杆管理法。近年来，能源电力企业均开展了不同形式的对标管理工作，通过与先进企业对标，不断改进管理方式和经营效益，实现企业的高质量发展。

对标指标体系是标杆管理的核心。构建创一流对标指标体系，是贯彻落实党中央

"培育具有全球竞争力的世界一流企业"战略部署的具体体现。科学、全面、系统、合理地对标指标体系开展对标管理，有利于通过分析比对业绩和管理指标，找准自身薄弱环节，进行有针对性的突破；有利于推动加强自身管理提升，缩小与世界领先企业的差距，对加快创建世界一流能源企业具有重要意义。

二、研究内容

集团公司自2015年开始开展对标管理工作。在内部对标方面，2015年，制定对标管理办法和指标体系，在26家发电产业二级单位层面开展对标；2017年，修订对标指标体系，从发电产业对标，拓展到煤炭、科工等其他产业对标；2019年，优化完善内部对标，建立覆盖综合经营、发电企业、服务类企业、海外发电企业的内部对标平台；2021年，进一步加强"两利四率"的引领作用，加强企业经营成本管理，引导清洁低碳发展，对内部对标指标体系进行再次优化调整。在外部对标方面，2016年，开展与国内五大发电集团的综合对标，初步形成行业对标平台；2017年，整合行业、国际对标，建立集团公司与世界一流能源企业对标；2020年，结合国资委对标世界一流管理提升行动，将集团公司"六个一流"与国资委对标管理提升行动的"八个重点领域"进行了一一对应，契合形成新的集团公司创一流对标指标体系。并在集团公司对标指标体系的基础上，根据产业特点，会同战略部、煤炭部、科信部、财资部编制了电力产业、煤炭产业、科工产业、金融产业等四类世界一流对标指标体系。

在此过程中，企法部牵头组织对国内外先进能源企业对标管理工作开展调查研究。按照国务院国资委《扎实推动国有企业高质量发展》"五个着力"的要求，借鉴国资委、中电联、国家电网、华能集团等对标评价模型，广泛收资，结合集团公司实际，构建两级（集团公司层面、直属单位层面）、多类别（内部对标平台、世界一流对标平台）创一流对标平台。建立创一流对标指标体系，规范了对标的范围、对象、频次等，明确对标指标体系设计原则、指标名称、定义、统计口径、评分方法，并将对标管理纳入绩效考核，形成对标管理常态工作机制。

（一）总体目标

按照"五个坚持"的基本原则，以"三个转变"为基本路径，以"六个一流"作为具体目标，通过构建科学合理、系统完备的对标指标体系，推动创一流对标管理工作深入开展，加强创建一流管理，全面增强集团公司竞争力、创新力、控制力、影响力和抗风险能力，最终实现具有全球竞争力的世界一流能源企业愿景目标。

（二）基本内涵

1. 世界一流企业内涵

世界一流企业是指在国际资源配置中占主导地位、引领全球行业技术发展、在全球产业发展中具有话语权和影响力的领军企业；在全要素生产率和劳动生产率等效率指标、净资产收益率和资本保值增值率等效益指标、提供优质产品和服务等方面的领先企业；在践行新发展理念、履行社会责任、拥有全球知名品牌形象等方面的典范企业。

2. 对标管理内涵

对标管理是指在企业经营管理的各个层次及环节，以集团公司内部先进企业、国内或世界一流企业为标杆，通过与标杆值进行量化对比，寻找差距、制定措施、补齐短板、促进提升的过程，是一项重要的企业管理工具。

3. 对标指标体系内涵

对标指标体系是指集团公司开展对标工作所应用的指标体系，是一系列评价指标及相应的数学计算模式，指标体系根据集团公司对标工作需要持续优化完善。

（三）设计思路与原则

1. 设计思路

按照国资委高质量发展的要求，围绕世界一流能源电力企业的核心特征，通过设置可量化的指标，开展内部对标和与世界一流企业对标。通过对标先进，查找差距，学习借鉴有益经验，采取提升措施，加快创建具有全球竞争力的世界一流能源企业。

2. 设计原则

对标指标体系设计遵循引领性、全面性、代表性、可比性、独立性、通用性等原则。

（1）引领性。通过对标反映集团公司与世界一流能源企业的差距，引导公司瞄准世界一流标杆，向世界一流看齐。指标体系能够立足当下，着眼未来，对世界一流发展趋势有基本预测和判断。

（2）全面性：涵盖对标单位生产、经营、管理全要素。

（3）代表性。要在众多指标中选取最具一流企业特征、最能代表一流企业综合实力的共性指标。选择指标能够反映企业整体或某一方面的重要因素。

（4）可比性。指标能够易于统计，满足时效要求，口径一致，能够量化计算的指标。

（5）独立性：各指标应相对独立，减少指标间的耦合现象和重复现象。

（6）通用性：选择的指标应为行业内通用的、易于获取的指标数据，指标值的计算应遵循行业统一和通用的标准、方法和口径。

（四）对标指标体系的构成

企法部围绕集团公司两级、多类别对标平台，构建内部对标和与世界一流企业对

标指标体系。对标指标体系由对标指标、指标完成值、标杆值、评分方法与指标分值等要素构成。

1. 对标指标

内部对标平台根据企业业务性质分为综合经营、发电企业、服务类企业、海外发电企业四类，分别设置对应的对标指标体系，详见表1。

表1　内部对标指标体系

内部对标平台	对标范围	指标类别		对标频次
综合经营对标	28 家发电单位和 11 家非电单位，共计 39 家单位	4 组 17 项指标	经营、科研、安全、对标管理	月度
发电企业对标	28 家发电单位	7 组 43 项指标	经营、科研、安全、对标管理、市场、生产、环保	月度
服务类企业对标	财务公司、物资招标、电科院、高培中心等 4 家单位	5 项指标	服务满意度、净利润计划完成率、目标责任书重点计划完成率、个性化对标对标指标提升	3 项指标为季度，个性化对标每年度由各单位自主开展
海外发电企业对标	香港公司所属的额勒赛水电、捷宁燃机，华电科工所属的巴厘岛、巴淡煤机 4 家发电企业	3 组 17 项指标	3 组指标分别为经营、安全和对标管理	月度

世界一流对标包括集团公司层面和电力产业、煤炭产业、金融产业等四大产业对标，设置定性与定量相结合的对标指标体系。定性指标通过行为描述进行评价，例如行业标准或政策制定、业务全球化、管理能力等指标；定量指标通过量化数据进行评价，例如净利率、资本保值增值率等指标，详见表2。

表2　世界一流对标管理指标体系

世界一流对标平台	对标范围	指标类别		对标频次
集团公司对标	集团公司层面	一级指标 14 项，二级指标 32 项	22 个定量指标和 10 个定性指标 战略管理 8 个、组织管理 3 个、运营管理 7 个、财务管理 8 个、科技管理 2 个、风险管理 1 个、人力资源管理 2 个、信息化管理 1 个	年度

续表

世界一流对标平台	对标范围	指标类别		对标频次
电力产业对标	直属单位	一级指标 13 项，二级指标 29 项	29 个二级指标中包括 21 个定量指标和 8 个定性指标 战略管理 4 个、组织管理 2 个、运营管理 10 个、财务管理 7 个、科技管理 1 个、风险管理 1 个、人力资源管理 2 个、信息化管理 2 个	年度
煤炭产业对标	直属单位	一级指标 13 项，二级指标 28 项	28 个二级指标中包括 21 个定量指标和 7 个定性指标 战略管理 4 个、组织管理 2 个、运营管理 7 个、财务管理 7 个、科技管理 1 个、风险管理 1 个、人力资源管理 2 个、信息化管理 4 个	年度
金融产业对标	直属单位	一级指标 11 项，二级指标 23 项	23 个二级指标中包括 15 个定量指标和 8 个定性指标 战略管理 2 个、组织管理 2 个、运营管理 3 个、财务管理 8 个、科技管理 4 个、风险管理 1 个、人力资源管理 2 个、信息化管理 1 个	年度

2. 指标完成值和标杆值

指标完成值，是指根据基础数据进行数学模型计算得到的指标数据，便于将基础数据变换成可比性的指标完成值。标杆值是指集团公司内部最优值、标准规定值、设计值等。创一流对标指标体系明确了每个指标的计算公式、对标要点，便于计算各项指标的分值。

3. 指标评分方法与指标分值

指标评分方法，是指根据指标完成值和标杆值进行设计的数学模型，该数学模型能够准确评价指标完成水平。指标体系的评分方法有插值法、排序法、功效系数法、综合指数法等。创一流对标指标体系对以上四种方法均有使用。

插值法通过对指标的计算得出绝对值，对绝对值设计排序方法，根据排序方法进行等比例计分。

排序法是选取一个衡量因素比较工作结果，可以从优到劣，也可以从劣到优进行排序。

功效系数法是根据多目标规划原理，对每一项评价指标确定一个满意值和不

允许值，以满意值为上限，以不允许值为下限。计算各指标实现满意值的程度，并以此确定各指标的分数，再经过加权平均进行综合，从而评价被研究对象的综合状况。

综合指数法是将一组精心选择、科学合理的指标，通过设定标准值，将各项指标转化为同度量的个体指数，使不同计量单位、不同性质的指标值标准化，便于将各项指标综合评分。

三、推进实施

自开展对标管理工作以来，根据课题研究明确的方向，统筹实施，按照优化对标指标、开展对标分析、实施整改提升、对标结果应用四个环节闭环管理。

（一）优化对标指标

每年度，根据国资委工作部署，结合行业发展要求以及集团公司重点任务，总结往年对标过程中发现的问题，对内部对标和世界一流对标指标体系进行优化调整。

（二）开展对标分析

开展公司系统内部对标。按月度组织开展系统内部创建一流对标，编制分析报告，印发对标通报。

开展与世界能源电力企业对标。按年度开展与世界能源电力企业对标，编制《集团公司与世界能源电力企业对标分析报告》，通过对标分析，发现公司存在问题、差距与短板，找出制约因素，提出解决问题的建议措施。组织电力产业、煤炭产业、科工产业以及金融产业企业与可比企业开展对标工作。

（三）实施整改提升

整改提升企业管理水平，是对标分析的主要作用和目标。通过学习、借鉴标杆企业先进的管理方式、管理手段，按照制定的改进措施，全面实施整改，并对整改结果进行评估，从而实现企业的高质量发展。

（四）对标结果应用

围绕创建世界一流能源企业的目标，按照全系统、全过程、全覆盖原则，建立与世界一流能源企业相匹配、结果考核与过程评价相统一、考核结果与年度绩效紧密挂钩的考核与激励机制。将对标结果与激励考核机制进行挂钩，同时针对创一流对标，开展典型推广、表彰奖励等工作；对获得创建世界一流水平示范单位称号的单位，集团公司积极向国务院国资委推荐，参加“标杆企业”“标杆项目”“标杆范式”典型选树，并广泛宣传和推广。

四、下一步研究重点

（一）探索优化指标评分方法及指标分值，不断提高对标结果的直观性和客观性

对标指标数值的计算方法和评价标准事关对标结果的客观性和导向性，合理地设置对标指标评价标准对评价结果起到至关重要的作用。在现有插值法、绝对值法的基础上，重点探索功效系数法、综合指数法等其他类型的指标评分方法；探索尝试采用层次分析法、经验法等多方法相结合，综合确定对标指标的权重。

（二）优化专项对标指标，推动专项对标平台

专项对标平台是对标管理的深度延伸，构建专项对标平台是对标管理工作的再次巩固升级，是深化对标管理研究工作的重要体现。重点推动建立品牌、技术产品以及经营领域等专项对标平台，形成内部对标平台、世界一流企业对标平台及专项对标平台之间的有效衔接；建立专项对标平台的指标体系，明确专项对标平台的对标指标、指标完成值计算方法、标杆值、指标评分方法与指标分值等要素。通过专项对标，对品牌、技术产品以及经营等各专项领域结果背后的原因进行深入分解、挖掘和分析，反映产生最终结果的重要影响因素和中间过程，寻找最终结果产生的原因。

（三）强化对标结果应用，充分发挥对标管理效能和作用

对标结果是对标管理工作的成果体现，有效利用对标结果有助于对标管理作用的充分发挥。明确创一流对标考核工作，细化考核细则；深入分析对标结果，将对标工作作为提升公司生产经营管理水平的重要途径；根据对标管理工作成果和经验，推动完善管理制度和管理流程；利用典型经验推广、先进企业表彰、落后企业督导等多样化考核激励手段提升对标单位的主动性。

（四）加强对标管理信息化建设，提高对标管理信息化水平

信息化是总部、直属单位和基层企业之间对标协同、上下贯通的重要桥梁和纽带，不可或缺。实现对标管理信息化是创一流对标管理体系建设的重要载体，是对标管理的一项重要工作。通过信息化手段，实现对标数据线上报送、对标结果自动生成、自动排序、实时分析、动态发布、分级共享、经验交流和企业间的互动沟通。重点实现对标填报信息化，通过导入对标指标体系，与经营目标进行关联，进行分解，对相关数据和材料进行填报、审核；实现对标分析信息化，对两级、多类别对标平台的对标数据进行多维度对比及趋势分析，自动评分排序、诊断、评价等；实现对标查询信息化，实现对两级、多类别对标平台月度对标结果、年度对标结果的存储和即时查询。

固本强基促发展，对标赶超创一流。国有企业规模大、实力强，是国民经济发展

的压舱石，近年来越来越密切地参与到国际市场的角逐中，经营水平和管理模式也在与国际一流企业的不断合作与切磋中取得进步与成长。对标管理是创建世界一流企业的重要抓手，是一项系统性、长期性工程。对标指标体系是对标管理工作的根与魂，科学合理的对标指标体系，是深入开展对标工作的重要工具，是总结世界一流企业的特征和关键成功要素的基础构架。下一步，我们将继续贯彻“培育具有全球竞争力的世界一流企业”这一战略部署，继续深化研究对标管理及指标体系建设工作，立标、对标、达标、创标，进一步推动集团公司持续改善，不断超越。

关于集团公司数字化转型路径研究

中国华电集团有限公司科技信息部、国电南京自动化股份有限公司、
中国华电集团有限公司广东分公司、中国华电集团有限公司福建分公司、
华电新疆发电有限公司

赵晓东　王刚军　张　柯　张世超　杨乘胜　朱海东　冯佳峰　曹春兰
秦开敏　胡恩俊

党的十九届五中全会提出，要发展数字经济，推进数字产业化和产业数字化，推动数字经济和实体经济深度融合，打造具有国际竞争力的数字产业集群。国家“十四五”规划和2035年远景目标纲要中指出，要加快数字化发展，建设数字中国。国务院国资委印发《关于加快推进国有企业数字化转型工作的通知》，为国有企业指明了转型方向，明确了转型路径。近年来，集团公司把握数字化转型契机，从战略高度统筹谋划和加快推进数字华电建设并取得积极成效。集团公司党组书记、董事长温枢刚明确提出，要响应国家推动产业数字化和数字产业化的号召，以数字赋能促升级。

本课题将贯彻落实网络强国、数字中国系列重要指示精神，把握能源结构调整和产业结构优化升级机遇，围绕“碳达峰、碳中和”目标，强化创新驱动，坚持绿色发展，依据集团公司“五三六战略”和“十四五”发展规划，以数字华电为目标，开展集团公司数字化转型路径探索研究。

一、研究背景

（一）数字经济推动国有企业加快数字化转型

当前，全球主要经济体都在抢占数字经济发展新赛道，我国急需抢抓新一代信息技术引发的产业变革新机遇，加速重构产业竞争新格局，为高质量发展持续注入新动能。国有企业是我国经济社会发展的“顶梁柱”“压舱石”，应充分发挥体量优势和供应链产业链链长作用，牵头开展共性技术攻关，推动知识产权开放共享，解决产业链供应链资源整合和发展带动问题，加速完善双循环，形成整体性发展新优势，加快推

进数字产业化，以增量带动存量，抢占新一轮产业竞争的战略制高点。

（二）信息技术赋能传统产业持续升级

随着大数据、云计算、人工智能、5G、物联网等新一代信息技术与产业融合不断推进，信息的采集、存储、分析和共享得到增强，促使能源生产、传输、分配、转换、存储、消费、交易等环节进一步优化协同。传统能源企业的优势正大幅缩减，能源行业面临着总体需求增长趋缓、能源供给安全压力增大、关键核心技术面临瓶颈制约、电力体制改革市场化程度加深、国际合作的不确定性因素逐渐积累等问题和挑战，数字驱动、科技创新成为未来能源行业的重要发展方向。加速数字化转型，利用数字技术推动电力行业向数字化、网络化、智能化转型发展，为传统电力行业的全方位、全链条的产业升级、业态创新、服务拓展和生态构建提供全新的可能性。

（三）“双碳”目标催生新型电力系统建设

国家提出“二氧化碳排放力争于2030年前达到峰值，努力争取2060年前实现碳中和”的目标，能源电力的清洁化转型是落实“双碳”目标的核心要求。电力行业将以构建新型电力系统的核心，新能源将持续高速发展，逐步成为电力供应的主体，通过多种能源方式互联互济、源网荷储深度融合，来实现清洁低碳、安全可靠、智慧灵活、经济高效等目标。随着新能源的高比例接入，电力系统的随机扰动性增强，系统可控性降低，对网络信息系统的依赖性将明显增强，而数字技术将成为助力新型电力系统建设的关键。数字技术的应用将使电力系统具备态势感知、柔性可控、协调优化能力，通过横向多能互补、纵向源网荷储一体化协调控制提升系统灵活调节能力，支撑新型电力系统建设。

（四）高质量发展要求集团公司必须加快转型步伐

集团公司经过多年发展，发展基础日益稳固，综合实力不断壮大，但距构建清洁低碳、安全高效能源体系、深化供给侧结构性改革和推进高质量发展的要求还有一定差距。集团公司基于“五三六”战略，在“十四五”发展规划中明确提出要“努力推进质量效益、绿色低碳、智慧高效转型发展”“全面推动数字华电建设和数字化转型”。充分利用科技创新发展动力，把握数字化转型发展契机，主动谋求创新变革，降低发电成本、提升资产效率、优化营销决策、提高运营管控效率，推动集团公司生产方式、业务形态、商业模式的革新，是集团公司未来在能源市场取得长足发展的必然选择，也是实现建成具有全球竞争力的世界一流能源企业目标的必经之路。

二、发展现状

（一）集团公司数字化转型发展现状

2018年，集团公司发布数字化转型战略——“数字华电”规划，明确提出了数字化、智能化、智慧化三步走的发展思路。2019年，集团公司党组书记、董事长温枢刚在国资委《综合参阅（第31期）》刊发题为《战略牵引，数据驱动，数字化为高质量发展赋能》的署名文章，提出数字华电“125”系统工程，即一个数字中心、综合能源服务两个智慧平台、五个业务试点（数字电厂、数字煤矿、数字科工、数字金融、数字营销），形成华电特色的数字化转型方案。集团公司开展一系列数字化转型探索与实践，取得了初步成效。

一个中心两个平台启动实施。在数字中心建设方面，确定了平台技术路线，启动了数据资产管理规划，初步开展了数据平台建设项目（一期）建设工作。在综合能源服务“两个平台”建设方面，发布了领先于国内同类型企业的《综合能源服务业务行动计划》，确定了综合能源服务“两个平台”的建设方案，并启动了5家单位的试点工作，开展了用户侧能效产业链相关的增值服务。

五个数字化试点加快落地。在数字电厂建设方面，印发了《中国华电集团有限公司数字电厂建设方案》《数字电厂统一数据平台与数据编码规范（2020版）》，全面推进增城、蒙东等9家数字电厂试点建设工作。集团公司主导了全国首套火电控制系统和水电智能监控系统的技术攻关，实现了关键技术的自主可控。在数字煤矿方面，启动了万兆工业以太环网、数字煤矿大数据平台、云服务系统、煤矿“一张图”管理平台、智能工作面、精准定位、智能监控等试点建设。在数字科工方面，完成了经营信息管理平台、协同办公平台、技术服务平台建设，初步打造自主品牌华电睿思工业互联网平台，推动实现专业化、协同化、一体化、资本化运作方式。在数字营销方面，在山东、云南、广东3家区域公司上线运行数字营销平台，夯实优质客户服务能力，同时综合运用新技术手段，推动集团公司营销管理水平提升。

（二）国内数字化转型典型实践

1. 东方电气

东方电气在数字化转型过程中，建立适应转型要求的组织结构，特别是推进机构，提供足够的资源保障。在转型中，秉持合乎实际、价值导向的正确理念，以及正确的推进实施方法，将企业在营销、研发、设计、制造、物流、供应链、服务等各个环节存在的管理、业务、技术等显性化，再加以诊断和精益化重构。明确新一代信息技术在数字化转型中的重要作用，通过信息系统固化精益化的管理架构、业务流程，通过信息系统管控制造过程，实现数据的准确、及时、全面收集，实现信息系统的运行质量和效率的提升。

2. 南方电网

南方电网成功打造的“数字电网”是以新一代数字技术为核心驱动力，以数据为

基础要素，以现代电力能源网络与新一代信息网络为基础，通过数字技术与能源企业业务、管理深度融合，实现电力系统各个环节万物互联和全面感知，对电网运行状态数据的全面采集和综合分析，技术预警、发现电网运行薄弱环节，支撑电网安全运行；在电网发、输、变、配、用各生产环节广泛应用数字技术，提高各环节的运行效率和智能水平；对电网进行处理、模拟、分析、洞察、交互等高级应用，全面提高电力系统安全、可靠、绿色、高效运行水平。

3. 中国石油

中国石油基于物联网技术，构建油气生产物联网平台，已于中国石油油田内选择了采油厂、作业区、油气水井、站库等应用场景进行推广；基于平台智能管理、电子巡井等功能，实现生产过程实时监控、软件量油、工况分析等，将现场生产由传统的经验型管理、人工巡检，转变为智能管理、电子巡井；通过预测、预警等功能，实现基于智能算法的预警预测，在故障发生前即可及时告知生产人员，降低生产运行风险，节约人力成本，有效提高生产时率和工作效率。

三、总体目标

“十四五”期间，集团公司将承接“数字华电”规划，致力于从基础支撑、数据驱动、业务赋能三个方向，完成夯基础、保安全、强自主、优治理、用数据、促转型六项重点任务，推动实现数据资产化、服务生态化、生产智能化、管理协同化和决策数据化的五个数字化目标。

（一）三个方向

（1）基础支撑：通过优化升级IT资源为系统运行提供稳定可靠、高效的基础设施，并从网络安全、自主可控、IT治理等方面强化支撑体系。

（2）数据驱动：通过推动数据治理、分析、应用工作和完善数字中心建设，持续发挥数据的业务价值，驱动业务变革。

（3）业务赋能：通过新一代信息技术的应用，以及业务系统的整合优化，为产品和服务创新、商业模式创新赋能。

（二）六项重点任务

（1）夯基础。升级改造数字化基础设施，规划建设新数据中心，构建安全稳定的云平台，优化改造现有网络架构，完善数字化支撑体系。

（2）保安全。持续深化网络安全管理和技术体系建设，加强关键信息基础设施安全保护，持续提升数字化转型阶段的网络安全防护能力。

（3）强自主。建设自主可控信息基础设施环境，有序推进自主可控应用试点实施，开展应用系统适配测试和改造迁移，构建安全、可控、可持续的网信体系。

（4）优治理。优化IT治理体系，完善网信管理制度和流程规范，加强项目全生命周期管理，优化项目管理质量，提升管理效能。

（5）用数据。打造并完善多能价值数字中心，全面推动数据治理工作，建立统一数据标准，完善数据资产管理体系，充分发挥数据价值。

（6）促转型。利用数字化技术实现生产系统智能化，推动管理系统优化整合，实现信息流通“横向到边、纵向到底”，提升管理决策水平，赋能数字化转型示范项目建设。

（三）五个数字化目标

（1）数据资产化。依托数字中心，建设数据治理组织和管理体系，全面开展数据治理工作，统一数据标准，形成数据资产，挖掘数据价值。

（2）服务生态化。以综合能源服务“两个平台”为基础，建立综合能源服务生态圈，实现“共建、共享、共赢”，推动集团公司营销模式变革。

（3）生产智能化。利用数字化技术“赋智”生产运营，提升生产效率，降低生产成本，保障生产安全，助力集团公司高质量发展目标的实现。

（4）管理协同化。通过系统整合打通系统间数据、服务、流程壁垒，实现跨部门、跨层级的业务高效协同，达成企业资源优化配置，助力集团公司企业治理能力的增强。

（5）决策数据化。利用数字化技术提升决策数据的准确性、一致性、时效性、完整性，提供更全面的决策依据。

到2025年，集团公司信息化支撑能力显著增强，数字化发展水平明显提高，网络安全保持中央企业一流水平，数字化转型示范行业领先，数字华电建设目标取得关键阶段性成果，助力集团公司推进质量效益、绿色低碳、智慧高效转型发展，初步达到世界一流能源企业的数字化水平。

四、转型路径

集团公司数字化转型总体蓝图以业务“上云、用数、赋智”为指导原则，在数字化基础设施、网络安全、自主可控以及IT治理体系等保障和支撑下，围绕数据驱动、集成创新和生态合作等理念，对现有的业务系统进行整合，以实现流程贯通、数据共享，支持数据智能和应用创新。

（一）充分挖掘激活数字中心数据价值要素潜能

打造并完善多能价值数字中心，夯实集团公司数据基础，强化数据治理，推动数据与业务融合，加强数据分级分类管理，推进数据共享，深挖数据资产价值，助力各

业务单位进行科研、业务和管理等多方面创新，为集团公司实现业务“赋智”。

（二）加速推动综合能源服务“两个平台”落地

完成“两个平台”核心功能开发，对内实现多能协调、降本增效，对外实现智慧用能、服务多元，促进能源领域跨行业的信息共享与业务交融，构建有竞争力的业务模式和生态圈。

（三）全面推广五个数字化试点

集团公司以发电企业运行、检修和维护，以及本质安全型企业建设等方面为重点，利用数字技术建设安全可控、网源协同、指标最佳、成本最优、供应灵活的数字电厂。完善数据采集、传输、治理各环节，统筹统一数据平台等基础设施建设；开发优化智能控制、智能巡检、智能诊断、数字技术监督、数字安防、数字大坝、厂内燃料智能化管理等应用，实现生产运营管理数字化，提高发电生产内部管控水平和外部市场变化响应能力；充分应用远程集控、远程诊断、远程智能巡检等技术，优化配置生产资源，实现对发电生产的集约化管控，促进管控模式变革创新，有力推动电力生产质量效益提升。

将新一代信息技术融入煤炭产业链的生产、运输、销售和服务流程中，推动发展理念、工作模式、运营管理、科技研发、管理体制机制等方面的变革，打造智能化生产、网络化协同、个性化服务等新能力，开创基于数据、创新驱动的新生产方式和新产业生态。开展智能煤矿、智能港口建设，实现煤炭开采集约化、港口作业全流程化，有效提升煤矿、港口安全生产保障能力和竞争力。

建设科工工业互联网平台，推动资源要素优化配置和产业链协同，推动科工价值创造模式由单纯产品供给转化为提供“产品+服务”的服务型制造新模式。打造国电南自新型能力，包括精准化产品研发能力、精细化财务管控与服务能力、精益化制造能力、一体化生产经营能力、系统化供应链协同能力、个性化营销与客户服务保障能力，持续升级华电睿思工业互联网平台，并强化工业领域安全和数据专业团队的建设。

强化数字化基础对金融发展的支撑作用，实现金融服务立体化、决策支持可视化、风险防控前置化、数据应用精准化、网信安全常态化。不断提升信息技术对传统业务、创新业务、合规风控管理和经营管理的支持能力和效率，构建支持业务创新及“互联网+”的高效综合业务支持平台体系。

通过物联网等技术提升数据采集的范围、密度和频次，打通各信息系统间数据、服务、流程壁垒，按照“大数据、小流程”和“微服务、大平台”的整体架构，构建集团公司数字营销体系，主要包括营销管理、经济运行、售电售热、竞价交易、绿证交易、智能供热、电力市场仿真等子模块，有效支撑集团公司营销管理工作，提供电热销售的电子商务、流程化管理和宣传平台，为电力市场交易以及发电、供热生产运营优化提供决策依据，为客户提供精益化市场营销服务和个性化能效管理等综合能源服务，促进集团公司从生产为中心向客户为中心的创新转变。

（四）聚力建设数字区域示范样板

适应电力市场改革要求，以电力现货市场相对成熟、数字化基础好、地处改革前沿的区域作为数字化转型示范，建成国内一流、行业领先、具有市场竞争优势的数字化转型区域示范样板，推进服务生态化。试点区域将按照“1+*N*”（区域生产管控指挥中枢+基层运营单元）数字信息融合管控体系的架构开展区域数字化转型建设，全面提高区域公司战略、组织、运营管理水平和管理效率，力争实现战略调整、能力建设、技术创新、管理变革、模式转变等一系列转型创新。直属单位侧主要围绕管理决策数字化，实现生产监管与可视化应急指挥、远程诊断、综合能源两个平台、数字营销以及智能仓储等应用；基层企业侧主要围绕生产运营数字化和产业体系生态化，实现数字电厂、风光火管控优化、重点领域智能化以及综合能源供应服务等核心业务场景。

（五）加快树立数字流域示范样板

创新集团公司流域管控模式，支撑远程集控、智能调度等生产和运营决策任务，兼顾航运需求，建成整体效益最优的水电流域数字化转型示范样板，促进生产智能化。试点区域把握智能集控、智慧调度和智慧运营等三条主线，优化布局结构，强化创新驱动发展，以围绕数字流域梯级调度业务提升为重点，实现流域范围内多源地理空间信息与资源、环境、生态、社会、经济信息的整合和综合集成应用，全面增强竞争力、创新力、控制力、影响力、抗风险能力。

（六）创新打造数字板块示范样板

以生产业务流程相对简单、数字化基础好、实施风险低的板块（比如新能源板块）作为数字化转型示范，建成管理智慧、运营高效、具有成本领先优势的数字化转型板块示范样板，推动生产智能化。试点单位通过场站侧各监控系统和智能化设备应用部署完成设备数据标准化采集处理，基于数据平台对设备实时状态、故障记录、台账信息等进行全过程跟踪，实现设备资产全生命周期管理过程；通过智能预警、智能巡检等手段分析设备健康状态，结合检修运维过程对损失电量、运维成本等进行分析评估，利用集中功率预测对接电力市场交易，实现电量过程优化；通过智能排程功能和ERP系统功能联动，将生产管理过程与财务、合同等信息交互，引入第三方生态形成物资联储联备，打通供应链管理流程，最终实现管控水平提升、发电效益提高和运维成本降低。

（七）积极开展数字办公室创新实践

优化升级三合一办公信息平台，将历史数据和档案资料全部数字化并上线、核心业务和主要管理全部信息化并上线。实现主要信息数据互通共享，消除管理壁垒，打通信息孤岛。高度重视并大力应用先进的设备设施和信息技术特别是云计算、大数据、移动互联、4K、AI 等技术，进一步提升整个系统的远程化、移动化、智能化水平，打造一个业务覆盖全面、功能界面优化、信息互联互通、协同水平强大、管理智慧灵活的具有华电特色、行业领先的数字智慧办公室。

（八）有序推进数字工程体系建设

结合工程建设实际和生产运营管理需要，建设工程建设管控平台和采购平台。通过两个平台的建设，实现对工程建设安全、质量、进度、造价、环保、用地、移民、物资、采购等全方位全过程数字化管控。从数据完整性、规范性、一致性、准确性、唯一性、关联性六个方面提升数据质量，建立数据标准化、结构化和统一化标准，解决数据碎片化和数据孤岛等问题，实现数据资源整合和开放共享；实现制度流程化、流程表单化、表单信息化、信息移动化，提高工程建设效率，切实防范化解工程建设管控风险，建成后实现物理工程和数字工程双移交，打造具有华电特色的数字工程。

五、政策建议

数字化转型是一项系统性创新工程，需构建五位一体的协同工作体系和工作抓手，引导和支持相关推进主体从全局、全价值链、全要素出发开展整体统筹和协同优化。

（一）加强转型组织支撑

由集团公司网信工作领导小组负责数字化转型相关工作，统筹规划、科技、信息化、流程等管控条线，协调推动并决策重大问题。

成立数字化转型专项工作组，在网信工作领导小组领导下，加强跨部门、跨业务领域的协同管控，统筹推进集团公司数字化转型具体工作。负责把控审议实施方案、技术方案等重要事项。在数字化试点区域和试点板块成立试点单位一把手负责制的数字化转型工作推进组，按照集团公司相关部署推动数字化示范建设工作落实。

（二）强化人才队伍建设

研究组建稳定的数字科技专业团队，明确数据管理权责，推动内部各部门、各层级之间以及内外部的数据管理协同，全方位为数字化转型提供安全可靠的保障服务。

优化数字化人才结构体系，依据业务持续优化技术专家和管理人员结构，提升对数据专业人才、安全人才、新技术人才和懂业务、懂技术、懂数据、懂 IT 的复合型人才占比。

建立健全数字化人才队伍的激励机制，建立健全数据专业支撑体系，营造良好的发展环境，形成与岗位、能力相匹配的薪酬体系，有效整合集团公司内外部专家资源，集中管理、统一调度，逐步实现通用性、关键技术统一研发和共享利用。

（三）健全体制机制保障

构建创新容错机制，对数字化转型涉及的众多技术、产品、业态，需要支持创新、宽容失败的发展环境，减少员工创新顾虑。鼓励创新，加快关键技术攻关，加速推进研发、生产、管理、服务等关键环节数字化，培育以数字技术为核心要素、以开放平台为基础支撑、以数据驱动为典型特征的新型企业形态，发展壮大数字产业。

加强项目管理，统筹网信项目需求。根据数字化项目的特点，创建新型的包含业务、开发、运维等人员的运营队伍，实现快速开发、敏捷迭代的项目交付机制，推动数字化项目交付水平迈上新台阶。

（四）构建数字文化氛围

（1）激发企业转型活力。组织开展数字化转型专题讲座、集中研讨、创新大赛、知识竞赛等活动，强化全员创新意识，努力营造数字化转型的良好文化氛围，鼓励和推广应用数据驱动进行分析和决策，不断加强经验、技术、成果等各类资源的交换与共享。

（2）提升全员数字素养。各单位要深刻理解数字化转型重大意义，各级领导班子应从企业发展战略角度思考、布局和推进数字化转型工作，提升中层干部数字化管理能力，激励广大干部职工在实践中大胆探索、创新突破，树立转型信心。

（五）推动多方交流合作

积极推动内外部资源共享和协作，尤其在云计算、网络安全、数字中心、数字电厂、综合能源等方面加强与高等院校、科研院所、高科技企业的合作，互学互鉴、协同发展。创新产学研合作模式，在深度交流合作中加快人才培养。

联合内外部资源，组建创新实验室，围绕重大技术任务开展跨区域、跨学科的联合技术研究，构建数字化转型协作生态，探索创新模式，形成促进企业数字化转型的合力。

探索创新模式，基于国企改革的相关政策，有效盘活企业内外部资源，探索灵活、开放的创新模式。

"十四五"燃机发电市场化趋势及电价政策研究

中国华电集团有限公司市场营销部、华电电力科学研究院有限公司、
中国华电集团有限公司浙江公司、华电江苏能源有限公司、
中国华电集团有限公司天津分公司

赵 岩 吴巧玲 吴思翰 周保中 王建峰 夏 炜 张弘毅

随着我国能源供给结构不断优化和"双碳"目标的提出，构建以新能源为主体的电力系统是我国的电力发展方向，为促进新能源消纳，维护电力系统安全稳定运行，新型电力系统必须配套大量灵活调节资源，燃机发电具有低碳、绿色、环保、高效、起停快的特点，随着我国对煤电项目的严控，燃机发电拥有了更大的发展空间。

一、研究背景和意义

燃机发电为新型电力系统的快速发展保驾护航。"十三五"期间，我国天然气发电产业快速发展，发电装机容量从 2015 年的 5700 万 kW 增至 2020 年的 9802 万 kW，天然气发电成为我国多元电力供应的重要组成部分。在实现碳达峰碳中和目标，构建以新能源为主体的新型电力系统中，大规模新能源并网对电力系统安全稳定运行提出了更高的要求，未来 5～10 年燃机发电将是系统成本最低，保证新型电力系统安全稳定运行的重要方式。"十四五"将是天然气发电的"窗口期"，在环保政策、碳市场建设等政策机制保障下，天然气发电与风、光等可再生能源协调发展，为新型电力系统的快速发展保驾护航。

结合燃机市场化运营趋势及电价机制研究，为集团电价政策争取提供支撑。通过分析"十三五"燃机发电运营情况以及政策环境分析，研究预判"十四五"燃机发电市场化运营趋势，针对燃机发电运营中显现的问题，结合目前燃机发电电价政策及市场化交易规则，提出有关电价机制的建议，为集团公司向政府有关主管部门进行政策争取提供支撑，从政策层面保障集团公司燃气发电企业利益，为燃机发电企业提供更

好的发展环境。

研究燃机发电运营策略，助力燃机发电企业提质增效。研究燃机发电市场化交易趋势及电价政策，有助于燃机发电企业未雨绸缪，为参与电力市场提前做好充分准备，结合相关电价政策分析，采用科学适当的竞争策略和运营措施，保障燃机发电企业利益最大化。

二、燃机发电环境和政策分析

（一）国内外天然气情况

1. 国际天然气市场情况

全球天然气市场需求受宏观经济、新冠疫情、国际油价走势、替代能源发展等多种因素影响，发生了有记录以来最大跌幅。2020 年全球天然气市场需求近二十年来首次负增长，天然气产量主要生产国不同程度降产，天然气贸易量五年来首次负增长。2020 年全球天然气消费量为 3.81 万亿 m^3，同比下降 3%；天然气产量为 4.03 万亿 m^3，同比下降 3.6%；天然气贸易量为 1.25 万亿 m^3，同比下降 2.6%。2016—2020 年全球天然气发展情况如图 1 所示。

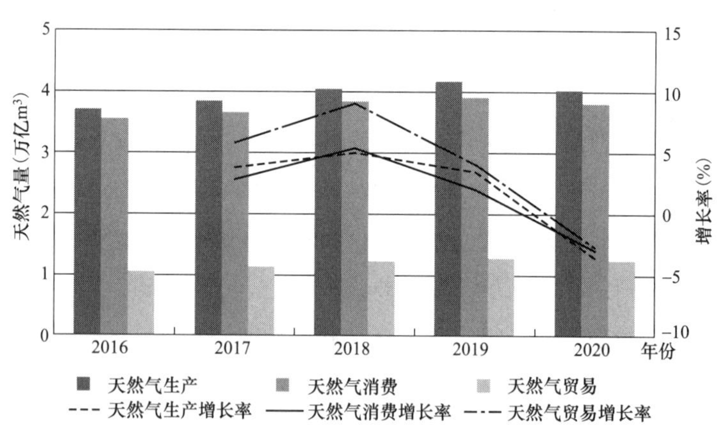

图 1　2016—2020 年全球天然气发展情况

2021—2025 年，预计全球天然气市场将从疫情影响中逐步复苏。消费年均增速受疫情后主要国家刺激经济发展、推进环保政策以及气价相对低位等因素拉动，基本与 2016—2020 年相当。产量将继续受油价及缺乏投资等因素影响，增速放缓至 1.8%～2.0%。LNG 市场受到前期液化项目减少的影响将收紧，供需差逐步缩小。全球天然气价格将走出低谷，进入阶段性上升通道，供需两侧竞争均将更加激烈。来源、定价和条款的多元化、灵活性增强是未来天然气贸易的主要发展趋势。

2. 国内天然气市场情况

我国天然气消费规模持续扩大，增速近两年有所放缓；天然气储量和产量快速增长；天然气进口稳步增长，进口来源和主体日趋多元。根据国家发展改革委数据，2020年我国天然气表观消费量为3240亿m^3，同比增长5.6%，"十三五"期间年均增长达到12%；天然气产量为1925亿m^3，同比增长9.8%，"十三五"期间年均增长8.9%；天然气进口量为1403亿m^3，同比增长5.3%，"十三五"期间年均增长17%。天然气对外依存度从2015年的32%增长到2020年的43%。"十三五"期间我国天然气发展情况如图2所示。

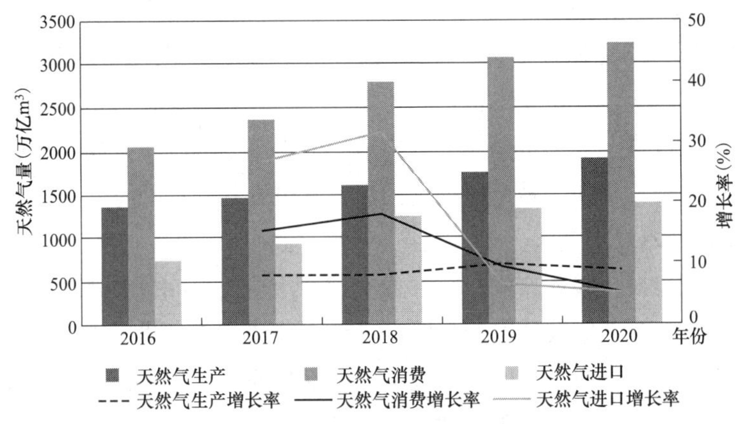

图2 "十三五"期间我国天然气发展情况

（数据来源：国家统计局和国家发展改革委网站）

根据中石油、中石化相关机构预测，"十四五"期间我国天然气产量预计年平均增速8%，到2025年天然气产量预计为2800亿m^3；天然气消费量按照6%平均增速测算，到2025年预计为4300亿m^3；天然气对外依存度预计35%，依然保持较高水平；到2025年，天然气发电装机预计达到1.52亿kW，在发电装机中占比5.2%，比2020年提高0.7个百分点，到2030年将达到3.2亿kW，燃机装机总量仍将进一步增长。

（二）燃机发电政策环境

"十三五"期间，国家相继发布了一系列政策，《能源生产和消费革命战略（2016—2030）》《加快推进天然气利用的意见》《关于促进天然气协调稳定发展的若干意见》等陆续出台，确立将天然气培育成为我国现代清洁能源体系的主体能源之一，提出2030年天然气在一次能源消费结构中的占比达15%的目标，明确积极发展天然气，高效利用天然气，大力发展天然气分布式能源，鼓励发展天然气调峰电站，有序发展天然气热电联产。要求理顺天然气价格机制，加快建立上下游天然气价格联动机制，加强天然气输配环节价格监管，切实降低过高的省级区域内输配价格。在党的十九届五中全会精神和国家“十四五”规划纲要指引下，多个省区“十四五”发展规划纲要明确天然气发电发展方向。

随着电力市场建设持续推进，电力现货市场不断完善，市场化交易规模进一步扩大，天然气发电参与市场化交易势在必行，在现货市场环境下，天然气发电的调峰、调频和环保等优良属性将有更好体现。2021 年 5 月国家发展改革委、国家能源局发布《关于进一步做好电力现货市场建设试点工作的通知》，拟选择上海、江苏、安徽、辽宁、河南、湖北等 6 省市为第二批电力现货试点。

2021 年 5 月，国家发展改革委出台《关于深化天然气发电上网电价形成机制改革的指导意见（征求意见稿）》，将现行标杆上网电价机制改为“电量电价+容量补偿”的市场化价格形成机制，电量电价通过市场交易形成，容量补偿主要通过竞争性配置方式确定。该文件进一步促进天然气发电适应电力市场的改革方向，充分考虑了各类型机组的市场定位和功能，是有序推进天然气发电进入市场的有效方法和手段。

（三）燃机技术发展情况

目前我国燃机发电设备市场，主要由美国通用电气（GE）、德国西门子、日本三菱及意大利安萨尔多四家公司垄断。最新一代的 H 级燃气轮机效率高，燃气轮机污染物排放水平极低。国内研发方面，通过引进技术和项目合作，我国燃机发电设备在制造方面已经掌握了部分先进工艺和技术，逐渐实现 E 级、F 级燃气轮机的国产化。随着燃机技术的发展，目前我国 H 级燃机发电项目单位造价已经降低到 2000 元/kW 左右，远低于百万千瓦级煤电机组。

燃气轮机检修现状。目前，国外 OEM 在燃机检修服务中仍然处于垄断地位。国内燃气发电企业每年要付给燃气轮机制造商高昂的费用，用于主要核心部件的运行维护和控制系统的维护升级等。在国内燃机检修服务被国外 OEM 垄断的同时，国内相关企业也做了大胆的尝试，三大动力集团也在积极拓展燃机运维服务，诞生了一批国内第三方运维服务公司，对燃机检修市场格局将产生重大影响。

三、燃机发电运营及市场交易情况分析

“十三五”期间集团公司天然气发电装机容量稳步增长，2020 年，天然气发电企业利润实现大幅增加，扭转了自 2016 年以来逐年下降的局面，热电联产机组利润贡献高于纯凝机组和分布式机组，发电量实现同比增加，利用小时数有所下降。天然气发电成本与气价、气耗的变动密切相关，通过提高热电比和综合能源效率、争取价格政策，度电边际贡献和供热边际贡献保持较高水平，集团公司天然气发电板块管理和效

益持续提升。

（一）集团公司燃机运营情况分析

装机情况。截至2020年底，集团公司已经投运天然气发电单位40家，分布在11个区域，期末装机容量1960.44万kW，同比增加15.03%，比2015年增加811万kW。从机组类型看，2020年集团公司纯凝发电5家，装机659.5万kW；热电联产16家（含海外一家），装机1056.12万kW；分布式能源19家，装机244.82万kW。2020年集团公司天然气发电装机容量占五大发电集团42.25%，继续保持第一；占全国天然气发电装机容量20%。"十三五"期间天然气发电装机情况如图3所示。

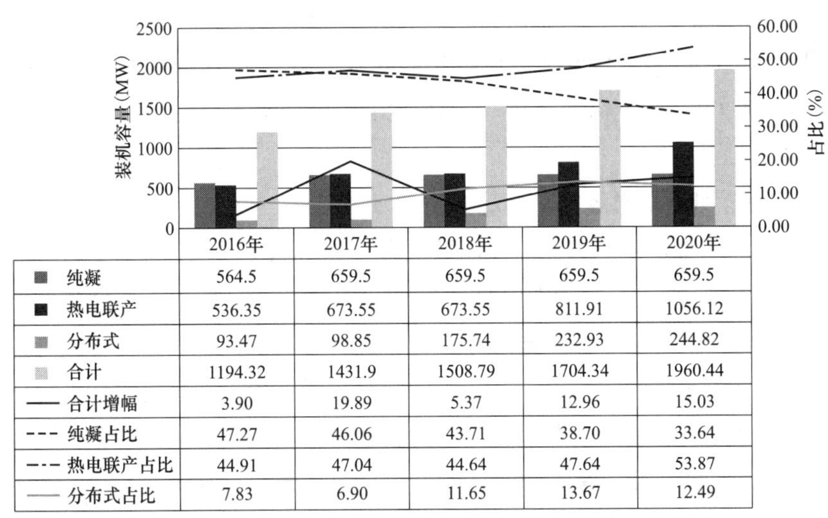

	2016年	2017年	2018年	2019年	2020年
纯凝	564.5	659.5	659.5	659.5	659.5
热电联产	536.35	673.55	673.55	811.91	1056.12
分布式	93.47	98.85	175.74	232.93	244.82
合计	1194.32	1431.9	1508.79	1704.34	1960.44
合计增幅	3.90	19.89	5.37	12.96	15.03
纯凝占比	47.27	46.06	43.71	38.70	33.64
热电联产占比	44.91	47.04	44.64	47.64	53.87
分布式占比	7.83	6.90	11.65	13.67	12.49

图3 "十三五"期间天然气发电装机情况

盈利情况。"十三五"期间天然气发电利润受装机增长、气价波动等影响，天然气发电利润波动较大。2020年，天然气发电装机占集团总装机的11.8%，天然气发电利润占集团发电利润的17.72%，利润贡献高于装机占比，热电联产机组利润占比最大且利润占比高于装机占比，纯凝燃机和分布式燃机利润贡献度低于热电联产机组。2020年5家单位亏损，同比减少1家，亏损面13.51%。其中，纯凝发电1家亏损、分布式4家亏损。

成本情况。2020年，天然气发电单位成本为0.576元/kWh，同比降低0.021元/kWh，比2015年降低0.117元/kWh。2020年天然气发电成本费用中燃料成本占比最高，为62.78%，其余依次为其他费用、折旧、薪酬、财务费用、修理维护费用和管理费用。

发电量情况。2020年，集团公司天然气发电量为444.29亿kWh，同比增加5.23亿kWh，比2015年增加216.52亿kWh。从机组类型看，纯凝发电量为80.34亿kWh，热电联产机组发电量为274.76亿kWh，分布式能源发电量为89.19亿kWh。2020年，集团公司天然气发电利用小时2476h，同比减少119h，低于五大平均水平202h。

电价情况。2020年，集团公司天然气发电平均售电单价0.636元/kWh，同比降低0.04元/kWh，降幅5.92%，比全国天然气发电平均售电单价0.622元/kWh高0.014元/kWh。整体呈现平稳下降趋势，主要原因：一是部分省市对天然气发电电价进行不同程度下调，二是电量结构变化和市场电量占比提高。

度电边际贡献。2020年，天然气发电度电边际贡献0.201元/kWh，同比增加0.007元/kWh，其中，纯凝0.328元/kWh，同比增加0.053元/kWh；热电联产0.167元/kWh，同比增加0.001元/kWh；分布式0.191元/kWh，同比降低0.006元/kWh。

供热情况。2020年，天然气发电供热量3867万GJ，同比提高665万GJ；供热平均价格73.62元/GJ，同比减少6.95元/GJ；2020年，天然气发电供热单位边际贡献4.52元/GJ。

（二）集团公司燃机市场交易情况分析

2020年，集团公司所属天然气发电首次参与市场化交易。总体来看，真正意义上开展市场化交易的只有广东、浙江（现货试运行期间）。其中，广东天然气发电执行单一制电价，中长期合同按照价差传导方式与煤机同台竞争，现货结算试运行期间通过报价参与市场竞争，并对实发电量进行补贴，补贴标准为天然气发电核准价格高于煤电标杆价的部分；浙江天然气发电执行两部制电价，现货结算试运行期间，容量电费在市场外结算，天然气发电量在市场中通过报价参与竞争，其中计划电量或者实际上网电量的一定比例通过政府授权合约予以保证，政府授权合约以内的部分执行核定价格，政府授权合约以外的部分执行现货市场价格。天津、上海、江苏、湖北等其他省份天然气发电部分电量通过气电联动随气价下调对电价进行打折。

2020年天然气发电市场交易电量59.65亿kWh，占集团公司天然气发电量的14.95%，市场交易电价527.41元/MWh，平均降价幅度116.15元/MWh。

（三）存在的问题

“十三五”期间，我国天然气发电产业快速发展，一系列相关政策文件支持天然气发电有序发展，但天然气发电发展受天然气供应保障、天然气价格、电价机制和关键技术等方面的制约仍没有得到根本改善。从集团公司近五年天然气发电经营情况来看，生产运营成效稳步提高，但天然气价格与燃机运维成本仍是制约燃机发电经济性的决定性因素；随着电力市场化的不断推进，天然气发电参与市场面临的量价风险较高；集团在运的天然气发电大多是热电联产或分布式机组，冷热市场拓展不足，能源综合利用效率较低；燃机设备故障频繁，运维时间较长，影响机组的经济性和可靠性。

一是政策补贴总量难以增长，上网电价不断下调。在连续多年降低销售电价的大背景下，政府电价补贴的总额难以增加，同时各地将天然气发电作为发展方向之一、装机增多，电网严格控制燃气机组发电总量，天然气机组电价较高和电价补贴总额之间的矛盾进一步激化，新投燃机侵蚀在运燃机电价空间，导致燃机上网电价不断下降。

二是市场竞争机制不完善、竞争力不高。多数地区燃机参与电力市场以中长期交易为主，市场交易机制不够完善，本质是要求燃气机组在中长期市场中让利。在现货试点地区，广东、浙江、山西燃气机组已按照市场规则与煤电机组同台参与现货市场竞争，主要通过场外补贴、政府授权合约、下达基数电量等方式对燃气机组的成本予以补偿，与煤电、水电相比，燃机发电成本较高，在电力市场竞争中处于不利地位，由于燃气机组报价普遍高于煤电机组，在现货市场中的中标电量较少，影响燃气机组的收益。

三是天然气发电利用效率偏低、管理效能有待提升。天然气热电联产电厂多数热负荷未达到设计值，分布式项目仅有上海个别电站能够实现冷热电三联供，冷热负荷低导致机组利用小时数低，效益达不到设计值。另外，天然气发电经营面临电网调峰需求和天然气管网的实际供应不协调、不匹配，天然气发电机组的发电量计划、天然气用量均统一按电网企业及供气企业的调度模式逐日下达，电力调度和天然气供应尚未形成良好协商机制，难以同时满足电网、气网和热网的调度要求。

四是天然气供需和价格是制约燃机效益的主要因素。我国天然气行业对外依存度高，供应量价受国内外环境影响大，无法实现国内供需自循环，国际天然气市场的供应能力、价格波动、运输条件、政治形势等因素变化都会对我国天然气市场带来较大影响。从价格机制看，我国天然气价格主要采取的陆上天然气政府定价且天然气特许经营集中度较高，议价空间有限，通过上下游市场采购天然气量较少，价格波动明显。

五是燃机运维成本高、维修周期长。长期以来，我国燃机产业一直没有形成完整的产业链，燃机核心技术、备品备件和维修服务等依赖进口，自主发展较为缓慢。燃机设备故障维修周期和维修费用均不可控，主要部件发生故障需返厂检修，严重依赖制造厂家，在售后服务合作中处于被动地位，维修周期少则几十天，最长达到10个月以上。

四、燃机发电市场化交易趋势

2015年中发9号文的正式发布，标志着我国新一轮电力体制改革正式拉开序幕，其主要内容为“三放开、一独立、三强化”。目前，我国正进一步深化电力体制改革，加快构建以中长期交易为基础、现货交易为补充的交易体制机制，着力推进跨省跨区交易、辅助服务市场建设，探索建设容量补偿机制及全国统一电力市场。“十四五”期间，发用电计划将全部放开，所有工商业企业参与电力市场化交易，电力市场的主体数量、交易品种不断增加，中长期交易规模不断扩大，现货试点区域进一步扩展、预计市场化交易电量占全社会用电量的比例将提升至 70%～80%。随着电力市场改革的深入，电力价格基本能够真实反映电力产品时间和空间的价值，燃机发电主动参与市场的条件基本成熟，面对电力市场化改革过渡期、能源清洁转型期，燃机发电市场化交易将主要呈现以下趋势：

一是市场化电量占比逐步提高，市场化竞争日趋激烈。随着电力体制改革的纵深推进，经营性发用电计划全面放开，我国南方和东部燃气机组率先参与市场化交易与其他类型电源机组同台竞争，由于燃机发电成本高，市场竞争力不强，短期内为了保证燃机发电企业生产经营需要，广东、浙江、山西等区域燃机进入市场后仍有部分基数电量保价计划，但长期来看，为了避免市场产生“不平衡资金”，优先发电计划要与优先用电计划相匹配，燃机发电企业的基数电量将逐年减少，市场交易电量规模将逐步扩大，利用小时数逐渐由计划模式下依靠政府下发向取决于市场交易所转变。“十四五”期间，各省份将持续扩大市场竞价范围，燃机发电企业市场竞争的压力将显著增加，市场竞争日趋激烈。

二是电力系统中定位更加明晰，辅助服务收入占比提高。在落实“双碳”目标及构建以新能源为主体的新型电力系统的大背景下，新能源高比例接入将会导致电力系统“双高”“双峰”特征日益凸显，极大程度影响电力系统的平衡调节、电网的安全稳定运行。天然气发电作为高效、灵活的能源转换主体，能够有效地与光伏、风电等可再生能源进行优势互补。“十四五”期间，我国将继续坚持和完善能耗“双控”制度，相较于灵活性改造的煤电，较为清洁的气电其优越的调峰、调频性能更加凸显，燃机作为新型电力系统中调节电源的定位将进一步明确，是联结传统高碳能源和清洁零碳能源最为合适的纽带，逐步向提供可靠电力、调峰调频能力的基础性电源和服务主体转变。另外，燃机发电企业通过获取更多电量来获得超额利润的传统路径已经难以实现，随着电力辅助服务市场的不断完善，调峰、调频、冷备用以及黑启动等辅助服务补偿标准的大幅提升，辅助服务市场收益将会成为燃机发电企业主要的收入来源，辅助服务收入占比将逐步提高。

三是发电利用小时数进一步下降，电能量市场收益主要来源于捕捉现货高价和金融偏差结算。“十四五”期间，发电行业将全面进入平价、竞价时代，燃机发电成本劣势凸显，目前气电的综合单价 0.62 元/kWh，几乎是平价风光电的 2 倍，难以与煤电、水电甚至风光电同台竞争。电力现货市场中，成本较低的燃煤发电企业更多地决定了

市场的节点出清电价，天然气发电很难获得定价权，造成燃机的利用小时数进一步下降。随着电力现货市场建设的加速推进，燃机发电企业电能量收入将更多地取决于交易策略的制定，一方面，充分利用燃机自身快速启停特点，及时捕捉现货市场高价时段获取一定收益；另一方面，签订适应现货市场的中长期合同，深入细致研究、预判现货市场价格，以高于平均现货市场价格签订中长期合同，通过中长期合同与现货价格的价差进行金融偏差结算获取更多收益。

四是能源交易品种趋于多元化，逐步向多能供应综合能源服务转变。随着电力市场竞争日趋激烈，单一发电的天然气发电企业难以在新的市场环境下获得竞争优势，尽管热电联产机组凭借“以热定电”模式情况略好，但是随着电力市场改革的推进，将逐步完善发电与供热间的有序衔接，引导发电收益与供热收益分开核算，“以电养热”的情况难以为继。面对新形势，天然气发电企业需要向注重高质量创新趋势发展，因地制宜实施多能联供的专项改造，向电、热、冷、气、水综合能源供应转变，以多能源交易产品为载体，提供节能、改造、能源管理等智慧服务，开拓新的市场交易模式，增强市场用户黏性，进一步拓展天然气发电机组新的利润增长点，减少设备闲置，提高综合能效。新建天然气发电项目正朝着“冷热电”三联供，同时配套增量配电网和智慧能源综合服务一体化的方向发展，逐步由传统能源供应商转变为综合能源服务供应商，进一步促进天然气发电高质量发展。

五、燃机发电运营相关机制和建议

（一）运营机制及相关建议

完善的运营机制是保障燃机发电行业高质量发展的基础，随着电力市场改革不断深化，运营机制也需不断优化和完善，燃机发电参与市场交易势不可挡，目前燃机发电还处于计划和市场并轨运行阶段，应做好向市场化电价机制的过渡和衔接，提高燃机发电企业参与市场的积极性。

一是建议推行两部制电价，建立容量成本补偿机制。充分考虑燃机发电的调峰作用、灵活性、绿色、环保、低碳等价值，推行两部制电价机制，通过容量电价保障天然气机组的固定成本回收，同时推动燃机容量市场研究建设。改革过渡期内，通过建立合理的容量补偿机制提升天然气发电市场核心竞争力，使燃气机组初步具备与燃煤机组同台竞价能力，容量补偿标准可通过竞争性配置方式确定，并明确成本补偿资金的来源及疏导方式，随着电力市场建设发展推动天然气发电通过市场化交易回收成本获得收益，逐步实现容量补偿退坡，针对有需求的区域可适时探索容量市场建设，通过市场化机制保障燃气机组固定成本回收。

二是推动落实气电价格联动机制。目前只有江苏、浙江、上海等少数地区有较为充足的电价补贴资金，能够落实气电价格联动机制，需要更大范围推动落实气电价格联动机制，在天然气价格发生较大幅度变化时，相应地调整燃机发电上网电价，及时疏导上游燃料成本，缓解气电价格矛盾，保障燃机发电企业正常运营。

三是完善电力现货市场运行机制。各地区在推进电力现货市场试点过程中，应合理设定市场限价水平，通过进一步放开市场价格上下限等方式，拉大现货市场的峰谷价差，在高峰时段充分发挥燃气机组的顶峰作用，实现以现货市场价格信号引导燃气机组参与调峰，并为其调节价值给予相应的经济补偿，为天然气发电通过电量电价回收成本、获得收益创造更大空间。

四是健全电力辅助服务市场。逐步推动由现货市场实现调峰功能，丰富辅助服务交易品种，完善调频、备用、快速爬坡等辅助服务市场机制，明确各交易品种需求确定原则及方法，吸引供需双方开展交易，并按照“谁受益、谁承担”的原则，逐步推动辅助服务费用向用户侧疏导，还原辅助服务的真实价值，为天然气发电机组提供合理的回收渠道，充分体现燃气机组电力系统中的灵活调节价值。

五是探索电网与气网协同运行机制。当前，电网和气网缺乏协调机制，天然气调峰机组面对电网和气网的调度指令难以做到统筹兼顾，电网需要天然气机组顶峰时，气网未必能够支持，对燃机发电机组充分发挥顶峰调节作用提出了挑战，需要进一步探索电网与气网协同运行机制，加强发电与气源供应情况的统筹协同，进一步促进天然气发电行业高质量运营发展。

（二）燃机发电企业运营相关建议

天然气价格和设备运维成本是影响天然气发电经济性的最重要因素，燃机发电企业应通过加强经营管理，以市场为导向，提高企业运营效率。

一是发展多种气源，提高议价能力。加强与传统油气企业及新兴民营企业的交流合作，积极开展 LNG 业务，特别是在天然气市场阶段低点抓住机遇，多渠道、多方式获取海外天然气上游资源；加强区域天然气采购的集约化，积极推进燃机电厂多气源供应，增加议价空间，降低用气成本。

二是提高自主检修能力，降低检修费用。随着燃机电厂运维经验的不断积累，部分燃机电厂的检修队伍已经具备了自主现场小修能力，建议充分整合各方资源，促进合作，将自主检修业务作为一项战略性工作进行统筹安排，推进自主化检修服务能力的全面提高，降低燃机的检修成本。

三是优化运行策略，提升燃机市场化运营效益。制定燃机在区域电力系统中的年度运行策略，从配合电网、气网开展时序优化、检修优化、启停优化、内部优化，到进入非采暖季后积极参与发电，在气价优惠阶段争抢发电量，提高发电科学性和经济效益。

四是拓展综合能源服务，创新燃机发电运营模式。以冷、热、电、气、水等产品的供给为载体，依托综合能源服务“两个平台”的建设，提供节能、修造、能源管理等传统服务，拓展提供数据服务、交易咨询等，逐步实现“汇集核心数据、优化能源供给、支撑能源交易、统一用户服务、打造特色生态”的各项功能，增加用户黏性和价值创造能力，提高燃机发电企业运营效率。

六、结论

“十四五”期间，在碳达峰、碳中和纳入生态文明建设整体布局和构建以新能源为主体的新型电力系统背景下，燃机发电是统筹发展和安全、保障能源安全、促进新能源消纳、实现电力系统高质量发展的重要手段，发展空间依然广阔。通过推动电价、补贴、气价、市场交易等一系列政策体系和机制的完善，进一步明确天然气发电的定位、发展目标和路径，加快天然气发电产业的发展，促进天然气发电产业更加多元化。同时，燃机发电参与市场化交易是必由之路，发电企业应紧跟市场变化趋势，转变经营发展思路，以市场交易规则为前提，谋划市场竞争策略，提高燃机发电在市场交易中的收益。通过高质量发展，燃机发电作为电力调节和市场资源性电源将在集团公司实现“双碳”目标路径中发挥重要作用，形成集团公司重要的利润增长点和效益稳定器。

我国加入多双边经贸协议对能源行业及公司国际化发展的影响研究

中国华电集团有限公司国际业务部、华电电力科学研究院有限公司

叶德杰　耿克成　何亚晶　王泳涛　乔　阳

郭熙志　冯一铭　李昱曦　刘羽茜　王笑笑

“一带一路”倡议提出以来，大批中国企业“走出去”并开始谋划全球范围内的投资布局。然而企业在“走出去”时会存在对外投资经验不足、国际化水平不高、转型困难等方面的问题。近年来，我国已经陆续签署了《区域全面经济伙伴关系协定》（RCEP）和《中欧双边投资协定》（CAI）等多双边经贸协议，并正在积极考虑加入《全面与进步跨太平洋伙伴关系协定》（CPTPP）。随着各方工作的开展，相关协议即将生效。目前，学界对于上述协议在能源行业“走出去”将产生怎样的影响研究较少。尽管如此，涉及多国多领域的经贸协议，必将为能源行业“走出去”带来深远的影响。疫情发生以来，华电集团在有序推动海外项目复工复产的同时，还在进一步加大国际业务的开拓步伐。本课题拟通过重点开展上述三个协议主要内容研究，深入探讨我国加入多双边经贸协议对能源行业及集团公司国际化发展的影响，在此基础上提出合理化建议，助力集团公司早日成为具有全球竞争力的世界一流能源企业。

一、研究现状

本课题研究的三个新协议主要涉及关税减免、市场准入、贸易限制、国有企业、知识产权等众多领域，覆盖亚太、欧洲、美洲地区。为了更好地分析三个新协议的影响，现简要分析中国与上述地区（国家）签订且生效的原有协议。

（一）亚太

2002 年 11 月 4 日，中国与东盟十国签订《中国—东盟全面经济合作框架协议》。根据该协议，除涉及国家安全等 WTO 允许例外的产品以及少数敏感产品外，其他全部产品的关税和贸易限制措施都会在 2015 年以后取消。该协议对中国和东盟能源行业

的影响如下：

中国与东盟国家进一步开放能源市场，相关进出口产品迈向国际化，中国与东盟在能源电力领域优势互补，合作规模不断扩大，使中国大型电力企业纷纷进军东南亚电力市场，投资建设电源和电网的进度不断加快，同时与东盟的能源合作也会促进国内新能源领域的发展。

（二）美洲

当前，中国已与哥斯达黎加、智利、秘鲁等拉美国家签署自由贸易协定。根据此类协定，在货物贸易领域，双方将对各自大部分产品分阶段实施零关税，双方还在知识产权、贸易救济、原产地规则、海关程序、技术性贸易壁垒等众多领域达成广泛共识。此类协定对中国和拉美地区能源行业的影响如下：

上述协定的签署开启了中国对拉美国家的大规模投资，并加深了中国与拉美地区的贸易合作。协定加强了中国与拉美的石油贸易，减轻了对中东石油过度依赖的风险。此外，协定鼓励中国在拉美进行石油投资、开发和生产活动，进一步深化了能源合作，有利于拉美水电、太阳能、风电等领域的发展。

2020 年 1 月 15 日，中国与美国签订《中美第一阶段经贸协议》。根据该协议，美方将履行分阶段取消对华产品加征关税的相关承诺，实现加征关税由升到降的转变。该协议对中国和美国能源行业的影响如下：

在煤炭领域，国内冶金煤价格将上升。根据协议，中国需大量从美国进口冶金煤。美国虽然拥有世界上最多的煤炭资源储量，但随着能源结构的转变，煤炭产量下降，开采成本提高，致使出口至中国的冶金煤价格上升。在新能源领域，美国将对太阳能光伏电池和组件等光伏产品征收 25%的税。但此举对中国光伏行业影响有限，因为中国的光伏产品也可在国内及拉美、非洲、中东等地区消化。在风电领域方面，美国是中国风电机组出口的重要市场，协定中提出的钢铝关税内容会使美国新建风电项目的成本上涨。[1]

（三）欧洲

1985 年 5 月 21 日，中国与欧洲经济共同体签署《中欧贸易与经济合作协定》，旨在积极发展符合双方利益的经济技术合作，使贸易和经济关系进入新阶段。根据该协定，双方贸易时在对进出口货物征收关税、捐税，办理过境和许可证手续等方面相互给予最惠国待遇，在工业和矿业、科学和技术、能源、交通和运输、环境保护等领域发展经济合作。

---

[1] 高华．中美第一阶段经贸协议对能源行业影响研究［J］．煤炭经济研究，2020，（7）：2-26．

该协定对中国和欧盟能源行业的影响如下：

协定生效后，中欧双方正式开启了能源领域的合作，并促进了一批成果的形成。浙江大陈岛能源资源示范项目是协定生效初期成功开展的大型项目之一，该项目进一步推动了中欧双方能源领域的合作。此后，中欧能源合作更多集中在新能源技术、节能减排、环境保护以及维护国际能源市场秩序等方面。1994 年，中欧之间建立的能源合作大会成为了中国政府与欧盟委员会在能源领域的最高级别会议，中欧能源合作机制开始逐渐建立与完善并走向新的历史阶段。[1]

二、RCEP、CAI 及 CPTPP 协议研究

（一）RCEP

RCEP 协定由中国、日本、韩国、澳大利亚、新西兰和东盟十国共 15 方成员于 2020 年 11 月 15 日正式签署，将于 2022 年 1 月 1 日正式生效。RCEP 内容十分庞大，议题覆盖广泛，在货物贸易方面，具体关税减免货物直接或间接涉及能源领域，区域内 90%以上的货物贸易将在协定生效后立刻或在 10 年内降税到零；在服务贸易和投资方面，中方服务贸易开放承诺达到了已有自贸协定的最高水平，在投资市场准入和投资保护等方面作出了全面、平衡的投资安排；在各领域规则方面，RCEP 对标国际高水平自贸规则纳入了知识产权、贸易救济、政府采购等议题，作出了符合区域特点和需要的规定。该协定的签署，标志着当前世界上人口最多、经贸规模最大、最具发展潜力的自由贸易区正式启航。

（二）CPTPP

CPTPP 是跨太平洋伙伴关系协定（TPP）在美国退出后的新名字。2018 年 12 月 30 日，协定正式生效。2021 年 9 月 16 日，中国正式提出申请加入 CPTPP。CPTPP 新架构共识将保留原 TPP 超过 95%的项目，最大区别在于新协定冻结了旧协定中关于知识产权等内容的 20 项条款。在货物贸易高度自由化方面，各成员平均实现零关税的税目数和贸易额占比达 99.5%，85%以上的产品将在协定生效后立即实施零关税；在大幅开放服务和投资市场方面，取消市场准入限制，除负面清单中的不符措施外，成员必须给予外国服务提供者和投资者国民待遇；在对国有企业制定新规则方面，国有企业经营活动均应基于商业考虑，政府在企业监管方面保持非歧视和中立性，对国有企业提供的非商业支持，不得损害其他成员及其产业的利益。限制成员对投资者的业绩要求 CPTPP 覆盖 4.98 亿人口，国内生产总值之和占全球经济总量的 13%。这一协定

---

[1] 宇文君．中欧能源合作与中国国家安全［D］．北京外国语大学，2017.

将加强各成员经济体之间的互利联系，促进亚太地区的贸易、投资和经济增长。

（三）CAI

2020年12月30日，CAI谈判如期完成。该协定旨在构建中欧双边投资制度安排。根据该协定，双方应保证相互投资获得保护，确保补贴透明性，改善双方市场准入条件，确保投资环境和监管程序清晰、公平和透明，支持可持续发展。如在改善市场准入承诺方面，中国已同意逐步取消合资企业的要求，并承诺新能源汽车的市场准入；在改善投资环境方面，服务业补贴增加了透明度义务，填补了WTO规则手册中的重要空白；在支持可持续发展方面，各方被约束为基于可持续发展原则的价值投资关系。CAI将为中欧相互投资提供更大的市场准入、更高水平的营商环境、更有力的制度保障、更光明的合作前景。RCEP、CPTPP、CAI部分内容的比较见表1。

表1　　RCEP、CPTPP、CAI部分内容的比较

类别	RCEP	CPTPP	CAI
涵盖范围	中国、东盟十国、日本、韩国、澳大利亚、新西兰等15国	日本、加拿大、澳大利亚、智利、新西兰、新加坡、文莱、马来西亚、越南、墨西哥和秘鲁	中国、欧盟
对外开放程度	注重传统经贸规则，开放程度不及CPTPP	涉及更多新兴议题，开放程度最大	欧盟市场将更加开放、透明
货物贸易	自由化水平有待提升，贸易便利化规则较为领先	在透明度和海关合作等方面较好	中国史无前例地开放了大部分制造行业的准入
服务贸易和投资	以正面清单和负面清单相结合的方式进行开放，对开放部门做出较高水平承诺	以全负面清单方式开放，有ISDS①	采用负面清单，中国大幅度降低了欧盟的市场准入门槛
规则	没有规定政府采购开放清单	要求和水平更高，包含国有企业、劳工、环境、监管一致性、透明度和反腐败等规则	就市场准入、公平竞争、可持续发展和争端解决方面作出规定，有助于市场的进一步开放

① 投资者—国家争端解决机制，是指外国投资者同东道国政府之间因投资关系而产生争端的解决机制。在传统国际法上，争端解决程序仅适用于国家之间。如果外国投资者的权益遭受东道国不法措施的侵害，其只能寻求母国的外交保护。

三、对集团公司国际业务影响分析

（一）境外投资业务

1. 有助于集团公司进一步扩大电力投资

RCEP、CPTPP、CAI中投资相关条款鼓励成员国之间相互进行投资。比如：RCEP

明确进一步向外国投资者提供实质性开放待遇，要求成员方不得歧视外国投资者并向成员国提供最惠国待遇；RCEP 原则性地规定了缔约方有出于安全考虑采取必要措施的权利，意味着集团公司在协议涉及国家的投资项目面临的安全审查会较以前减弱；RCEP 提出禁止将计算设施的本地化作为企业投资的条件，对集团公司境外项目本地化率的限制降低；RCEP 还提出设立联络点或投资中心等以进一步促进投资。

2. 有助于保障集团公司项目投资的收益

RCEP“投资”章节中的“转移”条款规定对于投资的跨境转移原则上应允许自由转移，法定情形下可适当实施限制。该条款可增强投资者投资信心，有效保护投资者投资转移的便利性，使集团公司境外项目投资产生的各类收益转移更加自由，选择结算货币更加便利。

3. 有助于集团公司解决投资贸易争端

我国企业在对 RCEP 成员国投资过程中，经常会遇到税收、服务投资、营商环境、政治风险、劳工标准等方面的问题。RCEP 各成员国之间建立起了 RCEP 联合委员会机制，以协商解决协定执行过程中各成员国遇到的相关问题或对协定执行过程中暴露出的不足提出建议。

CPTPP 就投资者与东道国争端解决机制进行了详细规定，包括磋商与谈判、提交仲裁请求等 13 个条款，在放弃用尽当地救济要求、突出对投资者的保护并增强争端解决机制可操作性的同时，顺应了 ISDS（投资者与国家间争端解决机制）改革趋势，不仅强调了仲裁员的专业性、独立性和公正性，而且对缔约国提出了很高的透明度义务标准。

4. 有望为集团公司进入美洲市场创造良好的货币环境

CPTPP 规定每一缔约方应允许与涵盖投资相关的所有资金转移可自由进出其领土且无迟延。这里的资金转移涵盖广泛，包括利润、股息、利息、资本收益、特许权使用费、管理费、技术指导费和其他费用等。CPTPP 还就汇率换算、自由货币的使用、实物回报的提供对缔约方作出了义务性规定，有利于降低过往中资企业采用东道国货币结算而存在的收益风险（南美国家货币汇率波动较大）。

5. 或为集团公司未来的正常商业活动带来制约

CPTPP 国有企业条款中“商业考虑和非歧视性待遇”规则，将要求给予关联企业和非关联企业平等竞争地位，不可将与企业的亲密度等因素作为决策标准，这对中国国有能源集团内部各下属企业间的商业活动形成制约。此外，“非商业援助”规则可能限制国有能源企业之间的正常交易活动。国有企业是提供补贴的主体之一，在中国能源行业中占比较高。煤炭、天然气、太阳能板、风力发电设备等产品的主要供应商均

是国有企业，这些企业之间开展商业活动时，若相关交易价格偏低且缺乏透明的信息披露，可能会被怀疑涉嫌存在非商业援助。❶

6. 有助于集团公司在欧洲地区进一步开展清洁能源并购业务

一是 CAI 的条款有助于中欧双方投资打开局面，使能源电力行业的投资壁垒和限制减少，有助于集团公司在欧盟开拓市场。二是 CAI 有望降低部分东道国保护主义的影响。近年来欧洲保护主义抬头，对中资企业在欧洲的直接投资审查一直较为严格。根据 CAI 中的对等开放原则，CAI 或使欧盟降低对中国国有企业“歧视性政策”的不利影响，有利于帮助中国能源企业在欧洲并购更多清洁能源项目。

（二）工程承包业务

1. 有助于减少集团公司工程承包业务的技术壁垒

RCEP、CPTPP 推动各方在承认标准、技术法规和合格评定程序中减少不必要的技术性贸易壁垒，并鼓励各方的标准化机构加强标准、技术法规以及合格评定程序方面的信息交流与合作。以 RCEP 为例，其鼓励成员国进行双边或多边安排，要求成员国之间减少技术性贸易壁垒，加强信息交流与合作，从而减少技术标准法规带来的贸易障碍，同时 RCEP 要求成员国认识到国际标准、指南和建议在协调技术法规、合格评定程序和国家标准的重要性。这些举措将大大提高域内货物贸易便利化水平，降低贸易成本，缩短物流时间，进一步促进形成区域一体化市场。

2. 有助于集团公司在亚太地区把控总承包业务工期

RCEP 规定海关应尽可能在 90 天内做出预裁定，要求各成员国允许货物在抵达海关前提前申报，以便于加快放行，规定允许通过航空运输的货物加快通关，也对税则归类、原产地、海关估价等方面的预裁定制度作出了详细规定。此内容有利于为集团公司在东道国的设备清关扫除障碍，减少红灯期问题。

CPTPP 规定在任何情况下应不迟于收到请求后 150 天做出预裁定，允许各种方式入境的快运货物加快通关，进一步规定应对关税配额、关税减免和原产地标记等相关建议或信息请求事项尽快作出答复，针对“对非法活动合理怀疑”的一方如何行使请求权做出详细规定的内容有利于集团公司加快物流运输，减少红灯期问题。

3. 集团公司总承包业务或面临更多市场竞争

RCEP 生效后，东南亚地区能源电力总承包建设市场争夺将面临更为激烈的态势。一方面，集团公司将面临更多国内同行的竞争（包含国企和私企），尤其是“短、平、快”新能源总承包项目争夺。另一方面，集团公司将面临更多东南亚区域各国总承包

---

❶ 段艺璇，王轶君，任重远，李博媛.《全面与进步跨太平洋伙伴关系协定》国有企业条款对中国国有能源企业的影响［J］. 国际石油经济，2021，（8）：14-20。

队伍的竞争（随着各国市场开放，人员流动更为便捷，这些队伍通常具备人力成本优势）。此外，集团公司还将面临来自日韩等发达国家总承包队伍的竞争（这些队伍在管理、技术、资金方面能力较强，与国际标准接轨程度高）。

4. 有助于集团公司获得更多工程承包业务

RCEP鼓励非强制性标准国际化、倡导强制性技术法规与国际标准接轨。除了在高铁等中国拥有核心技术和自主知识产权的领域采用中国标准外，大部分项目业主会倾向于采用国际技术标准或所在国技术标准。RCEP要求标准化机构不制定、不采用或不实施在目的或效果上给国际贸易制造不必要障碍的标准，有利于集团公司获得更多外国工程承包商的选择，对于集团公司“走出去”具有现实意义。RCEP采用正面清单或负面清单的模式，从国民待遇、市场准入、最惠国待遇、本地存在等主要方面要求缔约国做出开放承诺，降低市场准入门槛，使集团公司在东道国开展工程设计和施工服务时原则上不受当地资质要求的实质限制，享受与本国开发商同等的待遇。

5. 有助于集团公司降低承接工程承包业务风险

RCEP 设立经济和技术合作章节，并非是单纯的一方施惠，一方受惠。各方政府将牵头积极参与加强能力建设和技术援助的相关活动，对于企业而言，这也意味着将有可能获得更多的工程承包的机会。RCEP政府采购一章是我国首次在多边协定中纳入政府采购相关规则。该章不仅包含了信息交流合作、提供技术援助、加强能力建设等内容，还增加了审议条款，为各方未来进一步丰富和完善本章预留了空间。各方也将加强政府采购的信息交流和合作，提升管理体制的透明度。集团公司的对外承包工程，有相当部分业务是经过政府采购的方式获得。RCEP上述方面的内容有利于集团公司获得更多的承包技术服务项目的机会，降低承包政府采购模式下工程承包业务的合规方面的风险。

（三）技术服务业务

1. 有助于集团公司技术服务人员的跨境流通

RCEP、CPTPP 在项目人员流动方面有较为突出的改进，为区域内人员流动的发展提供了重要制度支持。比如RCEP在成员国项目人员跨境商务旅行时所面临的审批手续、程序透明度、入境以及临时停留等方面都进行了改进。RCEP在项目人员流动规则方面的改进，可为集团公司境外技术服务人员提供便利，以便于为项目单位提供更高质量的技术服务。

2. 有助于集团公司打开技术服务市场

RCEP生效后，日韩等发达国家有望开放技术服务市场。中国能源电力技术能力较领先，用工成本较低。RCEP有利于集团公司在与日韩等发达国家的技术标准对接

中提升自身技术水平，从而在保证欠发达国家市场的同时，进入发达国家市场。此外，RCEP 还可促进在发达国家的海外项目吸引到来自欠发达国家的技术人员，使集团公司更灵活地在当地进行员工招聘，有利于集团公司在中国用工成本增加的情况下避免利益损失。

CAI 生效后，中国采取一系列监管措施，在技术转让方面禁止强制转让，同意采取争端解决机制。这些举措使欧盟资本可以更加顺畅地进入中国市场，进行市场竞争，有利于集团公司技术革新。CAI 还可以帮助中国拉动欧盟抵制不公平的贸易壁垒，有利于中国先进的技术服务进入对中国较友好的欧盟欠发达国家，借此机会对中东欧老旧电站进行并购改造。

（四）国际贸易业务

1. 有助于集团公司加大电力装备出口

RCEP 最终实现零关税的货物税目比例为 90%，主要是立刻降税到零和十年内降税到零。通过减免关税降低贸易壁垒，促进了能源产品的流通，加强了各国能源企业的贸易合作，一是有利于集团公司进一步向东盟输出中国先进的电力装备，二是借助贸易开放机会，减少非关税壁垒，降低贸易摩擦，推动集团公司开拓日韩澳等新的电力装备出口市场，为集团公司向日韩澳等国出口电力装备。

2. 有助于集团公司加大海外能源贸易进口

RCEP 提倡的降税和零关税政策有利于集团公司加大海外煤炭进口，增加国内煤炭价格竞争力，降低集团公司发电用煤成本。CPTPP 将最终实现 95%以上的商品零关税，协议生效后第一年，绝大部分成员国零关税的货物税目比重将达到 80%以上。更大的降税力度有利于集团公司从拉美进口石油、天然气等石化燃料，从加拿大进口 LNG 以及增强在美洲的市场销售能力。

四、策略及建议

（一）因地制宜，把握机遇，科学优化境外投资业务策略

一是优化决策程序做强东南亚市场。RCEP 覆盖的东南亚地区，是集团公司深耕已久的境外业务主战场，相关市场环境、政策较为熟悉。RCEP 生效后，发展潜力巨大的东南亚地区，必将进一步成为全球能源电力企业角逐的主战场。为守住优势，应对紧张，抢占市场，建议集团公司进一步优化东南亚国家电力投资决策程序，进一步加快对市场的反应，尤其是获得对“短、平、快”的新能源项目开发权。二是以并购投资打开南美市场。尽管中国尚未签订 CPTPP，但集团公司应该积极谋划，尤其是积极寻求并购业务，利用并购项目窗口期短、资产交割快等特点，尽可能降低绿地项目面临的开发权审批复杂、建设工期长、投资成本变动大等不利因素的影响，并降低汇率波动影响。

（二）内练素质，外练本领，全面加强总承包及技术服务能力

一是内练素质，提升技术话语权。以RCEP为例，其鼓励成员国进行双边或多边安排，要求成员国之间减少技术性贸易壁垒，加强信息交流与合作，从而减少技术标准法规带来的贸易障碍，同时RCEP要求成员国认识到国际标准、指南和建议在协调技术法规、合格评定程序和国家标准的重要性。集团公司进一步强化参与国际技术标准的制定与修改，掌握话语权，要进一步提升项目建设质量，提升总承包业务和技术服务业务的硬实力。二是外练本领，强化业务水平。集团公司要充分认识自身总承包业务的长处和短板，要充分借助RCEP的效力，如用好项目人员跨境、货物清关便利性等有利变化，进一步优化东南亚总承包、技术服务人员构成（即优化人力成本），进一步合理谋划总承包设施、装备区域布局（即提升物资、实验设备调度效率），降低人工、管理成本，提升总承包业务和技术服务业务的软实力。

（三）取长补短，锐意进取，推进电力装备贸易再上台阶

一是优化成本、提升技术。与日韩企业的电力装备相比，集团公司出口的电力装备具备显著的成本优势，但在尖端技术上有所欠缺。目前来看，在东盟、南美等欠发达地区，价格优势较技术在市场上的话语权更强。但在相关协议生效后，随着关税下降（甚至零关税）、技术标准提升（逐步与国际标准逐步接轨），日韩企业出口的电力装备产品在东道国将逐步呈现价格竞争力和技术优势，因此集团公司科工企业必须在控制成本的同时，进一步提升产品质量和技术，双向同时发力来应对先进电力装备对市场的挤压。二是多管齐下，争夺市场。东盟、日韩和澳大利亚、新加坡，以及南美是中国包含电力装备重要的贸易伙伴，RCEP、CPTPP 将促进电力装备区域间贸易，为开拓区域市场、跨境电商等诸多方面带来机遇和积极影响。集团公司科工企业要多措并举，一方面要把握从日韩等国家进口电子元器件低税（零税）的有利条件，进一步控制成本，另一方面通过工程总承包、境外销售、电商营销、贴牌等多种方式，多途径扩大电力装备海外占有率。

（四）保供抑价，强化贸易，提升国际能源贸易内外部影响力

一是保供议价，做好国际能源进口对集团公司保供的支撑。RCEP、CPTPP 协议生效后，国际贸易将进一步开放，关税逐步下降（甚至零税），集团公司从东南亚、澳大利亚、加拿大等地区国家进口煤炭、LNG等资源的能力更强、价格更低，借此可充分利用进口能源为集团公司境内、外电站保供抑价方面发挥更大作用。二是强化贸易，稳步扩大集团公司境外能源贸易市场。在主要能源进口国面对显著经济下行压力，因而

更加关注全社会用能成本等问题时，或者进口风险不断增大时，RCEP 区域内重要产油国和油气出口国对地区外竞争者的优势就会显得非常突出，这将导致其在本地区的市场份额出现一定比例的提升。因此，集团公司可在东盟地区稳步探索能源贸易来扩大国际贸易业务份额。

（五）直面挑战，主动求变，积极应对潜在问题与不利影响

一是调整股比，灵活应对国企面临的偏见。CPTPP 中“商业考虑和非歧视性待遇”的内容以及日韩与我国知识产权交流不平衡的现象说明外国对我国存在误解偏见，对央企的组织结构和运行模式存在认知偏差。华电集团可以考虑将旗下的某些国有绝对控股能源企业通过引入外资、港资等方式转变为国有相对控股能源企业，以扩大资金来源，推动企业治理规范与管理水平提升，提高企业形象与国际知名度。

二是有的放矢，分步应对欧洲的禁锢与壁垒。当前，欧盟各国国情、接受外资投资程度和对华关系不一，行政自主权受欧盟影响不同，中资企业在欧各国面临的境遇大相径庭。CAI 生效后，中资企业在欧盟的直接投资有望得到“松绑”，面临的部分安全审查、国企歧视和壁垒等“禁锢”或减少。因此，当下集团公司要加快行动，逐一甄选国别和项目，形成针对不同国别的并购方案，结合 CAI 和各国实际，做到有的放矢。

低碳发展新形势下华电四川公司“双碳”目标分解与行动策划创新研究与应用

中国华电集团有限公司四川分公司

钟华富　周　达　赵金辉　刘　阳　唐　春　曾　科

一、研究背景

2020 年 9 月 22 日，习近平总书记在第七十五届联合国大会一般性辩论上发表重要讲话，明确我国“二氧化碳排放力争于 2030 年前达到峰值，努力争取 2060 年前实现碳中和”；2020 年 12 月 25 日，国资委召开中央企业负责人会议，指出国企“要主动服务和支撑国家重大战略”“积极参与‘碳达峰’‘碳中和’行动，发挥带头示范作用”。随后，2021 年 3 月 15 日召开的中央财经委员会第九次会议强调，深化电力体制改革，首次明确新能源在未来电力系统当中的主体地位，强调构建新型电力系统。

电力行业是我国实现“双碳”目标的关键行业，根据国际能源署的统计，2019 年中国的碳排放总量 113 亿 t，能源领域碳排放量 98 亿 t，占比 87%。其中电力行业的碳排放量 42 亿 t，占全国碳排放总量的 37%。双碳背景下，电力行业应主动担当，在实现自身减碳运行、低碳转型的同时，积极推动新型电力系统建设，助力整体经济社会绿色低碳化发展。

二、研究内容

本课题以认真贯彻和服务于国家能源电力行业低碳发展重大战略为目标，积极展现能源央企责任担当，落实华电集团关于“双碳”工作战略部署，推动实现四川公司绿色低碳转型发展目标，立足新发展阶段，贯彻新发展理念，服务构建新发展格局，统筹当下长远，兼顾经济效益和社会效益，积极探索绿色低碳高效转型发展的方式方法，努力实现“双碳”目标，以期为集团公司“双碳”工作提供有益借鉴，同时为能

源电力行业及区域低碳转型发展提供一定支撑，着力提供绿色转型发展的“华电四川”模式及方案，着力扩大“华电”品牌影响力。

本课题研究内容具体如下：

一是梳理“双碳”目标下的各类政策，提升对碳达峰、碳中和工作的认识，分析现有政策环境下四川公司面临的机遇和挑战，为助力四川公司适应新形势、明确绿色低碳工作明确方向。

二是科学确定碳预算，分解碳目标。落实政府管控和集团管理要求，科学制定四川公司低碳转型发展目标，明确四川公司“十四五”碳预算，并将碳预算按时间和空间分解，进一步制定各阶段工作重点，完善碳达峰实施路径，夯实数据基础。

三是创新构建碳路径规划体系，提出四川公司绿色低碳转型发展措施。积极落实华电集团“双碳”工作安排部署，结合自身发展基础，借助数字化、智能化管理手段，从新型电力系统建设、技术创新布局、碳金融及碳市场等方面综合发力，推动四川公司如期实现低碳转型发展目标，并探索为华电集团“碳达峰、碳中和”提供有益借鉴和支撑。

三、“双碳”发展形势研判

（一）“双碳”政策与行动

习近平总书记提出我国“双碳”目标后，中共中央、国务院及各部委随后相继出台了一系列文件，为落实碳达峰碳中和工作奠定了基础。《中共中央　国务院关于完整准确全面贯彻新发展理念做好碳达峰碳中和工作的意见》及《2030 年前碳达峰行动方案》等文件印发，多次明确实现能源电力行业绿色低碳化发展，构建新型电力系统是我国实现“双碳”目标的最主要也是最重要的手段之一。

四川省清洁能源优势明显，非化石电力占比高达 88%，是四川省实现“双碳”目标的有力支撑；但从另一个角度，继续增加清洁能源占比也存在一定挑战。为保障“双碳”目标顺利实现，四川省在《四川省“十四五”能源发展规划（二次征求意见稿）》中对能源结构绿色低碳化转型作出了部署：“‘十四五’期间，四川省计划新增水电装机容量 30%，风电装机规模增加 1.35 倍，光伏装机容量翻 5 倍。四川省将持续推进清洁低碳转型，提高可再生能源电力占比，促进能源高质量发展。”

（二）能源电力行业行动

国家提出碳达峰碳中和发展目标，对我国能源电力行业绿色转型提出了更高的要求。国家发展改革委、国家能源局印发《关于开展全国煤电机组改造升级的通知》，强调要坚持市场导向、经济技术可行基本原则，在推进煤电机组改造升级工作过程中，需统筹考虑煤电节能降耗改造、供热改造和灵活性改造制造，实现“三改”联动。通知的印发，为发电企业推动煤电机组改造升级、提高电煤利用效率、减少电煤消耗、促进清洁能源消纳提供了工作方向及工作依据。为同时实现自身“双碳”目标下的转型发展及支撑全社会绿色低碳化转型的目标，国内多家大型电力企业向社会公布了双碳行动目标或行动方案，详细内容见表 1。

表 1　　　　能源电力行业“双碳”相关方案及内容

单位	行动	主要内容
国家电网	国家电网公司发布“碳达峰、碳中和”行动方案	加快构建坚强智能电网，支持新能源优先就地就近并网消纳。在送端，完善西北、东北主网架结构，加快构建川渝特高压交流主网架，支撑跨区直流安全高效运行。在受端，扩展和完善华北、华东特高压交流主网架，加快建设华中特高压骨干网架，构建水火风光资源优化配置平台，提高清洁能源接纳能力
中国电力企业联合会	电力行业积极推动绿色电力生产和消费倡议书	倡议内容： 一是彰显新担当，率先垂范使用绿色电力，参与绿电和绿证交易，增加绿色电力消费。 二是展现新作为，加快构建服务完善的交易平台，不断优化绿电交易和绿证交易机制，扩大交易规模和范围。 三是抓住新机遇，积极引导绿色电力投资，开展新能源项目建设，提升绿色电力供应保障能力。 四是倡导新理念，加大绿色电力交易和绿证交易知识普及和宣传，提倡社会低碳环保理念，共同营造绿色发展良好氛围
中国南方电网有限责任公司	南方电网公司服务碳达峰、碳中和的工作方案	目标：大力推动能源供给侧结构优化调整，全力服务新能源接入和消纳
中国大唐集团有限公司	中国大唐集团有限公司碳达峰与碳中和行动纲要	目标：在达峰阶段，集团非化石能源装机占比要升至60%左右，度电二氧化碳排放减少 20%左右，确保 2030年前实现碳达峰并力争提前碳达峰。在碳减排阶段，非化石能源装机占比要升至 90%以上，确保 2060 年前实现碳中和并力争提前碳中和。 三条路径：推动能源技术创新、推动能源生产革命、推动能源消费革命。 十项措施：推进低碳零碳技术创新、发展非化石能源、推进火电降耗减碳、发展储能和氢能、发展碳交易和碳金融、发展分布式能源和智能微网、拓展综合智慧能源服务、发展低碳零碳供热、开展非电业务和办公节能减排、推动合作者实现“双碳”目标
国家电力投资集团有限公司	绿色智慧能源大品牌时代来了	目标：到 2023 年将实现国家电投在国内的“碳达峰”；到 2025 年，国家电投电力装机将达到 2.2 亿 kW，清洁能源装机比重提升到 60%；到 2035 年，电力装机达 2.7 亿 kW，清洁能源装机比重提升到 75%

续表

单位	行动	主要内容
中国华能集团有限公司	中国华能集团有限公司二届二次职工代表大会暨 2021 年工作会议	目标：到 2025 年，发电装机达到 3 亿 kW 左右，新增新能源装机 8000 万 kW 以上，确保清洁能源装机占比 50%以上，碳排放强度较“十三五”下年 20%；到 2035 年，发电装机突破 5 亿 kW，清洁能源装机占比 75%以上
国家能源集团	国家能源集团党组会	目标：抓紧制定 2025 年碳排放达峰行动方案，坚定不移推进产业低碳化和清洁化，提升生态系统碳汇能力。“十四五”时期，实现新增新能源装机 7000 万～8000 万 kW，占比达到 40%的目标
华润电力控股有限公司	2020 年可持续发展报告	目标：于 2025 年实现碳达峰，并于“十四五”期间，力争新增 4000 万 kW 可再生能源装机，计划 2025 年末可再生能源装机占比超过 50%。 路径：严格控制新建火电项目，大力发展清洁能源，向综合型清洁能源企业转型；进一步加大火电厂节能减排力度，加强内部管理和节能降耗，减少能源消耗；持续开展碳捕捉课题攻关；加大核证资源减排量等碳资产的开发；加强电力市场、碳市场、绿证市场耦合联动；开展植树造林，绿化家园，减少碳排放

2021 年 6 月 18 日，中国华电集团有限公司发布了“十三五”碳排放白皮书及碳达峰行动方案，根据行动方案，提出了力争在 2025 年实现碳达峰，新增新能源装机 7500 万 kW，非化石能源装机占比达到 50%以上，全口径碳排放强度较“十三五”末下降 17%的发展目标，并明确了优化发电结构、深挖煤炭潜力、加快科技攻关、创新金融服务、聚合内外力量五条实施路径、八大专项行动。

在低碳发展战略布局上，华电集团勇于开拓创新，始终坚持新发展理念。

一是中国华电坚持低碳引领、创新驱动，强化管理创新和技术创新，“十三五”期间累计减排二氧化碳 5.5 亿 t，其中电源结构调整减排 4.5 亿 t；节能减排降耗减排 1 亿 t。碳排放量增速明显放缓，强度持续下降，全口径供电碳排放强度较“十二五”末下降 53g/kWh，创历史最好水平。

二是主动参与全国碳市场建设，为电力行业应对碳市场发展提供技术及数据支撑。率先发布了“十三五”碳排放专项规划，广泛参与全国碳市场温室气体监测、报告与核查（MRV）、注册登记交易、监督管理等核心规则研讨，深度参与发电企业二氧化碳排放配额分配测算方案研讨，配合开展相关能力建设、系统测试等工作。

三是积极探索，优化管理，建成了国内电力行业首个碳排放在线检测实验平台，率先实现入炉煤元素碳实测全覆盖。

四是引领核心技术布局，建成华电江苏句容百万千瓦机组 1 万 t/年碳捕集示范工程、华电襄阳公司生物质耦合发电项目等一系列降碳减排技术攻关重点项目，为电力行业低碳发展转型贡献华电智慧。

（三）四川公司低碳发展现状及成效

四川公司总电力装机 900 万 kW，其中水电 495.04 万 kW，火电 370 万 kW，风电 34.9 万 kW，光伏发电 0.29 万 kW。水电装机份额占比 55%，火电占比 41%，风电占比 3.8%。

由于四川省能源结构特点，火电负荷率低，四川公司纳入全国碳市场实施碳排放管控的 3 家火电厂碳配额均不足，首个履约周期（2019—2020 年）总体二氧化碳排放量为 1938.33 万 t，配额量总计为 1915.59 万 t，配额缺口为 22.74 万 t，按照碳价 42 元/t 测算，需付出履约成本 955 万元。不过，四川公司未雨绸缪，勇于探索绿色权益开发，在“十二五”、“十三五”期间积极对下属水电项目进行了绿色权益开发，其中泸定水电站项目成为在联合国成功注册的规模最大的清洁发展机制（CDM）项目。雅安公司水电站成功开发为国内的自愿减排项目（CCER），并持有 46.1988 万 t 减排量，不但能够抵消火电厂配额缺口，并有富余 CCER 指标能够出售获益，可为公司创造近 2000 万元绿色权益收益。

四川公司控排企业 2019—2020 年度碳排放配额盈缺情况见表 2。

表 2　四川公司控排企业 2019—2020 年度碳排放配额盈缺情况　单位：万 t

单位	2019 年			2020 年			2019—2020 年合计盈亏
	配额	排放量	盈亏	配额	排放量	盈亏	
广安电厂	632.53	661.22	−28.69	625.22	612.90	12.32	−16.37
珙县电厂	279.54	286.70	−7.16	322.10	318.82	3.28	−3.88
内江发电厂	26.86	27.51	−0.65	29.34	31.18	−1.84	−2.49
四川公司合计	938.93	975.43	−36.5	976.66	962.9	13.76	−22.74

四川公司 CCER 持有量信息见表 3。

表 3　四川公司 CCER 持有量信息

项目名称	项目业主	项目类型	已备案减排量（tCO_2）	监测计划里提到的监测期
四川雅安水津关水电站项目	华电四川发电有限公司雅安分公司	水电	461988	2010 年 2 月 25 日—2012 年 6 月 6 日

（四）四川公司面临的机遇与挑战

随着中国向世界承诺“3060”的“碳达峰、碳中和”目标之后，一场百年未有之

大变局悄然开启，中国能源行业面临降碳和转型的巨大压力。但于变局中育新局、于危机中抢先机，中国能源行业转型同样也面临百年未有之大机遇。

“十四五”期间，华电集团将按照“碳达峰、碳中和”的远景目标以及国资委创建世界一流企业的部署，贯彻新发展理念，变革中寻找机遇。四川公司也深刻意识到要主动谋势、抢抓先机，重点把握以下四个方面的机遇，赢得主动。

1. 贯彻集团达峰行动方案，明确四川公司发展方向

华电集团公布的碳达峰行动方案明确提出了“十四五”“十五五”期间的重点任务，为四川公司未来5～10年的工作定下了基调，以升级优化发电结构、低碳技术攻关、数字化智能化为重点任务，推动形成绿色低碳的产业结构和生产方式。

2. 以新能源为主体，构建未来新型电力系统

“双碳”目标下我国构建新发展格局，推进新型城镇化建设与电气化进程，将带动电力需求保持刚性增长。预计2025年、2030年，我国全社会用电量将分别达到9.5万亿kWh、11.3万亿kWh，以新能源为主体的新型电力系统，为风电、太阳能发电、氢能等清洁能源发展，提供了历史性的机遇，新型电力系统的建设将有效促进四川公司提升新能源发电比例。

3. 认清煤电发展作用，保障电力供应安全

煤电将由过去的“主体电源、基础地位、支撑作用”，转向“基荷电源与调节电源并重”，碳达峰期间煤电仍将发挥在煤炭转化、电热供应、系统调峰等方面的基础性作用。碳中和期间，煤电将成为单纯的“调节电源”，为保障电力安全供应兜底，为全额消纳清洁能源调峰。四川公司将认清煤电的阶段性作用，坚定不移深化煤电供给侧结构性改革，实现“三改”联动。

4. 参与碳交易市场，拓展碳资产管理业务

2021年7月，碳排放交易市场启动，火力发电企业首当其冲纳入碳排放交易系统，政府在碳排放配额、企业参与范围、产品定价机制等方面作出系统性的安排。目前我国发电企业缺乏灵活运用金融工具的能力和经验，四川公司在碳资产管理和碳金融市场上面临机遇，可以借鉴国外先进能源企业碳资产管理的优秀做法，建立碳交易风控体系，探索碳金融衍生品开发。

但是我们也清醒地认识到，四川公司在实现“双碳”目标下高质量发展的同时，仍面临一系列挑战：按现有规划发展碳达峰目标压力大，需准确预测碳排放情况并将集团“双碳”考核目标进行明确分解；碳管理相对分散，需明确管理思路，建立管理机制，引入管理工具开展管理；需开展达峰潜力预测，综合考虑目标、成本及成效，完善和提升现有的降碳方案，提出实现“双碳”目标的建议和措施；以新能源为主的

多能互补体系建设仍需加快，煤电与新能源协同发展策略仍需完善；碳排放履约未来仍可能存在配额缺口，碳市场及碳金融潜力需深挖。

在面临新发展形势下的机遇和挑战时，四川公司应坚定绿色转型发展决心，不断保持战略定力，增强机遇意识和风险意识，抓住碳达峰碳中和重要战略机遇期，奋力开创发展新局面。

四、四川公司碳排放预测预算及“双碳”目标分解

基于四川公司碳管理工作现状与碳排放数据基础，进一步研判公司整体碳排放发展趋势、量化降碳空间、对标减排差距，是落实政府主管部门“双碳”目标管控，响应集团双碳工作要求的重要前提，有助于公司提前落实碳管理目标、分解碳考核责任、制定碳排放预算，并据此进一步规划行动路径及发展举措，推动公司完成“双碳”目标下的高质量转型发展。

（一）碳排放情景预测分析

基于四川公司碳排放源、排放结构及排放量的系统分析，摸清公司碳排放家底，结合四川省“十四五”能源发展规划、华电集团总体发展规划要求以及四川公司“十四五”规划等顶层设计文件要求，在符合“四川公司需2025年达峰，全口径碳排放强度从2021年319g/kWh下降到2025年270g/kWh”的总体目标下，设置三种不同的情景，通过装机容量、供电量、供电煤耗及供电标准煤排放系数等指标，预测四川公司2021—2030年的碳排放总量和全口径供电碳排放强度等未来趋势变化。

碳排放总量=供电量×供电标准煤耗×供电标准煤耗碳排放系数+供热量×供热标准煤耗×供热标准煤耗碳排放系数

情景1：设定按照当前的生产规划测算，即2026年关停内江100MW机组，2029年、2030年各关停广安一台300MW机组，不再上新煤机，分别在2023年、2026年、2029年新上燃气轮机，发电量保持逐年增长，测算各年度碳排放量，判断是否实现四川公司2025年碳达峰目标。

情景2：在情景1的规划基础上，按照《关于开展全国煤电机组改造升级的通知》规定，煤电机组平均供电煤耗到2025年须控制在300g/kWh内，依此假设，调整煤电机组的供电煤耗，并基于2025年后维持排放量不变测算碳排放强度。

情景3：按照华电集团对四川公司2021—2025年各年考核强度，通过调整四川公司的生产规划，包括装机容量、利用小时数、供电量、煤耗等指标，以及新能源装机情况，反推各年排放量，2025年后维持排放量不变测算各年度碳排放强度。

计算结果如表4和图1所示。

表 4　　四川公司不同情景下的排放情况

年度	情景 1		情景 2		情景 3	
	二氧化碳排放量（万 t）	全口径供电碳排放强度（g/kWh）	二氧化碳排放量（万 t）	全口径供电碳排放强度（g/kWh）	二氧化碳排放量（万 t）	全口径供电碳排放强度（g/kWh）
2021	1070	329	1036	319	1036	319
2022	1035	302	995	290	995	290
2023	1140	310	1090	296	1020	277
2024	1172	291	1118	277	1067	264
2025	1369	307	1288	288	1210	270
2026	1462	298	1288	261	1210	245
2027	1517	288	1288	243	1210	228
2028	1501	279	1288	238	1210	223
2029	1510	265	1288	224	1210	210
2030	1541	249	1288	206	1210	193

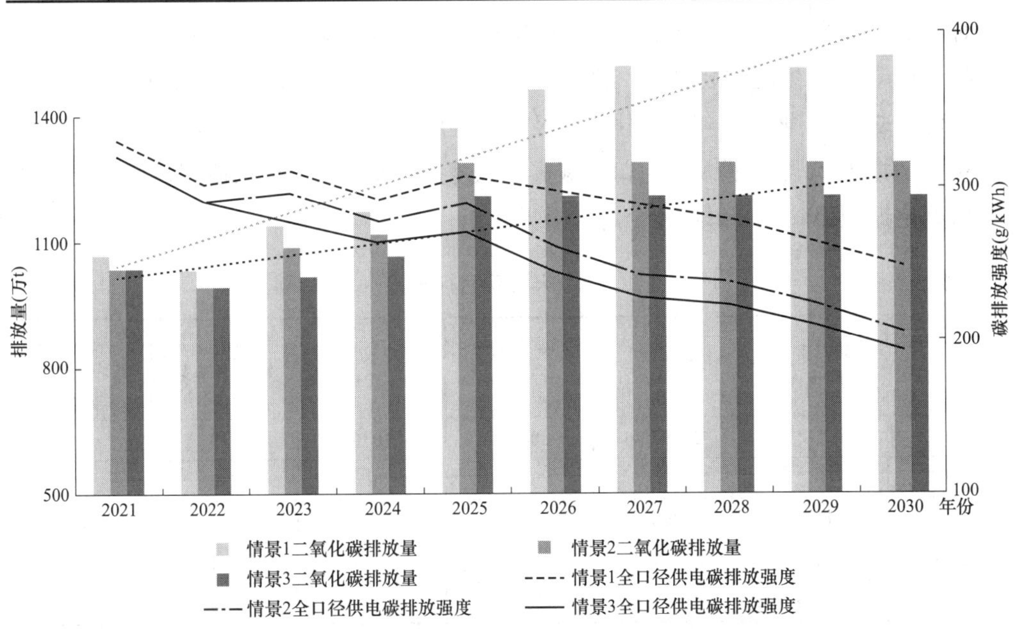

图 1　三种情景全口径供电碳排放强度与排放量对比

结果显示，由于预计 2022 年煤电机组发电量减少，因此碳排放总量较 2021 年下降，当 2023 年燃气轮机投产后，排放量开始逐年上升至达峰。

情景 1 结果显示，若按现有规划实施，受规划中各年度煤电机组及燃气轮机供电量、供热量、供电标准煤耗的影响，全口径供电碳排放强度2021—2025年振荡波动，2025年后逐年下行，但总体四川公司在2030年前无法实现碳达峰，无法满足集团对四川公司2025年达峰考核要求。

情景2碳排放量可实现2025年达峰，但2025年排放强度为288g/kWh，无法满足华电集团对四川公司270g/kWh的考核要求。

情景3为满足“2025年达峰，全口径强度270g/kWh”的考核目标要求，若不改变生产计划，煤电机组供电煤耗需下降到280g/kWh，这在当前技术下给四川公司带来了不小的降碳压力。

为确保完成考核目标，考虑建立碳预算管理，将碳目标在四川公司内部进行时间与空间的分解与落实。在此基础上，创新构建碳路径规划管理体系，建立管理机制，借助机制加技术相结合的手段，从源头降碳，从后端捕捉，以实现四川公司碳达峰目标。

（二）降碳目标分解

1. 2021—2030年降碳目标分解

对四川公司的降碳目标从时间和空间两个角度进行分解，并依此制定应对策略，确保相关目标落实。时间层面上，“在2025年实现碳达峰、全口径供电碳排放强度270g/kWh、可再生能源装机63.73%”的集团管控目标下，按照碳排放预测情景3分解2021—2030年期间每年度碳排放量及供电强度等考核指标，将每年度的排放量、装机机构、供电量、全口径及火电口径碳排放强度指标作为参考值来研判目标完成情况，并做好定期预警管理，每年度分解结果见表5。

表5　四川公司年度碳目标分解

年度	装机容量（万kW）	供电量（万kWh）	供热量（万kWh）	排放量（万t）	全口径供电碳排放强度（g/kWh）	火电供电碳排放强度（g/kWh）
2021	977	3219704	800000	1036	319	889
2022	1031	3392105	1000000	995	290	883
2023	1178	3620841	1500000	1020	277	807
2024	1331	3945456	2200000	1067	264	742
2025	1432	4345818	3200000	1210	270	722
2026	1565	4728078	4950400	1210	245	628
2027	1678	5065513	5450400	1210	228	562
2028	1772	5145085	5950400	1210	223	562
2029	1890	5426266	7160000	1210	210	518
2030	2041	5880127	7560000	1210	193	474

从表 5 看出，由于全社会用电量逐年增加，四川公司 2021—2030 年供电量逐年增加，为满足集团 2025 年达峰目标，全口径及火电碳排放强度均自 2021 年开始须逐年下降。

2. 降碳目标空间维度分解

空间层面，为实现碳排放量从情景 1 到情景 3 的下降，考虑从多条路径创新性分解四川公司降碳目标。降碳路径包括煤电机组技改、燃气轮机提效、发电权转让、大数据管理降碳、水风光多能互补与 CCUS 等降碳、负碳技术。依据文献研究及现场调研，对不同降碳路径赋予不同比例的降碳量及降碳效果，确保降碳分解路径的可行性。四川公司降碳路径分解如图 2 所示。

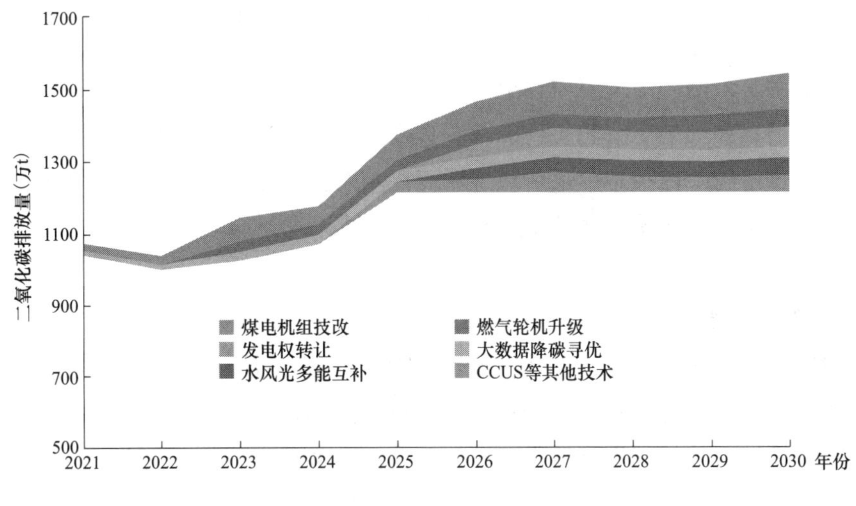

图 2　四川公司降碳路径分解

从图 2 看出，为实现四川公司降碳考核目标，需多措并举。煤电机组节能降耗是实现降碳目标的主要路径之一，CCUS 等新型技术也将发挥非常重要的作用。

3. 火电机组降碳目标分解

考虑煤电机组改造是未来实现四川公司管控重要路径之一，为满足公司降低碳强度与减少排放量的目标，煤电口径碳排放强度需降到 800g/kWh。本课题基于技术的边际降碳成本曲线和线性目标规划，通过筛选四川公司下属电厂适用的煤电机组减排技术，构建边际减排成本曲线和目标约束等技术方法，对“十四五”期间公司下属三家火电厂的减排目标进行分配，将煤电机组减排强度分解到四川公司的三家火电厂。目标分解结果如图 3 所示。

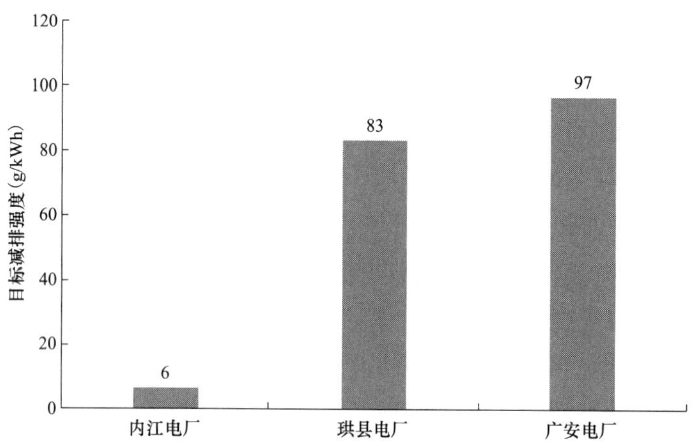

图3 “十四五”期间三家火电厂降碳目标分解结果

由图3看出，四川公司三家火电厂中，广安电厂未来降碳潜力大。广安电厂具体措施包括使用提高火电厂汽轮机性能综合技术、冷却塔用离心式高效喷溅装置、回转式空气预热器密封节能技术、锅炉燃烧温度测控及性能优化系统等节能降碳技术。

“双碳”目标研判与分解对公司基于与国家目标同步的碳排放管控目标，进一步落实管控重点，具有重要意义。

（三）达峰实现路径

四川公司将以“转型为主、技术先行、创新研究、保障机制”研究推进降碳目标实现。四川公司将研究加快多能互补体系建设，提升新能源发电占比等；明确火电企业转型升级目标，并加强重点技术研究和攻关；完善碳资产管理策略，深度参与碳市场和碳金融，服务业务转型。为确保上述目标和措施落地，四川公司将建立企业碳预算体系，建立考核机制，衔接碳管理平台，实现过程管理和结果跟踪；开展碳排放全生命周期管理，落实碳预算和碳评机制。

五、四川公司实现“双碳”目标的创新发展举措研究

为落实四川公司时间和空间维度上分解目标，四川公司将紧抓碳达峰碳中和重要战略机遇期，采取优化发电结构、创新引入碳评机制、构建碳路径规划管理体系、关注碳市场与碳金融、加强重点技术攻关等多举措并行，并选取地方开展试点，形成绿色转型发展的“华电四川”模式，奋力开创发展新局面。

（一）优化发电结构，建设新型电力系统

四川公司将按照统筹部署、有序推进、落实落地的要求，以高质量发展为主题，全面落实“中国华电碳达峰行动方案”。四川公司现有运行装机容量中水电装机份额占

比最高，其次是火电和风电，清洁能源比重高达 58.9%，已初步形成了水火风光互补的电源结构。但是相较于四川区域非化石能源占比 88%，四川公司火电机组的装机份额还是较高。并且由于火电机组年利用小时数普遍较低，导致煤耗上升和碳排放强度高，碳配额不足，且距离完成华电集团“十四五”规划要求的达峰目标“全口径碳排放强度在 2025 年下降到 270g/kWh，可再生能源装机占比 63.73%”还存在较大差距，亟须进一步提高水风光的装机比重，同时采用“以气代煤”方式建设优质、高效、环保燃气机组。

1. 多措并举大力发展可再生能源

加快“风光水（储）一体化”的基地建设步伐。水电将作为大规模新能源高效稳定消纳的“压舱石”，利用四川省丰富的水风光资源，因地制宜开发水电。鉴于水电在季节上呈现丰大枯小的特性，利用在水电站周边土地资源或库区水面同步建设风光电站，实现季节上风电与水电的电量互补、同日内风电与光伏可以实现出力互补的模式。

四川公司对新建的风光水（储）一体化项目，统筹汇集送端新能源电力，优化配套储能规模。水电与新能源的电能送出方式采用共同送出为主、独立送出为辅的模式。对于流域内的梯级水电群库区需要进一步提升与新能源互补能力，通过优化梯级调度实现对新能源的多维补偿。在电网负荷紧张时，充分发挥新能源的电量补偿作用，提高水电水头，进一步增强水电的顶峰能力，减少错峰限电。

2. 明确火电转型升级目标，保障基本电力供应

“双碳”目标下，火电将由目前的电量型主力电源逐渐转换为电力型调节电源，主要发挥调峰作用，承担保电网安全、保基本电力供应的重任。四川公司严控煤电增量项目，淘汰落后产能，对存量煤电机组升级改造，对供电煤耗在 300g/kWh 的煤电机组，加快实施节能改造；对具备供热条件的燃煤纯凝机组开展供热改造，进一步提高供热能力，满足新增热负荷需求。

有序发展气电，拓展供热市场。2021—2030 年期间四川公司将新建三家燃气电厂，远期规划 12 台燃气轮机，8 台 400MW、4 台 747MW，近期建设 6 台燃气轮机，共 3094MW，兼顾区域内的供热需求。燃气轮机选择 F 级和 H 级的高效机组，F 级机组的联合循环效率在 59%～61%，H 级机组的效率比 F 级高出 3%，度电成本更低 3%，1 套 H 级燃气轮机联合循环机组按年利用 4000h，二氧化碳排放降低 5.8%，每年可减排二氧化碳 5.0 万 t/年。有序发展气电也有利于本地区天然气资源优势的充分利用，改善四川公司的电源结构，提高电网供电能力，增强电源调峰能力。

（二）创新引入碳评机制，构建全生命周期碳管理体系

为提升碳排放管理水平，做好碳排放源头控制和履约工作，确保新建及改扩建项

目建设运营能匹配华电四川公司“双碳”控制目标，华电四川公司将创新性开展碳排放评价工作，探索构建碳排放评价体系，试点开展重点项目碳排放评价工作，确保碳预算的控制和实现。

华电四川公司碳排放评价体系建设，将以国家和地方印发的相关文件为依据，明确碳排放评价标准，并对评价内容、方法及相关因素作出规定。

（1）明确碳排放评价内容。以煤电项目为例，碳排放评价内容包括供电煤耗、供电碳排放强度、单位碳排放减排成本等碳排放关键指标等。

（2）明确碳排放评价流程。碳排放评价流程应包括项目分析、现状调查与评价、预测与评价、减排潜力分析及建议，具体如图4所示。

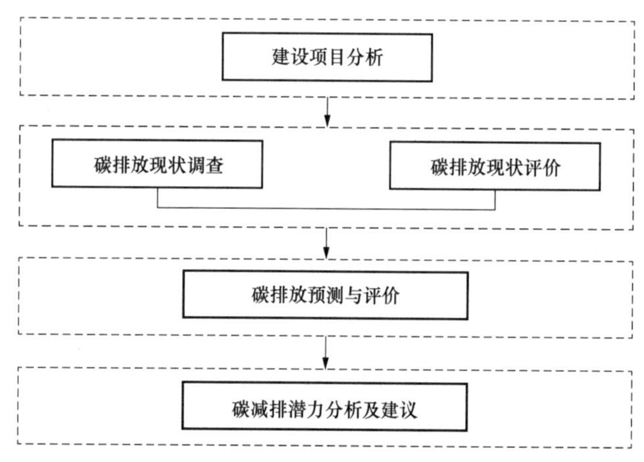

图4　碳排放评价流程

（3）明确碳排放评价方法。根据现有碳排放评价方法，碳排放评价内容应包括政策符合性分析、现状调查及资料收集、工程分析（包括确定核算因子、核算边界、二氧化碳产生和排放情况分析、核算方法）以及碳排放控制措施及方案比选等内容。

（4）明确碳排放评价结果应用。根据碳排放评价结果，评价项目投产后的碳排放水平，所有项目需与全国范围内的发电企业进行横向对比，其中改扩建项目还应对比建设前后碳排放水平。随后，进一步分析减排潜力，并结合华电四川公司的减排及履约目标，从升级工艺、降低能耗、制定碳市场交易策略等方面出发，提出华电四川公司建设项目的碳排放管控对策和措施。

通过开展碳排放评价，一是有利于填补华电集团内部的碳排放评价机制空白，为华电集团系统内单位做好碳排放管理及履约奠定基础；二是有利于华电四川做好碳排放全生命周期管理，加强源头控制，综合考虑技术性、经济性等各方面因素，对现有

减排工具进行优化组合，实现“减碳效应最大化，减碳成本最小化”的目标；三是有利于推动节能减排新技术发展。不断提升华电四川的技术减排能力；四是有利于树立行业标杆，为能源电力行业开展碳排放评价工作提供经验及样板，提升“双碳”工作的华电影响力。

（三）数字化赋能“双碳”发展，创新构建碳路径规划管理平台

“双碳”目标的实现，需时间空间上的合理分解，并持续跟踪实施效果。四川公司根据华电集团考核目标，将目标分解至各年度与下属各单位。鉴于碳管控是一项长期且复杂的管理工作，需有一套成熟高效的管理手段验证“双碳”目标分解的合理性和可行性、跟踪目标实施落实情况，确保各阶段目标按预期完成。因此，四川公司将研究建立碳路径规划管理体系，依托于“华电四川碳路径规划管理平台”，从目标分解与调整、降碳路径实施情况及结果跟踪、降碳优化辅助工具、企业碳预算规划、项目碳影响评价、碳资产管理等方面进行多维度管理。

平台通过预设四川公司碳管控目标，结合内置的节能减排技术库、大数据减碳寻优、发电权转让、风光水多能互补等辅助管理工具，根据生产计划、电源结构等自动将目标分解至各年度及各单位，并对碳排放强度、碳排放量等进行持续跟踪，实时对标降碳路径规划中各单位及区域公司目标完成度，当出现目标完成度偏离情况时，将实时告警并开展碳目标偏差分析，并从产品结构、电源结构方面提出解决方案。

此外，平台可为企业、项目等提供碳预算，对新建燃气轮机项目、燃煤机组技改项目开展碳评价，并分析不同项目对公司碳预算的影响情况，对降碳路径及项目规划给出建议，辅助四川公司合理规划项目安排。

最后，为协助四川公司高效管理碳资产，结合四川公司新能源项目较多的特点，平台开发减排项目全流程管理功能，并创新性地建立碳价预测模型，为下属火电单位的交易履约提供重要的决策建议。

管理体系的构建与管理平台的开发，一是提高达峰履约能力，细化管理精度；二是有助于四川公司科学分解目标并及时跟进碳排放情况及完成情况，为策略及措施提供数据支撑；三是有助于合理规划碳预算，指导四川公司及下属发电企业合理规划及调整目标达成路径；四是协助四川公司高效管理碳配额、CCER 等碳资产，并依托碳价预测功能开展交易，实现碳资产保值增值。

（四）完善碳资产开发管理策略，稳妥探索碳金融产品业务

碳资产管理包括配额管理及 CCER 管理。由于 2019—2020 年配额存在缺口，为确保按时低成本履约，四川公司积极理清流程，梳理四川公司配额及 CCER 碳资产，密切关注国家 CCER 抵销政策，制定交易履约方案，以降低履约成本。

此外，四川公司旗下新能源发电项目占比大，未来CCER项目减排量开发潜力较大，因此，将紧跟CCER项目开发管理制度，提前部署CCER开发战略，争取将CCER打造华电四川公司碳资产管理的优势和突破口。

在国家碳金融政策支持和四川省低碳能源转型的产业发展规划的背景下，四川公司将考虑推行碳资产质押贷款和碳债券有利于企业通过盘活碳资产，实现未来碳减排交易收益即期化。利用主管部门发放的碳排放配额或CCER，获得金融机构贷款，可以开拓新的节能减排融资渠道，优化减排成本，有利于未来将减排成本最小化，并通过金融市场来转移和分散碳价波动风险，实现碳资产保值增值。碳资产质押融资模式见表6。

表6　　碳资产质押融资模式

类型	融资主体	质押物	融资方式	适用情景
基于项目减排量的碳资产质押	项目	项目未来的碳减排量	质押项目未来碳资产，项目未来收益还款，赎回CCER	新能源项目
基于碳排放配额的碳资产质押	企业	企业拥有的碳排放配额	质押企业现有碳资产，企业营业收入还款，赎回配额	碳市场控排企业

（五）创新探索关键技术攻关，培育产业低碳发展新动能

在“双碳”目标下开展新旧动能转换的行动，四川公司共计关停老小火电204万kW，其中“十三五”期间关停109万，相当于每年减少煤炭消耗234.4万t，四川公司依然在探索新动能的技术支撑，亟待形成以新技术、新产业、新业态、新模式为主要特征的创新驱动发展战略。

降碳技术的应用能够为四川公司的发展提供新的发展动能。针对四川公司当前情况及技术发展趋势，降碳重点技术主要从三方面进行布局。

1. 布局碳捕集与利用关键技术研发

建立碳捕集、利用与封存（CCUS）示范工程，探索精制二氧化碳的用途。在“双碳”总体目标要求下，低成本CCUS成为燃煤机组的一条必由之路，对于目前煤电三种碳捕集技术，以整体煤气化联合循环（IGCC）为代表的燃烧前捕集、以富氧燃烧为代表的燃烧中捕集、以化学吸收法为代表的燃烧后捕集，四川公司重点技术攻关最后一种技术路线，即在燃烧排放的烟气中捕集CO_2。四川公司将参考华电句容公司的示范案例，择机选定适合的二氧化碳吸收和压缩精制技术路线，建设示范工程，通过试验运行，获得最佳运行参数。同时，四川公司也将积极探索压缩精制后的二氧化碳用途，拓展二氧化碳的商业价值，例如与食品工业企业联合，建立压缩二氧化碳的食品

用途。

2. 大力推进储能技术研发与应用

四川公司的新型电力系统中储能系统具有刚需性，因为光伏和风电天然具有不稳定性，储能设备通过削峰填谷平顺电流波动，有利于提高电网对高比例可再生能源的消纳和调控能力。现阶段应用最为广泛的是抽水蓄能和铅酸电池储能，已基本成熟的技术有压缩空气储能、镍镉电池、钠硫电池、锂离子电池、液流电池、超导磁能、飞轮、电容、储热/冷等技术。考虑储能设施的功率、放电时间、储能成本，四川公司将重点加快压缩空气储能、抽水储能、电化学储能技术的研发与应用，在“风水光储一体化”项目中，试点建设储能设施，技术重点提升储能系统的充放电循环效率、能量密度、功率密度、使用寿命、循环次数，同时降低储能系统的每千瓦时成本。

3. 探索氢能利用，加快氢能关键技术研发与示范

建立氢能产业战略长效研究机制。氢能产业投入大，发展前景周期长，不确定因素较多，因此未来四川公司将考虑建立氢能产业战略长效跟踪及研究机制。密切跟踪国内外制氢、储氢及用氢技术发展动态和相关政策法规，寻求氢能政策高地，探寻商业合作模式，以实现优势互补、共促共赢；选取合理制氢、用氢方式，打通产氢和用氢产业链，联合传统用氢行业，对接燃料电池等新兴用氢产业，尝试实现从产储输用一条龙的氢能经济。

结合区域政策优势布局稳健推进示范工程。择机开展可再生能源制氢及以氢能为核心的多能互补的综合能源服务示范工作，密切关注四川省现代商用车轻卡，蜀都客车氢能公交落地示范情况。充分利用华电集团四川区域可再生资源丰富，尤其是水电价格和总量上的优势，同时配套规划制氢和加氢站建设，形成特色鲜明的四川公司氢能产业格局。

上述技术的推进和发展，四川公司将建立技术政策定期更新机制，并考虑和华电内部、四川区域内的研究机构及大学建立产学研机制共同开展研究，并制定相应的人才引进策略，以培育四川公司发展新方向。

（六）积极探索开展试点，助力“双碳”目标实现

“双碳”目标控制下的行业转型迫在眉睫，试点是探索转型路径的重要任务，也是转型的重要方法。四川公司将选取广安电厂作为降碳目标分解落地的案例，对广安电厂的降碳目标开展评估，确保相关降碳目标的落地；将对新建燃气轮机电厂开展碳评研究，以燃气轮机电厂构建碳排放管理体系；将在四川公司构建碳路径规划管理平台，跟踪实施情况，助力“双碳”目标实现。

作为管理减排的工具和制度安排，四川公司的碳预算体系设计及降碳目标分解研究可推广至其他企业，结合自身业务特点和减排管理需要，编制和应用适当的企业碳预算，对其碳排放活动、碳减排活动和碳排放权交易活动实现高效的规划和控制。同时，可以进一步强化“双碳”目标下的企业碳排放情况和指标的考核评价，有助于推动、落实华电下属公司与国家目标同步的碳排放管控目标，助力集团“双碳”目标有序实现。

建设世界一流能源企业愿景下的知识管理体系研究

中国华电集团有限公司科技信息部、华电电力科学研究院有限公司

赵晓东　王刚军　张　柯　王　玥　王玉菲　张钟平
周保中　冯一铭　刘羽茜　李昱曦

自20世纪后期开始，全球从工业经济转向知识经济时代，知识逐渐成为企业发展的关键战略性资源。知识管理是企业对内外部知识资产进行的管理活动，其核心任务是通过系统的过程将知识相互整合并提供给企业员工分享、吸收和利用，以实现企业的知识创新与价值提升。当前，我国经济已经与全球经济深度融合，经济发展步入“新常态”，在知识管理重要性凸显、能源电力行业转型加速、互联网科技迅猛发展的复杂形势下，企业必须正视自身面临的全新挑战。

集团公司作为能源电力领域的特大型中央企业，肩负着国家关键核心技术创新主力军和国民经济发展顶梁柱的重要使命，面向“十四五”及更长发展时期，亟须全面提升自主创新和核心竞争能力。集团公司应加快建立高效协同的知识管理体系和信息化平台，对内提高企业的科技创新能力，实现部门间协同，加快创新速度，提高管理决策能力；对外紧密跟踪行业动态，加快对市场的反应速度，下好先手棋，打好主动仗，以“知识管理+数字化”发展催生新的发展动能，在新征程中实现新作为。

本课题紧紧围绕国家创新驱动发展战略和“数字华电”战略愿景，深入贯彻落实集团公司2021年工作会议精神，旨在协助集团公司着力加强高效协同创新体系和数字赋能建设，加快从传统的要素驱动向创新驱动转变。课题通过研究国内外先进企业知识管理经验、集团公司知识管理体系现状及存在问题，深入分析集团总部、区域公司及企业员工知识管理中存在的需求痛点、盲点和诉求点，结合集团公司科技和数字化发展规划，提出了具有华电特色的世界一流能源企业知识管理体系建设及发展建议。课题研究成果有助于集团公司把握数字化、网络化、智能化发展机遇，统筹创新资源，加快创建具有全球竞争力的世界一流能源企业。

一、国内外知识管理体系现状

（一）国外现状

20世纪50—60年代，国外学者已提出“知识经济”“知识工人”等概念，但对知识管理的深入研究和实践始于20世纪80年代后期，并相继产生了许多应用成果，一些企业由于成功地实施了知识管理而取得了明显的经济效益，其中的主要代表有IBM公司、西门子公司等。

1. IBM公司

为更好应对迅速变化的市场，有效推动企业内部知识管理的发展，IBM公司形成了扁平的、多部门、界限不明显的网状联合体。当前，知识管理已经深刻地渗入到IBM公司运营的方方面面，成为员工耳熟能详的工作方式。

基于战略发展的需要，IBM公司形成了以协作技术为核心的知识管理解决方案——IBM Lotus。在该方案中，首先是对于存储在信息系统中的“信息内容”提供了共享、积累、沉淀的容器，对于掌握在人脑中的“专家技能”提供了协作、交流的工具。同时，还创造性地推出了知识发现和专家定位服务器，实现对信息的发掘和自动分类，并通过显性知识的分析，定位每个领域的专家，以形成企业的完整知识地图。企业培训系统体现了知识管理理论中以人为本的思想。IBM Lotus创造性地将知识管理中“人员”“工作场所”和“事”三要素结合在一起，有利于员工间高效及时地沟通，实现对业务流程中知识和信息的有效管理。

2. 西门子公司

西门子公司探索形成了基于公司战略文化、人力资源和信息技术的知识管理战略流程（SKSP），并通过这一架构来协调、指导和整合各个业务集团的知识管理项目，促进公司业务转型，建设世界一流的知识型企业。

为实现知识管理活动与企业核心业务目标和流程的结合，西门子公司通过实施知识管理来进行业务的转型。主要包括五个步骤：

一是过程设计，描述和设计知识活动，确定知识管理活动的因果关系；

二是规划，将知识嵌入日常工作所用的工具中，使得知识得以利用；

三是项目管理，通过系统化的管理方法来创造开发知识；

四是教育，教育人们使用知识和知识管理方法，比如将知识管理方法与各种培训结合起来；

五是人，知识经理应承担推广知识管理的重任，带领员工开发和利用组织的知识。高效的知识管理帮助西门子公司将大量丰富的显、隐性知识转化为企业的竞争优势，

进一步提升企业核心竞争力。

（二）国内现状

20 世纪 90 年代末期，知识管理理念开始在中国传播，并逐渐成为国内学者和企业家关注的热点。目前来看，国内尚处于从理论研究到理论结合实际的转型阶段。近年来，随着信息技术的迅猛发展，华为、南方电网等公司在知识管理战略及系统建设等方面探索形成了较为成功的经验。

1. 华为公司

华为公司始终坚持知识管理的核心价值在于利用，不断将积累的文档资源与实际业务进行了紧密结合，成功推动了知识管理价值的实现。三十余年间，其通过高效的知识管理体系实现了自身持续快速的发展。

华为公司重视并建立了面向全球的知识管理系统。一方面，华为公司建立了面向全球员工的智能高效协作工具和平台 WeLink，提供了知识发布能力及多形态的知识信息流呈现，将散落在员工大脑、计算机、移动硬盘、纸质文档等地方知识显性化、电子化，促进了企业在发展过程中创造的各种文件、知识和经验的沉淀，同时也避免了因人员流失产生的知识流失，保护组织核心竞争力。另一方面，为提升员工知识储备能力，又先后创建了高端人才库、“中研院”、华为培训中心和华为大学，设立“知识产品货架”及“知识集市”机制，不同类型知识平台共同构成了企业知识资源集散中心，帮助华为实现了对知识的有序管理和高效吸收。此外，华为还建立了“知本主义”下的股权动态分配制度，使知识劳动可以转化为资本，激励员工提升自身知识层次和创新能力。

2. 南方电网能源发展研究院

受国内外研究咨询智库机构开展知识管理工作的启发，南网能源院 2019 年提出要建设南网“信息库”的计划，此后研究并实施了知识管理，建设了具有南网能源院自身特色的知识管理应用平台。

以南方电网战略文件为引领，南网能源院将知识管理与企业战略紧密联系，从组织、文化、过程以及技术等多个维度研究和认识知识管理，构建了业务分类体系和知识分类体系，制定了结合院业务发展和专业岗位的知识地图，建设了基于业务和管理职责的知识管理平台，形成了知识管理组织架构和激励机制，培育了共享、传承、学习的企业文化，实现了知识管理与业务管理深度融合，全面提升了员工咨询研究业务能力，推动了知识成为南网能源院产品服务的有效输出。

（三）经验与启示

1. 实施知识管理是推动企业发展的重要动力

随着信息技术和人工智能技术的迅猛发展，知识量呈现指数级增长，知识正在成为企业发展的重要资源和主导力量。知识经济时代，企业如何将自身知识资源转化为核心竞争力显得尤为重要。知识管理是企业的一种综合资源处理能力，实施知识管理可以促进企业内外部知识流动转化，提高决策管理水平和市场应变能力，推动技术创新和价值创造，提升员工业务素养和专业水平，对大数据时代企业持续发展和提升核心竞争力具有重要意义。

2. 开展知识管理需要制定清晰明确的战略和管理制度

制定明确的战略是开展知识管理的必要前提，为开展知识管理工作提供了根本遵循。西门子公司提出了知识管理战略流程（SKSP），华为公司提出了“知本主义”，不仅为公司知识管理工作指明了清晰的方向，而且有助于全体员工思想的统一。此外，完善的制度是开展知识管理的有力保障，围绕知识的全生命周期管理，从获取、发布、维护、使用、加工等关键环节制定运营管理权责与流程，提供制度保障和工作规范。

3. 建设信息化平台是知识管理落地实施的必由之路

发达的现代信息技术和通信技术可以为知识管理信息化提供强大的技术支持，通过网络建设实现内部资源的共享，从而充分利用企业内外部创新资源，提高工作效率，降低运营成本。IBM公司、南网能源院等都建立了适用于自身的知识管理系统，从而进一步提升员工素质，弱化经营风险，降低工作成本，使企业在信息化时代保有持续的竞争力。

4. 实施知识管理评估与激励措施以塑造良好文化环境

切实有效的评估和激励措施对于企业开展知识管理活动是必不可少的。西门子、华为等公司都将激励融入公司员工人事管理体系中，对知识管理实施过程进行跟踪和评价，极大提升了企业绩效。另外，企业实施知识管理，关键在于营造一个有利于促进知识共享、鼓励知识创新的工作环境。企业领导者应努力塑造员工互相信任、关系融洽、畅所欲言、气氛轻松、思想活跃的良好环境，从而充分调动员工的积极性和创造性。

二、集团公司知识管理体系建设

（一）集团公司知识管理体系现状及问题分析

集团公司作为能源电力领域的特大型中央企业，已经开始了知识管理领域的探索，在知识沉淀、知识分享、知识激励等方面进行了尝试。例如，集团公司已建设了科技项目管理系统、OA 系统、档案系统等，但上述系统相较成熟完善的知识管理系统而言仍存在一定差距。总体而言，当前集团公司知识管理体系建设存在以下问题。

1. 缺乏组织架构和管理制度

首先，集团公司尚未建立完善的知识管理体系，对知识管理的定位不够清晰，且现有针对科研项目和档案建设的管理系统主要用于对部分静态知识的收集和维护，无法适应数字经济时代业务发展的需要。其次，集团公司没有建立权责清晰的知识管理组织架构，无法对知识管理战略目标的实现提供有效支撑。此外，当前还缺少进一步激励员工开展自主学习、知识创作的激励制度。

2. 缺乏知识管理专项平台

集团公司下属单位较多，且地域分布较广。当前并未建立一个适用于全集团的知识管理平台，致使知识零散分布在各个系统中，系统功能往往停留在存档、查询等层面上，形成了“知识孤岛”。一些下属单位由于业务需要自行建设了一些文档管理、知识共享系统等，也一定程度上造成了资源的浪费与重复投资。

3. 知识缺乏时效性和使用度

当前集团公司各系统管理的多是论文、研究成果、课件、总结等静态知识，没有响应动态的业务需求，导致知识的时效性和针对性不强。其次，知识的粒度偏大。当前系统中主要是基于文档的知识，且往往篇幅较大，其中的知识点未能经过总结和提炼，知识粒度偏大和知识体系欠缺，使检索浏览不便。此外，知识间的关联性差。现有系统中知识未经过结构化处理，无法被自动推送和智能检索，从而难以被利用。

4. 缺乏知识管理文化

知识积累是实施知识管理的基础，而当前集团公司内部的知识沉淀和传承意识还不强，仍需相关部门监督完成。良好的知识共享、交流的文化氛围，可以使显性知识和隐性知识实现互动促生，进而为知识传承、知识创新提供不竭动力和源泉。

（二）集团公司知识管理体系建设需求分析

1. 集团总部

集团公司高度重视科技和信息化知识、国内外市场竞争情报等信息的获取，并对建设相关的信息化平台有迫切需求。具体如下。

一是科技发展的需求。需要对行业关键技术、前沿技术、工程技术等知识情报进行持续跟踪与研究，提升集团公司数字化治理能力；

二是市场研判的需求。需要开展政策规则研究、电力供需形势分析、市场交易分析评价、风险管控等工作；

三是国际化发展的需求。需要开展国际能源市场情报及全球重点区域（国家）能源市场情报收集与分析工作；

四是战略制定需求。需要研究、制定、实施相关发展战略及专项规划，对国家、地方及行业的规划、政策信息，以及行业内部对标数据、战略动态等知识信息有较强需求。

2. 下属单位

知识信息是系统内各区域公司、专业公司做好企业发展研究、生产经营管理、市场竞争力提升与科技研发工作的必要资源。建设世界一流能源企业愿景下的知识管理体系及信息化平台，一方面能为各单位对知识信息的获取和使用提供便捷途径，也有利于整合集团公司各单位的知识、信息资源，实现统一管理和共享使用；另一方面，也能为集团公司各单位进一步做好科技创新、市场分析、决策支撑等工作提供必要的工具支持。

3. 公司员工

知识管理通过积累个人知识和企业知识，由此形成企业智慧。建设世界一流能源企业愿景下的知识管理体系及信息化平台，有利于员工进行知识生产（如上传工作总结、报告、案例、音频、视频等），有利于员工进行知识传播（如下载、查阅、观看、问答交流等），还利于员工更好地对知识进行吸收。

三、世界一流能源企业知识管理体系建设

（一）世界一流能源企业知识管理体系总体框架

集团公司作为能源电力领域的特大型中央企业，具有知识密集、技术密集、人才密集三个突出特点，实施知识管理的重要性和紧迫性不言而喻。在科学技术和信息技术迅猛发展的今天，亟须建立高效、专业、科学的世界一流能源企业知识管理体系，培育知识分享和广泛利用的企业文化，实现知识管理与业务管理的深度融合，全面提升员工知识水平，推动企业科技创新和数字化转型，加快构建具有全球竞争力的世界一流能源企业。

1. 设计思路

由于集团公司业务遍及全国及境外多个地区，知识管理的应用既要满足全集团公司一体化管理的需要，又要能够保证各下属单位能够在一体化框架下最大程度地发挥自主创新的能力，同时也要满足集团总部、下属单位、普通员工对知识管理的不同需要。结合企业管理特点，知识管理系统可采用“总部部署、多级应用”的部署应用模式，来实现集团公司知识分类、采集、审核、发布、应用、分享、储存、维护的全过程管理，并通过华电情报信息共享平台，形成集团统一的知识体系，为集团公司各级单位提供多样化、个性化的知识服务，促进员工思维模式和行为习惯的改进，逐渐使知识管理成为提升企业科技创新和竞争力的重要工具，实现对企业战略目标的支撑。

2. 组织体系

集团公司知识管理组织体系分为决策层、运营管理层和用户三个层级。决策层为集团总部，主要负责为知识管理相关工作指明方向、制定决策、组织领导和统筹协调。运营管理层包括管理工作组和具体实施单元，管理工作组负责执行决策、组织推进、体系实施和日常维护，具体实施团队包括资源建设、情报分析、情报应用和平台管理等。其中，资源建设团队主要负责显性知识的搜集，通过对知识和信息的获取，建立一定品质和数量的资源积累；情报分析团队主要开展显、隐性知识的挖掘，通过知识组织和信息加工，形成具体的分析结论；情报应用团队重点关注显、隐性知识的吸收，通过对知识进行创新和孵化情报产品，开展知识情报的应用；平台管理团队以显、隐性知识和既有知识成果为依托，通过华电情报信息共享平台对知识情报进行分类推送和共享应用。

华电知识管理组织体系见图1。

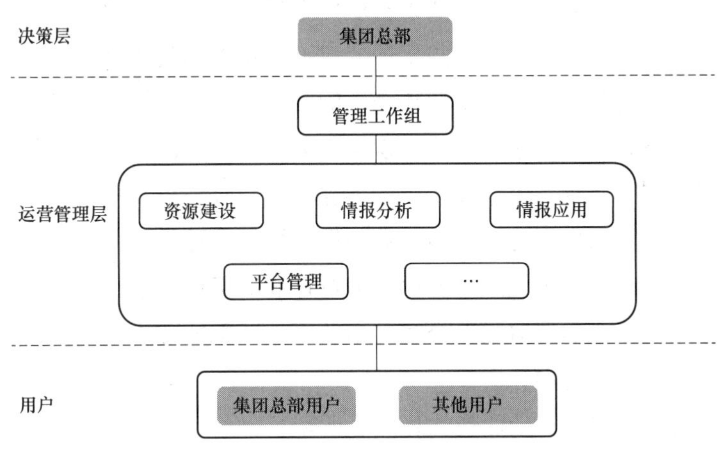

图1 华电知识管理组织体系

3. 过程管理

构建集团公司知识管理过程体系需围绕知识的全生命周期管理，从获取、发布、维护、使用、加工等关键环节进行知识沉淀、知识分类、知识共享和知识应用，全面提高企业知识管理水平。

（1）知识沉淀。知识获取是知识管理的“源头活水”，主要包括知识的识别、采集和整理三个阶段。知识资源信息包括标准类、方法类、文档类、经验类、数据类、专家信息及外部资源等，既包括依托华电情报信息共享平台被动采集的外部知识，也包括员工主动上传的经验类、文档类等内部知识，经过整理分析使隐性知识显性化。

（2）知识分类。知识分类是多层次、多维度的，需要满足集团系统内不同目标、不同对象的知识需求。构建业务分类体系和知识分类体系是知识资产管理的基础，是华电情报信息共享平台开展知识分类存储、检索的依据。具体根据业务逻辑分析，采用多维分类法，方便各部门、公司管理本业务领域的知识资产。

（3）知识共享。知识共享指通过多种方式在平台分享知识，使得知识可以为企业全体员工所用。开展华电情报信息共享平台运营工作，激励用户分享个人知识，在此基础上构建知识分享流程，形成相关的知识管理考核与激励方案。

（4）知识应用。知识应用是一个动态循环的过程，新知识的应用必然要与组织原有知识进行整合，进而变为组织掌握的知识，再进入下一个知识应用的动态循环过程中。知识应用主要包括知识检索与分析、知识学习与人才培养等。主要体现在支撑高层决策、积累组织智慧、提高专业能力、提高员工素质等方面。

（二）华电知识管理信息化工具

为更好服务世界一流能源企业知识管理体系建设，落实“数字华电”建设总体要求，集团公司正推进华电信息情报共享平台建设，从而为集团公司战略规划、电力市场、国际业务、科技研发，以及企业和个人的知识资产管理提供信息化工具。

华电信息情报共享平台包括专业知识（论文、标准、报告等）、科技情报、市场情报、专家智库观点等，融合信息技术、业务算法、情报分析等技术，强化集团公司信息情报应用和共享，为集团公司的核心业务提供情报支撑与决策辅助支持。平台建成后，集团公司及各级企业可利用平台更快地对行业情报信息进行收集、处理、分析和应用，优化资源管理，实现情报整合和共享，更大范围地实现集团公司员工对知识经验进行生产、传播、交流和分享。

华电信息情报共享平台功能架构如图 2 所示。

四、对集团公司知识管理体系发展的建议

完整的知识管理战略的实施不仅要锤炼“骨骼”，即建设相关的管理制度和信息化平台，还需要丰盈“肌肉”，即深刻认识知识管理的重要性、制定有效的管理制度、建设人才队伍和营造浓郁的文化氛围，最大限度推动集团公司知识管理体系的发展。

（一）高度重视，建立自上而下的知识管理战略

高层的认可和重视是企业知识管理建设的“指南针”，是企业制定及实施知识管理制度，取得相关资源支持，凝聚企业共识的必要前提和有力保障。在“创一流”的新征程中，只有深刻认识企业实施知识管理的重要性和紧迫性，才能自上而下坚定不移推动知识管理建设，扎实提高企业知识管理水平，加快建设高素质知识管理人才队伍，

促进形成共享勤学的知识管理文化，扎实增强自主创新能力和实力，加快建设具有全球竞争力的世界一流能源企业。

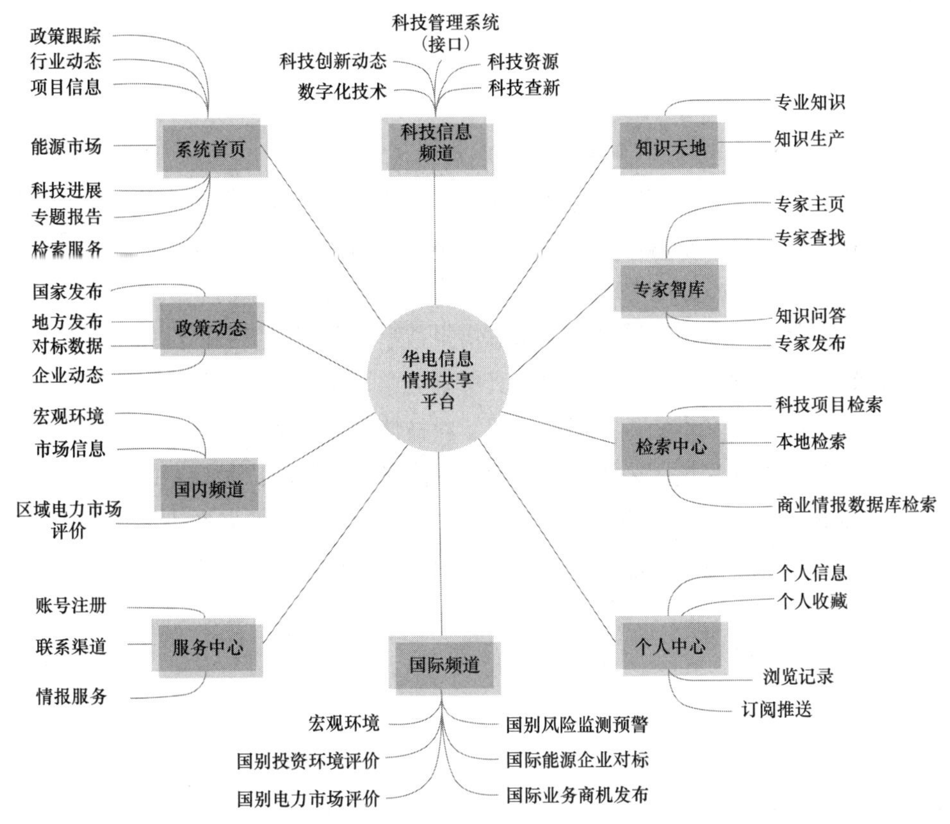

图2　华电信息情报共享平台功能架构图

（二）科学规划，制定积极有效的知识管理制度

积极有效的管理制度是企业知识管理建设的“稳定器”，不仅可以规范企业知识管理战略的实施，使企业逐渐形成有组织有纪律的知识型团体，聚集全体员工的知识创新能力，为企业的高效发展和成长发挥最大的效用；而且可以促使员工养成知识管理的良好习惯，不断提高自身素质和业务水平，进而增强全体员工的知识水平。集团公司应针对知识管理的组织架构、管理流程、安全保密、绩效考核等制定权责分明、流程清晰、安全完善、运行高效的知识管理制度，促进显、隐性知识在集团公司的沉淀积累，推动知识管理在集团公司内的落地实施。

（三）立足长远，培养高素质知识管理人才队伍

优秀的人才是企业知识管理建设的“润滑剂”，将直接决定企业知识管理战略实施

的效果。集团公司可以采取内部培养和外部引进相结合的策略，加快推进知识管理的落地实施。集团公司可选取专业技术硬、综合素质强的内部人才，并引进知识层次高、知识管理经验丰富的外部人才，制定科学化的培养方案，加强知识管理培训，制定激励措施，提高人才知识管理意识和能力，为集团公司知识管理的实施提供坚实的人才保障。

（四）多措并举，营造共享勤学的知识管理文化

良好的文化氛围是企业知识管理建设的"加油站"，不仅能促进企业内部知识的交流和挖掘，还可以提高企业对外部环境的敏感度，为企业创新发展提供不竭动力。集团公司可以从环境、资源、政策三个方面来推动营造共享勤学的知识管理文化，首先是环境方面，员工不仅可以通过华电信息情报共享平台获取集团内部的学习资源，而且可以在线下成立学习小组，营造更具真实感的学习氛围；其次是资源方面，除了为员工提供业务所需的文本知识、影音知识、科技情报和竞争情报等，还需建设和维护内外部专家库，更好为集团公司科技产业发展提供智力资源；最后是政策方面，良好文化的形成离不开相关政策的支持，需要制定相关政策来鼓励各个下属单位和员工自主学习、紧跟前沿、提高技能，充分认识知识的重要性，变被动为主动。

基于企业文化定量的软实力评价研究

贵州乌江水电开发有限责任公司

杨雪涛　龚兰高　涂　勇　吴经纬

众所周知，管理已经从经验管理、科学管理过渡到了文化管理，企业文化在知识经济时代发挥的作用，使越来越多的企业认识到企业文化凝聚、导向、激励等功能的重要性，对整个企业具有整合、增值和提升的效应，即提升企业文化软实力成为学术界和企业界关注的焦点。特别是党的十八大以来，习近平总书记多次在不同的场合，就国家文化软实力阐发了一系列重要论述。由此引申至越来越多的学者开始对文化软实力进行研究，特别是对企业文化软实力的研究异军突起，其意义在于通过软实力的亲和力、影响力、吸引力来挖掘企业潜能。

本文以企业文化软实力模型为分析工具，通过企业文化核心价值观，结合企业基本理念、行为理念、组织管理理念等相关企业文化理念，通过对企业文化软实力模型内容的分析和理解，进行对问卷的设计、作答、统计、分析确定有效性等一系列活动，展开对贵州乌江水电开发有限责任公司企业文化软实力相关定量研究，得到企业文化软实力指数，进而为集团公司华电文化发展补强提供参考依据。本文通过对四个类型（和谐型、创新型、责任型、管理型）和九个维度（共享价值观、改革发展、管理模式、领导能力、组织氛围、员工敬业、创新能力、社会责任、投资关系）的定量分析，来说明该公司应该着重补强的类型为和谐型，维度为组织氛围、员工敬业。此外本文还运用企业文化软实力模型深度发掘了该公司在各个企业文化业务模块的管理流程现状，发现缺乏行之有效的绩效考核是导致组织氛围、员工敬业文化软实力指数低的根本原因，在文章中根据各项优劣分析都相应给出分析和建议。

本文应用价值在于运用企业文化和企业文化软实力相关理论，通过对模型各个维度的定量研究帮助企业准确诊断企业文化软实力状况，发现补强方向，找到根本原因，为乌江公司企业文化软实力的加强提供有力保障，为集团公司企业文化发展提供参考案例。

一、研究的背景及意义

文化建设不仅是一个国家保持社会稳定、经济持续发展的重点，更是一个企业具有竞争力和保持其基业长青的法宝。

（一）研究的背景

在2008年奥运会开幕式上，孔子弟子击缶来表达“有朋自远方来，不亦乐乎”的心情，表现了中华民族的传统文化内涵和精髓，给世界带来了一种吸引力和影响力。这就是文化的魅力，是文化软实力的体现，是国民素质、精神状态和国家凝聚力的集中体现，提升了中国国际软性竞争力。

对于企业而言，也需要文化来保证企业高质量发展。如果把提升企业硬实力当作常数，那么提升了的企业软实力就是变数或乘数，它可以倍增企业的综合实力。目前国内不少企业对文化软实力认识不足，对企业经营管理渗透力不足，企业文化软实力较低，具体体现在以下几个方面：注重企业文化形式，没有充分发挥文化软实力作用，脱离了管理和经营活动的具体实践；虽有特色和品牌文化，但忽视了文化创新和个异化；缺乏有效的文化管理等。

当今面对国有企业改革、行业竞争等压力，企业要存活要发展必须强化企业的核心竞争力，而强化核心竞争力的基础就是提升企业文化软实力，它起到了“魂”的作用，这使我们看到除了产业结构的调整、工艺流程等外在可见的优化外，还有一种看不见摸不着但能感觉到的东西在管理、组织、协调、指挥着整个企业的运行发展，它所赋予的气势、活力是以往任何时候都不能比拟的。

（二）研究的意义

首先深入贯彻党的十九大报告提出的新时代文化建设基本要求，其次结合知识经济时代企业管理从科学管理到文化管理的趋势需求，最后是评估企业文化在企业管理的效力、所处的阶段和管理流程现状，建设适应企业发展的企业文化，提升其软实力。

本文从企业文化软实力评估和管理的角度出发，从四个方向、九个维度系统性地定量研究了乌江公司企业文化软实力现状，不仅为该公司找到弱势维度，有助于其利用企业文化软实力指数评价体系来发现、改进、提升、整合、增值企业利益，促使企业文化落到实处，同时适应市场经济的发展提出一些对策和建议，有助于企业更好地理解和提升企业文化软实力，进而提升企业核心竞争力。此外也为集团公司提高企业文化管理水平提供了一个很好的案例。

二、研究现状和理论基础

1. 企业文化概述

企业文化兴起于美国，发展于日本，其起源是因为日本在二战失败后，经济总量在 30 年间超过英国、德国直逼美国，研究发现使得日本企业充满了生命力和活力、创造了更高的资本增值的东西是一种软性因素在发挥重要作用，由此企业文化被广泛认知。

企业文化发展大体可分为二个阶段：是从 1983 年到 1990 年，这个阶段是企业文化理论知识的传播和认知。二是从 1990 年到 2000 年，这个阶段是企业文化知识的普及和实践的启用阶段，在党的十四大报告中首次提到企业文化一词，对建设中国特色的企业文化找到了理论依据，对实践推动也起了很大的作用。三是从 21 世纪以来，人们普遍认可企业文化，由自发向自觉转变，国内一些学者开始定量分析研究企业文化，标志着我国企业文化建设由萌芽到成长，由无序到有序，由局部到整体和谐发展的重大转折。特别是党的十九大报告提出的新时代文化建设基本要求，促使中国企业家在更高层面上思考企业文化建设有关问题，给予了新的定位。

就企业文化定义而言，企业文化是在一定的国家、社会、民族和时代背景下产生的，在企业长期经营管理实践中所形成的观念、思想、作风等思维方式和行为准则，是长期沉积的结果，是属于社会大文化在企业内表现出来的一个缩影，用来引导、激励、影响企业内各个因素的行为和思维方式的理念和载体。

企业文化具体来说有以下特性：以人为中心的人本性；符合社会需求的社会性；由企业成员共同认可的集体性；基于企业行业、背景、环境、地域和规模等而不同的个异性；吸纳和融合先进文化的创新综合性；与共享价值相一致的规范性；跟随时代变迁，体现时代风貌的时代性；以及受民族文化影响的民族性等。

企业文化主要具有五大核心功能：指导企业员工的思想和言行符合企业标准的导向功能；使得企业员工思想、心理及行为符合企业价值观的软性约束功能；由对价值观的认同感所派生出来的凝聚功能；使得企业员工产生高昂的工作热情和奋发进取精神效应的激励功能；对企业利益相关者产生的一种影响力、亲和力、吸引力的辐射功能。

2. 企业文化软实力理论概述

企业文化软实力之所以被认知，是因为其对企业整个管理起到了倍增的效应，体现了一种有别于财力、物力、人力等硬实力所不具有的软性吸引力、影响力，而这种软性的东西就是软实力。

软实力的概念源起于国家和企业之间的竞争力研究，是国家和企业之间为了在竞争中取胜，不断挖掘国家和企业的潜能，以提升国家和企业综合竞争力。“软实力”（softpower）的概念，1990年由美国国防部部长助理、哈佛大学肯尼迪学院院长、教授约瑟夫·奈最早提出来。软实力的定义是通过一种文化、声誉、品牌等对博弈对手所产生的某种吸引力、影响力、亲和力和感召力，从而使对手改变对现实目标看法，最终放弃博弈行动。

企业文化、企业软实力与企业文化软实力之间关系：一是企业文化的本质就是企业的利益相关者的共享价值观，企业文化是共享价值体系及载体的总和。二是企业软实力是由发挥共享价值对企业各类利益相关者产生的吸引力和影响力，是企业软因素对企业内外资源整合的能力，是相对企业硬实力的企业软性竞争力。企业文化是企业软实力核心内容。三是企业文化软实力≠企业文化+企业软实力，首先企业文化软实力是一种能力，通过卓有成效的企业文化来吸引、影响、凝聚企业各个方面利益相关者，而不是靠强制、利诱等手段来获得企业所需要的东西。企业文化软实力是企业文化与企业运营其他要素之间真正建立有机联系，对整个企业发生了整合、提升和增值效应，这些由企业文化带来的整合、提升和增值效应就是企业文化软实力。

由此可见企业文化软实力是企业软实力的重要组成部分，而企业文化是企业文化软实力的核心，是活力、动力的源泉，是企业文化作用于企业硬件能长期、间接、非强制性所产生的一种影响力、吸引力、感召力、亲和力，其检验的结果就是看是否对企业的经营管理产生整合、增值、提升效应。

3. 企业文化软实力模型应用的主要研究理论及方法

本文研究模型依据中国企业文化促进会（中国企业文化促进会CECIA，1994年5月4日经民政部批准注册成立，现主管单位为中国文联）而建立的企业文化软实力模型，并进行了适应本行业改良。模型以无极生太极，太极生两仪，两仪生四象，四象生八卦，八卦生万物为指导思想，跟进企业发展和竞争中的两对基本矛盾（外部运营与内部发展、稳定控制和灵活创新），结合企业的经营管理实践，借鉴国内外企业文化研究的最新成果，将企业文化软实力分为四种类型和九个维度进行考察，如图1所示。

三、乌江公司企业文化软实力概况

（一）公司简介

乌江公司成立于1992年10月，隶属于中国华电集团有限公司，是我国借鉴国际

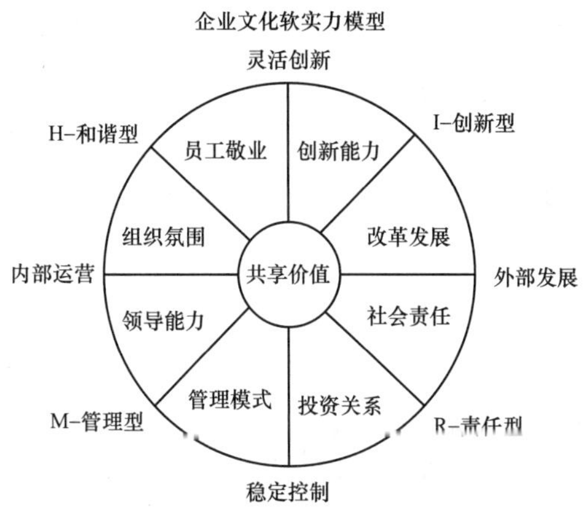

图 1　企业文化软实力模型图

水电开发成功经验，由国务院批准组建的国内第一家流域水电开发公司。公司依托已建成的乌江渡水电站和在建的东风水电站作为启动开发的初始资本，按照“流域、梯级、滚动、综合”的开发方针，开发建设和经营管理乌江干流贵州境内河段梯级电站。“十四五”以来，乌江公司以“碳达峰、碳中和”目标为引领，围绕构建以新能源为主体的新型电力系统需求，聚焦绿色低碳转型发展，深挖乌江流域开发潜力，放大乌江水电基地作用，全力打造乌江流域风光水储一体化可再生能源基地，建设高质量发展的新乌江。

（二）公司企业文化理念

理念是企业智慧、思想和文化的结晶，提供了观念和思路，具有鉴往知来、以此为镜的重要作用。乌江公司企业文化秉承华电文化纲要内涵，具体理念概述如下：

（1）公司使命：奉献清洁能源　服务社会发展。

（2）公司愿景：国内领先　世界一流。

（3）核心价值：求实　创新　和谐　奋进。

（4）企业精神：勇毅笃行　一往无前。

（5）发展思路：践行集团公司“五三六战略”实现公司发展“五个高质量”。

（6）经营理念：精益管理　提质增效。

（7）工作作风：马上就办　办就办好。

（8）安全环保观：全员尽责　防治并举　绿色友好。

（9）廉洁理念：公私分明　清正廉洁。

（三）公司企业文化软实力概况及分析

文化引领发展、文化凝聚意志、文化塑造形象。“乌江文化”宣示公司的责任担当和理想追求，阐发公司的治企之道和管理思想，展示公司高质量发展的路径选择和奋斗方向，引领公司全体员工为建成国内领先、世界一流的能源企业而奋斗。从整体上看公司企业文化软实力，外部发展优于内部运营，灵活创新与稳定控制相当，下面我们从四种类型的多个维度对公司企业文化软实力概述如下：

1. 责任型

（1）社会责任。

公司非常重视环境保护，严格按照“双碳”要求来推动企业的经营管理，抓好火电排放指标，开展流域水电生态运营，投资新能源项目。此外，公司在脱贫攻坚、乡村振兴中积极贡献，助力沿河县脱贫摘帽，为社会贡献了乌江力量。

（2）投资关系。

步入“十四五”以来，企业按照“双碳”要求，大力发展开发新能源，投资项目涵盖光伏发电、抽水蓄能、光伏下游材料制造等领域，与政府、企事业单位合作态势良好。

2. 管理型

（1）管理模式。

企业非常注重管理过程中成本的降低，侧重质量的提升和安全控制。但对当前火电脱困、国企三年改革行动、立足标杆创一流等目标，需要继续改进与之相适应的考评体系。

（2）领导能力。

企业管理者及团队在坦率沟通、有效抉择上需要进一步加强，管理团队虽然分工明确，但在相互配合度上需要提高，在制度体系上要形成规范，以保证决策快速执行。

3. 和谐型

（1）组织氛围。

总体来看公司在制度体系规划上需要鼓励员工参与日常管理；在行为体系开发上需要员工之间、部门之间彼此密切合作，互相理解和尊重；在传播载体上需要开发各种活动营造开放包容的团队氛围。

（2）员工敬业。

员工敬业的文化软实力是比较低的，主要体现在行为体系上员工不愿意付出额外的努力助推企业成功等。

4. 创新型

（1）创新能力。

从总体来看企业创新文化软实力相对较弱，主要体现在传统电力行业以应用为主。虽然当前洪家渡、构皮滩发电作为集团 AK 项目的试点单位，但其余电厂仍存在进一步提升空间。此外，鼓励员工创新的制度激励机制有待完善等。

（2）改革发展。

公司当前正大力推动国有企业三年改革行动的各项工作，并立足标杆企业向全力创建一流能源企业目标进发。当前，通过对体制机制的梳理、制度的修编完善，从现代化企业管理的角度补强当前存在的发展缺陷。

（四）采取定量分析的作用

定量分析是依据统计数据，通过数学模型计算分析对象的各项指标及其数值的一种方法。任何事物都是质和量的统一，定量分析离不开定性的规定。定量分析是所分析的对象或者指标具有量化的特质，从一定程度上体现了数量的多少、质量的好坏、效率的高低等，能更加准确、科学地为研究者提供结论的依据。具有逻辑严密，推断结果准确，并可重复检验的优点。本文通过采用问卷试题打分的方法，来调查职工对试题中评价企业文化某个方面的认可度，根据统计得分结合相关理论作为定性分析的基础，可以判定企业在各个方面做的是否不足，从而为企业文化软实力的诊断提供理论依据。

四、研究实施过程及效果

（一）公司企业文化软实力指数调查及分析

指数调查是通过对软实力理论知识的运用，对问卷得分进行量化所确定的，反应的是企业文化各模块对经营管理的效力。

1. 问卷调研过程

问卷调研本着“对自己有益，对公司负责”的原则进行调查研究，力求严谨公正准确，具体如下所述：

（1）调研目的。

按照企业文化软实力模型，对公司的企业文化软实力进行评估，诊断企业目前所处阶段及各个维度的优势、劣势，指明应加强的方向，提出建议，旨在使公司在企业文化方面精细化、流程化、实效化，进而提升企业文化软实力。

（2）模型建立。

本文企业文化软实力理论以模型为工具，通过问卷深入了解企业实际问题，分析对问卷的答题情况，综合得分，给出结论。模型以企业共享价值观为核心，从四个类型的八个维度进行评估开展。

（3）问卷设计。

根据企业文化软实力模型内容，将其变成量化问卷，以选择题为主，通过与公司系统多名基层单位党建部负责人进行讨论，修改后形成标准化调研问卷，使其既具有企业文化软实力理论知识又符合公司实际需求，在公司各单位党建部进行调查。

调查问卷是针对公司企业文化软实力整体指数的问卷，此份问卷是从整体上对公司文化软实力指数的定量调查。问卷设计完毕后通过微信讨论并提出修改意见，完善后再进行问卷答题。

（4）样本选择。

1）样本总体。

公司系统企业文化宣传口人员，其中党建部主任 13 人，宣传人员 39 人，普通职工 20 人，共 72 人。

2）抽样方法。

采用概率抽样的分层抽样，样本选择从公司组织结构上分为管理者、宣传执行者和受众三个阶层，从人员结构来说，人员涵盖水电、火电、新能源及其他业务公司，领域涵盖了企业全部范畴，确保取样代表性。

3）样本容量。

考虑到调查目的是了解公司企业文化软实力的指数，确定补强方向，影响决策主要是公司各基层单位的宣传主管和宣传执行者，其中宣传工作的受众主要指的是普通职工，从总体上看样本结构均匀，既有操作者又有执行者更有接受者。

4）问卷发放和回收。

问卷发放的方式通过互联网问卷星进行发放，定量问卷数量 72 份，统一发放统一回收。

5）调查问卷有效性分析。

一是本调查问卷覆盖了公司系统全部业务领域的所有基层单位，保证了问卷的全面性；二是从调查问卷的内容来看，所制定模型的九个维度包括了企业文化软实力的主要方面，可以保证调查的准确性；三是被调查人员均为企业文化宣传口相关人员，确保了对问题的作答更符合公司实际；四是问卷统计根据统计原理结合问卷的内容和评判标准，避免掺杂个人情感因素。

2. 问卷统计形成图表及分析

如图 2、图 3 所示，公司在管理型和责任型上具有优势，而在创新型与和谐型上存在劣势，可以判断公司在管理能力上能够主动地完善改进，且管理文化在一定程度上影响职工的职业行为。在责任型中，大多数人同意本企业能做好乡村振兴、环境保护、绿色发展等社会责任方面工作。而在和谐型和创新型上却显得不足，表现企业员工的敬业程度、创新技术应用等方面较为强烈。

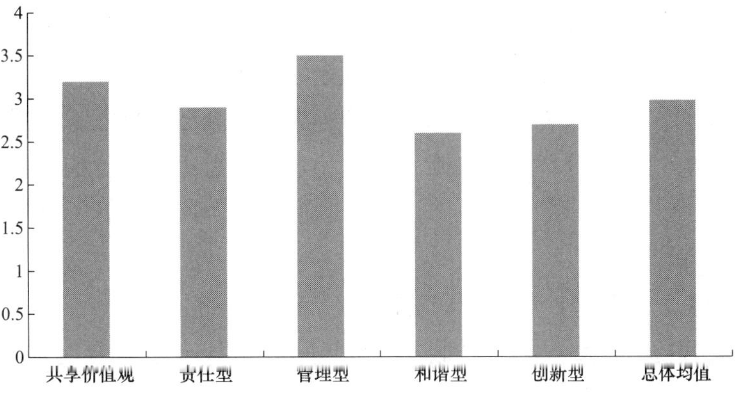

图 2　企业文化软实力—总体指数（四种类型）

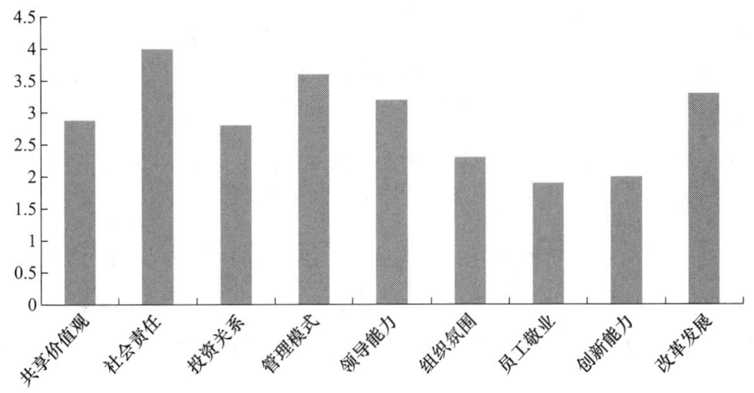

图 3　企业文化软实力—九个维度指数图表及分析

如图 4 所示，从公司的整体发展来看，公司拥有 30 年历史，已经具有相对丰富的

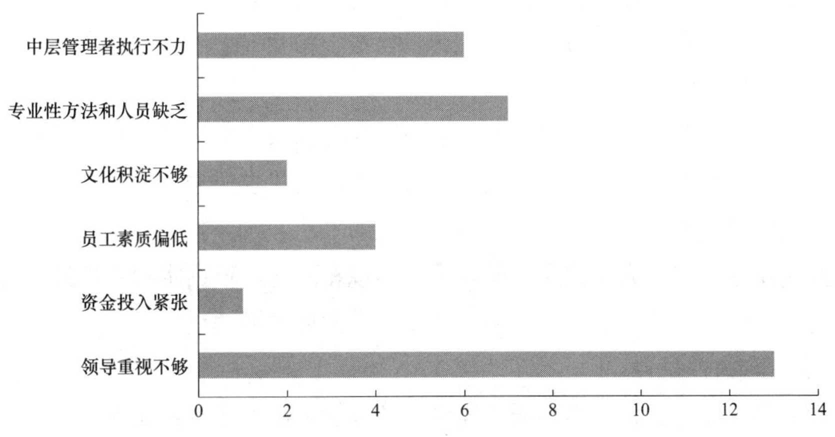

图 4　企业文化建设过程中遇到的主要问题

文化积淀，从统计结果来看公司企业文化建设最大的障碍是领导重视不够，企业更偏向于日常的生产管理方面，因此在文化领域涉及较少。第二位为专业性方法和人员缺乏，目前的宣传工作者多为生产人员转行为主，企业文化业务水平有待提高。第三位为中层管理者执行不力，在对企业文化建设和上级意图上的理解性，有待进一步提升。

3. 待解决的问题

（1）需补强弱势类型：和谐型与创新型。

（2）需补强弱势维度：员工敬业、创新能力、组织氛围、领导能力。

（3）需补强的主要弱势行为：

1）人才培养不够：适当开展专题性技能、管理等培训，培养学习型氛围。

2）人才品牌缺乏：并不是“人们向往的工作场所”。

3）组织氛围较冷：员工对企业发展关注度不够，缺乏“勇毅笃行、一往无前”的乌江精神。

4）领导人重视不够：领导人应该与员工分享工作目标，重视除了严格的制度以外软性的管理方法。

5）创新能力在企业中体现不够，职工在岗位中创新能力没有充分发挥。

4. 提升公司企业文化软实力的思考和建议

本节是对上述分析系统性的总结，阐述了遵循的原则和对公司企业文化软实力模型的总体思考和建议。

（1）提升企业文化软实力应遵循的原则。

1）匹配原则。

匹配原则就是指企业文化软实力提升要与企业的发展状况、企业体制、所处行业、区域文化等有一种和谐、对应的关系，其目的在于相互促进、共同进步。

2）兼容并蓄的原则。

兼容并蓄即把不同内容、不同性质的东西保存起来，文化是没有国界和空间的，只有好的东西才会成为文化，并为人所崇敬，企业文化也一样。

3）创新的原则。

企业文化创新是指为了使企业的发展与环境相匹配，根据本身的性质和特点形成体现企业共同价值观的企业文化，并不断创新和发展的活动过程。

4）循序渐进的原则。

企业文化软实力的提升需要循序渐进、逐步加强，不是一蹴而就的，对文化而言首先我们需要有一些符合企业的理念，给予相应的制度去规范，然后是加强执行、宣传、监控和考核去形成良好行为，最后努力使这些文化形成公司特色和品牌，具有竞争力。

（2）公司企业文化软实力的四种类型和九个维度的建议。

1）四种基本类型。

综合以上调查结果来看，公司在四种类型中的和谐型和创新型上的软实力指数较低，结合企业现状适当加强和谐型和创新型文化软实力，而从九个维度中可知在和谐型和创新型中最需要加强的是员工敬业、组织氛围和领导能力，而在这三个方面最需要加强的是人才文化，在接下来的九个维度分析中做具体分析。

2）九个维度。

共享价值观：根据调查问卷可知，该企业应该加强共享价值观的宣传，经常评价、激励和表彰符合企业价值观的行为，兼顾企业利益相关者的物质、情感和精神的需求，激发利益相关者的认同感，使员工主动执行企业所倡导的价值观念与行为标准。由此可见企业要加强对共享价值观管理体系的完善、监督、评价制度和程序的执行，用共享价值观引导员工行为达到共鸣。

投资关系：在投资关系中企业具有严格的法人治理结构，企业根据公司规章制度严格遵守所在国法律，产权关系清晰，在理念上公司体现了使投资者得到回报的意思，在实际行动中公司一直采取积极的措施节能减排、控制成本、保护环境，因此在投资关系文化软实力指数上总体来说还是比较不错的。

社会责任：公司社会责任的企业文化软实力具有绝对优势，因此可以知道公司不仅在理念梳理上做得比较好而且在执行上也比较到位。

管理模式：公司管理模式方面具有一定优势，因此可以知道公司在治理能力、体制机制设计上具备良好的基础。

创新能力：公司创新能力应用方面相对处于劣势，有待从体制机制、技术应用、人才培养等多个方面加大力度。

改革发展：公司改革发展的企业文化软实力指数，在几个维度中指数是较高，根据各项考题的得分可以知道企业对于改革发展是比较重视的。

领导能力：该项指数具体体现在领导者与下属的沟通上，没有做到“上下同欲者胜”，同时企业对人员的管理应以人本管理为基础，加强绩效管理，多让员工参与日常管理目标的制定，例如季度效率目标制定、能耗目标制定等。

组织氛围：影响企业和谐软实力的主要模块是制度体系开发和考评体系开发不够，企业应该建立保障组织氛围的章程，加强对影响组织氛围的行为或活动的监控和评价，用适当的方式加以宣传教育，进而增强组织文化软实力。

员工敬业：企业应加强人文关怀，在管理方法上能够及时认可或表彰员工的各种成就，用来增加个人积极性，充分发挥企业“使职工在职业生涯中得到发展”的核心理念。

（3）从企业文化软实力图表中得到的启示。

从图表分析中可以知道企业在管理文化和责任文化比较突出，公司不但有清晰的文化理念，而且卓有实效，应该继续保持和发扬。企业最需要加强的文化是创新文化、和谐文化，这两个方面是相辅相成的，企业要实现人尽其才，就必须根据绩效考核去发现每个员工的优缺点，根据每个人不同的能力、性格等去安排任务，根据完成任务的情况领导要考评其效果，根据考核的结果激励员工，提高其积极性，而在激励和奖惩过程中也要以人本管理为基本指导思想，善于与员工沟通，听取下属意见，员工就会感到被重视，有一种荣誉感，进而提升了敬业精神，最终达到员工之间、上下级之间和谐发展，从而促进企业的人才文化、绩效文化不断升级进而良性发展。

企业文化的建设需要领导的大力支持，失去领导的重视，任何有价值的活动大多会中途“流产”，以失败告终，因此提升该企业的文化软实力，需要企业领导的支持和重视，就像建设公司安全文化一样，领导反复强调反违章、安全百日攻坚行动，明确规章制度和奖励机制，企业文化软实力才能得到快速的提升。

（4）提升企业文化软实力的五点启示。

通过这次调查研究，使我们认识到企业文化软实力是企业文化各种理念融入组织系统，并最终体现在行为中且具有效果的对利益相关者有一种吸引力、亲和力、影响力和激励作用的综合效应。文化软实力的提升在外部体现在形象上，内部体现在氛围上，企业形象是企业的价值理念和行为模式等导致的结果，企业形象的好坏直接关系到企业外部利益相关者对企业的整体感觉，内部氛围直接体现了企业精神融合、职工参与管理的程度、企业对职工以及职工内部关系和谐等。提升企业文化软实力具体体现在以下五个方面：

一是找到不足，结合企业发展战略和企业文化盘点实际状况，制定企业文化软实力提升方案，并付诸实施。

二是积极汲取优秀企业的企业文化，结合自己的优秀文化和行业特点创造特色文化进而提升品牌文化。

三是企业要制定为提升文化软实力而产生的制度、规范、体系等，并保证各个环节执行的力度。

四是需要企业长期培育，企业文化软实力的提升需要全体职工共同参与，共同提

高各方面的素质，企业需要建立以提升全员素质为核心的文化软实力规划，结合企业管理实践和业务特点提升企业整体能力和素质。

五是各个维度要平衡发展，塑造品牌，避免头重脚轻，企业要根据实际情况可以在某一时期重点发展某一项或几项，但不能过度“偏科”，否则企业会受到维度过低的项目负面影响，因为九个维度在企业运营管理过程中都起着至关重要的作用，只有这几个维度和谐发展才能保障企业健康有序的运营。

水库电站水光互补开发方案研究

中国华电集团有限公司四川分公司

杨奇臻　孟迪章　冯　威　唐晓波

一、研究目的

根据国家“十四五”规划目标，四川省预计到2025年底建成光伏、风电发电装机容量各1000万kW。四川省具有丰富的水能、风能和太阳能资源，根据水库电站调节能力较强、水风光互补特性较好等特点，深入开展水库电站水光互补开发对于全省可再生能源发展具有极大的实施价值，同时也是实现民族地区经济发展、社会稳定和乡村振兴的有力支撑，有利于全省高质量发展和“3060”目标实现。

本次研究是在对具有季及以上调节能力水库电站周边光伏资源进行发展基础研究、技术特性研究、送出消纳研究和经济性研究的基础上，提出水库电站水光互补开发规模和布局，为公司和四川省“十四五”“水光互补”发展思路、目标和配置规模提供参考。

二、研究内容概述

（一）水库电站水光互补定义

水库电站是指具有季及以上调节能力的水电站，水库电站水光互补开发主要是利用水能、太阳能资源及其出力特性，充分利用规划和已建水库电站的调节能力、优化调度能力、联合运行能力等，因地制宜、多手段开展水光互补规划，以提高送出通道利用率，降低可再生能源综合开发成本，增强系统稳定性，推动可再生能源高质量发展。将水库电站周边60km以内的光伏项目接入水库电站升压站，利用水库电站调节和通道送出。

（二）研究范围

初步统计水库电站附近60km范围内具有风光电源的水电站规模约2830MW，其

中多年调节电站740MW，年调节电站规模1460MW，季调节电站规模630MW。主要分布在甘孜州乡城县、理塘县、道孚县，凉山州木里县、昭觉县、美姑县以及阿坝州黑水县等，涉及硕曲河、木里河、黑水河、杂谷脑河等主要支流。本次研究范围为木里河流域具有年调节能力的卡基娃水电站及附近光伏资源。根据卡基娃水电站电压送出等级和光伏项目合理的电网汇集成本，经济可接入的区域综合考虑资源规模、项目经济指标、电压等级等因素，范围主要覆盖四川省凉山州木里县木里河流域卡基娃水电站周边60km。

（三）研究依据

主要参照下列有关法律法规、政策文件、标准规范以及相关规划等文件进行编制工作。

1. 法律法规

包括《中华人民共和国可再生能源法》《中华人民共和国土地管理法实施条例》《中华人民共和国林业法》《中华人民共和国草原法》《中华人民共和国环境保护法》《中华人民共和国水土保持法》《中华人民共和国自然保护区条例》《四川省环境保护条例》《四川省风景名胜区条例》《四川省湿地保护条例》和其他相关法律法规。

2. 政策文件

包括《关于开展第二批生态文明先行示范区建设的通知》（发改环资〔2015〕3214号）、《关于进一步深化电力体制改革的若干意见》（中发〔2015〕9号）、《国家林业局关于光伏电站建设使用林地有关问题的通知》（林资发〔2015〕153号）、《国家林业和草原局关于印发草原征占用审核审批管理规范的通知》（林草规〔2020〕2号）、《四川省国土资源厅、四川扶贫和移民工作局、四川省能源局关于进一步支持光伏扶贫和规范光伏发电产业用地的实施意见》（川国土资发〔2017〕115号）、《四川省生态保护红线方案》（川府发〔2018〕24号）、《四川省能源局关于编制光伏发电基地规划（2020—2025年）有关事项的通知》（川能源函〔2019〕65号）和其他相关政策文件。

3. 标准规范

包括《光伏发电工程规划报告编制规程》（NB/T 32046—2018）、《光伏发电工程可行性研究报告编制规程》（NB/T 32043—2018）、《太阳能资源评估方法》（QX/T 89—2018）、《太阳能资源等级　总辐射》（GB/T 31155—2014）、《光伏发电站设计规范》（GB 50797—2012）、《光伏发电站接入电力系统技术规定》（GB/T 19964—2012）等。

三、发展基础研究

（一）水库电站基本情况

公司负责木里河流域上通坝、卡基娃、俄公堡、立洲四个梯级电站开发建设和运营管理，总装机容量1179.4MW，总投资158.11亿元，多年平均发电量49.05亿kWh，其中卡基娃水电站是该河段梯级开发龙头水库，具有年调节能力，混合式开发，枢纽建筑物主要由混凝土面板堆石坝、放空洞、1号非常泄洪洞（左岸竖井旋流非常泄洪洞）、2号泄洪洞（右岸泄洪洞）和引水系统及厂区枢纽等建筑物组成；总库容3.583亿m^3，调节库容2.81亿m^3，总装机452.4MW，设计多年平均发电量16.51亿kWh，年利用小时3577h，2015投产发电。

（二）水库电站送出通道情况

1. 区域送变电现状

研究区域内现有2座公共500kV变电站（水洛500kV变电站和木里500kV变电站），2座水电站500kV变电站（杨房沟和卡基娃水电站500kV变电站）。

水洛500kV变电站现有1台主变压器，容量为1×1000MVA，并预留有1台主变压器场地位置。木里500kV变电站现有2台主变压器，容量为2×750MVA。卡基娃水电站500kV变电站规划4台主变压器，分别为已建的2×250MVA+1×300MVA和拟建的1×750MVA，已建的为卡基娃水电机组升压变压器和上通坝水电站升压变压器，拟建的一台750MVA主变压器（2号主变压器）和3回220kV出线间隔，当前只考虑接入木里河上游无量河水电约210MW水电，富裕容量较大，具备周边的光伏电站接入条件。

2. 区域送电能力分析

木里县富余电力主要由木里—月城2回、水洛—百灵1回500kV线路送电至四川主网，最大送电能力350万kW。雅中直流、水洛—百灵第2回线路建成之后，木里县外送通道为木里—雅中、水洛—百灵4回500kV线路，最大送电能力约为450万kW。考虑甘南送入电力按乡城—水洛极限送电能力175万kW，近期木里县几乎没有光伏送出空间。因此，近期在不新增送出通道压力的条件下，通过水光互补形式开发光伏电站可很好地提高可再生能源利用效率。

3. 周边光伏资源

根据已有规划成果，木里县光伏电站主要涉及麦日乡、巴尔牧场、争西牧场等11个乡镇共5个地块、24个场址。卡基娃水电站周边60km范围内主要涉及地块1号、地块2号、地块3号、地块4号、地块5号，规划光伏场址规模合计1460MW。根据光伏组件、其他电气设备参数，及常规光伏电站设计，采用PVsyst软件进行发电量估算，系统效率主要考虑近距离阴影遮挡、不可利用的太阳辐射损失、相对透射率损失、表面灰尘损失、组件弱光损失、组件温度损失、LID衰减、组件失配损失、直/交流线损、逆变器效率损失、升压站及箱式变压器损耗、辅助损耗等。经分析，光伏电站多年平均等效利用小时1418.6～1582.9h，年总发电量约22.52亿kWh（详见表1）。

表 1　　规划光伏电站统计表

地区	场址名称	平均海拔（m）	装机容量（MW）	等效利用小时（h）	多年平均发电量（亿 kWh）
木里	木里地块 1 号	4200	800	1582.9	12.66
	木里地块 2 号	4100	220	1566.3	3.45
	木里地块 3 号	4000	210	1418.6	2.98
	木里地块 4 号	4150	130	1493.5	1.94
	木里地块 5 号	4150	100	1493.0	1.49

四、综合开发特性研究

（一）水光发电特性研究

1. 水电站发电特性

水能是一种取之不尽、用之不竭、可再生的清洁能源。水力发电的能源供应有丰水年份和枯水年份的差别，其出力和发电量随径流的变化而变化，无调节水电站按天然径流发电，具有日调节能力的水电站通过水库的调蓄作用使电站出力在日内能灵活调整，具有年（季）调节能力的水电站能改变径流的年内分配，使电站年内出力趋于平稳，将汛期出力通过水库调蓄作用转换为枯期出力。但当遇到特别的枯水年份，水电站的正常供电可能会因能源供应不足而遭到破坏，出力大为降低。

鉴于卡基娃水电站出力的特点，本次研究基于丰水年、平水年、枯水年五个代表年的月平均出力过程对水电的年内出力特性进行分析，并结合水电站典型日内出力过程进行日内出力特性分析。

（1）年内出力特性。卡基娃水电站丰水年年平均出力 21.16 万 kW，丰水期（6～10 月，下同）平均出力 33.39 万 kW，枯水期（12～翌年 4 月，下同）平均出力 10.50 万 kW，丰枯出力比为 3.18，年利用小时数 4212.76h。平水年年平均出力 19.31 万 kW，丰水期平均出力 31.75 万 kW，枯水期平均出力 9.02 万 kW，丰枯出力比为 3.52，年利用小时数 3844.45h。枯水年年平均出力 10.87 万 kW，丰水期平均出力 14.58 万 kW，枯水期平均出力 7.81 万 kW，丰枯出力比为 1.87，年利用小时数 2164.12h。

不同代表年平均出力 17.11 万 kW，其中丰水期平均出力 26.57 万 kW，枯水期平均出力 9.11 万 kW，丰枯出力比 2.86，年利用小时 3407h。卡基娃水电站不同代表年出力特性见表 2。

卡基娃水电站月平均出力见图 1。

表 2　　卡基娃水电站不同代表年出力特性表

项目	装机	年均出力	丰水期平均出力	枯水期平均出力	丰枯出力差	丰枯出力比	装机与枯期出力比	年电量	利用小时
	万 kW	万 kW	万 kW	万 kW	万 kW			亿 kWh	h
枯水年	44	10.87	14.58	7.81	6.77	1.87	5.63	9.52	2164.12
平水年	44	19.31	31.75	9.02	22.73	3.52	4.88	16.92	3844.45
丰水年	44	21.16	33.39	10.50	22.89	3.18	4.19	18.54	4212.76

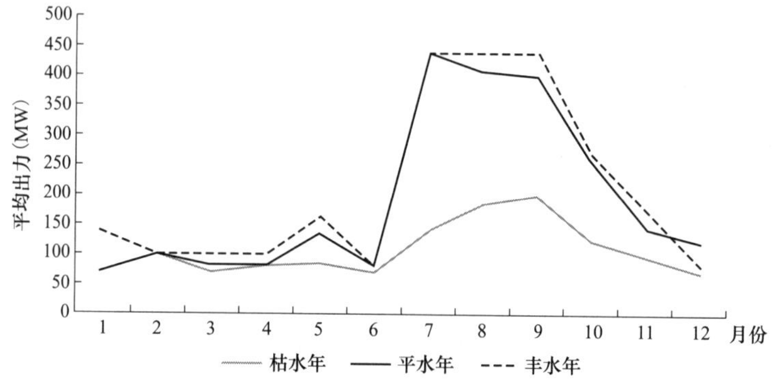

图 1　卡基娃水电站月平均出力

（2）日内出力特性。木里河梯级水电站中，卡基娃具有年调节能力，水库的蓄水可以平抑来水的短期波动，日内出力过程可根据系统需要进行综合调度运行。

2. 光伏电站发电特性

目前暂未收集到研究区域的实测辐射数据，通过资源数据库，选取木里县辐射数据为代表性辐射数据，以代表卡基娃水电站周边光伏电站出力特性。

（1）出力特性指标。

1）理论出力：光伏电站理论出力为根据其代表性辐射数据，并结合光伏电站装机容量，计算光伏电站出力。

2）实际出力：在理论出力的基础上，综合考虑尘土覆盖、组件性能、逆变器损耗等多种因素后的出力。

3）保证出力：是指电力系统对光伏发电要求的保证率对应的出力，用于分析光伏电站的年出力特性。

4）月出力特性：是指光伏电站各月平均出力，用于反映光伏电站年内出力过程。太阳能资源分布存在一定的季节性差异，温度也存在季节性差异，综合造成了光伏电

站出力的季节性差异。

5）日出力特性：是指光伏电站的日平均出力，用于反映光伏电站月内出力过程。光伏电站日出力特性受季节因素影响较大，一般同月内日平均出力变化比较稳定。不同季节，受季风、沙尘、雨雾、高温、低温等天气影响，各月日出力特性存在一定的差异性。

6）日内出力特性：是指光伏电站的小时平均出力，用于反映光伏电站日内出力过程。光伏电站日内出力特性具有一定的波动性、随机性、间歇性，但存在一定的规律。日内出力特性受昼夜、天气、温度等影响比较大，夜晚出力为0，一般中午至下午的出力较大。

7）出力变率：是指某时段内光伏电站最大出力与最小出力的差值占装机容量的比例，用于反映光伏电站的瞬时出力特性。出力变率代表的是光伏电站瞬时出力变化的幅度。

（2）年出力特性。为分析光伏电站年出力特性，引入保证出力的概念。对于木里县代表光伏电站，当设计保证率 P=50%时，出力百分率为 0.23%。木里县代表光伏电站出力系数全年保证率曲线如图 2 所示。

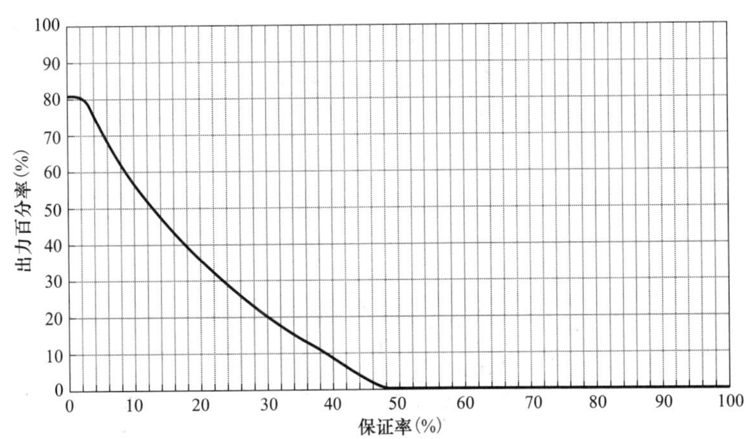

图 2　木里县代表光伏电站出力系数全年保证率曲线

（3）月出力特性。木里县光伏电站太阳能资源年内分布存在季节性差异，地区温度也有较明显的季节差异，因此光伏电站出力也存在一定的季节性差异。

木里县代表光伏电站月平均出力系数在 0.12～0.23 之间，呈冬春季大，夏季小的特点。冬季（12—次年 2 月）太阳能辐射量较小，但气温降低，光伏电池组件效率随温度的降低而升高，出力较高；春季（3—5 月）太阳能辐射量较高，且温暖少雨，出力较高；夏季（6—8 月）太阳能辐射量较强，但高温多雨，气温是年内最高的季节，光伏电池组件效率很低，出力较低。木里县代表光伏电站月出力系数变化曲线如图 3 所示。

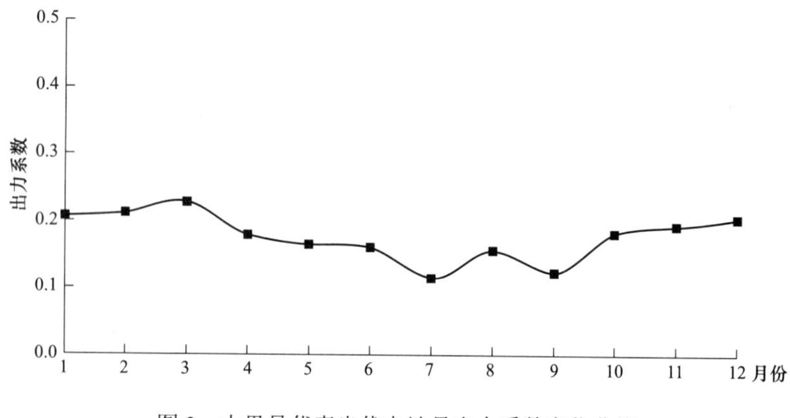

图 3　木里县代表光伏电站月出力系数变化曲线

（4）日出力特性。选取 2 月、8 月及 12 月进行日出力特性分析，木里县代表光伏电站日变化特性较为稳定，各月相邻两日变化幅度平均值低于 7%，各月仅有个别天受阴雨或云雾等因素影响略有突变，8 月光伏电站相邻两日变化幅度最大值为 20%。木里县代表光伏电站日出力系数变化曲线如图 4 所示。

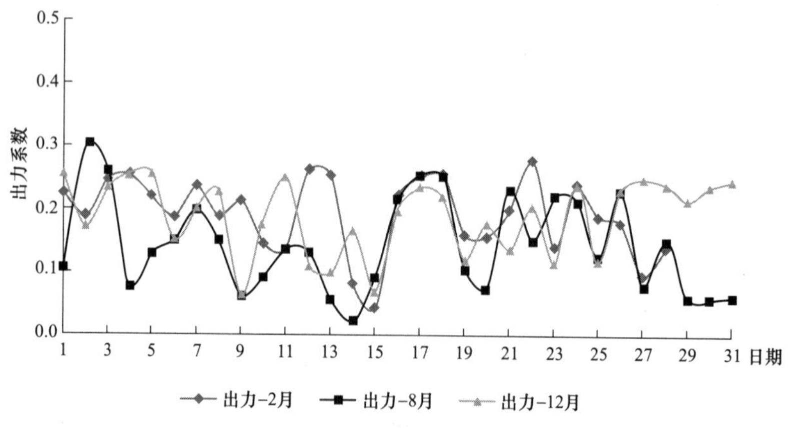

图 4　木里县代表光伏电站日出力系数变化曲线

（5）日内出力特性。木里县代表光伏电站各月日内出力趋势较为一致，一般在 12:00—14:00 出力达到峰值，20:00—次日 6:00 出力为 0，受昼夜影响较大。1 月和 12 月日内小时平均出力最大，6—7 月各时刻出力最低，发电最少。

（6）典型日内出力特性。选取2月、8月及12月进行日内出力特性分析，2月日内特性变化趋势基本一致，在没有日照的19:00—次日7:00为0，在辐射较高的11:00—15:00 出力较大，下旬日内出力变化趋势一致，晴天居多，出力曲线呈光滑的开口朝下的抛物线形，中上旬部分日期出现阴天、雨雪等天气，出力曲线呈不同波动幅度的锯齿形。8月多阴雨天气，日内出力波动性较大，出力曲线多呈不同波动幅度的锯齿形。12月日内出力在没有日照的18:00—次日7:00为0，在辐射较高的11:00—15:00出力较大，日内出力变化较为稳定，上旬多阴天、雨雪等天气。

总体来看，木里县代表光伏电站日内出力特性受季节因素影响较大。冬春季节日内出力波动较小，变化趋势较为一致；夏季阴雨天气增多，日内出力波动性较大。

（7）瞬时出力特性。由于太阳辐射具有较强的随机性，光伏电站瞬时发电出力存在一定的变幅。本次收集到的辐射数据最小时间间隔为1h，本研究分析逐小时出力变率，以相邻小时出力的差值占装机容量的比例对光伏电站瞬时出力变化特性进行初步分析。

木里县代表光伏电站瞬时出力最大正、负变率为67%、63%，正负变率频率在10%以上相应的变率值在22%以下。木里县代表光伏电站逐小时出力变率分布图如图5所示。

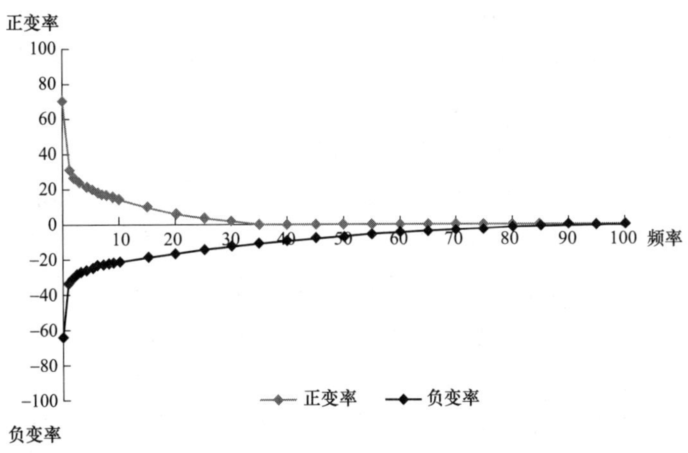

图5　木里县代表光伏电站逐小时出力变率分布图

由以上分析可知，对于木里县代表光伏电站，当设计保证率P=50%时，出力百分率为0.23%。月平均出力系数在0.12～0.23之间，呈冬春季大、夏季小的特点。光伏电站各月日内出力趋势较为一致，一般在12:00—14:00出力达到峰值，20:00—次日6:00出力为0，受昼夜影响较大。日内出力特性受季节因素影响较大。冬春季节，日内出力波动较小，变化趋势较为一致；夏季，阴雨天气增多，日内出力波动性较大。瞬时出力（逐小时）最大正、负变率为67%、63%，正、负变率频率在10%以上相应的变率值在22%以下。

3. 水光发电互补特性

水光自身出力存在季节上的互补性，联合运行时光电在枯期对水电是有力的补充。受制于降雨汇流的特点和水库的调蓄作用，一般水电的出力特点是季节性波动大（丰水年与枯水年、丰水季节与枯水季节之间入库流量相差很大），但日波动较小；由于光伏发电受气候影响，日内波动较大，且只在白天发电，夜晚出力为零。

当水电站具有一定调节库容时，水库的蓄水可以平抑来水的短期波动，如果将水电站与光伏电站联合运行，就可以用水电站的短期波动平抑能力弥补光电的短期波动，而光电可以为整个水光系统提供电量保证。因此，水光联合运行时，水电的年运行方式可维持单独运行时的调度原则和方式；在进行日调度时，可以根据光电出力的变化，动用自身调蓄能力进行日内调节，以平抑光电短期波动。

总的来说，水光互补特性可归纳为光电冬春补水枯，水库调度平峰谷；互补合成优质电，打捆送出省线路。

（1）年内互补运行。水电站出力根据来水情况分为汛期、平枯期，一般每年7—10月为汛期，来水量大，相应发电量多，11—次年6月为平枯期，来水量小，相应发电量少。光伏发电与太阳能辐射年内分布相关，基本呈现冬季出力相比夏季略大的规律，整体上光伏发电各月差异较小，但也呈现出与水电一定的丰枯互补关系。

卡基娃水电站在丰水年的丰水期将有长时段满发，且集中于8—10月，会发生弃光现象。如要实现年内风光水互补，可以调整水库电站年内运行方式，主要是改变汛期水库电站运行方式，即在保证蓄满的前提下，适当加大汛期6—7月水库电站的出力，而减小8—10月水库电站的出力，从而为光伏电站留出通道容量。水电站调整汛期运行方式能够更好地与光伏电站进行出力互补，一定程度上减少来水较丰年份的弃光电量；但水电站自身由于汛期蓄水速度较慢，降低了汛期运行平均水头，低水头发电比重增加，导致水电站汛期发电量减少。从水光电源作为一个整体电源组来看，改变水电站自身年内运行方式，对提高电源组的年发电量作用不明显。因此，卡基娃水光互补分析主要考虑利用资源天然的年内互补特性，而不改变水电站年内运行方式。卡基娃水电、木里光伏年内出力特性对比如图6所示。

以平水年为例，若卡基娃水电站按水光比例1:0.8接入周边光伏资源，在不改变水库调节方式的前提下，互补运行前后的年内出力特性如图7所示，互补运行后年内出力波动有所减小。

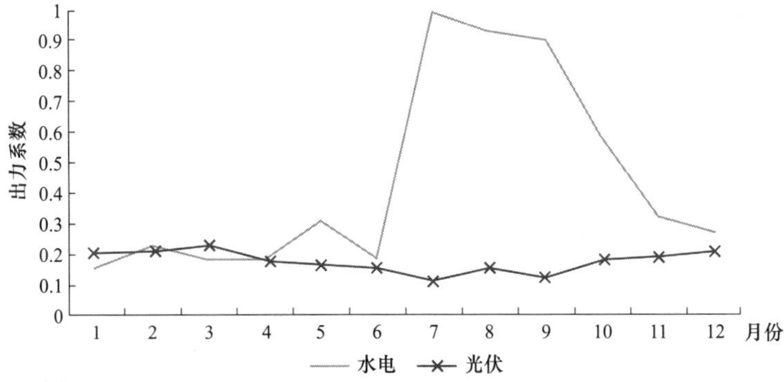

图 6　卡基娃水电、木里光伏年内出力特性对比图

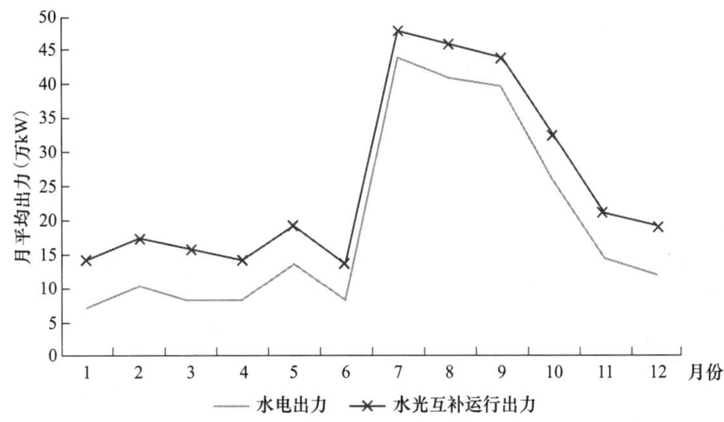

图 7　卡基娃水电站水光互补运行前后出力对比图（平水年）

（2）日内互补运行。水电具有机组启闭迅速、运用灵活的特点，可根据电力系统需要随时参与调峰、调频和备用，根据电力系统需要日内出力过程变化可能较大。当水电站的水库具有一定调节库容时，可动用库容的调蓄能力和机组灵活启闭能力平抑和弥补光电的短期波动，水光联合运行可保障不同种电源互补后出力特性满足电网负荷需求。

由于光伏发电受自然条件影响，日内波动较大，且只在白天发电，夜晚出力为零。因此在水光联合进行日调度时，可以根据光伏的出力曲线，动用水库调蓄能力进行日内调节，平抑光伏发电的短期波动，提高系统整体出力的平稳性。卡基娃水电站水光互补日内运行出力特性如图 8、图 9 所示。

（二）水光一体化配置研究

1. 分析原则及互补计算边界条件

（1）由于卡基娃水电站已投产，设计水平年采用 2021 年。

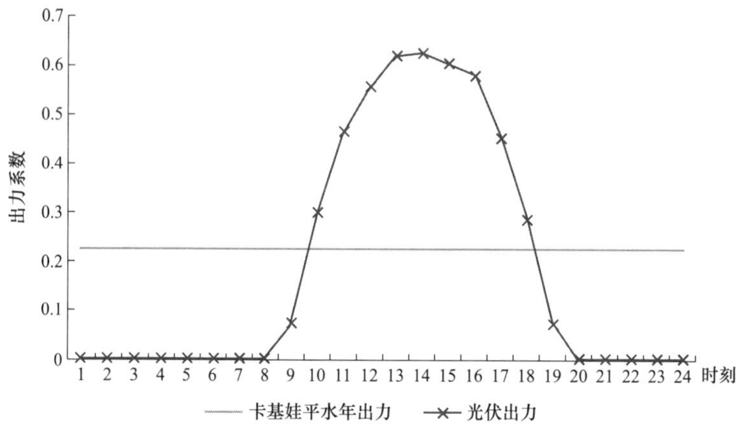

图 8　卡基娃水电站水光互补日内运行出力特性（平水年 2 月）

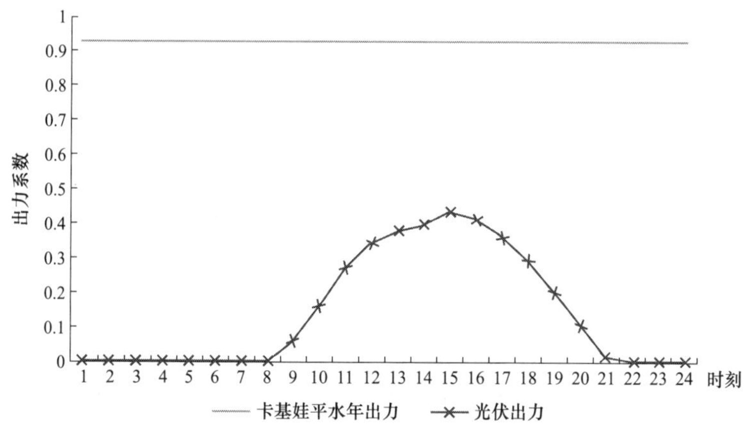

图 9　卡基娃水电站水光互补日内运行出力特性（平水年 8 月）

（2）按水电站装机容量作为控制水光互补的最大送出能力进行水光互补运行分析。

（3）当水光互补出力超过水电装机容量或可用通道容量时，原则上按照平水年全年总弃光率不超过 5%考虑。

（4）光电和水电以日内互补平衡为主要原则，不改变水库年内运行方式，不增加水电站弃水。

（5）利用水电启停迅速、运行灵活、跟踪负荷能力强的特点，对光伏的日内波动进行互补，光电和水电互补运行后的日内出力尽量与目标电网负荷特性一致。

（6）根据规划水平年流域内水电站投产及综合用水情况，按照水电站设计运行方式，进行三个代表年（丰水年、平水年、枯水年）径流调节计算，得到各水电站各水平年逐月出力过程。

（7）采用木里县光伏电站逐月典型日平均出力系数计算光伏电站出力。

（8）水电机组检修考虑每台每年平均一个月时间，尽量安排枯水期水电出力较小月份。

2. 配置方案

（1）近期配置方案。按照卡基娃水电站装机容量控制送出能力，采用丰水年、平水年、枯水年三个代表年进行水光互补计算，水电站不改变年内运行方式，原则上以平水年弃光率不超过 5%计算。

考虑卡基娃实际出力情况，卡基娃水电站接入光伏规模为 200MW，水光配比为 2.2:1 时，弃光率为 4.67%；接入光伏规模为 210MW，水光配比为 2.1:1 时，弃光率为 5.01%；接入光伏规模为 220MW，水光配比为 2:1 时，弃光率为 5.32%。结合已有规划成果，近期配置方案按接入光伏规模 210MW 考虑，此时弃光率为 5.01%，但结合电网调节能力弃光率为 5%时，接入光伏规模可达到 450MW。

（2）远期配置方案。由于卡基娃水电站自身调节能力有限，考虑未来木里断面加强后利用已有通道，还可考虑新增 260MW 光伏规模。

（三）水光一体化运行研究

1. 水电站水量调度平衡分析

水电在对光伏互补的运行过程中，应以不影响水电发挥原有承担的综合利用任务为前提，卡基娃开发任务以发电为主，兼顾下泄生态环保流量，因此卡基娃水电站接入光伏电源后，主要需兼顾生态流量下泄要求。此外水光互补运行后，水电站的日内出力过程改变，下游梯级电站的入库流量也随之变化。特别当下游梯级未接入光伏时，若上下游梯级出力负荷过程不完全匹配，则会加大下游水库水位变幅。

因此流域梯级需通过自身调节库容调节日内出力过程，以减轻电站出力与系统需求不匹配的问题，上游河段接入光伏电源改变日内流量过程对流域电站影响不大。

2. 水电站稳定运行分析

水光互补组合电源水电站对光伏电站补偿以日内补偿为主，根据光伏电站的出力特性看出，作为互补运行的水电机组负荷调整将非常频繁，因此通过水电站机组运行工况调节光伏电站负荷波动，对机组运行性能提出了更严格的要求。

水电站运行稳定性研究中，应对每个接纳光电负荷的水电站机组的振动区和允许负荷调整范围进行试验和研究，当水电站在与光伏电站进行联合运行时，首先对每个电站每日不同时间段接入的光伏负荷以及电站水库库容的调节能力进行分析，以使机组尽量在稳定高效区进行补偿调节运行。另外，也可对振动区范围宽的机组进行适当改造，以提高水电机组的运行稳定性以及加宽对负荷的调整范围。由于流域电站单机容量均较大，是电网中的主力电站，对机组运行稳定性要求很高。水电站运行稳定性研究中，应根据拟接入的光伏电站负荷特性，对现有机组振动区和负荷调整范围进行复核，以满足对光电负荷的调节要求。当调节性能不足或对水电站运行有较大干扰时可考虑对水轮发电机组进行改造或调整光伏的输出负荷，使机组能减少进入不稳定区概率。

3. 电力系统运行安全分析

实现水电和光电的互补，对参与多能互补运行的水电站电力系统安全运行性分析，主要涉及光伏发电接入水电站后水电站设备的适应性分析，同时还应提出电站对电网安全运行的影响。

（1）水电站设备的适应性分析。水电站设备的适应性分析中，对光伏发电接入水电站后站内设备、送出设备及相关配套设计进行全面复核和规划，对现有水电站设备的接线、参数、布置等能否适应光伏发电接入进行计算，对不能适应光伏发电接入的设备进行改造，使满足电站安全运行；或调整光伏的输入负荷，提出可接入电站的光伏规模，形成光伏电站电能接入电站安全性定性结论。

（2）对电网安全运行的影响。由于光伏出力的随机波动性，特别是短时间内发电出力变化较大时，会对电力系统短时间的有功功率平衡及频率稳定产生影响，为维持系统频率稳定，需要电网配备充足的快速反应容量。水电站承卸负荷迅速灵活，能适应负荷的急剧变化，调频性能好，可以很好地承担电网快速负荷跟踪和维持电网频率稳定的任务，根据对卡基娃水电站的电气设备、送出线路输送容量、水电站互补能力等因素分析，卡基娃水电站具备接入一定量光伏电源的条件，但新增电源对电网调度具有一定影响。

4. 一体化协调运行控制分析

光伏电站与水电站打捆送出，需采用一体化协调运行控制，充分利用水电站优良的快速调节性能以及水库的蓄能作用，通过水电站机组负荷增减和水库库容调节平抑光能的大幅波动，达到提高送出电能质量的目的。对于一体化协调运行控制系统的建设，主要就是结合水电站内水轮发电机、调速器及计算机监控系统的调节特性，以及光功率预测系统的功能，研究水光一体化协调运行方式、水电机组对不同规模光伏发电中、长期及短期、超短期的调节能力，构建协调运行控制策略，把握 AGC 控制与一次调频的关系，实现水力发电及光伏发电协调运行控制的 AGC 及 AVC 功能。

五、消纳市场研究

（一）电源装机情况

截至 2020 年底，凉山州电源总装机 21983MW，其中水电 17046MW，风电

3748MW，光伏 898MW，生物质 12MW，火电 279MW。预计到 2025 年，凉山州电源总装机将达到 46001MW，其中水电装机 34814MW，火电装机 291MW，新能源装机 10896MW。

截至 2020 年底，木里县电源总装机 2274.2MW（全部为水电）。预计到 2025 年，木里县电源总装机将达到 5726.6MW，其中水电 4626.6MW，风电 50MW，光伏 1050MW。

（二）全社会用电量情况

2020 年凉山州全社会用电量 124 亿 kWh，最大用电负荷 2500MW，预计 2025 年全社会用电量约 220 亿 kWh，全网最大负荷约 3960MW，“十四五”期间全社会用电量和最大负荷年均增长率分别为 12.2%和 9.6%。

2020 年木里县全社会用电量 0.94 亿 kWh，最大供电负荷 24.5MW。预计 2025 年全社会用电量约 1.0 亿 kWh，最大负荷约 28.1MW，“十四五”期间全社会用电量、最大负荷年均增长率分别为 1.2%和 2.8%。

（三）电力电量平衡情况

考虑锦苏直流、雅中直流、白鹤滩直流外送容量及新上大数据等负荷后，大方式下（光伏不出力），“十四五”凉山电网丰期电力有 1232～2108MW 富余，枯期则存在较大电力缺额，预计 2023—2024 年电力缺额达到最大约 1330MW；腰方式下（光伏出力较大），“十四五”凉山电网丰枯期均有较大富余电力，在 1232～8198MW 之间。

根据木里县境内电源及负荷做电力平衡，计算结果表明，木里县丰腰方式较丰大方式电力盈余更大，预计 2025 年丰枯期最大盈余电力分别达到 5357MW、2473MW。

（四）项目汇集方案

1. 送电能力分析

（1）区域送电能力。木里县富余电力目前主要由木里—月城 2 回、水洛—百灵 2 回 500kV 线路送电至四川主网，最大送电能力 400 万 kW。2022 年雅中直流线路建成之后，木里县外送通道为木里—雅中、水洛—百灵 4 回 500kV 线路，最大送电能力约为 500 万 kW。考虑甘南送入电力经乡城—水洛通道，在近中期，该区域已无送电容量空间。因此近期送电能力需利用水电站互补能力送出，至“十四五”末期，金上直流建成投产后，能够释放木里区域送电空间。

（2）卡基娃水电站送电能力。卡基娃 500kV 升压站预留有 1 台 500/220kV 750MVA 联络变压器位置，联络变压器 220kV 侧出线 3 回，其中第 1～2 回接确如多水电站，剩余可接纳规模约为 46.7 万 kW。同时考虑 1 号主变压器、4 号主变压器改造，可接纳规模约为 25 万 kW，合计可接纳规模 71.7 万 kW。目前卡基娃—木里 1 回 500kV 线路确定接入水电规模 90.04 万 kW，线路输电能力约 180 万 kW，剩余容量约 90 万 kW，可满足上述 71.7 万 kW 送出需求。

2. 汇集方案

（1）木里 3 号地块。规划规模 210M，拟新建 1 座 220kV 升压站，通过 1 回 220kV 线路接入卡基娃水电站 500kV 联络变压器的 220kV 侧，新建线路长度约 18km。

（2）木里 2 号地块。规划规模 200MW，拟新建 1 座 220kV 升压站，通过 1 回 220kV 线路接入卡基娃水电站 500kV 联络变压器的 220kV 侧，送出线路长度约 40km。

（3）木里 1 号地块。规划规模 800MW。远期待木里断面送出通道加强后，利用卡基娃水电站—木里 500kV 剩余通道送出。

六、经济性研究

根据华电集团收益水平要求，按资本金财务内部收益率 8%为原则测算项目全年综合电价，并根据丰水期、平枯期出力加权得到平枯期电价，以此反映项目电价水平。

（1）资金筹措。工程建设资本金按总投资的 30%计，其余资金从银行借款。

（2）贷款条件。长期借款年利率 4.9%，流动资金借款年利率 4.35%，还款方式为等额本金，借款偿还期为 15 年。

（3）流动资金。按电站投产后前两个月售电收入计，约 90 元/kW，其中 30%使用资本金，其余 70%从银行借款。

（4）上网电量。不考虑弃光。

（5）计算期。计算期 26 年，其中项目建设期 1 年，经营期 25 年。

（6）总成本费用。发电总成本费用包括折旧费、摊销费、利息支出和经营费，按照集团公司经济评价管理办法相关参数取值。

（7）税金。增值税税率 13%，形成固定资产的增值税在成本中抵扣。销售税金附加包括城市维护建设税和教育费附加，以增值税税额为基础征收，税率分别采用 5%和 3%、2%。

（8）利润。企业利润按国家规定作相应调整后，依法征收所得税，其中 2030 年前企业所得税税率按西部大开发有关政策，以 15%税率征收，其余年份保持 25%不变。按照国家西部大开发有关优惠政策，所得税“三免三减半”。税后利润提取 10%的法定盈余公积金后，剩余部分为可分配利润。

（9）上网电价。按资本金内部收益率 8%反算项目上网电价。财务分析基本参数取值统计表见表 3。

表 3　　财务分析基本参数取值统计表

编号	项目	取值	备注
1	基本参数		
1.1	资本金比例	30%	
1.2	长期借款利率	4.9%	
1.3	短期借款利率	4.35%	
1.4	借款偿还期	15 年	
1.5	还本付息方式	等额本金	
2	成本费用		
2.1	残值率	5%	
2.2	折旧年限	20 年	
2.3	维修费率	质保期 1～5 年 16 元/kW， 6～10 年 40 元/kW，11～20 年 45 元/kW	
2.4	保险费率	0.1%	
2.5	人员数量	15 人	
2.6	人均工资	14.62 万	
2.7	福利费	70%	
2.8	材料费定	质保期内 5 元/kW，质保期外 11 元/kW	
2.9	其他费用	50 元/kW	
3	税金		
3.1	增值税税率	13%	
3.2	城市维护建设税	5%	
3.3	教育费附加	5%	
3.4	企业所得税	15%/25%	
3.5	其他	所得税三免三减半	

经测算，近期开发光伏项目满足资本金内部收益率 8%的成本电价约 0.3179 元/kWh。按照丰水期电价 0.21 元/kWh 反算平枯水期申报电价为 0.3898 元/kWh，低于四川省 2021 年火电基准价 0.4012 元/kWh。远期开发项目与近期开发项目资源相当，随着组件价格的持续下降，远期开发项目电价将进一步下降，因此上述项目具备省内消纳竞争力。近期开发规划场址上网电价测算表见表 4。

表4　　近期开发规划场址上网电价测算表

地区	项目名称	规模（MW）	利用小时（h）	总投资（亿元）	上网电价（元/kWh）	申报电价（元/kWh）
木里	木里3号	210	1418.6	8.115	0.3179	0.3898

七、结论和建议

（一）项目开发计划

根据消纳送出空间，木里河卡基娃水电站水光互补规划基地规划开发光伏发电项目总规模710MW，拟分为两期开发，一期在2022年前利用卡基娃的调节能力开发210MW，二期在"十四五"中后期，利用已有送出通道开发项目2个，总规模500MW。项目开发汇总表见表5。

表5　　项目开发汇总表

序号	场址名称	开发规模（MW）	拟接入点	接入距离（km）
1	木里3号	210	卡基娃水电站	18
2	木里1号	200		40
3	木里2号	300		15
合计		710		

（二）保障措施

1. 加强资源规划衔接

目前木里河流域上通坝、卡基娃、俄公堡、立洲四个水电梯级均已投产，光伏资源规划已获得四川省能源局批复。建议一方面持续跟进区域光伏规划修编成果，另一方面，为避免项目实施过程中受国土空间规划的影响，应尽快将规划场址纳入国土空间用地规划，在各类空间规划调整过程中预留基地规划实施用地指标。同时，应与四川省水库电站一体化规划相衔接，确保纳入全省统一规划中。

2. 加强送出通道建设

由于近期木里县断面受限，虽然卡基娃—木里线路送出线路还具备一定的接纳能力，但受限于断面几乎无送出空间，因此必须借助水电站互补调节能力才能为新能源释放送出通道。远期根据电网规划，断面得到加强后，光伏资源可利用已建送出通道进一步增大开发规模。

3. 建立利益共享机制

卡基娃水电站水光互补一体化工程所在地地处少数民族地区，新能源项目开发将有助于带动当地社会经济快速发展，基地建设过程中应将电源开发与地方发展相结合，研究电源开发利益共享办法，带动地方经济发展，建立企业与地方的利益共享机制。

4. 统筹调度运行管理

本项目建立在以水电为中心的基础上，借助水电送出通道打捆外送光伏电源，光伏电源可以作为水电站的虚拟电源。在调度方式上，应按照现有调度权管理分级调度，研究国调、网调、省调及电站间的协调调度，建立国调、网调、省调以及流域集控中心等同级调度机制，满足电网负荷需求。另外，水光项目布局相对集中，为进一步降低一体化项目综合开发成本，应统筹水光一体化项目运行管理，开展水电、光伏基地智能化集中运维。

新发展阶段传统火电企业践行碳达峰碳中和承诺的机遇与挑战

华电国际电力股份有限公司

刘灿起　解　尧　田　森　李　娜　于世秋

一、基本概念

（1）温室气体（GHG Greenhouse Gas）：指任何会吸收和释放红外线辐射并存在大气中的气体。京都议定书中规定控制的 6 种温室气体为二氧化碳（CO_2）、甲烷（CH_4）、氧化亚氮（N_2O）、氢氟碳化合物（HFCs）、全氟碳化合物（PFCs）、六氟化硫（SF_6）。由于二氧化碳量大、增幅大，在总的温室效应中二氧化碳的作用约占一半以上，常规中所指的温室气体，主要指二氧化碳。对于其他五种温室气体，在《中美气候危机联合声明》给了个新定义：非二。

（2）碳排放：指煤炭、石油、天然气等化石能源燃烧活动和工业生产过程以及土地利用变化与林业等活动产生的温室气体排放，也包括因使用外购的电力和热力等所导致的温室气体排放。

（3）碳达峰：指在一定区域、一定时间内碳排放总量不再增长，达到峰值后逐步减少的值。

（4）碳中和：指企业、团体或个人测算在一定时间内直接或间接产生碳排放总量，通过植树造林、节能减排等形式，抵消自身产生的二氧化碳排放量，实现二氧化碳“零排放”，如图 1 所示。

碳达峰、碳中和的时间节点就是目前我国通常讲的“双碳”目标，它有三个节点：一是碳达峰的时间节点，我国确定的是 2030 年前；二是开始减碳的时间节点，也就是碳排放量开始减少的点，我国确定的是 2035 年前；三是碳中和的时间节点，我国确定的是 2060 年前。

（5）碳市场：是将二氧化碳的排放权当作商品来进行买卖，需要减排的企业会获

得一定的碳排放配额，成功减排可以出售多余的配额，超额排放则要在碳市场上购买配额。根据清缴履约要求，纳入碳市场的单位每个履约期必须清缴与其实际碳排放量等量的配额。

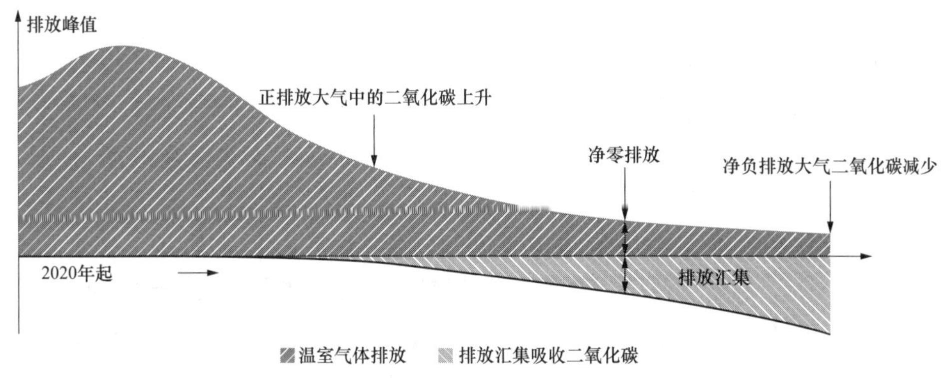

图 1　碳中和

（6）碳排放配额：即企业获得的碳排放额度，初期由生态环境部免费发放。企业碳排放配额采用基准法确定，即生态环境部通过行业的历史排碳强度确定一个基准线，结合企业的产能情况确定企业的碳排放额度。发电企业配额计算公式为

机组配额总量=供电基准值×实际供电量×修正系数+供热基准值×实际供热量

欧洲 EUETS 碳市场配额采用总量分解法确定，较我国基准法更严格。

（7）国家核证自愿减排量（CCER）：经国家发展改革委备案并在国家注册登记系统中登记的温室气体自愿减排量，能够产生 CCER 的项目主要包括风电、光伏、水电、生物质发电等。2017 年 CCER 项目备案暂停，存量约 3000 万 t 仍在各大试点交易。CCER 可 1:1 抵消碳排放配额，但是重点排放单位最多抵消配额的 5%，上海只允许抵消 3%。截至 2021 年 3 月，全国八个碳排放交易权试点 CCER 累计成交 2.8 亿 t，价格在 20～30 元/t 波动，上海位列成交量榜首，广东紧随其后。目前 CCER 还未纳入全国碳市场，待市场成熟后将纳入。

（8）可再生能源配额制：政府制定强制的可再生能源消纳目标，并依赖配额机制降低开发成本。一般包括小水电、风电、太阳能、生物质、地热、潮汐等。可再生能源消纳保障政策一定程度上补位了碳价机制的缺失，实现了可再生能源的优先发电。

（9）绿色证书（绿证）：又称可再生能源交易证书，是可再生能源配额制的具体体现。绿证是对可再生能源发电的计量，1MWh 为一个绿证，反映配额承担主体的履约情况。绿证一般是由清洁电力生产商出售给电力供应商或销售商。绿证政策缓解了

可再生能源发展过程中出现的补贴资金不足问题，承担了部分碳市场的功能。

（10）碳排放测量：主要有两种方法，一是直接测量，即把在线监测的仪器放在电厂烟气的出口测量气体排放量，目前国内没有采用；二是间接测量，首先测算化石燃料的消耗量，然后再根据经验或实测得到元素的含碳量，将两者相乘得到碳排放量。目前碳市场采用的是间接测量法来衡量。

二、碳达峰、碳中和政策背景

1. 国际背景

国际社会历经多轮气候谈判，积极应对气候变化已成为全球共识。

1992 年 5 月，联合国政府间谈判委员会就气候变化问题达成了公约，并于当年 6 月在巴西里约热内卢举行的联合国环发大会上通过，目前已有近 200 个缔约方，公约提出了“共同但有区别的责任”的原则，具有里程碑式的贡献。

1997 年，日本京都在 149 个国家和地区代表大会上通过了《京都议定书》，在“有区别”这一点上提出了具体要求，发达国家从 2005 年开始承担减排义务（在 1990 年的基础上减少温室气体 5.2%，欧盟 8%、美国 7%、日本 6%），而发展中国家则可以从 2012 年再开始。此后几年，欧盟国家对减排目标执行到位，并积极督促其他国家减排。但美国、加拿大、日本、澳大利亚等国呈现出能拖就拖、能躲就躲的心态：日本 2001 年退出，加拿大 2011 年退出。发展中国家阵营，中国、印度、南非和巴西，经济增速快，排放多，减排压力大，虽然减排意愿强烈，但更强调“有区别的”责任，认为发达国家应该承担更多责任、率先减排。

从 2005 年开始，中国超越美国成为全球最大的碳排放超级大国，并且增速惊人。

2007 年，就 2012 年《京都协议》后如何控制二氧化碳排放，气候大会通过了“巴厘岛路线图”致力于在 2009 年完成“后京都”时期全球应对气候变化新安排的谈判和协议签署、2009 年 192 个国家 15000 人在哥本哈根通过了“哥本哈根协议”，被喻为“拯救人类的最后一次机会”。

我国自 2011 年起开始探索建立碳排放权交易市场，并于 2013 年起陆续在 7 个省市开展试点工作（两省：广东省、湖北省；五市：北京市、天津市、上海市、深圳市、重庆市）。

2015 年，中、美双方共同发表《中美气候变化联合声明》，并在之后的谈判中欧盟、美国、中国、日本均确定大幅的减排目标，并签署《巴黎气候变化协定》，这是继《联合国气候变化框架公约》和《京都议定书》之后，人类历史上第三个应对气候变化的国际法律文本。习近平主席在气候变化巴黎大会上向国际社会作出庄严承诺：我国

二氧化碳排放在 2030 年左右达到峰值并争取尽早达峰。

美国于 2017 年 6 月 2 日宣布退出《巴黎协定》，2020 年 11 月 4 日正式退出该协定，气候变化政策出现了“回缩”，但世界范围内能源绿色低碳转型的大趋势没有改变。在美国退出《巴黎协定》后，中国表示，无论其他国家的立场发生了什么样的变化，中国都将加强国内应对气候变化的行动，认真履行《巴黎协定》。

2018 年 12 月，联合国卡托维兹气候大会通过《巴黎协定》实施细则，就气候变化自主贡献、减缓、适应、资金、技术、能力建设、透明度、全球盘点等涉及的机制、规则等达成共识，强化了各方推进全球气候治理的政治意愿。

2020 年 9 月，在七十五届联合国大会一般性辩论上，习近平总书记宣布：中国将提高国家自主贡献力度，采取更加有力的政策和措施，二氧化碳排放力争于 2030 年前达到峰值，努力争取 2060 年前实现碳中和。

中国气候变化事务特使解振华与美国总统气候特使约翰·克里于 2021 年 4 月 15—16 日在上海举行会谈，讨论气候危机涉及问题，并在会谈后发表联合声明。

对联合声明的理解：“在 21 世纪 20 年代要采取提高力度的强化行动”，意味着“3060”目标还有可能在未来十年内随着各国气候雄心的强化而进一步提升和加速；联合声明多处提及非二氧化碳温室气体（非二）减排，包括提出“逐步削减氢氟碳化物生产和消费的措施”“绿色和气候韧性农业”“甲烷等非二氧化碳温室气体排放合作”，预计两国将出台具体政策监测来约束各行业的非二排放；在第一条列出“循环经济”“储能和电网可靠性”“碳捕集利用与封存（CCUS）”和“绿色氢能”的技术路径，过去 CCUS 常被认为是过渡性技术，而在碳中和背景下，CCUS 的重要性得到了凸显；联合声明的具体行动部分涵盖大部分二氧化碳和非二减排路径，唯独没有提及核能技术，预示未来核能不会成为能源供应的主体；在政策举措上，或许因为美国还没有发布全国碳市场计划，联合声明没有提及在碳定价和碳市场领域合作。

2. 国内背景及相关政策

（1）为加快推进绿色低碳发展，确保完成“十三五”规划纲要确定的低碳发展目标任务，推动我国二氧化碳排放 2030 年左右达到峰值并争取尽早达峰，国务院发布了《“十三五”控制温室气体排放工作方案》（国发〔2016〕61 号）。在全国碳市场规划初期，提出了钢铁、有色、石化、化工、建材、电力、民航和造纸八大行业中 2013—2015 年任意一年综合能耗达到 1 万 t 以上的独立法人或视同法人的独立核算单位纳入碳市场。鉴于发电行业产品单一，排放规模占比较大，且能源消费与碳排放数据基础完善可靠、透明度高，为碳配额的分配、管理以及碳排放的核查核算提供了便利，全国碳市场首批仅纳入了电力行业。根据《方案》发布的数据，电力行业年排放 2.6 万 t 二氧化碳当量（CO_2），即约合综合煤耗1万t标准煤以上的发电企业，将作为控排企业纳入全国碳市场。符合上述标准的发电企业合计1700多家，总排放规模35亿t，占全国碳排放总量的39%。从碳排放总量来看，已经超过了欧洲碳市场（EU-ETS）成为全球最大碳市场，其他高耗能行业将逐步纳入。

其目的一是强化低碳引领推动能源革命，二是加强能源碳排放指标控制，实施能源消费总量和强度双控。

（2）2017年12月19日，发电行业碳市场正式启动。

（3）2020年12月31日，发布了《碳排放权交易管理办法（试行）》，并于2021年2月1日实施，对碳排放配额分配和清缴，碳排放权登记、交易、结算，温室气体排放报告与核查等活动，以及对前述活动的监督管理等进行了规定。

（4）2020年12月29日发布了《2019—2020年全国碳排放权交易配额总量设定与分配实施方案（发电行业）》和《纳入2019—2020年全国碳排放权交易配额管理的重点排放单位名单》，对机组2019—2020年碳排放基准值、配额分配技术等进行了规定，主要要求为：符合条件的重点排放单位［全国碳排放权交易市场覆盖行业内年度温室气体排放量达到2.6万t二氧化碳当量（综合能源消费量约1万t标准煤及以上的企业或者其他经济组织）］，应当通过环境信息管理平台或生态环境部规定的其他方式，向生产经营场所所在地的省级生态环境主管部门主动报告纳入重点排放单位名录；排放配额分配初期以免费分配为主，适时引入有偿分配，并逐步提高有偿分配的比例；省级生态环境主管部门依据生态环境部制定的排放配额分配方法，向本行政区域内的重点排放单位分配排放配额；重点排放单位应当按照生态环境部公布的相关技术规范要求编制温室气体排放监测计划，优先开展化石燃料低位热值和含碳量实测，监测计划应通过环境信息管理平台或生态环境部规定的其他方式，报送生产经营场所所在地的省级生态环境主管部门备案；重点排放单位应当对排放报告的真实性、完整性、准确性负责；为降低配额缺口较大的重点排放单位所面临的履约负担，在配额清缴相关工作中设定配额履约缺口上限，其值为重点排放单位经核查排放量的20%，即当重点排放单位配额缺口量占其经核查排放量比例超过20%时，其配额清缴义务最高为其获得的免费配额量加20%的经核查排放量；重点排放单位可使用国家核证自愿减排量（CCER）或生态环境部另行公布的其他减排指标，抵消其不超过5%的经核查排放量，1单位CCER可抵消1t二氧化碳当量的排放量，但用于抵消的CCER应来自可再生能源、碳汇、甲烷利用等领域减排项目，在全国碳排放权交易市场重点排放单位组织边界范围外产生（使用CCER的具体时间等另行通知）；重点排放单位、机构和个人通过登记账户持有全国碳排放权，该账户用于记录全国碳排放权的持有、转移、清缴履

约和注销等情况以及其他依法应当登记的事项信息。

（5）2021 年 3 月 26 日发布了《企业温室气体排放报告核查指南（试行）》，对重点排放单位温室气体排放报告的核查原则和依据、核查程序和要点、核查复核以及信息公开等内容进行了规定。

（6）2021 年 4 月 22 日，习近平主席在“领导人气候峰会”上发表了“共同构建人与自然生命共同体”的讲话，承诺：中国将碳达峰、碳中和纳入生态文明建设整体布局，正在制定碳达峰行动计划，广泛深入开展碳达峰行动，支持有条件的地方和重点行业、重点企业率先达峰。中国将严控煤电项目，“十四五”时期严控煤炭消费增长，“十五五”时期逐步减少。此外，中国已决定接受《〈蒙特利尔议定书〉基加利修正案》，加强非二氧化碳温室气体管控，还将启动全国碳市场上线交易。

（7）2021 年 5 月 14 日，生态环境部根据《碳排放权交易管理办法（试行）》发布了《碳排放权登记管理规则（试行）》《碳排放权交易管理规则（试行）》和《碳排放权结算管理规则（试行）》，对全国碳排放权登记、交易、结算活动及对各过程的监督管理进行了规定，明确了全国碳排放权注册登记机构成立前，由湖北碳排放权交易中心有限公司承担全国碳排放权注册登记系统账户开立和运行维护等具体工作；全国碳排放权交易机构成立前，由上海环境能源交易所股份有限公司承担全国碳排放权交易系统账户开立和运行维护等具体工作。至此，基本形成了碳市场建设的“1+*N*”政策法规体系。

（8）2021 年 9 月 22 日，中共中央、国务院印发《关于完整准确全面贯彻新发展理念做好碳达峰碳中和工作的意见》，提出五个方面主要目标：构建绿色低碳循环发展经济体系、提升能源利用效率、提高非化石能源消费比重、降低二氧化碳排放水平、提升生态系统碳汇能力。确定了碳达峰碳中和“1+*N*”政策体系中的“1”。

（9）2021 年 10 月 24 日，国务院公布《2030 年前碳达峰行动方案》，提出实施“碳达峰十大行动”：能源绿色低碳转型行动、节能降碳增效行动、工业领域碳达峰行动、城乡建设碳达峰行动、交通运输绿色低碳行动、循环经济助力降碳行动、绿色低碳科技创新行动、碳汇能力巩固提升行动、绿色低碳全民行动、各地区梯次有序碳达峰行动；提出两项主要目标：①到 2025 年，非化石能源消费比重达到 20%左右，单位国内生产总值能源消耗比 2020 年下降 13.5%，单位国内生产总值二氧化碳排放比 2020 年下降 18%，为实现碳达峰奠定坚实基础；②到 2030 年，非化石能源消费比重达到 25%左右，单位国内生产总值二氧化碳排放比 2005 年下降 65%以上，顺利实现 2030 年前碳达峰目标。提出 18 项硬指标：

1）严控跨区外送可再生能源电力配套煤电规模，新建通道可再生能源电量比例原则上不低于50%；

2）到2030年，风电、太阳能发电总装机容量达到12亿kW以上；

3）“十四五”“十五五”期间分别新增水电装机容量4000万kW左右，西南地区以水电为主的可再生能源体系基本建立；

4）到2025年，新型储能装机容量达到3000万kW以上［注：2021年7月15日，国家发展改革委、国家能源局印发了《关于加快推动新型储能发展的指导意见》（发改能源规〔2021〕1051号），对新型储能的发展从规划、政策、技术推动、保障措施等方面进行了明确］；

5）到2030年，抽水蓄能电站装机容量达到1.2亿kW左右，省级电网基本具备5%以上的尖峰负荷响应能力；

6）到2025年，国内原油一次加工能力控制在10亿t以内，主要产品产能利用率提升至80%以上；

7）到2025年，城镇新建建筑全面执行绿色建筑标准；

8）到2025年，城镇建筑可再生能源替代率达到8%，新建公共机构建筑、新建厂房屋顶光伏覆盖率力争达到50%；

9）到2030年，当年新增新能源、清洁能源动力的交通工具比例达到40%左右，营运交通工具单位换算周转量碳排放强度比2020年下降9.5%左右，国家铁路单位换算周转量综合能耗比2020年下降10%。陆路交通运输石油消费力争2030年前达到峰值；

10）“十四五”期间，集装箱铁水联运量年均增长15%以上；

11）到2030年，城区常住人口100万以上的城市绿色出行比例不低于70%；

12）到2030年，民用运输机场场内车辆装备等力争全面实现电动化；

13）到2030年，省级以上重点产业园区全部实施循环化改造；

14）到2025年，大宗固废年利用量达到40亿t左右；到2030年，年利用量达到45亿t左右；

15）到2025年，废钢铁、废铜、废铝、废铅、废锌、废纸、废塑料、废橡胶、废玻璃9种主要再生资源循环利用量达到4.5亿t，到2030年达到5.1亿t；

16）到2025年，城市生活垃圾分类体系基本健全，生活垃圾资源化利用比例提升至60%左右；

17）到2030年，城市生活垃圾分类实现全覆盖，生活垃圾资源化利用比例提升至65%；

18）到2030年，全国森林覆盖率达到25%左右，森林蓄积量达到190亿m^3。

三、全国碳市场建设进展

1. 应对气候变化工作从发改委系统转隶至生态环境系统

国家高度重视气候变化工作，从节能减排和全球气候治理协调统一出发，将应对气候变化和减排的职责并入了生态环境部。生态环境部成立了“应对气候变化司”，把二氧化碳排放纳入生态环境部的监管范围内，能够更加全面地监管排放物，提升生态环境治理的总体效果，实现了大气污染防治和全球气候变化应对的统一，有利于提升生态文明建设的总体成效。

2. 碳市场设想和进展

根据《“十三五”控制温室气体排放工作方案》（国发〔2016〕61 号），全国碳市场建设分三阶段，2019 年 1 月起碳排放相关数据正式纳入考核。

（1）基础建设期（2018 年）：完成全国统一的数据报送系统、注册登记系统和交易系统建设；开展碳市场管理制度建设。

（2）模拟运行期：开展发电行业配额模拟交易并完善相关机制。（2019 年度对 2018 年排放量进行模拟履约和交易，并要求按年度上报碳排放数据及监测计划。）

（3）深化完善期：在发电行业交易主体之间开展配额现货交易。交易以履约为目的，剩余配额可跨履约期转让、交易。逐步扩大市场覆盖范围，丰富交易品种。

原计划 2020 年对 2019 年排放量进行实际履约和交易，2019 年 1 月 1 日起企业的碳排放数据和生产数据正式纳入碳排放权交易考核，但 2020 年并未建成全国碳排放权交易系统。2021 年 7 月 16 日，全国碳排放权交易市场上线交易正式启动，启动仪式以视频连线形式举行，在北京设主会场，在上海和湖北设分会场。

建设全国碳市场是利用市场机制控制和减少温室气体排放、推进绿色低碳发展的一项重大制度创新，也是推动实现碳达峰目标与碳中和愿景的重要政策工具。全国碳市场的碳排放权注册登记系统由湖北省牵头建设、运行和维护，交易系统由上海市牵头建设、运行和维护，数据报送系统依托全国排污许可证管理信息平台建成。

全国碳市场第一个履约周期为今年全年，纳入发电行业重点排放单位 2162 家，覆盖约 45 亿 t 二氧化碳排放量，是全球规模最大的碳市场。

四、发电公司面临的形势

据预测，2060 年我国一次能源消费总量约为 46 亿 t 标准煤，其中非化石能源占比将达到 80%以上，风、光成为主要能源，且主要转换成电能进行利用；2060 年电力占终端能源消费比例将达到 79%～92%。

2060年我国全社会用电量约为15万亿kWh，电源总装机将达到80亿kW，其中新能源装机规模将达到50亿kW，电量占比超过55%，成为电力电量供应主体，水电、核电、火电等同步发电机组装机占比约为23%，电量占比低于40%，仍有较大比重。

目前我国发电结构当中，火电占比约50%，风、光伏以及水电等发展速度呈快速增长趋势。

短期内来看，碳交易市场上线初期，由于碳配额分配相对较为宽松，碳价难以对发电企业成本造成实质性影响。此外，从2017年之后，全国CCER项目审批终止，新能源项目暂时难以获得CCER补贴。

中长期来看，发电企业无法忽视碳交易市场对企业成本以及营收带来的影响。一方面，随着国家政策对碳排放总量控制趋严，配额价格有望进一步上涨，且电企需要购买配额的比例将上升，从而直接导致企业发电成本增加；另一方面，CCER审批后续有望放开，新能源发电项目未来依然能够获得部分CCER，进入配额市场交易后增厚企业营收。

测算结果表明，对100万kW火电项目，在配额价格50元/t的情况下，火电厂按3%的比重购买碳配额，则企业度电成本将增加0.43%，企业净利润下降2.80%。若碳配额价格涨至150元/t，且企业购买配额比例上升至7%时，发电企业度电成本将增加3.07%，企业净利润下降11.70%。

对30万kW风电/光伏发电项目，如果项目产生CCER全部按50元/t价格出售，则企业营收均可增加11.67%，净利润可分别增加29.57%和31.93%。同时，当转化比例为100%且碳配额价格达到150元/t时，风/光电项目营收可增厚35%，净利润可分别增厚88.79%和95.66%。

（一）碳市场给企业带来的挑战和机遇

碳市场给企业带来的挑战主要有向政府及社会披露碳排放量、增加额外成本（直接、间接），影响企业竞争力；面临总量控制，超额排放而不履约属于违法，将受到处罚；新建项目须满足低碳政策要求；长期看生产结构、生产成本、生产储输配将发生显著变化；转型压力与碳约束压力叠加；技术创新和节能减排压力陡增等。

碳市场给企业带来的机遇主要有做好碳资产管理有机会将多余的排放权（配额）出售，实现收益；促进企业生产效率提高、技术更新与管理提升；碳金融促进主业发展；在低碳经济中发现新的增长点；面向未来提升企业核心竞争力等。

1. 我国火力发电占比较高

从总装机量来看，截至2021年6月，我国发电企业总装机容量达22.57亿kW，

其中，火电、水电、风电、太阳能和核电的装机容量占比分别为56.40%、16.68%、11.76%、12.88%和2.28%，火电发电装机容量占半壁江山。

与此同时，从发电量来看，2020年全年，我国发电企业总发电量为7.78万亿kWh，其中，火电、水电、风电、太阳能和核电的发电量占比分别为71.07%、18.07%、4.65%、1.61%和4.60%。风/光/水电容易受到季节性等因素影响，相比而言，火力发电稳定性较好，其发电比重相比于装机比重更高。

2. 火电CO_2排放量占全国总排放量超50%

火力发电是中国主要的发电方式，发电环节二氧化碳的排放主要源于煤炭等化石燃料的燃烧，度电大约耗标准煤0.34kg，按煤中碳含量70%计算，产生二氧化碳约0.87kg，按2020年全国火电发电量为53300亿kWh计算，产生二氧化碳约为46.5亿t，实际统计数据为51.2亿t，占我国2020年CO_2总排放量比重为51.76%。

3. 风/光/水电项目是CCER的主要来源

国家核证自愿减排量，简称CCER，是指依据《温室气体自愿减排交易管理暂行办法》的规定，经国家发展改革委备案并在国家注册登记系统中登记的温室气体自愿减排量，企业获得CCER之后，可进入碳配额市场进行交易，或在履约期使用以完成一定比例的配额清缴。目前在全国7个试点区域市场CCER都可以进行交易，按交易规则排放企业每年可使用CCER抵减5%～10%的碳排放配额。

截至2020年10月，国家发展改革委公示CCER审定项目累计为2856个，备案项目为1047个，获得减排量备案项目为287个，合计备案二氧化碳减排量为5294万t。从目前已审批的CCER项目来看，数量占比最大的为风电，为90个，占比35%。其次为光伏发电，48个，占比19%。水电项目数量相对较少，数量占比仅为13%，但由于水电项目发电量大，减排量高，达1342万t，占总减排量比重为25.4%。

随着未来更多行业纳入碳交易市场，CCER的需求有望持续上升，风/光/水电等可再生能源类CCER项目将明显增厚发电企业营收。

4. 我国发电企业情况

我国发电企业众多，其中以五大发电集团（中国华能集团有限公司、中国大唐集团有限公司、中国华电集团有限公司、中国国电集团有限公司、中国电力投资集团有限公司）规模最大，最具代表性。截至2020年，上述五大发电集团的装机容量分别为19644万kW、14870万kW、16606万kW、17628万kW和25713万kW。

从装机结构来看，五大发电集团均以火电为主，新能源发电为辅。例如，国家能源集团、华能集团、华电集团火电占比均在70%以上，国家电投集团火电占比最低，为58.86%。但从近五年的发展来看，五大发电集团风电/光伏/水电的发电份额均实现了快速增长，火力发展比重逐年下降，而新能源发电占比稳步上升。

（二）碳市场与节能环保

碳交易不等于环保达标。

（1）环保达标：纯被动的政策，企业必须达标，否则政府将进行罚款，达标了不会有额外奖励。

（2）碳交易：主动的政策，但必须履约，有缺口可通过市场购买；富余的配额可通过市场出售获益。

（三）碳市场对发电企业的主要影响

1．对企业的内部管理产生影响

启动碳交易之后，纳入碳交易的这些企业，就要加强内部管理，要从班组的台账到企业的会计注册表，全面地衡量各项指标，加强内部管理。

2．对企业的经营决策产生影响

加入全国碳市场后，短期内可能使发电企业的发电成本呈现上升趋势。电力需求的增加必然会导致更多的二氧化碳排放，而发电企业为了履行政府下达的碳排放配额指标，同时保证电力供应，需要通过采取电厂技术升级改造、清洁能源发电技术、碳捕集技术或者通过碳交易实现降碳目标，这无疑都会增加发电企业的运行成本。因此，在企业的经营决策中会将履约成本进行考虑，如何通过调整生产方式达到利益的最大化。

（1）成本端影响。2021 年 7 月 16 日，全国碳市场上线交易，首批纳入的企业包括 2225 家发电企业，供给覆盖 CO_2 排放量超过 40%。目前，分配给电企的 CO_2 配额主要还是以免费配额为主，尚未直接体现在发电企业的成本项之中。但根据欧盟的经验，在欧盟碳排放交易体系上线之后，一方面，逐步收紧碳配额的供给总量；另一方面，逐年加大拍卖的比重，减少免费配额的比重。

在我国“双碳”目标的推动下，未来国内碳交易市场碳配额总量控制将趋严，且电企获取免费碳配额的难度将加大，一部分配额不可避免地通过拍卖方式有偿分配给企业。一旦火电企业需要通过拍卖的方式购买配额，则这部分费用将直接内化并推升企业的度电成本。

（2）营收端影响。

对于发电企业而言，碳交易市场对企业营收的影响来自两个方面。

（1）电价上涨增厚营收。火电企业购买碳配额内化为企业经营成本，推高度电成本，在保证电企一定的盈利水平下，电价中枢上移是大概率事件。

（2）国家以审核授予 CCER 的补贴形式鼓励新能源产业的发展，我国的风电、光

伏以及水电项目将产生大量的CCER，是市场CCER供给的主要来源。对这些企业而言，出售CCER将直接增厚营收。

3. 对企业的投资产生影响

根据国务院批准的配额总量设定和分配方案规定，是以基准值法为准。基准值法要求，凡是优于基准值的企业，生产得越多获得配额就越多，就可以通过碳市场获取更多的利益；反之，经营管理不好、技术装备水平低的企业，多生产将会带来更多的配额购买负担。因此，为减少配额购买负担，必须要加大投资力度，改善经营管理，将单位产品的碳排放达到甚至低于基准限值，才能在未来的市场竞争当中占据有利的地位。

五、发电公司的应对措施

1. 国家层面的要求

十三届全国人大四次会议审查通过的《中华人民共和国国民经济和社会发展第十四个五年规划和2035年远景目标纲要》对我国未来能源发展做出了总体部署安排，为构建现代能源体系确定了行动路线图，对实施能源资源安全战略做出了详细部署，对积极应对气候变化做出了具体安排：推进能源革命，建设清洁低碳、安全高效的能源体系，提高能源供给保障能力。加快发展非化石能源，坚持集中式和分布式并举，大力提升风电、光伏发电规模，加快发展东中部分布式能源，有序发展海上风电，加快西南水电基地建设，安全稳妥推动沿海核电建设，建设一批多能互补的清洁能源基地，非化石能源占能源消费总量比重提高到20%左右。

2. 发电集团层面

（1）结构减排，紧紧围绕国家未来能源发展调整结构，目前各大发电集团公司均提出了自己安排新能源发展要求，特别是风电的建设规模，大家压力都比较大，一是好的风电场已基本开发完毕，新的风电资源十分紧缺；二是各大公司竞争将十分惨烈，工作难度加剧。

（2）管理减排，根据《2019—2020年全国碳排放权交易配额总量设定与分配实施方案（发电行业）》，目前看不同机组所发放的碳排放配额都基本满足了需要，但这个基准值肯定会逐步降低并向大容量、高参数机组倾斜。发挥发电集团的优势，合理进行机组负荷协调，提高高参数、大容量机组发电量，可有效降低碳排放量，从而保证发电集团的整体利益。

3. 基层发电企业层面

（1）技术减排，对于存量机组的节能改造基本上每年都会有一定的投入，效果还是比较明显的，供电煤耗从2010年的平均320g/kWh降至290g/kWh，虽然含有关停小机组的因素在内，但节能改造的效果还是有目共睹的。有的节能改造投入的效果不一定好，甚至有的为改造而改造，基本没有什么效果，虽然总结报告或测试报告显示的结果非常理想。下一步像目前主要污染物在线监测一样实现碳排放在线监测，想投机取巧几乎是不可能的。

（2）碳捕集、利用与封存（CCUS）。2021年2月，中国工程院启动“我国碳达峰碳中和战略及路径研究”重大咨询项目，设立八个课题（调产业结构降碳排放强度战略路径研究、碳达峰碳中和目标下的能源发展战略研究、电力行业碳达峰碳中和实施路径研究、工业部门碳达峰碳中和实施路径研究、建筑部门碳达峰碳中和实施路径研究、交通部门碳达峰碳中和实施路径研究、碳汇与碳封存及碳资源化利用战略研究、项目综合组），其中“电力行业碳达峰碳中和实施路径研究”设立七个子课题（碳达峰碳中和能源电力发展场景、新能源发展及清洁能源高效开展利用、煤电气电灵活低碳化应用及其技术、新一代电力系统、能源消费侧电能替代、关键技术创新、碳市场和电力市场机制）。

电力行业的转型目标是打造零碳电力系统，目标是推荐保留一定规模的火电，发电量占比不超过10%，产生的碳排放通过CCUS技术移除。电力系统低碳转型的三个阶段：第一阶段（2021—2030年）：电力系统碳排放在2028年前后进入峰值平台期。电力需求持续增长（增速4.5%左右），新增电力需求全部由清洁能源满足，新能源装机达到17亿kW，发电量占比升至28%，水电、核电发电量达到13%、7%，煤电、气电发电量分别为42%、9%。第二阶段（2031—2050年）：电力系统碳排放在平台后期快速下降，采用CCUS部分移除后降至峰值10%左右，电力系统实现深度低碳，电力需求增速放缓（增速1.4%），新能源装机达到44亿kW，发电量占比升至53%，水电、核电发电量达到13%、14%，煤电、气电发电量降至13%、7%。第三阶段（2051—2060年）：电力系统从深度低碳发展为零碳电力系统，新能源装机达到52亿kW，发电量占比升至61%，水电、核电发电量达到13%、16%，CCUS规模进一步扩大，煤电、气电降至7%、3%。

CCUS技术包括二氧化碳捕集、利用和封存三个环节，截至2020年底，全球共有65个大型一体化项目，我国建成35个示范项目。CCUS商业化还存在能耗大、成本高等问题，捕集成本约400元/tCO_2。华电集团公司CCUS刚刚起步，主要以科技项目的方式开展，总体上看华电集团在CCUS方面处于各发电集团末端，华电国际尚未有开展CCUS的研究或应用。

（3）碳资产管理。基层发电企业是碳市场政策的首要执行者，碳市场运行的核心

参与者，虽然如期足额清缴履约是每个企业法人的基本操守，但仍存有一定的空间，应避免随波逐流。

六、目前华电国际碳资产情况

1. 碳排放的基本情况

2021 年国家计划正式启动碳排放权交易（电力行业），根据中国华电集团有限公司碳排放管理信息系统统计，2019 年碳排放总量 16057.54 万 t，纳入交易排放量 15899.44 万 t，按照《2019—2020 年全国碳排放权交易配额总量设定与分配实施方案（发电行业）》，试算配额量 18947.44 万 t，试算配额盈余量 3048 万 t；2020 年碳排放总量 14917.00 万 t，纳入交易排放量 14781.38 万 t，按照《2019—2020 年全国碳排放权交易配额总量设定与分配实施方案（发电行业）》，试算配额量 17137.10 万 t，试算配额盈余量 2102.14 万 t。

2021 年上半年公司碳排放情况见表 1。

表 1　2021 年上半年公司碳排放情况　单位：万 t

编号	单位	排放总量	纳入交易排放总量	试算配额量	试算配额盈余量
1	山东	3337.09	3306.31	3887.51	554.49
2	河北	420.08	414.67	523.05	108.39
3	天津	24.91	24.88	24.3	–0.58
4	山西	150.02	147.61	171.67	24.06
5	河南	468.1	463.79	496.4	32.6
6	安徽	899.17	893.6	975.8	82.2
7	浙江	145.81	145.78	150.13	4.35
8	湖北	1101.26	1093.71	1353.83	260.11
9	重庆	211.58	211.18	214.2	3.02
10	四川	531.5	520.56	752.49	17.94
11	广东	117.37	117.39	139.85	22.47
合计		7406.89	7339.48	8689.23	1109.05

按照《2019—2020 年全国碳排放权交易配额总量设定与分配实施方案（发电行业）》“配额清缴义务最高为其获得的免费配额量加 20%的经核查排放量”要求，华电

国际参与碳排放交易的量扣除配额后，最多在 3000 万 t/年，并不是全部量（即 1.5 亿 t/年左右）。

2. 华电集团对碳资产交易的管理要求

2016 年集团公司印发了《中国华电集团公司发电企业温室气体排放统计核算管理办法》（中国华电科制〔2016〕108 号），并于 2017 年进行了修订《中国华电集团有限公司发电企业温室气体排放统计核算管理办法（2017 年修订版）》（中国华电创制〔2017〕335 号），对各火电企业碳资产的管理是通过中国华电集团有限公司碳排放管理信息系统，由各火电企业进行填报、分公司进行审核。

2021 年 5 月 31 日，华电集团成立了中国华电集团碳资产运营有限公司（中国华电人〔2021〕114 号），负责协助开展基层控排企业碳资产的集团约化管理、运营、交易及相关咨询等工作。

2021 年 7 月 15 日，华电集团印发了《关于做好全国碳排放权交易市场有关工作的通知》（中国华电函〔2021〕347 号），要求所有控排企业授权中国华电集团碳资产运营有限公司负责碳资产的交易及履约工作。并规定碳资产管理服务费按控排企业法人实体总容量进行核定：总容量 60 万 kW（不含 60 万 kW）以下 25 万元/年，总容量 60 万～120 万 kW（不含 120 万 kW）30 万元/年，总容量 120 万～200 万 kW（不含 200 万 kW）35 万元/年，总容量 200 万～300 万 kW（不含 300 万 kW）40 万元/年，总容量 300 万 kW 及以上 45 万元/年。待全国碳排放权交易市场正式启动后浮动服务费取费标准。

华电国际山东 11 家（章丘、淄博、潍坊、莱州、龙口、青岛、莱城、滕州、十里泉、邹县电厂、邹县公司）、河北 3 家（石热、鹿华、裕华）、天津 2 家（福源、南疆）、山西 1 家（朔州）、河南 3 家（新乡、渠东、漯河）、安徽 3 家（宿州、六安、芜湖）、浙江 4 家（半山、下沙、江东、龙游）、湖北 6 家（襄阳、江陵、武昌、黄石、西塞一期、西塞二期）、重庆 1 家（奉节）、四川 1 家（广安）、广东 5 家（砰石、韶关、深圳、顺德、佛山）、湖南 2 家（长沙、常德）共计 42 家控排单位将与中国华电集团碳资产运营有限公司签订授权协议。

3. 碳资产履约交易情况

据上海环境能源交易所 2021 年 6 月 22 日发布的《关于全国碳排放权交易相关事项的公告》，交易方式方面，挂牌协议交易单笔买卖最大申报数量应当小于 10 万 t 二氧化碳当量，开盘价为当日挂牌协议交易第一笔成交价，挂牌协议交易的成交价格在上一个交易日收盘价的±10%之间确定。大宗协议交易单笔买卖最小申报数量应当不小于 10 万 t 二氧化碳当量，大宗协议交易的成交价格在上一个交易日收盘价的±30%之间确定。

2021 年 7 月 16 日 9 时 30 分，备受关注的全国碳排放权交易市场正式鸣锣开市，碳配额开盘价为 48 元/t。第一笔成交发生在开盘后的第二分钟，价格为每吨 52.78 元，总共成交 16 万 t，交易额为 790 万元。碳排放权交易由此拉开了序幕。

从有关报道中了解，截至 2021 年 11 月 3 日，全国碳市场碳排放配额（CEA）累计成交量 22127736t，累计成交额 988244168.35 元，累计平均单价 44.66 元/t。

目前，全国碳排放权交易系统未对未登记的机构和个人实行开放，华电国际无法了解碳排放权的交易情况。

4. 集团公司碳排放行动方案

2021 年 6 月 18 日上午，集团公司在京举办“十三五”碳排放白皮书暨碳达峰行动方案发布会。“白皮书”全面总结了集团公司碳排放管理中的新思路、新举措、新成效，碳达峰行动方案明确了碳达峰时间表、制定了碳达峰行动路线图和施工图。

七、华电国际的应对策略

1. 积极加强政策、技术储备

自 2005 年《京都议定书》开始落地实施始，公司就已关注碳减排对公司的影响，由于发展中国家要 2012 年才开始承担碳减排责任，国内对水电、节能改造等开始研究开发 CDM 项目，CDM 的核心是允许发达国家和发展中国家进行项目级的减排量抵销额的转让与获得，公司最早开发 CDM 项目是从泸定水电开始的，直到 2012 年公司并未给予碳减排足够的重视。

2014 年 4 月，集团公司召开碳排放交易和煤炭清洁发电座谈会，“为了应对即将发布的全国性碳排放交易政策，更好地适应我国低碳转型的国家战略”，一致认为“集团公司启动碳排放管理工作，建立集团公司碳排放管理体系，明确管理部门，提前进行低碳政策和低碳技术的研究十分必要”，并于 2014 年成立了碳排放管理处。2015、2016 年对七个区域 40 个风、光电项目开展了国内自愿减排项目（CCER）备案工作，为公司 CCER 抵消碳排放当量打下了良好的基础。

2016—2017 年，华电国际基于对政策形势的预判，充分认识到碳排放管控给华电国际带来的机遇和挑战，开展了“碳管理和碳资产运作机制研究”：基于不同排放情景预测了 2017—2020 各年度二氧化碳排放情况和年度配额，测算了华电国际碳资产持有量和配额盈缺情况；在 CCER 开发和使用规则不明确的情况下，基于不同政策情况预测了 CCER 的持有量和可使用量，并依此制定了 CCER 项目开发和管理策略；制定了公司火电板块履约路径规划，提出了公司碳资产管理运作方案等。并得到了集团公司的认可，于 2018 年获得集团公司科技进步二等奖。

2021年初，鉴于目前仍以火电为主的格局，碳排放权交易的长期开展势必对公司的经营发展造成深远的影响，华电国际本部邀请有关专家就碳达峰、碳中和政策背景及发电企业面临的挑战及解决方案进行了专题讲解。公司干部员工更加深入了解当前碳中和背景下的政策，更加准确地把握住碳中和发展趋势，掌握了当前碳市场建设进展和运营模式，为公司对今后的碳排放工作思路给予了很大的启发，对公司实现绿色可持续发展，早日完成碳达峰、碳中和目标具有很好的指导意义。

经过多年的学习、研究，公司对碳排放、碳达峰、碳中和有了全新的认识，对公司碳交易有了一定的掌握，为公司准确应对碳交易打下了充实的基础。

2. 结构发展

根据《中华人民共和国国民经济和社会发展第十四个五年规划和2035年远景目标纲要》，我国的能源发展要求：大力提升风电、光伏发电规模，加快西南水电基地建设，安全稳妥推动沿海核电建设，未提及化石能源的发展要求；中美气候联合声明的具体行动部分对核能技术也只字未提。由此可以看出，我国的能源发展，化石能源“十四五”不会再有大发展的可能，“十五五”会在目前基础上出现一定的萎缩；核电发展一是会受制于沿海，二是会受制于安全，“十五五”之前也难以会有大的突破。

可再生能源发展方向清楚，目标明确，但是并不是简单的此消彼长的过程，而是在于在碳中和过程中处理好可再生能源发展和传统化石能源配合的节奏，实现碳中和目标，涉及技术可行性，以及经济效率等诸多因素，而不是简单取代，传统火电企业的发展、经营前景不应一味悲观。

华电国际“坚持新建与并购相结合”发展方式，按照规划，2025年公司火电装机将达到6345万kW（其中重型燃气轮机1229万kW、分布式143万kW、煤电4983万kW），按利用小时分别计算，可知华电国际至2025年碳排放总量将达到2.00亿t。

按照“双碳”目标、三个节点的规划要求，2035年碳排放将逐步减少，华电集团肯定将在此时间节点前开始减碳，对投运已达二十年的机组应谨慎并购。

根据《2019—2020年全国碳排放权交易配额总量设定与分配实施方案（发电行业）》“排放配额分配初期以免费分配为主，适时引入有偿分配，并逐步提高有偿分配的比例”“配额清缴义务最高为其获得的免费配额量加20%的经核查排放量”等政策要求，预计至2025年公司碳排放权差值可达到1000万 t，若碳排放配额增加到100元/t，则影响公司10亿元。这对公司的经营将会产生较大的影响，调整资产结构是十分必要的。

按照规划，公司2025年风光电容量为2482万kW，按1500利用小时计，发电量为372.3亿kWh，按CCER 0.8单位/MWh计，则CCER可获得2978.4万单位，虽然

使用 CCER 的具体时间还未明确，但从近日要求统计国家核证自愿减排项目备案交易情况的要求看，国家将很快开放国家核证自愿减排项目备案和参与交易，按照“1 单位 CCER 可抵消 1t 二氧化碳当量的排放量”“重点排放单位中的排放量仅 5%可用 CCER 抵消”计，公司即便是配额减少 20%，整体看公司仍可以满足碳排放要求，目前水电还不可开发 CCER，只有风、光电，以目前风、光电计，CCER 抵消碳排放量将严重过剩，交易价格将远远低于碳配额，用于交易取得效益较低，只是风、光电容量经营权不属于公司，无法实现公司内 CCER 和二氧化碳当量排放量的抵消。

3. 技术减排展望

按照《“十四五”发展规划（讨论稿)》，公司“十四五”期间约投资 28 亿元用于节能改造，供电煤耗可从 2020 年的 293.57g/kWh 降低到 2025 年的 286.50g/kWh，降低 7.07g/kWh，折合减少二氧化碳 18.38g/kWh，2025 年可减少二氧化碳排放量 454.35 万 t，按 100 元/t 计，可减少碳排放支出 4.54 亿元，可以基本抵消节能改造支出，具有较好的社会效益。值得注意的是节能改造的效果要能保持，切实发挥其作用。

4. 管理减排手段

按照《2019—2020 年全国碳排放权交易配额总量设定与分配实施方案（发电行业)》，火电机组共分四类：300MW 等级以上常规燃煤机组、300MW 等级及以下常规燃煤机组、燃煤矸石水煤浆等非常规燃煤机组（含燃煤循环液化床机组）和燃气机组，我国碳排放权核定是按照基准值法，各类机组确定的基准值见表 2。

表 2　　2019—2020 年各类别机组碳排放基准值

机组类别	机组类别范围	供电基准值（t/MWh）	供热基准值（t/GJ）
Ⅰ	300MW 等级以上常规燃煤机组	0.877	0.126
Ⅱ	300MW 等级及以下常规燃煤机组	0.979	0.126
Ⅲ	燃煤矸石、水煤浆等非常规燃煤机组（含燃煤循环流化床机组）	1.146	0.126
Ⅳ	燃气机组	0.392	0.159

根据公司目前各等级供电煤耗情况，1000MW 级供电煤耗约 280g/kWh、600MW 级供电煤耗约 300g/kWh、300MW 级供电煤耗约 320g/kWh，1000MW 级单位供电碳排放值较 300MW 级减少 14.29%，600MW 级单位供电碳排放值较 300MW 级减少 6.67%，若通过管理手段增加 1000MW 机组供电量，可减少碳排放量 3%左右。

随着国家碳排放政策的调整，全国碳排放权交易配额总量设定与分配实施方案（发电行业）也将进行调整，最终的结果是将各类机组的碳排放基准值统一，这样，若公司通过管理减排，不考虑其他因素，其碳排放的减排效果将十分明显。公司在目前的管控体制下如何发挥作用是值得研究的一个课题。

5. 碳资产管理手段

碳资产管理，总体上可以分为两个方面，一是内部核算管理，二是碳排放配额管理。

（1）内部核算管理。控排企业是碳市场政策的首要目标，也是碳市场运行的核心参与者，是全国碳市场最初和最重要的纳入群体，也有积极参与的能力和水平。碳排放资产管理与控排企业燃料、资产、经营、环保等多部门相关联，在制定监测计划和监测实施、年度温室气体排放报告编制、省级生态环境主管部门温室气体排放报告核查等过程中如何发挥作用将与核查结果具有较大的关联度。据报道，企业自身上报数据出现错误的比例占50%左右。经核查上交到国家相关部门的数据仍有10%～15%明显失真，最终导致核查数据产生5%左右的误差，特别是核查过程中默认的参数若与企业明显不符，影响更大。

（2）碳排放配额管理。大型控排企业一般涉及碳资产数额巨大，且配额交易具有股票性质，企业每年配额盈亏情况将直接反映至成本或收益。

集团公司成立了中国华电集团碳资产运营有限公司并要求所有控排企业授权该公司负责碳资产的交易及履约工作。该公司将对集团公司所有控排企业进行统一管理，维护集团公司的利益最大化。《碳排放履约服务委托合同（参考模板）》中虽然有“甲方负责审批、确认乙方提出的交易策略”等条款，但未有对控排企业碳排放资产的保值增值进行保证。限于控排企业的人员的知识水平和能力以及其他因素，控排企业在对碳排放配额的交易过程中发挥的作用比较有限。华电国际机组容量相对较大，利用小时相对较高，供电煤耗相对较低，碳排放配额盈余相对较多，碳资产运营有限公司为运行业绩会有意将华电国际控排企业的碳排放配额向非华电国际控排企业以相对低的协议价格交易，存在损害华电国际利益的风险。

八、下一步需要关注的问题

（1）集团公司建设了中国华电集团有限公司碳排放管理信息系统，但随着增量和注入资产的变化将导致统计结果的变数增加，该系统已不能准确反映华电国际碳资产的实际情况。

（2）控排企业均委托中国华电集团碳资产运营有限公司负责碳资产的交易及履约工作，但交易情况等由于未开放机构和个人登记开户，无法掌握各控排企业碳排放

权资产的变化及履约情况。

（3）从目前看，华电国际碳排放权还能够满足碳排放的需要且有盈余，但部分燃气轮机企业已出现亏空情况，统计上半年碳排放情况，出现亏空单位见表3。

表3　　2021年1—6月碳排放权不足单位　　单位：万t

单位	排放总量	纳入交易排放总量	燃气轮机	全口径	试算配额量	试算配额盈余
福源	24.91	24.88	324.13	324.13	24.3	−0.58
下沙	11.61	11.61	380.53	380.53	11.09	0.52
龙游	17.5	17.5	412.32	412.32	16.64	−0.86
武昌	24.61	24.65	381.55	381.55	23.33	−1.32

随着政府政策的日趋从严，2022年及以后华电国际碳排放配额不足现象将会逐渐增多。从目前政策看，CCER纳入交易也已提上议事日程，但华电国际风、光电已全部转入其他公司，建议从战略角度出发，积极与集团公司汇报沟通，至少拥有权益部分优先用于公司抵消使用。

（4）随着集团公司优化管控，华电国际对各分公司、区域公司的管控力度弱化严重，各区域资产也由火电、风电、光伏等多种类企业变成仅火电单一企业，按照集团公司要求，分公司仍对风、光等新能源实施管理，应要求各分公司、区域公司对碳资产管理高度重视，实施统筹，制定各区域的碳排放规划并有效实施。

（5）2021年9月21日，习近平主席在第七十六届联合国大会一般性辩论上发表了“坚定信心　共克时艰　共建更加美好的世界”讲话，承诺“坚持人与自然和谐共生。完善全球环境治理，积极应对气候变化，构建人与自然生命共同体。加快绿色低碳转型，实现绿色复苏发展。中国将力争2030年前实现碳达峰、2060年前实现碳中和，这需要付出艰苦努力，但我们会全力以赴。中国将大力支持发展中国家能源绿色低碳发展，不再新建境外煤电项目”，强调“坚持创新驱动。抓住新一轮科技革命和产业变革的历史性机遇，加速科技成果向现实生产力转化，打造开放、公平、公正、非歧视的科技发展环境，挖掘疫后经济增长新动能，携手实现跨越发展”，综合所有信息，华电国际在单一火电结构（水电228.94万kW，只占公司运营容量的4.3%）的情况下，在2035年碳排放下降时间节点前，扣除现有火电达到设计寿命实施关停外的运营应充分考虑创新驱动带来的影响，才能维持现有技术对公司运营的作用。

华电发展综合能源智慧化服务的思考和建议

中国华电集团清洁能源有限公司

宋　伟　邢　政　车建炜　李　博　潘　赟　孙　利

邢金艳　程　笛　毛　曼　魏国庆

一、概述

（一）发展背景

1. 落实国家能源战略的客观要求

随着我国能源转型的提速和电力体制改革的不断深入，能源生产和用户之间深度耦合，能源生产消费方式发生深刻变革。2014 年 6 月，习近平总书记在中央财经领导小组第六次会议上提出了“四个革命、一个合作”能源安全新战略，指明了我国能源转型的方向。综合能源服务作为一种新兴的能源服务形式，能够实现资源优化配置、能源梯级利用、提升新能源消纳水平的目标，还能做到满足用户多样的用能需求、降低用能成本和提高用能效率，与我国现阶段及未来的能源发展趋势十分契合，是落实能源发展战略的客观要求。

2. 推动行业转型升级的必然趋势

2020 年 9 月，习近平总书记在第七十五届联合国大会一般性辩论上的讲话中提出，“中国将提高国家自主贡献力度，采取更加有力的政策和措施，二氧化碳排放力争于 2030 年前达到峰值，努力争取 2060 年前实现碳中和”。“双碳”目标是我国向世界作出的庄严承诺，也是一项复杂的系统性工程。综合能源服务能够推动不同能源环节、主体间的协调互济，增强能源生产、传输、存储、消费等各环节的灵活性，有效统筹不同区域、不同行业发展情况，有力促进经济社会发展全面绿色转型。

2021 年 3 月，中央财经委员会第九次会议提出，“要构建清洁低碳安全高效的能源体系，控制化石能源总量，着力提高利用效能，实施可再生能源替代行动，深化电

力体制改革，构建以新能源为主体的新型电力系统”。我国能源发展正处在转变方式、优化结构、转换动力的攻关期，可再生能源逐步替代传统化石能源，多能互补能源体系加速构建，储能、智能电网等新技术不断进步，多能源协同供应、源网荷储友好互动、智慧用能服务为一体的综合能源服务新业态对于电力行业高质量发展具有重要意义。

3. 提升企业竞争优势的重要举措

构建新发展格局，消费内循环的贯通将激发中国内需潜力，我国消费结构将由商品消费为主逐步向商品消费与服务消费转变。在稳定优化能源产业链、供应链、价值链的背景下，作为能源业务的新增市场，综合能源服务业务生态将不断演进，产业需求将持续释放，预计到2025年我国综合能源服务市场规模可达万亿元。集团公司将“以综合能源为重点拓展市场新空间”作为塑造市场竞争新优势的首要举措。综合能源服务对于能源电力企业来说具有极端的重要性和必要性，大力发展综合能源服务是构建新的能源生态、巩固绿色发展优势、实现弯道超车、形成市场竞争优势的难得机遇和必然选择。

（二）对综合能源智慧化服务的定义

“综合能源服务”一词首次在官方文件提出，是2016年10月国家发展改革委、国家能源局发布的《有序放开配电业务管理办法》中第十二条指出的“配电网运营者可有偿为各类用户提供增值服务”，包括但不限于：提供发电、供热、供冷、供气、供水等智能化“综合能源服务”，至此综合能源服务的萌芽出现。综合能源服务本质体现了供给侧和需求侧的协同，是一种新型的为满足终端客户多元化能源生产与消费的能源服务方式，能够实现多能协同供应和能源综合梯级利用，提高能源系统效率，降低用能成本。

集团公司提出的定义是：综合能源服务是互联网和数字技术背景下，通过不同类型能源的互补耦合，达到能源流、信息流、价值流的跨界交换，为用户提供高效智能的多种能源供应和相关用能增值服务的新型能源服务方式。

二、综合能源服务发展概况

（一）国外综合能源服务对我国的启示

目前，欧美日等发达国家综合能源服务已形成了多样灵活的商业模式，由初期的节能改造、设备推广阶段，发展到基于分布式能源微电网模式，利用“云、大、物、移、智、链”等信息技术提供综合能源供应与服务的中期阶段。

一是革新发展理念，从战略高度做好顶层设计。综合能源服务是全新领域，具有贴近市场、灵活性强、创新要求高等特点，及时更新发展理念，加强对综合能源服务内涵、外延的宣贯和传播，明确综合能源服务的战略定位和支撑体系，做好前瞻性布局。

二是主动适应转型要求，积极打造完整的产业链。传统能源企业要积极向综合能源服务商转型发展，完成从提供产品向提供服务转变，从单一服务向综合服务转变，主动调整经营战略，引导推动综合能源服务产业链加速演化与转型升级，逐步实现综合能源服务产业基础高级化、产业链现代化。

三是聚焦客户需求，提供差异化用能解决方案。遵循以客户为中心的服务模式，设计充分满足消费者需求的服务理念、服务产品和服务方式。对客户群体进行用能需求细分，设计差异化的商业模式、产品套餐和营销策略，为客户提供从能源购售、节能设计到设备安装、运维及融资租赁的一站式或组合式服务。

四是加强数字化技术与能源行业的深度融合，推动能源数字化技术发展。大数据、云计算、物联网等数字信息技术已成为未来综合能源服务市场准入的重要技术门槛，能源数字技术已成为实现创新驱动发展的源动力，要聚焦数据收集与分析，将大数据作为核心技术工具。

五是积极开展产业生态联合，快速建立竞争优势。创新商业模式与盈利模式，建立起各市场主体之间合作共赢的竞合关系，打造合作共享的产业生态系统，灵活运用战略合作、项目合资、混改等方式，打通产业链上下游，实现优势互补、利益共享、风险共担。

（二）国内综合能源服务发展现状

2014年，习近平总书记提出了“四个革命、一个合作”能源安全新战略，指明了我国能源转型的方向。2016年，国家发展改革委、国家能源局印发了《能源生产和消费革命战略（2016—2030）》，全面启动能源革命体系布局。近几年，国家层面积极推进综合能源服务相关规划和政策文件制定，“十三五”期间，我国先后出台了能源、电力、油气、可再生能源发展、北方地区清洁供暖等阶段性专项规划，以及电力体制改革、“互联网+”智慧能源、节能减排、电能替代、储能技术和产业发展等指导性政策文件。《国民经济和社会发展第十四个五年规划和2035年远景目标纲要》对“推进能源革命，推动能源清洁低碳安全高效利用，完善能源产供销体系，建设智慧能源系统，提升新能源消纳和储存能力，加快数字化发展”提出了新的要求。2021年10月，党中央国务院发布《关于完整准确全面贯彻新发展理念做好碳达峰碳中和工作的意见》，明确把碳达峰、碳中和纳入经济社会发展全局，推进经济社会全面绿色转型，深度调整产业结构，加快构建清洁低碳安全高效的能源体系、加快推进低碳交通运输体系建设等。发布这些规划类、指导性政策文件，提出了能源消费总量和强度双控、能源输配网络基础设施、分布式能源、电能替代、智慧能源、储能等方面发展的阶段性目标、重点领域和工作任务以及综合保障措施。

目前，国内综合能源服务尚处于起步阶段，国内有意向转型开展综合能源服务的企业主要有电网企业、发电集团、地方能源国企，新奥、协鑫等全国性能源民企，以及节能服务公司和新兴技术公司等。上述企业陆续成立集团层面综合能源服务公司，加快拓展综合能源服务业务，为用户提供能源产品、能源交易、能效管理等差异化定制化服务。同时，各企业积极搭建能源管控平台，通过信息化技术包括大数据、云计算和数据挖掘等手段，实现能源技术与信息技术深度融合，实现能源系统优化和资源优化配置，实现生产侧和消费侧的友好互动。

（三）国内综合能源服务存在问题

一是体制机制尚不完善，标准化体系尚未建立。综合能源服务业务的开展正处在初步试点示范阶段，综合能源服务市场准入与监管、风险规避、交易信息披露等并不明确，国家尚未针对技术标准、服务标准和管理标准对综合能源服务建立统一的标准规范。

二是行业之间存在壁垒。当前各类服务商和企业之间尚未有效地统筹和整合资源，各类能源子系统之间在规划、建设、运行和管理层面仍相互独立，存在体制壁垒，尤其是企业在开展供电、热、气、水等多种业务时，从规划设计、相关业务资质许可的办理到能源基础设施建设都要付出巨大的协调成本。

三是电力市场竞争激烈，克服原有垄断格局存在难度。新一轮的电力体制改革放开了配售电业务、公益性和调节性以外的发用电计划以及输配电以外的竞争性环节电价，重塑了电力市场竞争格局，动摇了电网原有市场垄断地位。目前，在增量配电网试点、微电网接入、多能互补示范项目接入等问题上，电网企业都设置了重重阻碍。

四是盈利点不明显，商业模式有待创新。目前，综合能源服务项目缺乏可持续的盈利模式和商业模式，业务之间基本是物理叠加，融合的有机性较差，特别是更多地加入了可再生能源，较传统能源供应成本明显增加。

五是思想观念上存在挑战。综合能源服务最大的特点是以客户需求为中心，传统的能源发展方式与客户交互性欠缺，用户贴近度、用户需求挖掘、营销渠道开拓、服务意识等方面存在挑战。

三、华电集团综合能源服务发展情况

（一）制定全面规划，实现战略转型系统化

我国已经进入了能源生产和消费革命的新时代，集团公司深入贯彻国家能源安全

新战略，提出“五个坚持”“三个转变”“六个一流”的中国华电新发展战略，以奉献清洁能源、创造美好生活为公司使命，以建设具有全球竞争力的世界一流能源企业为愿景目标，全力推进新时代中国华电高质量发展。2019 年 4 月，中国华电在同类型企业中率先出台《综合能源服务业务行动计划》（以下简称“行动计划”），明确提出建立“清洁友好、多能联供、智慧高效”的综合能源服务体系，并提出“三个发展阶段、布局六项业务、打造两个平台、建设三种能力”的顶层设计，使得中国华电综合能源服务战略引领具有厚重和丰富的内涵（如图 1 所示）。

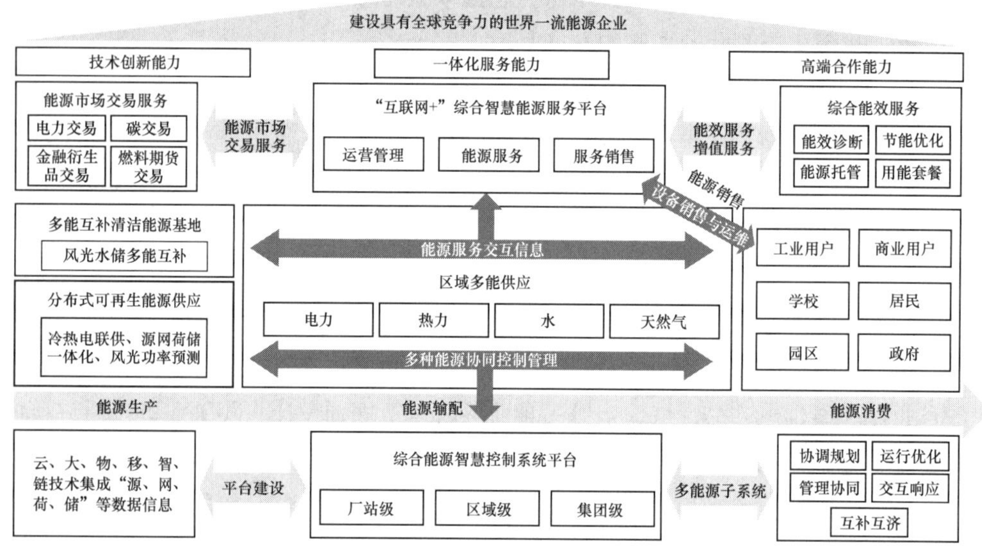

图 1　中国华电综合能源服务业务体系构架图

2021 年 7 月，中国华电印发《关于加快推进综合能源服务业务的指导意见》，提出坚持绿色发展、坚持创新驱动、坚持价值创造、坚持统筹推进的原则，依托华电集团优势，优化资源配置，完善顶层设计，理顺管理体制机制，基本构建集团化、属地化、专业化的高质量产业发展体系；建设一批试点示范项目，基本形成可持续发展的商业模式；攻克一批具有国际先进水平的综合能源核心关键技术；形成由龙头企业、高校、科研机构、工程咨询机构等组成的政、产、学、研、用一体化综合能源服务生态；实现 2025 年综合能源服务业务收入 550 亿元；推进集团公司向多能服务、民生服务和生态服务转型，建成国内一流的综合能源服务商。

（二）优化资源配置，实现能源供给清洁化

以供给侧结构性改革为契机，结合区域多能源品种及特色业务板块优势，在多能互补清洁能源基地、区域多能供应、分布式可再生能源等领域开展多种形式的工程实

践。通过市场优化供给结构和资源配置，持续推动能源电力供给“清洁化”，加大有效供给，实现高质量发展。

在多能互补综合能源基地建设方面，合理利用基地内风、光、水等资源，重点在大中型的水电流域基地、新能源基地，推动参与建设以水电、风电、太阳能发电为核心的多能互补清洁能源示范基地，推动突破多能耦合、海上风电、大规模储能、氢能等关键技术快速发展。目前，金上、黔源、福建等区域公司依托现有水电、海上风电等资源优势，已积极开展风、光、储基地的筹备建设。

在区域级多能供应方面，以区域能源供给和满足用户需求为中心，参与区域分布式多能供应能源站建设与运营，燃气分布式能源项目个数、装机规模在同行业中处于领先地位，建立了分布式能源规划、设计、制造、集成、建设、运营、供气、服务全过程产业链。已建成上海国旅新能源、上海福新、石家庄第一医院等代表性燃气分布式项目。

在分布式可再生能源供应方面，建设及运营以分散式风电、分布式光伏、生物质发电、地热发电等采用就地发电、就地供电为主的分布式可再生能源站，提供清洁能源供给服务，全力推动分布式可再生能源站与建筑、乡村振兴、农业、交通等产业融合。

（三）提供增值服务，实现用户服务综合化

充分发挥中国华电科技创新、工程咨询及服务、设备制造、工程服务的优势，围绕用户侧能效管理、节能优化、设备销售和运维等服务，以电热销售为切入点，对接市场需求，开展“售能+服务”业务模式，增加客户黏性，提升中国华电在电力、热力销售的市场占有率。

在开展能源市场交易服务方面，依托集团专业能源交易机构，结合国内能源市场建设进度，探索面向社会的电力市场交易、碳交易、绿证交易业务，截至 2021 年 9 月售电公司签约售电量约 1000 亿 kWh，客户数量超 4000 户。大力发展热电联产、集中供热，积极承担供热设施建设、设备管网养护、生产运营管理的社会重任，确保供热工作安全稳定、节能环保、优质服务，截至 2020 年底，公司当年供热 3.62 亿 GJ，采暖供热面积 6.6 亿 m^2。

在开展综合能效服务业务方面，在基本电力、热力销售基础上，积极探索附加增值服务。围绕用户能效改善、开展能效诊断、节能优化、能源托管等增值服务，探索合同能源管理新模式。目前，为响应客户需求，已在山东、江苏、上海等区域，按照“售能+服务”模式推出了差异化服务套餐。

在开展能源设备销售和运维服务方面，发挥中国华电在燃机、自动化设备等装备技术及供应链优势，调动基层企业专业人员的积极性，结合区域可再生能源、分布式能源及售电等新业态，组建专业的运维服务队伍，提供设备销售延伸的设备租赁、智能运维、故障诊断等服务。

（四）用活数据要素，实现平台运营数智化

构建综合能源服务“两个平台”（如图 2 所示）。按照“平台+生态”发展思路，应用“云大物移智链边”等技术，开展能源数据的智能感知、客户需求的智能分析、能源设施和用能设备的智能控制，实现能源生产、供应、消费全环节的智慧化服务。

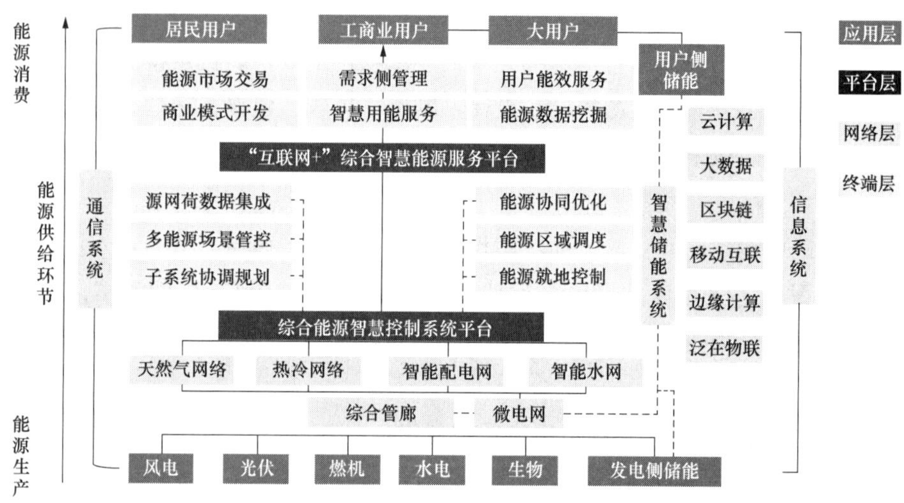

图 2　中国华电综合能源服务“两个平台”整体架构

在“两个平台”中，在用户侧，主要建设“互联网+”综合智慧能源服务平台。面向各类客户，利用智能感知、物联网、大数据、云计算、5G 和人工智能 AI 等先进技术，以用能企业业务应用场景为基础，开展用能企业的基础信息、能源消费信息和实时用能信息的收集分析，优化能源供给运行策略，为用能企业提供全景能源监管服务、能效管理服务、节能服务、能源数据服务、能源交易服务、能源金融服务、能源资产服务和能源规划一站式服务等多种形态的平台服务。

（五）夯实产业基础，实现创新能力多元化

在加强技术创新能力建设方面，依托中国华电科技项目和“揭榜挂帅”项目实施，集中优势资源，攻克清洁能源基地水、风、光、储（含抽水蓄能）多能互补协调优化调度、多能互补高效灵活互动智慧能源系统、“云大物移智链边”与综合能源服务融合创新技术、虚拟电厂优化配置与协调控制等 25 项关键技术（见图 3），推动重大科技成果转化。

多能互补清洁能源基地

- 大规模水风光互补协调控制技术
- 风光功率预测技术
- 大规模储能及电池梯级利用技术
- 高效风机、高转换率光伏组件、海上升压站关键设备集成应用

分布式可再生能源供应

- 有机废气物干式厌氧发酵技术
- 分布式光伏、分散式风电的远程集控和运维系统

能源交易服务

- 智能市场交易技术
- 能源区块链技术
- 虚拟电厂协调控制技术
- 调峰调频技术
- 智慧能源服务系统

中国华电综合能源服务25项关键技术

区域多能供应

- 分布式电热器气冷耦合技术
- 余热余压利用技术
- 智慧电热水气供能网络技术、智能配电技术
- 综合管廊工程技术
- 分布式燃机修造技术
- 燃料电池、蓄冷蓄热储电、氢电耦合技术
- 储能相关设备的研发
- 区域分布式能源能量仿真及管理系统

综合能效服务

- 面向工商业用户的综合售能套餐研究
- 终端用户的智慧用能、负荷精准预测、负荷分级管理、需求侧响应、楼宇智能化等技术
- 智慧用能控制系统及设备、电热水气多表合一的终端计量和监测设备

图 3　中国华电综合能源服务 25 项关键技术

在加强一体化服务能力建设方面，发挥科工、金融、科研等单位在燃机、供热、水务、微电网等方面的优势，以满足综合能源服务项目一体化建设为目的，全方位提升规划设计、建设管理、运营维护等核心竞争能力。

（六）推动组织创新，实现体制机制轻盈化

为适应电力体制改革要求，防范经营风险，实现管理模式转变，建立总部战略管控、直属单位责任主体、基层单位执行主体的“三级市场营销体系”（见图 4）。区域公司实行统一组织、统一协调、统一竞争、统一平衡分配电量的“四统一”管理机制，区域公司试点报价中心、售电公司、发电企业“三位一体”运营体系，探索内部生产运营由生产主导向市场主导过渡，在全国 14 个区域组建了独立售电公司，16 个区域办理售电业务增项，“本部+办事处”全员营销管理模式落地。组建首个广东公司报价中心，完成长周期的试点运行工作实现现货试点区域集中化报价工作。

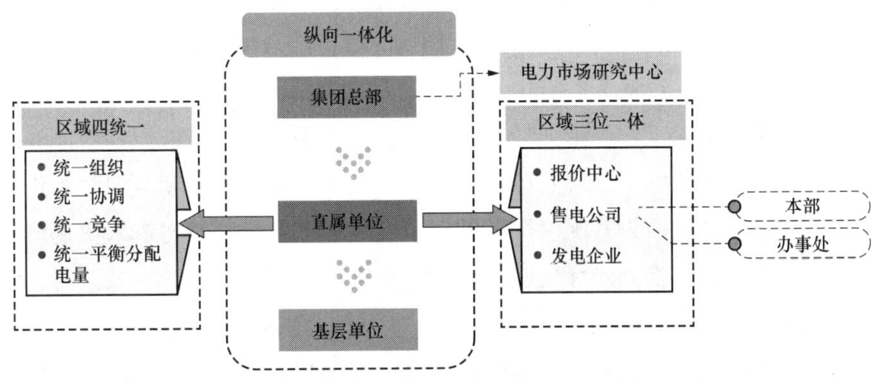

图 4　中国华电三级营销管理体系

成立区域公司市场营销部，培养营销管理人员百余人，对内主抓日常营销管理，统筹实现横向业务协同；对外攻关协调，倡导行业自律，维护理性竞争；积极沟通政府主管部门，合理合法争取有利政策，逐步深度参与市场建设。

四、华电发展综合能源智慧化服务的建议

（1）优化体制机制。一是加强顶层设计。成立集团综合能源服务业务项目管理委员会（含技术、项目管理、经济等专业），为集团决策提供技术支持。二是加强专业技术力量整合。加强集团公司综合能源服务领域技术力量整合，加强专业化和属地化的有效协同，鼓励与清洁能源公司、科工企业共同开拓综合能源服务业务市场，实现各主体间的资源统筹和优势互补，发挥集团公司的整体优势。三是简化审批决策流程。借鉴国家电投和国网的经验，考虑综合能源服务项目一般投资较小、快速响应等特点，适当简化审批决策，按项目投资规模向直属单位适度授权。

（2）创新商业模式。综合能源服务具有主体多元化、领域多样化、服务专业化等特征。电力企业发展综合能源服务具有自身的特点，要充分研究所在区域自然禀赋和优势特点，以用户需求为导向，依托自身资源优势，因企制宜发展综合能源服务，突破传统的发电思维模式，向综合供能和一体化服务转变。对于供给侧，存量电力资产要向综合供能转变，由单一的供电（热）向区域化供能转变，即“源网荷储一体化”和“多能互补”。例如，火电企业建设区域综合能源中心，风光电企业建立多能互补的清洁能源基地。对于需求侧，拓展以客户为中心、满足客户个性化需求的用户侧综合能源服务，既要产业和服务一体化发展，提供电气氢储等多种能源产品供应服务，又要拓展服务的深度和广度，充分利用综合能源智慧平台，加强用户用能信息智能采集、智能监测、智能分析和智能调控，为用户提供需求侧响应、节能诊断、节能改造、能源托管等差异化服务，实现不同用户的节能减排和能效提升。

（3）开展综合供能站典型示范。“产业园区、城市综合体和综合供能站”作为典型的综合供能商业场景，已成为综合能源服务角力的主战场。集团公司在产业园区和城市综合体两个应用场景上，已形成较丰富的经验，但尚未在与新能源和新能源汽车发展密切相关的综合供能站上开展示范。“十四五”时期，新能源与新能源汽车作为我国大力发展的战略性产业，为其配套服务的“电氢储”综合供能站将进入快速增长期。结合集团公司正在探索推进的绿电制氢、储能应用、天然气供应等新兴业务，可试点开展为长短途重卡提供“电气（LNG）氢+换电”综合供能典型场景示范。

（4）加大新技术的研发力度。实现碳达峰、碳中和是一场广泛而深刻的经济社会系统性变革，电气化是碳中和的核心，电力的绿色转型则是实现碳中和的基础，风光

发电将成为可再生能源发电的增长主力，但能够促进风光电发展并适应电力特点的储能、氢能等技术还不成熟，充分利用综合能源服务技术平台的载体作用，开展相关科技成果转化的顶层设计，加大创新成果转化和推广应用阶段的资金投入，鼓励成果孵化和创新创业，让科技创新真正落地，打造适应电力系统特点的储能、氢能产业链和开发平台，在储能和氢能领域形成领先优势，成为同类发电企业的领跑者。

（5）加大能源数据汇聚能力的建设。能源数据汇聚能力是实现综合智慧化服务的关键，是更好服务客户的关键，是取得竞争优势的关键。集团公司虽然在加快推进“两个平台”建设，但在数据汇聚能力上仍存在短板，需要进一步借助“两个平台”，加强能源生产数据、客户数据、用能数据汇聚融合，实现集团公司内部数据资源的有序共享和外部数据资源的按需接入，推动多源数据统筹管理，提升统计分析能力，满足综合能源服务发展的需要。

（6）加强资源配置。一是做好人才保障。要立足发展需要，对接市场需求，着眼长远，调整完善人才规划，要加强专业培训和引进，健全常态化培训机制，通过开展多样化培训稳步提升专业化队伍的综合素质和职业素养，为高质量完成综合能源目标任务提供有力支撑。二是做好资金保障。加大科研资金投入向综合能源服务领域倾斜力度。加强与国网、南网、国家电投及其他发电集团的合作，可通过共同设立研发资金的方式，创建风险共担、互利互惠的商业生态圈，合作开发综合能源服务业务相关技术，共享技术研发成果。

电力辅助服务和并网运行营销策略研究

中国华电集团发电运营有限公司

肖黎明　王炜裕　陈　燕　易　腊

电力辅助服务和并网运行管理是国家构建统一开放现代电力市场体系的重要组成部分，是维持电力系统安全稳定运行的必要功能。在可再生能源大发展时期，新能源接入给电网的调峰调频等带来极大挑战，辅助服务和并网运行重要性愈发凸显。对发电企业而言，完成好传统并网发电的同时，电力辅助服务和并网运行的考核也直接影响到企业的经济效益和运行方式。

中国华电集团发电运营有限公司（简称华电运营公司）通过积极开展政策研究、探索营销策略、精准部署实施，强化过程管控，在辅助电力市场取得了较好政策红利和经营成效，2021 年度实现净收入 2601 万元。因此，本文结合华电运营公司实际运行经验，聚焦政策解析，探索营销策略路径方法，以发电效益最优为目标，进一步提升市场资源运营能力，促进企业高质量发展。

一、政策形势研究分析

为保障电力系统安全、优质、经济运行，在正常厂网间结算的基础上，国家能源局各地区监管局对电力市场辅助服务引入了竞争机制，先后出台了《并网运行管理实施细则》和《辅助服务管理实施细则》（以下简称两个细则）。其中，国网两个细则（2019 年修订版）于 2019 年 10 月 1 日正式执行；南网两个细则（2020 版）于 2021 年 4 月 1 日正式执行。目前，两个细则净收入由辅助服务考核、发电运行管理考核、考核返还、辅助服务补偿和补偿分摊五个部分 22 项指标组成。实践表明，影响两个细则净收入的主要因素是考核费用和补偿费用。图 1 为两个细则项目指标分类结构图。

在两个细则出台前，发电企业对并网管理不够精细，尤其对两个细则重点关注的 AGC、AVC、调峰、调频等不够重视，研究不足。在两个细则全面执行后，因涉及考

核与补偿，一定程度上改变了发电企业单纯依靠售电、售热盈利的盈利模式，两个细则执行情况较好的企业每月可增加收入，反之则被扣减电费。

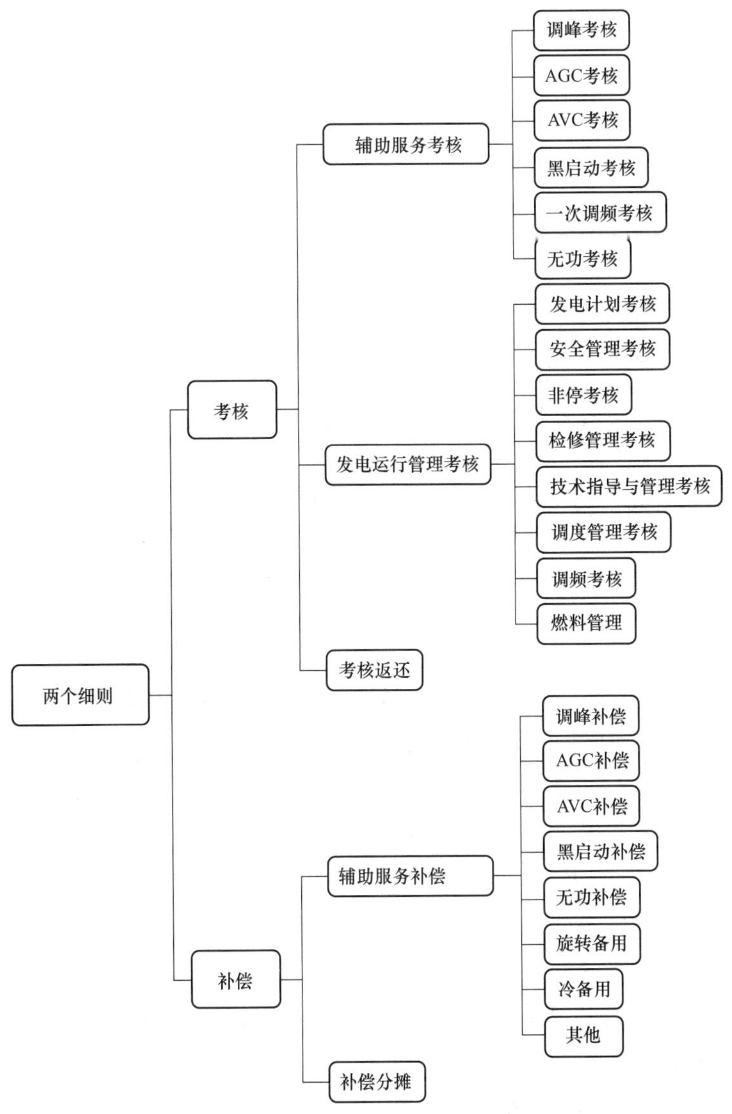

图 1　两个细则项目指标分类结构图

随着两个细则奖惩力度加大，两个细则净收入成为企业新的盈利点或是亏损点，个别发电企业因设备问题、管理问题导致两个细则考核年度亏损额达到数百万元乃至数千万元；一些发电企业根据电网负荷形势的变化，进一步转变观念，坚持效益优先原则，统筹协调电量与两个细则盈利的关系，两个细则年度盈利额达到数千万元，可为提高企业效益作出一定贡献，有效助力企业提质增效目标的实现。2021年，两个细则将新能源作为并网主体纳入考核，也对火电企业两个细则盈利能力提出了新的考验。

二、华电运营公司参与两个细则电力市场现状

（一）基本情况

华电运营公司所属四家火力发电企业参与两个细则电力市场竞争，其中，北京热电（2×25.4万kW燃机）、华电北燃（2×8万kW+1×6.7万kW燃机）、天津军粮城公司（由军粮城发电1×35万kW煤机+1×65万kW燃机和军粮城热电2×35万kW煤机两个子企业组成）由华北电网调度，执行华北电网两个细则相关规定；广西贵港公司（2×63万kW煤机）由南方电网调度，执行南方电网两个细则相关规定。

华北电网两个细则适用范围为华北区域省级及以上电力调度机构直调的并网发电厂；相较于华北电网，南方电网两个细则对风电、光伏的容量及电压等级有着更严格要求。

（二）存在问题

2021年，运营公司在电力辅助服务市场取得了较好政策红利和经营成效，实现净收入2601万元。综合分析可见，由于燃料价格高企、设备改造升级成本较高、政策随市场变化进行调整等原因，在调峰考核、AGC考核、AVC考核、一次调频考核、发电计划考核、非停考核、检修管理考核等方面产生考核，反映出所属发电企业在两个细则执行过程中存在以下问题：

（1）因大部分机组为供热机组，煤机和燃机均存在冬季须稳定供热而无法参与调峰的情况，导致产生较高考核金额，且因机组供热灵活性改造投资回报率低，各供热机组尚未开展相关设备改造工作。

（2）因机组相关设备灵敏度较低，响应速度较慢，造成AGC、AVC等考核次数多，对现有响应设备进行升级，需较大投入。

（3）因每次电网频率扰动的大小、持续时间，受电网线路与各电厂机组的距离不同影响，造成机组每次参与电网一次调频调节的敏感度偏差，产生一次调频考核。

（4）因2021年电煤价格持续上涨，煤机发电意愿不强，未严格执行发电计划曲线，受到发电计划考核。

（5）非停考核与检修管理考核反映出在设备缺陷管理上仍存在一定欠缺，另由于2021年天然气价格高企，权衡收益后，部分燃气机组未按调度要求启机，受到非停考

核与检修管理考核。

三、两个细则电力市场竞争情况研究分析

华电运营公司高度重视对两个细则的研究和管理，督导所属发电企业积极研究政策，调整机组发电策略，加强人员技能培训，进行设备改造投入，围绕整体收益最大化统筹协调、系统管理。

2021 年，华电运营公司所属火电企业在两个细则市场竞争中，实现净收入共计 2601 万元。其中，军粮城热电增收 81.95 万元，军粮城发电增收 271.91 万元，贵港公司增收 2192.51 万元，北京热电增收 294.07 万元，华电北燃亏损 238.62 万元。各发电企业具体情况见图 2。

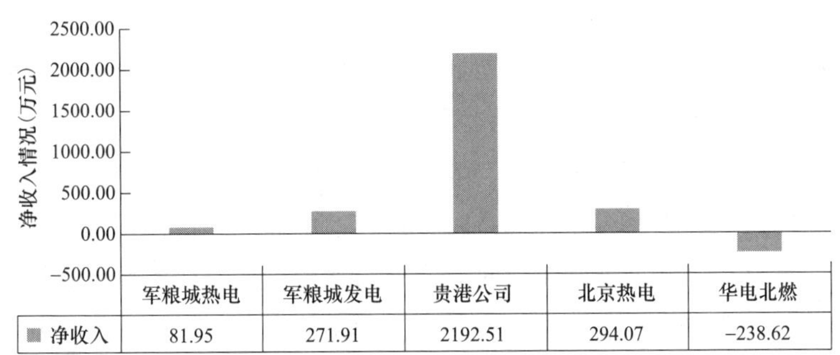

	军粮城热电	军粮城发电	贵港公司	北京热电	华电北燃
净收入	81.95	271.91	2192.51	294.07	−238.62

图 2　各厂两个细则净收入情况图

（一）两个细则考核政策情况研究分析

2021 年，华电运营公司所属火电企业参与两个细则市场竞争，实现考核净收入合计−432.88 万元，其中，考核返还合计 2071.03 万元，考核扣除合计 2503.91 万元。各发电企业具体数据情况见图 3。

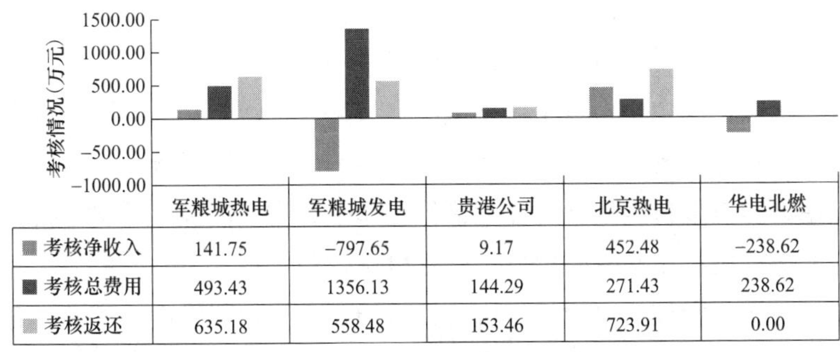

	军粮城热电	军粮城发电	贵港公司	北京热电	华电北燃
考核净收入	141.75	−797.65	9.17	452.48	−238.62
考核总费用	493.43	1356.13	144.29	271.43	238.62
考核返还	635.18	558.48	153.46	723.91	0.00

图 3　各厂两个细则考核情况图

1. 考核政策标准

调峰考核：机组不能满足基本调峰要求时，按基本调峰考核。

AGC 考核：华北电网规定并网发电厂单机 200MW 及以上火电机组应具有 AGC 功能。未装设 AGC 的机组不参与考核，华电北燃即属于此情况。南方电网规定煤电机组 AGC 月可用率应达到 85%。

AVC 考核：华北电网规定投运率不低于 98%，调节合格率不低于 96%；南方电网规定投运率不低于 85%，调节合格率不低于 90%。

黑启动考核：对承担黑启动任务的发电厂，因自身原因不能提供黑启动或未按相关管理规定执行各项黑启动安全管理措施时受到黑启动考核。

一次调频考核：调度机构对并网发电机组一次调频运行情况进行考核，重点考核投入情况及性能两部分。

无功考核：华北电网规定月合格率低于 99%的电厂受到考核；南方电网规定月合格率低于 99.9%的电厂受到考核。

发电计划考核：由于并网电厂自身原因造成实际发电曲线偏离电力调度机构下达的发电计划曲线，偏离量超过允许偏差时，进行发电计划考核。

安全管理考核：并网发电厂未及时落实电力调度机构制定的反事故措施，以及未按期完成针对并网发电厂一次、二次设备中影响系统安全运行的问题所制定的整改计划时受到安全管理考核。

非计划停运考核：华北电网规定，凡并网发电机组出现因自身原因，发生跳闸和被迫停运；向电力调度机构申报后，并网运行的发电机组因电厂自身原因被迫停机，但申报时间提前不足 6h，或调度未批准；备用机组不能按调度指令并网发电；以上三类情况受到非计划停运考核。南方电网规定，并网发电厂按机组非计划停运时间受到考核，非计划停运时间为机组临时停运时间与等效停运时间之和。临时停运时间为计划检修和备用之外的停运时间；等效停运时间为机组处于非停运状态，但发电能力达不到额定功率所持续的时间折算成机组全停的时间。

检修管理考核：当电厂检修工作出现不能按期完工，未在规定时间内办理延期手续或办理延期申请超过规定次数；未及时与电力调度机构沟通改变工作内容；因电厂自身原因，使电力调度机构批准的计划检修工作临时取消；电厂输变电设备重复性检修停电；并网电厂机组出现临时检修时产生检修管理考核。

技术指导与管理考核：电力调度机构技术指导与管理范围内的相关设备及参数不能满足要求时产生技术指导与管理考核。

调度管理考核：并网发电厂出现违反调度纪律行为或未按要求报送信息、虚报、瞒报信息时受到调度管理考核。

燃料管理考核：并网火电厂要加强燃料管理，确保可用燃料储量满足相关规定。当可用燃料低于规定要求时，会受到燃料管理考核。此项考核为南方电网独有考核项。

2. 考核原因深度分析

调峰考核：共性问题，燃气机组特性及环境温度变化，申报上限达不到机组铭牌额定出力时，产生调峰考核扣减；个性问题，军粮城公司煤电机组受环境温度、设备缺陷、供热、煤质等影响，经常出现出力受阻情况，导致申报上限达不到机组铭牌额定出力，产生调峰考核扣减。

AGC 考核：军粮城公司和贵港公司受 AGC 装置性能参数以及燃煤机组升、降负荷速率限制，机组负荷调整速率不能满足电网调节速率指标要求，产生 AGC 考核。

AVC 考核：四家发电企业在 AVC 投运率和 AVC 合格率方面均存在不满足指标要求产生考核的情况。AVC 投运率主要集中于机组启、停阶段 AVC 未投入受到考核。AVC 合格率受较多因素限制，机端电压、机端电流等参数达到闭锁值等情况下均会闭锁 AVC 调节，造成 AVC 合格率不能满足电网指标要求，产生 AVC 考核。

黑启动考核：四家发电企业均未承担黑启动任务，无黑启动考核。

一次调频考核：四家发电企业机组一次调频性能未能满足电网需求，从而产生一次调频性能考核。由于每次电网频率扰动的大小、持续时间，因电网线路与各电厂机组的距离不同，造成电厂机组每次参与电网一次调频调节的敏感度偏差，对一次调频调节性能产生影响。

无功考核：四家发电企业 2021 年度均未受到此项考核。

发电计划考核：发电计划曲线高于机组实际出力上限，造成考核时间段内电量偏差大于规定值时，受到考核。发电计划曲线高于机组实际出力上限的原因是华电北燃 3 号机组为背压机，以热定电，但电网向该机组下达了发电计划曲线。对此已向电网反映该情况，同时申请不向背压机下达发电计划曲线，目前电网未同意；军粮城公司由于引风机出力不足造成氧量低、煤质差、煤库存量不足及天然气供应不足等原因造成机组出力受限，在提交减出力申请后电网未批准申请，造成电网下达的计划曲线高于机组实际出力上限。另外，快速升、降负荷中机组实际出力与发电计划曲线存在偏差情况，造成该时间段内电量偏差大于规定值产生考核。

安全管理考核：四家发电企业 2021 年度均未受到此项考核。

非计划停运考核：被非计划停运考核的三家发电企业均为机组发生了非计划停运。其中，军粮城发电非计划停运考核中 207.09 万元为受气价高影响，在 9 月下旬至 11 月期间未按照调度指令启机并网，导致受到非计划停运考核。

检修管理考核：被检修管理考核的两家发电企业均为机组发生非停后，停运时间超期转为检修，按临时检修条款受到考核。军粮城公司存在阶段性气价高，发电意愿不强未按照调度指令启机并网的情况。

技术指导与管理考核：军粮城公司存在为保证机组负荷向电网报送存煤量不准确的情况，受到考核。

调度管理考核：四家发电企业 2021 年均未受到此项考核。

燃料管理考核：贵港公司受到此项考核的原因为电网突然变更存煤计算规则，由同时计算煤场与港口存煤变更为只计算煤场内存煤，造成存煤量触发预警产生考核。

（二）两个细则补偿政策情况研究分析

2021 年，华电运营公司所属火电企业参与两个细则竞争，实现补偿净收入共计 3034.70 万元，补偿总收入 4407.06 万元，补偿分摊总费用 1372.37 万元。其中，军粮城热电亏损 59.80 万元，军粮城发电增收 1069.56 万元，贵港公司增收 2183.34 万元，北京热电亏损 158.41 万元，华电北燃无收入。各发电企业具体情况见图 4。

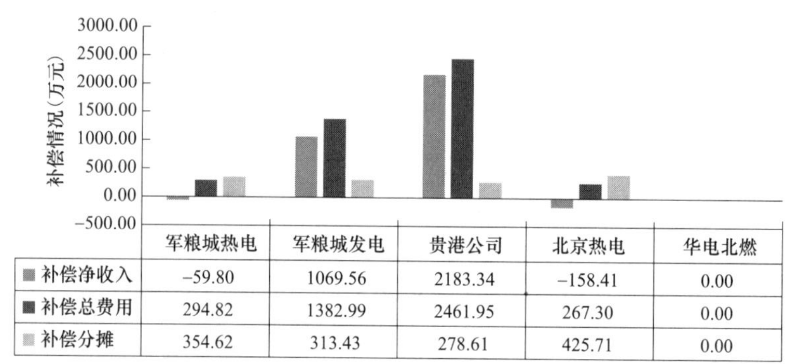

	军粮城热电	军粮城发电	贵港公司	北京热电	华电北燃
补偿净收入	−59.80	1069.56	2183.34	−158.41	0.00
补偿总费用	294.82	1382.99	2461.95	267.30	0.00
补偿分摊	354.62	313.43	278.61	425.71	0.00

图 4　各厂两个细则补偿情况图

1. 补偿政策标准

调峰补偿：发电机组进行启停调峰及进行深调时获得有偿调峰补偿。

AGC 补偿：电力调度机构对并网发电机组提供的 AGC 服务实施补偿。华北电网规定，装设 AGC 装置并且由相关电力调度机构 AGC 主站控制的机组，以参与的程度进行区分，按调节深度和调节性能的乘积进行补偿。南方电网规定，根据调节容量、调节电量，对并网发电机组提供的 AGC 服务实施补偿。调节容量补偿费用=调节容量服务供应量×5（元/MWh）；调频控制模式，调节电量补偿费用=AGC 实际调节电量（MWh）×20（元/MWh）。AGC 切换其他控制模式，不对调节电量进行补偿。

AVC 补偿：装设 AVC 装置的机组，在 AVC 投运率、AVC 调节合格率均在 98%

以上的，按机组容量和投用时间进行补偿，低于上述指标的不进行补偿。此项华北电网与南方电网规则相同。

黑启动补偿：电力调度机构对承担黑启动任务的机组，按相应条款给予黑启动补偿。

无功补偿：华北电网规定，对发电机组在调相工况运行给予补偿，包括调相运行启停费用及调相运行成本补偿。南方电网规定，对并网发电机组迟相运行注入无功及进相运行吸收无功服务按照标准补偿。

旋转备用补偿：电力调度机构根据预留的旋转备用给予补偿。华北电网规定，对高峰时段发电厂提供的旋转备用给予补偿，旋转备用根据电力调度机构安排日发电计划时，预留的旋转备用给予补偿。南方电网规定，当发电机组实际出力低于发电厂申报的最高可调出力时，最高可调出力减去机组实际出力后的差值在时段内的积分为旋转备用服务供应量。实际有偿旋转备用补偿总金额根据电力调度机构每个时段安排的系统旋转备用下限和补偿标准计算得到，再按各电厂旋转备用服务供应量等比例分配。

冷备用补偿：因电网安排需要，当火力发电机组、核电机组根据电力调度指令停机，按照机组额定容量与冷备用时间及 15 元/MWh 的乘积进行补偿。此项补偿为南方电网独有考核项。

2. 补偿原因深度分析

调峰补偿：发电机组启停调峰及燃煤机组深度调峰产生调峰补偿考核。军粮城公司燃机启停调峰补偿 18 次，共计 1189.80 万元。

AGC 补偿：发电企业投入 AGC 装置后各机组参与 AGC 调节，电力调度机构按各自的 AGC 贡献程度给予相应的 AGC 补偿。由于南方电网两个细则规则不同，单项补偿的费用为各电厂该项补偿获得金额扣除按各电厂当月上网电量应缴纳的辅助服务费用后的结算费用，同华北电网并网电厂不具备可比性。

AVC 补偿：电力调度机构按电厂各机组的 AVC 装置运行情况进行 AVC 补偿，当机组投入率和调节合格率均在 98%以上后获得补偿。由于南方电网两个细则规则不同，单项补偿的费用为各电厂该项补偿获得金额扣除各电厂当月上网电量应缴纳的辅助服务费用后的结算费用，同华北电网并网发电厂不具备可比性。

黑启动补偿：四家发电企业均未承担黑启动任务，因此未获得黑启动补偿。其中，贵港公司按南方电网两个细则规定需扣除按当月上网电量应缴纳的辅助服务费用，因此 2021 年度该项补偿为–18.77 万元。

无功补偿：2021 年，华北电网区域各并网发电厂由于各电厂均未在调相工况运行，未获得无功补偿。贵港公司无功补偿费用–0.44 万元。

旋转备用补偿：华北电网区域各并网发电厂2021年度均未获得补偿，天津地区根据地区特点未设置旋转备用补偿。南方电网区域的贵港公司2021年度旋转备用补偿费用936.06万元。

冷备用补偿：2021年，贵港公司冷备用补偿费用1684.20万元。

（三）各发电企业具体问题研究分析

1. 北京热电

考核项主要为调峰考核、一次调频考核、非停考核，前两项主要因为机组性能不能满足要求或者辅机出现故障导致降出力，受到考核；后一项非计划停运考核为2021年7月启机失败受到考核。

2. 华电北燃

考核项主要为发电计划考核、非计划停运考核，除机组性能与辅机故障影响外，2021年主要因非停较多受到考核。

3. 军粮城公司

（1）军粮城发电：考核项主要为调峰考核、一次调频考核、发电计划考核、非计划停运考核、检修管理考核，除机组性能与辅机故障影响外，燃机因气价高未按要求启机造成非计划停运与检修管理考核。

（2）军粮城热电：考核项主要为调峰考核、一次调频考核、发电计划考核，均主要因为机组性能不能满足要求或者辅机出现故障导致降出力，受到考核。

4. 贵港公司

考核项主要为AGC考核、一次调频考核、调频考核。均主要因为机组性能不能满足电网调度调整要求受到考核。

四、市场营销措施建议

（一）总体建议

（1）华电运营公司本部相关部门要加强政策研究和业务指导，算好账、协调好、指导好，形成合力，特别是在机组运行方式与边际利润之间，既要符合规定，又要效益最大化，对工作落实不力的发电企业，要跟踪问效。

（2）相关发电企业要切实负起主体责任，提高两个细则工作重视程度，做好各项指标的日常管理，及时作出执行和经营策略调整，创造价值，实现颗粒归仓。

（3）执行两个细则工作中要善于发现问题，如：结算金额有误或运行指标出现异常，导致考核金额异常增加或补偿金额异常降低的情况，相关发电企业应及时组织进行专项分析并采取应对措施，快速反应、及时解决。

（4）相关发电企业应做好同所在省份电力监管部门的沟通汇报工作，及时了解最新政策要求，组织发电企业内相关部门进行学习研究，分析可取得的盈利点，有效规避扣减项，统筹协调、有的放矢开展工作。

（二）调峰考核方面

（1）发电企业需加强燃料管理，在2022年燃料价格下降后，应在煤质、存煤量、天然气供应等方面积极开展工作，保证机组正常工况下运行的燃料供应，减少因燃料因素导致机组出力受限产生的考核。

（2）发电企业应做好缺陷管理工作，对影响机组出力的缺陷应及时进行消除，短期内无法消除的缺陷应及时采取必要措施，减少由于设备缺陷造成出力受限的情况。

（3）因燃气机组特性造成的调峰考核，北京热电、华电北燃及军粮城公司应根据天气情况及燃机设备情况，对出力受阻申报进行精益化管理，做到每日申报。在申报时对环境温度及其他受阻原因进行细致核算，力求申报数额准确，避免因申报上限低于机组实际出力上限产生额外的调峰考核。

（4）发电企业应做好减出力上报工作，按电网调度机构要求将发电机组减出力申请及时进行上报，防止由于减出力申请上报不及时产生额外的调峰考核。

（三）AGC考核、补偿方面

（1）发电企业应保证在机组并网运行期间AGC装置正常投入，对AGC装置退出情况应及时进行原因分析，如为缺陷原因应及时进行处理，保证运行期间AGC装置正常投入。

（2）因机组性能造成机组涨、落负荷速率无法满足指标要求的情况，各发电企业需不断深入研究，优化机组性能，积极通过逻辑优化、技改等方式提升机组性能，满足电网运行需求。

（3）因AGC精度及响应时间无法满足指标造成AGC性能考核的情况，各发电企业应加强分析，采取对应措施，保证AGC装置性能指标合格。

（四）AVC考核、补偿方面

（1）因发电机组启停阶段AVC装置未投入造成AVC投运率考核的情况，发电企业应对机组启停操作过程中AVC装置投、退的操作节点进行核对，挖掘可优化空间，降低AVC装置退出时间。

（2）发电企业应加强机组并网运行期间AVC装置运行情况监视，确保运行期间AVC装置正常投运。AVC装置退出时应及时发现，分析原因并采取措施。

（3）发电企业应持续做好对AVC装置优化工作，对AVC装置调节定值定期进行技术评估，在保证发电机运行安全的前提下不断提升AVC装置调节性能。

（五）一次调频考核方面

（1）发电企业应保证在机组并网运行期间一次调频装置正常投入，及时发现一次调频装置异常问题并进行处理，避免出现投运率不达标被考核。

（2）发电企业应不断深入研究一次调频合格率问题，优化机组一次调频性能，加强机组控制优化，保证一次调频性能指标满足相关要求，合理避免相关考核。

（六）发电计划考核方面

（1）发电企业应及时消除影响机组出力的缺陷，避免出现由于设备原因造成机组限出力的情况。

（2）当出现因设备、煤质、存煤量等影响机组出力的情况时，各发电企业应根据出力受阻情况及时向电力调度机构提交减出力申请，并做好与电力调度机构的沟通工作，确保申请顺利得到批准，减少考核费用。

（3）华电北燃公司由于未安装 AGC 调节装置，机组涨、落负荷需运行值班员手动操作。华电北燃公司应加强运行值班员负荷调整精度，严格按发电计划曲线调整负荷，避免发生因人为操作不当造成曲线偏离。

（4）发电企业 AGC 投运期间应加强机组 AGC 运行情况监视，当发现机组 AGC 指令同发电计划曲线不一致时，应马上联系电网调度机构，并及时申报免考核，防止由于 AGC 运行原因产生发电计划考核。

（5）华电北燃公司应继续与电网沟通背压机组发电计划曲线问题，避免 3 号机组运行期间产生发电计划考核。

（七）安全管理考核方面

（1）发电企业应及时落实电力调度机构制定的反事故措施、特殊保供电时期保供电方案和措施，按规定时间向电力调度机构报告各项工作准备情况。

（2）发电企业应积极配合电力调度机构整改工作，按电力调度机构涉网安全检查提出的整改措施，制定整改方案和计划，并按整改方案和计划落实整改措施，将整改计划及结果及时上报电力调度机构。

（八）非计划停运考核方面

（1）华北能源监管局在《华北区域发电厂并网运行管理实施细则》最新规定：对保供期间非计划停运机组实行原标准 2 倍考核力度，体现了监管部门对于控制机组随意非计划停运，促进机组满发稳发、应发尽发的要求。各发电企业应进一步完善“四零”保障方案，加强生产各部门的工作质量，做好电力供应保障工作。

（2）发电企业应加强现场巡视，做好设备维护消缺保障工作，重要缺陷应加强监督并做好事故预案，采取必要措施，防止缺陷扩大。

（3）发电企业应强化现场处置能力，在出现机组非计划停运情况后，及时分析事故原因，加强消缺管理，积极与电网沟通，尽快恢复备用，降低非计划停运时间。

（4）发电企业应强化运行人员操作技能培训，做好机组备用期间保养工作，保证备用机组随调随启，避免延迟启动情况发生。

（5）军粮城公司应把握好电煤价格、天然气价格变化趋势，做好边际利润测算工作，综合平衡机组发电效益与非计划停运之间的取舍。

（6）对于南方电网两个细则中非计划停运考核相关规定，贵港公司需减少因出力受限造成的等效停运时间考核。

（九）检修管理考核方面

（1）发电企业应按调度规程，按时向所属电力调度机构上报年度计划，并在检修开始前做好沟通确认。

（2）发电企业应按照“应修必修，修必修好”原则，合理安排厂内设备检修计划，按照所在电力调度机构批准的检修工期按时保质地完成检修任务，保证设备的正常可靠运行。

（3）对于出现临时检修计划或必须变更检修计划的情况，发电企业应及时向电力调度机构提交申请，并做好与电力调度机构的沟通工作，确保申请顺利得到批准。

（十）技术指导与管理考核方面

（1）发电企业应确保各涉及电网安全稳定运行的设备应通过具备国家认证资质机构的试验，确认达到有关技术要求。

（2）发电企业在涉及电网安全稳定运行的设备进行技改或检修后应及时完成相关试验工作，并将有关资料及时送至电网调度机构完成备案。

（3）发电企业应根据电力调度机构要求按时报送涉及电网安全稳定运行的设备运行情况、检修计划、运行统计分析等报表。

（十一）调度管理考核方面

（1）发电企业运行值班员应严格服从电力调度机构的指挥，迅速、准确执行调度指令，严禁出现违反调度纪律的情况。

（2）发电企业应做好运行值班员运行规程及调度规程培训工作，确保涉网操作准确无误。

（十二）燃料管理考核方面

贵港公司应做好燃料管理工作，同时需加强与电力调度机构的沟通交流，争取做到在相关规定变更前提前了解，避免产生不必要的考核。

（十三）调峰补偿方面

（1）发电企业应做好运行人员机组启停操作培训工作，做好发电机组设备维护，保证顺利完成机组调峰任务。

（2）发电企业应在启停调峰任务完成后及时向调度机构提交调峰补偿申请，保证调峰补偿正常获得。

（3）贵港公司、军粮城公司应充分利用火电机组深调能力，挖掘机组深调潜力，做好低谷期间的深调工作，增加深度调峰补偿。

（十四）冷备用补偿方面

冷备用补偿受电网调度因素影响较大，同时冷备用会影响机组利用小时及全年发电量，不宜刻意追求。贵港公司需做好冷备用时间及补偿金额的核算工作，出现偏差时及时与调度机构进行沟通，保证冷备用补偿“应拿尽拿”。

电力市场竞争日趋激烈，两个细则对应的辅助服务和并网运行管理政策，既维护了电网安全稳定运行，保障电力质量，也给发电企业提供了一个公平竞争、扬长避短的机会。通过持续开展政策研究，制定有针对性的市场营销策略，有的放矢、精准发力、强化管理，方能争取到更多的价值创造和政策红利，实现企业提质增效、颗粒归仓、行稳致远。

“3060双碳”政策背景下“光伏+”产业发展浅析

中国华电集团有限公司广东分公司

马永东　娄　样　廖　韵　方天莉　贺　鼎　李世航

一、研究背景

（一）研究方向

1. 产业方向

“光伏+产业”将更广泛地拓展应用场景，各产业的上、下游行业将会迎来发展更加向好的局面。与光伏融合的产业，一方面可以获取到低度电成本的电力资源，从而降低产品成本；另一方面，特别是能耗较高的行业，可以通过“光伏+”实行碳达峰和碳中和的有力途径，这些行业涉及规模化农业、高耗能行业、城市交通、广告业、建筑能效、市政领域、制氢、园区供能、乡村振兴、美丽乡村、康养等领域。

2. 产业领域

（1）光伏+农林渔牧业。光伏+农林渔牧模式，将进一步提高项目适应性和社会收益率，与农林业、渔牧业、治沙、旅游等行业可以联合开发打造绿色产业新场景。在我国土地资源稀缺的东部地区，采用光伏+农林渔牧业，可有效解决光伏电站建设的选址问题。不仅可以提高土地综合利用效率和荒土治理，还能实现清洁能源、农林渔牧业养殖及生态旅游收益。

（2）光伏+工商业。光伏+工商业模式主要为光伏+工业、光伏+建筑、光伏+充电桩、光伏+大数据中心、光伏+交通等多种应用场景也为光伏产业提供了更多的发展空间。未来，必将出现更多适用于“光伏+”的应用场景。

（3）光伏+乡村振兴。光伏+乡村振兴模式主要为以产业升级为主导，加快乡镇能源体制改革，增加清洁能源供给，推动农村能源消费革命，提升智能化用能水平，建立经济可持续的清洁能源开发利用模式，实现能源的清洁、高效、低碳、绿色、可持续发展，将为中国能源发展奉献更多新的增长空间和更多因地制宜的创新模式。以“光伏+集水灌溉+生态修复”“光伏+农业科普、旅游观光、康养文旅”“光伏+风能+沼气+产业”等创新模式，结合现代化农业产业为乡镇增收创收，助力“双碳”目标和乡村振兴战略实施。

（二）国家政策

1. “3060 双碳”政策

为了推动我国低碳绿色发展，应对全球气候变化，2020 年 9 月 22 日，习近平总书记在第七十五届联合国大会一般性辩论上提出“中国将提高国家自主贡献力度，采取更加有力的政策和措施，二氧化碳排放力争于 2030 年前达到峰值，努力争取 2060 年前实现碳中和”，正式向世界递交了我国减排的时间表。实现“双碳”是以习近平同志为核心的党中央经过深思熟虑作出的重大战略决策，是我国实现可持续、高质量发展的内在要求，是推动构建人类命运共同体的必然选择。作为能源央企，是实现“双碳”目标的主力军。集团公司坚决落实习近平总书记“四个革命、一个合作”能源安全战略，认真贯彻落实党中央关于“双碳”重大战略决策，在发电行业率先发布碳达峰行动方案，部署五条实施路径和八大专项行动，明确提出到 2025 年力争非化石能源装机占比达到 50%以上、力争实现碳达峰的目标任务。制定了“十四五”“5318”发展目标，明确 2021 年风光电要力争新增 1500 万 kW。“3060 双碳”政策如图 1 所示。

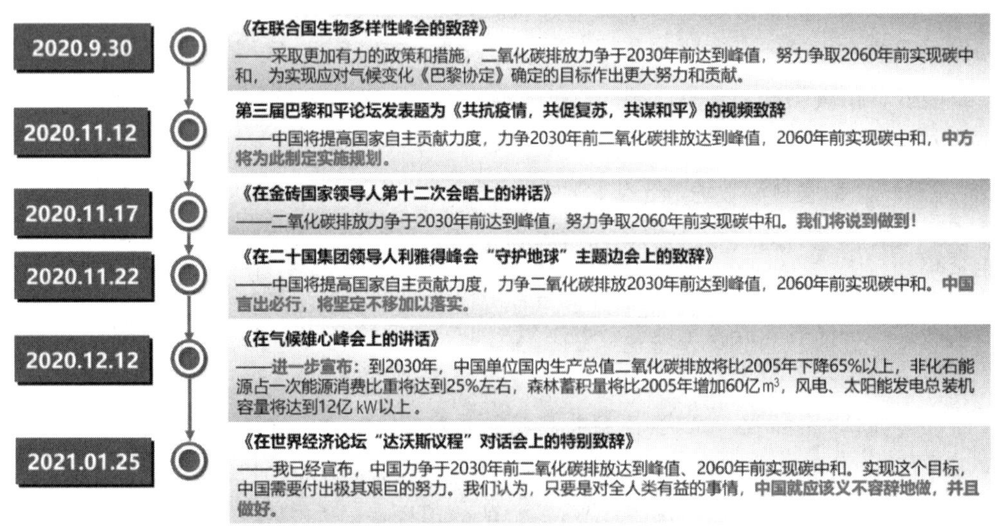

图 1 “3060 双碳”政策

“十四五”是碳达峰的关键期、窗口期，要重点做好以下几项工作。

（1）要构建清洁低碳安全高效的能源体系，控制化石能源总量，着力提高利用效能，实施可再生能源替代行动，深化电力体制改革，构建以新能源为主体的新型电力系统。

（2）要实施重点行业领域减污降碳行动，工业领域要推进绿色制造，建筑领域要提升节能标准，交通领域要加快形成绿色低碳运输方式。

（3）要推动绿色低碳技术实现重大突破，抓紧部署低碳前沿技术研究，加快推广应用减污降碳技术，建立完善绿色低碳技术评估、交易体系和科技创新服务平台。

（4）要完善绿色低碳政策和市场体系，完善能源“双控”制度，完善有利于绿色低碳发展的财税、价格、金融、土地、政府采购等政策，加快推进碳排放权交易，积极发展绿色金融。

（5）要倡导绿色低碳生活，反对奢侈浪费，鼓励绿色出行，营造绿色低碳生活新时尚。

（6）要提升生态碳汇能力，强化国土空间规划和用途管控，有效发挥森林、草原、湿地、海洋、土壤、冻土的固碳作用，提升生态系统碳汇增量。

（7）要加强应对气候变化国际合作，推进国际规则标准制定，建设绿色丝绸之路，如图 2 所示。

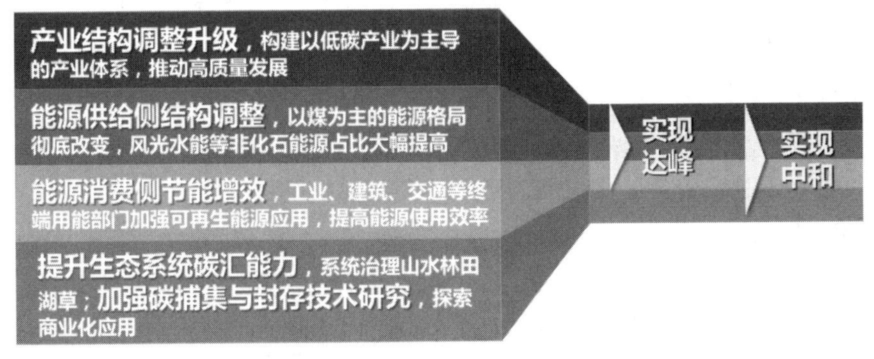

图 2　工作流程

我国将通过产业结构调整升级与能源体系转型，实现碳排放达峰，辅以“负碳”手段最终实现碳中和。

2. 绿水青山就是金山银山

“绿水青山就是金山银山”理念是习近平生态文明思想的标志性观点和代表性论断，是习近平生态文明思想的重要组成部分，为实现生态环境高水平保护和经济高质量发展，提供了理论依据和实践路径，具有鲜明的时代意义。

“绿水青山就是金山银山”是协调推进“四个全面”战略布局的应有之义。2017年，“绿水青山就是金山银山”写入党的十九大报告和新修订的《中国共产党章程》，为实现发展和保护协同共进、全面建成小康社会、建设社会主义现代化国家提供了思想指引。2020年，习近平总书记高度重视生态环境保护，多次强调要牢固树立“绿水青山就是金山银山”理念，推动污染防治攻坚战取得决定性成就，生态环境质量持续改善，给人民群众带来的获得感、幸福感和安全感显著增强，厚植了全面建成小康社会的绿色底色和成色。党的十九届五中全会明确“四个全面”战略布局的第一全面，“全面建成小康社会”调整为“全面建设社会主义现代化国家”，并提出建设人与自然和谐共生的现代化，为协调推进新的“四个全面”战略布局赋能。必须始终坚持“绿水青山就是金山银山”理念，推动绿色发展，促进经济社会发展全面绿色转型，实现“生态文明建设实现新进步”的目标。

“绿水青山就是金山银山”是统筹高质量发展与高水平保护的根本路径。习近平总书记指出，绿水青山既是自然财富，又是经济财富；人不负青山，青山定不负人。“绿水青山就是金山银山”理念深刻揭示了生态环境保护与经济社会发展之间的辩证统一关系，体现了我们党对经济规律、社会规律和自然规律认识的升华。一方面，发展是解决我国一切问题的基础和关键，生态环境问题是在发展中产生，也必然在发展中解决，通过建立以产业生态化和生态产业化为主体的生态经济体系，可以实现生态环境的经济价值；另一方面，良好生态环境是经济社会可持续发展的基础，也是推进现代化建设的内在要求，通过构建生态文明体系，推动传统产业高端化、智能化、绿色化，加快补齐生态环保等领域短板，提供优质生态产品，可以促进经济高质量发展。必须坚持在发展中保护、在保护中发展，坚定不移走生态优先、绿色发展之路，实现人与自然和谐共生的现代化。

“绿水青山就是金山银山”是满足人民日益增长的优美生态环境需要的科学理念。良好生态环境是最公平的公共产品，最普惠的民生福祉。中国特色社会主义进入新时代，我国社会主要矛盾已经转化为人民日益增长的美好生活需要和不平衡不充分的发展之间的矛盾，人民对优美生态环境的需要已成为这一主要矛盾的重要方面。中央经济工作会议要求注重需求侧管理，持续改善生态环境质量是其中一个重要方面。进入“十四五”时期，随着生活水平的不断提升，人民群众对绿水青山、优质生态产品的需求更加迫切。“绿水青山就是金山银山”理念阐明了“绿水青山”和“金山银山”具有同等重要的地位，体现了中国共产党以人民为中心的发展思想。必须坚持生态惠民、生态利民、生态为民，提供更多优质生态产品，让人民群众在天蓝、地绿、水清的生态环境中生产生活。

"绿水青山就是金山银山"是共谋全球生态文明建设的中国智慧。习近平总书记多次在国际场合阐述"绿水青山就是金山银山"理念，提出"加快形成绿色发展方式和生活方式，建设生态文明和美丽地球"等重要倡议。2020 年，习近平主席先后出席第七十五届联合国大会一般性辩论和气候雄心峰会，作出关于碳达峰和碳中和愿景的重大宣示，进一步宣布中国国家自主贡献最新举措，为全球气候治理提振雄心并提供新思路，展现了中国重信守诺负责任的大国形象。"绿水青山就是金山银山"理念，凝结着对发展人类文明、建设清洁美丽世界的深刻思考。必须秉持人类命运共同体理念，坚决维护多边主义，建设性参与全球环境治理，不断提升作为全球生态文明建设重要参与者、贡献者、引领者的地位和作用。

3. 乡村振兴

（1）政策方针。《中华人民共和国乡村振兴促进法》，是党的十九大作出的重大决策部署，是决胜全面建成小康社会、全面建设社会主义现代化国家的重大历史任务，2018 年中央一号文件《中共中央　国务院关于实施乡村振兴战略的意见》发布，对实施乡村振兴战略进行全面部署。

2021 年 4 月 29 日，十三届全国人大常委会第二十八次会议表决通过《乡村振兴促进法》，该法律自 2021 年 6 月 1 日起施行。

（2）充分发挥立法在乡村振兴中的保障和推动作用。乡村振兴促进法是做好"三农"工作的重要指引，是实施乡村振兴战略的法律保障。《乡村振兴促进法》是为了保障乡村振兴战略的有效贯彻实施而制定的，立法的着力点是把党中央关于乡村振兴的重大决策部署，包括乡村振兴的任务、目标、要求和原则等转化为法律规范，确保乡村振兴战略部署得到落实，确保各地不松懈、不变调、不走样，持之以恒、久久为功地促进乡村振兴。

（3）全方位"促进"措施的综合性法律。《乡村振兴促进法》是一部综合性法律，是为实施乡村振兴战略保驾护航的法律。法律确定的"促进"措施是全方位的，包括产业发展、人才支撑、文化繁荣、生态保护、组织建设、城乡融合等内容，既是乡村振兴的必然要求，也是乡村振兴的重要组成部分。

作为《乡村振兴促进法》专章之一，"组织建设"一章充分彰显了组织振兴在乡村振兴中的重要作用。据中央组织部介绍，在推动各地解决好乡村治理中"人"和"钱"问题的同时，更加注重健全党组织领导的乡村治理机制，完善村民自治、"四议两公开"、民主管理监督和协商、村务公开等制度机制，不断提升乡村善治水平。文化建设是促进乡村振兴的重要方面，乡风文明是乡村振兴的重要目标。中央宣传部表示，根据《乡村振兴促进法》，促进乡村振兴，必须把繁荣发展乡村文化事业和文化产业摆在重要位置。

4. 土地高效利用、多产业多体系融合

2020 年中央一号文件进一步细化农村产业融合用地的政策措施，同时也明确要“抓紧出台支持农村一二三产业融合发展用地的政策意见”。

（1）立足优化农村生产生活与生态空间布局，发挥好城乡土地利用规划的引领作用，确保产业发展用地优先保障与数量保障。2017 年原国土资源部与国家发展改革委联合下发的国土资规〔2017〕12 号中明确提出“发挥土地利用总体规划的引领作用”“因地制宜编制村土地利用规划”，并围绕计划指标安排给出了有针对性的政策红利。规划方面，充分适应农村地区地域广阔、布局分散的特点，发挥规划统筹作用，允许预留少量（不超过 5%）规划建设用地指标，用于零星分散的单独选址农业设施、乡村旅游设施等建设。2020 年中央一号文件在乡村产业用地保障方面进一步提出明确要求：

一是优先保障。在符合国土空间规划前提下，通过村庄整治、土地整理等方式节余的农村集体建设用地优先用于发展乡村产业项目。

二是明确规定用于乡村产业发展的建设用地指标。新编县乡级国土空间规划应安排不少于 10%的建设用地指标，重点保障乡村产业发展用地。省级制定土地利用年度计划时，应安排至少 5%新增建设用地指标保障乡村重点产业和项目用地。这使得政策与土地指标更具可操作性，从而有效解决地方政府的建设用地“非农”偏好问题。

三是探索适合农村产业发展需要的供地方式。如在浙江、四川等地已经开展的乡村旅游项目点状供地，可有效解决乡村旅游项目用地分散、单幅用地数量不多等问题，改变传统整片供地方式，节省涉农企业的前期投入资金支出。

（2）设施农业用地管理服务更精准，监管更高效。设施农业是农村发展新旧动能转换的重要手段，也是现代农业的发展方向。结合自然资源部与农业农村部联合出台的《关于设施农业用地管理有关问题的通知》提出了明确政策措施。

一是明确农业种植养殖配建的辅助设施用地类型以及用地性质。将农业种植养殖配建的保鲜冷藏、晾晒存储等辅助设施用地纳入农用地管理，根据生产实际合理确定辅助设施用地规模上限。

二是农业设施用地如温室大棚等可使用耕地（包括永久基本农田）。养殖用地还允许建多层建筑。

三是强化农业设施用地管理职责。明确国家、省级自然资源主管部门和农业农村主管部门负责通过各种技术手段进行设施农业用地监管，市、县自然资源主管部门会

同农业农村主管部门负责设施农业用地日常管理，乡镇政府负责对农村集体经济组织或经营者使用设施农业用地进行备案，并定期汇总上报县市自然资源管理部门，严禁以农业设施用地为名从事非农建设。

（3）要创新农村集体建设用地用于乡村产业发展的方式，简化产业发展用地审批手续。深化农村土地制度改革，盘活农村集体建设用地，不仅能为乡村产业发展提供强有力支撑，同时也能激活土地资产，充实壮大农村集体经济实力，增加农民财产性收入。全国 33 个县市开展了农村宅基地改革试点已经取得初步成果。结合新修改的《土地管理法》、中央农办与农业农村部中农发〔2019〕11 号文件以及 2020 年中央一号文件精神，对如何有效利用集体建设用地发展乡村产业的政策措施更明确。

二、主要内容

（一）传统产业互补

1. 农光互补

农光互补利用太阳能光伏发电无污染零排放的特点，与大棚有机结合，即在大棚的部分或全部向阳面上铺设光伏太阳能发电装置，它既具有发电能力，又能为农作物提供适宜的生长环境，以此创造更好的经济效益和社会效益。其主要有光伏农业种植大棚、温室大棚等几种模式。

2. 渔光互补

渔光互补是科学利用鱼塘资源及芦苇荡滩，开发清洁新能源的新型项目，采用水上发电、水下养殖的模式，并具有发展休闲旅游业的潜力，充分发挥土地效益，对土地综合利用与新能源产业结合发展起到良好的示范作用。

渔光互补电站建在鱼塘水上，水面的环境温度较地面的环境温度要低，因此形成了良好的日照、通风、降温环境，对延长光伏发电组件寿命、提高发电效率较为有利。

渔光互补对水产产业的开发与创新实践，改变了传统的养殖品种和养殖技术，实现了水产养殖附加值成倍增加，改变了传统的管理方式，初步实现了工厂化管理，走出了一条“水上发电、水下养殖、科学开发、综合利用”的新能源集约化发展和高效水产产业化发展之路。

3. 传统产业现状

（1）技术不成熟。技术是最重要的基础。技术不成熟是光伏农业受到质疑主要原因之一，导致光伏与农业争光，农业减产，光伏在农业中的运用受到限制、受到质疑。因此要对光伏农业进行更多的实践与实验，用实时验证光伏农业的兼容性，用需求推动标准的建立。

（2）商业模式还在探索。没有合适的商业模式，产业部分建成后决策管理和市场的压力大，同时还要与光伏结合发展，合作、发展、运营、销售的商业模式，需要摸索验证。

（3）项目具有唯一性。农业项目布置方案根据每个地区的气候、土壤、灌溉等，种植条件不尽相同，方案需要按照具体情况进行设计，每个项目都具有唯一性的特点。

（4）投资及收益比例的主辅关系。投资者要清楚认识到项目的农渔业投资有可能比光伏项目大，同时收益也要求比光伏的收益绝对值要高。因此要正确认识基础是农渔业。

（5）土地问题。光伏的重中之重是土地，是产业顾虑的根本，需要解决好土地问题，不侵占土地。

需要合理设计施工流程，科学制定建设方案，通过良好的技术和工艺，全面推进电站开发建设，才能从根本上减少对环境的影响，实现农业生产日常用电安全稳定，全面推动我国电力事业健康快速发展。

（二）新型产业互补

1. 菌光互补

（1）概述。菇类作物性喜温凉，每年夏季酷热难耐，是菇类种植的“难产期”。为了给大棚降温，菌棚顶上搭建遮阳网，但效果并不明显。甚至远距离架设电线，给菌棚安装空调，但高昂的成本让许多菇农望而却步，如图3所示。

图3　菌光互补照片

近期，“科技+农业”的新型模式。在菌菇大棚的顶部搭装太阳电池组件，光伏板替代遮阳网，菌菇种植的难点是保持大棚相对恒稳的湿度和温度。为菌菇生长创造了适宜环境，既可以解决光伏大量占地的矛盾，还可以就近解决大棚供电制冷难题。

高效农业与新能源光伏发电示范项目融合了太阳能发电技术、高效设施种植食用

菌技术、光伏发电与温室种植食用菌的有机结合。

汇集太阳能电池、系统集成、智能控制技术、现代种植食用菌、低耗设施菌业等领域的最先进的技术、经验和人才，以太阳能设施菌业一体化并网发电站为核心，为集太阳能发电，菌业光伏工程应用、推广，现代菌业种植、交流推广，人才培训、观光菌业、乐活菌业、菌产品物流等功能为一体的高新技术菌业产业基地。

（2）第一类光伏与食用菌种植结合。第一类光伏与食用菌种植结合大棚的种植方式为菇架，种植对象为珍稀可食用菇菌，如瑜黄蘑、花脸香蘑、猴头菇、竹荪、黑皮鸡枞、虎松茸、牛肝菌等。该类菇菌对区域环境要求相对较高，具体如下：最低高度要求在 3m 以上；温度要求在 15～25℃之间；具备通风功能；具备透光功能；具备加湿功能；具备遮阳防雨功能；具备防结露功能；具备空气内循环功能。

大棚采用连栋结构设计，光伏立柱与大棚支架按一体化建设考虑，如图 4 所示。

（3）第二类光伏与食用菌种植结合。第二类光伏与食用菌种植结合大棚的种植方式为地面种植，种植对象为灵芝等。种植对环境的要求为：避免阳光直射，可接受散射光；具备防雨功能；具备补水功能（采用喷雾或地灌均可）；适用于微耕机作业（宽度为 40～60cm）；需考虑一定的防风措施（如防风网等）；需考虑防虫措施（如防虫网等）；高度可按 2m 考虑，如图 5 所示。

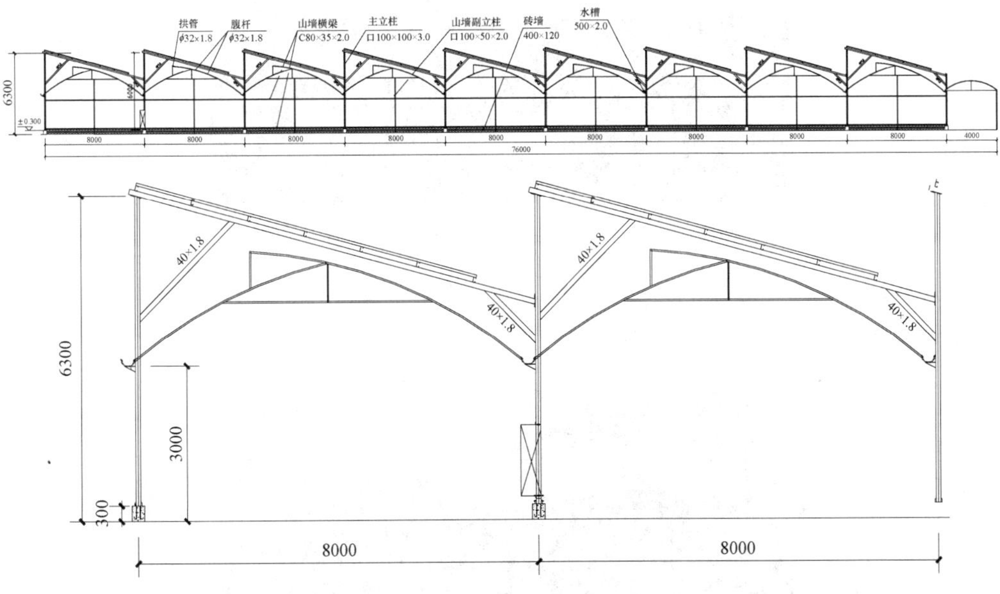

图 4　光伏立柱与大棚支架（一）

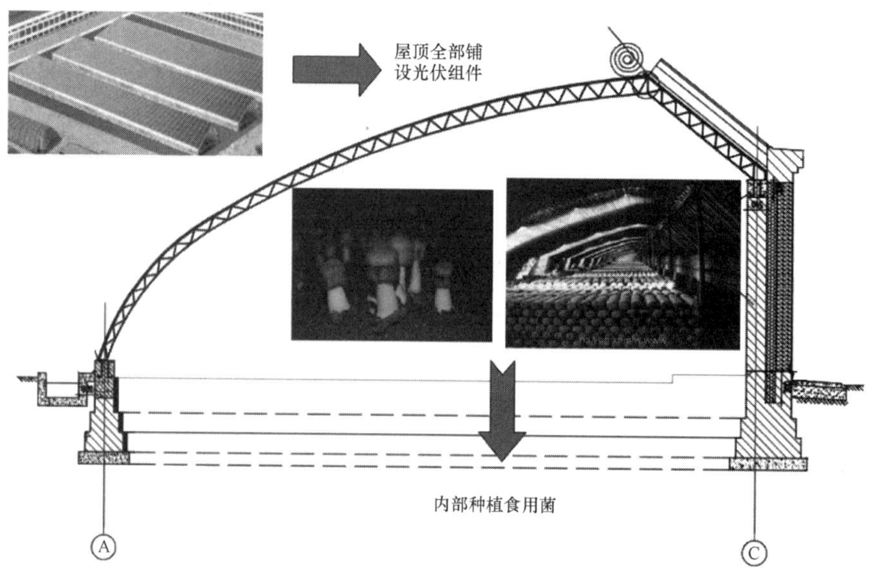

图4　光伏立柱与大棚支架（二）

图5　地面种植

大棚采用分离式设计，光伏支架的形式可采用固定支架、跟踪支架和柔性支架，分别如图6～图8所示。

图6　固定支架

图 7　跟踪支架

图 8　柔性支架

2. 牧光互补

（1）概述。在“牧光互补”模式中，将太阳能光伏转换发电应用到养殖牧场建设上，利用现代生物技术、信息技术、新材料和先进装备等，实现了生态养殖、循环农业技术模式集成与创新，为养殖业可持续发展提供有力的技术支撑。

（2）优势。

1）养护牧草，为养殖提供充足饲料。在牧场安装光伏电站，光伏板可以起到遮蔽烈日及阻挡风沙的作用，避免恶劣天气对牧场及周边生态环境的破坏，还能对养殖的动物起到保护效果。在光伏电站下，牧场密密生长，为养殖提供充足的饲料来源。另外，在日常维护过程中，清洗光伏板的同时，下渗的水又为作物生长提供了保障，如图 9 所示。

这种模式下，一方面可以提高土地利用率，延长牧场寿命，同时光伏与养殖行业的结合将促进我国养殖业由粗放型向现代化和集约型转移。高科技的管理让养殖舍内能够拥有很好的生长空间，其一次性的投入可实现养殖区内对清洁可再生能源的综合利用，从而实现真正意义上的节能和环保。

2）获取牧业及光伏发电双份收益。光伏电站不仅带来了生态的良性循环，更提供了脱贫致富的新出路。牧光互补模式对土地资源实现高效利用，不仅能够带动一方经济发展，还能够改善电站周边生态环境，达到经济、环境效益双赢，如图 10 所示。

图9　牧光互补

图10　双份收益

3）改善周边生态环境。全球气候变暖，年降水量减少，我国西北地区部分牧场受风沙及超载放牧影响，导致植被覆盖率下降，生态环境异常脆弱，形成严重的荒漠化和半荒漠化的草场。引入“牧光互补”模式后，在修复生态环境的同时还起到防风固沙的作用，有利于当地、周边生态环境和气候的改善。这些措施不仅推动了土地资源的高效利用，还在一定程度上改善水土流失和水源涵养，植被形成的绿色屏障还能改善光伏电站周边的环境，降低风沙对光伏电站造成的损害。

目前，国内已经有许多地区开始推进“牧光互补”项目，积极探索“光伏+”综合利用实现养殖附加值最大化。“牧光互补”极大程度上丰富了绿色能源产业内涵，在政策支持下，未来将会有更大的发展空间。

3. 林光互补

（1）概述。林光互补模式是一种生态光伏发电站建设模式，即在光伏组件之间和光伏板下有效的空间内，植树种草，通过合理的管理，既不影响植被的培育、生长，又能满足太阳能光伏发电的需求，从而实现林业建设与太阳光能发电的双赢的一种建设模式。

（2）林业建设与光伏发电站的相互影响作用。

1）栽植植物对光伏电站采光发电的影响。林光互补模式中的林业建设是在光伏电站光伏组件之间和光伏板下有效的空间内，植树种草，发展林业。如果对栽植的植物选择不合理，栽植模式设计不科学，后期管理不到位，就会对光伏组件形成局部的遮挡，影响光伏组件采光发电。因此，栽植植物应选择小乔木、矮化乔木、灌木及草本植物，与光伏组件之间应留有一定距离，既可作为植物的通风透光带，也可作为光伏组件的检修通道，还可作为生产管理道路，后期管理上应及时进行整形、修剪、平茬等技术措施，控制植物的高度，保障光伏组件采光发电。

2）林业建设的生态效能对光伏发电站的影响。通过在光伏组件之间和光伏板下植树种草，提高植被覆盖度，改善了区域生态环境，发挥保持水土、吸附颗粒物等生态效能，减少了扬尘、沙尘天气，从而减少了灰尘、沙尘等颗粒物沉落在太阳能光伏组件的表面，提高光伏组件转换效率、发电量及延长光伏电池板的寿命。

3）林业生产经营管理对光伏发电站的影响。通过采取林业生产经营管理措施，可为光伏发电站起到一定的管护作用，避免人、畜的破坏，保障光伏发电站的设施、设备的安全；通过锄地、除草等田间管理措施，可以清除光伏发电站内的荒草、杂草，消除其在秋、冬季易引发火灾的安全隐患，保障光伏发电站的防火安全。

（3）光伏发电站对林业建设的影响。

1）光伏组件对栽植植物光照条件的影响。根据相关研究表明，太阳能电池对不同波长光线均有响应，但最主要的响应范围为 800～900nm，植物光合作用活跃区为 440～660nm，太阳能电池板吸收最多的太阳光光谱波长在植物光合作用活跃范围之外，因此，光伏组件的架设对植物影响较小。但是，植物接收的光照强度还是降低了，为减轻光伏组件对植物遮光的影响，一是合理设计光伏组件之间的间距和支架高度，使光伏组件之间的透光、太阳能电池板反射光为植物生长提供一定的光照条件；二是设置透风透光带，设计合理栽植株行距，采取科学的整形修剪措施；三是采用太阳能特征光谱 LED 灯，为植物提供所需的光照。

2）光伏发电站基础设施建设对林业建设的影响。光伏发电站的建设需要完善道路、电力、水利等基础设施，例如光伏矩阵之间需修建主干道路，光伏组件之间需修建检修道路；光伏发电站建设期需完善电力设施；太阳能光伏板的清洗需要完善水利设施。这些基础设施的建设和完善同时也为林业建设提供了便利的条件。

3）光伏发电站对植物生长环境影响。光伏发电站的光伏板的遮阴作用，能有效降低地表水分蒸发，提高土壤保水、蓄水能力，有利于土壤理化性质的改良；同时光伏板的遮挡作用降低了电站内风速，提高了空气湿度，改善植物的生存生长环境。

4）光伏发电站科技应用对林业建设的影响。光伏发电站所采用的视频监控、无人机巡逻等先进安保系统也可应用在林业建设中的火灾、火险预警，病虫害监测，人、畜干扰活动的监控等方面。

4. 茶光互补

茶光互补指的是将光伏发电与茶业生产相结合，即在光伏组件之间和光伏板下有效的空间内，种植茶树及茶树幼苗，通过合理的管理，既不影响植被的培育、生长，又能满足太阳能光伏发电的需求，从而实现茶业产能与太阳光能发电的双赢的一种建设模式。

茶树起源于我国西南部森林地带，在长期的系统发育过程中，适应于漫射光多的条件下生长，因此云南、广东、广西等地原始型大叶品种对光照强度要求较低；相反，中小叶品种由于所处环境不同于森林条件，对光照强度要求较高。鉴于这种情况，我国南方一些茶区，常利用遮阴来提高茶叶产量和改进品质。据试验，适当遮阴（当荫蔽度达 30%～40%时），不但有利于茶叶干物质的积累、提高茶叶产量，而且还对茶树本身物质代谢产生影响。遮光后，碳代谢明显受抑制，糖类、多酚类物质的含量有所下降；而氮代谢明显增强，全氮、咖啡碱、氨基酸的含量增加。 因此，遮光处理后有利于绿茶品质的提高。试验还表明，过弱或过强的光照对茶叶中氨基酸的合成和积累都不利，当日照量为 12552～16736kJ/m^2 时，茶树新梢中的氨基酸含量最高。在较弱的光照条件下，茶多酚的含量有所下降。总的来说，这样的光照对绿茶品质有利。如日本的玉露茶生产，都是在遮阴的条件下进行的。

遮光条件下的茶树叶形大、叶片薄、节间长、叶质柔软，茶叶中的含氮化合物量提高，咖啡碱、氨基酸、叶绿素、含氮芳香物质合成量增加，持嫩性好；同时碳水化合物相对减少，茶多酚含量相对降低，茶的涩味降低。还可减少粗纤维的形成，有利于提高茶叶品质。光照对茶叶中化学成分含量的影响如图 11 所示。

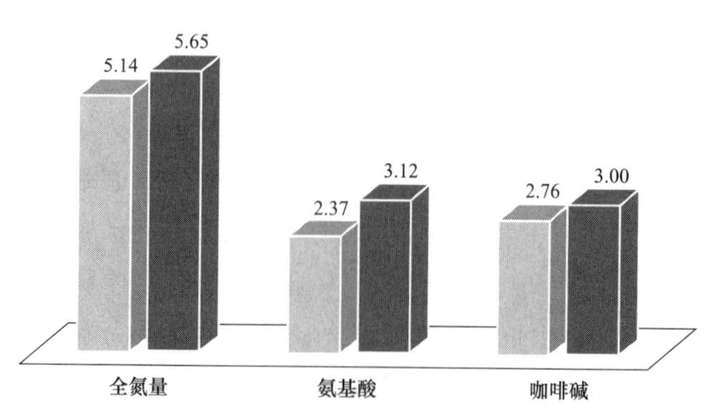

图 11 光照对茶叶中化学成分含量的影响（程启坤，1982）

茶叶适度遮阴后，茶树体内的物质代谢也发生了一些变化。遮阴后的新梢中咖啡碱和氨基酸的合成量增加，并且茶氨酸明显地向新梢积聚，茶梢含水量高，持嫩性好。适当降低光照强度，茶叶中含氮化合物明显提高，但碳水化合物、茶多酚、还原糖（例如果糖）等相对减少，对茶叶品质有积极作用。

在茶树上方搭建光伏设施，不但能解决抗寒遮光的问题，增强茶树抵御灾害的能力，还能提升茶叶品质，提高茶叶产量。

浙大专家团队在杭州多个茶山设置光伏茶园进行实验。据实验研究结果表明，光伏板下的茶树与露天茶树相比，产量提高了 20%，且光伏板下的茶叶氨基酸含量和叶绿素含量有明显提高。并且光伏茶园有助于改变能源结构，促进茶产业经营模式的转变，真正实现了茶光互补效果，社会、经济、生态效益显著。

浙大光伏茶园实验如图 12 所示。

图 12　浙大光伏茶园实验

茶光互补光伏发电模式，克服了土地资源稀缺、地面光伏电站发展较为缓慢等短板，将太阳能光伏发电和茶叶种植相结合，既有无污染零排放的发电能力，又不额外占用土地，实现土地立体化增值利用，光伏发展和茶叶生产双赢。项目实施可有效实现可增加就业，带动工业增加值和相应的税收及当地的经济发展；还可以优化区域能源结构、能源结构向多样化和更加符合可持续发展的方向转变。

光伏与茶叶种植结合示范如图 13 所示。

5. 光谱类农光互补

（1）技术背景。随着太阳能电池技术的发展，将太阳能发电应用到现代农业种植中已经成为现实。通过将非晶硅透光式薄膜太阳能电池安装在温室的顶部，非晶硅透光式太阳能电池可以使部分太阳光线透过（主要是红光透过，还有部分的蓝光透过），蔬菜就可以在太阳能光伏温室内进行光合作用，同时多层的植物工厂将直接使用电池板产生的电能，即屋顶太阳能电池模组产生的直流电满足蔬菜进行补光、营养液循环等活动，如图 14 所示。

图 13　光伏与茶叶种植结合示范

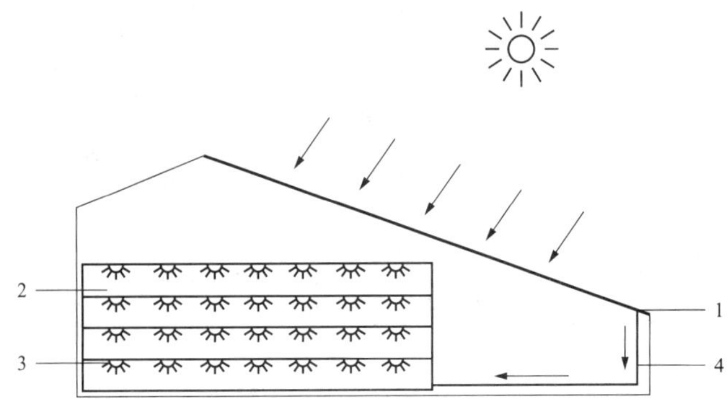

图 14　农光互补

1—农业温室屋顶表面覆盖透光性薄膜太阳能电池模组；2—多层植物工厂；3—LED 植物灯；4—太阳能电池模组直接和 LED 植物灯连接

（2）创造植物生长的光环境。光环境是植物生长发育不可缺少的重要物理环境因素之一，通过光谱的调节，控制植株形态是现代设施栽培领域的一项重要技术。经研究太阳光谱与植物光合作用的关系如图 15 所示。

（3）植物生长对光谱的要求。

1）太阳光谱在 280～315nm 时，对植物形态与生理过程的影响极小；

2）太阳光谱在 315～400nm 时，植物对叶绿素吸收减少，影响光周期效应，阻止

植物茎伸长；

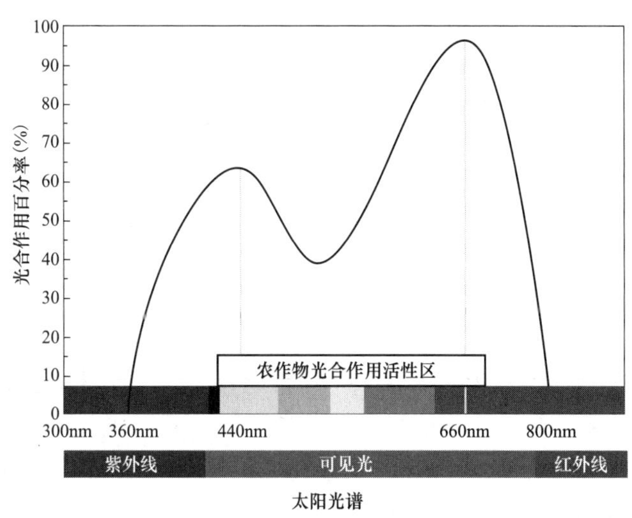

图 15　太阳光谱与植物光合作用的关系

3）太阳光谱在 400～520nm（蓝光）时，植物对叶绿素与类胡萝卜素吸收比例最大，对光合作用影响最大；

4）太阳光谱在 520～610nm 时，植物对色素的吸收率不高；

5）太阳光谱在 610～720nm（红光）时，植物对叶绿素吸收率低，对光合作用与光周期效应有显著影响；

6）太阳光谱在 720～1000nm 时，吸收率低，刺激细胞延长，影响开花与种子发芽；

7）太阳光谱大于 1000nm 时，太阳能将转换成为热量。

（以上数据具有普遍代表性，具体到某品种可能有差异）

因此，太阳光谱在 400～520nm（蓝光）和太阳光谱在 610～720nm（红光）这两个区间最有利于植物生长。LED 植物灯可以提供这两个区间的光谱，有效地满足植物生长。

（4）光伏电池透光率与植物生长的结合。

由图 16 所知：在植物生长所需可见光谱 400～800nm 之间，采用薄膜太阳能电池的平均透光率是 10%，在光合作用最活跃的 440nm 和 660nm 两个区域，太阳光可以透过。为了增加植物所需要的光谱，可以采用两种方式：屋顶薄膜太阳能电池板和普通透明白玻璃间隔排列；采用 LED 灯补充植物需要的光谱，达到植物生长的光环境。

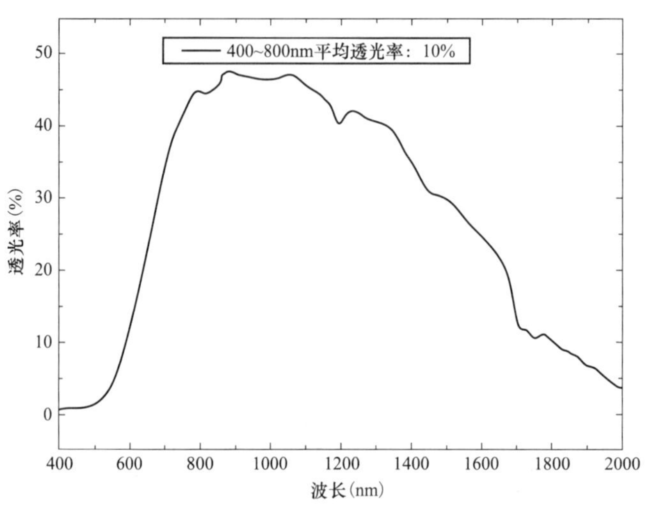

图16　光谱与透光率的关系

（三）新技术的应用

1. 光伏跟踪系统技术与产业互补

（1）新型跟踪系统的介绍。传统双轴跟踪系统是方位角和俯仰角两个方向都可以运动的跟踪系统，双轴跟踪系统可以最大限度地提高太阳能设备利用太阳能的效率。采用双轴跟踪可大大提高年均发电量，但其缺点是单价高，故障多，在工程实际应用中投资和运维成本高。针对传统的跟踪系统的缺点，应用了一种新型光伏双轴跟踪系统，既提高了工程项目的发电量，又比传统的双轴跟踪降低了成本。同时还把光伏的跟踪系统和产业互补的理念相结合，提高了整个工程收益，同时又实现了项目生态产业的增值，带来了旅游的附加增值。

（2）新型双轴跟踪系统的特点。传统的太阳能电站跟踪系统普遍存在可靠性不够、抗风能力差、成本高、维修困难等问题。太阳能发电效率不高制约其大量应用。提升发电效率，大规模使用太阳能光伏跟踪技术一直是追求目标，该双轴跟踪系统有效解决了上述问题。该跟踪系统是一种双轴联动控制方式，跟踪系统采用天文坐标控制，实现电池板在太阳的东西向和南北向同时跟踪太阳，单个控制器和转动轴可同时控制连接在南北向上的多组跟踪组件子系统，达到双轴联动控制，大幅提高控制效率，降低成本。并且实现了光伏与产业的有机结合，此双轴跟踪系统技术应用范围极广，除彩钢屋顶外，均能使用。该跟踪系统示意图如图17所示。

1）实现全方位实时跟踪。采用太阳天文坐标控制，光伏组件子系统的东西和南北向两个方向的转动，实现了全面实时地跟踪太阳运行，达到了智能光伏双轴跟踪控制。确保一天之中光伏组件始终处在最佳受光角度，可极大提高光伏转换效率，提升

发电量 15%以上。控制系统采用最可靠最常用的 PLC 电动机减速器组合，确保了双轴跟踪系统的可靠性。

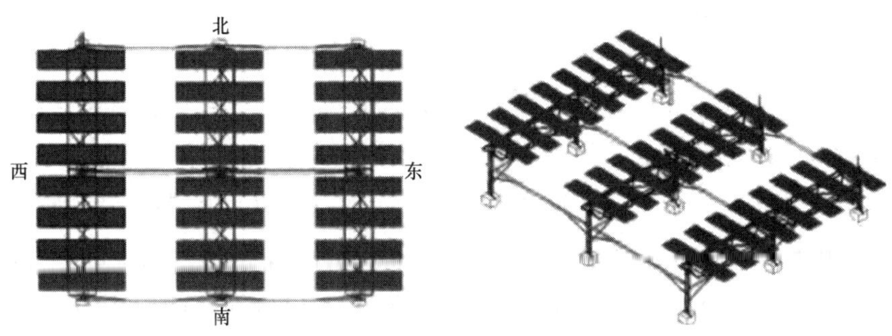

图 17　新型双轴跟踪支架示意图

此系统采用视日轨迹跟踪方案，根据当地经纬度、时间等因素计算太阳高度角、方位角。在 PLC 编程过程中充分考虑工程现场情况，选择以东西方向为主跟踪方向轴，南北方向作辅跟踪轴。控制单元由上位机组态 WINCC 和 PLC 控制器组成，用于实现监控各路光伏阵列的机架位置状态等核心功能。执行单元由交流减速电动机和减速机组合而成。反馈单元通过双轴倾角传感器实时测量机架角度信息，并反馈到 PLC 中运算控制，其跟踪控制系统见图 18 所示。

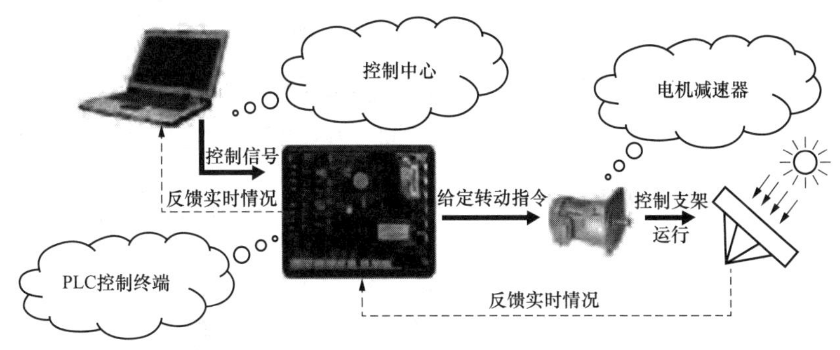

图 18　跟踪控制系统图

通过编程实现对光伏板东西方向转角、南北方向斜角的计算，PLC 通过数字量模块输出，控制固态继电器的通断，从而控制电动机的正反转，在此基础上结合倾角传感器测量的角度反馈，实现光伏板旋转定位。

跟踪系统采用的角度传感器精度为±0.3°（±0.30），跟踪控制太阳每走 2°电动机转动 1 次，即控制角度在太阳角度的±1°之间。当角度传感器传回的光伏板跟踪角度与 PLC 内计算得到的太阳角度相差超过一定角度则电动机转动 1 次，将光伏板跟踪角度调整到与 PLC 中计算的太阳角度一致。以减少执行机构动作次数，延长电动机使用寿命，同时起节能作用。

每个光伏阵列布置一个跟踪系统控制柜，安装在箱式变压器逆变平台上。控制柜的电源从箱式变压器小干式变压器引接，需要 380V/220V 容量约 5kVA，控制柜可以通过 RS485 或者以太网与光伏阵列监控系统通信，再通过光纤环网传输至后台。

针对一个光伏方阵，几十个电动机控制回路如果同时启动，执行转动命令，导致的后果是配电线路上瞬时启动电流大、负荷高，造成不必要的线路损耗和经济成本。因此，对于单个方阵而言，电动机分组启停的控制方法能够有效地解决这个问题，同时不影响追光的效果。

2）提高系统强度和抗风能力。双轴跟踪支架立柱采用相互连接支撑的桁架结构，彻底解决了光伏支架系统的抗风问题。将电池阵列板的一端用特制的绳索进行拉动控制，增大电池板稳定性，同时有利于跟踪转动自如，从根本上解决了风的震荡性和跟踪系统的寿命问题，组件的支架示意如图 19 所示。光伏支架采用桁架结构，单元可根据地形条件自由组装，形成一个整体，提高支架的抗风性、抗震性。

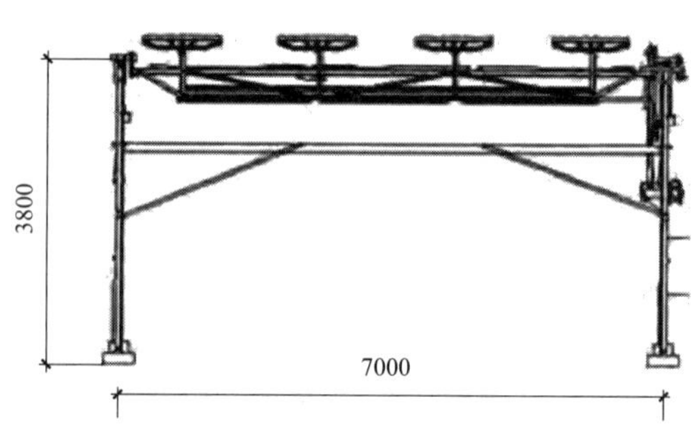

图 19　组件支架示意图

根据其结构，支架的受力示意见图 20，可见支架采用桁架式结构设计，分散受力，支架稳定性更好；同时，支架与支架间相互联结，桩基受力分散到整个子阵，使桩基受力更均匀，杜绝单个桩基受力过大的现象，降低桩基施工难度，从而减少桩基用量，大大降低桩基施工成本。

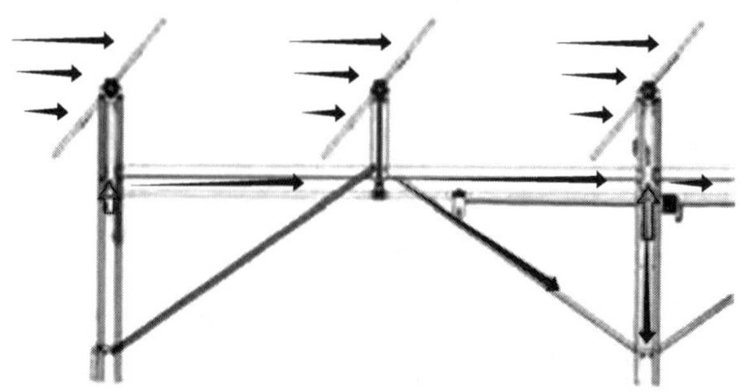
图 20　桁架式结构，分散支架受力示意

支架采用桁架式结构设计，直流电缆可沿支架线槽安装，减少开挖及电缆投资成

本，同时避免在支架下方施工时对电缆造成威胁，提高电站安全性。

3）大幅度降低了光伏跟踪系统的成本。采用最普通的控制方案，电动机减速器组成控制系统。控制系统上改进采用一个控制电动机带动，通过万向节传动，实现多块电池阵列板联动，最多可实现 18 个光伏支架跟踪联动，同时也实现使用 100W 的电动机，通过绳索的力矩放大作用，只需很小的扭力拉动 18 个光伏支架运动，实现电池板随着太阳照射变化跟踪。这样一来，控制系统数量减少、跟踪用电量降低、取消传统跟踪的昂贵电动机和减速器，大大降低了传统光伏跟踪系统的成本。实际的电动机控制从图 21 直观地看出，跟踪系统更换较为简单，维修方便，普通技工即可自行更换、维修。

图 21　现场电动机照片

4）占地面积小，实现农业耕种方便，对农业生长影响小。新型双轴跟踪系统可随地形的变化自动调整，光伏板全面安装在 2.8m 以上的高度，每亩地 18 根金属立柱只占用 0.5%的占地面积，不需要开挖土地直接摆放在地面上，光伏板采用百叶窗的结构，支架下面光照度更加均匀，不影响光伏板下作物的正常生长，而且完全不影响耕种作业。

5）基础简单、制作周期短。支架基础采用品字形预制混凝土块形式，预制块大小为 600mm×600mm×400mm，为抗基础整体滑移，基础埋入地面 300mm，实际制作形状如图 22 所示。

6）安装简单、节省施工时间。光伏组件安装架采用现场流水线组装、整体吊装，在地面完成单元的组装，大大降低对工人技术素质的要求，做到完全不损坏组件及支架，并大大提高安装效率。

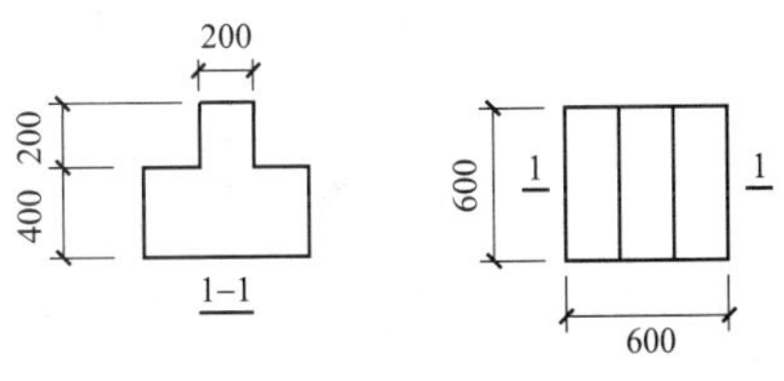

图 22　预制块基础大样图

（3）新型双轴跟踪系统的其他优点。

新型双轴跟踪系统可随地形的变化自动调整，光伏板全面安装在 1.8m 以上的高度，可根据需要调整高度，每亩地 18 根金属立柱只占用 0.5%的占地面积，底座基础只需要浅挖土地直接摆放在地面上。支架下面有充足的空间进行农业种植。因此，考虑将太阳能发电与农业有机结合，太阳能发电的同时，在光伏板支架下方进行种植养殖，实现一地两用。

1）有效解决了建设地面光伏电站的用地问题，电站基础未破坏土地的耕作层，土地开发模式得到省市县各级土地管理部门领导的认可。

2）原有土地很多是杂地、荒地、弃用地，通过光伏项目工程开发，经过高标准的整理，使得原有地得到综合开发与利用，产生显著的社会效益和经济效益。

2. 光伏光热 PVT 温室大棚应用

（1）太阳能光伏/光热发电集热系统。综合应用光电、光热方式，将太阳能应用于温室大棚，可使温室大棚能够满足能源自给需要。光电方面可以利用太阳能发电系统满足温室各设备所需电力供应，驱动制冷机进行夏季降温等工作；依靠太阳能集热装置搭配水循环系统和散热系统，调节光伏电池工作温度，并进行采暖与散热，使温室温湿度保持最佳水平。

1）光伏/光热发电集热结构。太阳能光伏/光热发电集热系统主要由光伏部分和光热部分组成。光伏部分就是利用成熟的太阳能发电技术，通过控制系统为温室提供各种设施所需电能，主要包括光伏电池、蓄电池、逆变器和控制器等关键结构。光伏电池组件以半导体材料为基础，主要结构包括框体和框体内的组件。其中，组件包括透光的前表面玻璃基片、透明密封件（如 EVA 胶）、电池片及背封薄膜等太阳光透过基片照射在光伏电池上，将光能转换为用户使用的电能。光热部分主要结构为集热器，是应用光热效应有效利用了太阳光谱中的光热波段，将分散的太阳能集中起来，把太阳辐射转换为热能，更大效率地利用太阳热能；同时应用热循环机制，冷却太阳电池，提高其光电转换效率。太阳能光伏/光热发电集热系统结构如图 23 所示。

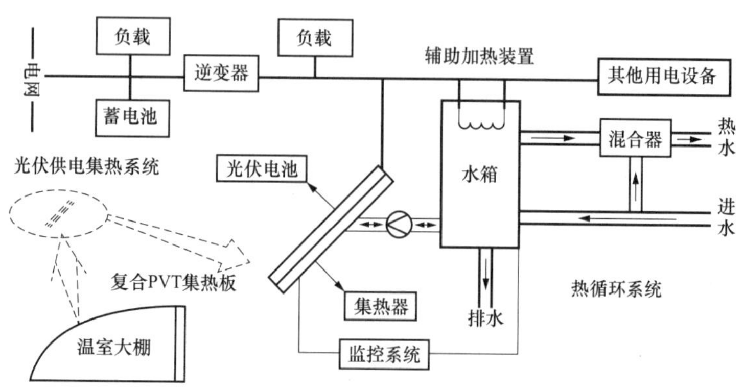

图 23　太阳能光伏/光热发电集热结构

在太阳能电池背面敷设流体通道是 PVT 系统的核心。选用太阳能电池与家用平板型太阳能热水器组成一套完整的光伏光热一体化系统。系统中，太阳能电池选用单晶硅电池，热水器的集热板为新型扁盒式铝合金集热板，集热板结构见图 24。相比管板式集热板，扁盒式集热板肋片效率可认为等于 1，传热效果良好。相同的进水温度，扁盒式集热板上下温差比管板式集热板小，有利于提高光电池的效率和降低热损，进而提高系统的综合效率。

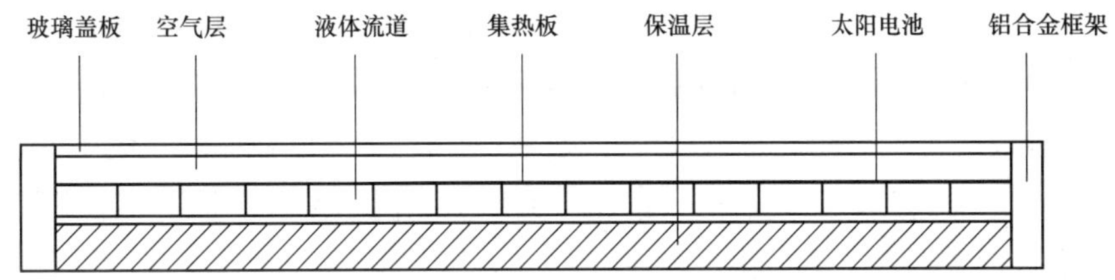

图 24 扁盒式 PVT 收集器结构图

PVT 复合板把太阳电池用导热性能良好的密封胶分别贴附在各扁盒式铝合金型条上半部表面上，其间用不透明 PPT 板绝缘，表面覆盖以透明的乙烯醋酸乙烯酯（EVA）材料，将各层连同铝合金型条用真空层压机抽真空紧密压制，以保证密封良好，各层接触紧密结构示意见图 25。

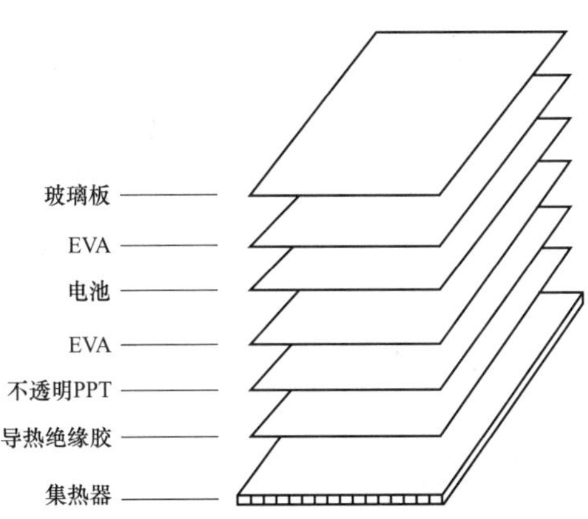

图 25 扁盒式 PVT 收集器结构示意图

2）PVT 热循环系统。集热器和循环部件构成整个热循环系统，热循环系统在太阳能电池板背部安装了窄条流道，水流经此道吸收电池板的热能，以达到温控的目的。水箱的功能与太阳能热水器类似，既可以太阳能制热，也可以安装辅助加热设备由电加热。水泵以及辅助加热设备的电力可以直接由未逆变的太阳能电池直流提供。太阳能电池表面温度与水箱中水温的智能监测以及水泵转速的智能控制由智能监控系统实现。

光电转换过程中，太阳能电池并不是将全部的光能都转换成电能。在光强一定的条件下，硅电池随自身温度升高其输出功率将下降。标准条件下，晶体硅电池平均效率在 15%左右。即太阳能电池只能将 15%的光能转换成电能，其余能量被转化为热能。同时，随着热能的增加，太阳能电池使用寿命也将逐渐缩短。循环系统中，窄条流道中的冷却水需要保持一定的流速，通过循环水或循环气吸热，达到散热的目的，以免效率降低，浪费电能。热循环系统有自然循环和强制循环 2 种类型。自然循环通过水上下温度差而形成密度差从而发生对流，这种方式的装置，只需将水箱置于改进的太阳能电池上方，集热器中的水吸收热量即形成密度梯度。但是自然循环系统水流速较慢，热量不能及时带走会明显影响温控效果；强制循环方式是在循环系统中安装水泵，从而可以控制水流速度，可随意安置水箱。为了提高循环效率，系统采用强制循环的方式，利用电力带动水泵，加快水流速度。

温室大棚内温度升高后所发射的长波辐射能阻挡热量或很少有热量透过玻璃或塑料薄膜散失到外界，温室的热量损失主要是通过对流和导热的热损失，采取密封、保温等措施，则可减少这部分热损失。太阳能温室在白天，进入温室的太阳辐射热量往往超过温室通过各种形式向外界散失的热量，这时温室处于升温状态，甚至温度太高，这时即可通过循环方式散发一部分热量，使温室处于降温状态，以适应植物生长的需要；或通过保温水箱将这部分多余的热量储存起来，太阳能温室在夜间，没有太阳辐射时，晚间 PVT 系统可将白天储存的热量释放出来，以确保温室夜间的最低湿温度。

（2）经济性能评价。太阳能资源取之不尽、用之不竭，可不计太阳能成本，但是将光伏/光热发电集热系统应用于温室大棚的费用是决定该系统广泛应用的关键。太阳能电池板和太阳集热器目前价格较贵，因此 PVT 系统的初始投资比常规能源系统高。建设生态科技型温室大棚，虽然一次性投资增加了，但是它节能环保、使用寿命较长、适用范围广、操作简便且易维护，可大大减少温室运营时所要耗费的人力、物力、财力，其经济效益长远。

一般太阳能系统的使用寿命长达 20a 或时间更长久，因此，投资回收期小于 20a 的 PVT 系统被认为在经济上是可行的。应用中可通过寿命期节省（LCS）来判断该系统在经济上是否可行。随着太阳能技术的发展，太阳能成本将会降低，PVT 系统的成本也会随之降低，通过合理的规划方法和评价手段，优化各个子系统的投资和费用，调节单位面积的可变成本，可提高 PVT 系统总节省。

（3）结论。针对现有的生态型温室大棚，改进并设计了一种新型的太阳能系统，即 PVT 光伏/光热系统。光伏发电系统可满足温室各设备能源供应；热循环系统有助于保持光伏系统的转换效率，增加太阳能电池的使用寿命，同时可根据温室内环境温

度调节温室温度，使适应农作物的生长需要。该系统将光伏发电系统和光热系统均应用于温室大棚，充分利用太阳能资源，实现能源的循环利用。

PVT 系统是一种具有前景的太阳能应用系统。与独立的 PV 系统和太阳集热器系统相比，单位面积的 PVT 系统的可变成本低于单位面积的光伏供电系统和太阳集热器系统之和，但在目前较高成本下，需要进一步降低单位面积的可变成本。随着太阳能技术的快速发展，太阳能将成为未来能源供应的主要能源之一，届时太阳能相关投资成本将大幅降低，进而 PVT 系统可得到充分的应用。在此基础上，建立合理的规划模型和评价体系，将为温室的 PVT 系统设计应用提供理论依据。

三、行业标准的制定、建设方案的突破

从梳理我国光伏应用市场发展脉络来看，早期从最初单一的西部地面电站开发，已经延伸到东南部经济发达地区对分布式光伏电站的推广。国内从未停止探索光伏应用领域的步伐，而光伏+新型产业无疑是我国在光伏应用领域的又一新的突破。

发展光伏+产业引领了低碳环保的绿色能源潮流，代表了未来产业发展的新方向，既播种了绿色有机产业，又收获了清洁能源，大大提高了土地利用率，通过开发新型产业的潜在资源，实现了群众企业政府多赢，光伏+新型产业的发展必将掀起中国光伏生态产业史上的第二次革命。

四、结论

（一）开创多产业融合发展的新业态

产业模式中的建设涵盖内容广泛，可以充分利用建设区域的自然、资源等条件，开拓经济林产业、中药材产业、畜牧产业、生态观光旅游产业；光伏发电站除光伏产业外，也可发展工业观光旅游产业。通过将产业建设和光伏发电站建设相结合，将产业和光伏相结合，将生态观光产业和光伏工业观光产业相结合，开创多产业融合发展的新业态。

（二）作为生态治理手段

在我国一些戈壁、荒漠、沙漠区域，太阳能资源丰富，但这些区域生态脆弱，植被覆盖度低，生态环境差。采用光伏+产业模式，一是充分利用这些区域的太阳能资源，发挥资源优势，促进经济发展；二是通过产业建设，栽植防风固沙、保持水土效果好的生态树种，提高植被覆盖度，改善区域环境，成为生态治理的手段。

（三）结束语

通过对生态产业模式下建设与光伏发电站的相互影响作用分析，再合理设计光伏

发电站建设布局，选择适宜的产业，设计合理的配置模式，产业建设和光伏发电站是可以互利共存的；其生态、经济及社会效益也是显著的，在光伏产业、生态产业、环境治理、土地增值等方面有很大的应用价值。

五、建议

（一）对产业的影响

1. 生态影响

产业模式的生态影响主要表现以下方面。

一是太阳能是一种清洁能源，光伏发电不消耗燃料，不排放包括温室气体在内的任何物质，无噪声、无污染，发挥节能减排的生态效益。

二是建设提高了区域植被覆盖度，改善区域生态环境，从而发挥涵养水源、保育土壤、固碳释氧、积累营养物质、净化大气环境等生态效能，同时也为光伏发电站提供生态屏障。

2. 经济影响

产业模式的经济效益除光伏发电的工业经济效益外，通过推进生态作物，发展生态产业，获取生态产业经济效益。

3. 社会影响

产业模式的社会效益主要表现在以下方面。

一是通过光伏发电站和生态产业建设，提供就业机会，吸收剩余劳动力，促进当地群众增收。

二是以产业发展，推动产业建设，促进产业结构调整。

三是通过合理利用土地和地上空间，提高土地利用率和土地价值。

（二）合作方式

1.“政府指导，企业引领，多方合作”方式

在政府的引导下，光伏企业与产业企业合作发展产业光伏。各自在专业领域发挥优势，取长补短，优势互补。项目节约土地，不改变土地属性，又可以将空间立体利用，产生清洁电力，扩大供电可再生能源比例，带来双向效益。但由于农业具有投资大、周期长、回报慢的特点。因此产业投资项目一旦遇到经营不善，出现亏损，产业项目还能否继续下去，一旦产业项目撤出，土地的性质也将发生改变，使得光伏电站的土地性质不合法；同时两家企业在经营过程中也会出现利益分配等问题，不利于企业管理。

2. 企业自建方式

企业需要自建光伏与产业项目，而企业项目开发人员大多偏向于光伏方向，真正

既懂光伏又懂生态产业的人才数目几乎为零，这个问题为后期项目建设运营、投资收益问题埋下隐患。

3. 依托大型产业场区发展方式

与一些有条件的大型产业合作，租赁其大棚建设光伏电站，这也符合国家规定的生态为主、光伏为辅的方针政策。这样企业只负责电站的维护，从而可以降低投资风险。但公司的话语权相对较小。光伏+产业仍处于探索阶段，尚未形成成熟的商业模式，发展模型也需进行不断摸索。因此在项目的可研阶段，要结合所处地区的区域优势，寻找自己的项目与当地产业特色的契合点，重点是要把种植业、养殖业、绿色循环、观光旅游等与当地特色进行产业融合，走出一条有特色可持续发展的道路。

以协同创新模式提升央企创新能力的研究

华电电力科学研究院有限公司

田　鑫　滕　斌　宁胜男　周　璐　张海珍　李振清　程思博
朱丹萍　冯一铭　李廷豪

中央企业（简称央企）作为贯彻国家创新驱动发展战略的核心力量，通过持续加大科研投入、拓展科研资源，强化科研机构建设等措施显著推动了科技创新与技术进步，取得了众多重大科技创新成果。但因受限于体制机制问题，仍存在研发投入率相对较低、关键核心技术攻关能力有待提升、科研平台与科技人才队伍建设有待加强等问题。本文分析了主要大型电力央企科技创新发展概况，并从对协同创新内涵的理解出发，分析企业战略、市场需求、制度支撑以及组织协同对技术创新的显著影响，提出要将技术创新与战略、市场、制度、组织进行高度协同以激活央企创新活力，提升创新能力和创新绩效。

一、研究背景

（一）实施创新驱动对企业发展的重要意义

创新是人类社会发展的核心推动力量，是世界各国发展战略研究的主题。在马克思主义经济理论中，尽管没有明确使用技术创新和科技创新的概念，但马克思认为科学是并入劳动过程的重要要素，生产力的发展归根到底来源于智力劳动，特别是自然科学的发展，而生产力则是推动社会历史发展诸因素中最活跃、最革命的因素，也是推动社会生产发展的决定性、第一性的因素。

创新经济学理论最早是由美籍奥地利经济学家熊彼特提出的，他在《经济发展理论—对于利润、资本、信贷、利息和经济周期的考察》一书中首次提出了“创新理论”，分析了经济发展的本质特征和规律，他认为所谓创新就是“建立一种新的生产函数或供应函数，亦即将一种从未有过的关于生产要素和生产条件的‘新组合’引入生产体系”

从而获得潜在的超额利润。正是由于创新打破了经济运行的静态平衡，所以创新是经济发展的根本原因。

20 世纪以来，随着微电子、信息技术、新材料、能源等现代高新技术产业的出现，经济结构、市场结构等都发生了深刻的变革，有学者研究发现发达国家 20 世纪初科学技术对经济增长的贡献率达 5%～20%，20 世纪 80 年代则上升至 60%～80%，可见科学技术的进步对经济的增长贡献已经远远超出资本、劳动力两大传统生产要素，科学技术、知识能够作为经济发展的新增长点。尤其是 21 世纪后，知识经济在全球范围内的发展，逐步推动科技、产业创新成为新经济下的竞争焦点。

十八大以来，党中央把科技创新提到了前所未有的高度。党的十八大明确提出："科技创新是提高社会生产力和综合国力的战略支撑，必须摆在国家发展全局的核心位置。要坚持走中国特色自主创新道路、实施创新驱动发展战略。"党的十九大强调要加快建设创新型国家，创新是引领发展的第一动力，是建设现代化经济体系的战略支撑。"十四五"规划《建议》指出："坚持创新在我国现代化建设全局中的核心地位，把科技自立自强作为国家发展的战略支撑"。中央经济工作会议将"强化国家战略科技力量"放在 2021 年经济社会发展八项重点任务的首位，强调科技自立自强是促进发展大局的根本支撑。

（二）国家对央企科技创新工作的要求

2018 年 6 月，习近平在山东考察时强调，国有企业特别是中央所属国有企业，一定要加强自主创新能力，研发和掌握更多的国之重器。央企是由国务院国资委直接监管的国有支柱大型企业，在关系国家安全和国民经济命脉的重要行业和关键领域中占据主导地位。"十四五"时期，围绕高质量发展、构建新发展格局，国资委把科技创新作为"头号任务"，集中资源、集中力量，加快打造一批科技创新领军企业，把中央企业坚决打造成为国家战略科技力量。因此，充分激活央企的创新活力，增强其创新动力，提升其创新能力，是央企落实国家创新驱动发展战略的必然要求。

二、中央企业科技创新的发展和现状

（一）中央企业"十三五"科技创新发展概况

"十三五"时期，中央企业的科技创新能力和水平都得到了实质性提升，在科技创新领域发挥了引领作用。

1. 取得了一批世界级科技成果

"十三五"时期，央企取得了一批世界级科技成果，增强了我国综合实力。在载人航天、深海探测、高速铁路、高端装备、能源化工、移动通信、北斗导航、国产航母、核电等领域涌现出一大批具有世界先进水平的标志性重大创新成果。从获奖情况看，“十三五”以来，中央企业累计获得国家科技进步奖和技术发明奖 364 项，占全国同类获奖总数的 38%。

2. 打造了一批高水平科技平台

“十三五”时期，央企打造了一批高水平科技平台，提高了企业创新能力。大幅增加研发投入，“十三五”时期累计研发经费投入超过 3.4 万亿元，占全国的 1/4，即使在 2020 年生产经营极为艰难的情况下，央企研发经费仍保持了 11.3%的增速，研发投入强度达到 2.55%。中央企业国内外研发机构数量达到 4360 个，其中国家重点实验室 91 个。

3. 集聚了一批高层次创新人才

“十三五”时期，央企集聚了一批高层次创新人才，积蓄了未来创新后劲。中央企业研发人员从“十三五”之初的 80 万人增加至近百万人，拥有两院院士 229 人，其中工程院院士数量占全国的 1/5。

（二）主要大型电力中央企业科技创新发展概况

1. 国家电网有限公司

（1）国家电网科技创新体系建设情况。国家电网有限公司（简称国家电网）初步建成了以直属科研产业单位、省级电力公司、基层创新力量为主体的三级创新体系。国家电网三级创新体系如图 1 所示。

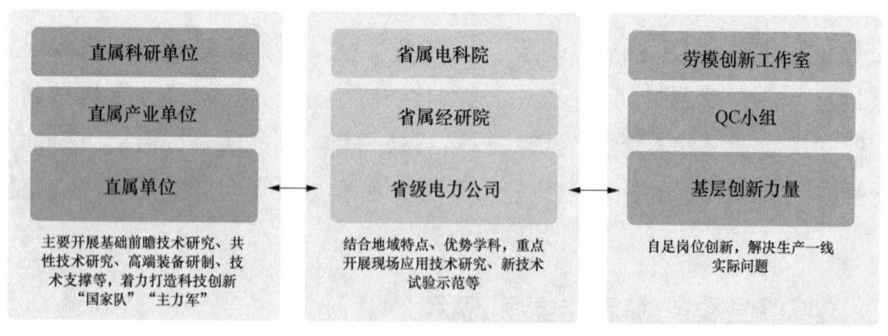

图 1 国家电网三级创新体系

国家电网与清华大学、西安交通大学、华中科技大学、华北电力大学分别成立了联合研究院，发挥高校科研优势，加快能源互联网关键技术攻关。国家电网外部科技力量如图 2 所示。

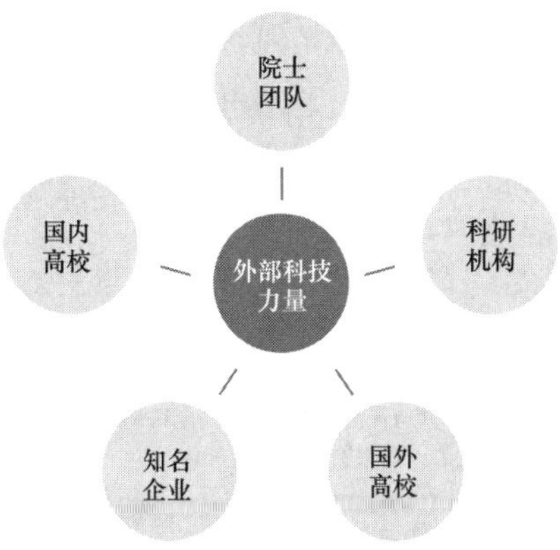

图 2　国家电网外部科技力量

国家电网着力打造覆盖基础前瞻研究、关键技术和工程应用研究、产品开发到转化推广的完整创新链条，且分工清晰合理、产研紧密协同的集团科技创新组织体系。目前，国家电网形成了以直属科研单位为核心、直属产业单位为重点、省属科研机构为依托、海外研发（检测）机构为延伸、外部科技资源为协同的集团科技创新组织架构。国家电网科技创新组织架构如图 3 所示。

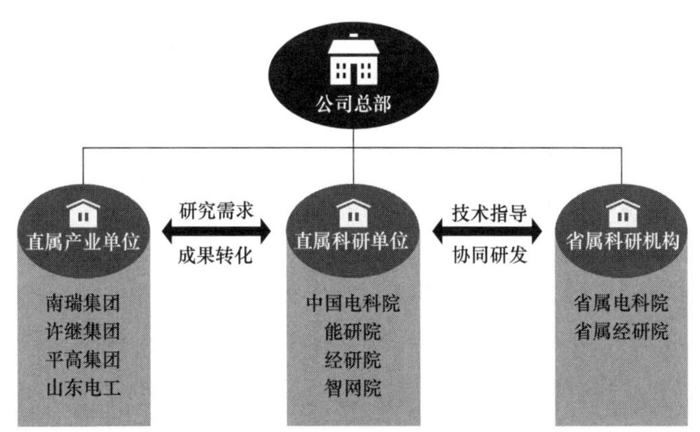

图 3　国家电网科技创新组织架构

国家电网对不同层级单位有不同的功能定位要求，将集团直属科研单位定位于创新链前端，主要承担研发活动中“研”的职能，开展对企业长远发展具有战略意义的基础性、超前储备等重大技术研究，以及电网应用和装备制造需求的关键技术研究；将直属产业单位定位于创新链中后段，主要承担研发活动中“发”的职能，以市场需求为导向，以产品开发为重点，专注于在特定业务领域当前或短期市场需求的技术和产品开发；对省属科研机构定位于支撑推广应用，它们是将公司和电网发展新技术转化为生产力的承接平台和实施主体，主要承担现场应用技术研究和技术试验示范等科研任务。

（2）国家电网科研平台建设情况。国家电网拥有 19 个国家级实验平台，构建了“国家级、公司级和各单位级”三级实验体系，综合实验研究能力达到国际领先水平。国家电网科研平台建设情况如图 4 所示。

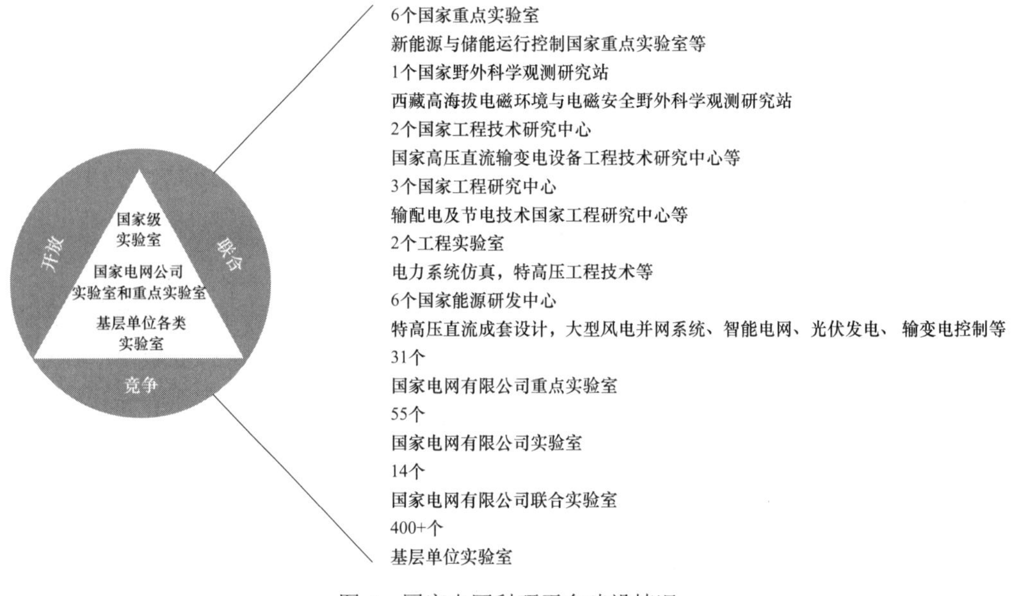

图 4　国家电网科研平台建设情况

（3）国家电网科技创新成果情况。“十三五”期间，国家电网获得国家科学技术进步奖 34 项，其中国家科学技术进步奖特等奖 1 项、一等奖 3 项；获得中国专利奖 76 项，其中专利金奖 6 项、银奖 4 项；获得中国标准创新贡献奖 14 项，其中一等奖 6 项；获得中国电力科学技术奖 304 项，其中一等奖 38 项。累计拥有有效专利 97548 项，其中发明专利 38025 项。专利拥有量连续十年位居央企第一，发明专利拥有量首次排名央企第一。制修订国际标准 84 项、国家标准 886 项、行业标准 1985 项。

（4）国家电网科研人才培养情况。截至 2019 年底，国家电网拥有科技人员 3.41 万人，其中，研究与实验发展（R&D）人员 2.66 万人，其中：国家级专家人才 365 名，包括两院院士 7 名（在职 3 名），国家有突出贡献的中青年专家 13 名，享受国务院政府特殊津贴专家 142 名，“创新人才推进计划”中青年科技创新领军人才 10 名、重点领域创新团队 2 支、创新人才培养示范基地 2 家，中华技能大奖获得者 5 名，全国技术能手 64 名，全国青年岗位能手 74 名。

2. 中国华能集团有限公司

（1）华能集团科技创新体系建设情况。中国华能集团有限公司（简称华能集团）

初步构建以两院（西安热工院、清能院）和专业技术中心为核心、主业板块全覆盖、产学研用相协同的研发主体，形成总部顶层设计，产业（区域）公司与科研单位共同实施的科技创新体系。

（2）华能集团科研平台建设情况。华能集团拥有7个国家级重点实验室（研发中心）、两大科研基地、若干个公司级实验室。华能集团科研平台建设情况见表1。

表1　　华能集团科研平台建设情况

序号	类别	名　　称
1	国家级重点实验室（研发中心）	国家700℃超超临界发电技术关键部件验证试验平台
2		基于IGCC的绿色煤电国家863计划研究开发基地
3		电站锅炉煤清洁燃烧国家工程研究中心
4		国家能源水能高效利用与大坝安全技术研发中心
5		国家能源清洁高效火力发电技术研发中心
6		国家能源煤炭清洁低碳发电技术研发中心
7		煤基清洁能源国家重点实验室
8	两大科研基地	西安科研试验及产业基地
9		华能人才创新创业基地
10	公司级实验室（共19个）	风力发电技术领域：含2个实验室
11		可再生能源及新能源发电技术领域：含5个实验室
12		水电建设和运行技术领域：含3个实验室
13		火力发电技术领域：含9个实验室

（3）华能集团科技创新成果情况。2020年，华能集团获得省部级科技进步奖一等奖6项；获得中国电力科学技术进步奖二等奖4项、三等奖5项；获得中国能源创新奖一等奖2项、二等奖2项、三等奖3项；获得5项中国专利优秀奖。申请专利5646件，授权专利1785件。

（4）华能集团科研人才培养情况。华能集团积极探索技术技能人才发展通道，拿出1%的工资总额作为专项支持，推动基层企业建立“岗位职务序列为主、专业技术技能职务序列为辅”的双通道晋升机制。“十三五”期间，中级及以上职称人员增长9%。

3. 国家能源投资集团有限责任公司

（1）国能集团科技创新体系建设情况。国家能源投资集团有限责任公司（简称国能集团）拥有直属科研院所4个，分别是国电科学技术研究院、北京低碳清洁能源研究院、国电新能源技术研究院、国家能源技术经济研究院。二级单位管理的科研院所9个，全体科研院所研发人员共1883人。

（2）华能集团科研平台建设情况。国能集团拥有12个国家级研发平台，具体见表2。

表2　国能集团科研平台建设情况

序号	名　称
1	煤炭开采水资源保护利用国家重点实验室
2	清洁高效燃煤发电与污染控制国家重点实验室
3	风电设备及控制国家重点实验室
4	煤炭直接液化国家工程实验室
5	低阶煤清洁转化与应用技术国家地方联合工程实验室
6	烟台龙源电力技术股份有限公司国家认定企业技术中心
7	国家能源煤炭清洁转化利用技术研发（实验）中心
8	国家能源风电运营技术研发（实验）中心
9	国家能源火力发电节能减排与污染控制技术研发（实验）中心
10	国家能源潮汐海洋能发电技术研发（实验）中心
11	国家能源低阶煤综合利用研发（实验）中心
12	国家环境保护大气物理模拟与污染物控制重点实验室

（3）国能集团科技创新成果情况。2020年申请专利2550件，其中发明专利1305件；授权专利2395件，其中发明专利504件；牵头制定的两项国际标准正式发布。82项科技成果获得国家级、行业或省部级科技奖，其中“400万t/年煤间接液化成套技术创新开发及产业化”项目通过国家科技进步一等奖评审，15项科技成果获得省部级或行业一等奖。

（4）国能集团科研人才培养情况。国能集团拥有5个院士工作站，13个博士后工作站。自主培养院士1名，聘任7名院士担任集团公司首席科学家。依托聘任院士及其团队，建立了3个协同创新中心，分别是谢克昌院士牵头的“煤炭清洁高效利用和应对气候变化协同创新中心”、陈勇院士牵头的“新能源与环保协同创新中心”和刘吉臻院士牵头的“智能发电协同创新中心”。

由劳模和工匠人才引领、带动职工不断提升创新能力，推动培养企业发展急需的

技术技能人才队伍，并通过传、帮、带，使高超的技艺技能得到传承，2020 年，国能集团公布首批 82 个创新工作室并挂牌。

4. 中国华电集团有限公司

（1）华电集团创新体系建设情况。中国华电集团有限公司（简称华电集团）打造了由 1 个智囊机构+1 个中央研究院+*N* 个研发机构共同组成的层次明晰、分工合理、互相配合的“1+1+*N*”科技创新体系。1 个智囊机构指由院士专家组成的华电集团专家咨询委员会，1 个中央研究院指华电电力科学研究院有限公司，*N* 个研发机构指科工、煤炭等产业下属研发机构。

（2）华电集团科研平台建设情况。华电集团建成分布式能源、火电能效检测、生物质高效制备和综合利用、燃气轮机监测诊断及运维服务等国家级研发平台，拥有 2 个国家认定企业技术中心、9 家国家或行业计量检测机构。

（3）华电集团科技创新成果情况。“十三五”期间，中国华电系统开展科研项目千余项，荣获国家科技进步奖、技术发明奖 2 项，省部级科技进步奖 24 项，电力、水电、煤炭和机械等行业科学技术奖 71 项。主编参编国际标准 4 项、国家标准 57 项、行业标准 82 项。累计授权专利 4964 项，其中发明专利 1006 项。

（4）华电集团科技人才培养情况。华电集团现有专业技术人员总量约为 1.31 万人，占员工总数的 14.1%，其中从事科学研究和技术开发应用的科技人才约为 6000 人，占专业技术人员的 45.8%。

三、主要大型电力央企创新活动中存在问题分析

（一）研发投入率相对较低

近年来，央企不断加强研发经费投入，研发经费支出总额逐年增长，但相较于国际先进大型企业远远不足。以华为为例，在前所未有的外部挑战下，华为 2020 年仍然巨资投入研发，在营收不到 9000 亿元的情况下，研发投入达到 1418 亿元，研发投入率达到了 15.9%，相当于国内企业第二到第五的总和，在全球企业研发投入排名位居第三，这是华为能够在全球强势崛起的真正原因，也是美国倾力打压华为的根源。

主要大型电力央企 2020 年科研投入如图 5 所示，主要大型电力央企 2020 年研发投入率如图 6 所示。

（二）关键核心技术攻关能力有待提升

在大型电力央企中，除电网侧和核电领域取得了较大的技术突破外，其他企业有影响力的重大项目和成果还较少，产业链的集成能力不足，国家战略科技力量发挥不充分。

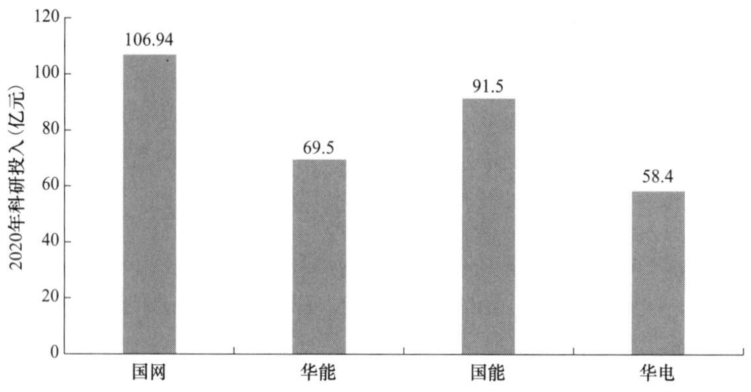

图5　主要大型电力央企2020年科研投入

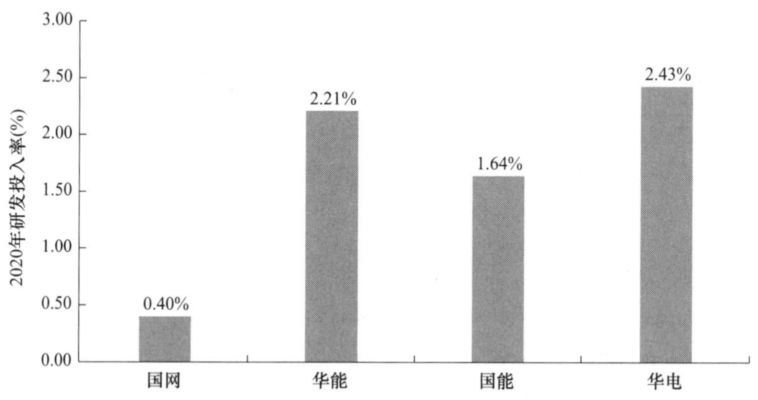

图6　主要大型电力央企2020年研发投入率

与科技创新成效较好的国家电网相比，其他电力央企存在两点不足。

一是科技资源布局比较分散，集团下属各科研单位在功能定位和职责分工上还存在模糊不清的问题，缺乏协同创新管理机制，使得各领域、业务单元之间科技资源和研发力量不能形成一个整体。

二是集团对下属科研机构的考核简单套用生产经营单位的管理制度进行管理和考核，这种刚性的管理方式不符合科研工作规律，导致科研可持续性不足，科技创新能力发展受到限制。

（三）科研平台与科技人才队伍建设有待加强

主要大型电力央企国家级平台数量见图7。

国家级平台是研发体系的重要组成部分，是培育高精尖人才的重要载体，与国家电网相比，华能集团和华电集团在国家级平台建设上还需提升。主要大型电力央企科技人员数量见图8。

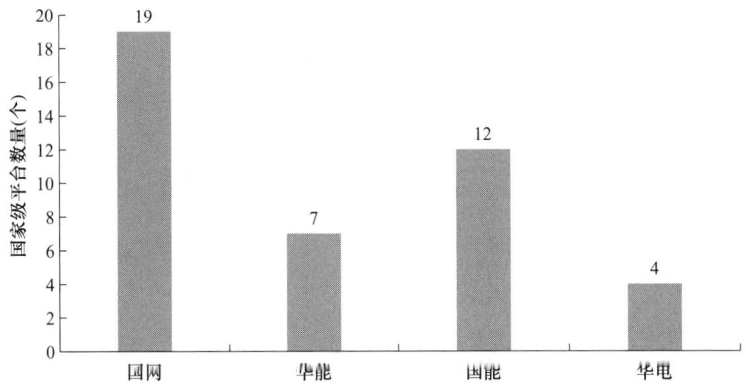

图 7　主要大型电力央企国家级平台数量

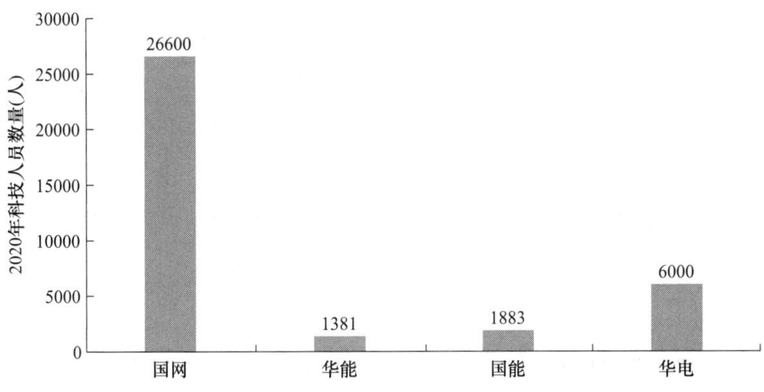

图 8　主要大型电力央企科技人员数量

创新是发展第一动力，人才是第一资源。以华为公司为例，2020 年华为公司从事研究与开发的人员约 10.5 万人，约占公司总人数的 53.4%。华能集团、国能集团以及华电集团还需完善人才培育机制，加强科技人才队伍建设，加大培育高水平创新团队和科技管理队伍力度。

四、将协同创新理念应用中央企业科技创新管理

央企近年来在技术创新中取得了长足的进步，但仍存在着一些不容忽视的问题。从之前对技术创新重视不足，技术创新投入偏低，导致企业技术创新能力薄弱，到如今显著存在着孤立地为技术创新而技术创新，以围绕考核指标和行政需要来开展科研工作，忽视了企业战略、组织协同、制度支撑以及市场需求等对创新绩效的显著影响，导致创新工作脱离市场，脱离实际需求，创新成果无法促进企业效益提升等问题。也就是说，许多创新没有实现其预期的最佳效益的一个重要原因正是没有采用系统的方

法，忽略了创新系统中各影响要素的相互关系。

协同和协同创新的概念现今已经常被运用在不同的领域里，随着科技与社会的快速发展越来越得到人们的重视，协同创新与协同合作已经被提升到国家战略层面。协同强调 1+1>2 的协同效应，而非各要素的简单加总，其价值在于因协同而产生的超出原系统总和的协同增量。“协同学”是由德国物理学家哈肯因在物理研究中发现了广泛存在的协同现象而提出的，是一种运用系统论、统计学、热力学等方法，建立的一套完善的数学模型与方法。哈肯创立的协同学对系统协同的形成过程进行了富有成效的研究，人们发现协同学不仅能够解释各种自然现象，对经济管理领域的诸多问题同样具有良好的适用性。将协同学的理念应用到企业创新中来分析，如今央企存在的创新内生动力不足和创新绩效不佳的问题，从根本上来分析是因为技术创新要素与企业战略、组织结构与流程、制度和市场等非技术要素没有做到协同。具体体现在。

（1）缺乏明确的技术创新战略，与企业发展战略或经营战略没有协同。其导致技术创新缺乏长远战略眼光，创新决策的短期利益导向、盲目性和随意性，不愿意对需较长期培育的研究方向投入足够的研发资源，创新绩效难以提高。

（2）创新工作与市场需求的脱节，一方面是因为央企的创新工作更多的是来自行政和考核需要；另一方面是因为央企所在某一领域的市场垄断，经营的压力未传递给创新工作。

（3）缺乏激励创新的机制和制度安排，导致技术人员缺乏主动创新的积极性，从而无法获得可持续的创新绩效。

（4）内部组织层次重叠、条块分割，导致内部协作高墙林立，从而无法做到资源互补和要素共享，导致无法产出高质量创新成果。

五、政策建议

从协同创新的理念出发，激活央企创新活力，提升创新能力和创新绩效，还应在以下几方面进行持续改进。

（一）加强战略协同，为创新提供明确方向

在科技创新工作中要加强应用战略思维，强化技术创新的顶层设计。战略协同一要做好规划制定，二要做好规划执行。通过制定五年和中长期科技发展规划，明确集团和单位自身的科技战略定位、思路和方向。立足全球科技发展趋势和企业实际，深入研究我国经济新常态下的新情况、新需求，研究制定符合单位自身实际的科技创新重点任务和重点方向，明确科技主攻方向和突破口，掌握全球科技竞争的战略主动。同时，还要有清晰的战略目标，对重点科研任务、平台建设和领军人才培养方面都应

提出具体的目标和相应的保障措施。之后，战略协同更为重要的就是规划的落实和执行。规划制定后，科研人员要第一时间掌握集团和企业自身要发展的方向和发展思路，而对于企业自身来说，要严格对规划中重点的研究领域和研究方向投入必要的科技资源（如项目立项、人力资源、资金支持等）进行保障，以保证企业能够上下联动，共同朝着设定的战略目标推进科技创新工作。

（二）加强市场协同，为创新提供动力驱动

市场协同的根本就在于将科技创新的行政驱动力转化为市场驱动力。创新驱动力的转换可采取下面两种措施：

一是将原有科技工作的单一量化考核方式向科技创新绩效方式进行转变。对论文、专利和科研项目立项等指标的单一量化的科研考核，虽然可以短时期地促进创新成果数量的提高，但这种“创新”是脱离创新实质的。而科技创新绩效的考核方式除了对技术产出指标的关注，如发明、实用新型专利数量、获奖情况、论文数量等；更显突出的一方面是效益产出指标的考核，如应用创新方法获得的销售收入增加值、应用创新方法降低成本值、创新方法在节能减排、效率提高、质量改善、填补空白等方面产生的经济效益等指标。

二是要建立市场驱动创新的激励机制，研究探索科研项目技术创新效益评价方法和科研人员价值评价方法，不断完善科研成果转化机制和科研项目分红机制，以产研用高效协同为目标，以市场为导向解决创新主体内生动力问题，形成个人利益与企业利益高度融合，直属科研与产业单位互相依托、合作共赢的格局。

（三）加强制度协同，为创新提供生态保障

制度协同要实现的目标就是要为科技创新创造良好的创新生态条件。所谓良好的创新生态就是要从科技创新链条上全周期全时空的配套保证。全周期就是要从课题选择（选种）、项目预研（筛种）、项目立项（播种）、项目执行（育种、栽培）、项目验收（结种）、成果鉴定（包装）到成果转化（摘果）的提供与研发不同阶段相适应的制度支持。对于全时空就是为其他科研要素提供支撑的制度保证，比如科研平台、创新团队、知识产权以及科技激励等方面做到互相支撑、相辅相成。因此，建立一套全要素全周期的标准化科研管理体系就是实现制度协同的关键所在。

（四）加强组织协同，为创新提供加速条件

组织协同由内部协同和外部协同组成。对内部协同而言，由于科技创新团队的建立和运作涉及人员、资源、技术、信息等多种要素，而这些要素存在于不同部门的管理范围内，“各自为政”和“单打独斗”等问题导致协同创新的成本较高，构建开放共享体系的难度较大。

解决这个问题的关键就是要解决科研成果利益分配的问题，构建一种科研创新团队所涉及部门和单位利益统一、责任统一和风险统一的协作机制对协同创新的合作质量和稳定性休戚相关。通过建设完善企业内部协同创新机制，明确科研协作课题参与单位和参与人员的职责和分工，同时必须对科研任务管理、资金分配、科研绩效评价和激励措施进行确定，以保证和激发其在各自的岗位和权责范围内进行协同创新。外部协同就是要建设基于市场协同的外部协同创新机制。要积极主动与大学、科研机构及相关企业等各类创新主体开展长期的技术合作，构建基于市场机制的创新网络。积极整合形成以央企为龙头的产业链和创新链，加强央企之间、央企与民企之间的协同创新，带动产业整体技术创新水平提升。要抓住产业融合发展计划，重视与跨行业领域的相关企业协同创新，充分利用资源，发展新兴技术和商业模式。

能源央企重大科技成果转化为导向的创新商业模式研究

华电电力科学研究院有限公司、中国华电集团有限公司浙江公司

太光复　刘　袖　杨　帆　潘永进　李勇辉

苏靖程　张宇龙　董　方　郭晨旭　屈江江

一、研究背景

2021 年是“十四五”开局之年，我国也加快推进实施创新驱动发展战略。《中共中央关于制定国民经济和社会发展第十四个五年规划和二〇三五年远景目标的建议》提出“加强知识产权保护，大幅提高科技成果转移转化成效”，对未来科技成果转化指明了方向。

（一）成果转化是科技创新活动的“最后一公里”

科技成果转化是科技创新活动全过程的“最后一公里”，科技成果的顺利转化在很大程度上决定了科技创新活动的成败。2020 年，我国科技研发投入总量居世界第二位，专利申报数量居世界第一位，但是科技成果转化率总体偏低。这在一定程度上制约了科技创新对经济和社会发展的支撑作用。为实现建设世界科技强国的目标，加快推动创新驱动发展战略的事实，我们迫切需要加速科技成果转化，推动科技供给侧结构性改革。

（二）我国成果转化政策体系已趋完善

2015 年《中华人民共和国促进科技成果转化法》（以下称为《促转法》）修订实施，2016 年国务院颁布实施《促进科技成果转化法》若干规定，国办印发《促进科技成果转移转化行动方案》，至此，从修订法律、出台配套细则、部署具体任务，形成了促进我国科技成果转移转化的三部曲。同时，各部委相继出台相关政策，着力破除制约科技成果转化的体制机制障碍，加快推进科技成果转化落地。另外，各地方政府也相继发布地方性的促进科技成果转化条例，以地方法律的形式，对科技成果权属、转化收

益分配等作出明确规定，解决了一系列核心问题。我国的科技成果转化法律支撑体系已较为完善，政策红利时期已到来。

（三）我国科技成果转化蒸蒸日上

不断完善的政策体系大大推动科技成果转化工作的蓬勃发展。根据《中国科技成果转化年度报告2020》（高等院校与科研院所篇），2016—2019年，以转让、许可、作价投资方式转化的合同数和合同金额如图1所示，除2019年合同额有所下降外，其他的年份两项指标都是稳步上升。表1显示2019年科技成果转化合同金额区间分布分析情况，可以看出合同金额5000万以上的，仅占0.3%合同数量，但贡献了42%的合同额；100万元及以上的合同项数占比10%，合同金额占比89.6%，将近合同总金额的九成，表明重大科技成果转化越来越受重视，资金聚焦效果明显。企业自主转化的，没有相应统计数据，但是高校院所的数据侧面反映我国科技成果转化发展态势持续向好，市场日益活跃，程序日益规范。总体来讲，随着我国促进科技成果转化系列政策法规的逐步落实，科技成果转化活动持续活跃。

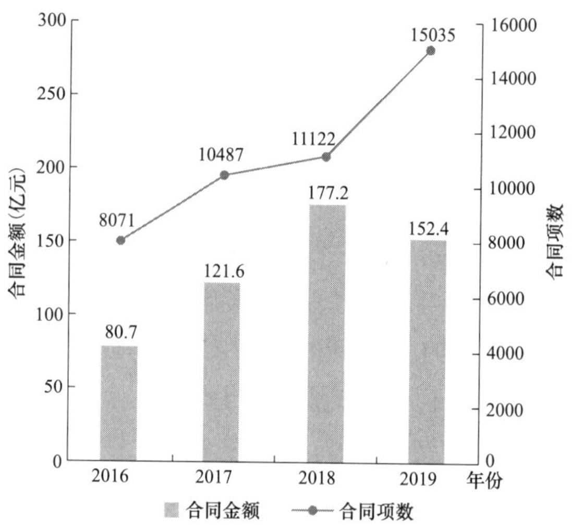

图1　2016—2019年科技成果转化基本情况

表1　　2019年科技成果转化合同金额区间分布分析情况

合同金额区间	合同项数	合同数量占比（%）	合同金额小计（万元）	合同金额占比（%）
5000万元及以上	42	0.3	640260.8	42.0
1000万～5000万元	194	1.3	393093.1	25.8
100万～1000万元	1251	8.4	333002.6	21.8
10万～100万元	4687	31.6	134913.9	8.9

续表

合同金额区间	合同项数	合同数量占比（%）	合同金额小计（万元）	合同金额占比（%）
1 万～10 万元	6534	44.0	22155.9	1.5
1 万元以下	2129	14.3	779.4	0.1
总计	14837	100	1524205.7	100

（四）科技成果转化方面是能源央企的薄弱环节

我国已转向高质量发展阶段，已具备制度、资源、市场、发展韧性等多方面优势和条件，同时我国发展不平衡不充分问题仍然突出，重点领域关键环节改革任务仍然艰巨，创新能力不适应高质量发展要求。当前我国专利申请“质、量”不平等，存在“重申请、轻转化”现象，并且科技成果与市场需求结合不紧密，大多不能“转化”，缺乏专业服务机构和专业人才等，这已成为能源央企科技成果转化的瓶颈，其中重大科技成果转化是能源央企的共性薄弱环节。

加快科技自立自强，更好发挥央企创新主体作用，以重大科技成果转化为导向，建立企业创新商业模式，打通科技成果转化“最后一公里”，对能源央企深化体制改革、进一步健全市场化经营机制、加快建设创新型一流能源企业具有重大意义。

二、科技成果转化政策分析

科技成果转化相关法律政策体系是开展成果转化工作的政策保障和制度依据，也将是能源央企建立健全内部机制，探索商业模式，实现科技成果市场化的基石。深入研究近几年相关政策，总结出相关政策主要涵盖的 4 个方面。

（一）科研工作简政放权方面

一是对科研工作进一步简政放权，扩大相关自主权，推动科研院所体制机制改革。推动科研院所完善内部运营机制、优化科研管理、改革人事管理机制、完善分配方式，最大限度减少政府对科研单位内部事务的微观管理和直接干预。相关的文件有 2019 年国务院办公厅印发《科技领域中央与地方财政事权和支出责任划分改革方案》、2019 年科技部、教育部、发展改革委、财政部、人社部和中国科学院联合印发《关于扩大高校和科研院所科研相关自主权的若干意见的通知》等。

二是明确科研人员兼职的操作方法，鼓励科研人员创新创业。支持科研人员离岗创办企业、在职创办企业、兼职创新、支持设立创新性岗位。相关的文件有 2019 年人社部《关于进一步支持和鼓励事业单位科研人员创新创业的指导意见》、2018 年国务院办公厅《关于抓好赋予科研机构和人员更大自主权有关文件贯彻落实工作的通知》等。

（二）产学研深度融合方面

通过引导企业与高校院所共建科技成果转化服务平台、资源共享平台、创新中心等方式，支持产学研深度融合，促进科技成果转化。相关的文件有2019年国务院办公厅《关于支持国家级新区深化改革创新加快推动高质量发展的指导意见》、2018年国务院《关于推动创新创业高质量发展打造“双创”升级版的意见》、2019年科技部《关于新时期支持科技型中小企业加快创新发展的若干政策措施》、2017年科技部《关于印发国家科技成果转移转化示范区建设指引的通知》、2018 年发展改革委《国家产业创新中心建设工作指引（试行）》等。

（三）金融创新方面

一是引导地方政府加大科技成果转化投入。2014年科技部、财政部发布的《国家科技成果转化引导基金设立创业投资子基金管理暂行办法》提出设立基金，加强支持科技成果转化活跃企业。

二是通过了各项税收优惠政策，为科研人员降低科技成果转化成本。2018年财政部、税务总局、科技部联合发布的《科技人员取得职务科技成果转化现金奖励有关个人所得税政策》，2016年财政部、税务总局发布的《完善股权激励和技术入股有关所得税政策》明确提出科研人员的职务科技成果转化现金奖励的个税减税，股权激励施行递延纳税、延长纳税期限和对作价入股实施选择性税收优惠等。

（四）地方配套政策方面

针对国家出台的科技成果转化政策，地方政府积极响应并结合自身特点出台相关政策，促进科技成果转化。北京市和浙江省主要从成果权属、转化机制、产研融合等方面出台政策。对转化收益分配做出明确规定，转化收入奖励比例从《促进科技成果转化法》规定的“不低于50%”提升至“不低于70%”的比例。上海市和广东省在赋予研究机构充分自主权、激发科研人员转化主动性等方面出台相关政策。四川省印发《2018年四川省科技成果转化工作要点》，通过不同层次的改革，形成科技体制改革“五大体系”，加快推动科技成果转化为现实生产力。

三、成果转化为导向的创新商业模式分析

（一）高校的成果转化模式分析：以北京大学为例

北京大学作为国内外负有盛名的名校，在科研创新、科研管理和成果转化等方面有着显著的优势和斐然的成绩。北大凭借每年承担的国家重大专项、科技支撑项目、863、973、自然科学基金等各类研究项目，产生出一批适合产业化合作的科技成果，

形成了具有北大特色的科技成果项目库，通过技术开发、技术服务、技术转移、技术咨询、联合成立实验室、共同组建产业化公司等多种形式与企事业单位共同搭建起了科技合作和企业孵化平台。北大每年的科技合作 1000 余项，形成了一批具有自主知识产权、促进行业发展的成果，并且以北大原创技术为基础孵化了多家高新技术企业。其科技成果转化模式方面主要分如下两点。

1. 科技成果转化转移方面

首先，北大在校本部和医学部分别成立了专门机构，即本部由科技开发部负责校本部的科技成果转化，北大医学部由医学技术转移办公室负责医学部的科技成果转化。内设的专门机构全权负责本单位的专利运营，职责包括制定专利运营战略、管理内部基金、专利申请维护、科技成果资产评估、组织专利技术实施、管理专利实施许可贸易等，从而保障了本单位科技成果转化工作的有序开展。其次，北大建立健全了完善的成果转化制度体系，打通内部政策链条。北大从自身实际出发建立制度，从专利运营、许可、转让、作价入股、科研人员兼职、收入分配等各方面规范了操作细则，完善成果转化制度体系，破除制度壁垒，激发科研人员科技创造性、转化积极性。

2. 新公司孵化方面

对于科技成果的作价入股，孵化新公司方面，北大建立科技开发部和资产管理公司相互配合的协同工作机制，实现“前期科研创新成果转化”及“后期实施成果市场化运营”的有效衔接，构建了良好的成果转化商业模式。科技开发部作为职能部门，定位于科研人员的帮手，致力于搭建外部资源与学校的桥梁，推动各资源各要素之间的精准对接；直属于学校国有资产管理委员会的北大资产管理公司，作为科技成果作价投资的通道，充分运用公司机制和体制，利用市场化手段，全方位实施“以股权监管为主的资产管理，以知识产权为主的产权运营，以股权运营为主的资本运营”三大任务，促进学校科技成果产业化，使学校进一步完善了科技成果转化的市场运营体系。

（二）企业成果转化模式分析：以浙江公司为例

浙江公司承担的重型燃气轮机 TCS 控制系统国产化（攻关）、水电站计算机监控系统国产化（推广）和半山公司去工业化改造三个项目为集团公司重点科技项目及核心攻关任务，这些任务是在解决“卡脖子”关键技术问题上的重点探索，是国内控制相关领域的首次研究应用。为应对控制系统国产化这一重大核心任务，专门组建成立了重点科技项目领导及工作专班，通过现场督导、召开专题会议等方式努力确保科技项目实施进度与质量，指导分析重大科技成果推广转化面临的技术、政策、产品供应等方面的诸多问题。

1. 重大成果转化各阶段面临的挑战

首先是技术，国产控制系统软件存在部分模型准确性和响应速率上与实际工况的偏差，仅可用于初步验证逻辑的可行性，而组态逻辑特别是深层次的逻辑架构需要进行深层次论证与验证核查。

其次是政策，控制系统软硬件国产化在燃气轮机控制系统研究应用为国内首次，水电作为推广也还存在诸多硬件稳定性及策略适应性的问题，距离机组的安全稳定、经济高效运行还有一定的差距，存在机组非计划停机和主设备损坏的隐患。

最后是产能，自主可控产品因产能不足导致供应不及时影响工程进度，特别是乌溪江公司水电作为推广项目，2021 年计划完成共计 7 台机组 LCU 及集中监控系统的改造工作，而供货方同期实施项目较多，对其设备供货能力及产品质量是一个很大的考验。

2. 针对性措施

针对上述几个问题，课题组从多个维度研究实现路径，形成了具体解决的方法并有效实施，达到项目顺利推进、成果有效转化的目的。

首先，在技术研究方面结合外部力量，加强产学研。以项目单位为依托，联合国电南自、华电电科院等科研单位，对原有控制系统进行深入解析，在此基础上提出适应工艺系统的基于国产硬件的优化控制策略，通过仿真模拟、静态试验、动态调整、优化完善的步骤及方法，形成了一套可靠稳定的控制系统解决方案。

其次，在政策方面积极争取国家政策，建立内部机制。一方面项目通过国家能源局首台（套）重大技术装备申报，同时积极与电网、地方政府及集团沟通，争取设备异常情况下的容错考核机制，消除技术人员及项目承担单位的顾虑；另一方面通过内部激励机制，实行奖罚结合、重奖轻罚的原则，对于因技术确有瓶颈、尚待累积验证的错误轻罚或不罚，提高了创新研究实践的积极性。通过鼓励与引导，燃气轮机 TCS 国产化项目研究人员在完成设备基础国产化后，对控制策略进行了深度研究，实现了燃气轮机全过程一键启动、燃烧自动优化、AGC 与一次调频品质提升等功能，降低了发电气耗、提升设备安全性。

最后，在产供协调方面，联络项目合作单位加大研究与生产资金投入力度，确保硬件产品的数量及质量，同时更加注重技术型人才资源投入力度，确保设备及时供货、人员无缝衔接、服务有效保障。乌溪江监控系统国产化项目定期与合作单位进行协调沟通，反馈已改造项目的软硬件故障、提供解决建议方案，并按照进度节点倒排计划，专人负责落实设备供货对接，确保年底前完成所有机组的改造工作。

本项目形成十余项专利授权和标准，获得多项省部及行业级奖励。浙江公司在自

主研发的燃气轮机控制关键技术成果转化过程中，深入分析重大科技成果推广转化面临的技术、政策、产供协调等方面的实际问题并扫除壁垒。技术上联合系统内的科研院所产学研结合；政策和机制上积极利用国家政策和行业机制，并通过建立内部机制，扫除技术人员的顾虑；产能上积极与上下游加强沟通协作，消除产供矛盾。其做法灵活，效果实用，虽未能形成一套成熟机制，但挖掘需求对接、技术创新能力、资源整合、机制改革、专业人才建设、绩效评价等方面的深层症结，并落实解决方案一一突破，形成自主产权并得到推广应用。作为成功试水能源央企重大成果的转化的案例，为日后集团内外的推广打下基础。

四、能源央企科技成果转化趋势研判

（一）能源央企重大成果转化趋势

实现“双碳”目标，是一场“硬仗”“大考”，“十四五”是落实“双碳”目标的关键期、窗口期。在“双碳”目标下，能源转型已趋共识，国家电投、国家能源、华能、华电、大唐等能源央企纷纷制订碳达峰专项行动方案，成立碳中和研究所，组建碳资产交易公司。本轮能源转型必然以新能源与信息技术的融合为主要标志。与电力发展息息相关的新能源开发利用、智能电网、能源互联网等技术伴随深入研究和不断拓展，必将产生一系列重大科技成果。能源转型倒逼体制机制转型和商业模式转型，重大成果转化为导向的创新商业模式是能源央企在当前能源转型宏观背景下的必经之路。因此，能源央企必须以重大创新成果为依托，以价值为导向，积极推进机制改革和商业模式改革，实现科技成果转化和产业化，才在新形势下生存、立足、发展、壮大，以科技成果的推广和产业化争夺行业话语权，增加国际影响力。

（二）建立科技成果转化商业模式的挑战

首先，我国没有专门关于企业知识产权产业化方面的法律规范，仅在部分法律条文涉及国有企业知识产权的处置，但是都仅具原则性，缺乏实操性。因此，相关电力央企在成果转化机制建设可借鉴的范例非常少。其次，由于历史原因，企业中普遍存在科技成果“大而不强、多而不优”“重申请、轻转化”的问题。在科技成果转化方面经验较少，专业化服务能力也明显不足。企业科技成果，尤其围绕重大科技成果市场化产业化，以价值为导向的相关机制体制还未建立健全，相关研究也非常稀少。受绩效体系的影响，国有企业重视专利申请和授权，但不太重视应用，具有产业化、市场化价值的专利屈指可数。因此，电力央企应在专利布局和专利策略上量质并重，顺应时代发展和技术趋势，提升高质量专利产出，建设创新型企业。

五、能源央企重大成果转化商业模式建议

统筹考虑集团公司产业特点、央企体制优势，结合公司实际，围绕重大科技成果转化商业模式方面建议如下。

（一）内设专门机构方面

内设专门的成果转化工作机构，保障创新科技成果转化工作有序开展。原有科研管理部门的制度体系难以满足新的工作要求，直接影响政策落地。内设转化机构主要职责包括制定专利运营战略、管理内部基金、科技成果评估、组织专利技术实施、管理专利实施许可贸易等，从而保障科技成果转化工作的有序开展，使企业慢慢步入“以转化养新研发”的良性循环。

（二）企业内部政策链方面

通过对自身的机制体制改革，打通企业内部政策链。电力央企应当深入研究相关政策，同时借鉴走在成果转化工作前沿的优秀院所和企业的内部相关机制，充分梳理自身优势和人员结构，建立健全科技成果转化配套制度，打通企业内部政策链，从政策上保障工作“做得通、做得顺”，以此激活科研人员创新动力。

（三）人才建设方面

注重技术转移专业人才培养，提升服务水平。成果转化是专业的系统工程，企业要重视专业人才培养，打造一支具有法律、知识产权、商务、技术、金融等知识的复合型人才队伍，夯实成果转化工作，同时鼓励技术转移骨干参加职业培训，取证上岗，以专业服务推动成果转化工作。

（四）创新成果共享数据库方面

打造创新成果库，实现成果共享。统一汇集和展示全系统内的重大创新成果，实现成果共享，唤醒“沉睡”成果，避免重复研发，推动成果转移转化，同时作为集团公司推荐各类国家级奖项的重大成果储备库，以此积极争夺行业话语权，扩大影响力。

（五）产学研深入融合方面

深化联合创新，发展高质量成果。积极利用科技成果转化产业联盟、产学研平台、孵化平台、科技中介等社会力量，广泛吸收高校和各类机构的科技资源，建立常态化的信息渠道和互动机制，立足实际需求挖掘成果，以知识产权价值为导向，加强电力行业知识产权的成果转化。

（六）孵化新公司方面

统筹考虑集团科工和金融等产业，结合公司实际，探索建立创新商业模式。利用好央企的体制优势和科研力量，建立国有企业下属研究院和下属专业公司相互配合的

协同工作机制。直属研究院作为华电集团产学研合作和技术产业化的职能管理部门，主要负责以发明专利为主的技术成果管理，出台成果转化相关制度，制定分级运营策略，同时作为研发人员的助手，致力于搭建外部资源的桥梁，推动以科技转化促进能源技术水平的发展和提高。下属专业公司，发挥其专业优势，充分运用公司机制和体制，整合系统内外科技、人才、资本等资源，面向市场开展专利成果的资本化、市场化运作。企业研究院与专业公司两者相互配合，实现前期成果管理和后期产业化，为成果的顺利转化保驾护航。

（七）科技创新基金方面

适时建立科技创新基金，引导重大创新成果的转化和产业化。适时引进科创基金，主要面向集团公司重大科技创新成果，重点投向技术先进、成长性好的技术领域，鼓励科研团队在技术研发和成果转化上不断突破创新，形成有竞争力的产品和技术。科创基金在初期利用企业内部资本，后期逐渐吸引外部资源，引入市场化管理机制，加快科技产业孵化培育，努力打造华电科技上市公司。

在我国实现“双碳”目标的宏观背景下，实现科技自立自强，更好发挥央企创新主体作用，以重大科技成果转化为导向，建立企业创新商业模式，打通科技成果转化“最后一公里”，对能源央企深化体制改革、进一步健全市场化经营机制、加快建设创新型一流能源企业具有重大意义。本文分析相关制度，研究相关经验，结合公司实际，提出相关建议，以期为能源央企重大成果转化工作供借鉴。

新形势下以融助产探索建立产融结合长效机制

中国华电集团资本控股有限公司

杨叶影　张越昕

随着我国经济迈入高质量发展阶段及金融体制改革不断深化，发展金融产业成为我国大型产业集团的必经之路。不少央企出于自身发展的需要，建立起央企产融结合型金融控股公司，形成“以产业为主、金融为辅”的产融结合格局。

中国华电集团资本控股有限公司（以下简称华电资本）作为中国华电集团有限公司（以下简称华电集团或集团公司）产业金融控股平台，目前具备信托、证券、保理、租赁、保险经纪业务资质，具有探索建立产融结合长效机制的天然优势。

本文主要介绍了目前央企产业金融控股平台的监管要求及现状，分析产融结合产生的动因、模式风险及防范，通过对标上市公司、央企产业金融控股公司产融的代表性企业产融结合的机制建立，并以华电资本产融结合为案例进行深入分析，研究华电资本产融结合的未来发展的机制、方向、路径，最终对集团公司产融结合协同发展提出管理协同机制、资源协同机制两方面的建议。

一、研究背景与研究问题

（一）研究背景

产融结合是我国大型产业的必经之路。随着我国经济进入中高速的高质量发展阶段，发展金融产业成为我国大型产业集团的必经之路。我国大型产业集团拥有雄厚的资金背景和庞大的产业链上下游贸易业务支撑，发展金融产业能帮助产业集团快速拓展金融业务，而金融业务本身具有高利润、资金成本低等特点，是产业集团拓展融资渠道、降低融资成本、隔离产融风险、获得协同效应，提升产业集团整体盈利水平的利器。同时，党的十八大以来，党中央、国务院高度重视金融在经济发展和社会生活中的重要地位和作用，将金融服务实体经济摆在金融三大任务首位。由此，使得我国

近年来涌现出一批产业金融控股公司。

从产融结合发展历程看，监管体系将进一步深化。2017 年前，我国产融结合发展较为缓慢，且金融控股公司监管的重心主要规范金融系的控股公司。国资委 2019、2020 年发文明确了央企金融要“内涵式”发展，提出了“严控增量、优化存量；以融促产、提高质量；分类监管、防范风险”的监管原则。2020 年 9 月人民银行发布《金融控股公司监督管理试行办法》（以下简称《金控办法》），明确产融结合型金融控股公司的界定，在严格限制产融结合型金融控股公司牌照发放的同时，很大程度上规范了产融结合型金融控股公司的发展。金融控股公司设立条件如图 1 所示。

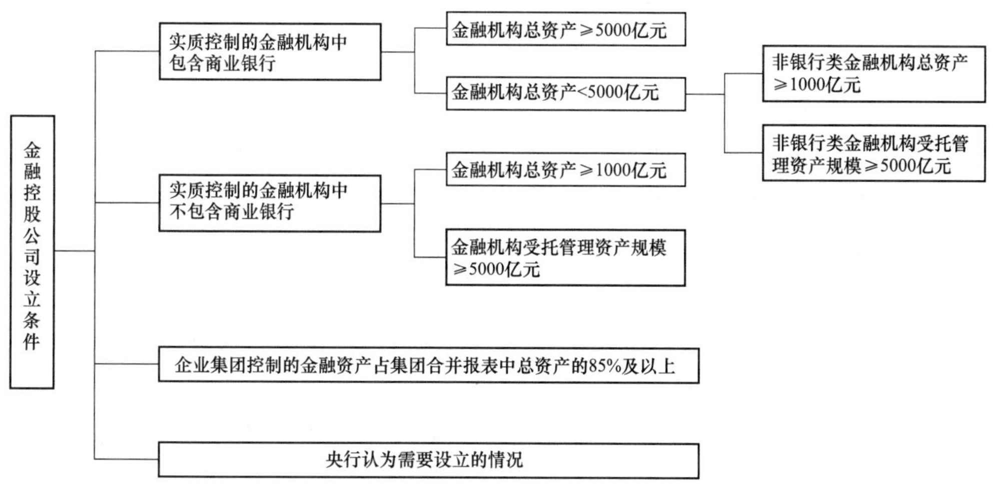

图 1　金融控股公司设立条件

国内央企产融结合已迈入高质量发展阶段。目前我国金融控股公司主要分为两类，而非金融企业控制的金融控股公司被普遍认为是产融结合型金融控股公司，主要分为：国务院批准、地方政府设立、央企控制、民营企业控制以及互联网企业控制的金融控股公司。

“十四五”时期是我国经济结构调整、转型升级、大有可为的重要战略机遇期。由于产融结合具有巨大的优越性，是企业做强做大、提升国际竞争力的必然趋势和必然选择，结合我国金融业务回归实体经济的监管导向，为贯彻落实集团公司金融产业坚持产融结合，提升服务主业、服务实体经济的能力，助推集团公司实施“五三六战略”目标，加快创建具有全球竞争力的世界一流能源企业，客观上需要大力实施产融结合战略。我国金融控股公司分类如图 2 所示。

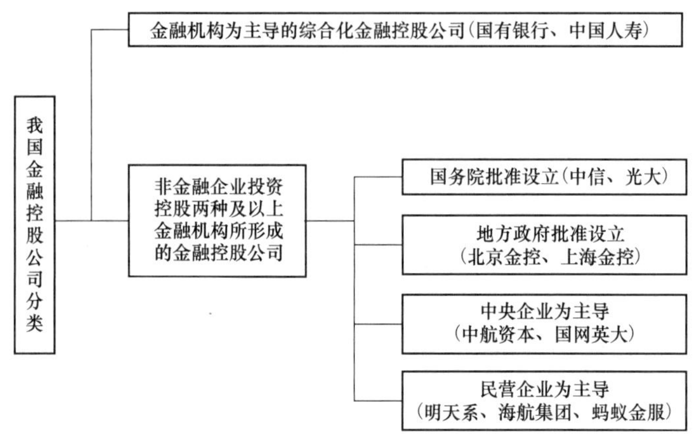

图2　我国金融控股公司分类

（二）研究问题

近年来，我国央企通过加大金融股权资本投入力度，不断加速获取金融牌照，拓宽金融业务门类，布局金融产业，央企集团开展产融结合已是大势所趋。但就目前央企集团参与的财务公司、信托公司、证券公司、融资租赁公司、保险公司等金融板块来看，产业资本与金融资本的协同效应发挥不够完善，忽略了产融结合体制机制建设的作用。

电力行业属于我国重要能源行业，是我国资产密集型行业，具有投资周期长、资金需求量大、供应链上下游贸易较稳定且肩负着重要的社会责任等特点。如何帮助电力行业央企找到合适的产融结合发展模式及协同机制，借助产融结合拓展产业发展瓶颈成为亟待解决的难题。

（三）研究方法及意义

本文通过选取央企金控平台产融结合代表性企业，如中油资本、中航产融、华能资本、华润金控等开展产融结合对标，吸取优秀企业产融结合工作成果，健全产融结合工作机制。推动下属金融机构与集团企业单位协作、沟通交流机制，在机制建立的基础上，加强顶层设计，通过政策支持、考核激励等手段，推动产融结合工作的落实。进一步完善产融结合工作机制，着重产融结合顶层设计、资源配置和考核方面的工作，着重为产融结合工作创造好的环境，解决工作中的突破点和症结点，形成“总部带动、产业互动、同步推动”的产融结合工作体系。

二、产融结合研究综述

（一）产融结合发展的动因

一是产融结合是产业集团实现做强做优做大、高层次发展的需要。发达国家实践

表明，产业集团在大型化过程中不仅需要畅通的投融资渠道，更需要将资本证券化、分散化，在风险和收益之间寻求积极的平衡；而金融企业也需要工商企业的资本参与，以保证其具有更强的竞争力。因此，产融结合既是社会资源达到有效配置的客观要求，更是各类企业做大做强过程中的客观需求。

二是产融结合是产业集团多元化经营、降低经营风险、提升国际竞争力的需要。产业集团运作金融资本，是多元化经营、分散（降低）经营风险的重要举措。通过产业资本和金融资本的业务平台，有效整合产融资源、充分发挥产融协同效应，有利于提升资本运营效率、实现规模经济，进而提升央企国际竞争力。

三是产融结合是集团拓宽投资渠道、实现投资兴业、提升综合盈利能力的需要。金融资本相比产业资本往往具有高收益的特征，通过投资和发展金融业，可以弥补产业资本整体收益不足的短板，培育新的利润增长点，是拓宽投资渠道和提升盈利水平的重要举措。

四是产融结合是集团拓宽融资渠道，以融助产的需要。产业集团通过充分发挥各金融机构的功能和优势，汇聚金融板块业务合力和协同效应，可以更好地拓宽集团的融资渠道，有利于最小化融资成本，降低融资费用，以融助产。

（二）产融结合模式的研究

产融结合的发展模式有两种，一种是产业资本向金融资本的延伸，即工商类企业向金融企业参股，通过控制金融企业从而获取低成本资金；另一种是金融企业投资实业，金融企业通过股权投资成为工商类企业的大股东，利用产业的实体优势，保障金融资本的安全并实现金融资本增值。但由于我国不允许金融企业参股实业，所以我国国有企业的产融结合发展是按照建立财务公司、参股金融机构，设立集团内部金融控股平台这样的发展顺序。

产业金融控股公司模式是我国产融结合发展的最优治理模式。产业集团利用金融控股公司开展产融结合，依靠产业集团上下游产业链的资源优势及自身庞大的资金流优势，将产业集团外部利益内部化，在中国“分业经营、分业管理”的格局下，能够利用“集团控股，联合经营，法人分业，控制风险”，能够有效隔离来自不同业务种类的风险，但同时也增加了产业金融控股公司在组织结构、内部控制、关联交易方面的复杂性，导致产业金融控股公司产生了很多经营风险。目前，产业金融控股公司模式是我国央企普遍运用的产融结合模式。

（三）产融结合风险及防范

产融结合发展模式在实施过程中会遇到很多风险，包括资本安全风险、高财务杠杆风险、内部控制风险等方面。国内外产融结合实践表明，产业资本与金融资本应协调发展，就是金融资本的发展要以集团产业资本的承受力为限，发展产融结合不能超越产业集团承受能力，只有当产业资本与金融资本协同发展时，产业资本与金融资本优势才能充分互补，才能最大限度平抑产业周期风险与金融资本周期风险，才能实现集团整体效益最大化。因此企业在发展产融结合过程中需要充分考虑可能面临的风险，理性地审视自身的发展阶段和特点从而选择适合企业的产融结合发展模式。

三、央企产融结合发展情况介绍

国际上，产融结合包括以摩根财团为代表的“由融而产”和以通用电气为代表“由产而融”两种方式，国内产融结合的发展方式主要是“由产而融”。就目前而言，央企主导的产业金融控股公司是国内产融结合型产业金融控股公司实践中最为成熟和稳定的。

截至 2020 年末，超过 15%的产业型央企已进行了产融结合实践，超过 5 家产业型央企金融控股公司已实现上市。本次研究基于上市公司、央企产业金融控股公司产融代表性企业，综合考虑，最终选取中国石油集团资本股份有限公司（以下简称中油资本）、中航工业产融控股股份有限公司（中航产融）、华能资本服务有限公司（以下简称华能资本）、华润金控投资有限公司（华润金控）作为产融结合标杆对象进行介绍。中油等央企金融控台牌照及业务布局见表 1。

表 1　　中油等央企金融控台牌照及业务布局

对标对象	银行	保险	证券	信托	期货	融资租赁	商业保理	基金	投资公司	财务公司	资产管理
中油资本	昆仑银行	中意财产保险 中石油专属财产保险 昆仑保险				昆仑金融租赁				中油财务	中油资产管理
中航产融			中航证券	中航信托	中航期货	中航租赁			中航投资 中航资本投资 中航航空投资		
华能资本		永诚财险	长城证券	贵诚信托		天成租赁		长城基金	华能投资		碳资产公司
华润金控	华润银行	华润保险经纪		华润信托				元大基金			华润资产

（一）中油资本产融结合

中油资本为中国石油天然气集团公司的金融控股平台，于 2017 年对济南柴油机股份有限公司资产重组后的国内 A 股上市公司。目前有 8 家二级子公司，主要包括中油

财务、昆仑银行、昆仑金融租赁、中油资产管理、中意财产保险、专属保险公司、昆仑保险经纪公司、昆仑信托。中油资本本部主要发挥搭平台、建机制、防风险的思路，在风险管控、推动产融协同、筹融资、指导薪酬分配，战略管理方面对下属企业进行管控。中油资本持有金融牌照情况见表 2。

表 2　　中油资本持有金融牌照情况

子公司名称	业务性质	持股比例（%）
中油财务有限责任公司	金融服务	28
昆仑银行股份有限公司	银行	77
昆仑金融租赁有限责任公司	金融租赁	60
中油资产管理有限公司	资产管理	100
中意财务保险有限责任公司	财产保险	51
中石油专属财产保险股份有限公司	财产保险	40
昆仑保险经纪股份有限公司	保险经纪服务	51
中国石油集团资本（香港）有限公司	—	100

顶层设计方面，中石油集团制定了《集团公司产融结合指导意见》《中油资本融融协同指导意见》，从制度层面明确了“以产促融，以融助产，协同发展”的发展目标、基本原则和具体举措，中油资本依托中石油集团资源获得了广阔发展空间。

工作机制方面，一是中油资本建立金融企业与集团内部成员单位的分区域联络协调机制，成立 8 个区域协调小组，实现产融结合区域协调机制在中国石油集团全覆盖。二是召开产融结合工作月度例会、融融协同座谈会，促进产融结合、融融协同的纵向横向一体化发展；持续加大工作宣传，做好各金融企业信息共享，连续举办综合金融知识培训班，夯实产融结合发展基础；三是出台产融、融融激励措施，完善自上而下考核激励机制；表彰所属金融企业产融结合融融协同先进集体和个人，通过年度《产融结合融融协同案例集》编写，对产融和融融工作实践中的好案例、好成果、好做法进行总结、推广。

业务协同方面，一是建立产融信息对接平台，搭建融融协同平台，加快推出多元化综合金融服务方案；二是推进与专业板块合作，与中油工程、管道、天然气销售三大板块开展的战略合作；三是拓宽金融企业资金渠道，与各大商业银行构建合作共赢的战略合作伙伴关系。

（二）中航产融产融结合

中航产融为中国航空工业集团有限公司（以下简称中航集团）的金融控股平台，

于2021年6月正式由“中航资本”更名为“中航产融”，目前拥有中航投资、新兴产业投资、航空产业投资、中航资本国际、中航资本深圳、中航财务、中航租赁、中航置业8家二级子公司。其中，中航投资拥有5家子公司，分别是中航证券、中航期货、中航信托、哈尔滨泰富和上海鲸骞金融信息服务有限公司，中航租赁和中航证券分别下设多个SPV公司或结构化主体。实行母子公司独立运作、分级授权的管理体系。中航产融总部主要职能是投资和管理，日常管理以资本运作和财务管理为主，主要通过对子公司的资产运营、收益和分配、财务信息披露、风险监管等各个方面进行指导、管理和监督。

中航产融设立之初就担负着发挥产融结合优势、探索航空产业发展模式的重要使命，是中航工业集团乃至国内航空工业重要的金融平台，在这一重要定位下，中航产融在产融结合探索方面一直走在前列。截至2020年末，中航产融主营业务中来自产融结合相关度较高的业务（租赁业务等）占比超过50%。中航产融持有金融牌照情况见表3。

表3　　中航产融持有金融牌照情况

子公司名称	业务性质	持股比例（%）
中航投资	投资	73.5
中航资本投资	投资	100
中航航空投资	投资	100
中航资本国际	投资	100
中航资本深圳	投资	100
中航财务	银行	44.5
中航租赁	租赁	49.7
中航置业	物业	95.45

工作机制方面，中航产融建立了服务通航产业的业务对接机制。一是主动与中航集团主要通航企业接洽，由中航产融牵头，组织中航财务、中航租赁、中航信托、中航证券等成员单位与通航企业开展多种形式的产融交流。二是鼓励成员单位以既有通航产业合作为基础，与对口通航企业机制化对接，目前成立三个服务组，选择九个业务协同试点分支机构。三是进一步促进产业投资协同体系建设，以中航资本产业投资、中航证券等为枢纽，联合相关单位，建立储备项目库，定期召开沟通会，持续提高资源整合能力及投资管理能力。根据通航产业发展区域规划，重点建立和完善为通航产业提供属地化金融服务的业务机制。

组织机构方面，中航产融设立“政府、集团、央企”三个市场开发小组，充实与通航产业关联紧密的业务骨干。

（三）华能资本产融结合

华能资本为中国华能集团有限公司（以下简称华能集团）的金融控股平台，于2017年11月引进战略投资者，转变为股权多元化公司，注册资本金由60亿元增至98亿元。目前控股和管理10余家企业，子公司主要包括长城证券股份有限公司、永诚财产保险股份有限公司、华能贵诚信托有限公司、华能碳资产经营有限公司、华能天成融资租赁有限公司、宝城期货有限责任公司等。华能资本对控管企业的管理以“管资本”为方向，管理重点在于“四个管”：管战略、管考核、管干部以及管风控。在具备有效的风控体系和充分的专业能力的前提下，华能资本得到华能集团的充分授权，并给专业化平台合适的机制和授权。华能资本持有金融牌照情况见表4。

表4　　华能资本持有金融牌照情况

子公司名称	业务性质	持股比例（%）
长城证券	证券	46.38
永诚保险	保险	20
贵诚信托	信托	67.92
碳资产公司	资产管理	60
天成租赁	租赁	39
投资公司	投资	55
云成金服	互联网金融	34
华能景顺罗斯投资基金	私募股权基金	50
华能财务公司	财务公司	4.42

华能资本在产融结合方面目前尚未形成系统的顶层设计。在华能集团层面通过自上而下和自下而上相结合的方式开展产融结合，集团层面指定金融处作为对口办公室牵头，发布季度报告跟踪产融结合工作。

业务协同方面，华能集团系统内部的金融服务通过市场化选聘的方式选取服务企业，华能资本的下属单位与外部金融机构同等竞争，在同等条件下，华能集团优先选用系统内金融服务机构。下属单位从自身效益层面出发来服务集团，双方是共赢的局面，而非任务的下达与完成。

工作机制方面，一是推动建立交流机制。华能资本与华能集团金融处定期对接，统一获得华能集团产融结合的需求，了解华能集团主业的战略部署。组织产融结合研讨会，推动集团各公司之间挖掘产融结合的项目机会，由下属单位和华能集团主业单位点对点对接，开展业务合作。二是定期收集信息、定期评估。按照季度统计产融结合工作，汇总整体的开展情况，编制报告并上报华能集团。三是华能资本将产融结合纳入对下属单位的考核。考核手段上，从定量考核转变为定性评价。过去采用量化指标进行评价，但由于量化指标难以统计、数据难以真实反映下属单位在产融结合中的投入，目前的考核采取定性评价方式，将“支持主业”作为加分项。

组织机构方面，推动控管企业设立。华能资本推动设立华能景顺罗斯投资公司作为私募基金管理平台，专注于新能源和绿色环保产业投资。宝城期货所属宝城物华协助做煤炭库存管理，服务集团的降本增效，协助华能集团熨平电力行业的周期波动。

（四）华润金控产融结合

华润金控为华润（集团）有限公司（以下简称华润集团）的金融控股平台，下属控股的机构有7家，主要有银行、信托、融资租赁、私募不良资产管理公司、融资租赁、私募基金、公募基金。其中银行、信托从产权上由华润集团直管，但归口管理在华润金控。华润金控持有金融牌照情况见表5。

表5　　华润金控持有金融牌照情况

子公司名称	业务性质	持股比例（%）
华润保险经纪	保险经纪	100
华润银行	银行	70.28
华润信托	信托	51
华润资产	资产管理	100
渝康资产	资产管理	54
华润深国投	投资	51
元大基金	基金	24.5

业务协同方面，由于华润集团的其他产业板块都存在独立的上市公司，华润金控与各产业的合作受关联交易限制，目前华润金控基于市场化原则开展相关业务。华润金控主要通过三类金融手段实现产融结合。第一类是提供低成本融资服务，其中包括传统的间接融资（以华润银行为主体，粗略估计目前银行在集团内部的业务占比10%左右）、在华润集团实业领域进行全产业链的金融服务（比较突出的方式为供应链金融）。通过供应链金融服务，实业企业可以在产业链上下游做一些延伸，增强对产业链上下游公司的掌控力；第二种是立足于集团产业转型的需求，协助集团孵化项目，主要通过设立消费、新能源等主题基金实现；第三种是不良资产处置，产业公司的不良

资产及低效资产处置等，通过华润金控所属的华润资产处理。

在融融协同业务推进方面，目前华润金融银行、信托规模较大，公募基金的产品，银行、保险公司会协同购买支持。华润金控层面主要确保业务合规等方面给予处理和支持。

工作机制方面，一是促进金融机构与产业单位沟通交流，由华润金控整体带队，一年组织3～4次，每次一个产业，同时也可以由各个机构独立建立联络，每个机构指定对接人等。二是项目推进和责任下达方面，每年华润金控会组织报送协同计划和重点项目执行情况，在年度协同计划里面选重点项目全力推进。三是考核方面，正向激励为主，重点项目有所突破进行加分奖励。具体操作上，由下属机构提交自评报告和加分建议，通过总办会决策后执行。

融融结合方面，金融板块成立了融融协同领导和工作小组，领导小组人员方面由信托总经理担任，各个机构负责人做主任，工作小组由各个机构委派机构工作人员组成。融融协同工作制定了定期会议机制。年初开展融融协同会议，沟通当年融融工作计划，讨论融融协同工作主要切入点，发起完善当年工作计划；季度经营分析会，会有融融协同的工作成果展示，将各机构融融协同的规模、贡献收益等核心数据进行展示。同时季度融融协同的领导小组进行一些沟通；月度融融协同工作组进行数据统计，以及与集团财务部做一些对接支持。

四、案例分析

（一）华电集团产融结合情况介绍

1. 华电集团产融结合三级管控

中国华电集团有限公司（以下简称华电集团）作为央企五大发电集团之一，目前金融产业主要分为三个层级，第一层级即国务院国资委监管的国有独资特大型中央企业—华电集团本部，华电集团财务资产部主要负责华电集团金融产业的整体发展战略，指导金融产业产融结合整体工作；第二层级即华电集团二级子公司，中国华电集团资本控股有限公司（以下简称华电资本）、中国华电集团财务有限公司（以下简称华电财务）、中国华电海外资产管理有限公司（以下简称华电海外资产）；第三层级即华电资本旗下参控股的三级金融机构及类金融机构。

华电集团有三个二级子公司开展金融业务，具体经营模式为华电资本主要以产业金融控股公司的模式来开展业务，通过实际控制各个金融机构或类金融机构，提高华电集团整体盈利水平；华电财务及华电海外资产主要统一整合和调配华电集团境内外资金，形成内部资金市场。

因此，华电集团产融结合的重要主体为华电资本，本文着重以华电资本为例进行产融结合相关内容分析。

目前华电资本已经建立初步的金融运作平台架构，控股华鑫信托、华信保险经纪、川财证券、参股华电财务、建信基金、永诚财险，代华电集团管理华电保理、华电资管及子公司华电租赁、参股华电金泰基金。华电资本持有金融牌照情况见表6。

表6　　华电资本持有金融牌照情况

控制类型	子公司名称	业务性质	持股比例
控股	华鑫信托	信托	69.84%
	川财证券	证券	41.81%
	华信保险经纪	保险经纪	100%
	华电租赁（代管）	融资租赁	华电资管持股 55.01%
	华电资管	资产管理	华电集团持股 100%
	华电保理	保理	华电集团持股 100%
参股	永诚财险	保险	7.6%
	建信基金	基金	10%
	华电财务	财务公司	23.541%
	华电金泰基金（代管）	私募股权基金	华电资管持股 49%

2. 华电资本提供的产融结合服务

华电资本按照华电集团金融产业战略部署，坚持“深化产融结合，提高服务主业、服务实体经济的能力”的产业金融定位，为华电集团主业单位提供各项金融服务。

华电资本本部：整体协调产融结合业务，并具体提供产权交易服务。

华鑫信托：提供信托贷款通道服务、资产证券化业务等。

川财证券：提供债券承销、研究咨询等服务，为系统职工提供优惠的券商经纪业务服务。

华信保险经纪：提供统保、续保、理赔服务，为系统职工提供互联网保险、团体寿险等“幸福华电”平台服务。

华电租赁：以直租或售后回租等方式提供长期资金，探索股权基金与租赁结合的产融结合业务新模式。

华电保理：提供电煤保理、同时降低吨煤采购成本，其他应付款保理、应收账款（如：应收电费、应收热费、可再生能源补贴等）保理。

金泰基金：提供基金形式的项目投资控股渠道，提供创新型并表合伙企业资产支

持票据发行服务。

华电资管：目前不具体开展产融结合业务。

（二）产融结合机制建设

顶层设计方面，华电集团2019年出台《关于全面深化产融结合促进集团公司高质量发展的指导意见》（以下简称《华电集团产融结合指导意见》），一是明确华电集团产融结合五大平台，即以境内财务公司和境外海外资产公司为依托的资金管理平台；以传统信贷为基础、多种融资为补充的多元化融资平台；以保险经纪公司为支撑的保险服务平台；通过财务公司、信托、证券等机构提供咨询、顾问、资本运作服务的金融中介平台；面向系统内员工提供定制化金融产品的“幸福华电”平台。二是建立产融结合会议制度。原则上每半年由华电集团财务资产部组织召开一次产融结合推进会，总结和系统评估产融结合推进情况。三是建立产融结合业务清单制管理机制。按照华电集团产融结合五大平台框架，按年度制定各金融机构产融结合业务清单，明确业务内容及目标。

华电资本坚持将产融结合作为高质量发展的规划布局方向。资本控股以华电集团“十四五”规划的“5318”战略目标为引领，落实“助力集团能源产业发展，创造更大社会经济价值”的公司使命，加快建设一流产业金融集团，以高质量党建引领高质量发展，实施“四化（集团化管控、专业化发展、市场化运作、精益化管理）、三型（服务型、价值型、稳健型）、创一流（具有能源特色的一流产业金融集团）”的总体发展战略，确定了“十四五”期间“产融结合规模达到1000亿元，其中为主业提供资金支持规模不低于300亿元”的战略目标，并将产融结合规划目标按年度分解到各机构。

工作机制方面，一是建立年度任务目标机制。华电资本按照《华电集团产融结合指导意见》按年度制定工作方案及工作清单，明确各年度各机构产融结合重点任务及工作方向；二是建立业务信息报告机制。加强产融结合业务运行情况的跟踪监测，定期对产融结合完成情况进行督导和通报；三是建立沟通交流机制。通过产融结合推介会、研讨会等形式，共同赴主业单位进行业务推介，带动各机构协同发展；四是加强监督考核。下达各机构服务产业任务目标，将产融结合指标完成情况纳入各所属机构2021年绩效考核。

（三）产融结合成果

《华电集团产融结合指导意见》出台以来，华电资本持续推进产融结合四大平台[1]建设。多元化融资平台为主业提供资金持续增长，2018—2020年累计为系统内企业

[1] 华电集团产融结合平台共“五大平台”，其中“资金管理平台”主要指华电财务公司涉及的业务，此处为华电资本及各所属机构涉及的产融结合“四大平台”业务。

提供融资支持达710亿元左右；保险服务平台服务质量不断提升，2020年末财产险统保资产规模达到6600余亿元，保险费率不断降低，“十三五”期间累计为集团企业节约保费支出6.54亿元，累计结案4979起，索赔金额8亿元。金融中介平台服务能力持续加强，华电资本本部产权经纪平台，“十三五”期间累计代理完成各类资产交易（股权、资产、增资）160余宗，成交金额超过140亿元，实现国有资产增值近5亿元（成交金额减去挂牌金额），尤其在关停机组处置方面，“十三五”期间处置各类关停机组39台，容量437万kW，成交金额5.9亿元，产生增值1.8亿元，在五大发电集团处于标杆前列。川财证券通过资产重组、定向增发、公司债等多种投行业务，以及研究咨询业务等方面，充分发挥投研优势为集团提供金融服务。“幸福华电”平台持续面向系统内员工提供定制化金融产品和保障服务。华信保险经纪互联网保险平台“华信e保”于2017年顺利上线，成功推出“度度关爱”产品及绿色就医通道。2020年底“华电e宝”微信公众号上线，整合资本控股所属各机构为系统内员工提供财富管理、风险保障、医疗健康、品质生活和扶贫互助服务。

五、产融结合协同发展长效机制建议

华电集团建立华电资本发展金融产业已有十余年，通过对标中油资本、中航产融、华能资本、华润金控等产融结合度较高的标志性企业，评估得出大型央企的产融结合机制仍在探索中，有待在产业金融控股平台层面建立对产业集团公司、对下属金融机构的产融结合机制，如何更高效地促进产融结合任务快速落地仍有待探索。本文认为华电资本在未来产融结合及时方面，仍有需要改进的地方。

（一）管理协同机制

一是健全产融结合责任机制。思想是行动的先导，强化产融结合工作责任意识是关键。应进一步提高政治站位，从国资委监管要求、华电集团发展战略全局的高度深刻认识和理解产融结合是中央企业发展金融的立身之本；进一步加强产融结合工作的领导和组织，明确责任分工、逐级分解任务，与日常经营管理有机结合，着力构建“主要领导主抓、专业团队运作、定制业务对接、专项考核保障”的金融服务体系，确保各项工作有序开展。

二是完善产融结合战略协同机制。央企集团应当在基于价值创造目标下选择适合自己的产融结合发展模式，并且根据环境变化不断进行模式调整和创新。具体来看，应重点考虑如何在企业战略发展中定位金融业、如何配置金融业务与主业部分资源，逐步使金融业务成为集团电力产业发展的有效延伸，为集团提供资金、利润的有效支撑。要加强专业化团队建设，在管理和产品上不断创新，形成特色，培育核心竞争力，

扩大市场影响力，树立华电金融产业的品牌形象，提升产业内在价值。集团公司需做好顶层设计，通过长期战略的安排，消除各子公司间追逐各自短期利益的可能，协同产业及金融两种不同类型的资本在同一目标下共同发展。

三是完善产业金融控股平台管控模式。按照华电集团“总部抓总、平台做实、机构强基”的管控架构，进一步优化三级管控，强化、做实华电集团金融管控平台，在华电资本层面建立强有力的华电金融管控文化和氛围。持续优化与各机构之间的管控界面。紧紧围绕集团金融产业定位和战略，进一步强化金融平台管控功能，着重在战略管控、平台拓展、风险管控、激发平台和机构活力动力方面下功夫，将体系建设优势逐步转化为发展和竞争优势，推动资本控股战略实施。进一步推动金融改革走深走实。按照国资委关于央企金融发展要求，进一步深化金融改革，完善顶层设计，为集团公司健全多层次、多元化、功能齐备的产业金融体系，搭建更加有力、有效的金融安全体系提供支撑。

四是建立产融结合风险防范体系。建立从华电集团到金融子公司的多层次风险防控体系，同时培育风险管理文化，充分认识产融结合风险防控工作的重要意义，切实构建产融结合风险防范的长效机制。集团主业要严格执行集团各项制度规定，通过完善决策程序、健全内控制度、规范关联交易、定期评估风险等手段，及时防范和化解潜在风险。各金融机构要严格遵守国家有关法律法规和金融监管要求，健全合规管理体系，明确责任部门和人员。防止金融与产业风险的双重叠加，严控产融结合业务风险。

五是增强金融产业资本实力。通过对金融子公司增资、积极寻找引入战略投资者等方式增强金融产业的资本实力，提升金融板块整体市场竞争力。

（二）资源协同机制

一是完善人才管理制度。由于金融业属于人力资本、资金资本高度密集的行业，因此需要积极培养和吸纳复合型人才的支持来保证产融结合的进度和效率。一方面，需要对国资监管政策、能源行业、华电产业深入研究的产业人才，摸清家底，了解主业需求和痛点；另一方面，需要了解金融监管导向，具备相关金融专业的金融人才，进一步加强服务和产品创新。华电集团在产融一体化过程中，应当既要培养产融一体化高端人才，即懂产业、会金融的管理决策层，还要培养金融业务操作技能人才，并建立符合金融市场要求的激励约束机制支持金融日常业务开展。

二是明确资源配置方向。华电系统各单位要由侧重局部经济效益向更加注重集团综合效益转变，服从服务于集团整体战略。从集团整体利益最大化角度出发，同等条件下优先选择与内部金融机构合作，把握结合度，助力集团公司提质增效。华电资本应统筹做好集团公司对于各机构资源投入的优化配置和各机构发展层面的业态整合，围绕集团公司上下游产业链整合各机构客户资源、销售渠道、研发力量，面向内、外部客户提供多层次、综合化、一站式的“综合金融服务”，积极打造和培育具有能源特色的华电金融品牌，形成统一的金融形象和品牌特色，提升华电金融市场地位，实现产融协同效应和规模经济。

三是建立协调机制。通过组织研讨会、推进会、交流会等形式，全面总结和通报产融结合推进情况，协调解决工作推进中的各类问题。金融机构应树立市场意识和营销理念，增强服务主动性，指定专人加强与集团相关管理部门的沟通联络，及时取得政策导向和项目信息，掌握中长期规划、投融资计划、资本运作和经营发展重点任务，使产融结合始终紧扣中心，服务大局。同时，积极主动做好系统内企业营销工作。产融结合不能简单依靠行政推广、坐等项目上门，应积极与市场化金融机构展开竞争，迅速转变思维，以营销外部市场的力度来经营系统内市场，对项目要一抓到底，对客户要关怀备至，采取多种形式，深挖服务需求，维系客户关系，做深、做精、做细内部市场。

四是调整监督考核。完善考核体系，将产融结合开展情况同步纳入集团主业和金融产业的考核内容。鼓励市场化开展产融结合业务，引导集团主业主动运用金融手段提高发展质量，对系统内产融结合成效显著、取得突破等情形，在考核利润认定上对集团主业和金融机构予以正向调整。

关于集团公司产业金融平台高质量发展的研究

中国华电集团有限公司财务资产部

曾龙平　吴学超　管庆佳　张　刚　周　进

陈　雳　黄建凯　郑　江　王雨雷

习近平总书记指出，“金融活，经济活；经济兴，金融兴；经济是肌体，金融是血脉，两者共生共荣”。党的十八大以来，习近平总书记站在党和国家事业发展全局的高度，对金融工作作出一系列重要论述，明确了金融的地位、作用、任务。国有企业是中国特色社会主义的重要物质基础和政治基础，具有央企背景的产业金融集团作为企业的重要战略组成，其发展质量对于服务构建新发展格局、落实好“服务实体经济、防范化解金融风险、深化金融改革”三项任务、助力央企“创一流”至关重要。

近年来，随着金融行业步伐的加快，以及社会对金融需求更趋多元化和个性化，监管层对金融业务创新逐渐放开，具有全产业链金融模式的产业金融集团应运而生并不断发展壮大。目前，我国金融控股集团主要分为非银金融控股的金融集团（如中信集团、光大集团和平安集团等）、产业资本控股的产业金融平台（如招商局集团、中航资本、国网英大等）、银行系的金融控股平台和地方政府组建的国有资产投资平台（中行、建行、浙江金控、山西金控等），以及以互联网企业为代表的新兴金融控股集团也已开始崭露头角。

2017 年，集团公司全面实施金融改革，明确资本控股为集团公司统一的金融运作平台[1]，即集团公司的产业金融平台，属于产业资本控股的金融平台范畴。目前，集团公司产业金融平台旗下已拥有信托、证券、保险经纪、融资租赁、商业保理、私募股权基金等金融和类金融牌照，门类多样化、功能多元化的金融布局基本形成。

---

[1] 集团公司深化金融改革方案明确打造统一的金融运作平台。

一、研究背景

（一）构建新发展格局迫切需要金融高质量发展

从国际经验看，美英等西方金融强国都曾经通过现代商业银行和现代资本市场的创新和发展，成功地服务了第一次到第三次工业革命，为实体经济的创新发展提供了良好的金融支撑。在构建新发展格局的过程中，金融作为宏观调控和资源配置的重要工具，是不可替代的关键要素。当前，我国的银行体系、信贷市场规模、外汇储备规模全球第一，股票、债券、保险市场规模位居全球第二，以“供给与需求相互适应、区域与城乡之间相互协调、国内国际双循环相互促进”为必要条件的经济大循环，对金融高质量发展提出了新的更高要求。积极构建现代金融体系，发挥金融供给侧结构性改革作用，通过健全结构性货币政策工具体系，发展多层次资本市场，特别是培育壮大与科技创新相适应的股权投资和证券市场，有利于进一步提高金融服务实体经济的效率和质量。聚焦生产、分配、流通、消费各环节循环畅通，通过科技赋能大力发展供应链金融，从供需两端做好消费金融等服务，拓展消费场景，优化金融服务新模式新生态，有利于推动产业链供应链优化升级，实现从科技驱动到现代金融，再到实体经济的良性循环。以更高水平金融开放参与全球金融治理，稳步推进人民币国际化，保持金融稳定，有利于推动形成互利共赢局面，为我国经济发展提供更广阔空间和有力保障。

（二）做强做优做大国有资本迫切需要金融高质量发展

我国“十四五”规划和2035年远景目标纲要指出，要做强做优做大国有资本。不论是建立健全绿色低碳循环发展经济体系，还是加快国有经济布局优化和结构调整，都需要完备的现代金融体系。对于非金融国有企业而言，推动产业金融集团高质量发展，是做强做优做大国有资本的重要支撑。产业金融集团通过发挥其集团金融、产业金融以及综合金融多重属性，能够对接企业战略，引导优质金融资源再重组、再配置、再优化，助力提升企业资源配置效率，为股东实现可持续的效益贡献和稳健的风控支撑。能够有力促进产业协同，围绕集团其他产业在市场开拓、资本运作、成本控制、结构优化等方面需求，提供融资、租赁、资管、保险等多元化、综合化金融服务，以国有资本撬动社会资本，推动产业转型升级。同时，在国有资本布局中，需要确保国有金融资本在金融领域的主导地位，尤其是在关系金融安全稳定、在区域或行业有影响力的领域中，必须保持控制力与主导地位。

（三）集团公司“塑优势、创一流”迫切需要金融高质量发展

随着“四个革命、一个合作”能源安全新战略的深入推进，以及“碳达峰、碳

中和”目标的明确提出，在集团公司打造提质增效升级版、全力推进绿色转型、不断强化资本运营中，更加迫切需要金融这个“血脉”保持畅通和活力。只有实现产业金融集团的高质量发展，才能更好地引领金融产业做强做大做优，才能更好地发挥金融专业优势做好业务层面的经营融合，针对系统成员单位绿色发展、债券承销、市值管理、保险统保管理、产业链金融等金融需求，从单项金融支撑向多层次、综合化、一站式金融服务支撑转变。做好集团层面的金融协同，围绕党中央、国务院决策部署和集团公司发展战略，通过主动对接资本市场，协助主业多元化低成本融资，加大以战略投资者、产业基金为代表的社会资本引入力度，在并购重组、科技创新、国企混改等方面发挥积极重要作用。做好发展层面的生态营造，打造具有能源特色的华电金融品牌，树立良好的企业形象，为集团发展积极营造良好的金融环境。

二、面临的形势

（一）金融行业发展面临的新形势新趋势

当前，世界正经历百年未有之大变局，新冠肺炎疫情全球蔓延致使大变局加速演进。国际形势更趋错综复杂，国际政治格局深刻转变，发达经济体主导的全球治理体系面临重构，不稳定性不确定性明显增强。后疫情时代宏观经济和金融治理挑战进一步加大，世界经济格局“东升西降”，新技术发展加速重塑国际产业分工格局。金融风险持续积聚，金融市场波动加剧，新一轮宽松货币政策推高全球债务水平，低利率、负利率或成为常态。进入新发展阶段，我国经济稳中向好、长期向好的基本面没有变，发展仍处于重要战略机遇期。从金融业看，金融业供给侧结构性改革不断深入推进，金融机构将更注重回归服务实体经济本质和差异化发展，形成多层次、广覆盖、高度适应的金融体系。融资结构将更加优化，直接融资占比上升，普惠、绿色、双创等领域的金融短板将得到补齐，数字化转型背景下金融行业新业态新场景将不断涌现。我国多层次资本市场体系日趋完善，出台新证券法、设立北交所，实施深交所主板和中小板合并、创业板试点注册制，持续改革、开放、规范的资本市场将为资本运作提供更加广阔的空间。但国际金融市场波动对我国的影响加大，房地产泡沫、地方政府债务、非法集资等领域风险长期积聚，特别是疫情影响造成企业信用风险上升、不良贷款攀升、信用债违约现象突出，系统性金融风险防范压力加大。经济下行、监管趋严、风险加剧是金融未来发展必须正视和面临的挑战。

（二）金融产业发展面临的新定位新任务

集团公司金融产业既属于国有资产范畴，又兼顾具有金融特征，这就决定了央企金融发展既要符合国有资产管理要求，又要遵循金融发展规律。近年来，国资委持续加强中央企业金融监管，对于央企金融“突出主业、以融促产”的内涵式发展定位更加明确。2019、2020年相继出台《关于加强中央企业金融业务管理和风险防范的指导意见》（国资发资本规〔2019〕25号）和《中央企业金融业务监管工作规则（试行）》（国资厅发资本〔2020〕27号），提出了央企发展金融“严控增量、优化存量；以融促产、提高质量；分类监管、防范风险”的监管原则，旨在严格控制新增与主业业务关联度不高的金融牌照，支持央企现有市场化业务程度高、与集团主业关联度不大的金融机构走内涵式发展之路。鼓励发展与主业业务密切关联、产融结合的非持牌类金融牌照。回归本源是央企发展金融的根本所在，防范风险是央企发展金融的底线所在，深化改革是央企发展金融的动力所在。现阶段，集团公司金融产业要大力发展绿色金融服务主业发展，将防止发生系统性金融风险作为金融工作的永恒主题，进一步用好用活用足改革红利，激发内生动力和企业活力，不断开创央企金融工作新局面。

（三）产业金融集团发展面临的新机遇新挑战

从发展实践看，实体企业在完成资本原始积累后，扩大发展规模及多元化经营的需要促进了金融与实体资本的相互渗透，并将不断加深。近年来，央企金融产业发展迅猛，多数央企纷纷打造产业金融集团，并通过其控股银行、证券、保险、信托、期货、公募基金等金融机构，还有其他非持牌金融机构，如私募基金、融资租赁等。2020年9月，依据《国务院关于实施金融控股公司准入管理的决定》，央行出台《金融控股公司监督管理试行办法》，细化了金融控股公司准入的条件和程序，对股东资质条件、资金来源和运用、资本充足性要求等关键环节提出了监管要求，穿透式监管将覆盖金融控股行业，产业金融集团规范发展迎来新的机遇期。与此同时，近年来金融监管呈现“严监管、控风险”的监管趋势，监管部门着力构建以“净资本”为核心的监管体系并完善配套政策，对金融机构的控股股东、主要股东的规范治理、资本规模、经营业绩等方面提出了更为严格的准入门槛和治理要求。《关于加强非金融企业投资金融机构监管的指导意见》对产业资本投资金融机构提出了具体要求；《信托公司资金信托管理暂行办法》对业务规模与净资产直接挂钩、提高标准化业务占比提出了明确要求；《融资租赁公司监督管理暂行办法》中规定限制单一客户融资余额不超过净资产的30%、单一集团融资余额不超过净资产的50%等；《证券期货经营机构私募资产管理业务管理办法》等制度对证券公司资管业务去通道、限嵌套，积极向主动管理转型提出了具体要求等。更好地适应和满足监管政策要求，引领、指导和推动所属金融机构实现高质量发展，是产业金融集团必须正视和面对的挑战。

三、集团公司产业金融平台高质量发展路径

总体目标："十四五"期间，以集团公司"五三六战略"为引领、"5318"发展目标为指导，践行"助力集团能源产业发展，创造更大社会经济价值"的公司使命，实施好"四化、三型、创一流"的战略构想。即"十四五"期间，将资本控股创建成为集团化管控、专业化发展、市场化运作、精益化管理，服务型、价值型、稳健型，具有能源特色的一流产业金融集团。

（一）实现党的领导和公司治理相统一，厚植高质量发展内力

习近平总书记强调，坚持党对国有企业的领导是重大政治原则，必须一以贯之；建立现代企业制度是国有企业改革的方向，也必须一以贯之。国有企业是党领导的国家治理体系的重要组成部分，作为央企产业金融集团，要深刻理解和始终坚持两个"一以贯之"，建设中国特色现代国有企业制度。坚持党的领导、加强党的建设，特别要加强党对经济工作的集中统一领导，将党的领导融入公司治理各环节。把握金融发展规律和特征，积极培育金融党建特色，推动党的建设与企业改革发展同频共振、深入融合，将党的政治优势、组织优势转化为企业的竞争优势、发展优势。全面落实《关于中央企业在完善公司治理中加强党的领导的意见》，全面完成"党建入章"，全面推行党委及所属机构党支部书记、董事长"一肩挑"，全面做到公司党委对重大经营管理事项前置把关的制度机制，确保公司党委把方向、管大局、促落实的作用充分发挥。持续推进企业治理体系和治理能力现代化，以国企改革三年行动为契机，进一步优化法人治理结构，不断健全完善权责法定、权责透明、协调运转、有效制衡的公司治理机制。推进董事会建设，落实好董事会职权，健全外部董事选聘和管理制度，按照董事会定战略、作决策、防风险和经理层谋经营、抓落实、强管理的职责定位，积极构建权责明晰、运转顺畅的决策体系，确保各治理主体不缺位、不越位，不相互替代、不各自为政。进一步优化集团公司、资本控股和金融机构的治理管控界面，健全监管架构体系，完善金融产业治理权责边界和议事规则，提高产业治理能力和监管效能。

（二）实现集团战略和金融战略相协同，保持高质量发展定力

坚持系统思维、辩证思维和战略思维，将产业金融集团高质量发展置身于"两个大局"和"两个市场"中统筹谋划，置身于集团公司产业协同中统筹推进，置身于集团金融、产业金融和综合金融多重属性中统筹发力。在做好"十三五"战略规划及金融改革"回头看"的前提下，把握立足新发展阶段、贯彻新发展理念、构建新发展格局的历史机遇，制定并完善与集团战略相适应的"十四五"发展规划，同步做好中长期发展规划纲要的滚动调整，发挥好金融优势、扮演好金融角色、绘制好金融蓝图，

到“十四五”期末实现“2211”发展目标。即到2025年，管理资产规模翻一番达到2020年的2倍，净利润翻一番达到2020年的2倍，产融结合规模达到1000亿元，ROE保持在10%以上。以“一核两翼两平台”为具体路径，即以各机构现有业务为“一核”，发挥金融牌照和机构优势，着力提升现有业务的市场竞争力与行业地位，使之成为公司实现跨越式发展的“压舱石”和“稳定器”。以投资管理、投资银行业务构成“两翼”，一方面以新能源产业为主的投资管理业务，发挥股东背景优势，积极参与“双碳”项目，获取长期稳定的投资收益和资产管理收益。另一方面以能源资产为主的投资银行业务，构建基于产融结合的一流创新能力，创新满足市场需求的金融产品，获取增值金融服务收益。进一步打造以华电财富品牌支撑的销售“平台”和以金融科技赋能的数字化支撑“平台”。指导所属金融机构进一步完善自身的“十四五”规划目标并做好细化分解。一是结合“ROE保持在10%以上”提出净资产收益率、行业评级、重要业务行业排名等“做强”目标；二是结合“产融结合规模1000亿”提出品牌建设、以融促产、风控管理及可持续发展等“做优”目标；三是结合“管理资产规模及净利润均达到2020年的2倍”提出管理资产规模、净资产规模、净利润等“做大”目标。

（三）实现服务主业和价值提升相促进，增强高质量发展动力

抓牢融合链，着力打造服务型产业金融集团。进一步强化融合意识，回归金融服务产业的本源，坚持金融发展定位，以融促产，以融强产。密切跟进宏观经济金融形势及监管要求，紧密围绕绿色金融，坚持在“产品、服务、考核”三个体系建设上同向发力，在“创新业务类型、优化融合模式”上下功夫、在“拓展广度深度、发挥协同优势”上做文章，在“完善指标体系、加大考核力度”上见实效。持续推动签署合作协议的试点单位产融结合举措落地，主动作为积极争取集团公司相关政策的支持，积极推广具备模块化特征的产融结合业务，精准助力集团公司绿色转型、融资优化、资本运作和深化改革。不断拓展产融结合的内涵，在服务更广范围的实体经济上多做探索，更加注重金融与科技的深度融合，加快培养专业化、复合型的产融结合新队伍。

聚焦价值链，着力打造价值型产业金融集团。资本控股本部适度提升权益投资占比，加大标准化资产投资力度，积极发展新能源及其产业链的投资和投行业务，持续提高投资收益水平。华鑫信托继续做大信托基本盘，提升投资回报率，推动创新业务开展。华信保险做优统保服务，提升系统各单位保险理赔服务质量和效率，积极开拓非统保业务，加大“华电e宝”幸福华电平台和人寿险业务推广力度，拓展效益增长点。川财证券尽最大努力协调解决股权争议，着力化解当前法人治理结构困局，做大经纪和投行业务规模，做优自营和资管业务质量，在各区域公司及四川省内主动寻求创效机会。华电租赁在新能源领域做精租赁业务、做大业务规模，寻找集团公司内业

务缝隙，扩大直租通道、电子银承等业务规模，扎实推进债券融资。华电保理加强保理业务顶层设计，持续推进电煤保理、华电E信、应收电费（热费）三大业务拓展。金泰基金围绕“双碳”目标推动基金业务拓展，多措并举加快各类新能源产业基金的设立，持续推动创新型ABN业务发展，探索基础设施REITs等业务落地。以对标管理为手段，强化对标成果运用，苦练内功、深耕能力，开拓一批具有鲜明能源特征的金融创新业务，打造一批能打胜仗的专业业务团队，选树一批达到行业或央企同业领先的明星机构，让华电金融品牌更具经济价值和行业竞争力，成为集团公司打造提质增效升级稳定、可靠、持久的重要支撑。

守好安全链，着力打造稳健型产业金融集团。把金融安全放在一切工作的首位。平衡好稳增长和控风险的关系，时刻保持风险意识，始终做到居安思危、如履薄冰，充分认识当前金融风险的长期性和复杂性，努力提升应对市场变化、防范化解金融风险的前瞻性和主动性。完善投资业务准入和风控标准并予以制度固化，建立健全风险预警机制，前置做好投资风险评估，定期开展投后管理检查并实施投后管理评价。强化所属机构风险管控，健全风险管理体系，紧盯重点领域业务风险并持续开展专项排查，做好所属金融机构内控评价，引导建立稳健审慎的风险偏好和先进的风险文化。狠抓风险项目化解，实施“一户一策”风控策略，加大风险化解督导和不良资产清收力度，为巩固风险管控成效、提升经营业绩提供有力支撑，坚决守住不发生系统性风险的底线。

（四）实现资本运作和资源配置相匹配，释放高质量发展潜力

坚持金融经营和资本运作双轮驱动，把握构建多层次资本市场机遇，加快扩大金融“朋友圈”，讲述好华电金融故事。在保证集团公司对存量金融机构控股地位的前提下，积极引入注重价值投资、资本实力雄厚、管理经验丰富的战略投资者，拓展资金渠道和客户资源支撑转型，促进国有企业转换经营机制，放大国有资本功能，不断提升市场影响力。主动对接资本市场，坚定不移推进产业金融集团重组上市，多层次多方式开展股本融资，进一步拓展融资手段和降低杠杆率，具备条件时积极争取金控公司资质申请。根据金融发展战略，匹配资本运作成果，持续提高资源配置和运行效率。做好集团资本和外部社会资本的统筹运用，对标行业领先的企业，不断增强资本控股所属华鑫信托、融资租赁、华电保理等金融机构的资本金，以资本实力的不断提升推动业务规模增长、风控能力增强。加快解决川财证券股权争议问题，着力破除发展制约，为后续增资和业务开展创造条件。完善股权管理机制，稳步推进与集团主业高度相关、符合管理要求的增量金融牌照获取，不断优化存量金融股权结构，着力打造发展优势、竞争优势和价值优势。

（五）实现深化改革和科技赋能相同步，激发高质量发展活力

坚持市场化方向全面深化金融改革，鼓励资本控股所属机构在改革中因地制宜、先行先试、作出示范，抓重点、补短板、强弱项，进一步激发金融活力。以实施国企改革三年行动方案为契机，持续健全完善市场化经营机制，切实深化内部人事、劳动、分配三项制度改革。实施职业经理人制度，明确各管理主体的权利和责任，健全市场化机构岗位聘任、任期协议及配套薪酬和考核机制。建立人力资源考评信息系统，进一步优化考核工作流程、提高工作效率。深入贯彻新时代党的组织路线，对照习近平总书记提出的国有企业领导人员“20字”要求和“48字”新要求，积极推动“专业化机构+专业化团队”建设，让对的人在对的位置上干对的事，坚持以人为本，着力提升“七种能力”，“内培外引”双管齐下，打造一支忠诚干净担当、敢想善干有为的高素质专业化干部队伍。积极营造“想干事、能干事、干成事”的良好氛围。抢占数字化时代全球金融创新和金融竞争的制高点，加快金融与科技的深度融合。建立数字新链接，构建产业金融集团数字化转型基础底座，助力平台管理及金融交易。通过新技术完善科技金融服务体系，培育数字化金融服务新业态。提供协同新服务，依靠金融科技进一步加大金融产品、金融服务及金融管理的创新力度，抢占市场资源、提高管控效率、降低经营成本。打造共享新平台，注重数据资源，积极搭建产业金融集团内部投融资源、客户资源、业务资源、研发资源配置高效的资源共享平台，不断展现科技赋能金融价值。

四、结语

进入新发展阶段，实现集团公司产业金融平台高质量发展，是金融产业的初心使命，对于集团公司发挥国有企业“六个力量”作用，实现“十四五”战略规划目标具有重要意义。资本控股将坚持以习近平新时代中国特色社会主义思想为指导，坚决贯彻落实习近平总书记重要指示批示精神和党中央、国务院决策部署，以及集团公司工作要求，以行动践行初心、用担当诠释使命，全面开启高质量发展新征程。

煤炭产业采制化现状和智能化发展探索研究

中国华电集团有限公司煤炭产业部、华电电力科学研究院有限公司

王秀林　董建立　杨圣彬　包　军　高　为

我国有着较为丰富的煤炭储量，同时煤炭能源在我国各类能源消耗中占比超过60%，是我国主要的能源供给途径。煤炭行业作为我国重要的传统能源行业，是我国国民经济的重要组成部分，其智能化建设直接关系我国国民经济和社会智能化的进程。煤矿智能化是煤炭工业高质量发展的核心技术支撑，将人工智能、工业物联网、云计算、大数据、机器人、智能装备等与现代煤炭开发、检测、洗选深度融合，形成全面感知、实时互联、分析决策、自主学习、动态预测、协同控制的智能系统，实现煤矿开拓、采掘（剥）、运输、通风、洗选、检验、安全保障、经营管理等过程的智能化运行，对于提升煤矿安全生产水平、保障煤炭稳定供应、提升煤炭质量管理具有重要意义。

煤矿智能化建设是一个多系统、多层次、多领域相互匹配融合的复杂系统工程。煤矿智能化建设基于“全局优化、区域分级、多点协同”控制模式，以先进、智能、高可靠性的生产装备为基础，以泛在网络和大数据云平台为主要支撑，依托前沿技术实现产业赋能升级，建设“运营一大脑，矿山一张网，数据一片云，资源一视图”和智能应用系统，形成智能化煤矿综合生态圈。

一、项目研究背景

近年来，各种替代能源的出现，使得我国的能源结构发生了极大的变化。虽然，煤炭依旧是我国能源结构的一部分，但是其所占比重正在逐渐下降，国家政策和市场的变化客观上要求煤炭企业也进行改变，以适应当前社会的发展。同时国家经济结构调整，能源结构逐渐变好，国家注重环境保护，提倡绿色可持续发展，煤炭的供需方面也出现矛盾。尤其是我国提出的碳达峰、碳中和目标的重要战略决策，不仅是技术

问题，单一的能源、气候、环境问题，而是一个影响广泛和复杂的经济社会问题，势必对今后发展产生重大影响。

在煤炭市场化的今天，煤炭质量检验结果作为企业的“支票”直接关系着企业的经济效益，因此，提升采制化管理水平，提高煤质检验检测准确度的重要性不言而喻。煤炭企业只有不断强化自身，才能应对当前的严峻形势，获得进一步的发展。而当前煤炭行业已经过了发展的高峰时期，能源结构的多元化使用户有了更多的选择，因此，煤炭企业只有在煤炭质量和相关服务上下足功夫才能获得发展的机会。

2014 年 9 月 3 日，我国相关部门颁布了《商品煤质量管理暂行办法》（以下简称《办法》），并于 2015 年 1 月 1 日起正式施行。《办法》对于煤炭生产、加工、储运、销售、使用等诸多环节都提出了规定，这表明我国对于煤炭的质量的要求有了更高的要求。而煤炭企业作为煤炭的生产者，必然要从生产环节就严格控制煤炭的质量。因此，煤炭企业应加大对于采制设备的投入，淘汰陈旧的采制设备，引进新式设备，从而保证煤样采集工作的效率和准确性，也能促进煤样检测工作更加精确化，更具权威性。采制设备的更新在很大程度上可以促进煤炭质量的提升，使得煤炭企业在市场环境中更具竞争力，同时严格执行煤炭采制相关标准和规范。

二、调研现状

华电电科院有限公司受集团公司煤炭产业部委托对集团公司的六家煤炭企业的质量检验工作进行了摸底调研。调研内容包括煤炭企业质量检验现状情况，即煤炭采制样工作、化验工作、人员情况、设备设施、制度建设、信息化水平等方面，具体见表 1。

根据调研情况，当前煤炭企业采制化方面主要存在以下问题。

（1）生产设备陈旧落后，机械化程度不高。表现在煤炭采制设备长时间得不到更新，导致煤炭的采制效率大大降低，且煤炭质量无法得到有效保证，对于当前煤炭企业发展极为不利，严重制约了煤炭企业的发展。

（2）采制过程未严格执行相关标准。关于煤炭采制我国制定了各项完善的标准和规范，以指导煤炭企业进行生产，譬如，GB 475《商品煤样人工采取方法》、GB/T 212《煤的工业分析方法》等，但是，煤炭企业在实际生产过程中，往往不能严格执行国家有关部门制定的这些标准规范。导致煤炭企业在采制过程中出现采样不合格、采集样品不具有代表性、样本被污染等问题。在进行样品化验的过程中，未能严格控制化验样品的温度、湿度，称量样品不够精确，这些问题都会影响到煤炭企业的生产，如果无法生产出符合当前市场需求的煤炭，企业将很难获得进一步发展。

表 1　　各煤矿企业概况表

煤矿	年产能	洗选能力	商品煤外销方式	人员班次情况	采样情况	制样情况	设备情况	信息化建设情况
内蒙古蒙泰不连沟煤业有限公司	1500 万 t	建有洗选能力2000万t选煤厂及一条铁路专用线	铁路和汽车外销的混煤、末煤等	煤质管理部 38 人，其中派驻大路矸石电石 12 人，负责入厂煤的采制化工作，剩余 26 人在不连沟煤矿，双岗作业，上 8 天休 8 天，煤样采取根据生产班次（早、中、夜）采取，采制样人员不足	原煤仓给煤机下部铁锹采样。洗煤厂浅槽出口后运到输煤皮带上用铁锹铲取采样。火车、汽车在车厢顶部铁锹采样，不具备代表性	制样室为人工制样，面积及钢板面积不满足要求，无温控、除尘设备。作为全水分样品及一般分析试样，不满足国家标准及集团相关规定	联合制样机 2 台、锤式破碎机 2 台、自动量热仪 4 套、计算机测硫仪 2 台、电热恒温鼓风干燥箱 3 台、智能马弗炉 3 台、碳氢元素测定仪 1 台、灰熔点测试仪 1 天、工业分析仪 1 台	利用 Visual Fox Pro9.0 数据库开发软件编制“煤质化验管理系统”。实验化验数据采用人工汇总至 Excel 表格，再上传至实验室开发的检测系统软件里
甘肃万胜矿业有限公司	240 万 t	未建成。原煤只是经过筛孔为 50mm×80mm 的筛子筛分，筛上物作为煤矸石，筛下物作为精煤直接销售，商品煤煤质波动大	汽车外销的混煤、精煤等	采制化人员 7 人	采样工具为自制采样铲，机械化程度低	制样室没有除尘设备，面积太小，且制样设备数量及功能不满足 GB/T 474《煤样的制备方法》要求。没有独立发热量室	锤式破碎机 1 台、制样粉碎机 2 台、自动量热仪 2 套、计算机测硫仪 1 台、电热恒温鼓风干燥箱 2 台、智能马弗炉 2 台、电子天平 2 台	—
隆德矿业有限责任公司	5.0Mt/a	—	汽车外销的末煤、精煤、精混等品种	化验室有 9 人：班长 1 人、化验员 3 人、采制样工 5 人。采样按早、中、夜三班分班采取，制样和化验按早班进行	人工铁锹采样	无 3mm 破碎机、无必要的除尘及温控设施	锤式破碎机 2 台、制样粉碎机 2 台、量热仪 3 套、定硫仪 2 台、干燥箱 4 台、高温炉 1 台、工业分析仪 2 台	实验室化验数据采用人工汇总至 Excel 表格中，再发送相关领导人员，数据传输有人为干预
山西石泉煤业有限责任公司	120 万 t/年	洗煤厂未建成，原煤经过筛孔为 50mm 筛子筛分，筛上物经	汽车外销的炭煤、精煤等	采制化成员 5 名	商品煤为汽车自动采样机，井下煤采用刻槽方式人	制样室没有除尘设备，面积太小，且制样设备数量及功能不满足 GB/T 474	采样设备：汽车采样机 1 台；制样设备：颚式破碎机 1 台、粉碎机 1 台；化验设备：自动	—

续表

煤矿	年产能	洗选能力	商品煤外销方式	人员班次情况	采样情况	制样情况	设备情况	信息化建设情况
山西石泉煤业有限责任公司	120万t/年	过皮带输送至煤厂，经过人工拣矸后作为炭煤销售，筛下物作为精煤销售	汽车外销的炭煤、精煤等	采制化成员5名	工采样	《煤样的制备方法》要求。没有独立发热量室，化验的煤质数据代表性不足	量热仪1套、电热恒温鼓风干燥箱1台、智能马弗炉1台、电子天平1台	—
陕西华电榆横煤电有限责任公司	—	—	火车汽车精煤、末煤、煤矸石	化验室共有34人，包含班组长1人，采样制样人员13人，化验人员20人，取得采制化高级工技能等级人员12人。采制样、化验分为三班倒替	根据生产班次（早、中、夜）采取，原煤在原煤仓下输煤皮带上用铁锹采取，精煤、末煤、煤矸石在洗煤厂主厂房皮带上人工采取。火车煤、汽车煤通过皮带中部采样机采取	人工制样室，有1台联合制样机，7台破碎机以及2台鼓风干燥箱，装有除尘系统	皮带中部采样机1台；制样设备有联合制样机1台、破碎机4台、制样粉碎机3台；化验设备：自动量热仪4套、自动测硫仪4台、电热恒温鼓风干燥箱6台、智能马弗炉3台、碳氢元素测定仪1台、灰熔点测试仪1台、工业分析仪1台	装有数据管理系统，样品自动编码、自动称量，结果自动获取，报告自动生成
山西锦兴能源有限公司	8.0Mt/a	1000万t/a选煤厂和铁路专用线	铁路和汽车外销的电煤、混煤、精煤等	煤质管理部人员23人，主任1人，资料员1人，采制工11人，制样工3人，化验工7人	原煤由入洗皮带采样机采取，精煤和末煤在洗煤厂主厂房振动筛上采取，商品煤火车和汽车煤样已经实现自动机械化采样	人工制样室有1台联合制样机、4台破碎机和2台鼓风干燥箱，装有除尘系统	制样室有联合制样机5E-PA2×2，1台、破碎缩分机2台、制样粉碎机2台、除尘系统1套。化验室有自动量热仪2套、计算机测硫仪3台、电热恒温鼓风干燥箱5台、智能马弗炉3台、黏结指数测定仪2台、胶质层指数测定仪1套、碳氢元素测定仪1台、煤质管理系统1套	安装煤质信息管理系统一套，实现采制化二级编码和数据自动收集功能，实现生成当日煤质化验明细表，形成报表，通过微信发给相关领导和部门

（3）部分煤炭企业对于实验室管理不够重视。相关实验设备得不到良好的维护和保养，损坏的实验设备长时间得不到更换，从而导致某些实验工作无法有效开展。

（4）信息化、智能化建设程度不高。主要表现在采制化各环节人工参与度较高，容易产生数据信息误差，技防措施较为欠缺。同时，工作环境恶劣、劳动强度大、劳动效率低，难以形成全过程无缝、全方位无死角监管控制，易存在监管风险。煤炭采制样的信息化水平不高或未进行煤炭质量智能化管控系统的建设。

（5）煤炭质量管控过程不易溯源；文明生产水平长期捉襟见肘，疲于应付，验收数据的公平公正性存在质疑。廉洁风险点多而不可控，采、制、化环节监督约束机制不能闭环，导致廉洁风险高。

（6）工作人员积极性不高，人才引进不足。主要表现在工作缺少责任心，甚至部分工作流于形式，可能导致检测结果的可靠性质疑。由于供需关系的变化，煤炭企业的发展受到制约，部分企业原有员工培训不足，思想观念得不到转变。但就长远来看，对于企业的发展是不利的，企业发展引进人才和加大人员培训，才能促进企业管理和生产技术的更新。

三、课题研究意义

基于煤炭采制化工作对煤炭交易和煤炭产品质量的影响，结合煤电双方煤炭采制化工作的开展现状及燃料管理信息系统存在的主要问题，积极融合现代化管理理念和技术方法，实现技术创新和观念创新，有效应对煤炭市场环境对煤矿企业煤炭采制化工作带来的全新挑战。

（一）国家层面

为推动智能化技术与煤炭产业融合发展，提升煤矿智能化水平，促进我国煤炭工业高质量发展。2020 年 3 月，由国家发展改革委、国家能源局、应急部、煤监局、工信部、财政部、科技部、教育部 8 部委联合印发了《关于加快煤矿智能化发展的指导意见》（发改能源〔2020〕283 号）。2021 年 6 月 5 日，国家能源局、国家矿山安全监察局印发《煤矿智能化建设指南（2021 年版）》，加快新一代信息技术与煤炭产业深度融合，推进煤炭产业高端化、智能化、绿色化转型升级，实现煤炭开采利用方式的变革，提升煤矿智能化和安全水平，促进煤炭行业高质量发展。按照《关于加快煤矿智能化发展的指导意见》提出的三阶段目标，《建设指南》重点突破智能化煤矿综合管控平台、智能综采（放）、智能快速掘进、智能主辅运输、智能安全监控、智能选煤厂、智能机器人等系列关键技术与装备，形成智能化煤矿设计、建设、评价、验收等系列技术规范与标准体系，建成一批多种类型、不同模式的智能化煤矿，提升煤矿安全水平。

（二）集团层面

中国华电集团为深入贯彻落实“四个革命、一个合作”能源安全新战略，坚持新发展理念，落实集团公司“五三六战略”和数字华电部署要求，推进先进装备和技术在煤炭行业的创新应用，以技术变革助推理念变革，以理念变革助推管理变革，挖掘煤炭在生产和经营管理环节价值潜力，提升煤炭质量管理水平、降低一线人员劳动强度、提高工作效率、防范廉洁风险，助推煤炭企业精益化、数字化管理，为煤炭企业生产工艺优化、商品煤品质提升以及质量的公信力打下坚实的基础。

针对上述煤矿管理的重要性，落实集团公司纪检监察组《关于加强集团公司煤炭领域廉洁风险防控的纪律检查建议》要求，研究制定的《中国华电集团有限公司煤炭产业采制化智能化建设指导意见》（中国华电函〔2021〕381号）中提出：依靠信息化手段，排除人为干预，聚焦采制化、计量等关键环节，探索实现全过程记录、全过程监管，切实防范化解煤炭采制化领域廉洁风险，按照集团公司煤矿智能化建设和提质增效工作安排，进一步加强煤炭质量管理，夯实煤炭产业煤炭质量检验基础。

同时，目前各个煤矿采用各自的煤质管理方法进行管理，华电煤业和集团不能实时了解相关数据情况，因此，亟需整合集团内各煤矿煤质信息管理系统。

（三）企业层面

目前集团内多数煤矿为人工采样、制样、化验，人工参与度高，容易产生信息误差。个别煤矿制样间简陋，存在安全隐患，工作环境较为恶劣；化验室设备仪器老旧，使用年限较久，设备具有性能不稳定因素，且故障异常频发，不利于煤质检测工作，化验结果准确度存在不确定风险，对企业的煤质质量管理和控制存在负向的潜在风险。

总体而言，煤炭管控各环节人工参与度较高，较易产生数据信息误差，智能化程度低，采样环节、样品传输环节、制样环节、化验环节、存查样管理环节等，都依赖人工操作完成，人员工作环境恶劣、劳动强度大、劳动效率低，难以形成全过程无缝、全方位无死角监管控制，且易存在监管风险。

基于煤炭采制化工作对煤炭交易和煤炭产品质量的影响，结合煤炭采制化工作的开展现状及管理信息系统存在的主要问题，积极融合现代化管理理念和技术方法，实现技术创新和观念创新，有效应对煤炭市场环境对煤矿企业煤炭采制化工作带来的全新挑战。同时，煤炭分析结果的准确程度直接影响企业成本控制及经营风险，企业重视煤炭生产质量可以更大程度获得用户青睐，确保企业销售业绩。综上，煤矿智能化采制化项目对煤矿企业提质增效、避免人为因素影响、提高煤矿企业盈利能力、增强煤矿企业市场竞争力具有重要意义。

四、煤矿采制化智能化的必要性

20 世纪 90 年代后期，机械化采制样技术先后在中国的大型煤矿、钢厂、港口等煤炭中转地得到了迅速的推广和应用，设备主要依靠进口，典型代表有美国赛摩拉姆齐、德国西博、澳大利亚的 QHS 公司等。在广阔市场前景驱动下，国内企业也开始投入该行业研发制造。2013 年智能采制样技术被首次提出，2015 年“燃料智能化管控”概念在电力行业内逐步形成，设备主要生产商为长沙开元、湖南三德、徐州赛摩、江西光明、远光集团和沈阳新松等公司。智能燃料设备主要包括模块化拼接全自动制样、管道气动传输、智能存取煤样、机器人在线化验等部分，通过管控中心集中控制系统运行，采制样全程无需人员接触煤样。

集团内已有多家电厂（土右、东华、包头、襄阳、长沙、江陵、鹿华、滕州、句容、丹东金山、大方、石热、铁岭、淄博等）建设了智能验收系统，取得了良好的预期效果。集团外上了智能采制化设备和在线检测的煤矿企业有中煤大海则煤矿、山东兖矿东滩煤矿、晋能集团寺河煤矿等。

以湖北华电江陵发电有限公司为例，其施行燃煤智能化管理项目后，实施效果显著：

（1）智能化人机协调取得成功，为煤电企业燃煤验收的智慧化产业升级取得经验。以燃煤验收无人操作、少人值守、机器换人，数据结果自动采集和管理，规范应用和科学应用为目的。采制计量员由原来的 38 人减少至 20 人，化验员由原来的 6 人减少至 3 人。节约成本约 276 万元/年。

（2）原验收系统需要重点监控的采、制、化廉洁风险点 68 个，管理项目实施后，采、制、化环节实现了人样分离，人机交互，信息集成，廉洁风险点由原来的 68 个降低至现在的 12 个。廉洁风险大幅下降，由人防转变为技防。

（3）系统项目完成后共对 132 批次煤样进行溯源，溯源通过率 100%。

（4）系统投产后供应商由原来的 3～5 家，增加至 10 家左右，批次采购煤价均低于市场指数价，优于同期、同类型电厂 10 元/t，年耗煤按 218 万 t 计算，年节约 2180 万元。

（5）对公司机组生产的安全、经济形成精准指导。优化入炉煤各项指标，建立实时化、可视化、系统化的电厂成本信息管理体系，提高对最低燃煤成本的预测和控制能力，量化燃煤成本走势和波动，细化燃煤指标升降的原因及影响因素与锅炉机组性能考核和精确热力计算数据共享互联，截至系统投运，煤耗下降 0.7g/kWh，按照机组年利用小时数 4000h 计算，年节约标准煤 3700t，节约成本约 296 万元。

事实证明，运行有效的煤炭智能化设备可以有效提高煤质检测工作的规范化、自动化程度，更加准确地掌握煤质数据信息。而集采、制、化一体的全流程智能化系统，既是作业工具，又是管理设备，其实现全程人样分离、分单元密封、样品和数据全程加密管控，彻底杜绝人为因素干扰，样品封闭和标识具有唯一性、可追溯性和安全性，使得煤炭产品质检数据客观、真实、精确，有效规避营销风险，同时每年可间接为企业创造可观的经济效益，大大提高了企业在市场经营中的竞争力。

因此，煤矿企业实施煤炭采制化智能化系统建设是完全必要的，且技术上完全可行。

五、研究目标和内容

（一）研究目标

本着高起点、严要求、高标准的目标，着力打造煤炭管理智能化体系，建成煤炭计量、采样、送样、制样、存样、化验、数据传输全过程智能化管控系统，做到无人干预、少人值守、闭环管理、公平公正，实现煤炭管控在商务、技术、监督管理上的路径多元化、设备自动化、信息集成化、过程可视化、流程标准化、管理规范化的“6”化建设，破解煤炭质量管理商务关、煤炭质量验收管理技术关、煤炭质量验收管理监督关的“3”道关卡，归集形成煤矿企业煤炭质量验收全过程智能化管控模式的“1”个目标。

（二）整体要求

（1）工艺方案应符合国家、行业及华电集团的有关规范与标准，切实提高煤矿采制化信息化管理水平，解决煤质信息管理效率不高等问题。

（2）在总体要求指导下，按照“两隔离”（人与煤样隔离、人与数据隔离）、“两集中”（集中布置、集中管控）进行设计和建设，将煤炭验收环节尽可能集中布局，便于管理。

（3）煤矿采制化智能化系统设计覆盖煤质全流程管理，结合煤矿企业实际情况，积极采用新技术、新工艺，保证系统安全可靠、技术先进、功能齐全，经济适用。

（4）充分发掘各煤矿原有设备设施的潜力，最大限度地减少原有设备拆除，缩短改造工期，合理降低成本。

（5）方案设计应统筹规划，具有前瞻性，充分考虑系统扩展与升级。

（6）系统采用成熟的产品构成硬件系统，设备性能可靠，功能完善，操作方便，能满足长期稳定工作。

（7）煤矿采制化智能化设备的布置和空间应合理、功能区域明确，便于设备安全

运行和检修。

（8）配套土建设计本着以人为本的原则，并符合环保、消防、安全、人机工程、职业卫生的要求。

（三）研究内容

煤矿采制化智能化系统工艺方案研究包括：

（1）采制化智能化设备及相关工程：煤炭计量数据的自动采集与匹配、煤质采样系统、离线归批系统、在线全水测试系统、智能全自动制样系统、煤样传输及存储系统、机器人化验系统、在线元素快速分析系统、燃料管控系统等。

（2）智能库存管理：实时掌握库存煤炭的分类存放情况和煤种、数量、质量等信息，库存煤炭以三维图形和实时图像方式展示。三维图形展示以不同颜色，区分不同煤种。

（3）动态监控管理。在关键的点位，部署高清监视设备，对煤炭采制化、运输、装车、储存等相关环节、区域进行监控管理。

（4）煤炭智能化管控。将分散的采制样设备和业务环节集中管理，原始数据和信息实时传送到集团公司、专业公司、基层企业。各单位根据权限设置，远程调看相关数据、图像等信息。煤矿采制化智能系统见图 1。

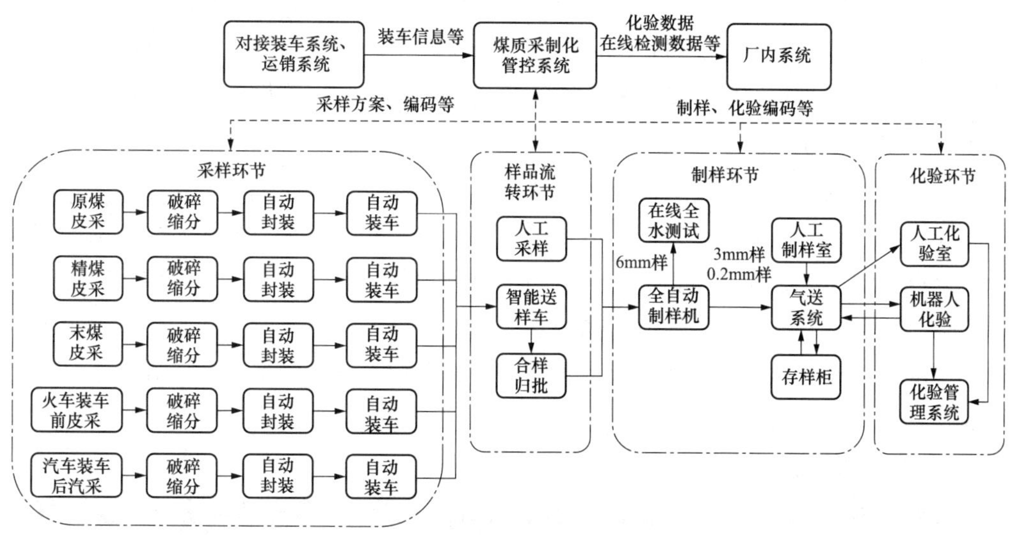

图 1　煤矿采制化智能系统

煤炭的采制样经历了从人工采制样到机械化采制样的过程，与人工采样相比，机械化采制样不受人为因素影响，保证了采制样精度和煤样代表性，减少了煤质争议。

近年来机械化采制样行业出现集成化、移动化以及煤质－采制样系统维护综合服务业务的发展趋势。同时，随着煤质在线及旁线检测技术的成熟，洗煤厂开始对洗选进行实时监控，指导洗煤厂生产；坑口开始设置机械化采制样和在线、旁线监测设备，管理煤矿生产。甚至于提出开发井下机械化采制样及在线监测系统，进而更好地指导工作面煤炭开采生产活动。

智能采样系统一般通过改造原有的采样机集料装置或增设皮带采样装置，自动对接制样系统，并可接受管控中心指令，按皮带来煤量合理选择采样方案。设计智能无人化采样系统，可消除人为因素及人员风险，降低采样误差，提升煤样代表性。

（四）全封闭制样一体设备

智能制样系统也经历了流水线式、机械手式、工业机器人制样等几代产品。目前市场上主流厂家的全自动制样间已经普遍采用机械手、机器人代替流水线式全自动封装制样系统，实现全水分在线测试。

而全封闭制样一体设备已对人工制样形成替代效应，仅将人工制样作为备用制样程序使用，并增设智能化存样柜，进一步强化备查样管理工作，真正做到存样“盲存盲取”，避免中间环节因相关人员对样品信息知情而引起的廉洁从业隐患。

（五）采制样在线检测

由于离线检测分析方法提供的分析结果往往滞后，指导煤炭交易时可以应用。但指导洗选煤厂和煤矿的生产时，当煤质变化较快时不能满足运行要求。这时，集成在线煤质分析设备及数据信息处理系统，形成采、制、化一体的机械化采制样系统就可以对生产进行指导。

其中，在线全水自动测试系统是集接样、提升、缩分、摊平、称重、干燥、检查性干燥、弃样、计算测试结果等功能于一体的全自动测试设备，在线全水自动测试系统与全自动制样机集成式布置，将全自动制样机制备的13mm全水分煤样第一时间进行化验，减少全水分损失，同时可加快煤质检测数据的报出速度，减少化验人员工作量。全水分化验的过程数据和结果数据自动上传至标准化实验室系统，确保了测试结果的真实性。

（六）气动传输系统

气动传输系统包括重瓶传输、芯片识别、空瓶回收，实现样品传输全过程自动化。存查样系统与气动传输无缝对接，实现样品自动存查，自动安排仓位，自动记录煤样存取日志，自动存、取、弃样，盲存盲取，做到人与样品隔离。气动传输系统能实现至少500m的样品运输，且能杜绝人工接触煤样，任何管道的破坏均会引起气压的变化并报警，做到安全可靠。气动管道把煤样瓶从智能制样系统的取样工作站送至智能

存查样柜，可多点远程取样、分类保管，全程无人值守。存查煤样室可按存放时长自动剔除超时存放样，常规情况下非经授权人员无法进入存查柜。

（七）化验无人值守

随着智能机器人技术的进步，标准六轴工业机器人被引入了煤炭采制样行业，实现了制样和化验的智能化、无人化。通过其与经过专业化设计的相关系统配套，可以实现自动破碎、缩分、水分样制备、水分测定、自动烘干、自动研磨分析样、自动称重包装等功能，并可以根据需求自由扩展。

而目前的机器人智能化验系统较为成熟。该系统可测定发热量、全硫、水分、灰分、挥发分、CHN 元素含量等指标。主要由智能机器人、自动化分析设备（量热、测硫、工业分析、元素分析）、样瓶自动开盖及取样装置、自动称量装置、氧弹装样及清洗装置组成，可实现化验过程中的开瓶、取样、称量、装样、测试、结果计算等操作，杜绝人为因素影响，确保测试结果真实公正，机器人化验系统融合标准化实验室管理系统功能，对化验过程数据进行分析，自动判断测试结果准确与否，异常结果自动预警。检测数据自动传输至华电煤业和集团系统，做到无人干预、闭环管控、人与数据隔离，补齐燃煤管理智能化建设的最后一块短板，达到燃煤验收全过程智能化的最终目标。

（八）智能管控系统

智能管控系统将煤炭管理人员和煤炭计量及采制化所有环节的设备通过信息流有机连接起来，实现人机分离、人样分离、采制化一体，层层加密的煤炭质量检验管理一体化控制。主要利用无线传感技术、定位技术、自动控制、通信和计算机等成熟可靠的技术，实现对煤炭计量、接卸、采制、化验等关键环节的远程监管和设备操控。

（九）信息化平台建设

针对目前智能化建设工作滞后于企业发展需求、智能化建设技术标准与规范缺失、技术装备保障不足、信息化平台不健全、高端人才匮乏等问题进行重点建设。结合信息化建设，自动采集与传输煤炭企业生产环节的量、质数据信息，集团公司、专业公司、煤炭企业能够实时掌握煤炭生产的数量、质量，解决煤矿生产经营信息不实、不真、不准，管理效率不高的问题。

近年来，我国科学技术水平不断提升，相关现代化信息技术的产生和融合使得国家生产力得以大大提高，以信息技术为基础构建的信息监控体系应具备视频监控能力、岗位末梢人员监管能力、互相监督能力、机械采样装置监控能力。在信息监控体系的支持下，煤炭采制化工作环境将得以有效改善，工作透明度将得以稳步提升。另外，基于信息监控体系在煤炭采制化工作中的有效监督作用，定期组织技术人员对该体系进行维护和管理，全面排除信息监控体系的运行隐患，替换该体系内部的老旧设备，使该体系在煤炭采制化工作中具有长期运行基础，有效规范煤炭采制化工作行为。

（十）无人化计量改造

火车煤计量、汽车煤计量采用无人化计量改造，对计量相关系统更新，完全消除人的因素，避免人工参与度过高，较易产生数据信息误差，技防措施较为欠缺，存在计量员廉洁风险隐患，难以形成全过程无缝、全方位无死角监管控制。更好地把控计量关口，保证数据真实有效。

该项目整体方案按照煤矿采制化智能化验收各环节一体式设计思路，实现自动采样、自动采制对接、自动制样、自动传输、自动存样及自动化验一体化布局。布置全自动制样系统、智能存样柜、机器人化验系统以及煤质智能化管控中心。整个管理是一个不断增进的过程，只有不断适应市场及时代发展要求，紧跟国家和煤炭行业的发展方向，不断加强采制化设施、设备仪器及人员的投入，实行精益化的管理，检验结果的准确性才能不断提高。

六、政策建议

（1）注意和企业实际等情况结合起来，集成布置、集中管控煤炭生产流程，实现关键环节无人值守、无缝对接、实时监控，解决煤炭管理粗放、风险高的问题。

（2）建设机械自动采样+全自动制样+机器人化验的全过程智能化验收系统，测量数据直接与华电煤业和集团系统对接，真正做到“人与样品分离”“人与数据分离”。运用信息化管控系统，对计量、采样、制样、传输、存样、化验等各环节进行视频和数据检查。

（3）对计量及采制化设备进行定期校准和期间核查，确保数据可控在控，真实有效，从而在技术上为廉洁监督提供保障。

（4）定期梳理业务流程，优化权限、程序、责任等制度要素，运用信息管控系统对燃煤采、制、化关键环节按照不相容原则闭锁审批管控。

（5）建立专兼职煤炭验收监督人员库，从公司监督员中随机抽选 1～3 人，在燃煤信息管控系统配置监督查看权限，实现对燃煤验收全过程视频和数据监督。

（6）建立煤炭质量检验计量、采、制、化各环节无死角的视频监控系统，并在矿区设立对外监控窗口，接受客户对各环节的监督，实现燃煤验收环节的“公开”，同时优化缩短内部结算付款流程。

创新打造一流自主可控品牌探索与研究——以华电“睿”系列为例

国电南京自动化股份有限公司

王凤蛟　温鹏举　霍　璐　孙新恩　温　丽

面对全球新一轮科技革命和产业变革，高水平科技对企业发展的作用将比以往任何时候都更加显著，加快构建新发展格局，必须牢牢抓住科技创新这个关键，发挥新型举国体制优势，激发企业创新活力，全面增强自主创新能力，实现更多领域的自主可控，打造一流的自主可控品牌，进而解决关键核心技术的“卡脖子”问题，才能为实现高水平科技自立自强和全面建设社会主义现代化国家做出更大贡献。

中国华电集团有限公司（以下简称中国华电）党组以习近平新时代中国特色社会主义思想为指导，深刻领会习近平总书记关于“实现高水平科技自立自强、强化国家战略科技力量”等重要论述的内涵实质，胸怀“两个大局”，心系“国之大者”，按照“四个面向”要求，充分发挥企业在科技创新中的主体地位，在关键核心技术攻关中勇挑重担、敢打头阵，努力实现高水平科技自立自强，用强烈的使命意识和担当精神，指导下属国电南自、华电电科院、乌江公司、江苏公司、安徽公司、浙江公司、河南公司、甘肃公司等直属单位，发挥团队优势，团结一致，齐心协力，打造了一流的华电“睿”系列自主可控品牌，成功构筑了覆盖火电、水电、风电、输变电等具有完整自主知识产权的华电“睿”系列电力工控产品。截至当前，一系列攻关成果实现全国首台套示范应用，在我国高端工业控制系统自主可控方面取得原创性、引领性重大突破，整体技术达到国际先进水平，真正做到了高水平科技的自立自强，在融入新发展格局中彰显作为。

本文以中国华电通过打造一流的华电“睿”系列自主可控品牌为例，探索出在科技创新和自主可控品牌建设方面要想取得成果，必须持续不断强化党建引领，坚持党的领导，加强党的建设，发挥新型举国体制优势，加大政策支持力度，深化机制体制改革，培育科技创新人才，才能激发企业创新活力，取得更高水平的科技自立自强。

一、研究意义和背景

习近平总书记在中国科学院第二十次院士大会、中国工程院第十五次院士大会、中国科协第十次全国代表大会上的讲话中指出，党的十九大确立了到2035年跻身创新型国家前列的战略目标，党的十九届五中全会提出了坚持创新在我国现代化建设全局中的核心地位，把科技自立自强作为国家发展的战略支撑。立足新发展阶段、贯彻新发展理念、构建新发展格局、推动高质量发展，必须深入实施科教兴国战略、人才强国战略、创新驱动发展战略，完善国家创新体系，加快建设科技强国，实现高水平科技自立自强。

当今世界，谁牵住了科技创新这个“牛鼻子”，谁走好了科技创新这步先手棋，谁就能占领先机、赢得优势。科技创新增强综合国力。当代国际竞争实质上是一场以科技创新和技术进步为核心的竞争。在这场史无前例的国际竞争中，为了从根本上提升本国的综合国力，增强发展后劲与竞争实力，不少国家都不约而同地选择了科技创新这一最佳途径，并由此掀起了一场汹涌澎湃的国际科技创新竞赛。随着中美贸易战的不断升级，越来越多的国内科技企业加大了科技研发投入的力度。

二、理论基础、当前现状和发力方向

本文旨在通过深入分析研究习近平总书记关于科技创新的重要论述、在全国国有企业党的建设工作会议上的重要讲话精神，以及在科学家座谈会上的重要讲话精神、国企改革三年行动和“科改示范行动”要求等，剖析国家科技创新，特别是对自主可控技术的决策部署，进而指导企业激发企业创新活力，准确把握新发展阶段，深入贯彻新发展理念，加快构建新发展格局，瞄准世界科技前沿，引领科技发展方向，争当加强原始创新的排头兵、推进自主创新的主力军、实现高水平科技自立自强的领跑者，实现更多领域的自主可控，解决关键核心技术的“卡脖子”问题，为实现高水平科技自立自强夯实人才基础，注入“源头活水”，更为实现全面建成社会主义现代化强国的第二个百年奋斗目标贡献新的更大力量。

（一）理论基础

党的十八大以来，习近平总书记就科技创新问题发表了一系列重要讲话，作出一系列重要指示，特别是关于“实现高水平科技自立自强、强化国家战略科技力量”等重要论述，内容丰富，分析透彻，具有很强的理论性针对性指导性，形成了系统完整、博大精深的科技创新思想，成为习近平总书记治国理政新理念新思想新战略的重要组成部分。主要包括习近平总书记关于科技创新的系列重要讲话和重要指示批示精

神。如习近平总书记在中国科学院第二十次院士大会、中国工程院第十五次院士大会、中国科协第十次全国代表大会上的讲话中指出，立足新发展阶段、贯彻新发展理念、构建新发展格局、推动高质量发展，必须深入实施科教兴国战略、人才强国战略、创新驱动发展战略，完善国家创新体系，加快建设科技强国，实现高水平科技自立自强。

在《努力成为世界主要科学中心和创新高地》（《求是》2021 年第 6 期）中指出矢志不移自主创新，坚定创新信心，着力增强自主创新能力。在全国劳动模范和先进工作者表彰大会上的讲话指出要增强创新意识、培养创新思维，展示锐意创新的勇气、敢为人先的锐气、蓬勃向上的朝气。在浦东开发开放 30 周年庆祝大会上的讲话指出要面向世界科技前沿、面向经济主战场、面向国家重大需求、面向人民生命健康，加强基础研究和应用基础研究，打好关键核心技术攻坚战，加速科技成果向现实生产力转化，提升产业链水平，为确保全国产业链供应链稳定多作新贡献，等等。

可控性是指对信息和信息系统实施安全监控管理，防止非法利用信息和信息系统，是实现信息安全的五个安全目标之一。而自主可控技术就是依靠自身研发设计，全面掌握产品核心技术，实现信息系统从硬件到软件的自主研发、生产、升级、维护的全程可控。简单地说就是核心技术、关键零部件、各类软件全都国产化，自己开发、自己制造，不受制于人。❶

自主可控是我们国家信息化建设的关键环节，是保护信息安全的重要目标之一，在信息安全方面意义重大。是保障网络安全、信息安全的前提。能自主可控意味着信息安全容易治理、产品和服务一般不存在恶意后门并可以不断改进或修补漏洞；反之，不能自主可控就意味着具“他控性”，就会受制于人，其后果是：信息安全难以治理、产品和服务一般存在恶意后门并难以不断改进或修补漏洞。❷

（二）当前现状

我国科技领域仍然存在一些亟待解决的突出问题，特别是同党的十九大提出的新任务新要求相比，我国科技在视野格局、创新能力、资源配置、体制政策，特别是在自主可控技术等方面存在诸多短板和不适应的地方，加之我国基础科学研究短板依然突出，企业对基础研究重视不够，重大原创性成果缺乏，底层基础技术、基础工艺能力不足，工业母机、高端芯片、基础软硬件、开发平台、基本算法、基础元器件、基础材料等瓶颈仍然突出，关键核心技术受制于人的局面没有得到根本性改变。

我国技术研发聚焦产业发展瓶颈和需求不够，以全球视野谋划科技开放合作还不够，科技成果转化能力不强。我国人才发展体制机制还不完善，激发人才创新创造活

❶ 信息安全“自主可控”. 人民网，2014.4.

❷ 自主可控是增强网络安全的前提. 新华网，2014.11.

力的激励机制还不健全，顶尖人才和团队比较缺乏。我国科技管理体制还不能完全适应建设世界科技强国的需要，科技体制改革许多重大决策落实还没有形成合力，科技创新政策与经济、产业政策的统筹衔接还不够，全社会鼓励创新、包容创新的机制和环境有待优化。

（三）发力方向

习近平总书记指出："优化和稳定产业链、供应链。产业链、供应链在关键时刻不能掉链子，这是大国经济必须具备的重要特征。要拉长长板，补齐短板，在关系国家安全的领域和节点构建自主可控、安全可靠的国内生产供应体系。"

具体而言，增强我国产业链供应链自主可控能力，重点包含以下三个方面：一是坚持自主可控、安全可靠，分行业分阶段推进产业链供应链的优化与多元化，把关键核心技术牢牢掌握在自己手中，在重点领域形成产能备份，力争实现重要领域和关键节点的自主可控，打造以我为主的产业链供应链。二是针对高端芯片、基础软件、生物医药等重点领域，加快补齐在先进工艺、基础零部件、关键材料等方面的短板，着力攻克关键核心技术"卡脖子"问题，提升产业基础高级化和产业链现代化水平；对轨道交通、工程机械、航空航天、电子信息、新材料等已具备优势的领域，加紧实施产业基础再造和技术提升工程，以加强和巩固领先地位。三是以智能化、数字化、物联网化为重点，加快推广应用新技术，加速产业数字化转型，确保相关产业发展始终站在全球数字产业链供应链前沿。❶

我国当前最重要的任务，是按照党的十九大要求和政府工作报告提出的，建设创新型国家，为实现科技强国的目标而努力奋斗。要登高望远，要看到世界范围内科技革命和变革的快速发展。要紧紧地抓住强基础、促转化，在未来"三跑"并行的情况下，使科技创新向领跑并行的领域进军。在一些重大关键领域，要实现差异化的竞争策略，能够在短时间内抓住超越点，走向世界的前列。

三、中国华电的实践与探索

实干成就梦想，奋斗赢得未来。近年来，中国华电坚持把创新作为引领发展的第一动力，贯彻实施创新驱动发展战略，完善科技创新体系，探索科技创新模式，打造一流自主可控品牌，取得了一批丰硕成果。中国华电不断培育创新意识，激发创新思维，营造创新氛围，为加快创建具有全球竞争力的世界一流能源企业，为我国赢得新一轮能源革命的全球竞争，为建设创新型国家贡献更大力量。党的十八大以来，以

❶ 邓子纲.拉长长板 补齐短板 增强产业链供应链自主可控能力．人民日报，2021.3.

习近平同志为核心的党中央着眼全局、面向未来，作出“必须把创新作为引领发展的第一动力”的重大战略抉择，实施创新驱动发展战略，加快建设创新型国家，吹响建设世界科技强国的号角。

抓创新就是抓发展，谋创新就是谋未来。近年来，中国华电深入学习贯彻落实习近平总书记关于科技创新的重要论述精神、在科学家座谈会上的重要讲话精神，落实国家科技创新决策部署，坚持新发展理念，大力实施创新驱动发展战略，以全面提升创新能力为主线，狠抓自主可控等关键核心技术攻关，全面释放创新活力，推动企业高质量发展。

（一）指方向，建立健全科技创新体系

构建企业为主体、市场为导向、产学研用深度融合的科技创新体系，建立健全“大众创业、万众创新”的长效机制，是激发“第一生产力”的巨大潜能、激发广大干部员工创新活力的有效手段。中国华电准确把握目标任务，按照创新驱动发展战略的顶层设计，明确创新路径，引领未来。

成立党组书记、董事长任组长的科技创新委员会，从 2018 年开始，定期研判分析推动企业科技创新工作，为科技创新做好顶层设计。成立中国华电专家咨询委员会，设委员 23 名，包括中国科学院院士 2 名、中国工程院院士 6 名、行业知名专家 11 名、系统内专家 4 名，涉及电力系统与综合、火电、水电与新能源、煤炭等专业领域，着力提高自主创新能力，努力掌握自主可控等关键核心技术。

加快建设与企业高质量发展相匹配的科技创新体系，找准企业发展现状和应走的路径，组织编制“十四五”科技发展规划，坚持面向世界科技前沿、经济主战场、国家重大需求、人民生命健康和中国华电高质量发展需求，找准科技发展趋势，策划好

“十四五”科技工作的开篇布局。不断完善中国华电中央研究院职责，按照打造集智力支撑、技术支持和高层次人才储备为一体的定位，制定发展思路，完善职责方案，明确运行机制，全面提升科技支撑能力。

坚定不移走创新驱动发展之路，中国华电敢于担当、勇于超越，2020 年 9 月，中国华电组织召开 2020 年科技创新大会和专家咨询委员会第一次会议，表彰科技先进，营造创新氛围，审议“十四五”科技发展规划纲要。目前，中国华电已组织完成 2021 年度科学技术奖评审，共计有 67 项成果获科技进步奖；梳理汇总近 5 年重大科技成果 57 项，优秀成果 367 项，形成成果汇编，用科技创新的星星之火，为企业创新发展指明方向。

（二）添动力，提高信息化、数字化建设水平

今年以来，中央多次就加快新型基础设施建设做出重要战略部署，多个省份发布的 2021 年重大投资项目中也频频出现“新基建”的身影。

“新基建”洪流奔涌，中国华电以创建具有全球竞争力的世界一流能源企业为目标，找准信息化、数字化建设在企业发展进程中的切入口，加快“数字华电”125 工程建设，加大投入、厚植土壤，选好试点、“重仓”布局，全面释放企业高质量发展新动能。

打造一个数字中心。加强顶层设计研究，开展数据治理专项行动，增强数据采集、储存、管理和综合应用能力，推动管理决策链、生产经营链、客户服务链反应更加敏捷高效精准，培育具有华电特色的“产业+互联网”竞争新优势。目前

数字中心第一阶段建设工作已落地实施，正在积极推进数据资产规划、数据平台等项目建设。

启动综合能源两个智慧平台试点建设。率先发布并实施综合能源服务业务行动计划，启动综合能源服务生态圈建设，上线“互联网+”综合能源服务门户网站和售电业务模块，布局多能互补清洁能源基地、区域多能供应、分布式可再生能源供应、综合能效服务、能源交易服务、设备销售及运维服务 6 方面业务，打造综合能源智慧控制系统平台和“互联网+”综合智慧能源服务平台，建设 20 个示范项目，重点开展 25 项关键技术的研发，推动技术创新与商业模式创新融合。截至目前公司已投产综合能源项目 18 个，在建 9 个，共计规模近 300 万 kW，为城市可持续发展和脱贫攻坚做出华电贡献。

扎实推进数字电厂、数字煤矿、数字营销等试点建设。确定建设原则，论证实施方案，编制并发布数字电厂统一数据平台和数据编码规范，完成 1 套架构体系、5 套平台规范、4 套编码规范的制定。

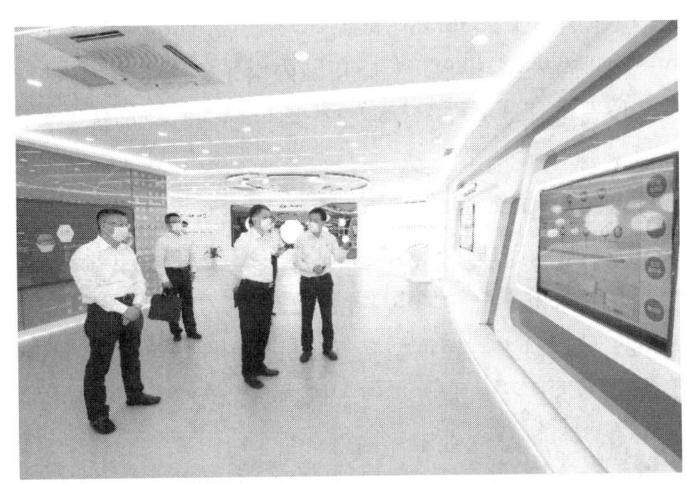

（三）划重点，全力攻关自主可控关键核心技术

实施创新驱动发展战略，关键是要大幅度提高自主创新能力，努力掌握关键核心技术。

中国华电积极投身创新驱动发展战略主战场，推动构建企业为主体、应用为导向，产学研用相结合的技术创新体系，着力在关键领域、“卡脖子”的地方下大工夫，紧紧围绕基点、重点和难点，一项一项推进、一件一件落实，在抓紧落实中下功夫，在抓好落实中见实效。

以自主创新为战略基点，不断加速推动成果落地。

中国华电持续加强研发投入，组织好科技项目的管理实施，积极协调资金使用和示范项目安排，争取培育重大成果；加强科技成果转化策划，将优秀科技成果转化为技术标准，提升中国华电行业影响力。以重点科技项目开展为主战场，不断加大关键核心技术攻关力度。积极承担国家重点专项，从量的积累到质的飞跃、从点的突破到系统跃升。

与此同时，中国华电还打造了“产学研用”协同创新平台，吸纳和利用外部科技资源，联合清华大学、中国电子、东方电气、华为等高校、科研院所、设备厂家，充分发挥现有国家级研发平台的作用，共同推进应用基础研究和共性技术研究，探索构建华电科技创新生态圈。以“强强联合”破解创新难点，助力国有企业科技水平整体提升。

（四）重应用，自主可控取得丰硕成果

中国华电自 2017 年率先启动 DCS 系统软硬件国产化替代工作。指导直属单位国电南自历时 3 年完成了国内首套自主可控 DCS 示范项目——“华电睿蓝”的研制。“华电睿蓝”先后在华电扬州电厂 330MW 机组、芜湖电厂 660MW 超超临界机组以及句容电厂 1000MW 超超临界机组投入运行，在国内率先实现了主力火电机组全覆盖，让中国华电在自主可控发电领域处在了行业领先地位，同时也加快了我国高水平科技自立自强的发展进程。

2020 年初，中国华电指导直属国电南自与中国电子成立联合实验室，开展自主可控关键核心技术攻关，圆满完成了年度攻关任务，成功构筑了覆盖火电、水电、风电、输变电等具有完整自主知识产权的华电“睿”系列电力工控产品。

2021 年 5 月 25 日，自主可控重型燃气轮机控制系统（TCS）在浙江龙游电厂投运，实现了国内首台套应用，得到国家主管部门和行业专家高度评价。

华电睿风于 5 月 29 日在福清海坛 6.2MW 海上风电投运，6 月 10 日在甘肃黑崖子 3MW 级陆上风电投运，标志着华电睿风已经成熟，具备和各主流风机厂适配的条件。作为风电机组的关键核心，目前国内大量风电主控系统依赖进口，此次投运的“华电睿风”自主可控 3MW 风电主控系统以国产 CPU 处理器和自主研发的编程软件为基础，采用深度研发的系统源代码及全新的主控控制策略方案，掌握了最大风能捕获、自动调节、变桨控制、偏航控制等关键技术。项

目的成功投运为“华电睿风”自主可控风电主控系统在更大容量陆上风电机组上实现应用提供了大量实践经验，也为系统后续的示范推广奠定了坚实的基础，是以科技创新催生新发展动能的重大举措，推动了我国风电机组主控系统的国产化发展进程。

华电睿信于5月24日在西藏DG水电站投运，仅用37天就完成了现场调试，6月10日在黔源电力集控中心投运，标志着华电睿信实现了场站和集控中心的全面自主可控，技术水平行业一流。电站采用基于国产CPU和操作系统的新一代“华电睿信”水电智能监控系统，全厂监控系统现地控制单元34个，控制柜120面，总测点数超过21000个。推动华电集团公司在西藏区域的发展，加快西藏地区电力基础设施建设，缓解西藏地区严重的缺电问题，促进西藏地区经济社会跨越式发展和长治久安具有重要意义。

华电睿蓝于6月11日在江苏句容电厂1000MW超超临界机组投运，此次华电句容电厂1号机组DCS国产化改造项目，中国华电除对主机DCS进行国产化替换外，还独自完成了DEH的设计、组态、调试和投运，并对MEH、ETS、FGD等系统进行了改造，实现了汽轮机、锅炉、脱硫、电除尘、吹灰等主辅设备全厂一体化控制，是一次全面的高质量的改造。该项目的成功实施，为“华电睿蓝”的进一步全面推广和持续迭代升级奠定了坚实基础，提供了宝贵经验，成为国内率先在330MW、660MW、1000MW机组均实现应用的自主可控DCS。

华电睿思新能源远程集控系统于6月11日在河南投运，实现了国内首台套应用。系统以国产安全可控服务器、网络设备、操作系统、数据库、中间件等为基础完成国产化集控系统整体架构设计与适配研发；以华电睿思工业互联网平台为基础架构开发多种智能应用；以国密算法为基础设计数据传输策略，解决了新能源远程集控系统关

键软硬件及相关产品被国外垄断的“卡脖子”问题，形成了整套区域风电、光伏一体化远程集控系统“安全可控国产化+智能应用”的深度融合解决方案，具备了软件全功能、硬件全方位国产化替代的能力，核心软硬件产品实现国产化全替代，核心软件代码100%自主可控。

华电睿智进一步拓展应用场景，已在两网40座变电站实现应用，涵盖1000kV及以下各电压等级。项目组克服项目周期短、技术难度大、设备元器件供货紧张等种种困难，本着工匠精神、卓越品质的理念不断的攻坚克难，积极协调内部研发团队、上下游供需产业链、权威检测机构打磨具备核心竞争力的自主可控网络安全监测产品。

四、创新打造自主可控品牌的有效路径和思考

加快建设科技强国，实现高水平科技自立自强。自力更生是中华民族自立于世界民族之林的奋斗基点，自主创新是我们攀登世界科技高峰的必由之路。党的十八大以来，习近平总书记反复叮嘱我们，要矢志不移自主创新，敢于走前人没有走过的路，打造自主创新新高地、原始创新策源地，强化国家战略科技力量建设，实现关键核心技术自主可控，力争实现我国整体科技水平从跟跑向并行、领跑的战略性转变。他反复强调，关键核心技术是国之重器，必须牢牢掌握在自己手里，这关系中国前途命运；要增强责任感和危机感，丢掉幻想，正视现实，打好关键核心技术攻坚战，加快攻克重要领域“卡脖子”技术；国有企业特别是中央所属国有企业，一定要加强自主创新能力，研发和掌握更多的国之重器。

要把握大势、抢占先机，直面问题、迎难而上，进一步增强科技自立自强意识，牢固树立敢于同世界强手比拼的志气、骨气、底气，把“自立”与“自强”“立起来”

与“强起来”紧密结合起来，坚定不移走中国特色自主创新之路，推动形成国家发展的新优势。要加强原创性、引领性科技攻关，强化国家战略科技力量，推进科技体制改革，构建开放创新生态，激发各类人才创新活力，加快世界科技强国建设，努力实现高水平科技自立自强。

（一）强化党建引领，争当实现高水平科技自立自强的排头兵

中国特色现代国有企业制度，“特”就特在把党的领导融入公司治理各环节，把企业党组织内嵌到公司治理结构之中。以此为指导，中央企业党组织在打造自主可控品牌之初，每一步要把党的领导和党的建设嵌入其中，发挥好党组“把方向、管大局、促落实”的核心作用，认真落实全国国有企业党的建设工作会精神，落实习近平总书记关于两个“一以贯之”重要论述精神，严格执行关于贯彻落实习近平总书记重要指示批示精神工作制度，建立健全工作机制，细化工作举措，切实把党的政治优势、组织优势转化为企业科技创新的竞争优势、发展优势。

要坚持问题导向，奔着最紧急、最紧迫的问题去。要从国家急迫需要和长远需求出发，要在事关发展全局和国家安全的基础核心领域，前瞻部署一批战略性、储备性技术研发项目，瞄准未来科技和产业发展的制高点。中央企业党组织要按照国资委部署，坚持问题导向，围绕国际国家行业标准编制、重大攻关任务、获得科技奖项等方面，逐一制定工作措施。深入推进“科改示范行动”要求，进一步加大中央企业改革三年行动力度，不断增强把握新发展阶段、贯彻新发展理念、构建新发展格局的政治能力、战略眼光、专业水平，勇于担当、善于作为。

要坚持按照服务国家战略需要。着力落实好科技创新总体部署，科学制定科技创新“十四五”规划，积极参加国家发展改革委“揭榜挂帅”项目，申报国家能源局首台套装备、参加行业高层次科技奖项申报等工作，进一步提升行业影响力和竞争力，切实把党中央科技创新“路线图”转化为“施工图”和“效果图”。

要强化党建引领，实现优势互补、资源共享。要充分发挥党委、支部、党员的示范表率和引领作用，因地制宜，适时开展党委与党委、支部与支部等结对共建工作，关键时刻，党员要响应号召，主动出列，敢于迎接挑战。通过支部学习和主题党日等活动，对于项目攻关组成员要加强沟通交流，实现资源共享、优势互补，共同提升党建和业务水平，以自主核心攻关示范项目的成功实施检验党建共建的实践成果。党委要提高站位，有效发挥党建引领作用，以党建共建赋能自主攻关项目，擎旗而行、全力以赴，确保项目务期必成。

（二）发挥新型举国体制优势，在科技自强中跑出发展“加速度”

新型举国体制是在充分发挥市场经济基础上政府集中力量办大事的优势体制，是中国特色社会主义制度优势的重要体现。它在强化国家战略科技力量，引导科技创新特别是自主核心技术重点突破，实现跨越式创新发展方面，具有一般市场经济下政府所不具备的能力。诸如中国华电与中国电子联合组建实验室，就自主可控 DCS 系统及 TCS 系统中适配麒麟系统、飞腾 CPU、达梦数据库等国产化软硬件产品开展攻关，并取得了卓越成绩。

实现“政产学研用”相结合优势。新型举国体制使政府参与其中，能够更好发挥组织和服务作用；使企业参与其中，能够更好发挥市场在资源配置中的决定性作用；使高校参与其中，能够更好发挥其立德树人的育人作用和人才输送的重要作用；使科研机构参与其中，能够更好发挥科学研究和技术创新的支撑作用；使用户参与其中，能够更好反馈市场信息，明确创新需求，提供创新方向。明确政府、企业、高校、科研院所、用户在创新体系中不同的功能定位，能够激发各类主体创新激情和活力，形

成自主创新的强大合力，构建功能互补、深度融合、良性互动、完备高效的协同创新格局。

发挥凝神聚力于科技创新的战略优势。新型举国体制能够凝神聚力于科技创新，致力于全面增强自主创新能力，强化战略科技力量，推动科技创新和经济社会发展深度融合。党的十八大以来，以习近平同志为核心的党中央在科技创新领域推出了一系列具有战略意义的新举措。明确国家目标和紧迫战略需求的重大领域，围绕国家重大战略需求，着力攻破关键核心技术，强化攻坚克难的战略科技力量，引领未来发展的战略制高点。

依托中国特色社会主义制度的政治优势。中国特色社会主义制度具有集中力量办大事的显著优势，是当代中国发展进步的根本制度保障。尤其是党的十八大以来，中国特色社会主义制度更加完善，新型举国体制也愈加合理，显示出更为鲜明的政治优势。一方面，党的全面领导不断增强。全面从严治党向纵深发展，党的政治领导力、思想引领力、群众组织力、社会号召力不断提高，可以广泛地调动、组织和协调各种资源，成为新型举国体制在各个领域推进的坚强领导力量。另一方面，集中力量办大事更为有效。国家治理体系和治理能力现代化水平明显提高，中国特色社会主义市场经济条件下集中力量办大事的路径、体制不断完善。中国特色社会主义制度的发展为新型举国体制提供了坚实基础。

（三）深化机制体制改革，激发企业创新活力

科技创新是一个国家走向繁荣富强的立身之本，是在国际竞争中纵横捭阖的制胜之道。科技自立自强是我们主动识变应变、因时因势而动的战略选择，完善的科技创新体制机制将为加快实现这一战略选择提供坚强制度保障。要增强企业创新动力，正向激励企业创新，反向倒逼企业创新。要发挥企业出题者作用，推进重点项目协同和研发活动一体化，加快构建龙头企业牵头、高校院所支撑、各创新主体相互协同的创新联合体，发展高效强大的共性技术供给体系，提高科技成果转移转化成效。要坚持目标导向和问题导向，以优化科技资源配置、激发创新主体活力、完善科技治理机制为着力点，深化新一轮科技体制改革，加强科技力量统筹，更好发挥我国科技创新在齐备的学科建制、宏大的人才规模、丰富的应用场景、高效的组织领导等方面的系统化集成化优势。

优化调整科技创新机制体制。一是优化国家科技规划体系和运行机制，增强科技规划对科技任务布局和资源配置的引领作用，构建“战略研究—规划部署—任务布局—组织实施”的有效衔接机制。二是分类推进重大任务研发管理。对支撑国家重大战略需求的任务，实行“揭榜挂帅”“军令状”“里程碑式考核”等管理方式；对支撑经济社会发展的任务，与部门、地方共同组织实施，探索完善“悬赏制”“赛马制”等任务管理方式；对科技创新前沿探索的任务，在竞争择优的基础上鼓励自由探索。三是完善充分激发科技人员创造性的科研管理方式。开展以国家使命和创新绩效为导向的现代科研院所改革，完善科研项目和资金管理，切实减轻科研人员负担，赋予创新领军人才更大技术路线决定权和经费使用权，加快推进项目经费使用“包干制”试点，开展基于信任的科学家负责制试点。

建立健全基础前沿研究资金投入机制。针对基础研究，要加大资金的投入，加快形成以政府投入为主、社会投入多元化的机制，推动基础研究财政投入持续增长，引导企业和金融机构以适当方式加大支持，鼓励社会以捐赠和建立基金等方式多渠道投入，扩大基础研究资金来源。作为管理部门，探索前沿性原创性科学问题发现和提出机制，完善颠覆性和非共识性研究的遴选和支持机制，努力实现更多“从 0 到 1”的

突破。构建从国家安全、产业发展、民生改善的实践中凝练基础科学问题的机制，以应用研究带动基础研究。

改革科研评价体制激发人才活力。通过强化国家使命导向，围绕重要学科领域和创新方向培养造就一批具有国际水平的战略科技人才、科技领军人才和创新团队，建立有利于青年科技人才脱颖而出的机制。持续不断完善科技评价机制，确立以质量、贡献、绩效为核心的评价导向，实行与不同类型科研活动规律相适应的跟踪和分类评价制度，优化科技奖励项目。落实用人单位的评价自主权，减少不必要的政府性评价活动，坚决破除“唯论文、唯职称、唯学历、唯奖项”，落实代表作制度。坚持教育、激励、监督、惩戒相结合，加强科研诚信和监管机制建设。大力弘扬科学家精神，引导广大科技工作者秉持国家利益和人民利益至上。强化科技界联合惩戒机制，以“零容忍”的态度加大对科研不端行为的查处力度和公开曝光，切实净化学术环境，推动作风学风实质性改观。

（四）实施人才强企战略，为实现高水平科技自立自强夯实人才基础

国以才兴，业以才旺。人才是创新驱动的第一要素，是推动科技发展的重要原动力，也是科技创新中最为活跃、最为积极的因素。全方位建设一流人才队伍，才能在全球科技飞速发展的当下，持续推动企业创新发展和技术进步。面向全面建设社会主义现代化国家的新征程，要始终坚持党管人才，坚决扛起时代赋予的科技创新使命，大力实施人才强企战略，全方位培养、引进、用好人才，以“海纳百川”“知才善用”的姿态来进行人才的储备和培育。通过深化机制体制改革，努力打造人才“高地”，充分发挥人才优势，激发企业创新活力，实现更多领域的自主可控，解决关键核心技术的“卡脖子”问题，为实现高水平科技自立自强夯实人才基础，注入“源头活水”。

坚持党对人才工作的全面领导。新时代是奋斗者的新时代，也是人尽其才的新时代。人才是创新的第一动力，是发展的第一引擎，在奋进前行的道路上，我们党始终重视培养人才、团结人才、引领人才、成就人才。要充分发挥企业党组织“把方向、管大局、促落实”的领导作用，坚持党对人才工作的全面领导，在科学制定“十四五”中长期研发规划和重点科研项目计划的基础之上，把对人才的发展摆在首要位置。建立定期研究人才发展和科技创新的工作机制，以问题为导向，及时协调解决科技创新和人才发展中遇到的难题。建立重点项目和资金统筹协调机制，对自主可控工控系统等重点关键核心技术研究给予政策倾斜，形成浓厚的创新氛围，努力造就了一批国家急需、水平一流的科技领军人才和创新团队。

坚持深化人才发展体制机制改革。人才是兴业之本、创新之源。在科技飞速发展的新形势下，人才竞争空前激烈，如何最大化激发人才的创新创造活力，已成为科技自主创新的先决条件和重要前提。我们必须始终注重深化人才发展体制机制改革，充分发挥用人主体在人才培养、引进、使用中的积极作用。持续完善评价体制机制改革，坚持成果、绩效、贡献为核心的评价导向，建立研发投入持续增长机制。加大改革力度，完善科技创新考核评价机制，要在年度目标中将关键核心技术攻关、科技创新收入、科技成果产出等纳入企业业绩考核指标。制定专利技术、重大奖项考核奖励制度，实施科研项目考核奖励办法，加大面向一线科技人员的考核激励力度。

坚持人才引领发展的战略定位。现代化科技时代，谋事在人，成事也在人。顺应发展需求，加快构建并实施有利于科技人才潜心研究和创新的评价体系。持续不断加大岗位分红力度，加大向关键岗位科研人员的倾斜力度。高度重视人才引进和自主培养，结合“揭榜挂帅”、重点科技项目实施，进一步打造具有行业影响力的科技人才队伍。畅通和拓宽科研人员发展通道，建立科研人员专业技术职位序列和薪酬体系，完善多元化激励鼓励机制。对参与核心攻关项目的技术研发团队进行定向激励等。

五、政策建议和实施效果

（一）政策建议

进入新时代，高质量的发展是未来的重点，使质量和效益双提高，为实现高水平科技自立自强、强化国家战略科技力量出力。要深化科技体制改革，着力落实好各项政策，最大程度地发挥科技人员的积极性和创造性，要发挥科学家精神，鼓励企业家精神，鼓励青年人创新创业的精神，为科研人员创造宽松的创新环境，使他们能够心无旁骛，同时又不怕失败、勇往直前地去实现自身的目标，实现国家发展的目标。

针对国家层面我们建议如下：

一是充分发挥国家重大科技专项计划的引领作用。设立自主可控等专项资金和项目支持计划，鼓励开展关键零部件国产化替代研究，给予取得重大突破的成果要及时给予资金和项目试点支持。

二是鼓励支持国内有关企业集体深入推进自主可控集体攻关。由政府或关联企业相关部门牵头，发挥联动机制，加强跨行业沟通联系，实现资源开发和产业应用有机结合，为自主可控技术提供良好研发环境。

三是设立专项科研激励机制，对重大国产化设备替代的项目，要给予政策和项目

支持倾斜，特别是在项目实施上要强化顶层设计，一体化推进，避免项目半途而废，无用武之地。

四是加强政府与企业联动，政府要主动加强服务，协助企业取得相关认证，推进国产化替代等自主核心设备实现规模化应用，实现自主可控国产化装备研发-应用-检验-提高的良性循环，不断提高自主可控的市场竞争力和占有率。

（二）实施效果

中国华电从 330MW、660MW、1000MW 燃煤机组 DCS 到 E 级燃气机组 TCS，从 1.5MW、3MW 陆上风电风机主控系统到 6.2MW 海上风电风机主控系统，从 200MW、600MW 水电计算机监控系统到跨流域水电新能源集控系统，再到新一代变电集控站设备监控系统，在国内率先构筑覆盖火电、燃机、水电、风电、光伏、电网的电力自主可控工控产品系列中实现了一次又一次重大突破，跑出了原创性、引领性技术攻关加速度，塑造了科技创新优势，用实际行动表明了加快打造原创性技术策源地和现代产业链链长的信心和决心。

其中，“华电睿蓝”火电智能分散控制系统是国内最早实现国产化替代的火电 DCS 系统，该系统继在华电扬州电厂 330MW 机组、华电章丘电厂 300WM 火电机组投运后，进一步在适用性、安全性上进行全面升级，成功在华电芜湖电厂 660MW 超超临界机组投运，首次实现自主可控 DCS 在主流火电机组上的示范应用和全厂一体化控制。2020 年 7 月通过中国电机工程学会鉴定，认为整体达到国际领先水平。“华电睿信”水电站计算机监控系统先后在华电洪家渡水电站 200MW 机组、构皮滩水电站 600MW 机组成功投运，实现全国首台套投运后打造了水电监控系统升级版。科技成果于 2020 年 10 月通过鉴定，认为项目填补了国内空白，整体达到国际先进水平，部分成果达到国际领先水平。“华电睿风”风电场一体化监控系统于 2020 年 11 月在华电宁东风电场 1.5MW 风电机组成功并网，在实现核心元器件和应用软件国产化率 100% 的基础上，开发了拥有自主知识产权的风电主控 PLC，实现了主控控制策略、变桨控制策略自主可控，同时提升风能利用效率3～5个百分点。“华电睿智”自主可控智能变电站保护控制和监控系统于2020年12月通过鉴定，专家组一致认为填补了国内空白，整体技术处于国际先进水平，部分技术达到国际领先水平。目前项目成果已在4座1000kV变电站、3座500kV变电站、7座220kV变电站、11座110kV变电站挂网运行，设备运行状态良好。

六、结语

科技是国家强盛之基，创新是民族进步之魂。在企业高质量发展的道路上，必须要散播创新的种子，点燃创新的激情，通过科技创新不断开创崭新局面。

中国华电进行了积极有益的探索与尝试，通过强化党建引领，坚持党的领导，加强党的建设，发挥新型举国体制优势，加大政策支持力度，深化机制体制改革，培育科技创新人才，激发企业创新活力，取得覆盖火电、燃机、水电、风电、光伏、电网的电力自主可控工控更高水平的科技自立自强，尽管如此，面对疫情等复杂影响的全球经济环境，高水平科技的自立自强还有许多方面问题亟需解决，中国华电正在全面总结经验、乘势而上，向更高水平科技自立自强发起新的挑战，为早日建成具有全球竞争力的世界一流能源企业而努力奋斗。

号角声声，鼙鼓阵阵，在建设社会主义现代化强国的征途中，中国共产党正在带领我们，乘着创新的东风，永不停歇，奋勇向前，为实现中华民族伟大复兴的中国梦努力奋斗。

适应高质量发展的集团公司火电企业绿色发展评价体系研究构建与实践

华电电力科学研究院有限公司

王　静　孙友源　韩学义　朱德臣　刘亦芳　宋明光

十八大以来，在新发展理念的引领下，生态文明建设正向纵深推进。绿色发展是五大新发展理念之一，是生态文明建设的鲜明底色，也是推动实现高质量发展的特征反映。而2030年碳达峰目标和2060年碳中和愿景的提出，更是我国立足新的发展阶段作出的重要决策部署，是对生态文明建设有效的补充和完善，赋予了绿色发展更丰富的内涵。作为能源央企，集团公司理应在生态文明建设和碳达峰碳中和战略进程中争当绿色发展的示范企业，但目前尚缺少量化绿色发展水平，引领高质量发展的评价体系。面临复杂的外部形势，集团公司亟需开展与绿色发展相适应的支撑体系研究，推动实现“绿色”成为集团公司发展的鲜明“底色”，助力高质量发展。

一、研究背景

（一）绿色发展是推动高质量发展的关键举措

绿色发展是以效率、和谐、持续为目标的经济增长和社会发展方式，与环境、经济、政治、文化、社会各方面紧密结合。全球已就减少温室气体排放的重要性形成共识，出台的排放标准也日益严格，应对气候变化成为国际当前推动绿色发展的重要动因。绿色发展将社会经济与生态环境协同考量，是一种高质量的发展模式，对保护全球生态环境、实现包容和可持续的经济增长具有重要意义。

我国于2010年就提出绿色发展概念和思想，并于2015年召开的十八届五中全会上提出创新、协调、绿色、开放、共享的新发展理念。2017年10月党的十九大将绿色发展纳入“美丽中国”建设的实现途径。“十四五”规划和二〇三五年远景目标建议中提出“构建生态文明体系，促进经济社会发展全面绿色转型，建设人与自然和谐共生的现代化”。

中国走绿色发展之路，是符合时代大势的正确选择，是新时代建设中国特色社会主义的重要方略。推动能源领域变革，构建清洁低碳、安全高效的能源体系是实现绿色发展的一项重要举措。电力企业作为能源领域的重要力量，在促进能源系统绿色低碳转型过程中具有举足轻重的作用。如何在新形势下加快转型升级，使能源系统更加灵活、智能、绿色、低碳，是当前我国电力企业发展面临的重大问题。

（二）绿色发展评价是生态文明建设的重要工作

随着国家绿色发展研究和实施逐步取得进展，对绿色发展水平和绿色发展实施效果的有效评价具有越来越重要的作用。根据中共中央办公厅、国务院办公厅关于印发《生态文明建设目标评价考核办法》的要求，国家发展改革委、国家统计局、环境保护部、中央组织部制定了《绿色发展指标体系》和《生态文明建设考核目标体系》作为生态文明建设评价考核的依据，并首次公布了2016年度各省份绿色发展指数。绿色发展指数的发布对促进中国生态文明建设、构建可持续发展的“地球村”、推动建设人类命运共同体具有重要意义。

（三）集团公司高度重视绿色发展评价

2021年集团公司工作会议上，温枢刚董事长提出“积极研究和参与全国用能权和碳排放权交易市场，建立绿色发展指标体系”。在国家“双碳”目标背景下，火电企业绿色低碳转型已成为必然趋势，企业需逐步构建和完善绿色发展体系，在节能降耗、资源节约和环境保护等方面采取绿色发展举措。开展能源领域绿色发展评价，尤其是火电企业绿色发展评价，既是火电行业进行绿色低碳转型的重要保障，也是对企业绿色发展理念贯彻落实情况的重要评估手段，同时也可为集团公司建立绿色发展指标体系奠定坚实的基础。

二、国内外绿色发展评价现状

（一）绿色发展评价方法研究现状

为测度绿色发展的进程和绩效，国内外开发了大量的绿色发展指标体系。绿色发展评价主要围绕“仪表盘（dashboard）”指标体系、“综合（composite）”指数指标体系、“调整的（adjusted）”经济指标和“足迹（footprints）”指标。国内外影响力较大的绿色发展指标体系如表1所示。

仪表盘指标体系是在国际上应用最广泛的测度绿色发展的评价方法，尤其是近年来，仪表盘指标体系不仅在发达国家，而且在发展中国家也已经得到发展和应用。其中，最具影响力的包括经济合作与发展组织（OECD）绿色增长指标体系、联合国环

境规划署（UNEP）绿色经济指标体系、联合国亚洲及太平洋经济社会委员会（UNESCAP）绿色增长指标体系等。

表 1　　国内外绿色发展指标体系

评价方法	国际		国内	
	开发（机构，时间）	应用	开发（机构，时间）	应用
仪表盘指标体系	绿色增长指标体系（经济合作与发展组织，2011）	经合组织成员国和其他非成员国	较少采用	
	绿色经济指标体系（联合国环境规划署，2012）	非洲、亚太、东欧、拉美等国		
	绿色增长指标体系（联合国亚洲及太平洋经济社会委员会，2013）	亚太地区发展中国家		
	包容绿色增长指标体系（绿色增长知识平台，2013）	发达和发展中国家		
	绿色增长指标体系（全球绿色增长研究所，2015）	柬埔寨、老挝、秘鲁等发展中国家		
综合指数指标体系	人类发展指数（联合国开发计划署，1990）	全球国家层面	资源环境绩效指数（中国科学院，2006）	全球国家层面
	多维贫困指数（牛津贫困与人类发展倡议，2010）	全球国家层面	绿色发展指数（北京师范大学，2010）	中国省、市层面
	美好生活指数（经济合作与发展组织，2011）	全球国家层面	绿色发展指数（国家发展改革委、统计局、环境保护部、中央组织部，2016）	中国省、市层面
	环境绩效指数（耶鲁大学，2006）	全球国家层面	绿色发展指数（人大国发院，2018）	中国省、市层面
调整的经济指标	环境经济账户体系（联合国统计局，1993）	墨西哥、泰国、菲律宾等发展中国家和美国、德国、芬兰等发达国家	自然资源核算（国家统计局等，2001）	中国
	调整后的净储蓄（世界银行，2002）	世界银行提供约 120 个国家的数据	绿色国民经济核算（原国家环境保护总局、世界银行，2004）	中国
足迹指标	生态足迹（全球足迹网络，2003）	全球足迹网络提供 200 多个国家的数据		

综合指数指标体系是在我国应用最广泛的测度绿色发展的评价方法。2010 年，北京师范大学提出绿色发展指数，此后连续几年发布中国绿色发展指数系列报告，使绿色发展指数实现了时空维度上的纵横向比较。在国际上，虽然综合指数指标体系早已

存在而且已经在不同国家得到了广泛应用，但是严格意义上来说，尚未有真正的绿色发展综合指数，已有的综合指数多是测度绿色发展的某些方面。

调整的经济指标自1981年起已经有近40年的发展历史。1993年，联合国统计司将环境存量和流量纳入传统的国民经济核算体系（SNA），在数十个国家都得到了应用，也是目前影响最深和应用最广的调整经济指标类评价方法。

绿色发展评价是国外学者认为的绿色发展相关评价的一类重要指标，目前已经得到广泛应用的包括生态足迹、碳足迹、水足迹、资源足迹等。其中，生态足迹最早于20世纪90年代提出，2009年建立生态足迹标准以后，生态足迹指标实现全球可比，并得到了广泛的应用。

（二）绿色发展指标研究现状

目前，国内应用的绿色发展的评价方法主要为综合指数指标体系，即以绿色发展指数为代表的绿色发展水平的评价。2016年，我国发布《绿色发展指标体系》，构建了以经济增长绿化度、资源环境承载潜力和政府政策支持度三大类作为一级指标，并进一步细分为9个二级指标和60个三级指标的结构体系，采用专家咨询法确立权重。该指标体系既强调绿色与发展结合，包含资源、生态、环境、生产与生活等多方面，又突出了各地区的绿色发展的测评与比较，在省、市层面绿色发展评价中得到广泛应用。对绿色发展水平的测度主要有层次分析法、熵权法、主成分分析法等。2017年，国家统计局初步计算了中国省级层面的绿色发展状况；生态环境部环境与经济政策研究中心评估了2013—2016年我国各省市绿色发展水平的变动趋势和空间格局；还有其他一些机构和学者尝试构建不同的指标体系对区域及产业绿色发展状况进行评价，如对河南省、安徽省、北京市、大同市、雄安新区等的绿色发展水平进行评价研究。

（三）火电企业绿色发展评价面临的问题

在国家绿色发展指标体系的指引下，已有多个区域开展适用的差异化的评价体系研究，分析关键因素对绿色发展水平的影响，研究绿色发展水平。然而绿色发展评价方法众多，采用不同绿色发展评价方法差别较大，且测算结果不尽相同，因此，评价过程中如何结合实际情况选择合适的评价指标，探索出较为客观与准确的方法对绿色发展实施进行客观评价显得尤为必要。

尽管国内已开展针对各地区、各行业的绿色发展评价研究，但涉及发电集团基层企业层面绿色发展评价体系的研究较少。绿色发展是新形势下火电企业发展的必由之路，构建一套科学规范的火电企业绿色发展评价体系是定量评价火电企业绿色发展水平的基础，对促进高质量发展具有重要作用，因此，亟需开展集团公司火电企业绿色

发展评价体系研究。

三、火电企业绿色发展评价体系研究和构建

遵循“科学性、可行性、代表性”原则，研究确定与生态文明建设相适应的火电机组绿色发展指标体系，建立评价准则和评价方法，采用层次分析法确定各指标权重，形成火电企业绿色发展评价体系。

（一）层次分析法

层次分析法将目标的影响因素分解为多个层次，对不同影响因素展开深入分析，适用于多层次、多目标的系统评价。该方法通过对比指标间的相对重要程度，构建各层次判断矩阵，再通过计算判断矩阵获得特征向量，利用特征向量得到各指标的权重，最后对矩阵进行一致性检验。

判断矩阵 A 如下所示：

$$A=\begin{bmatrix} a_{11} & a_{12} & \cdots & a_{1n} \\ a_{21} & a_{22} & \cdots & a_{2n} \\ \vdots & \vdots & \vdots & \vdots \\ a_{n1} & a_{n2} & \cdots & a_{nn} \end{bmatrix}$$

$A=(a_{ij})n\times n$，其中 a_{ij} 表示第 i 个因素对第 j 个因素的相对重要性。

（二）绿色发展评价体系构建

1. 评价指标的选取

火电企业绿色发展评价体系依据科学性、可操作性、层次性与系统性指标设定原则，建立火电企业绿色发展评价体系，确定火电企业绿色发展评价为目标层 H，将能耗水平、排放水平、减排绩效、社会责任建立为准则层 C_1、C_2、C_3、C_4，确定各准测层下总共 15 项指标建立指标层，具体如表 2 所示。

表 2　　火电企业绿色发展评价指标

目标层	准则层	指标层
一级指标	二级指标	三级指标
绿色发展评价 H	能耗水平 C_1	供电标准煤耗 A1
		供热标准煤耗 A2
		固体废物综合利用率 A3
	排放水平 C_2	供电碳强度 A4
		供热碳强度 A5

续表

目标层	准则层	指标层
绿色发展评价 H	排放水平 C_2	颗粒物排放绩效 A6
		氮氧化物排放绩效 A7
		SO_2 排放绩效 A8
	减排绩效 C_3	碳减排量 A9
		颗粒物减排量 A10
		氮氧化物减排量 A11
		SO_2 减排量 A12
	社会责任 C_4	碳市场足额履约率 A13
		绿色低碳治理投资占产值比重 A14
		绿色低碳信息披露 A15

指标层指标计算公式：

1）供电标准煤耗：统计期内每供出 1kWh 电能平均耗用的标准煤量。

$$b_g = \frac{B_f}{1 - \frac{L_{fcy}}{100}}$$

式中：b_g 为供电煤耗，g/kWh；B_f 为发电煤耗，g/kWh；L_{fcy} 为发电厂用电率。

2）供热标准煤耗：统计期内每对外供热 1GJ 的热量所消耗的标准煤量。

$$b_r = \frac{B_b \times \alpha}{\sum Q_{gr}} \times 10$$

式中：b_r 为供热煤耗，t/GJ；B_b 为发电耗煤量，t；α 为供热比；$\sum Q_{gr}$ 为供热量，GJ。

3）固体废物综合利用率：固体废物综合利用量占固体废物产生量的百分率。

固体废物综合利用率=固体废物综合利用量÷（固体废物产生量+综合利用往年贮存量）×100%

4）供电碳强度：每供出 1MWh 的电量所产生的二氧化碳排放量。

$$P = \frac{J(1-\alpha)}{Q_e}$$

式中：P 为供电碳排放强度，tCO_2/MWh；J 为纳入交易碳排放量，tCO_2；α 为供热比；Q_e 为供电量，MWh。

5）供热碳强度：每供出 1GJ 的热量所产生的二氧化碳排放量。

$$Q = \frac{J \times \alpha}{Q_h}$$

式中：Q 为供热碳排放强度，tCO_2/GJ；J 为纳入交易碳排放量，tCO_2；α 为供热比；Q_h 为供热量，GJ。

6）颗粒物排放绩效：每供出 1MWh 的电量所产生的颗粒物排放量。

7）氮氧化物排放绩效：每供出 1MWh 的电量所产生的氮氧化物排放量。

8）SO_2 排放绩效：每供出 1MWh 的电量所产生的 SO_2 排放量。

9）碳减排量

碳减排量：本年度碳排放强度下降所贡献的碳减排量。

$$\Delta E = Q_e(P - P_0) + Q_h(Q - Q_0)$$

式中：ΔE 为碳减排量，tCO_2；Q_e 为供电量，MWh；P 为供电碳排放强度，tCO_2/MWh；P_0 为评价年度上一年供电碳排放强度，tCO_2/MWh；Q_h 为供热量，GJ；Q 为评价年度供热碳排放强度，tCO_2/GJ；Q_0 为评价年度上一年供热碳排放强度，tCO_2/GJ。

10）颗粒物减排量：本年度颗粒物排放绩效下降所贡献的颗粒物减排量。

$$\Delta E_K = Q_e(P_K - P_{K,0})$$

式中：ΔE_K 为颗粒物减排量，t；Q_e 为供电量，MWh；P_K 为颗粒物排放绩效，t/MWh；$P_{K,0}$ 为评价年度上一年颗粒物排放绩效，t/MWh。

11）氮氧化物减排量：本年度颗粒物排放绩效下降所贡献的颗粒物减排量。

$$\Delta E_{NO_x} = Q_e(P_{NO_x} - P_{NO_x,0})$$

式中：ΔE_{NO_x} 为氮氧化物减排量，t；Q_e 为供电量，MWh；P_{NO_x} 为氮氧化物排放绩效，t/MWh；$P_{NO_x,0}$ 为评价年度上一年氮氧化物排放绩效，t/MWh。

12）SO_2 减排量：本年度颗粒物排放绩效下降所贡献的颗粒物减排量。

$$\Delta E_{SO_2} = Q_e(P_{SO_2} - P_{SO_2,0})$$

式中：ΔE_{SO_2} 为 SO_2 减排量，t；Q_e 为供电量，MWh；P_{SO_2} 为 SO_2 排放绩效，t/MWh；$P_{SO_2,0}$ 为评价年度上一年 SO_2 排放绩效，t/MWh。

13）碳市场足额履约率：实际履约排放量占应履约排放量的比重。

$$\varphi_L = \frac{L_S - L_0}{L_0} \times 100\%$$

式中：φ_L 为足额履约率，%；L_S 为实际履约碳配额量，tCO_2；L_0 为应履约碳配额量，tCO_2。

14）绿色低碳治理投资占产值比重：

$$\varphi=\frac{E}{L}\times100\%$$

式中：φ 为绿色低碳治理投资占产值比重，%；E 为绿色低碳治理投资，万元；L 为产值，万元。

15）绿色低碳信息披露：火电企业能够定期披露绿色低碳信息。

2. 权重设置

将火电企业绿色发展评价指标分为目标层、准则层、指标层三个层级，应用 yaahp 软件构建出火电企业绿色发展评价模型。火电企业绿色发展评价模型如图 1 所示。

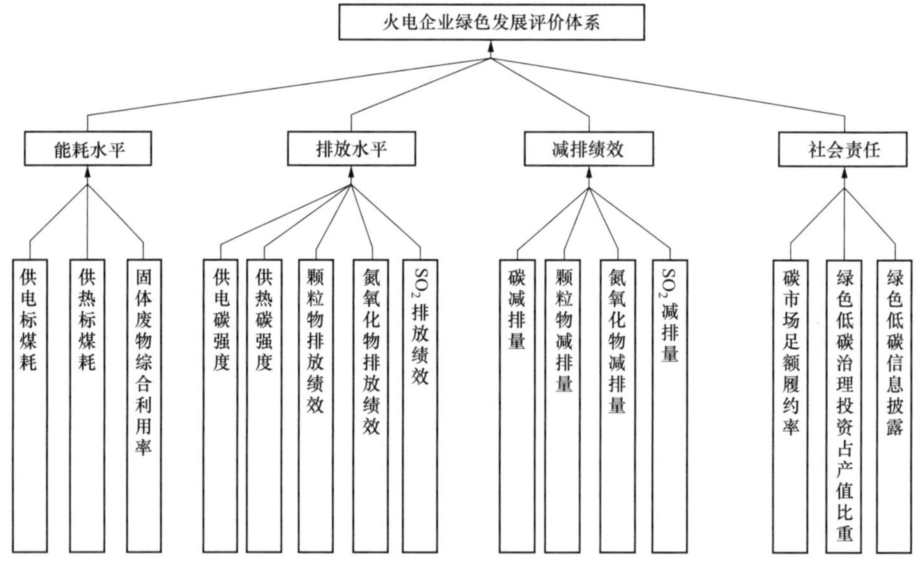

图 1　火电企业绿色发展评价模型

通过对不同层次间指标两两对比后进行赋值，获得不同层次的判断矩阵，并计算得到各指标权重。准则层判断矩阵、指标层判断矩阵、各级指标权重分别如图 2、图 3 所示。

3. 评价准则

火电企业绿色发展评价准则如表 3 所示。

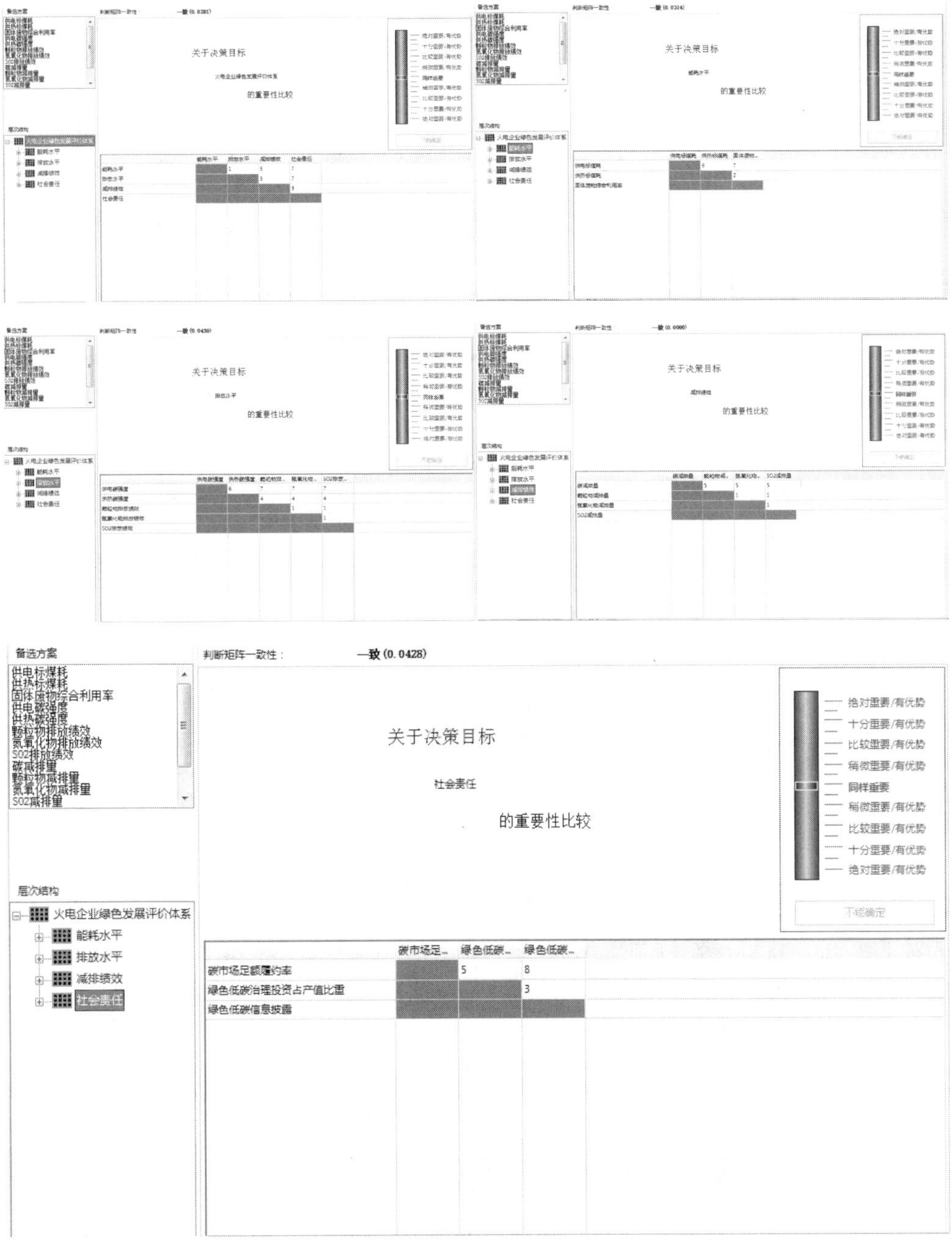

图 2 准则层及指标层判断矩阵

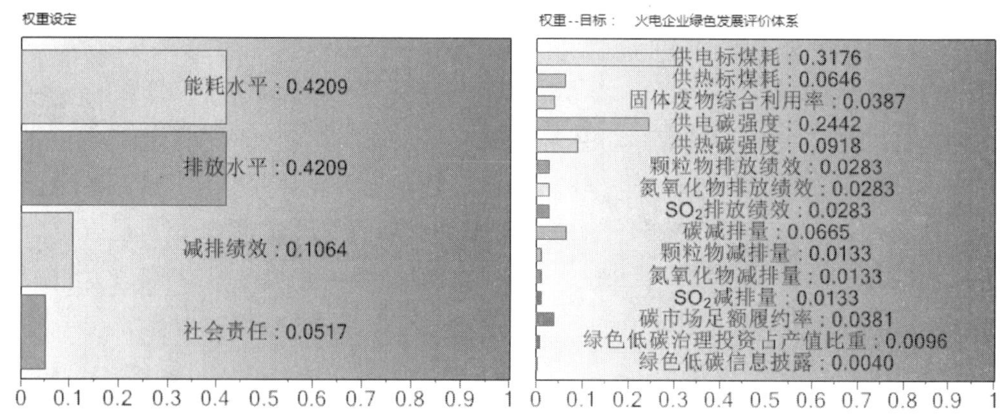

图 3　准则层及指标层判断矩阵权重

表 3　　火电企业绿色发展评价准则

序号	准则层	评价指标	评价准则	满分
1	能耗水平	供电标准煤耗	与同类型机组的行业平均值相比，若供电煤耗等于供电煤耗平均值，则得分为 60，每减少（增加）1g/kWh，得分增加（减少）1 分	100
2		供热标准煤耗	与同类型机组的行业平均值相比，若供热煤耗等于供热煤耗平均值，则得分为 60，每减少（增加）0.1kg/kJ，得分增加（减少）1 分	100
3		固体废物综合利用率	利用率 60%得 60 分；每增加（减少）1%，得分增加（减少）1 分	100
4	排放水平	供电碳排放强度	与同类型机组的行业修正基准值相比，若供电碳排放强度等于供电碳排放修正基准值，则得分为 60，强度每减少（增加）1g/kWh，得分增加（减少）1 分	100
5		供热碳排放强度	与同类型机组的行业基准值相比，若供热碳排放强度等于供热碳排放强度基准值，则得分为 60；强度每减少（增加）1t/TJ，得分增加（减少）2 分	100
6		颗粒物排放绩效	与限值相比，若等于限值，则得分为 60；每减少 0.2mg/m^3，得分增加 2 分，超过限值，得 0 分	100
7		氮氧化物排放绩效	与限值相比，若等于限值，则得分为 60；每减少 0.3mg/m^3，得分增加 2 分，超过限值，得 0 分	100
8		SO_2 排放绩效	与限值相比，若等于限值，则得分为 60；每减少 0.25mg/m^3，得分增加 2 分，超过限值，得 0 分	100
9	减排绩效	碳减排量	减排量为 0，则得分为 60 分；减排量每增加（减少）1 万 t，得分增加（减少）1 分	100
10		颗粒物减排量	减排量为 0，则得分为 60 分；减排量每增加（减少）5t，得分增加（减少）1 分	100

续表

序号	准则层	评价指标	评价准则	满分
11	减排绩效	氮氧化物减排量	减排量为 0，则得分为 60 分；减排量每增加（减少）15t，得分增加（减少）1 分	100
12		SO_2 减排量	减排量为 0，则得分为 60 分；减排量每增加（减少）35t，得分增加（减少）1 分	100
13	社会责任	碳市场足额履约率	履约率为 100%，则得分为 100 分；履约率不足 100%得分为 0 分	100
14		绿色低碳治理投资占产值比重	占比 1%得 60 分；每增加（减少）0.1%，得分增加（减少）1 分	100
15		绿色低碳信息披露	披露，则得分为 100；不披露得分为 0 分	100

（三）评价方法

根据表 2 中评价准则对某企业各指标的实施效果进行打分，根据各指标层权重，最终得出综合评价得分。综合得分计算方法：

$$G=\sum_{i=12}a_i\times g_i$$

式中：G 为综合得分；a_i 为各项指标层指标的权重；g_i 为各项指标层指标的得分。

通过火电企业绿色发展评价的综合得分可判断火电企业绿色发展整体实施效果。结合各项得分及实际工作情况开展分析，针对性地提出改进建议，可有效完善企业在绿色发展工作中的不足，促进火电企业绿色发展水平进一步提高。

四、火电企业应对策略及政策建议

火电企业应完整全面准确贯彻新发展理念，积极落实国家碳达峰碳中和以及“四个革命、一个合作”能源安全新战略的部署，紧紧围绕集团公司“五三六战略”，以清洁低碳、安全高效为目标，将绿色发展全面融入火电企业生产和经营，坚持发展方向与市场导向相一致，坚持管理创新体系和低碳科技攻关双轮驱动，强化火电企业适应碳市场和电力市场能力，全面提升火电企业绿色低碳竞争力。

（一）牢固树立绿色低碳发展理念，提高思想认识

火电企业要立足新发展阶段，贯彻新发展理念，构建新发展格局，深入贯彻落实国家碳达峰碳中和战略目标，要强化绿色低碳发展的认识，坚持战略性布局、系统性谋划、整体性推进思路，将绿色发展理念深度融入生产和经营发展方方面面，逐步建立绿色发展与公司规划、市场营销、生产技术、燃料管控、安全环保等相关领域的协同机制，力争形成绿色低碳发展新模式，将其作为未来推动实现火电企业高质量发展的强大武器。

（二）健全火电企业绿色发展体制机制，筑牢组织保障

一是建立完善的火电企业绿色发展组织机构。要强化统筹协调，加强组织领导，研究成立绿色低碳发展工作组，统筹指导和研究落实绿色低碳发展的各项重点任务、重点项目，协调解决重点问题，保障绿色低碳发展战略有效实施。二是强化专业人才队伍建设。推动建立规范化的人才培养机制，积极培养系统内碳排放管理和电力市场竞争的专业人才队伍，做好绿色低碳发展专业人才的引进、吸纳和储备，同时充分发挥专家团队的作用，提供低碳发展前瞻性、战略性问题的研究咨询和系统论证，为火电企业提升竞争力提供有效支撑。三是进一步提升绿色发展数字化管理水平。注重绿色低碳发展先进管理理念、策略和信息技术的交融，通过信息化手段，全面提升各项绿色低碳发展的智能化、高效化，为火电企业向绿色低碳转型提供坚实保障。

（三）主动融入碳市场和电力市场，提升市场效益

碳市场和电力市场是影响企业经营和发展的两个关键市场机制。要充分利用好市场机制对资源优化配置的决定性作用，努力提升火电企业在市场中的效益。一是强化碳市场和电力市场耦合影响的分析。注重市场导向作用，以火电整体效益最大化为目标，加大经济运行和电量替代，实现发电计划、电量分配由高能耗、高排放机组向低能耗、低排放机组倾斜，有效降低发电企业整体发电成本，提升发电企业一体化盈利能力。二是坚持火电企业生产和经营与市场导向相结合，以效益作为衡量标准，在碳市场和电力市场背景下，逐步构建综合考虑绿色发展和效益的评价体系，形成科学评估机制，全面评估重点项目和重点任务对低碳发展和效益的综合影响，科学合理甄选兼顾绿色低碳发展和经济效益的项目，有效控制项目沉没成本，在保证效益的基础上促进发电企业清洁低碳发展。

（四）大力推动低碳科技创新，探索火电低碳发展路径

一是坚持节能提效优先，提升能源利用效率。把节能贯穿于生产的各方面，瞄准先进水平，加快实施节能降耗技改工作，持续提高机组效率，有效实现存量机组经济高效低碳发电。统筹考虑低碳、安全、经济等综合效益，增强低碳运行优化和燃料优化的研究与应用，深挖企业降碳空间。二是强化低碳科技创新攻关，推动火电清洁低碳转型。主动跟踪研判碳捕集、利用与封存（CCUS）先进低碳技术，着力突破低能耗、高效率等应用瓶颈，加快引进吸收、改进和应用，推动低碳技术从被动跟随向自主创新转变，降低火电企业碳排放。有序推进燃煤机组生物质改造的规划布局，在生物质资源有保障、政策落实区域，开展燃煤机组生物质直接掺烧、生物质气化燃煤耦合发电等技术的研究和应用，超前研究布局生物质+碳捕集的负碳技术，推动煤电机

组低碳发展。三是多措并举，推动火电机组逐步转变定位。积极参与构建新型电力系统，努力顺应新形势对火电机组的功能定位，充分利用灵活性改造等措施，推动煤电机组由基荷电源向调节性电源转变，要充分发挥燃气机组在新型电力系统构建中桥梁和纽带的作用，提升火电机组竞争力。

（五）科学合理向政府反映诉求，积极争取政策支撑

未来发电企业必将面临绿色低碳发展带来的新挑战，建议火电企业在做好自身应对策略的同时，还应加强对绿色低碳发展支持政策的密切追踪和研究，加强沟通协调，积极向主管部门反馈诉求和建议，主动参与和引导政策制定，合理争取公司利益。

关于企业 IPO 阶段及上市后信息披露的内控机制研究

华电福新能源股份有限公司

黄永坚　张瑞君　李　红　张连清

王　安　尹　韬　张　珏　耿巧玲

一、企业信息披露的涵义

（一）信息披露的涵义

信息披露主要是指公众公司以招股说明书、上市公告书以及定期报告和临时报告等形式，把公司及与公司相关的信息，向投资者和社会公众公开披露的行为。

信息披露制度要遵循四大原则，首先为真实、准确、完整原则，即保证披露信息的数量和性质；其次为及时性原则，即定期报告和重要信息及时报告；再者为风险揭示原则，即发行人需要披露公司运营的相关风险；最后为保护商业秘密原则，即在完整披露信息的前提下，发行人向证监会申请豁免披露商业秘密、国家机密等不应披露的信息。

从披露信息种类来看，信息披露主要分为定期报告和临时报告两类，其中定期报告包括年度报告和中期报告，中期报告包括半年度报告和季度报告，而常见的临时报告有董事会决议公告、股东大会决议公告等。从公司发行程序上看，信息披露也可以分为两个阶段，即 IPO 阶段的信息披露以及上市后阶段的持续信息披露，下文将对两个阶段的信息披露涵义进行概述。

（二）企业 IPO 阶段信息披露的涵义

首次公开募股（Initial Public Offering，IPO）是指一家企业（发行人）第一次将它的股份向公众出售（首次公开发行，指股份公司首次向社会公众公开招股的发行方式）。通常，上市公司的股份是根据相应证券会出具的招股书或登记声明中约定的条款通过经纪商或做市商进行销售。一般来说，一旦首次公开上市完成后，这家公司就可以申

请到证券交易所或报价系统挂牌交易。

IPO阶段信息披露是指发行人依据《公司法》《首次公开发行股票并上市管理办法》《上市公司信息披露管理办法》等要求，在首次公开募股中的预先披露环节，将招股说明书、招股说明书摘要、发行公告、上市公告书等在股票发行过程中应当披露的相关信息刊登在至少一种证监会指定的报刊，同时刊登在证监会指定的网站。在此阶段的招股说明书并非是发行人发行股票的正式文件，其内容不应含有价格信息。

IPO阶段的信息披露具有多方面的重要作用，对于证监会来说，一方面预先披露招股说明书可便于社会公众对股票发行审核工作进行监督；另一方面社会公众也可对文件中存在的问题进行举报，从而提高发行效率，避免证监会在审核过程中出现问题；对投资者来说，可以使其提前了解被投资企业的运营情况、发展前景等方面，有助于进行投资决策。

（三）企业上市后信息披露的涵义

上市公司信息披露一般是指上市公司通过招股说明书、募集说明书、上市公告书、定期报告、临时报告及规定的其他披露文件，向广大投资者及信息使用者披露反映企业财务状况、经营成果和现金流量变动的货币性信息，以及有助于理解、分析和利用这些货币性信息的相关非货币信息。在上市公司披露的信息中，不仅包括与财务状况以及经营情况相关的会计信息，还要包括上市公司发行前的披露、上市后的持续信息公开。即任何影响投资者进行决策、对公司股票价格造成剧烈波动、涉及股票市场公平、影响公司运营及财务状况等信息都应该公开披露。

（四）信息披露风险的涵义和种类

信息披露风险是一种合规风险，其涵义是由于企业主观故意或客观的原因，导致信息披露内容的不准确或披露程序的不规范，而被证监会或相关部门处罚或面临投资者诉讼的风险。

从导致原因来看，信息披露风险可以主要分为三类：信息披露不真实导致的风险、信息披露不及时导致的风险和信息披露不充分导致的风险。第一类信息披露不真实的风险是因为公司高层从公司运营的角度考虑，存在不愿意详细披露公司真实状况的心理，通过对财务报表进行了粉饰或使用其他手段，导致披露信息的不真实性，从而误导投资者进行投资决策，扰乱股票市场。第二类信息披露不及时的风险主要体现在临时报告这一方面，上市公司可能会根据自身的利益而刻意选择披露时间，从而降低信息披露的及时性，影响投资者的利益。第三类信息披露不充分的风险是由于上市公司为了树立良好的企业形象，而对公司负面的信息披露不充分导致的。以上这三类信息披露的风险都会影响投资者判断，扰乱股票市场秩序，同时也给上市公司的形象带来负面影响，甚至公司还将面临证监会等相关部门的处罚。

二、新证券法规环境下上市公司信息披露要求的变化

（一）加重了信息披露违法的法律责任

近年来，证券监管趋势持续从严，信息披露违法成本不断提升。2019年以来，我国立法、执法、司法领域多措并举，全面重构信息披露制度。

在行政责任方面，新《证券法》的实施，对信息披露违法主体的行政处罚标准提升到一个新的量级。广东榕泰作为适用新《证券法》行政处罚的首单，该案违法主体被处罚款合计1450万元。其中，对广东榕泰处以300万元罚款，对实际控制人罚款330万元，对其他责任人员处以20万元至160万元不等的罚款。

在民事责任方面，新《证券法》第九十条和2020年7月最高人民法院发布《全国法院审理债券纠纷案件座谈会纪要》和《关于证券纠纷代表人诉讼若干问题的规定》，标志着正式确立“中国式证券集团诉讼”。2021年11月12日，康美民事赔偿案作为这种诉讼方式的首单，康美药业公司及原董事长等22名被告被一审判决赔偿24.59亿元，这无疑在中国资本市场上“扔下了一颗核弹”，必将对中国资本市场产生重大且深远的影响。

在刑事责任方面，2020年11月，中央深改委通过《关于依法从严打击证券违法活动的若干意见》；2020年12月26日，《刑法修正案（十一）》审议通过，显著提升欺诈发行股票债券罪和违规披露不披露重要信息罪的刑事责任。

（二）从国家法律层面扩大了信息披露的义务主体

新《证券法》第七十八条第一款规定，发行人及其他信息披露义务人，应当及时依法履行信息披露义务。该条首次用信息披露义务人代替了旧法中的“发行人、上市公司”，为实践中追究发行人的控股股东、实际控制人以及收购人的信息披露违法行为提供了法律依据。虽然证监会发布《信息披露违法行为行政责任认定规则》（证监会〔2011〕11号）等部门规章中也有类似规定，但从法律层面确认立法层次更高、更稳定。

新《证券法》第八十条规定，控股股东或者实际控制人对重大事件的发生、进展产生较大影响的，应当及时履行告知义务，并配合公司进行信息披露，以避免控股股东或者实际控制人利用股东权利、支配地位指使上市公司向其提供内幕信息，或者令发行人作出虚假陈述、误导性陈述等违法行为。新法第八十二条规定，董监高对证券发行文件和定期报告的信息质量负有保证责任，并赋予了其提出异议的权利。

（三）完善了信息披露的原则和要求

新《证券法》第七十八条第二款和第八十二条第三款规定信息披露义务人披露的信息，应当真实、准确、完整，及时、公平、简明清晰，通俗易懂。及时性强调了信息披露的时效性，明确了迟延披露的违法性。关于公平性，新法在第八十三条第一款规定信息披露义务人披露的信息应当同时向所有投资者披露，不得提前泄露。可理解性要求披露的信息简明清晰，通俗易懂。

（四）从国家法律层面增加了境内外同步披露要求

对于跨境上市的公司，新《证券法》第七十八条第三款规定，信息披露义务人在境外披露的信息，应当在境内同时披露。理论上，境内外同时披露呼应了前述新增的公平披露原则，能够保证境内外投资者获取的信息质量、数量、时效是一致的。证监会原来在部门规章层面有类似规定，这次在国家法律层面得到了固化。

（五）重新界定重大事件

对于股票上市的公司，新《证券法》第八十条在整合相关文件的基础上，将公司重大资产变动、提供重大担保或者进行关联交易、董事长或者经理无法履行职责等内容纳入“重大事项”的范畴。对于债券上市的公司，新法增加了第八十一条，规定公司应当对影响债券交易价格的重大事项进行临时报告，尤其是第二款列举了公司股权结构或者生产经营状况发生重大变化、债券信用评级发生变化等十项具体表现，提升了债券在资本市场中的地位。

（六）鼓励自愿披露

除强制披露外，新《证券法》第八十四条规定信息披露义务人可自愿披露与投资者作出价值判断、投资决策相关的信息。鼓励自愿披露刺激了发行人之间的竞争，信息越充分，越能得到投资者的青睐，在市场检验中脱颖而出的概率越大。

三、各板块IPO阶段及上市后信息披露情况比较

（一）信息披露主要内容比较

1. IPO阶段信息披露事项对比

在审核制下，主板上市的IPO阶段企业主要通过证监会官网对外披露信息。所披露信息以招股说明书为主，并由证监会对外披露首次公开发行反馈意见及发审委审核意见，但发行人针对以上两个意见所作出的回复并未在证监会官网或其他相关网站上进行披露。

在注册制下，科创板上市的IPO阶段企业通过证监会官网及上交所官网对外披露信息。发行人在证监会官网披露其招股说明书、发行保荐书、上市保荐书、审计报告、

法律意见书（以上内容在上交所官网同步披露）。除上述内容外，上交所官网还披露发行人的基本信息、上交所问询及回复文件、上市委会议公告与结果、注册结果文件等相关信息。IPO阶段主板与科创板/创业板披露内容对比见表1。

表1　　IPO阶段主板与科创板/创业板披露内容对比

序号	主板（审核制）	科创板/创业板（注册制）
1	招股说明书	招股说明书
2	首次公开发行反馈意见	首次公开发行反馈意见及回复
3	发审委审核意见	上市委审核意见及回复
4	发行保荐书	发行保荐书
5	上市保荐书	上市保荐书
6	审计报告	审计报告
7	法律意见书	法律意见书
8	发审委问询意见	上交所问询及回复文件
9	发审委会议公告与结果	上市委会议公告与结果

2. 上市后信息披露事项对比

在审核制下，主板上市公司信息披露事项主要包括定期报告、董事会和监事会决议及通知、股东大会决议及通知、应当披露的交易事项等共计36项公告类别。

在注册制下，科创板/创业板上市公司信息披露事项主要包括定期报告、董事会和监事会决议及通知、股东大会决议及通知、应当披露的交易事项等共计41项公告类别。其中较主板披露事项而言，未体现股权分置改革该披露事项，增加特别表决权、超额配售选择权、存托凭证相关公告、行业信息及风险事项等披露内容。上市后主板与科创板/创业板披露内容对比见表2。

表2　　上市后主板与科创板/创业板披露内容对比

序号	主板（审核制）	科创板/创业板（注册制）
1	定期报告	定期报告
2	董事会和监事会	董事会和监事会
3	股东大会	股东大会
4	应当披露的交易	应当披露的交易
5	关联交易	关联交易
6	对外担保	对外担保

续表

序号	主板 （审核制）	科创板/创业板 （注册制）
7	募集资金使用与管理	募集资金使用与管理
8	业绩预告、业绩快报和盈利预测	业绩预告、业绩快报和盈利预测
9	利润分配和资本公积金转增股本	利润分配和资本公积金转增股本
10	股票交易异常波动和澄清	股票交易异常波动和澄清
11	股份上市流通与股本变动	股份上市流通与股本变动
12	股东增持或减持股份	股东增持或减持股份
13	权益变动报告书和（要约）收购	权益变动报告书和（要约）收购
14	股权型再融资	股权型再融资
15	其他再融资	其他再融资
16	重大资产重组	重大资产重组
17	吸收合并	吸收合并
18	回购股份	回购股份
19	可转换公司债	可转换公司债
20	公司债	公司债
21	股权激励及员工持股计划	股权激励及员工持股计划
22	股权分置改革	—
23	诉讼和仲裁	诉讼和仲裁
24	股东股份被质押冻结或司法拍卖	股东股份被质押冻结或司法拍卖
25	破产与重整	破产与重整
26	其他重大事项	其他重大事项
27	公司重要基本信息变化	公司重要基本信息变化
28	风险警示	风险警示
29	终止上市	终止上市
30	补充更正公告	补充更正公告
31	规范运作	规范运作
32	中介机构报告	中介机构报告
33	停复牌提示性公告	停复牌提示性公告
34	仅上网披露的文件/材料	仅上网披露的文件/材料
35	优先股	优先股
36	—	特别表决权

续表

序号	主板 （审核制）	科创板/创业板 （注册制）
37	—	超额配售选择权
38	—	存托凭证相关公告
39	—	行业信息及风险事项
40	可转换公司债券涉及的重大事项	可转换公司债券涉及的重大事项
41	其他披露事项	其他披露事项

注　1．主板披露事项参见《上海证券交易所信息披露公告类别索引表》（2016 年 1 月 21 日修订）；

2．科创板/创业板披露事项参见《科创板上市公司信息披露业务指南第 1 号——信息披露业务办理》（2020 年 9 月 11 日发布）附件一：上海证券交易所科创板信息披露公告类别索引表。

3．主板与科创板下信息披露规则对比

在 IPO 阶段，在审核制下的主板上市由于政府需为上市公司的信息质量做“背书”，所以审核标准更加严苛；在注册制下的科创板对上市标准更加宽松，对于亏损企业和存在表决权差异的企业都允许上市。

在上市后阶段，在注册制下的科创板披露规则相较于在审核制下的主板披露规则在审核标准范围和金额要求更加严苛，具体主要体现在特别重大合同披露、与关联法人和关联人发生的关联交易标准、新业务开展、股票交易异常波动/严重异常波动披露、股票减持披露、业绩预告、业绩快报、股权激励、终止上市披露等方面。主板与科创板全过程披露规则对比见表 3。

表 3　　主板与科创板全过程披露规则对比

序号	主板 （审核制）	科创板 （注册制）
1．上市标准	《首次公开发行股票并上市管理办法》（中国证券监督管理委员会令第 122 号）：财务会计指标： ①最近三年年度净利润为正数，且累计超过 3000 万元； ②最近三年累计现金流量超过人民币 5000 万元，或者最近三年营业收入累计超过 3 亿元； ③发行前股本总额不少于人民币 3000 万元； ④最近一期末，无形资产占净资产的比例不高于 20%	《上海证券交易所科创板股票发行上市审核规则》除本规则第二十三条、第二十四条规定的情形外，发行人申请股票首次发行上市的，应当至少符合下列上市标准中的一项，发行人的招股说明书和保荐人的上市保荐书应当明确说明所选择的具体上市标准； 亏损企业可以上市
2．表决权差异	—	允许存在表决权差异的企业在科创板上市

续表

序号	主板 （审核制）	科创板 （注册制）
3．特别重大合同披露	经审计总资产/营业收入/营业成本的 50%以上，且绝对金额超过 5 亿元	经审计总资产/营业收入/营业成本的 50%以上，且绝对金额超过 1 亿元
4．与关联法人和关联人发生的关联交易标准	与关联法人：经审计净资产绝对值 0.5%以上的关联交易，金额在 300 万元以上；与关联人：经审计净资产绝对值 5%以上的关联交易，金额在 3000 万元以上	与关联法人：经审计总资产/市值 0.1%以上的交易，且超过 300 万元；与关联人：经审计总资产/市值 1%以上的交易，且超过 3000 万元
5．新业务开展	—	对于公司开展与主营业务行业不同的新业务，或者进行可能导致公司业务发生重大变化的收购或处置资产等交易，以及开展新业务涉及收购资产、对外投资等事项，达到规定需要披露
6．股票交易异常波动/严重异常波动披露	①《上海证券交易所风险警示板股票交易管理办法》规定了异常波动范围； ②《上海证券交易所交易规则》对股票、基金交易实行价格涨跌幅限制，涨跌幅比例为 10%，风险警示股票价格的涨跌幅限制为 5%，退市整理股票价格的涨跌幅限制为 10%； ③《上海证券交易所证券异常交易实时监控细则》无价格涨跌幅限制的股票盘中交易价格、换手率、有价格涨跌幅限制的风险警示股票盘中换手率的规定	①《上海证券交易所科创板股票异常交易实时监控细则（试行）》规定了异常波动范围外，额外规定了严重异常波动范围； ②《上海证券交易所科创板股票交易特别规定》对科创板股票竞价交易实行价格涨跌幅限制，涨跌幅比例为 20%，首次公开发行上市的股票，上市后的前 5 个交易日不设价格涨跌幅限制； ③《上海证券交易所科创板股票异常交易实时监控细则》无价格涨跌幅限制的股票盘中交易价格涨幅规定
7．股票减持披露	按照《上海证券交易所上市公司股东及董事、监事、高级管理人员减持股份实施细则》规定	①《上海证券交易所上市公司股东及董事、监事、高级管理人员减持股份实施细则》； ②《上海证券交易所科创板股票上市规则》2.4.6“上市公司控股股东、实际控制人在限售期满后减持首发前股份的，应当明确并披露公司的控制权安排”；2.4.8“上市公司控股股东、实际控制人减持股份，依照《减持细则》披露减持计划的，还应当在减持计划中披露上市公司是否存在重大负面事项、重大风险、控股股东或者实际控制人认为应当说明的事项，以及本所要求披露的其他内容。”
8．业绩预告	《第二十八号　上市公司业绩预盈/预亏公告》	《第十二号　科创板上市公司业绩预告公告》多增加一条业绩预告披露要求：“因《上海证券交易所科创板股票上市规则》第 12.4.2 条规定的情形，其股票被实施退市风险警示的，应当于会计年度结束之日起 1 个月内进行业绩预告。”
9．业绩快报	《第三十一号　上市公司业绩快报公告》； 主板除了临时公告格式指引适用范围之外，不做强制要求	《第十四号　科创板上市公司业绩快报公告》明确规定： ①预计不能在会计年度结束之日起 2 个月内披露年度报告的，应当在该会计年度结束之日起 2 个月内按照《上海证券交易所科创板股票上市规则》第 6.2.5 条的要求披露业绩快报； ②上市公司在定期报告正式披露前向国家有关机关报送未公开的定期财务数据，预计无法保密

续表

序号	主板 （审核制）	科创板 （注册制）
10．股权激励	《上市公司股权激励管理办法》（2018年修订）	《科创板上市公司信息披露工作备忘录第四号——股权激励信息披露指引》新增了第二类限制性股票，即符合股权激励计划授予条件的激励对象，在满足相应获益条件后分次获得并登记的本公司股票。 针对第二类限制性股票，发布了相应的公告格式指引《第五号　科创板上市公司股权激励计划限制性股票符合归属条件公告》《第六号　科创板上市公司股权激励计划限制性股票归属结果暨股份上市公告》
11．终止上市披露	《上海证券交易所上市公司重大违法强制退市实施办法》	《上海证券交易所科创板股票上市规则》科创板没有ST和暂停上市，触发了《上海证券交易所科创板股票上市规则》中：财务类或者规范类退市风险警示情形的，则及时披露股票被实施退市风险警示的公告。触发了重大违法或交易类强制退市情形、股票进入退市整理期交易的，则及时披露股票将被终止上市的风险提示公告

（二）信息披露发展趋势分析

对比审核制与注册制下信息披露制度的差异点，可以发现核准制下，发行人进行信息披露是为了让证监会看到自身的价值和发展潜力，进而获得进入市场的批准；注册制下，发行人进入市场无需经过证监会的实质审查，信息披露直接作用于投资者和市场，接受市场的审查。这就要求注册制下的信息披露事项的广度和深度都要进行延展，相关披露要求也愈发细致和精准，并将越来越严格。

四、防范信息披露风险的企业内控机制建设

（一）信息披露风险防范机制建设的目标和要素

1. 企业内控机制建设目标

我国证券市场正在经历着以注册制改革为起点的整体性变革，从“核准制”向“注册制”的顺利转型需要一系列配套制度的跟进配合。在证券发行注册制的改革征途上，监管者意在逐步退出市场博弈，将要求上市公司“披露什么”以及“如何披露”的话语权交还给投资者，使信息披露成为投资者和上市公司之间进行博弈的有力工具。

由于各板块上市规则逐渐趋于严格，这使得上市公司需要进一步明确行业信息披露、分阶段披露、资源信息披露等信息披露规定。公司是否存在合理的信息披露制度、是否会合法合规地进行信息披露工作、是否可以更加及时、准确、充分地进行相关信

息的披露将成为上市公司构建信息披露风险防范机制的核心目标。

2. 企业内控机制建设要素

为合理保证企业信息披露合法合规、相关信息真实完整，上市公司建立与实施内部控制，从内部环境、风险评估、控制活动、信息与沟通、监控等五个相互联系的要素构建信息披露风险防范机制。

（二）华电福新发展上市后在信息披露方面的特别风险

华电福新能源发展有限公司（简称“华电福新发展”）作为一家跨区域拟 IPO 企业，在上市后将在信息披露方面面临着一般区域内上市公司所没有的特别风险，即区域公司和基层企业未及时识别并上报应披露的信息，上市公司在信息披露方面的风险加大。

作为上市公司主体，区域公司和基层企业在信息披露合规管理方面的意识相对较弱，对应披露信息上报及其合规管理肯定不如华电福新发展本部重视，各区域公司之间管理水平又参差不齐，本部对区域公司及子公司的信息监管手段有限，区域化管理模式下部分区域公司或基层企业可能没有能够及时识别相关信息并上报华电福新公司本部履行决策程序并披露，或者上报本部的时间严重滞后，这些都增加了华电福新发展信息披露的外部监管风险。

（三）信息披露的内部环境建设

作为信息披露的主体，上市公司内部治理结构的合理程度将直接影响信息披露质量的优劣。对上市过程中可能发生的问题，上市公司可以采取灵活适配自身的控制和鼓励体系，寻求信息披露有效性和控制成本的双赢最优解。其中，保证信息披露质量的首要任务就是完善自身内部控制体系。确保上市公司的控股股东或者实际控制人、董事、监事、高级管理人员应当忠实、勤勉地履行职责，保证披露信息的真实、准确、完整，简明清晰，通俗易懂，没有虚假记载、误导性陈述或者重大遗漏，并就其保证承担个别和连带法律责任。

1. 控股股东或者实际控制人

股东作为公司的所有者，享有法律、行政法规和公司章程规定的合法权利，并承担相应义务。上市公司应建立能够确保股东充分行使信息披露义务的沟通渠道。确保控股股东或者实际控制人对重大事件的发生、进展产生较大影响时，能够及时履行告知义务，并配合公司进行信息披露。

2. 董事会

董事会对整个公司内部控制的有效性负有最终责任。董事会应加强对公司管理层的监督，建立和完善公司信息披露的内部制度，改善信息披露质量。

3. 独立董事

独立董事享有对公司决议的独立表决权和监督权，能够较为客观、公正地对企业经营决策进行评价和建议，保证企业经营战略决策的有效实施，有效维护中小股东利益，增强企业行为的外部性。在注册制改革下，内部控制的重要性举足轻重，应将独立董事履职的积极性最大化、独立性优势突出化，使得公司能够发挥独立董事在信息披露方面的保障作用。

4. 监事会

公司监事会应当加强对信息披露的监督意识。公司可以增设财务专业出身的监事，确保其有充沛的时间和精力去监督公司信息披露。此外，公司还应明确规定监事在信息披露中应承担的主要责任。

5. 高级管理人员

企业高级管理人员需要对信息披露高度重视，压实高管信息披露合规的责任，不断提升高管对信息披露合规的风险意识和敏感程度，要像重视经营管理一样重视信息披露。

6. 各职能部门

上市公司各部门应指定一名人员作为部门重大信息内部收集联络人，及时收集相关材料，经部门负责人批准后报分管领导审查，再报送至董事会秘书处，提请履行相关审议及披露程序。董事会秘书发现重大信息事项时，有权直接向该事项的责任人或联络人询问情况。

（四）信息披露的风险评估机制建设

上市公司建立相应的风险控制制度，明确部门职责分工，确保在出现问题的情况下能够有责可问、有法可依、确保问责有效，为后期的上市公司信息披露质量奠定基础。

上市公司为保证风险识别的客观性和科学性，需要确定统一的评价指标，常见的基础性指标包括：公司治理水平、财务水平、风险指标、信息披露质量等。在每个基础指标之下还可设计更具体的二级、三级指标，根据每项指标所揭示的风险重要性的不同，对其配以不同权重。指标设计越精细，评价结果越接近客观事实。在确定评价指标之外，还需确定风险等级，对于高风险或频次较高的风险事项予以重点关注。

公司建立定期风险评估机制，由牵头部门组织，对公司信息披露风险采取每年总体评估、季度重点评估以及临时紧急评估的方式，有针对性地指导和完善信息披露风险评估工作。

（五）信息披露风险防控的主要措施

1. 完善细化信息披露公告事项清单

上市公司证券部门根据各证券交易所发布的信息披露公告事项类别索引及不同板

块信息披露惯例做法，对强制披露事项进行梳理分类，对披露事项的明细文件、发生频次、格式要求等基础规定进行列明，对重大事项范畴进行界定，同时明确各披露事项对应的部门归口职责，形成公司整体信息披露审查申报事项清单，并定期对变动情况进行更新。

为保证披露的信息简明清晰、通俗易懂，信息披露审查申报事项清单需对各事项满足的最低标准要素进行列明。

2. 建立信息披露时效预警机制

上市公司证券部门在信息披露内部审查程序上增加时效预警机制，对信息披露的及时性进行控制。由于法律未规定迟延披露和不披露的处罚程度，公司需先针对延迟披露和不披露情况区分内部考核标准，并在相关信息系统中对披露事项完成度进行预警，对超出预警未执行的进行考核。

对于披露信息提前泄露的情况，公司在发布披露公告前设置复核审批程序，由归口部门领导或业务部门专责进行程序复核，确保披露程序合法合规。

3. 提高自愿披露主观能动性

上市公司定期或不定期对当前资本市场情况进行合理预测，通过同行业对比，提供能够帮助投资者作出价值判断、投资决策相关的优质信息，经公司内部审核程序后进行披露。同时关注市场后续关注度和影响力，对有影响力的价值信息进行持续输出，对无价值的信息及时调整披露方向，减少披露成本。

4. 加强公司人员培训，强化专业知识素养

上市公司各业务部门人员都是披露信息的提供主体，确保各项信息数据的真实性和准确性是各业务部门的职责所在。公司可定期举行内部或外部培训，规范日常工作行为，提高工作人员合法合规披露信息的自觉性。

5. 增强合规意识，聘请专业机构防控风险

上市公司为避免不确定性信息造成的违规风险，可聘请专业法律机构对IPO阶段披露事项的合规合法性进行专业风险审查；对上市后的信息披露建立长效合规防控机制，公司内部法务部门定期进行合规审查，以防范相关风险。

（六）信息披露前的信息传递和信息披露信息系统

为确保信息披露的及时性、准确性、完整性与真实性，避免因未及时披露或披露信息有误带来的股价波动、监管处罚风险。公司应建立完善的信息传递机制，明确各种信息的收集人员、收集方式、传递程序、报告途径、时间节点和加工与处理要求等，以及时掌握投资者的偏好，实现信息披露的表述简洁、内容准确。

公司通过建立符合信息披露要求的信息系统，将信息披露管理的流程和关键控制

点，固化到信息披露系统中，相关风险点在业务发生的同时，就能通过信息披露系统实现流程控制或预警，相关部门能够通过信息披露系统，对公司的关键风险指标进行监控，持续提升信息披露的信息化水平。重点是完成主要信息报告系统的应用部署，实现主要信息报告的提出、审批、披露全过程归档管理。公司可建立信息披露的“零报告制度”，即使在规定的时间节点没有任何需要报告的情况也要报告，确保各责任人要承担起相应责任。

（七）信息披露的监控

公司应根据相关规定制定并实施信息披露事务管理制度，明确信息披露主要责任人。上市公司还可建立信息披露绩效评价与考核机制，将信息披露事务管理纳入绩效考核中，压实信息披露责任人的责任。同时，由监事会对信息披露事务管理制度的实施情况进行检查和监督，对发现的重大缺陷及时督促公司董事会改正，并可根据需要要求董事会对制度予以修订。公司董事会定期组织对信息披露事务管理制度及其实施情况进行检查，并采取相应的更新完善措施。

五、结论和启示

我国全面推行注册制“三步走”已经完成了科创板和创业板试点，只剩下最后一步。注册制改革的灵魂就是信息披露制度改革，以全面推行注册制为核心的《证券法》本质就是一部信息披露法，证券发行交易、上市、投资者保护以及各组织机构等章节都和信息披露有关。从本文的分析可以得出以下结论或启示：

（1）上市公司股东、实际控制人、董事、监事、高管的信息披露质量保证责任第一次以国家法律形式确立，具有更高的权威性和稳定性。

（2）在信息披露风险方面，发行人、上市公司及股东、实际控制人、董事、监事、高管和为上市公司服务的中介机构的行政责任、刑事责任、民事责任空前加大，极端情况下已经达到“牢底坐穿、倾家荡产、一生一世无法翻身”的地步。

（3）从审核制向注册制过渡的过程中，对信息披露的精度和广度要求会越来越高，相应的信息披露风险也就越来越高。

（4）华电福新发展作为一个跨区域拟上市公司，其信息披露方面的管理难度超过一般某具体区域内的上市公司，需要一套比较完善的机制来防控信息披露风险。

（5）华电福新发展应从机构岗位设置、企业文化、风险评估、控制措施、信息沟通、监控等要素方面健全完善信息披露内控机制。

提高巡视巡察整改质量有关问题的研究

华电能源股份有限公司

董凤亮　王新华　董衍良　张宏年

整改是巡视巡察工作的关键环节，是巡视巡察“推动改革、促进发展”的集中体现。本文重点研究影响巡视巡察整改质量的关键因素、巡视巡察整改过程中突出问题产生的原因和解决途径，实现巡视巡察高质量整改，推动巡视巡察监督、整改、治理有机贯通，切实发挥监督保障执行、促进完善发展作用。

一、实现巡视巡察高质量整改是检验对党绝对忠诚做到“两个维护”的试金石

党的十九大以来，习近平总书记关于巡视工作的每一次重要讲话，都对整改落实和成果运用提出明确要求。强化巡视整改落实和成果运用，做好巡视“后半篇文章”，成为十九届中央巡视工作深化发展的重要内容和鲜明特点。深入学习领会习近平总书记重要论述，贯彻中央巡视巡察工作新精神新要求，实现巡视巡察高质量整改，成为考验“巡”与“被巡”双方对党绝对忠诚、责任担当和能力素质的试金石，增强“四个意识”、坚定“四个自信”、做到“两个维护”的试金石。

（一）正确认识巡视巡察整改的重要意义

认识巡视巡察整改的重要意义，必须要从正确认识巡视巡察鲜明的政治属性开始。巡视巡察是党内监督的战略性制度安排，根本任务是“两个维护”，本质是上级党组织对下级党组织履行党的领导职能责任的政治监督，不是一般的业务检查、工作督查，深入发现和推动解决的是影响党的绝对领导、党的建设、全面从严治党的根本性全局性问题。习近平总书记强调，巡视发现问题的目的是解决问题，发现问题不解决，比不巡视的效果还坏，做好巡视“后半篇文章”关键要在整改上发力。发现问题是出发点，解决问题是落脚点。巡视整改是检验“四个意识”的试金石，整改不落实，就是对党不忠诚，对人民不负责。因此，巡视巡察整改成为检验对党绝对忠诚的具体行动，

推动党的理论路线方针政策贯彻落实的重要环节，落实以人民为中心的发展思想的有力举措，是以发现问题为逻辑起点认识巡视巡察整改得出的必然结论。坚持“发现问题、形成震慑，推动改革、促进发展”的巡视巡察工作方针，把巡视巡察整改作为全面从严治党、推动企业高质量发展的重要契机和抓手，推进系统性问题系统整改、普遍性问题全面治理，充分发挥巡视巡察标本兼治战略作用。

（二）影响巡视巡察整改质量的重要因素

2021 年 8 月集团公司党组印发《中国华电集团有限公司党组关于进一步加强巡视整改工作的意见》(中国华电党〔2021〕69 号)，提出巡视整改需要把握坚持问题导向、坚持标本兼治和坚持系统观念三个基本原则，三个基本原则提供了找出影响巡视巡察整改质量关键词的三个维度。

（1）坚持问题导向就要思想认识到位和责任落实到位。习近平总书记指出，巡视发现的问题，根本责任在被巡视单位党组织，自己的问题必须自己“买单”，不能发现问题后还当“看客”和“说客”。总书记多次强调，对巡视发现的问题，谁的孩子谁抱走，该谁整改的就由谁整改，该谁负责的就由谁负责。问题导向就是以问题为方向、以解决问题为指引，集中全部力量和有效资源攻坚克难，全力化解工作中的突出矛盾和问题，关键词是全部力量和全力化解。全部力量就是站在用整改体现对党绝对忠诚的高度，把整改作为做到“两个维护”的具体行动，思想到位责任到位，实现巡视巡察整改的政治自觉、思想自觉和行动自觉，才能做到全力化解突出矛盾和问题，做到条条要整改、件件有着落、事事有回音。

（2）坚持标本兼治就要举一反三和建立长效机制。标本兼治不是只解决具体问题、表面问题的“头疼医头脚疼医脚”。标本兼治就是要既解决好具体问题，又要由表及里深入分析和解决问题发生深层次原因，再由里及表地解决同类问题。关键词是由表及里和由里及表。由表及里就要举一反三分析原因，举一反三整改同类问题。由里及表就要建立长效机制防止改了再犯，把问题整改与建章立制结合起来。建立长效机制，强化刚性执行，有效堵塞漏洞，避免问题重复发生。

（3）坚持系统观念就要上下联动和贯通融合。巡视巡察是综合性监督，是战略性制度安排。整改要坚持和强化系统思维，巡视巡察是上级党组织对下级党组织全面履行政治监督责任的利剑，对发挥党内监督主导作用、带动其他监督具有撬动效应。习近平总书记多次强调，要充分发挥巡视巡察制度优势和纽带作用，打通党内监督和国家监督的贯通渠道，推动形成系统集成、协同高效的中国特色监督体系。系统的方法就是要在党委的全面领导下，充分调动和运用各方面管理、监督力量，统筹抓好巡视巡察整改和成果运用，做到上下联动、贯通协同，把制度优势转化为监督效能，提升巡视整改实效。关键词是上下联动和贯通融合，加强巡视巡察整改和成果运用，建立整改促进机制、评估机制，推动巡视巡察监督、整改、治理有机贯通。

从巡视整改需要把握坚持问题导向、坚持标本兼治和坚持系统观念三个基本原则入手，找出影响巡视巡察整改质量的重要因素有思想认识和责任落实到位、举一反三和长效机制、上下联动和贯通融合。马克思主义哲学告诉我们，在一项工作的主要问题和问题的主要方面上有的放矢、聚焦发力，往往会取得事半功倍、有效提升工作质量的显著效果。

一、巡视巡察整改过程中突出问题产生的原因和解决途径

巡视巡察整改过程中的问题，外在表现和具体原因多种多样，但归集起来主要是“四不到位”。一是整改基础性工作不到位。责任分工不明确、任务分解不到位、整改标准不高。二是具体问题整改不到位。整改措施缺乏针对性、时效性，有的整改措施“空转”不落实、重点难点问题整改推动乏力动力不足。三是举一反三不到位。整改就事论事、浅尝辄止，相同问题重复发生、屡禁不止，边改边犯、改了又犯。四是长效化机制建设不到位。建章立制不够、制度刚性不强，边改边犯、改了又犯。“四不到位”的根源就是思想认识和责任落实不到位，对巡视巡察整改的政治性认识不足、整改责任落实不力、整改推进力度不实；举一反三和长效机制不到位、上下联动和贯通融合不到位，严重影响巡视巡察整改的成效、影响巡视监督制度的权威，必须高度重视，认真解决。

（一）切实提高巡视整改的政治站位，把思想和行动统一到上级党组织巡视巡察整改要求上来

能不能按要求抓好巡视巡察整改，检验的是被巡视巡察党组织特别是主要负责人的政治忠诚、政治担当。要坚持把学习习总书记关于巡视巡察工作重要论述、重要指示批示精神贯穿巡视巡察整改工作全过程，与学习习近平新时代中国特色社会主义思想结合起来，学深悟透、融会贯通，增强政治判断力、政治领悟力、政治执行力，增强巡视巡察整改的思想自觉、政治自觉、理论自觉和行动自觉。承担巡视巡察整改责任的党组织和党员干部要把落实整改作为推进全面从严治党、推动国有企业高质量发展的重要契机和抓手，作为践行“两个维护”的实际行动，以永远在路上的韧劲持续深化整改。

（二）切实强化使命担当，进一步压实整改责任

被巡视巡察党组织要坚决扛起巡视巡察整改责任，坚持并不断完善党委领导统筹推进、分管领导落实“一岗专责”、纪委全面监督、整改专责机构协调组织、责任部门

到岗到任、基层单位上下联动一体推进的整改责任机制。

（1）夯实党委整改主体责任。被巡视巡察党组织要把巡视巡察整改作为推进全面从严治党、推动整体工作提高的重要契机和抓手，切实担起整改主体责任，发挥总揽全局、协调各方作用。要认真开好巡视巡察整改专题民主生活会，突出问题导向，注重实际效果，做到真认账、真反思、真整改、真负责。要抓住问题主要矛盾和矛盾的主要方面，以重点问题整改带动全面整改。要发扬钉钉子精神，锲而不舍、久久为功，一个问题一个问题解决。要坚决克服“过关”心态，防止前紧后松、虎头蛇尾，要形成整改常态化、长效化机制。

（2）夯实党委书记第一责任人责任。习近平总书记强调，要把巡视整改责任压给党委书记，主要负责同志要种好自己的责任田，该怎么整改就怎么整改，在落实上见真章，不能巡了和没巡一个样。党委书记要自觉以身作则、以上率下，对巡视整改负首责，以上率下、带头整改，真正把巡视巡察整改作为分内之事、应尽之责，直接抓、抓具体、抓到底，做到重要工作亲自部署、重大问题亲自过问、重点环节亲自协调、重要案件亲自督办，不能“只挂帅不出征”“只出兵不出招”。

（3）班子成员要履行“一岗双责”。党委书记要把整改责任传导给所有班子成员，督促班子成员履行好“一岗双责”。要把整改政治压力传导给班子成员，该谁整改的就由谁整改，该谁负责的就由谁负责，“谁的孩子谁抱走”。党委班子成员是巡视巡察聚焦的“关键少数”中的“关键”，整改责任定位不是责任领导更不是督促领导，而是直接责任人，要主动认领问题和责任，要把自己摆进去，把职责摆进去，把工作摆进去，坚决落实分管领域的整改任务。

（4）强化巡视整改日常监督。习近平总书记明确要求，纪检监察机关和组织部门要担起整改日常监督责任。一是要把督促巡视整改纳入日常监督。要突出工作重点，紧盯关键环节，重点监督党委履行巡视巡察整改主体责任落实情况。创新整改日常督查方式方法，定期梳理整改进展，动态分析整改成效，查找存在问题和薄弱环节，持续跟踪督办。要把监督巡视整改与问题线索处置、政治生态研判等结合起来，增强巡视巡察监督威慑力，促进形成巡视巡察监督和执纪监督整体合力。二是把督促整改与组织部门选人用人日常工作有机结合起来。组织部门要把巡视巡察结果作为干部考核评价、选拔任用的重要依据，对选人用人专项检查发现的问题集中整治，对反映干部不担当不作为的问题及时跟进，树立正确用人导向，把新时代党的组织路线贯彻落实到位。三是加强联动审查横向贯通强化整改监督。上级党组织要抓住影响整改实效的关键环节和突出问题，对被巡视巡察党组织的整改方案、整改措施和整改情况进行审查，对整改情况进行阶段评估、成效评估，促进再整改、再落实，有效提升整改质效，

增强日常监督、跟踪督导的外部推力作用，进一步激发被巡视单位解决问题的内生动力。2021年集团公司巡视办充分发挥综合监督平台作用，两次组织相关部门开展了联合审查。实践证明联合审查是健全巡视整改促进机制非常有效的机制创新，必须在巡视巡察整改实践中不断运用和完善。应建立完善联合审查重点任务清单，有效提高审查效率和质量。四是强化巡视巡察整改的群众监督。巡视整改情况通过适当方式公开，接受群众监督，这是提高巡视实效重要方式。要督促被巡视党组织按规定公开整改进展情况，要开展巡视巡察整改群众满意度测评调研工作，激发职工群众参与整改监督热情，体现党内监督的严肃性和主动接受群众监督的自觉性。五是强化巡视巡察整改问责。巡视巡察是利剑，不是稻草人。要敢于动真碰硬，以问责促整改、促落实。对整改不力、拒不整改的，对应付交差、企图蒙混过关，甚至弄虚作假的，严肃追责问责，典型问题通报曝光，达到“问责一个、警示一片”效果。

（5）增强整改措施的针对性实效性。检查整改措施是否具有针对性、实效性和可操作性，整改措施的落实情况是否具体、全面、真实，是否存在把“说了当做了、把做了当做成了”的情况。每项整改任务和整改措施的落实情况是否有对应的支撑性底账，是否存在纸上整改、数字整改、虚假整改、避重就轻、敷衍应付等问题。集团公司对巡视巡察整改提出明确的“四看”标准：一看产生问题的原因分析是否透彻到位，制定的整改措施及完成情况以及能否“包得住”问题，是否具有针对性、实效性、可操作性。二看反馈问题涉及的中央相关精神和重大决策部署，法纪规章是否得到贯彻执行，对造成损失的是否穷尽手段进行追损挽损，该纠错的是否纠错，该问责的是否精准运用四种形态问责处理。三看在抓好具体问题整改的同时，是否坚持举一反三推进同类问题的整改。是否强化面上共性问题的整改，着眼管长远、见长效，把解决共性问题与完善制度结合起来，并强化制度刚性执行，推动制度真正落地见效，不断健全完善长效机制，促进企业治理效能持续提升。四看是否认真落实“四个融入”要求，建立整改常态化、长效化工作机制，以永远在路上的执着和韧劲持续深化整改。

（6）加强巡视巡察整改成效评估倒逼整改责任落实。被巡视巡察党组织要根据明确的整改目标、整改责任、制定和已经落实的整改措施，自行开展对整改成效的检查、评价。整改评估的主体是党委班子，主要包括党委书记、党委副书记和纪委书记。整改评估对象是针对每一个巡视巡察反馈问题的整改情况和整改成效。整改评估包括但不限于整改目标、责任落实情况、整改措施制定情况、整改措施落实情况、举一反三长效机制建设情况、追责问责情况、整改成果运用情况。开展整改评估要建立明确的整改评估标准细则，并不断与时俱进、补充完善。整改评估要建立职工对整改满意度测评机制，把职工群众对巡视整改满意度作为整改评估的重要内容。

（7）运用巡视巡察整改成果着力推动持续整改促进不断发展。被巡视巡察党组织要综合运用巡视成果，既着力解决具体人和具体事的问题，也着力解决机制制度问题，把巡视巡察标本兼治战略作用发挥好。要拿出“当下改”的举措，集中解决巡视巡察发现的突出问题，对巡视移交的问题线索分清问题性质，精准把运用监督执纪“四种形态”，依规依纪依法处置，做到件件有着落。要完善“长久立”的机制，举一反三、延伸拓展，深化改革、补齐短板、完善制度。巡视巡察反馈的许多问题，仅靠老办法、老套路不行，必须解放思想，创新思路、举措、机制，通过改革和制度创新，加强权力制约监督，一体构建不敢腐、不能腐、不想腐的体制机制，不断健全党和国家监督体系。

三、华电能源公司党委巡视整改促进的主要做法和取得的成效

2021 年 1 月 29 日，集团党组第三巡视组反馈巡视意见后以来，华电能源党委切实在“真改、实改、全面改、持续改”上下功夫，着力解决了一批突出问题，加强了党的全面领导，广大党员干部的精气神进一步提振，取得了阶段性成果。针对 72 个具体问题、制定的 267 项整改措施全部落实，截至 11 月 15 日已经完成 69 个问题的整改工作，整改完成率 95.83%。

（一）主要做法

（1）高度重视巡视整改理论武装，筑牢整改政治基础。坚持从学习抓起、从思想改起，通过集中学习、专题研讨、讲党课、参加培训等多种形式，学习习总书记关于巡视整改的重要论述和重要讲话指示批示精神，筑牢整改思想基础、政治基础、理论基础，把巡视整改作为检验对党绝对忠诚的试金石，切实增强落实巡视反馈意见的责任感使命感。

（2）坚决压实“两个责任”，党委班子成员切实履行“一岗双责”。公司党委纪委坚决压实“两个责任”，党委全面落实、全面部署、统筹谋划，纪委全程参与、过程监督、协调组织，党委班子成员认真履行“一岗双责”。党委班子成员有效发挥“关键少数”引领作用，以履行“一岗双责”践行习近平总书记“一分部署九分落实”重要论述，在履行整改政治责任和解决分管领域突出问题上下大功夫，定期召开分管领域整改专题会议，把自己摆进去、把职责摆进去，分析问题原因、明确整改目标、落实整改措施、评估整改效果、管控整改进度，公司周工作例会、党委会一改以责任部门汇报整改工作的惯例，调整为各班子成员直接汇报分管领域整改工作，班子成员定位为整改直接责任人，在整改责任落实上见真章、动真格、求实效，彰显“踏石留印、抓铁有痕”的作风和担当，扎实、有序、高效推进巡视整改。

（3）形成统筹业务、职能、监督一体化系统推进整改体系。公司党委、纪委对巡视整改的全面领导、监督协调，班子成员的“一岗双责”，都内化为各业务部门、职能部门对一个个具体问题整改的动力，推动形成一体化系统推进的整改工作责任体系，公司上下联动、群策群力、合力攻坚，统筹问题导向、目标导向和成果导向，坚持“四个融入”，高质量推进整改工作。

（4）坚持真改实改全面改，高度重视整改台账底账，强化整改过程管控、质量管控。华电能源坚持全面整改，建立了“1235”整改体系，保证整改有工作标准、有过程管控、有效果评价、有材料归档，形成完整管理闭环。“1”即统一整改要求和标准；“2”即抓好巡视反馈意见整改工作同时在系统内开展“举一反三自查整改”工作，两项工作同部署、同落实；“3”即落实集团公司党组巡视反馈意见整改责任清单、整改任务清单、整改问题清单；“5”即建立巡视反馈意见整改工作总台账、单项问题整改支撑底账、巡视整改工作周进度情况表、巡视反馈问题整改效果评估表、巡视整改档案归档材料清单。整改过程中，整改工作小组适时使用巡视整改工作周进度汇总表、巡视整改措施调整表、巡视整改立行立改长期坚持承诺书等，做到了情况实、台账清、底账全，保证整改环节可控、整改质量可控。高度重视整改档案归档，包括会议纪要、请示汇报、完善的制度规范以及整改措施落实过程中各种记录，每个整改问题完成整改评估确认完成整改后，即将全部整改材料移交监督部门归档备查，保证整改过程可追溯。

（5）以点带面、举一反三，实现集团巡视成果成效最大化。华电能源在开展整改工作伊始即根据反馈问题提炼的“47 个是否”在全系统开展对照集团公司党组巡视反馈问题“举一反三自查整改”工作，提出了提高政治站位、严格标准要求、确保取得实效三个要求，保证真对照、真梳理、真整改、真提高，截至目前，13 家基层企业对照“47 个是否”全面开展巡视整改“举一反三”自查，自查问题 163 个、制订整改措施 271 项。公司 7 个职能部门根据各自职能分工，主动开展多项专项检查，强短板、补漏洞，提高制度执行刚性，防止同类问题反复发生。公司系统 13 家基层企业“举一反三”自查问题 163 个、职能部门专项检查自查问题 1110 个，全部自查问题全部制定并落实了整改措施。公司纪委 5 月、7 月、9 月开展三次纪委工作检查，都将整改举一反三自查检查工作落实情况、整改情况作为监督重点。一系列的“举一反三”工作，保证了集团巡视成果成效的最大化。

（6）坚持“四个融入”，推动华电能源治理能力和治理体系现代化。此次整改公司系统广大党员干部不单单把整改作为一项工作，更作为上级党组织赋予我们的职责使命。通过巡视整改公司加强了党的领导，有力推动治理能力和治理体系现代化。以巡视整改为契机，计划新建、修订及废止制度56项，丰富了公司制度体系，强弱项、补短板，有效提升了防范化解重大风险能力；以巡视整改为契机在公司系统形成一套发现问题、落实责任、分析原因、明确目标、制定措施、举一反三、过程管控、效果评估、材料归档等问题整改工作机制，对公司系统治理体系和治理能力提质升级起到推动作用。

（二）取得的主要成效

一是巡视整改成果成效推动公司系统政治“三力”的有效提升。公司系统把巡视整改作为重要政治任务，深入学习贯彻习近平总书记关于巡视工作重要论述，切实用党的创新理论成果武装头脑、指导实践、推动整改，融会贯通中政治“三力”有效提升。二是巡视整改成果成效推动全面从严治党向纵深推进。进一步压实全面从严治党责任，健全权力监督制约机制，推动严的主基调长期坚持，强化公司业务部门、职能部门、执纪部门履行监督执纪职责，推动“三道防线”建设，深化了巡视巡察上下联动机制，推动工作巡察机制不断完善，切实发挥了巡视作为全面从严治党战略性制度的引领保障作用。三是推动党史学习教育与巡视整改的有效融合。深刻领会党史学习教育和巡视整改的精神实质，在学史明理、学史增信、学史崇德、学史力行中汇聚磅礴力量，不断将党史学习教育成果成效转化为巡视整改工作动力，扎实整改、改出实效，以巡视整改工作弘扬伟大建党精神、赓续红色血脉，极大地提升了巡视整改工作质量。

“源网荷储一体化”开发模式的创新与实践

华电湖北发电有限公司

张首武　董　浩　蒋新红　吴　月　叶　亮
严丹霖　罗　娜　魏肖斌　熊肖宇

一、研究背景及研究意义

（一）课题研究背景

“十三五”以来，自《关于进一步深化电力体制改革的若干意见》（中发〔2015〕9号）发布后，国家层面陆续发布了《关于推进新能源微电网示范项目建设的指导意见》（国能新能〔2015〕265号）、《关于推进“互联网+”智慧能源发展的指导意见》（发改能源〔2016〕392号）、《关于推进多能互补集成优化示范工程建设的实施意见》（发改能源〔2016〕1430号）、完善电力辅助服务补偿（市场）机制工作方案、《关于推进电力源网荷储一体化和多能互补发展的指导意见》（发改能源规〔2021〕280号）等一系列政策文件和指导意见，并建设了一批能源互联网示范项目，不断推动能源互联网的实践发展，旨在通过“互联网+”与传统能源深度融合促进能源结构调整和能源产业发展新形态，解决城市发展面临的能源问题，提供可借鉴、可推广的经验。

华电湖北分公司拟在武穴电子信息园开发工业园源网荷储一体化示范项目，该项目位于武穴经济开发区火车站工业园内，项目目前正处于争取开发权阶段，并将按集团光伏发电项目前期管理办法履行相关程序加快推进前期工作，重点落实项目建设边界条件。结合武穴电子信息园区用能企业对电、热、气等多种能源的需求，本课题将从园区用能企业综合能源解决方案、企业协同作用、企业能效管理、工业园区综合能源服务、社会能效提升等方面进行研究分析。

（二）课题研究目的及意义

（1）源网荷储一体化项目可通过优化整合本地电源侧、电网侧、负荷侧资源，以先进技术突破和体制机制创新为支撑，探索构建源网荷储高度融合的新型电力系统发展路径，主要包括区域（省）级、市（县）级、园区（居民区）级“源网荷储一体化”等具体模式。

（2）源网荷储一体化项目可充分发挥负荷侧的调节能力，依托“云大物移智链”等技术，进一步加强源网荷储多向互动，通过虚拟电厂等一体化聚合模式，参与电力中长期市场、现货市场和辅助服务市场等，为系统提供调节支撑能力。

（3）源网荷储一体化项目可实现就地就近、灵活坚强发展，增加本地电源支撑，调动负荷响应能力，降低对大电网的调节支撑需求，提高电力设施利用效率。通过加强局部电网建设，提升重要负荷中心应急保障和风险防御能力。激发市场活力，引导市场预期，主要通过完善市场化电价机制，调动市场主体积极性，引导电源侧、电网侧、负荷侧和独立储能等主动作为、合理布局、优化运行，实现健康发展。

（4）电力源网荷储一体化和多能互补作为提升电力发展质量和效率的重要抓手，符合新一代电力系统的建设方向，符合能源电力绿色低碳发展的相关要求，有助于促进非化石能源加快发展，提高我国在应对气候变化中的自主贡献度，提升能源清洁利用水平、电力系统运行效率和电力供应保障能力。《关于推进电力源网荷储一体化和多能互补发展的指导意见》重点提出了电力源网荷储一体化和多能互补的重要意义、总体要求、实施路径、实施重点和政策措施。

（三）研究内容与技术路线

（1）光伏发电项目作为新能源供电，融入园区综合能源功能系统的可行性分析；

（2）园区电力消纳能力及消纳条件分析；

（3）园区大用户直供的政策研究；

（4）供能方式是否符合现有政策条件，创新模式能否获得相关管理部门的认同；

（5）深入调研园区各类用能企业的需求，科学合理预测用能增长情况；

（6）电、热、储能等多种能源产品互补方式的可行性研究；

（7）考虑园区用能特征，提出园区能源运营商参与不同类型电力市场的交易策略，引导运营商参与电力市场交易；

（8）针对园区的实际情况，采用源、网、荷、储集成优化，开展合作模式的创新研究；

（9）为园区用能企业提供综合能源服务相关方案的研究。

二、“源网荷储一体化”系统发展现状

（一）“源网荷储一体化”多能互补系统定义

能源互联网连接能源生产和能源消费，是源、网、荷、储、人等各能源参与方之间互联的基础平台，能够实现互联网式的双向交互、平等共享及服务增值。其中，“源-网-荷-储”各环节协调互动是实现能源互联的关键功能之一。

能源互联网各环节广泛互联，能源网络分布宽广，集中式、分布式等各类设施及主体能够广泛接入，跨地域、跨能源品种互通互济，能源系统与信息系统、社会系统可实现融合发展。

能源互联网能够有效推动电力、冷、热、气及可再生能源等不同形式的能源互联互动，能源配置和综合利用效率高、经济效益好；不同能源间协同优化、有效互补，源网荷储协调，各类主体友好互动。

能源自由互联与共享将是未来能源互联体系的全新运营模式。能源互联网具备灵敏感知、智慧决策、精准控制等能力，数字化、智能化水平高，各类设施“即插即用”。构建基于能源互联网的新型综合交易体系，打造开放式能源互联交易平台，可以实现各类能源平等交易与共享，服务用户多元需求，推动市场开放，打造共赢生态。

能源互联网以坚强网架为基础、以信息平台为支撑、以智能控制为手段，能够承载资源优化配置，可有效支撑可再生能源大规模开发利用和各种用能设施“即插即用”，从环节上实现源网荷储协调互动，从服务上保障个性化、综合化、智能化需求，促进能源生态圈形成新业态、新模式发展。

作为能源互联网的核心和纽带，电力系统的源网荷储互动运行模式能更广泛地应用于整个能源行业，对带动整个能源系统的资源优化配置至关重要。

（二）“源网荷储一体化”多能互补系统发展现状

从最初的新能源微电网、“互联网+”智慧能源、多能互补集成优化到现在的“风光水火储一体化”和“源网荷储一体化”，共有百余项示范工程在推进建设。

（1）湖州长兴新能源小镇“源网荷储售”一体化能源互联网示范项目。

（2）支持能源消费革命的城市-园区双级“互联网+”智慧能源示范项目。

（3）协鑫苏州园区多能互补示范项目。

三、“源网荷储一体化”系统商业模式分析

（一）“源网荷储一体化”系统开发模式分析

根据《关于推进电力源网荷储一体化和多能互补发展的指导意见》发改能源规

〔2021〕280号文，打造园区（居民区）级源网荷储一体化即以现代信息通信、大数据、人工智能、储能等新技术为依托，运用“互联网+”新模式，调动负荷侧调节响应能力。在城市商业区、综合体、居民区，依托光伏发电、并网型微电网和充电基础设施等，开展分布式发电与电动汽车（用户储能）灵活充放电相结合的园区（居民区）级源网荷储一体化建设。在工业负荷大、新能源条件好的地区，支持分布式电源开发建设和就近接入消纳，结合增量配电网等工作，开展源网荷储一体化绿色供电园区建设。研究源网荷储综合优化配置方案，提高系统平衡能力。

目前在工业园区源网荷储系统的主要利益主体包括：“源”，分布式发电项目运营商；“储”，分布式储能项目运营商；“荷”，工业园区电力用户；“网”，工业园区电网。主要运行管理方法有2种，即分布式光伏发电项目和分布式储能耦合或独立形成项目。在分布式储能运行状态时，基于能量型电池的储能可以将光伏发电的富余电量收集保存，当系统有功负荷超过有功发电供给时，向连接区域内的电力用户提供合约外的电力供应服务；这不但可以改善分布式电源电量本地接收指标，还可以产生电量时间尺度移动收益，在储能运行状态时，源网荷储设备和储能电池设备由同一主体享有所有权。

1. 分布式电源

根据《关于开展分布式发电市场化交易试点的通知》（发改能源〔2017〕1901号）和《关于开展分布式发电市场化交易试点的补充通知》（发改办能源〔2017〕2150号），重点分析园区分布式电源资源禀赋和可利用率。

分布式电源开发消纳主要有以下两种形式：

（1）在工业用户红线范围内建设，自发自用，全额消纳或余电上网；

（2）在空闲或工业用户场地（单一或多个）范围内建设，自身消纳一部分后送出或完全送出，接入区域110kV以下电网，在区域内消纳。

2. 储能系统应用

传统的电力系统中储能的应用场景可以分为发电侧、输配电侧和用电侧三大场景，从需求类型的角度可以分成能量型需求和功率型需求。能量型需求一般需要较长的放电时间（如能量时移），而对响应时间要求不高。与之相比，功率型需求一般要求有快速响应能力，但是一般放电时间不长，如系统的调频等。在实际操作中，应该要根据对应的需求来进行分析相关的储能技术，以找到最适合的储能技术。

针对园区源网荷储一体化储能场景选择主要有以下两种形式：

（1）分布式电源侧储能应用，即储能充放电策略匹配分布式电源并网，使分布式电源电力能有效送出消纳。

（2）用户侧储能应用，即储能充放电策略匹配用户分时电价管理，降低用户用电

成本。

（二）源网荷储一体化系统盈利模式分析

本章主要针对湖北电价政策对园区级源网荷储一体化系统的盈利模式作具体分析，对湖北省内尚未出台的电力需求侧管理等相关政策暂不作考虑，其盈利模式主要体现在分布式电源和储能的电价管理上。

1. 湖北省电价政策

根据湖北省发改委下发的《关于湖北电网2020—2022年输配电价和销售电价有关事项的通知》（鄂发改价管〔2020〕439号），两部制工商业用户售电价格及峰谷时段价格划分如表1和表2所示。

表1　两部制工商业用户售电价格划分

用电分类		电度电价（元/kWh）					容（需）量电价	
		不满1kV	1～10kV	35kV（20kV）	110kV	220kV	最大需量（元/kW·月）	变压器容量（元/kW·月）
工商业及其他用电	单一制	0.6907	0.6707	0.6507				
	两部制		0.6067	0.5869	0.5688	0.5498	38	25

注　其中农网还贷0.02元/kWh、大中型水库移民后期扶持基金0.0062元/kWh、可再生能源电价附加0.019元/kWh，合计0.0452元/kWh。

表2　两部制工商业用户峰谷时段价格划分

分时	时段	持续时间（h）	电价比例（%）
尖峰时段	20:00—22:00	2	180
高峰时段	9:00—15:00	6	149
平段	7:00—9:00	2	
	15:00—20:00	5	
	22:00—23:00	1	
低谷时段	23:00—7:00	8	48

经测算，110kV和10kV电压等级两部制电价分时电价如表3所示。

表3　110kV和10kV电压等级两部制电价分时电价

分时时段	110kV峰谷电价（元/kWh）	10kV峰谷电价（元/kWh）
尖峰	0.98768	1.0559
高峰	0.825364	0.881835
平段	0.5688	0.6067
谷段	0.296528	0.31472

2. 分布式电源盈利模式

以光伏为例，当光伏接入园区执行两部制电价和峰谷电价用户消纳，则光伏度电收益将随用户分时电价变化而变化。比较 2020 年和 2021 年电价政策，分别对 10kV 和 110kV 电压等级进行对比分析，如图 1 和图 2 所示。

从图中可以看出，2021 年执行的分时电价相比之前峰值电价覆盖时段与光伏发电时段更为匹配，即集中在 9:00—15:00 之间，但峰值和幅值有所降低。

经测算，接入两部制电价用户的分布式光伏项目若执行 2021 年分时电价政策，则经济效益将较之前提高约 11.9%。

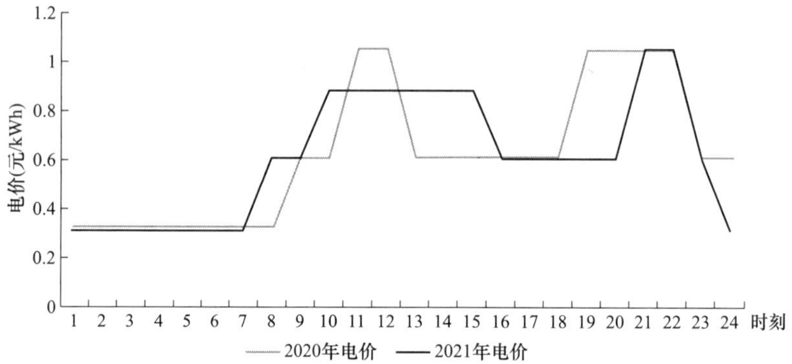

图 1　10kV 分时电价

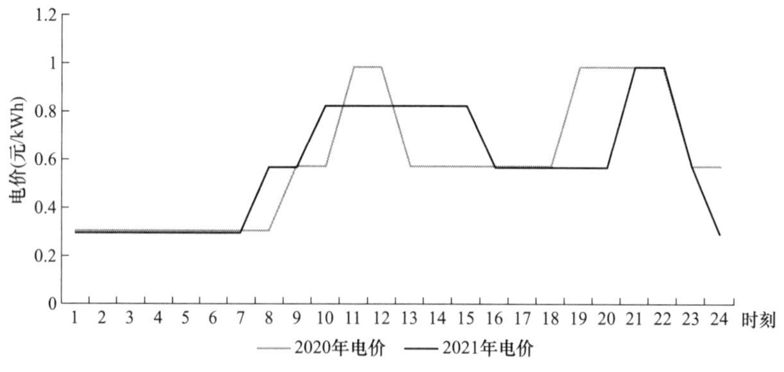

图 2　110kV 分时电价

此外，根据分布式发电市场化交易机制，分布式发电项目单位与配电网内就近符合交易条件的电力用户进行电力交易，并以电网企业作为输电服务方签订三方供用电合同，约定交易期限、交易电量、结算电价、“过网费”标准及违约责任等。分布式发电项目单位首先与能消纳其全部上网电量的电力用户进行交易，特殊情况也不排斥与

一家以上电力用户交易。运营配电网的电网企业（含社会资本投资增量配电网的企业，以下简称电网企业）承担分布式发电的电力输送，并配合有关电力交易机构组织分布式发电市场化交易，按政府核定的标准收取“过网费”。

3. 储能盈利模式

园区级源网荷储一体化系统中储能的应用场景选择不同，则储能盈利模式也将不同。

（1）分布式电源储能应用。

该情景下，分布式电源出力与接入用户电力不匹配，储能充放电策略匹配分布式电源并网，使分布式电源电力能有效送出消纳，储能不产生直接经济效益，而是通过分布式电源的电量平移，使分布式电源收益最大化。

（2）用户侧储能应用。

该情景下，储能充放电策略匹配用户分时电价管理，降低用户用电成本，则储能收益来自峰谷电价套利，且可视用户负荷时段调整储能充放电策略，使收益最大化。

四、开发建设源网荷储一体化系统的建议与措施

（一）关于政策环境

一是需制定符合湖北省实际情况的《分布式发电市场化交易规则》，引导区域内分布式电源的合理化消纳，厘清各个主体间的权责关系，建立分布式发电市场化交易平台，为源网荷储一体化系统中的分布式电源接入和电力交易奠定基础。

二是开展多元化的储能应用，建议以“共享储能”模式推动储能在源网荷储一体化系统中电源侧、电网侧、用户侧的多元化应用，促进储能形成独立的辅助服务提供商身份。

（二）关于示范项目

一是关于示范项目选址。重点选择分布式可再生能源资源和场址等发展条件好，园区大工业用户电力需求量较大，电网接入条件好，能够实现分布式发电就近接入配电网和就近消纳的市（县）级区域以及经济开发区、工业园区、新型城镇化区域等。

二是关于示范项目申报。省级能源主管部门会同国家能源局派出机构、同级价格主管部门、电力运行管理部门、电网公司等，组织有关地级市（或县级）政府相关部门、电网企业以及投资运营企业，以地级市（或县级）区域、经济开发区、工业园区、新型城镇化区域等为单元编制试点方案，统一报送并组织评审论证，确保其科学合理实施。

（三）关于商业模式

一是可采取源网荷储一体化项目投资方与受用用户方及相关合作方成立合资公司模式，采取合同能源管理模式，在园区进行投资建设运营，所得收益按合资股比进行利益分享。

二是可采取源网荷储一体化项目单一投资主体模式，将示范项目所在配电区域纳入省级电力交易中心进行分布式电源和储能辅助服务交易，并对项目“过网费”合理制定收费标准结算。

五、“源网荷储一体化”集成优化项目实践

本项目在武穴市电子信息工业园及周边区域实施，分两期建设。一期建设范围为武穴市电子信息工业园一期、二期，一期、二期面积3000亩，涵盖主要商业、工业和居民用户。二期扩展到产业园全境及周边区域，实现区域可再生能源良好消纳。

（一）电源侧

天然气分布式能源站：结合园区负荷情况，本项目适合选取一台30MW等级燃气轮机发电机组，初步选定燃气轮机机型为GELM2500G4，联合循环总装机达43MW。其中，燃气轮机发电机组装机约31MW，蒸汽轮机发电机组装机约12MW，采用一台双压余热锅炉（高温蒸汽5.9MPa/510℃，42t/h；低压蒸汽2.4MPa/235℃，3.14t/h）。

（二）电网侧

在接入变电站新增5套就地智能终端、2套硬接点扩展装置及1套备自投装置，实现与稳定控制装置及源网荷储控制系统间的通信。在变电站配置1台稳定控制装置，实现快速功率稳定控制。装置接收110kV接入点的电压值和状态信息，实现故障后的稳定控制。

（三）负荷侧

本示范工程建设范围选择在武穴市电子信息产业园，其电力负荷类型较为传统，缺乏大型集中式及新型可调负荷。因此，需在负荷侧开展研究及先进技术示范，将电动汽车、热力系统等具备能量存储能力及调节能力的负荷进行充分挖掘，发挥其双向灵活互动特性，使负荷侧可主动跟随清洁能源出力，实现最大程度的消纳。示范工程所接入的可控负荷主要有新能源电动汽车、自配电化学储能的工业用户、集中冷热供应及负荷可调/可平移的年用电量50万kWh以上的工商业大用户。

（四）储能侧

由于项目可再生能源供电量占比超过60%，考虑到可控负荷参与削峰填谷，通过全年电力电量平衡计算，需建设24MW/48MWh储能。

（五）源网荷储协调控制系统

部署源网荷储协调控制系统，具备能量管理、黑启动、调频/调压、稳控等多种功能，同时具备监控功能。

（六）建设时序

本项目的建设工作主要包括可研阶段、初设阶段、施工阶段；以及验收阶段。可研阶段主要包括可研招标、环评水保招标、可研编制、可研审查、可研审批、核准文件准备及核准完成等内容；初设阶段主要包括初设招标、初设完成、初设审查、初设审批、环评复核、土地证取得、环评水保批复取得、施工图审批、监理招标、三通一平招标、施工招标、设备招标上报；以及设备招标等内容；施工阶段主要包括工程开工、土建施工完成（基础施工）、主设备到货、设备资料、停电计划及施工方案报送、设备安装完成、调试完成、其中停电时间、投产送端等内容；验收阶段包括资产移交、竣工结算、档案移交、竣工决算、环保、水保验收、工程审计；以及竣工完成等内容。

（七）项目亮点

武穴电子信息园主要用电负荷为工业用电及商业用电，后期负荷压力较重，武穴电子信息工业园分布式光伏联合周边其他三个光伏和风电项目为园区武穴电子信息园供电提供了可靠的电源点，远期发电自发自用与余电的比例暂时按照8:2考虑，余电可通过储能进行调节，参与电力辅助服务，起到电力削峰填谷的作用。武穴电子信息园远期打造园区（居民区）级源网荷储一体化即以现代信息通信、大数据、人工智能、储能等新技术为依托，运用“互联网+”新模式，调动负荷侧调节响应能力。在城市商业区、综合体、居民区，依托光伏发电、并网型微电网和充电基础设施等，开展分布式发电与电动汽车（用户储能）灵活充放电相结合的园区（居民区）级源网荷储一体化建设。在工业负荷大、新能源条件好的地区，支持分布式电源开发建设和就近接入消纳，结合增量配电网等工作，开展源网荷储一体化绿色园区建设。研究源网荷储综合优化配置开展源网荷储一体化绿色园区建设。

供热机组参与调峰辅助服务市场收益情况研究

中国华电集团有限公司河北分公司

毕立波　侯进峰　宋济洋　郑　涛　张淑君

连铁青　贾　朦　刘光宇　赵世峥　王晓鹏

近年来，随着新能源的跨越式发展，由于网源资源禀赋与规划限制、新能源送出通道有限和系统调峰能力不足等因素导致的弃风弃光现象愈发严重。为了落实《关于进一步深化电力体制改革的若干意见》（中发〔2015〕9号）文件精神和国家能源局关于推进电力辅助服务市场建设的要求，河北南网通过开展调峰辅助服务市场促进新能源消纳和调峰资源优化配置，在满足火电灵活调峰的物理条件的前提下为新能源企业让出消纳空间，平抑负荷峰谷差，同时火电机组能够获得一定的补偿费用。市场化交易模式能够体现火电机组灵活性调整的价值，有助于提升新能源消纳效率，未来通过市场交易促进新能源消纳将成为常态。

一、研究背景及意义

河北南网灵活调节电源占比低，网内绝大部分调峰资源均来自火电机组，调峰矛盾相对突出。因有民生供热需求，河北南网供热机组占全网机组容量较大，冬季供暖开始后将进一步加剧调峰压力。自2019年河北南网调峰辅助服务市场正式运行以来，我公司的火电机组作为河北南网的供热主力机组，在供热期为了保证供热质量，发电负荷率长期高位运行，在调峰市场无调节空间，一直承担较多的分摊费用。为了缓解公司火电机组在调峰辅助服务市场中的费用分摊压力，以“多发效益电”为原则，积极探索机组在调峰辅助服务市场中的收益情况。

二、市场运行模式

河北南网调峰辅助市场按照“谁提供、谁受益、谁使用、谁承担”为基本原则进

行机组调峰收益和费用分摊计算，以每15min为一个时段清算、每日统计、每月进行结算。市场主体统一参与调峰能力及价格申报，采用集中统一边际价格出清方式。运营机构以每15min的“平均发电负荷率”作为机组是否中标的依据，如图1所示。量化各时段每台机组的实际中标调峰容量，充分体现调峰需求的动态变化。

火电机组以全容量参与市场申报，如图2所示。不同的容量占比所报价上限不同，额定容量的100%～70%为一档，70%以下每10%为一档报价，按照价格递增方式逐档申报，额定容量的70%以上挡位报价暂定为0，最高报价上限为600元/MWh，每一档全天报价相同，报价周期为1d。

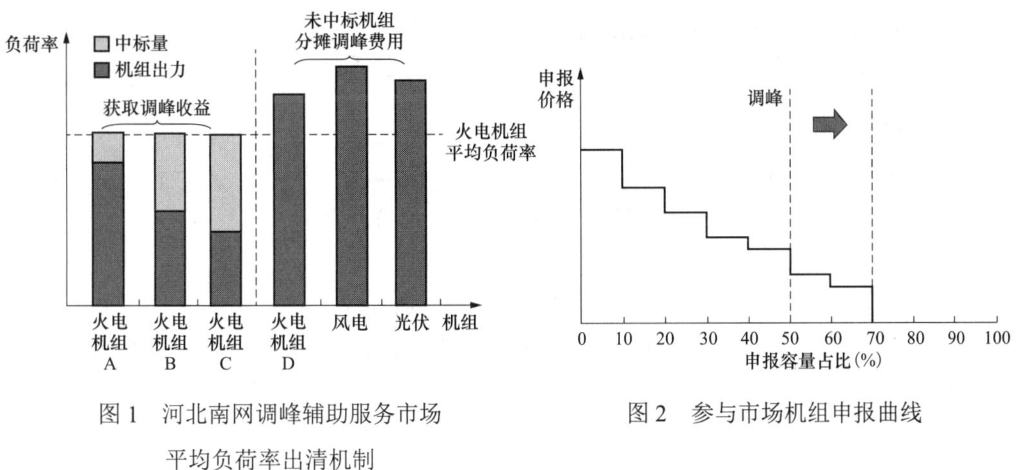

图1　河北南网调峰辅助服务市场平均负荷率出清机制

图2　参与市场机组申报曲线

三、报价策略制定

火电机组的报价策略以理论研究为基础，以全网负荷预测及网内新能源出力情况预测等作为辅助手段进行。其中理论研究主要以《河北南部电网电力调峰辅助服务市场运营规则》为重点，根据其计算调峰收益及费用分摊机制的数学模型总结报价依据。

（一）理论基础研究部分

按规则要求，新能源企业与发电负荷率高于火电机组平均发电负荷率的火电机组承担调峰服务费用，火电分摊电量按照未承担调峰任务的电量确定，即为超过平均发电负荷率的电量。当火电机组调峰资源充足时，假设在某一市场开展时段为 T（T=0.25h），机组容量为 N，机组发电边际贡献为 P。设定负荷率 $b\%$＞平均负荷率 $a\%$＞负荷率 $c\%$，此时段出清价为A，如图3所示。

若此时刻机组的负荷率为 $b\%$，因 $b\%>a\%$，所以机组未中标。则此时段不参与调峰情况下多发电量的收益为

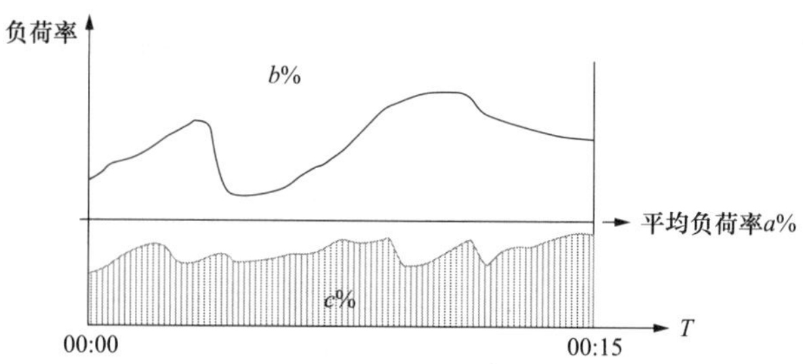

图3　机组在某时段发电负荷率大小

$$(b\%-c\%)NTP$$

设火电机组的分摊费用与新能源机组的分摊费用之比为 n:1。两者之和为总调峰辅助服务费用，因扶贫光伏不参与分摊，且电量较少，可忽略不计。结合火电分摊费用计算方法，经化简此时段机组的分摊费用如下。

（$b\%-a\%$）NTA 此时段电厂综合收益为

$$S_1=(b\%-c\%)NTP-(b\%-a\%)NTA$$

即

$$S_1=NT[(b\%-c\%)P-(b\%-a\%)A] \tag{1}$$

若此时刻机组主动参与调峰，且中标后负荷率为 $c\%$。则此时机组参与调峰获得收益为

$$S_2=(a\%-c\%)NTA \tag{2}$$

由式（1）一式（2）得：

$$S_1-S_2=NT(b\%-c\%)(P-A) \tag{3}$$

由上式（3）的大小关系可判断：

（1）当报价大于该时段度电边际贡献时：

1）出清价大于报价，此时机组中标，获得调峰收益。

2）出清价小于报价，此时机组未中标，对比式（3）可知，机组此时可能参与调峰更合算，但因报价高导致机组未中标，造成调峰收益损失，同时需承担分摊费用。

（2）当报价小于该时段度电边际贡献时：

1）出清价小于报价，此时机组未中标，不参与调峰更为合算。

2）出清价大于报价，此时机组中标，虽然此时为中标机组，但如果出清价小于该时段度电边际贡献，不参与调峰更为合算。

（3）当报价等于该时段度电边际贡献时：

1）出清价小于报价，此时虽然机组未中标，但是不参与调峰更为合算。

2）出清价大于报价，此时机组中标，参与调峰合算。综上所述，因市场出清价格

是不稳定因素，只有当报价等于该时段度电边际贡献时，才能够保证机组收益最大化，故报价可参照机组的度电边际贡献。

（二）报价辅助手段

在市场发展初期，交易机构调整了火电机组分摊电量方式，要求暂按发电负荷率高于平均发电负荷率的火电机组全部发电量的50%为基准计算调峰分摊费用，直接增加了火电机组的分摊电量，导致火电企业整体的分摊费用增多，若机组不中标，则会产生过高的分摊费用。机组需提高中标概率，积极参与调峰。

机组报价应在考虑度电边际贡献大小的基础上，再根据全网调峰资源需求情况制定，从而需要对网内新能源企业的出力情况进行预测分析。课题组成员以三月份天气实际状况为例，研究分析风力等级、辐照强度分别对风电及光伏发电量的影响规律，从而指导火电机组报价。

1. 分析风力等级对风电出力的影响

步骤一：选取河北南网主要各地区风力发电机组并网容量，将风力情况按照各地级市的并网容量占比进行加权，计算得出河北南网的权重风力。通过数据统计，全网风力日发电量最高在6000万kWh，最低在600万kWh，各地区权重风速在1～5级波动，影响最大因素为风力和风力时长，均为正向因素，趋势保持一致。

步骤二：将每日风力发电量与当日权重风力进行比值计算得出单位风力等级对应的发电量，查找其规律，风力每增加1个等级，对应的风力发电量增加1000万kWh。将累计风力发电量、累计风力等级加权平均计算得出，风力每增加1个等级，对应的风力发电量增加982万kWh。

步骤三：以上分析只考虑了风力等级，未考虑风力时长的影响，所以存在偏差。为减少偏差，引入风力时长修正系数，即把每日单位风速影响电量与加权单位风速影响电量进行比值，提高风力发电预测的准确性。风力时长修正系数为1.06，修正后的单位风速等级影响风力发电量为999万kWh。

2. 分析光照强度对光伏出力的影响

步骤一：统计出河北南网各地区光伏发电机组并网容量，由于各地区辐照量数据无法获取，考虑以晴天辐照量作为基础系数1.0，将阴、多云、雨、雪等天气进行折算，然后将各地辐照量折算系数按照各地级市的并网容量占比进行加权，计算得出河北南网的权重辐照量折算系数，找出辐照量折算系数与全网光伏发电量的线性关系。

步骤二：通过统计数据得知，全网光伏日发电量最高约3000万kWh，对应的各地区的天气状况全部为晴天，辐照量最强。日发电量最低在600万kWh，对应的各地区的天气状况全部为阴天，辐照量最弱。所以，河北南网在目前光伏并网容量水平以及当前春季阶段，每日光伏发电波动区间基本在600万～3000万kWh，预计随着进入夏季，日照时长的增加、辐照量的升高，光伏日发电量上限将继续增加。

步骤三：当辐照量折算系数为1.00时，对应的实际光伏发电量应和加权后的每日光伏发电量与辐照量系数比值相等，计算得出阴、多云、雨、雪等天气辐照量折算系数为0.24。确定各类天气辐照量折算系数后，通过不断完善数据统计，统计每个地区天气情况，简化、线性计算各地区光伏发电量，可较为准确地预测出全网未来几天的光伏发电量。

若上述风力、辐照同时在第二天变化即产生叠加影响，以3月天气状况对应出清价格为例进行分析，如图4所示。

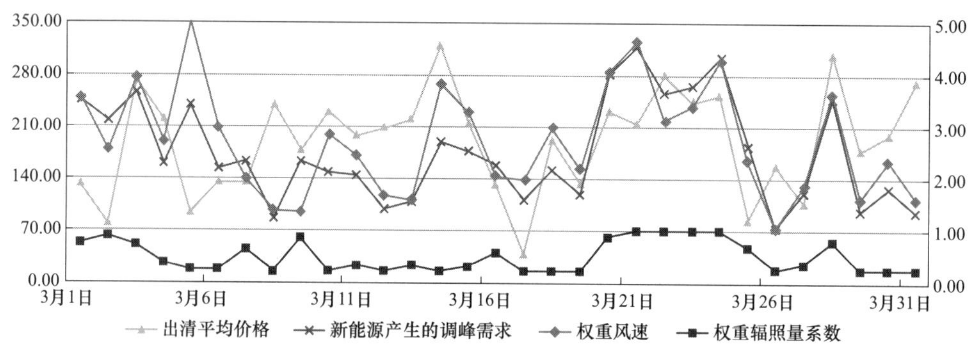

图4　3月出清价格与天气状况关系图

从图中可以看出，出清价格与风力等级、辐照量系数保持基本一致的趋势，进而出清价格与风光电新能源产生的调峰需求基本保持一致的趋势。根据出清价格与天气状况具体数据表，计算风力、天气状况影响新能源出力所产生的调峰需求与出清价格的关系为：每产生100万kW调峰需求对应出清价格增加108元/MWh，风力每上升1级，影响出清价格上涨约45元/MWh。

四、交易结果分析

以鹿华公司今年的实际运行情况为例，对交易结果进行复盘分析，详见表1。

供热初末期：机组在供热初期的两个月均有一定的调峰资源，但情况却大不相同。在2020年11月，此时机组分摊电量度电边际贡献要高于市场平均出清价格，不参与调峰收益更大，此时按照度电边际贡献报价，实现机组全月大部分时间以发电为主，少数中标时段也出现在出清价格高于度电边际贡献时。在2021年3月，机组的分摊电量度电边际贡献小于市场平均出清价格，通过调整报价策略，积极参与调峰市场，收

益可观。

表 1　　　　鹿华公司参与调峰辅助服务市场的实际数据

运行阶段	时间	度电边际贡献（万元）	分摊电量度电边际贡献（已剔除分摊费用）（万元）	市场平均出清价格（元/MWh）	实际执行情况	机组实际中标频率	机组调峰收益（万元）
供热初末期	2020 年 11 月	202.20	159.32	146.92	大部分时间以抢发电量为主	较低	−6.89
	2021 年 3 月	185.51	−11.83	192.53	积极参与调峰市场	较高	155.25
供热中期	2020 年 12 月	212.93	65.75	220.87	积极参与调峰市场	较低	−159.41
	2021 年 1 月	188.04	−44.26	228.60	积极参与调峰市场	较低	−208.15
	2021 年 2 月	177.94	−9.28	238.14	积极参与调峰市场	较低	69.45
纯凝期	2021 年 4—7 月	103.77	−40.56	159.22	积极参与调峰市场	较高	444.10
	2021 年 8—10 月	−137.19	−340.27	98.97	积极参与调峰市场	较高	92．83

供热中期：这个阶段的市场出清价格大部分时段均高于自发度电边际贡献，但即使采用科学的报价策略，因机组在供热中期供热压力较大，热负荷一直高位运行，导致电负荷没有调节空间，发电负荷率大部分时间均高于南网平均发电负荷率，属于市场中的分摊机组，承担较高的分摊费用。

纯凝期：机组在纯凝期的 4—7 月，有一定的调峰资源，因退出采暖期后机组发电成本升高，市场出清价格要远高于度电边际贡献，同时分摊电量度电边际贡献较低，超发电量已无盈利空间，机组全部积极参与调峰市场，结合负荷预测情况进行科学报价，中标频率较高，调峰收益良好。8—10 月，煤炭价格陡升，全网火电机组处于越发电越亏损状态。火电机组参与调峰市场积极性大幅增加，市场竞争加剧，也导致出清价格下降明显，机组调峰收益大幅下降。

五、实地调研

通过上一节机组在采暖期及纯凝期实际运行情况分析总结，供热中期是产生分摊费用最高的一个阶段。如何在供热中期释放机组调峰能力，减少高额分摊费用是当前亟需破解的难题。现考虑利用辅助服务市场低谷富余电力，研究开发电储能（储热）、电供热项目，解决采暖期机组调峰能力不足和供热缺口问题。经研究，决定选取技术较为成熟的国家电投阜新发电有限公司（以下简称“阜新公司”）开展电锅炉调研工作。2021 年 7 月 22 日，由公司市场部主任带队，市场部、生技部相关人员，裕华和鹿华公司市场营销、生产技术相关人员组成调研组，对阜新公司电热锅炉投资、运营、经济性和技术、管理方面等进行了现场调研。现将有关情况报告如下：

（一）阜新公司基本情况介绍

为采暖季保证居民供热，解决机组参与调峰辅助服务能力不足问题，2017 年阜新公司在厂区内增设 400MW 电锅炉（10 台 40MW 电极式）进行灵活性改造，通过在电厂内的电热转换改变燃煤供热机组传统的“以热定电”运行方式，实现“热电解耦”，适应辽宁省调峰辅助服务市场。

采暖季电锅炉运行期间，阜新全厂以 172MW 发电负荷（负荷率 15.64%）运行，采暖初期调峰负荷能力增加了 368MW，采暖中期调峰负荷能力增加了 528MW。自投运以来，产生了良好的经济效益，详见表 2。

表 2　　采暖期电锅炉调峰收益

时间	总收益（万元）	阜新公司收益（万元）	投资公司收益（万元）
2017—2018 采暖期	2600	1200	1400
2018—2019 采暖期	15000	7000	8000
2019—2020 采暖期	14800	6700	8100
2020—2021 采暖期	9300	4200	5100
合计	41700	19100	22600

（二）电厂加装电锅炉应用于调峰市场情况分析

以裕华公司为例，假定按照投入 4 台电锅炉测算。投入电锅炉后，两台机组的运行负荷率下降明显，且远低于全网平均负荷率，详见表 3。

表 3　　投入电锅炉前后对机组负荷率的影响

时间	河北南网平均负荷率（%）	投入前调峰时段负荷率（%）		投入后调峰时段负荷率（%）	
		1 号机组	2 号机组	1 号机组	2 号机组
2020 年 12 月	69	73	85	46	58
2021 年 1 月	66	73	83	46	56
2021 年 2 月	61	54	59	27	32
2021 年 3 月	68	70	63	43	36

在供热压力较大的两个月，1 号机组运行负荷率能达到 46%，2 号机组同样低于全网运行负荷率 10 个百分点，投入电锅炉后机组中标电量明显增加，四个月累计中标电量 167562MWh，达到原来中标电量的 12 倍，详见表 4。

表 4　　投入电锅炉前后对机组中标电量的影响

时间	投入前机组中标电量（MWh）		投入后机组中标电量（MWh）	
	1 号机组	2 号机组	1 号机组	2 号机组
2020 年 12 月	0	0	21177	10377
2021 年 1 月	0	0	18324	9324
2021 年 2 月	4412	4265	31005	26505
2021 年 3 月	0	4861	22275	28575
总计	13538		167562	

投入电锅炉后，两台机组运行负荷率均远低于南网平均负荷率，机组均未产生分摊费用。同时，调峰收益明显增加，四个月累计调峰收益 3670 万元。机组在华北市场的调峰收益也同时增加，解决了春节前后期间机组在华北市场的分摊费用问题，详见表 5。

表 5　　投入电锅炉前后对机组调峰收益的影响

时间	市场出清价（元/MWh）	投入前			投入后（预测）		
		净收入（万元）	调峰收益（万元）	分摊费用（万元）	净收入（万元）	调峰收益（万元）	分摊费用（万元）
2020 年 12 月	220	−295	0	295	694	694	0
2021 年 1 月	228	−240	0	240	630	630	0
2021 年 2 月	238	157	204	47	1369	1369	0
2021 年 3 月	192	12	80	68	976	976	0
总计		−366	284	650	3670	3670	0

调峰市场参考上述电锅炉运行时间为 41 天和 51 天测算，收益按三分之一考虑为 1101 万元。

六、结论

机组在供热初末期、纯凝期这两个阶段，通过准确计算度电边际贡献，再结合新能源出力预测等辅助报价手段，采用当前制定报价策略能够实现机组自发电与参与调峰辅助服务市场整体收益最大化。但是在供热中期，虽然此阶段的市场出清价格大部分时段均高于自发度电边际贡献，但因机组供热压力较大，机组无负荷调节空间，长时间承担较高的分摊费用。通过实地调研及后期核算可知，加装电锅炉不仅能够提高机组供热能力，同时还能提高采暖期供热机组调峰灵活性，可充分释放机组调峰能力，使供热机组最大限度获取调峰收益。

浮鹰岛海水抽蓄项目开发模式及配套政策研究

中国华电集团有限公司福建分公司

黄森炎　周家俊　陈　星　张建华
饶悌彬　李　娜　钱语眉　郑思捷

2013年起，国家能源局即启动我国海水抽水蓄能（简称抽蓄）电站试点选址相关工作，至2018年比选完成，期间经过5轮比选，从全国238个海水抽蓄选点规划中选出了福建宁德浮鹰岛站点作为我国首个也是唯一一个海水抽蓄示范项目。

根据2019年6月国家发展改革委、科技部、工业和信息化部、国家能源局《贯彻落实〈关于促进储能技术与产业发展的指导意见2019—2020年行动计划〉的通知》（发改办能源〔2019〕725号）文件精神，需针对福建浮鹰岛海水抽水蓄能电站开展示范技术、建设条件、配套政策、业主选择等研究工作，提出具体工作方案，争取资金和价格等有关政策支持，为示范项目启动创造条件。

目前，示范技术已由南方电网牵头联合科研院所、高校、企业开展研究工作，共五个子课题，分别为海水抽水蓄能电站规划、设计与集成应用关键技术研究；海水抽水蓄能电站防污、防腐、防渗关键技术研究；海水抽水蓄能电站环境影响评估与生态修复关键技术研究；海水抽水蓄能电站可变速机组关键技术研究；海水抽水蓄能与可再生能源联合运行技术研究。经过前期调研沟通发现，海水抽水蓄能电站防污、防腐、防渗关键技术研究效果不理想，为有针对地解决问题，福建公司专题委托研究单位开展项目水工建筑物及金属结构防附着技术研究，目前已取得初步成果。

配套政策上，拟向国家相关部委争取电价支持、科技项目补贴和国家首台（套）重大技术装备财政补贴及周边海上风电资源配套等相关有利于项目可持续发展、迅速落地的积极政策。根据《国家发展改革委关于进一步完善抽水蓄能价格形成机制的意见》（发改价格〔2021〕633号），抽水蓄能的容量电价政策已落实。配套海上风电建议从霞浦海域优选40万kW海上风电资源作为项目配套资源滚动开发，打造海抽-海

风一体化项目。

建设条件论证、业主选择等工作将根据项目推进进度开展或明确。

本课题方向为浮鹰岛海水抽蓄项目开发模式及配套政策研究，拟通过研究，提出可行的具体工作方案，争取资金和价格等有关政策支持，为示范项目启动创造条件。下阶段，通过积极推动项目落地，形成一整套可复制、可推广的海水抽蓄行业和技术标准，争取获得国家科技进步奖项，填补我国海水抽蓄电站空白，推进“一带一路”合作伙伴能源综合开发。

一、研究背景

（一）前期已开展主要工作

2016 年 8 月，福建公司全力配合水规总院在福建开展海水抽水蓄能站点资源普查和示范（试点）项目选点规划工作，有力推动宁德浮鹰岛站点进入试点。

2018 年 4 月，国家能源局《关于福建抽水蓄能电站选点规划调整有关事项的复函》（国能函新能〔2018〕48 号），批复宁德浮鹰岛海水抽蓄为全国首个也是唯一一个海水抽蓄试点示范项目，并指出要落实开发条件和政策支持，扎实有序推进试点有关工作。

2019 年 6 月，国家发展改革委、科技部、工业和信息化部、国家能源局四部委联合发布《2019—2020 年储能行动计划》（发改办能源〔2019〕725 号），要求能源局牵头，组织水电水利规划设计总院和福建省发展改革委针对福建浮鹰岛海水抽水蓄能电站开展示范技术、建设条件、配套政策、业主选择等研究工作，提出具体工作方案，争取资金和价格等有关政策支持，为示范项目启动创造条件。

2019 年 8 月 19 日，福建公司向福建省发展改革委行文《关于恳请同意华电福建公司开展宁德浮鹰岛海水抽水蓄能电站项目前期工作的请示》（闽华电规〔2019〕435 号）。

2019 年 9 月 5 日，取得宁德市霞浦县支持意见。2019 年 10 月 10 日，取得宁德市委、市政府领导批示支持意见。2020 年 8 月，宁德市发展改革委上报浮鹰岛前期工作的请示至福建省发展改革委，恳请由华电集团负责开展项目前期工作。

（二）示范技术研究背景

海水抽水蓄能电站是一种解决沿海或海岛地区电网高峰、低谷之间供需矛盾的储能方式，能与以淡水为介质的抽水蓄能电站一样，海水抽水蓄能电站运行灵活，可以与风电、太阳能等其他新能源联合使用，承担灵活调峰、调相、调频、事故备用等任务。与陆上淡水抽水蓄能电站相比，海水抽蓄电站不需要建设下水库，水量和水位几乎不受季节变化、雨季等的影响，有利于发电水泵水轮机的稳定运行。海水抽水蓄能电站虽然具有诸多优点，但由于海洋环境的特殊性，存在海水的腐蚀、生物污损、环境等问题。其中，生物污损问题在淡水抽水蓄能电站中也存在，但与淡水环境不同的是，海洋中具有更加丰富的海洋生物，其中大部分都可以成为污损生物，海洋生物污损问题将更严重。近年来抽水蓄能电站中爆发的生物污损问题已经引起了广泛关注。

生物污损是一个快速、动态且复杂的海洋问题，其通常指污损生物对水下船舶、设备、仪器等材料表面造成的不良危害。海洋污损生物种类复杂繁多，已报道的污损生物有4000余种，包括微生物、藻类、植物和小型动物等。污损生物在不同地理位置和环境条件下（海水盐度、温度、pH值、流速、太阳辐射强度等）有着较大差异。污损生物长期附着于水下基体表面，对船舶和水下设备设施的正常运行造成严重影响，同时也给经济效益带来重大损失。据统计，受污损生物污染严重的船只动力消耗和燃料消耗将分别增加86%和40%。由于燃油消耗量的不断增多，NO_x、CO_2、SO_x等有害气体的排放量也会随之上升。有学者预估，从2012—2050年，船舶CO_2排放量将增加50%～250%。如不进一步采取有效措施，直至2050年，国际航运业CO_2排放量将占全球CO_2总排放量的17%。有害气体的过量排放还将造成每年约2000亿欧元的经济损失。除此以外，附着在船体表面的污损生物随船舶航行进入新的海洋环境后，可能因适宜的生存条件和缺少天敌等因素大量生长繁殖，并形成生物入侵，破坏当地海洋领域的生态平衡，这对全球海洋生态系统都是致命的影响。

海洋防污有着悠久的发展历史，2000多年来，人类一直在与海洋生物污损进行着抗争。据文献统计，早期的古希腊人便已使用沥青、蜡、焦油等材料包裹船体进行防污处理。随后，铅、铜、锌和其他等金属材料也被引入用作船体的防污。但人们逐渐发现金属材料会与海水发生电化学反应，加速船体腐蚀，缩短防污周期。因此，金属材料包裹船只的防污方式逐渐被淘汰。20世纪60年代，以烷基锡为基础的防污材料被发现，其中三丁基锡（TBT）最为著名，它曾被人们认为是解决海洋生物污损问题的最佳方案。然而，在随后的研究中发现，TBT会干扰海洋软体生物的内分泌，并出现性畸形现象，比如，贻贝性畸形、海螺性畸形等。不仅如此，牡蛎外壳变形、海洋生物出现免疫反应、神经毒性和遗传效应都被认为与TBT相关。因此，国际海事组织（IMO）于2001年颁布禁令，2008年后，TBT防污涂料将被全球禁用。基于保护环境的原则，不仅施行TBT禁令，近年来，全球的法律法规针对防污试剂的选择也越发严格。欧盟于2000年发布“杀菌剂产品指令”，检查包括防污涂料在内的所有杀菌剂产品。在随后公布的46种防污杀菌剂中，仅有10种杀菌剂可进入登

记程序，不合格的杀菌剂将被永久撤出欧盟市场。除欧盟外，加拿大、瑞典等国家也通过限制防污涂料中铜的释放率保护海洋生态环境。随着人们环保意识的不断提升，近年来研究人员开始针对无毒、绿色、环境友好型的防污材料及技术进行探索和研发。

大规模物理储能中抽水蓄能技术是应用得较广泛的一种储存电力的方式，也是电力储能技术中最简单、最直接、可行性较高的一种储能方式。传统的抽水蓄能技术对淡水资源的依赖性很高，需要十分苛刻的工程地质环境，工程投资成本巨大，同时也对淡水资源造成了巨大的浪费，严重破坏生态环境。海水抽水蓄能技术能极大减小工程投资成本，利用海水蓄能，避免淡水资源的浪费，同时中国具有极为丰富的海洋资源，在海水抽水蓄能技术的开发利用上存在着巨大潜力。

《水电发展“十三五”规划》也提出"研究试点海水抽水蓄能"纳入重点任务，要求加强关键技术研究，推动建设海水抽水蓄能电站示范项目，填补我国该项工程空白。但是海水抽水蓄能电站的建设相比于淡水抽水蓄能电站存在着的难题之一就是海水腐蚀和海生物附着问题，将会影响发电正常进行。因此防腐防污技术，是在海水抽水蓄能电站的建设中，必须要解决的问题。

（三）配套政策研究背景

根据宁德浮鹰岛海水抽水蓄能电站规划情况，站点位于福建省宁德市霞浦县海岛乡里澳村西南侧，距宁德市直线距离约 58km，该站点位于宁德市东部海域的一个独立岛屿上，岛上有浮鹰岛风电场（4.8 万 kW），1 座 110kV 升压变电站等。浮鹰岛海水抽水蓄能电站可以配合岛上风电运行，接入系统和送电条件良好，可在电网中承担调峰、填谷、调频、调相及紧急事故备用等任务。电站平均毛水头为 138m，装机容量为 4.2 万 kW，距高比约为 4.9。上水库库盆内无人口、房屋和专项设施，水库淹没土地主要为灌木林和松、杉等用材林，下水库系利用东海，不存在环境制约因素，施工总工期为 3 年 6 个月。根据规划分析，其所在地具有建设海水抽水蓄能电站的需求，站点地形地质条件、下库进出水口布置条件、施工条件、接入系统条件较好，装机容量适当，距高比较小，水库淹没及环境影响较小。

该工程从建设必要性、工程试点示范地位、工程建设条件等方面，均具备成熟条件。根据 2016 年 2 季度价格水平编制的项目投资匡算，电站静态总投资为 78729 万元，单位千瓦投资为 18745.10 元。与内陆抽水蓄能电站平均单位千瓦投资 5000～5500 元相比，仍属较高，从企业投资角度，完全按照市场化方式难以切实有效推进，开展提高宁德浮鹰岛财务盈利能力的政策研究是必要的。

浮鹰岛抽水蓄能电站的供电范围为浮鹰岛微电网，已对供电方向和供电市场需求做了充分论证，电力市场空间较大，市场具有吸纳浮鹰岛抽水蓄能电站电力电量的空间。但是，该项目测算的上网电价远远高于目前执行的福建省电力系统范围内的抽水蓄能容量电价和电量电价，也高于燃煤火电标杆上网电价。若政府不采取支持政策，企业投资建设浮鹰岛抽水蓄能电站财务指标将较差，缺乏市场竞争力。

为了促进项目的顺利推进和综合经济社会效益的尽早发挥，并使该电站电价具有一定的市场竞争力，应进一步研究浮鹰岛抽水蓄能电站建设对地方经济、环境、社会的影响作用，将浮鹰岛抽水蓄能电站建设与宁德市相关区域经济发展有机结合，探讨在项目前期、建设期和运营期的可行措施，具体包括设计优化降低工程投资、降低建设征地补偿投资、建设投资中税费减免、建设投资中其他方式分摊投资、风光储（蓄能）一体化提高蓄能电站效益、与其他能源电力资源打捆开发带动海水抽水蓄能电站开发、争取合理可行上网电价、保证容量和电量作用充分发挥、运行期减免税费等，分析以上措施的实现机制与途径，争取中央、省、县各级政府的相关配套政策和支持，使电站工程具备基本的投资效益和财务可行性，提升市场竞争力。

二、现状和理论基础

（一）国外研究现状

日本是研究海水抽水蓄能电站最早的国家，日本从 20 世纪 60 年代便开始对海水抽水蓄能电站进行调查和可行性研究工作，通过初步研究和选址调查，1999 年日本在冲绳建造了世界上第一座海水抽水蓄能试验电站，积累了大量的海水抽水蓄能电站建设和运营经验，其技术水平已具备建设更大规模的商业化电站的可行性和可靠性。

近年来，其他临海国家也进行了海水抽水蓄能电站的相关研究：印度尼西亚提出了 East Java 海水抽蓄电站方案，相关部门就工程造价、经济与环境分析、社会影响分析等进行前期论证工作，并邀请了日本相关公司做技术论证；爱尔兰 Organic 电力公司对爱尔兰西北部进行了海水抽水蓄能的前期研究，主要为了配合该地区的风电及潮流能；苏格兰斯特拉斯克莱德大学对苏格兰东北部进行了海水抽水蓄能选址研究，并初步对两个站址进行比选；葡萄牙里斯本技术大学研究在葡萄牙圣米格尔岛建设海水抽水蓄能电站，并分析其与可再生能源联合运行；希腊克里特技术教育学院风能和联合电站实验室对海水抽水蓄能电站前期设计进行研究，提出了海水抽水蓄能选址的合理地形参数；智利 Valhalla 电力公司开展了智利北部 EDT 海水抽水蓄能与太阳能联合电站研究。此外，美国、日本和爱沙尼亚对地下室海水抽水蓄能电站建造的可行性进行了初步探索。

（二）国内研究现状

海水抽水蓄能电站的选址研究在我国尚处于起步阶段。2013 年 7 月，水电水利规划总院组织项目主要参与方，在北京召开全国沿海地区海水抽水蓄能资源开发潜力评价工作大纲讨论会，海水抽水蓄能课题研究工作正式开始启动。

2015 年 9 月 29 日，水规总院在杭州组织召开《全国沿海地区海水抽水蓄能电站资源普查及示范（试点）项目选点规划报告》成果讨论会。

2016 年 8 月，水规总院组织专家对福建宁德浮鹰岛站点开展现场查勘，福建公司全程参加。

2016 年 8 月 25—26 日，水规总院在北京主持召开《全国海水抽水蓄能电站资源普查报告》审查会议。

2016 年 12 月 27 日，水规总院向国家能源局以水电规〔2016〕134 号文，报送《全国海水抽水蓄能电站资源普查报告审查意见》。

2017 年 3 月 15 日，国家能源局以国能新能〔2017〕68 号文，印发《国家能源局关于发布海水抽水蓄能电站资源普查成果的通知》。

2018 年 4 月 12 日，国家能源局批复福建省抽水蓄能电站选点规划调整有关事项，同意将宁德浮鹰岛站点作为海水抽水蓄能电站试验示范项目站点。

（三）示范技术研究理论基础

大型海洋动物，如鲨鱼、鲸鱼、海豚等，皮肤表面少有污损生物淤积。这些海洋生物表面可分泌某种特定黏液，人们普遍认为，这些黏液可起到润滑作用，降低皮肤表面摩擦力，减少游动时产生的阻力。鲨鱼皮肤表面所覆盖的黏液通常被认为是亲水性的，而鲨鱼表皮形貌被认为是疏水性的。鲨鱼表皮形貌是由小而弯曲的齿状结构组成，这些结构域称作真皮细齿或丘陵鳞片。这种特殊的表皮形貌具有三维形态梯度变化，与独立变化的梯度结构相比具有更好的疏水性。当鲨鱼游动时，浮游孢子和细菌难以停留在小于自身尺寸且不断发生变化的不稳定表面，从而降低污损生物对鲨鱼表面的黏附。除海洋动物皮肤表面具有防污性能外，植物表面同样也具备防污效果，荷叶就是其中之一。荷叶表面具有明显的超疏水性和自洁性，这些特性源自叶片表面的粗糙度。荷叶表面由致密微小压花块组成，水滴很容易滚落，并带走停留在荷叶表面的灰尘和碎屑，但水滴不会穿透致密微小的压花结构弄湿荷叶表面。这种表面形态使界面能最小化，降低了表面与污损生物之间的黏附力，实现防污效果。

受自然界生物启发的防污技术近年来得到了广泛关注，并针对仿生微结构表面开展了大量研究。然而，一些研究表明，微生物可逐渐填补空隙掩盖微结构，使仿生表面失去防污性能，并且微结构易受损伤，难以实现大规模应用。这些潜在缺点对其工程应用提出了严峻挑战。因此，急需开发新型仿生防污策略。

三、研究目标和内容

（一）示范技术研究目标和内容

本研究主要解决海水抽水蓄能项目中水工建筑物及金属结构存在生物附着的问题。基于海洋生物多种仿生物附着机理和抽水蓄能电站流量的设计的协同作用机制，在基材表面构造出疏水型表面和微凸起弹性体结构，结合抽水蓄能电站流量设计，通过流量设计控制表面微纳米结构振动频率和弹性凸起的振幅，再加上超疏水的表面的协同作用，防止微生物膜在基材表面形成，从而抑制生物在基材表面附着。疏水表面的结构设计、凸起结构尺寸的筛选和优化是构造协同防腐防附着表面的关键，也是本项目研究的难点。可借助 MATLAB 软件模拟及优化，筛选出最佳尺寸，并进行实验和模拟验证来解决。

1. 研究目标

防腐防附着材料疏水聚合物分子的筛选、嵌段结构设计和优化、合成路线设计和优化、聚合物性能的测试及表征是本研究的重点之一；疏水表面的结构设计、凸起结构尺寸的筛选和优化是构造协同防腐防附着表面的关键，也是本研究的另一重点。

2. 研究内容

通过对拟建的浮鹰岛海水抽水蓄能电站各种设备设施的基体材料（混凝土、低碳钢、低合金钢、不锈钢）采取适当的防腐蚀防污损技术，并通过实验室试验、海港挂板试验获取第一手试验资料，为浮鹰岛海水抽水蓄能电站各种设备设施进行防腐防污处理提供技术支撑。

本研究中拟采用多种防腐蚀（简称 FF）技术方案和以“伪装误导”为原理多种防污（简称 FW）技术方案。针对金属材质及混凝土采用防腐防污涂料，先进行防腐涂层设计再进行防污涂层设计，保障样板具有优异的防腐蚀性能和防海洋生物污损性能。

从 2021 年 5 月—11 月进行了 6 个月现场水下防污实验验证，验证的结果如表 1 所示。

表 1 中防污配方 3 种，FWA、FWB、FWC，每种材质的样板，先经过表面处理，达到涂料涂装的要求，然后经过防腐涂层处理，最后分别在不同的基材上涂刷不同的防污涂料，验证其在浮鹰岛现场的防腐防污性能。挂板的边框采用一般船舶使用的防污涂料。

表 1　　　　防污实验测试结果

方案	下水之前	1 个月的效果	3 个月的效果	6 个月的效果
FWA	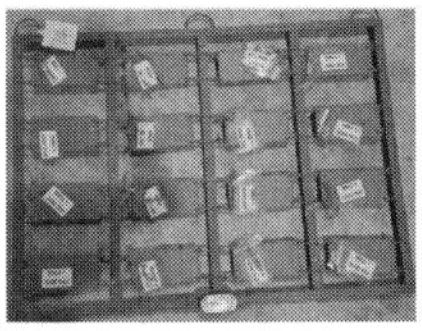			
FWB				
FWC	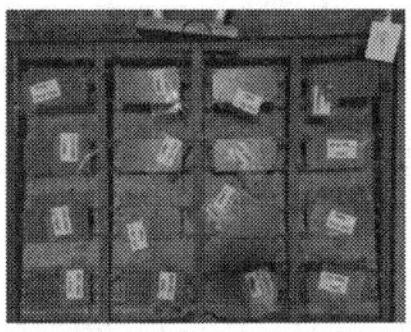		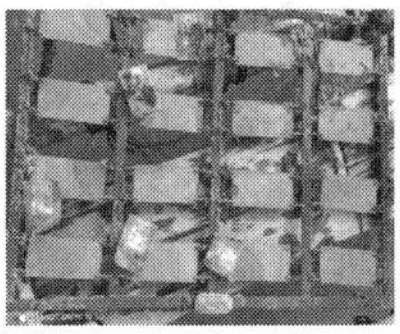	
未做防污处理				

从表 1 中看出，随着挂板时间延长，FWA、FWB、FWC 每个样板在 1 月、3 月、6 月观察的时候，样板的表面无锈蚀斑点，涂层也是完好无损、无脱落现象出现，因此防腐技术经过验证在 6 个月内没有出现任何损坏现象，针对不同的金属和水泥混凝土样板具有较好防腐蚀效果，可以保证在抽水蓄能项目中接触海水的金属及水泥材质的抗腐蚀特性。

在表 1 中，FWA 防污配方样板在 1 月观察发现，样板表面干净，无任何藻类或硬壳生物附着，和金属样框上的涂料即一般的防污涂料相比，1 月的防污效果基本一致。与表 1 中，最后一列未做防污涂层处理的样板，只做防腐涂层处理的样板相比 1 月挂板试验基本无生物附着，原因为 1 个月时间是小于生物的生长周期。3 月的结果观察发现，样板的表面无泥污也无生物附着，但是金属挂板框上开始不仅附着少量的泥污，也开始附着部分生物。而最后一列未做防污涂层处理的样板 3 个月已经被生物完全附着，只有少量的无附着可以看到样板。6 个月的实验结果，金属挂板框上已经长满了海洋生物，但是防污样板上依然非常干净，无生物附着，防污效果较好，表 6 最后一列未做防污涂层处理的样板 6 个月生物附着更为严重，样板已经完全被海洋生物覆盖。

在表 1 中，FWB 防污配方样板在 1 月观察发现，样板表面有一层很薄的泥污附着，但是无任何藻类或硬壳生物附着，与金属样框上的涂料即一般的防污涂料相比，1 月的防污效果基本一致。与表 1 中，最后一列未做防污涂层处理的样板，只做防腐涂层处理的样板相比 1 月挂板试验要比其负载的泥污多。3 月的结果观察发现，样板的表面有少量泥污也无生物附着但是相比于 1 月，泥污的负载量减少，现场观察是海水冲刷的原因导致。而表 1 中最后一列未做防污涂层处理的样板 3 个月已经被生物完全附着，只有少量样板无生物附着可以看到样板颜色，因此，FWB 防污效果要比未做防污涂层以及一般防污涂层（金属挂板框）的相比，效果较好。6 个月的实验结果，金属挂板框上已经长满了海洋生物，但是 FWB 防污样板上依然非常干净，无生物附着，防污效果较好。与最后一列未做防污涂层处理的样板以及一般防污涂层的金属挂板框相比，FWB 防污效果较好。

在表 1 中，FWC 防污配方样板在 1 月观察发现，样板表面干净，无任何藻类或硬壳生物附着，与金属样框上的涂料即一般的防污涂料相比，1 月的防污效果基本一致。与表 1 中，最后一列未做防污涂层处理的样板，只做防腐涂层处理的样板相比，1 月挂板试验也是无生物附着。3 月的结果观察发现，样板的表面无泥污也无生物附着，但是金属挂板框上不仅附着少量的泥污，也开始附着部分生物。而最后一列未做防污涂层处理的样板 3 个月已经被生物完全附着，只有少量样板无生物附着可以看到样板颜色。6 个月的试验结果，金属挂板框上已经长满了海洋生物，但是防污样板上依然非常干净，无生物附着，只有少量的泥污附着，与最后一列未做防污涂层处理的样板以及一般防污涂层的金属挂板框相比，FWC 防污效果较好。

三种防污涂层和未涂装防污涂层的样板及一般的防污涂层相比，三种防污涂层在不同基材上都表现出较好的防污效果，样板 6 个月的试验周期内无生物附着和涂层脱落破坏的现象。而未经防污涂层的样板，在 3 个月内已经被生物长满，无防污效果。一般的防污涂料（金属挂板框）从 3 个月开始生长生物，6 个月已经完全被生物覆盖，防污期限短，防污效果差。相比于 FWB、FWC 方案，FWA 方案 6 个月的试验验证后，样板表面最干净，无泥污和生物附着，观察效果最好，还要继续延长试验验证周期。由于季节性变化，每年 11—4 月处于海水温度低温时期，海洋生物生长周期拉长，因此后面 6 个月基本不会生长太多的生物。

（二）配套政策研究目标和内容

1. 研究目标

主要从新能源配套运行、科技专项申请、项目协调以及政府税收、补贴、电价、开发权等多个角度探索经济可行的政策途径。力争早补贴、早协调、早落实，可以在项目前期能够争取的，尽量放在前期，尽量事前争取，避免后期政策落地的不确定性；同时，浮鹰岛海水抽水蓄能电站的利益相关方涉及项目业主、各级政府、当地用户（含新能源发电用户）、电网公司，需要充分协调好各方关系，分析研究好利益分配与成本补偿关系；最后，考虑为未来我国在南沙群岛、西沙群岛等岛屿进行清洁能源开发利用提供可借鉴模式。在本项目自身盈利能力不足、利益相关方措施也不能实现项目盈利能力的情况下，需要充分发挥公益性补贴，采取特殊政策支持，比如争取海上风电开发权捆绑开发、项目开发方其他电力产品电价提高等。

2. 研究内容

（1）研究现有政策对海水抽蓄的适用性和可行性。整理研究现有政策，如《国家发改委关于完善抽水蓄能电站价格形成机制有关问题的通知》（发改价格〔2014〕1763号）、《关于促进首台（套）重大技术装备示范应用的意见》（发改产业〔2018〕558号）、关于印发《贯彻落实〈关于促进储能技术与产业发展的指导意见〉2019—2020年行动计划》的通知（发改办能源〔2019〕725号）等，从电价、科技项目补贴、无息或低息贷款、税收优惠、保险优惠等方面分析相关政策对海水抽蓄的适用性、可行性。

（2）管理体制研究。从海水抽水蓄能电站前期研究、工程建设和运行管理的全生命周期来看，需要国家行业主管部门、地方政府、建设单位等多方共同参与，开展海水抽水蓄能电站开发建设管理体制研究，捋顺海水抽水蓄能电站开发的管理体系。

（3）扶持政策研究。我国海水抽水蓄能电站处于行业发展的初期，可参考风电、光伏等新能源发展路径，从国家和地方的政策层面出发，研究给予海水抽水蓄能电站示范项目试验研究的扶持政策。

（4）海水抽蓄与海上风电一体化开发方案研究。从保障边远海岛用电和国防安全需要的角度出发，可以结合当地的资源情况，开展海水抽水蓄能电站与海上风电一体化开发方案研究，掌握多种能源一体化开发的关键技术。一方面，海水抽水蓄能电站可以配合海上风电稳定运行，提高电网供电的安全性、稳定性和可靠性；另一方面，降低海水抽水蓄能电站建造成本，减少环境影响，发挥综合效益。

四、实施效果

（一）示范技术实施效果

（1）硬质结构防腐防附着效果达到国内先进水平，2～3 年无附着，防附着水下实验效果达到海水全浸环境下至少 6 个月无生物附着。

（2）通过该项目，开发出高耐久、低毒性筑物及金属结构用防腐防生物附着涂层技术，形成一整套可复制、可推广的水工建筑物防污防腐技术和相关标准，减少能源损耗，推进绿色能源发展，争取获得国家科技进步奖项。

（二）配套政策实施效果

1. 政治意义

福建是党中央对台发展的战略要地，以赶超台湾为近期目标发展经济发展社会发展技术，中央给予了各项有利政策支持。该项目是全国首个、世界最大海抽项目（日本有一个 30MW 的项目），是国家的试点示范项目，国家高度重视，负责该项目的开发可充分展示华电集团公司的创新创造能力，以及为国担当精神，提高华电集团公司影响力。

2. 战略意义

该项目开发符合国家战略和集团公司战略发展方向。国家层面是试点示范项目，国家是大力支持的；集团层面，根据《集团公司能源体制革命重点行动（2019—2020年）工作安排》，集团公司提出要“加大首台套设备应用试点的推进工作，研究相关补贴政策，力争在集团内首先开展首台套设备的应用并形成示范，树立标杆”，该项目符合该战略方向。同时，该项目的成功开发能为祖国众多的海岛提供能源安全保障途径。

3. 科技意义

该项目由国家发展改革委、科技部、工业和信息化部、国家能源局四部委联合推进，属科技和国家首台套设备研究工作领域，可以促进防腐技术、海水淡化、工程防护等关键技术的进步，填补我国海水抽水蓄能技术空白，带动海洋资源的综合开发利用，推进海洋产业转型升级，实现海洋新兴产业突破性发展。

4. 经济意义

作为国家首个试点示范项目，有关部委支持力度大，落实政策支持的条件好，项目可经营前景较好。且通过开发该项目，可为获取厂址周边的海上风电资源，打造海抽海风一体化项目创造条件。

5. 合作示范意义

通过该项目投资有利于华电与政府建立良好的沟通渠道，构建良好政企合作关

系，展示良好企业形象。海水抽水蓄能电站为新型电站，我国还没有设计该类型电站的经验，世界上也没有多少同类电站可以提供借鉴，规模相对较小，单位造价高，建造难度大，经济指标差，具有示范性、试验性电站的特点。

通过开展海水抽水蓄能电站与海上风电一体化开发方案研究，不但可以降低海水抽水蓄能电站的建造成本，还可以提高海上风电的利用效率，为示范项目启动创造条件，对于推动我国海水抽水蓄能电站快速有序发展，具有示范意义。

6. 创新意义

该项目开发可考虑结合海岛及其周边拥有丰富的风能、太阳能、生物质能、潮汐能等可再生资源，开发利用可再生资源组成“微电网系统”，实现海岛的能源自给，建设综合能源服务生态圈试点，探索综合能源服务新模式。

基于电力业务生态圈的综合能源服务智慧化发展问题研究

中国华电集团有限公司福建分公司

施加林　陈海凌　林怀州　卢荣奏　唐小强
陈骁骏　唐　成　吴梦琦　吴建华　游长杰

开展基于电力业务生态圈的综合能源服务是构建新型电力系统的重要基础，是能源安全战略的重要支撑，是能源企业数字化转型的必然选择，是能源电力体制改革的现实写照，研究贴合习近平总书记提出的“四个革命、一个合作”能源安全新战略和国家“双碳”目标路径。集团规划打造综合能源服务型企业，基于电力业务生态圈的综合能源智慧化服务研究，对集团的战略转型、技术和商业模式创新都具有重要的现实意义。

福建公司电源资产涵盖水电、海/陆风电、分布式光伏、气电、燃煤电厂、热电联产等类型，运营有华安、南靖、古田、泰宁4家配电网公司，年代理合同售电量居省内售电行业第三、四大发电集团售电公司第一，且拥有集团公司首家重资产的配售电公司。所以，福建公司具有非常好的开展综合能源服务的基础条件，具有打造集团综合能源服务示范效应项目的天然优势。

本课题基于政府、集团相关政策和规划，在分析福建公司电力业务生态圈特点的基础上，结合综合能源服务关键技术、典型应用场景，对综合能源服务智慧化发展不同类型业务的商业模式进行研究。

一、综合能源服务发展研究综述

（一）研究现状

综合能源服务对提升能源利用效率和实现可再生能源规模化开发具有重要支撑作用，美国、欧盟、日本等较早开展综合能源服务研究，目标是提高清洁能源供应与利用比重，进一步提高社会供能系统的可靠性和经济性。我国有关综合能源服务研究探

索起步较晚，以2015年3月中共中央、国务院发布《关于进一步深化电力体制改革的若干意见》为标志，随后陆续下发系列文件和指导意见，全面推进综合能源理论研究和示范项目实施。

国家电网有限公司和各大发电公司也陆续开展综合能源服务业务，其中国网综合能源服务集团有限公司以清洁能源、多能供应、综合能效和新兴用能为重点，开展“能源智云”综合能源服务的业务支撑平台研究建设，融合基于虚拟电厂的能源市场交易平台，助力构建“绿色国网”和综合能源服务产业创新联盟生态圈。在浙江、福建宁德西洋岛、海上渔排等各地开展综合能源典型示范项目，并取得较好成效。

五大发电集团积极推动综合能源服务业务发展，国家能源集团投资建设的陕西富平区域综合能源示范项目，可使区域能源一次能源转化效率达到70%以上；中国华能集团投建的桂林天然气分布式能源项目，燃料利用效率可达81.15%，大幅度降低了氮氧化物、二氧化碳等污染物的排放量；华电集团2019年首次发布了国内同类型企业综合能源服务类行动计划，明确了六项业务、两个平台、三种支撑能力的业务体系，后续发布了综合能源服务“两个平台”具体规划建设方案和福建分公司综合能源行动计划，促进集团和公司战略转型。

（二）发展趋势

随着传统电力企业陆续布局综合能源服务板块，未来发电企业综合能源服务业务发展方向应立足于主业，开展以电为主，适度多元的发展方向，依托自身在发电领域的技术和人才优势，进一步扩展企业价值链，因地制宜地开展市场侧需求分析，为电厂所在区域构建清洁低碳、安全高效的新型能源供给体系，开发能源供应与接收的新技术和产品。

二、研究基础条件

（一）福建公司概况

福建公司成立于2003年2月21日，负责中国华电在闽资产的运营管理和发展工作。公司产业结构独具特色。拥有26家在运发电企业、4家供电公司、1家售电公司，在建中国华电首座抽水蓄能电站、首座海上风电场，产业链涉及电力发、供、储、售，是中国华电首个拥有供电业务的区域。电源种类涵盖水、火、风、光、气、核，形成良好的多能互补电源布局，年代理合同售电量居省内售电行业第三、四大发电集团售电公司第一，且拥有集团公司首家重资产的配售电公司。

（二）福建公司电力业务生态圈

福建公司是福建区域最大的电力供应商之一，拥有水、火、风、光等多种电源类型，可以提供电、冷、热、水等多种能源品种和能源服务，具有海上风电、电网供电区、工程技术、参股核电等特色业务板块，具备良好的综合能源服务业务开展条件。福建公司主要特色业务如下：

1. 电网供电区

福建公司拥有华安、南靖、古田和泰宁等 4 个电网供电区，分别依托华安、南靖、古田溪和池潭等水电站形成拥有供电营业许可证的电网，2020 年四个供电区电力用户总计约 1.5 万户，完成售电量总计 4.25 亿 kWh。供电区拥有电网、水电站和生产生活用户等多种元素，所处区域风能、光照资源尚可，具备发展分布式光伏、小型风机和充电桩的条件。

2. 供热（冷）园区

华电厦门集美分布式能源站是福建省第一个分布式能源站，由华电（厦门）分布式能源有限公司投资建设，园区涵盖电、热、冷等多种元素，截至 2020 年，园区内 31 家企业年用电量达 2.2 亿 kWh，产业初具规模，热用户已有 9 家企业，年用汽量达 18 万 t 以上，园区另有供冷负荷需求约 1.35MW，具有开展多能互补示范项目研究的基础条件。

3. 售电业务

福建公司作为福建省电力市场委员会副主任委员单位，常年代表省内发电企业，参与省内电力市场改革与推进工作。

福建华电能源销售有限公司是中国华电集团有限公司的全资子公司，注册资本金 2.2 亿元。作为华电福建区域售电公司，依托强大的发电背景，公司是全省唯一在福建 9 地市均设置办事机构的发售一体售电公司。2021 年代理福建区域用户达 600 家，居省内售电行业第三、四大发电集团售电公司第一。已经具备用户需求侧响应等综合能源服务的条件，试点开展售电用户的金融保险服务。

4. 拓展方向

福建公司拥有电网供电区、供热（冷）园区和售电业务等各类型业务，电力业务生态圈资源丰富，特别是独具福建公司特色的电网供电区和冷热电汽联供的集美智慧能源站。福建公司可利用相关政策积极发展综合能源业务，将综合能源服务作为一种新业态、新模式和新动能，以电力业务为依托，大力拓展业务生态圈，使参与其中的各利益相关者在这个共同的平台（综合能源服务）中均能通过平台的整体特性发挥各自的特点，提升参与者的能力，从而推动平台（综合能源服务）的发展并创造价值，参与者均能从中获取收益。综合能源服务平台生态示意见图 1。

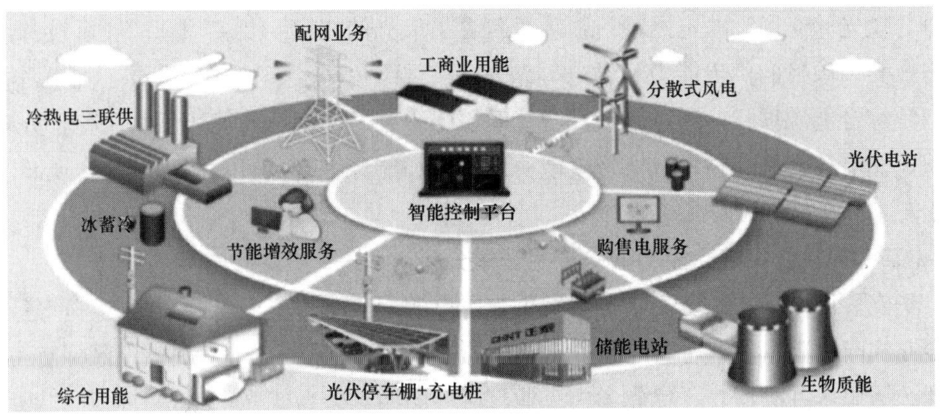

图 1　综合能源服务平台生态示意

三、综合能源服务业务类型及关键技术

（一）主要业务类型

我国综合能源服务市场方兴未艾，业务类型也在不断拓展，综合能源服务的业务主要包括：为客户提供多网络、多品种、基础性的综合能源输配服务；包含风电、光伏和区域集中供热/供冷站等的分布式能源开发与供应服务；通过向客户提供技术、设备，转换能量以及利用设备节能等环节，实现经济效益并达到社会效益的节能服务；涵盖能源生产消费、智能化设施建设和运维、智慧节能、智慧用能、能源市场智能化交易等的综合能源智慧化服务。

（二）关键技术

在新电力体制改革和国家“双碳”目标路径的大背景下，综合能源系统作为一种耦合多种能源形式、提供能源服务的物理载体，协调优化分布式能源供应、转换、存储，对提高能源综合利用率，促进可再生能源的消纳，实现多能互补以及能量的阶梯利用具有重要意义，其相关技术的研究主要包括能源转换、储能、多能耦合、微电网控制和智能化技术等。

四、综合能源服务典型案例研究与应用场景分析

（一）典型案例研究

国内关于综合能源开发的典型案例有：华安某“风光储充”示范项目，项目涵盖光伏、风力发电、储能、充放电桩等多种能源供给及用能形式，项目建成投运后，每年可替代标准煤约 15.56t/年；宁德某岛屿智能型微电网示范工程，为岛屿提供第二电源点，保障岛上居民的安全可靠用电，为电网提供清洁电能 1.4 万 MWh；宁德某海上

渔排“风光储充用”微电网项目，项目包含“风光储充用”及各项智能展示设备，提高海上养殖项目的供电能力和供电可靠性、实现绿色低碳养殖产业升级；杭州西湖区转塘镇综合能源项目，通过建设综合能源服务平台，提供综合能源服务，整合分布式光伏、储能等设施和技术，实现多能协同供应和能源综合梯级利用，预计实现园区整体能耗下降15.8%。

（二）福建公司综合能源服务应用场景分析

华安、南靖、古田、泰宁等电网供电区电源形式单一，但光照资源尚可，建议开展分布式光伏项目，作为供电区电源形式的补充；其中，华安、南靖供电区拥有工业、农业、居民等各类用户，优先考虑工业厂区屋面布置分布式光伏组件，鼓励农业用户结合大棚铺设光伏组件，形成供电区独特的农光互补示范项目，考虑推广户用光伏，获取光伏发电收益同时宣传企业形象。另外可选择在合适区域建设储能和充电桩，在分布式能源盈余或者电价较低时为电化学储能或充电桩系统充电，在高电价时放电，实现峰谷价差套利获取额外收益。供电区拥有配售电业务，建议开展配电网节能、用户用能优化等能效服务。

厦门集美智慧能源站园区远景用电负荷较大，未来有一定量的用热/冷需要，具有提供电、冷、热、水等多种能源品种和能源服务的电力业务生态圈。首先，区域年日照条件良好，初步估计园区可利用屋顶面积约45万m^2，适合开展分布式屋顶光伏。其次，智慧园区峰谷电价价差约2.8倍，建议依托分布式能源项目的建设，考虑配置储能系统，实现峰谷价差套利获取额外收益。再次，新能源汽车成为未来汽车发展的重要方向，建设绿色交通综合服务站，结合区域光伏电站、储能设施、绿色交通综合服务站等子系统，形成光储充一体化系统。

依托集团公司综合能源服务“两个平台”项目建设，结合供电区配电自动化改造，实现智能运维和大数据采集，为拓展售电业务和能源交易信息化提供数据支撑；供电区/园区优化上游发电侧生产运行，面向能源生产和供应环节，开展能源生产运营数据的自动采集，利用实时监控、数据可视化为企业运营决策提供辅助支撑，实现能源生产优化运行和资源最优配置。面向下游售电、售热（冷）各类客户，开展客户侧用能数据采集，建设能效管理、节能服务和设备运维等业务功能，提供智慧用能等多种行业解决方案，延伸客户多元化增值服务。

五、综合能源服务不同类型业务的商业模式研究

（一）分布式光伏

分布式光伏主要采用“全额上网”“自发自用、余电上网”和“全部自发自用”等

三种运营模式。

福建省 10kV 工业用户两部制销售电价为 0.5732 元/kWh，峰段电价为 0.7369 元/kWh，目前福建省内无光伏补贴。通过计算分析分布式光伏用户消纳率与投资收益率关联性（暂未考虑场地租金成本），结果见图 2。可见，项目收益率与光伏消纳率大致成正比，当上网电价为基准电价，光伏电量消纳率达到 30%时，项目投资资本金内部收益率可达 7%；当上网电价上下浮 20%，光伏消纳率达 10%和 50%时，项目投资资本金内部收益率可达 7%。建议用户采用自发自用模式，结合自身用电负荷情况配置分布式光伏，减少光伏发电上网比例，提高项目收益率。

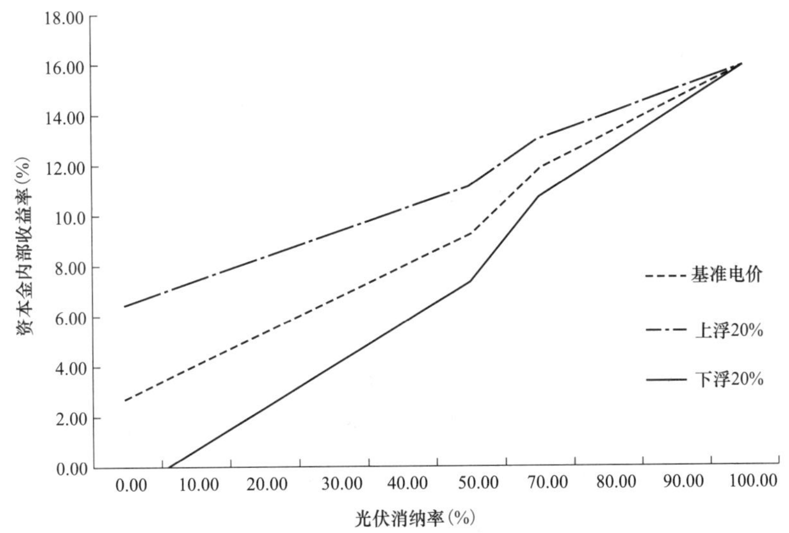

图 2　用户消纳率与投资资本金内部收益率关联图

2021 年 10 月，国家发展改革委发布《关于进一步深化燃煤发电上网电价市场化改革的通知》（1439 号），总体思路为有序开放全部燃煤发电电量上网电价，扩大市场交易电价上下浮动范围，取消工商业目录销售电价，售电电价将受燃料煤炭价格的传导，电价上涨趋势明显，此举将进一步推动用户采用光伏替代，进而提高光伏项目收益，促进了分布式光伏项目建设。

（二）电化学储能

1. 新能源侧储能

（1）风电场储能。

由于风资源具有随机性和间歇性的特点，风电场的上网实际功率与预测功率之间存在较大的偏差，电网公司对风电场的考核主要以风功率预测为主。风电场配置储能可平滑风电场的功率曲线，使得上网实际功率贴合预测功率，让风电场能更好地适应电网调度，减少对电网的冲击。

（2）光伏电站储能。

光资源同样受气候影响较大，通过配置储能系统，平滑光伏电站处理曲线，减小光伏输出功率波动对电网的影响，提高光伏电站的可调度性。而且，根据前述分布式光伏用户消纳率与投资收益率关联性分析，增加光伏发电消纳比例，可提高项目收益率。通过配置储能，也可减少光伏上网电量，提高光伏消纳比例。

2. 电网侧储能

（1）调峰。

根据《福建省电力调峰辅助服务交易规则 2020》，参与调峰交易的电储能设施，其充电规模不小于 10MW/40MWh。交易期间机组深度调峰服务费的计算公式如下：

$$深度调峰服务费=K\times\Sigma（深度调峰电量\times中标价格）$$

注：调节系数 K（取值范围 0～2，暂取 1）。

（2）调频。

华电福建公司拥有可门、邵武、永安、漳平等中大型火电厂，拥有众多中大型水电站和华安、南靖、古田和泰宁等 4 个电网供电区，供区主要由水电厂提供能源供应服务。传统机组由于调频速度较慢，在响应电网调度指令时具有滞后性，通过配置储能系统将为传统火力、水力发电机组带来可观的收益。

调频收益规则

根据《调频交易规则 2019 修订版》，现行调频收益计算规则：

$$里程补偿=M1\times调频里程\times调频综合性能指标 K\times出清价格$$

注：调节系数 $M1$（取值范围 0～2，暂取 1）。

福建省某电厂考虑配置储能系统辅助电厂机组参与福建省调频服务市场，采用储能与机组联合运行的方式，提高系统整体条件性能。机组原调频性能综合指标 K 平均值约 0.53，配置储能后 K 值得到大幅提升，按照机组配置 18MW/18MW 储能系统，经研究测算，预计机组单独调频收益约 780 万元，联合储能调频收益约 1643 万元。

3. 用户侧

（1）分时电价管理（峰谷价差套利）。

分时电价管理的收益主要通过电价差和用电计划的调整而获得，分时电价按照前述福建省内电价水平，具体收益计算如下：

$$储能系统年收益=峰时段放电量\times0.7368-谷时段充电量\times0.4295$$

（2）容量费用管理。

容量费用管理指的是电力用户在不影响正常生产工作的情况下，降低最高用电功率，有效地降低容量费用，从而达到降低总体电费。通过配置储能系统，用户根据自己的用电习惯，在自身用电负荷低的时段对储能设备充电，在需要高负荷时，利用储能设备放电，从而可以降低用户最高负荷，达到降低容量费用的目的。

（3）需求侧响应。

需求侧响应通过调整用户用电方式降低峰值负荷，与电池储能系统提供峰值调节和负载均衡的功能类似，帮助电力用户降低高峰负荷的用量，赚取需求响应服务费。

用户补贴计算公式：

用户补贴=实际响应量×响应时间×补贴价格系数×补偿基准价格

（三）充电桩

根据《福建省物价局关于我省电动汽车充电服务价格有关问题的通知》，经营性集中式充电设施充电服务价格上限标准：电动乘用车 1.00 元/kWh，电动公交车 0.8 元/kWh，下浮不限。无固定服务车辆的充电站营业收入计算方法如下：

充电服务费收入=充电服务价格×充电设备额定功率×充电设备负载率
×充电设备每天有效充电时间×充电站运行天数

近期“充电桩+广告”新模式逐渐进入市场，充电桩作为广告载体，在商业办公核心地区，广告费收益将高于充电桩建设成本及电费。在推进“互联网+”智慧能源发展的指导意见背景下，电力企业联合第三方服务平台和生态服务商的新型商业模式将是未来充电桩发展的趋势。

（四）“风光储充”一体化

国内目前投入的“风光储充”微电网项目大部分是示范项目或有特殊用途的项目。除了企业的直接效益，示范项目的落地还能带来巨大的非能源收益价值，助力企业树立实现节能环保新型企业的良好社会形象，增加客户黏度，提升企业的市场竞争力。

案例分析：

华电福建华安供电公司某“风光储充”微电网项目，光伏系统装机容量 20.25kW，风机容量 10kW，储能规模 100kW/100kWh，充电桩功率 180kW，项目总投资约 135 万元。项目收益主要来源于充电电费及服务费用以及储能峰谷电价差套利。另外，还可以通过多种渠道挖掘储能电池的剩余价值，例如项目储能电池衰减到一定容量后，可搬迁至对容量性能要求不高的场合，作为备用电源，或者与电池企业开展电池回收合作，最大化项目收益。以上述模式测算，项目资本金内部收益率约 12%，投资回收期约 9 年，项目建成投运后，每年可替代标准煤约 15.56t/年，减少二氧化碳排放量约

41.92t/年。

可见，“风光储充”微电网项目收益尚可，建议探索通信服务、广告收益等增值服务，采用合作运营模式降低项目投资成本，提高项目收益。

（五）冷热电三联供

冷热电三联供系统建立在能量梯级利用基础上的综合产、用能系统，分散在用户端附近，首先利用一次能源驱动发动机供电，再通过各种余热利用设备对余热进行回收利用，最终实现更高能源利用率、更低能源成本、更高供能安全性以及更好环保性能等多功能目标。利用燃气能源站一站式解决包括电、供冷/暖、蒸汽和天然气等多种用能需求的优势，为用户提供多种能源解决方案。

（六）电力需求侧管理

通过需求侧管理服务，实现供需双侧的互动，保障园区能源互联网内部“源网荷储”体系平衡的同时，减轻外部能源网络压力，通过服务电网调度，获取的收益由服务商和用户共享。

面向需求侧的服务类型有：针对用户实行用能方案的优化服务；对用能量大但效率低或者峰电谷电使用分配不合理等的客户进行全面的用能诊断服务；依托区域内周边电源资源，建立专业的配网运维团队，研究适合园区售电业务的供配售电一体化服务；一站式能源托管、能源运维、能够以售电主体身份参与市场竞争获取更多利润的虚拟电厂和能源数据云平台的能源互联网智能交易等增值服务。

六、总结与建议

（一）结论

（1）国内有关综合能源研究和服务起步较晚，但华电集团是国内较早开展分布式能源供应的发电企业，拥有推广综合能源服务的核心资源优势。

（2）福建公司拥有多个电网供电区，拥有厦门集美智慧能源站和可门电厂等供热电厂，具有提供电、冷、热、水等多种能源品种和能源服务的电力业务生态圈，具备良好的综合能源服务业务开展的内部条件。可利用政府相关政策和集团规划积极发展综合能源业务；充分利用集团建设的两个平台发展综合能源对内和对外业务。

（3）基于华电福建公司电力业务生态圈，本课题对分布式光伏、电化学储能、充电桩、“风光储充”一体化、冷热电三联供、电力需求侧管理等综合能源服务业务的商业模式进行了研究分析，目前投入的“风光储充”微电网、冷热电三联供等综合能源项目大部分是示范项目，除了企业的直接效益，还能带来巨大的非能源收益价值，助力企业树立节能环保的良好社会形象，增加客户黏度，提升企业的电力市场竞争力。

（二）建议

（1）加快综合能源智慧控制系统平台和“互联网+”综合智慧能源服务平台的建设，实现能源技术与信息技术深度融合，深入研究智能交易技术，努力实现智慧高效的能源市场交易服务。

（2）依托集团自身完整电力发、供、储、售产业链，电网供电区、供热（冷）园区等特色业务板块，利用集团分布式能源发电、储能、微电网等关键技术优势，加快分布式光伏、电化学储能、充电桩、“风光储充”一体化、冷热电三联供、电力需求侧管理等综合能源项目建设，积极拓展综合能源业务。

（3）在华安、南靖供电区农业用户开展农光互补项目和户用光伏，丰富分布式光伏开展形式，形成供区特色光伏示范项目，并考虑储能和充电桩等应用，拓展节能、能效提升等增值服务。

（4）集美智慧能源站在后溪工业园区开发厂房屋顶分布式光伏，配置储能系统和建设绿色交通综合服务站，构建光储充一体化系统。结合集团“两个平台”园区优化上游发电侧生产运行，开展客户侧用能数据采集，建设能效管理、节能服务和设备运维等业务功能，提供智慧用能等多种行业解决方案。

新时代西藏可再生能源综合利用的现状研究及展望

华电西藏能源有限公司

程一书　林俊杰　毋欢欢

一、项目背景

可再生能源是指自然界中可以不断利用、循环再生的一次能源，例如太阳能、风能、水能、生物质能、海洋能、潮汐能、地热能等。随着世界石油能源危机的出现，人们开始认识到可再生能源的重要性。

西藏可再生能源资源丰富，开发程度低。西藏水能、太阳能、风能和地热能等可再生能源均十分丰富，技术可开发量高达 10.54 亿 kW，其中水电约 1.74 亿 kW，光伏约 7 亿 kW，风电约 1.8 亿 kW，截至 2020 年 12 月末，西藏投运电力总装机容量 418.85 万 kW，其中水电 225.04 万 kW、火电 43.85 万 kW、光伏 144.89 万 kW、风电 0.75 万 kW、地热等其他 4.32 万 kW 受电力市场、外送通道及开发技术影响，目前开发程度不到 1%，可再生能源发展前景广阔。

西藏风光电大规模发展存在制约因素。西藏内需市场小，电力消纳存在瓶颈。西藏人口少（常住人口约 350 万人）、经济体量小，大用电企业少，电力内需市场总量小，只能依靠外送解决消纳。但目前四川、云南、青海等邻省汛期电力已存在大量富余，与西藏电网不具备互补性，同时配套电网与电源建设不匹配，尚未形成大规模输送通道和能力，西藏可再生能源消纳瓶颈仍未突破。

西藏在国民经济与社会发展“十四五”规划中提出“1 基地+1 示范区”目标，1 基地即国家重要的清洁能源接续基地，要求推动雅鲁藏布江、金沙江、澜沧江等流域水风光综合开发，加快推动藏电外送规模化发展，建设国家重要的清洁能源接续基地。1 示范区即国家清洁可再生能源利用示范区，要求加快电源、电网、油气等基础设施建设，加快清洁能源规模化开发，形成以清洁能源为主、油气和其他新能源互补的综

合能源体系，2025 年建成国家清洁可再生能源利用示范区。自治区已明确了建设省级可再生能源综合利用示范区的目标及“倒计时”，本项课题研究为自治区下一步制定相应“路线图”与“时间表”提供科学参考，也为公司立足当前、展望未来、实现“十四五”良好开局与高质量发展奠定基础。

二、可再生能源发展形势

（一）国际方面

可再生能源成为应对气候变化的重大举措。国际社会缔约全球气候协定，就碳中和凝聚广泛共识。为共同积极应对全球气候变化，国际社会已缔约签订了三个重要公约协定，分别是联合国大会 1992 年通过的《联合国气候变化框架公约》、1997 年通过的《京都议定书》、2015 年通过的《巴黎协定》，其中《巴黎协定》长期目标是将全球平均气温较前工业化时期上升幅度控制在 2℃以内，并努力将温升幅度限制在 1.5℃以内，90%的《巴黎协定》签约国都设定了可再生能源发展目标，可再生能源作为《巴黎协定》中唯一提及的清洁技术，已经在全球蓬勃发展，美国、欧盟、日本等发达经济体都将可再生能源作为温室气体减排的重要措施。

可再生能源成为能源低碳转型的关键。许多国家都将可再生能源作为新一代能源技术的战略制高点和经济发展的重要领域，投入大量资金支持可再生能源技术研发和产业发展。2020 年全球能源行业虽受到新冠肺炎疫情不同程度的影响，但可再生能源新增装机依旧创下新的历史纪录，新增装机容量超过 256GW，并且成为各类电源总装机中唯一发电量有所净增长的能源类型。德国等国家可再生能源已逐步成为主流能源，并成为这些国家能源转型、低碳发展的重要组成部分。美国可再生能源占全部发电量的比重也逐年提高，印度、巴西、南非以及沙特等国家也都在大力建设可再生能源发电项目。截至 2020 年底，至少有 19 个国家的非水电可再生能源装机超过 10GW。

（二）国内方面

中国向世界做出庄严承诺，打出绿色低碳发展“组合拳”。2020 年 9 月在联合国大会上提出，二氧化碳排放力争于 2030 年前达到峰值，努力争取 2060 年前实现碳中和。2020 年 12 月在气候雄心峰会上提出，到 2030 年，非化石能源占一次能源消费比重将达到 25%左右，风电、太阳能发电总装机容量将达到 12 亿 kW 以上。2021 年 9 月在联合国大会上提出，中国将大力支持发展中国家能源绿色低碳发展，不再新建境外煤电项目。2021 年 10 月在联合国生物多样性峰会上提出，中国将构建起碳达峰、碳中和“1+*N*”政策体系，持续推进产业结构和能源结构调整。同月，中共中央、国务院印发《关于完整准确全面贯彻新发展理念做好碳达峰碳中和工作的意见》，《意见》在碳达峰碳中和政策体系中发挥统领作用，是“1+*N*”中的“1”，为碳达峰碳中和这项重大工作进行系统谋划、总体部署。同时聚焦2030年前碳达峰目标，国务院印发《2030年前碳达峰行动方案》，是“*N*”中为首的政策文件。应对气候变化已成为与保障能源安全同等重要的任务，碳达峰、碳中和已不再是能源发展的软指标而是硬约束，推进可再生能源发展已成大势所趋。

中国可再生能源资源禀赋优异。中国除了水能的可开发装机容量和年发电量均居世界首位之外，太阳能、风能和生物质能等各种可再生能源资源也都非常丰富。中国水电理论蕴藏量达到6.9亿kW，中国太阳能较丰富的区域占国土面积的2/3以上，日照时长超2200h，初步分析全国太阳能技术可开发装机容量达到156亿kW；按欧美风电发展迅速的国家的经验进行类比分析，中国可供开发的风能资源量可能超过30亿kW；海洋能资源技术上可利用的资源量估计为4亿～5亿kW；地热资源、生物能的资源量也极具潜力。中国可再生能源资源丰富，具有大规模开发的资源条件和技术潜力，可以为未来社会和经济发展提供足够的能源，开发利用可再生能源大有可为。

西藏可再生能源是我国能源发展的重要组成部分。为力争在2030年前实现碳达峰，2060年前实现碳中和，我国中长期可再生能源将从补充能源向替代能源转变，逐步成为国家能源消费、电力供应的主体。西藏可再生能源资源丰富，且发展空间巨大，具备开发利用优势，在保障好自身能源电力需求的同时，还承担着我国清洁能源接续和持续优化配置的关键作用，未来在我国可再生能源增量发展中比重较大，是我国中长期可再生能源发展的重要组成部分。自治区可再生能源发展既要保障内需供应，又要为国家中长期能源布局和整体优化利用提供支持。

三、西藏可再生能源综合利用现状调查

结合自治区“十三五”以来可再生能源发展情况，西藏公司对西藏可再生能源综合利用现状进行调查。

（一）可再生能源综合利用现状

西藏自治区贯彻落实国家能源安全新战略，充分发挥能源禀赋优势，不断推动可再生能源产业发展，能源体系建设进入快车道，以水电、光伏为主的可再生能源产业已初具规模。

1. 资源禀赋优异，开发潜力高

西藏自治区是我国可再生能源资源的富矿，区内水能、太阳能、地热能资源量均居全国首位，高海拔地区的风能资源丰富。水能资源理论蕴藏量1.88万亿kWh，技术

可开发量 1.76 亿 kW；太阳能资源理论蕴藏量约 8.4×10^{15}MJ，技术可开发量 3.2 亿 kW，风能资源理论蕴藏量 18 亿 kW，技术可开发量 1.8 亿 kW；全区水热型地热系统资源总量为 3.17×10^{14}MJ。截至 2020 年底，全区可再生能源发电装机容量 375 万 kW，占全部电源装机容量的 89.53%，其中水电装机 225 万 kW、太阳能光伏电站装机 145 万 kW、地热发电装机 4 万 kW、风电装机 1 万 kW，区内可再生能源整体开发利用程度不足 1%，开发潜力巨大。

2. 供应能力持续提升，环境效益显著

供应能力持续提升，截至 2020 年底，全区可再生能源发电装机容量 375 万 kW，比 2016 年增长近 2 倍，占全部电源装机容量的 89.53%，2020 年度全区可再生能源发电量总计 89 亿 kWh，比 2016 年增长约 2.3 倍，占全口径发电量比重约 99%，占全社会用电量的 108%，“十三五”期间，可再生能源累计发电量约 260 亿 kWh，节约标准煤约 1160 万 t，减少温室气体和其他控制性污染物排放，环境效益显著。

3. 多元开发利用，民生用能改善

可再生能源多元化开发利用促进民生用能、用电，持续保障并改善了各族群众的生产生活条件，稳住脱贫攻坚的成果。截至 2020 年底，全区共建设离网光伏发电装机容量约 8 万 kW，太阳能光电户用系统 17 万套，开展独立用电地区“金太阳”工程示范，建成双湖、尼玛等光伏储能微电网项目。持续推动多项地热供暖项目，总供暖面积超过 30 万 m^2，以示范项目为依托，建设高寒高海拔地区太阳能集中供暖工程，供暖面积近 40 万 m^2，推广使用太阳灶、太阳能热水器。

4. 重点项目加快推进，能源体系不断完善

电源方面，“十三五”以来，自治区先后建成大古、加查、金桥、瓦托等一批重大电源，瓦托、叶巴滩、巴塘、拉哇等水电站按期开工，雅中巴玉、街需、冷达、仲达、金上岗托、波罗、昌波、澜上如美、古雪、曲孜卡等水电站正有序开展前期工作，雅中、藏东南、金上三大清洁能源基地规划有序推进，雅下水电规划报告如期完成。电网方面，2018 年 11 月藏中电网与昌都电网实现 500kV 交流互联，并延伸至拉萨，2020 年 12 月藏中电网与阿里电网联网工程建成投运，“三区三州”深度贫困地区电网建设 2020 年底完成，西藏已实现主电网覆盖全区 74 个县（区）和主要乡镇。

5. 电力改革不断深入，体制机制不断健全

2018 年《西藏电力体制改革方案》获得批复，电力体制改革逐步深入。农电管理体制进一步理顺，国网西藏公司对 66 个非直管县“农电代管”转“直管”工作顺利推进。电力交易市场化改革正式开启，西藏电力交易中心挂牌成立，2020 年完成第一批

股份制改造工作，电力交易机构规范化逐步推进。

（二）西藏可再生能源综合利用面临的挑战

近年来，自治区可再生能源供应能力显著增强，能源基础设施不断加强，民生用能条件持续改善，能源体制机制改革深入推进，但仍然存在一些短板，需要加以解决完善。

1. 电力结构性矛盾依然存在

区内电力以径流式水电站为主，调峰调频电源紧缺，电力供应“丰盈枯缺”特点较为突出。近年来大批次上了光伏项目后，消纳不利因素增多，受电网安全约束和交直流通道限制，丰水期水电开机方式大，光伏消纳能力强，用电需求量少，呈现水光双弃现象；枯水期水电开机方式小，光伏消纳能力弱，用电需求大，呈现弃光与电力紧缺矛盾。近期，加查、大古等大型水电机组投产后，枯水期光伏接纳能力有一定提升，但是丰水期光伏消纳空间进一步降低。

2. 电网网架结构依然薄弱

尽管青藏联网、川藏联网、阿里—藏中联网、藏中—昌都联网工程建成，但由于自治区电网规模小，500kV电网为单通道、多节点、长链式网架结构，220kV仅在拉萨负荷中心形成环网结构，支撑电源不足，电网网架结构薄弱，联网工程所能发挥的作用有限，区内可再生能源实现大规模外送仍然面临瓶颈。

3. 能源开发成本依然较高

受制于地理位置、生态环境、基础设施等多项因素，与全国其他区域相比，可再生能源资源开发成本较高，尤其是水电开发依然需要依赖政府财政补贴和相关预算内投资，电力发展与资金缺口问题依然存在。现阶段自治区社会经济发展总体水平较低，居民用电、供暖的承受能力较差，电力价格难以反应电力建设成本、运行维护成本、环境保护成本和市场供求状况，能源投资来源相对单一，自治区电价机制有待疏导，依然迫切需要中央财政加大支持力度，改善能源建设条件。

四、西藏可再生能源综合利用展望及路径初探

西藏自治区到2035年将与全国一道基本实现社会主义现代化，社会经济发展以及人民对美好生活的向往，对能源电力需求依旧旺盛。充分发挥区内可再生能源的禀赋优势，坚持生态优先、绿色发展理念，从近期优先保障内需，中长期发展可再生清洁能源产业、服务国家能源战略，推动区内可再生能源产业体系高质量发展。

（一）做好总体谋划与规划布局

自治区明确“十四五”期间打造国家重要的清洁能源接续基地、国家清洁可再生

能源利用示范区。立足区内丰富的可再生能源资源，科学规划，谋划长远，坚持一张蓝图绘到底。水电方面，以调节性电源规划建设为重点，继续做好象泉河、那曲河等流域水电开发，结合市场分析和外送通道建设，推动雅鲁藏布江中游、藏东南、金沙江上游三大多能互补基地项目建成投产。光伏方面，以促进消纳为重点，在拉萨、日喀则、昌都布局光伏电站和“光伏+”产业园，开展雅鲁藏布江中游、藏东南、金沙江上游多能互补基地配套光伏电站建设。在拉萨、乃东、日喀则等重点城市周边推动建设屋顶光伏供电、供暖项目，在边境地区、末端电网区域开展可再生能源局域网建设。

（二）依靠水电优势持续打造多能互补基地

自治区内水电资源丰富，且根据地理位置特别分别具备内需和外送条件。雅鲁藏布江中游、那曲河、易贡藏布等位于西藏腹地，靠近负荷中心，是重要的内需电源储备，雅鲁藏布江下游、金沙江上游、澜沧江上游及藏东南区域水电梯级规模大，靠近内地，便于外送。优先建设调节电站，优先推动与西藏“丰盈枯缺”相互补的枯期出力强或较强条件能力的那曲河江达、霞曲紫霞以及雅鲁藏布江巴玉水电站建设，推动雅鲁藏布江中游大古抽蓄、藏东南八曲、依隆等抽水蓄能电站前期工作。加快建设支撑电源建设，阿里藏中联网距离长、支撑小，要加快推动阿青水电站开发建设，并在阿里布局一批抽水蓄能电站，保障阿里地区电力供应。推动外送基地建设，立足国家清洁能源基地定位，加快金沙江上游、澜沧江上游梯级开发进程，推动藏东南基地能源开发进程，与大湾区直流通道建设有序衔接。重点推动雅鲁藏布江下游水电前期工作及重点实施工程，推动国家战略落实落地。研究落实清洁能源基地输电通道方案，推动输电通道项目开工建设，实现与电源投产有序衔接。

（三）大力推动光伏消纳利用

自治区太阳能资源异常丰富，同时受内需盘子小、外送通道少的限制，难以大规模开发，需要依托水风光储多能互补基地+整县屋顶光伏+“光伏+”模式+边境、末端电网分布式光伏推动光伏消纳利用。依托自治区丰富的水电资源优势，打造雅鲁藏布江中游水风光储多能互补、金沙江上游水风光储多能互补、藏东南风光储多能互补基地，以落实市场消纳与送出通道为重点，推动基地有序开发。在藏中与阿里连线工程沿线布局“光伏+储能”项目，在川藏铁路沿线布局“光伏+储能”项目。根据国家统筹安排，结合自治区实际，在负荷中心区域推动整县屋顶光伏项目，根据县城实际开展光伏供电、供暖应用。结合自治区生态环境保护、河滩沙地生态治理需要，推动“光伏+农牧”“光伏+治沙”等建设模式，提高项目综合效益，推动开展“光伏+制氢”产业研究。在边境地区、西藏电网末端及部分边远村落、牧区推广分布式光伏项目，因地制宜开展微电网项目建设。

（四）积极拓展可再生能源多元利用

西藏大部分区域位于高寒、高海拔地区，气候寒冷、缺氧，与之对应的是太阳能、地热能丰富，具备利用本地资源做好供暖、供热、供氧需求条件。加大中低温水热型地热能利用，开展供电、供暖综合利用推广，根据资源分布特点，重点解决日喀则、那曲、阿里、山南等地，尤其是边远地区居民供暖项目。扩大分布式太阳能利用，结合整县屋顶光伏模式、分布式光伏项目在拉萨等重点负荷区域推广太阳能供热项目，在边远地区、边境区域推广太阳能热水器、太阳灶等太阳能利用项目。结合资源分布特点，因地制宜开展地热康养、旅游项目，结合各地产业规划，开展光伏制氢、新能源汽车充电桩等项目。

（五）强化科技创新支撑引领作用

要实现可再生能源产业发展壮大、解决消纳瓶颈、实现高质量综合利用，需要在科技创新上下足功夫，包括技术创新、制度创新，也需要创新人才引进。创新水电开发技术，区内巨型、大型水电项目较多，部分位于高寒高海拔地区、部分位于喜马拉雅山山麓地带深山峡谷，施工难度极大，要依托重大工程带动自主创新，加强关键技术研发，着重加强高地震带烈度区超深厚覆盖层筑坝技术、高原深埋长隧道建设技术、特高水头超大容量水轮发电机组等重大技术研究，推动雅鲁藏布江下游等国家重点工程顺利实施。探索新能源科技示范，推动超高海拔风力发电机组及配套设备研发、试验工作，研究高寒高海拔区域太阳能热发电技术，开展高寒高海拔区域微型局域网应用评估，开展青藏高原干热岩勘察开发及配套技术，推动羊八井地区地热电站扩能改造，探索布局地热发电、供暖、康养等综合梯级项目，探索布局光热发电示范项目、高海拔风电试验项目。

（六）加强统筹协调与保障

自治区是国家安全和生态安全的重要屏障，国土空间、生态环保约束力日益增强，区内的可再生能源更需要强化多层面、全方位的协调发展。从规划层面，推动实施“多规合一”，做好可再生能源与能源、自然资源、环保、水利、林草等各项规划的协调衔接；从管理方面，要加强发改、自然资源、环保、林草等各部门的沟通协调，共同推动项目合法合规开展。强化可再生能源财税、金融、价格等政策衔接，构建完整的可再生能源政策体系，形成高质量发展的合力。成立重点项目推进工作机制，成立领导小组和工作组，加快解决影响重大项目前期工作推进的问题。持续发挥中央预算内投资在区内可再生能源内需项目和重点示范性项目建设中的作用。

五、西藏可再生能源综合利用建议

通过对国内外可再生能源发展情况等进行分析，对西藏可再生能源综合利用现状进行整理分析，对可再生能源综合利用进行展望，研究提出从政府、企业在以下几个方面加强可再生能源产业发展的建议。

（一）政府层面

（1）统筹规划实施与政策保障，做好自治区规划与国家规划的衔接，在符合国家总体发展战略的同时，落实光伏项目管理办法等相关能源政策，保证规划具有可实施性。对涉及民生保障、国家安全、科技创新的可再生能源项目予以差别化优惠政策。继续完善财政、金融、税收、价格等方面的优惠政策，营造良好的投资环境。

（2）不断探索解决可再生能源消纳。重点推动建设电网电力外送通道，加快电网设施建设，促进藏区富余电力外送。推动区内电气化应用，推动以电代煤、以电代油应用，在供暖领域、交通领域做好电能替代。

（3）进一步深化可再生能源体制改革。深化供给侧结构性改革，规范自治区可再生能源开发秩序，统筹可再生能源开发涉及的“多规合一”用地管理，加快推进可再生能源电价、供暖价格机制，尤其是水风光储光伏项目电价机制，保障可再生能源电力供应可及、可负担。

（二）公司层面

（1）积极参与推进“三大基地”开发建设。按照“水风光储一体化”及“基地式、规模化”发展思路，充分利用雅江流域土地、送出等有利条件，科学推进雅江中游清洁能源基地开发建设。全力推进巴玉水电站前期工作，2022 年核准开工，大力推进雅中基地配套项目罗布沙 100 万 kW 光伏项目，力争 2024 年全部投产，科学有序推进大古二级抽水蓄能电站（一期 90 万 kW）建设，“十四五”开工建设。积极参与推进藏东南清洁能源基地开发，重点落实依隆、八曲抽蓄电站开发权及边界条件，力争 2025 年开工建设。积极参与雅江下游及其他中小流域水电开发，重点跟踪国家和自治区对雅江下游水电资源开发安排部署，找准切入点实质性参与雅江下游水电开发，争取 1000 万 kW 以上资源开发权。

（2）大力拓展西藏清洁能源资源储备。积极推动西藏清洁能源基地建设，争取风光电资源，加大日喀则、那曲、阿里、昌都风光资源储备力度，落实 4000 万 kW 新能源资源开发权。密切跟踪西藏中小流域规划与开发论证进展情况，争取优质水电资源开发权。积极跟踪自治区屋顶光伏试点项目，争取项目开发权，因地制宜落实电价、接入等配套政策，适时开发建设。把握产业发展趋势，密切关注太阳能热发电、储能等新技术发展及西藏光伏储能试点应用情况，适时做好相关技术转化应用，推动公司清洁能源高质量发展。

（3）积极探索研究多元发展方式。积极探索以投资换资源、市场换资源、通道换资源，争取以多种方式取得资源。把握西藏能源资源特点，开展地热电站开发研究。开展氢能、泛能源、未来能源规划研究，推动电能多途径就近高效利用，及电能就地转化和储存。适应能源行业数字化、智能化升级需要，探索智慧能源建设，进一步提高能源供应质量及效率。

年轻干部选拔培养工作创新与实践

中国华电集团有限公司山东分公司

王正良　谢　明　姬　磊　杨玉振　陈　杰　高　扬

习近平总书记强调“培养选拔优秀年轻干部是一件大事，关乎党的命运、国家命运、民族命运、人民的福祉，是百年大计”。选拔培养优秀年轻干部不仅是落实习近平总书记重要指示批示和中央精神的必然要求，也是中国华电集团有限公司山东公司（以下简称“山东公司”）转型发展的迫切需要。新形势下，山东公司党委严格执行中央关于加快推进干部年轻化的决策部署，落实集团公司关于年轻干部选拔培养工作的各项要求，努力构建了一支结构优化、专业完备、能力突出的年轻干部梯队，为企业持续发展提供源源不断的人才支撑。

一、优秀年轻干部选拔培养的重要意义

（一）加快年轻干部培养选拔，是关系党的事业后继有人和国家长治久安的重大战略任务，是加强企业干部队伍建设的一项基础性工程

年轻干部是国家之栋梁，民族之希望，是党和人民事业薪火相传的“新生力量”。习近平总书记在2018年全国组织工作会议上强调，要做好新时代年轻干部工作，大力发现培养选拔优秀年轻干部，建设一支忠实贯彻新时代中国特色社会主义思想、符合新时期好干部标准、忠诚干净担当、数量充足、充满活力的高素质专业化年轻干部队伍。中共中央《关于适应新时代要求大力发现培养选拔优秀年轻干部的意见》也明确指出，要切实增强责任感和紧迫感，以更长远的眼光、更有效的举措，及早发现、及时培养、源源不断选拔使用适应新时代要求的优秀年轻干部，为党和国家事业发展注入新的生机活力。

（二）培养年轻干部是企业转型升级的迫切需要，企业需要与优秀年轻的干部队伍共同进步、携手发展

党的十九大指出，我国经济已由高速增长转向高质量发展，经济发展方式从规模

速度转向质量效率。同时，深化国有企业改革，必须遵循市场经济规律和企业发展规律，坚持以人为本，从根本上激发动力、增强活力。无论是创新驱动还是国有企业改革，想要在市场中保持稳步发展的局面，必须拥有一批技术高、水平高、素质高的技术型管理人才，尤其是优秀年轻的干部。优秀年轻干部勇于接触新事物，是企业改革创新的主要动力，更是推进企业发展的生力军。因此，电力企业重视对优秀年轻干部的培养和选拔，是企业发展的重要支柱和依靠力量，是推进企业转型升级的迫切需要。

二、山东公司干部队伍现状及问题分析

十三五初，山东公司各层级干部主要由任职经历丰富、岗位历练多、专业知识面广的管理人才构成，其中45岁以下厂级干部仅占同层级干部的19%。所属基层单位中层管理人员中30岁以下、31～35岁年龄段人数占比分别为1%和4%，整体队伍年龄结构相对偏大，年轻干部储备存在较大差距。虽然山东公司党委历来重视干部队伍建设，努力选优配强基层企业领导班子，一批优秀中青年干部陆续走上领导岗位，成为推动公司事业发展的中坚力量。但区域所属单位多数是传统的重技术、重技能的火电企业，员工人口基数大，管理层级多，专业精细化程度高，人才培养周期长，培养一名部门副职级中层管理人员往往需要10年以上时间。受历史及客观因素影响，有几十年历史的老企业普遍存在中层管理人员数量多、年龄老化的情况，需要一定的时间“消化、吸收”，同时受中层管理岗位编制影响，干部队伍结构优化“空间”面临大幅压缩的难题。基层单位对年轻干部的需求非常急迫，但在实际工作中存在工作举措不多、效果不明显的现象，部分单位对优化干部人才梯队建设的思路不清晰，缺乏整体性考虑，还有个别单位干部人才培养措施没有针对性和实效性，从区域整体来看，年轻人才成长速度与预期还存在一定差距。

三、年轻干部选拔培养的主要做法

针对存在的问题，山东公司党委高度重视，无论是从体制机制上，还是在工作措施上，都加大了工作力度，着力在年轻干部队伍建设工作方面取得突破。

（一）加强顶层设计

（1）目标定位“准”。山东公司党委高度重视区域优秀年轻干部管理工作的统一规划、指导监督和检查考核，经过充分调研，于2017年印发了山东公司《关于加强优秀年轻干部培养选拔工作的指导意见》，提出了“到十三五末，基层单位领导班子中80后干部原则上不少于1名，中层管理人员力争实现‘343’年龄结构的工作目标”（35岁以下中层占30%左右，35～45岁中层占40%左右，45岁以上中层干部占30%

左右）。山东公司和基层单位定期召开专题会议，研究和解决年轻干部培养选拔工作中存在的问题，着力加快年轻干部选拔培养的工作进程。

（2）制度先行“实”。2018 年初，启动区域基层单位年轻干部培养选拔试点工作，经过试点经验总结和专家座谈研讨，制订了《山东公司优秀年轻干部培养选拔工作实施方案》《基层单位优秀年轻干部培养选拔工作指引》等制度，以及进一步加强年轻干部培养选拔工作等相关通知，指导基层单位进一步细化完善培养方案和实施细则，为区域全面开展年轻干部工作提供工作模板和制度依据，确保年轻干部培养选拔工作严谨规范。对基层单位优秀年轻干部选拔培养方案、培训选拔三年行动计划、“雁阵工程”实施方案等进行审核，确保基层单位制度的严谨性和规范性。

（3）过程督导“严”。加大对基层单位年轻干部培养使用工作的调研督导力度，强化对梯队建设、动态管理、接续培养、轮岗锻炼、过程评价、创新工作、工作落实、管理成效等方面进行考评，每季度对各单位年轻干部工作成效进行综合排名，对推进迟缓、排名靠后的三家单位按照月度扣分、季度奖金考核的方式落实考核；在年度考评中，加大对新提拔干部民主评议排名靠后单位的考核力度，在促进年轻干部选任的基础上保证干部质量。开展人资工作专项查评、基层单位年轻干部工作专项调研等工作，形成基层单位年轻干部培养选拔工作调研报告，督促基层单位抓好问题整改落实。

（4）节点管控“细”。结合集团公司要求和区域调研实际，开展年轻干部工作大讨论，采取座谈、专题研讨等形式，进一步统一思想、解放思想，营造良好的年轻干部工作环境。将年轻干部工作情况作为基层单位党组织负责人年度述职述廉和企业年度选人用人工作报告的重要内容，促进基层单位党组织更好地担负起年轻干部人才队伍建设责任。建立健全基层单位年轻干部工作月度总结、季度专项汇报机制，强化对年轻干部培养选拔的过程管控，落实动态调整机制。督促各单位开展优秀年轻员工跨专业、跨岗位交流锻炼工作，按季度进行跟踪考评。

（二）注重基础管理和工作创新

山东公司党委因时制宜制订优秀年轻干部培养选拔一系列管理办法，健全环环相扣、统筹推进的选育用管全链条工作机制，为公司高质量发展提供数量充足、质量优良的年轻干部队伍。

1. 导向鲜明，构建“政治标准链”

一是将政治标准体现在选人用人上。培养选拔优秀年轻干部兼顾“优秀”和“年轻”，把“优秀”放到第一位，既重能力，更重品行，始终坚持德才兼备、以德为先的用人标准，严肃干部选拔任用各项规定，更加突出政治标准，对于工作敷衍应付、落实党组织决策部署打折扣、搞变通、不彻底的干部坚决不用，确保年轻干部选拔经得起实践检验和群众检验，通过用人导向营造良好的政治生态和企业风气。二是将政治标准体现在素质培养上。系统各单位年轻干部培训均增加“理论学习课”“政治修养课”“理想信念课”等，把提高“政治三力”贯穿年轻干部培养全过程，加强习近平新时代中国特色社会主义思想、党章党规党纪等学习教育，引导年轻干部增强“四个意识”、坚定“四个自信”、做到“两个维护”。将工作绩效作为检验年轻干部政治能力的“显微镜”，教育引导年轻干部强化政治修养和责任担当，严格落实企业各项工作安排，主动受领任务，压实工作责任，切实在实践锻炼中提升“七种能力”。

2. 拓宽渠道，构建“储备选拔链”

一是实施“雁阵工程”。策划实施年轻干部选拔培养“雁阵工程”，形成“头雁”“领雁”“雏雁”三级年轻干部梯队，除优秀年轻管理人员外，将 35 岁以下优秀班组长纳入储备干部推荐范围。各单位分别形成数十人的优秀年轻管理骨干梯队，包括部门正职级培养对象、头雁级培养对象、领雁级培养对象、雏雁级培养对象，全面搭建涉及各个专业领域知识结构、年龄层次合理的年轻干部储备库。二是实施“优才计划”。采用“评价—培训—选拔—再培训”的模式，举办基层单位部门副职及青年骨干、班组长、“90 后”青年员工等多层次培训班，并采取跨专业培养、重点培养、定向培养等多种方式，加速人才成长，形成多层次人才梯队。三是分层设置“学习岗”。创新实施中层管理、一般管理、班组长三级“学习岗”机制，选拔优秀青年骨干到关键岗位、重点项目、艰苦环境中砥砺品质、锤炼作风、增长才干，建立人才成长“快车道”。三年来，已有 100 多名中层、专工“学习岗”人员提拔至中层干部岗位；部分基层单位三年来提任的 80 后中层管理人员占 60%以上。四是实施“主任助理”岗锻炼。指导基层单位设置主任助理岗位，在电力现货交易、市场电量争取、电厂燃煤采购、机组缺陷抢修等急难险重岗位开展锻炼工作，目前区域已有 20 多名能力突出的主任助理走上中层管理岗位。五是变“相马”为“赛马”。加大中层岗位竞争上岗比例，为年轻干部提供公平竞争机会，开展职能部门、业务和生产部门等中层岗位公开竞聘，创新竞聘方式方法，首次采用无领导小组讨论模式，接受广大干部职工监督；制订统一的选聘标准，保持各层级准入门槛标准的一致性、长期有效性，形成干部队伍、管理人员选拔使用的良性循环，一批最优秀、水平最高的年轻干部陆续被选拔出来、任用起来。六是中层管理人员实现“转型退出”。指导基层单位制订完善职位职级管理办法，对于综合表现突出、管理岗位任职时间较长的“技术专家型”干部，鼓励其由行政序列向技术序列发展，以充分发挥其技术方面的能力和优势，同时为干部队伍结构优化预留空间。

3. 墩苗历练，构建“立体培育链”

一是开展“三级循环”轮岗培养。结合管理、运行、检修和后勤“双向流动”机制，全方位推进优秀年轻干部厂级、优秀青年骨干部门级、优秀青年员工班组级“三级循环”轮岗培养锻炼。加大年轻干部跨专业、跨岗位交流培养力度，通过内部轮岗、安排年轻干部到营销一线、困难环境摔打锤炼，选派优秀管理骨干到上级公司挂职锻炼；将优秀年轻生产等专业干部调整到党建部门工作；机组大修期间，安排优秀青年管理骨干到大修质检组、检修部门跨岗锻炼，通过实实在在的岗位历练，加快培养一批复合型管理和专业人才。二是实施优秀年轻人才“双导师制”。开展优秀年轻人才“三年培养导航”，着眼综合素质、技术水平“双提升”，建立双向辅导机制，实行“人才一帮一”、结对子培养。由基层单位部门负责人担任综合能力导师，以提升综合素质为方向，进行管理、沟通、协调、认知等全方位多角度的能力辅导；由部门内训师、高技能人才担任基础业务导师，以提高技术水平为方向，进行业务能力辅导。三是实行“项目+”培养模式。加快专业化年轻干部培养，依托公司发展面临的前沿科技、重大项目、技术难题，抽借年轻干部、年轻骨干参与风光电项目拓展、机组改造、煤场封闭等重大项目，通过“压担成长”“项目+人才”方式，让年轻人才“在干中学，在学中干”，快速促进理论与实践相结合，激发年轻干部干事创业和学习激情。四是强化“专题培训”。在区域公司层面，开展了学习贯彻习近平总书记系列讲话精神和党的十九大精神集中轮训、青年中层干部培训班、优秀青年管理骨干培训班等，实施精准靶向培训，持续提升干部队伍能力素质。筛选年龄、学历、工作岗位和人才评价排名符合条件的人员，分层分级开展“提业务、强技能”和“提素质、强管理”为主题的“双提双强”培训活动，对各级储备人才量身定制实践锻炼方案，着力提升各层级人员业务素质。五是打造“学习型”管理队伍。开展“年轻干部上讲台”活动，针对当前业务短板、管理问题等定向制定课题，丰富年轻干部知识面，提升解决实际问题的能力。举办“青年管理沙龙”“青年董事会”“青年讲堂”“运行一招鲜”等系列活动，培养青年员工管理思维、创新思维和大局思维，交流思想、启迪智慧，提高岗位胜任力，加快年轻人才培养。

4. 鼓励引导，构建“正向激励链”

一是强化绩效目标导向。通过修订中层管理人员制度，对德才素质突出、群众公认度高，且在承担急难险重任务中经受住考验、表现突出或者在条件艰苦的生产一线岗位工作实绩突出的优秀年轻人才，鼓励提拔使用。二是开展“干部作风建设年”活动。建立干部执行力和工作实绩档案，实施“红黄绿”牌标识和量化积分管理，全方位记录干部工作实绩，科学化、规范化评价干部执行力，积极引导干部狠抓落实、担当作为。三是引入年轻人才评价机制。加强年轻干部选拔培养过程管控，组织中层干部述职、青年领军人才年度自评、主任助理季度自评；开展年度综合民主评议工作，360度考察中层管理人员履职情况。四是明确年轻干部不占干部职数。为加快实现中层管理人员“343”结构比例，规定各单位配备35岁以下基层单位副总师、30岁以下中层管理人员，均不占中层管理岗位职数。五是避免进入“舒适区”。结合主任助理、“学习岗”、职位序列管理，为年轻人才锻炼增设弹性岗位，开辟“绿色通道”，实现“小步快跑”、加速成长，但同时采用“试用期”，期满经考察考核不能胜任的，按之前任职岗位另行安排工作。部分专业设置双专工，加强年轻人才相互竞争，促进共同进步、共同成长。

四、年轻干部选拔培养的工作成效

截至十三五末，山东公司共有正、副厂级干部116人，基层单位部门正、副职级干部812人。以下对干部队伍的年龄结构、学历结构、职称结构进行对比。

（一）年龄结构

1. 正副厂级

正副厂级年龄结构变化见表1和图1。

表1　　正副厂级年龄结构变化

年度	35～45岁	45岁以上
十三五初	18.4%	81.6%
十三五末	21.6%	78.4%

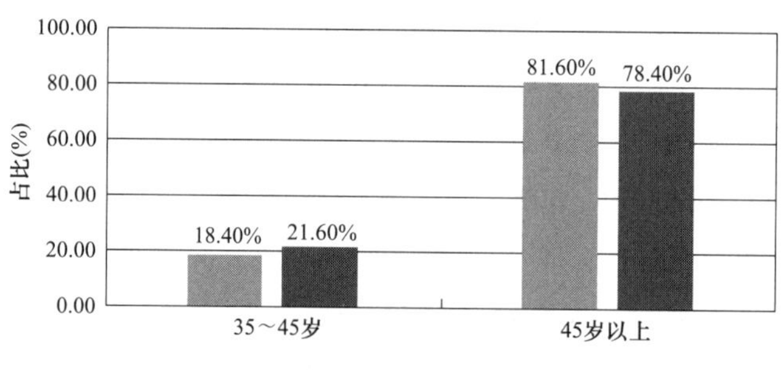

图1　正副厂级年龄结构变化

2. 基层单位部门正副职级

基层单位部门正副职级年龄结构变化见表2和图2。

表 2　　基层单位部门正副职级年龄结构变化

年度	35 岁以下	35～45 岁	45 岁以上
十三五初	5.0%	32.7%	62.3%
十三五末	8.8%	34.1%	57.1%

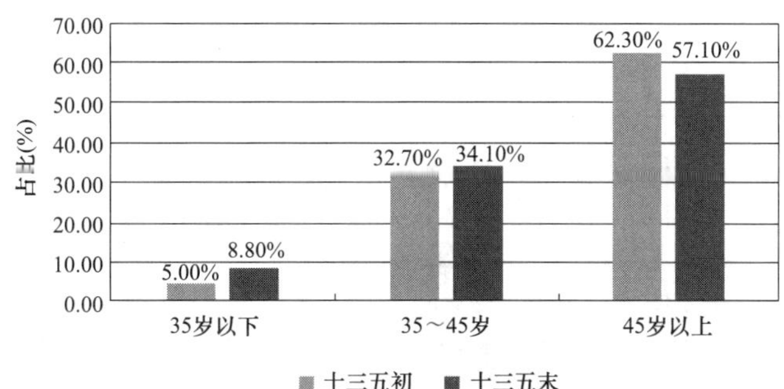

图 2　基层单位部门正副职级年龄结构变化

（二）学历结构

1. 正副厂级

正副厂级学历结构变化见表 3 和图 3。

表 3　　正副厂级学历结构变化

年度	本科及以上	大专及以下
十三五初	90.7%	9.3%
十三五末	93.9%	6.1%

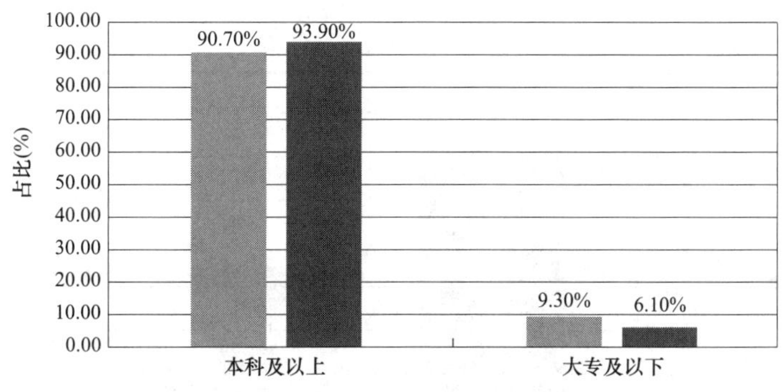

图 3　正副厂级学历结构变化

2. 基层单位部门正副职级

基层单位部门正副职级学历结构变化见表4和图4。

表4　基层单位部门正副职级学历结构变化

年度	本科及以上	大专
十三五初	72.3%	27.7%
十三五末	81.9%	18.1%

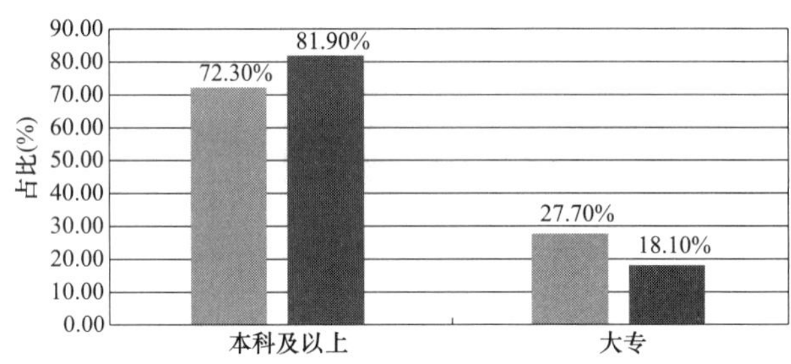

图4　基层单位部门正副职级学历结构变化

（三）职称结构

1. 正副厂级

正副厂级职称结构变化见表5和图5。

表5　正副厂级职称结构变化

年度	中级及以上职称	初级职称
十三五初	86.2%	13.8%
十三五末	96.6%	3.4%

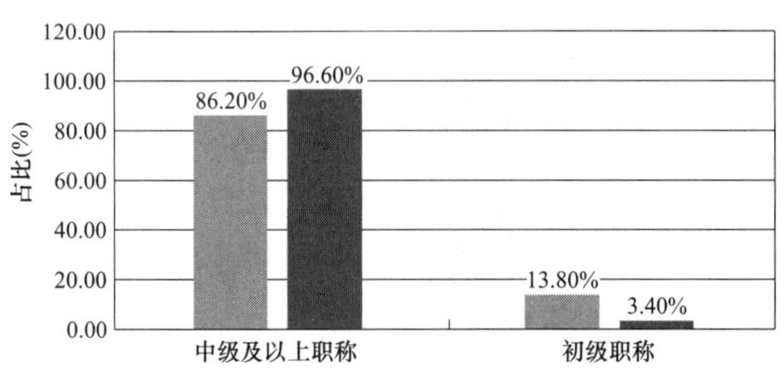

图5　正副厂级职称结构变化

2. 基层单位部门正副职级

基层单位部门正副职级职称结构变化见表6和图6。

表6 基层单位部门正副职级职称结构变化

年度	中级及以上职称	初级职称
十三五初	64.6%	35.3%
十三五末	71.3%	28.7%

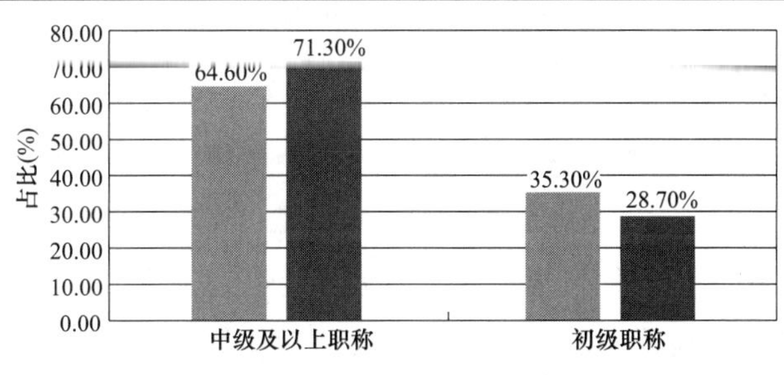

图6 基层单位部门正副职级职称结构变化

从上述数据可以看出，随着年轻干部选拔举措创新、力度加大，企业干部队伍结构有了良好的改善。

五、年轻干部选拔培养的工作打算

（1）在健全完善选拔培养体系上下功夫。结合年轻干部工作要求，完善选拔任用、岗位锻炼、考核评价等关键环节，为年轻干部选拔培养工作提供强有力的制度支撑。完善年轻干部管理专项配套制度，优化年轻干部培训、锻炼、考评等专项配套机制，完善“学习岗”等管理办法，形成年轻干部储备、培训、锻炼、考评、任用、调整为一体的全链条管理机制。

（2）在大力发现储备年轻干部上下功夫。深入开展“雁阵工程”，以“头雁”“领雁”“雏雁”三个层次年轻干部储备为抓手，建立年轻干部个人成长档案，结合干部管理具体要求和标准，实施重点培养、定期跟踪。

（3）在着力培养锻炼年轻干部上下功夫。年轻干部培养，要突出政治素质，落实专业化要求，在平时下功夫，在质量上下功夫，不能急用现找，不能搞大水漫灌，而是要精心浇灌、悉心培育，建立上下联动、长期关注的接续培养锻炼机制，一层一层考验、递进式培养干部。

经理层成员任期制和契约化管理实践与探索

华电江苏能源有限公司

杨惠新　彭彤宇　杨　宏　杨少华　马文波　蔺　海

全面实施任期制和契约化管理是落实习近平总书记关于“两个一以贯之”的重要体现，是基于中国特色现代企业制度的新型经营责任制，激发企业内生活力和动力的关键举措，也是实现国有企业高质量发展的必然要求。

2018 年 8 月，国务院国有企业改革领导小组决定选取百家中央企业子企业和百家地方国有骨干企业，实施"国企改革双百行动"，全面落实“1+N”政策文件要求，深入推进综合性改革，在改革重点领域和关键环节率先取得突破，打造一批治理结构科学完善、经营机制灵活高效、党的领导坚强有力、创新能力和市场竞争力显著提升的国企改革尖兵。

本研究以“双百行动”试点企业华电江苏能源有限公司（以下简称“江苏公司”）为着眼点，通过对经理层任期制和契约化管理的政策研究，掌握关键要求、解决难点问题，在江苏公司全面实施本部及所属企业两级经理层任期制和契约化管理，发挥好“牛鼻子”作用，激发经理层成员的活力和创造力，提升企业市场化、现代化经营水平。

一、研究背景

（一）国有企业全面深化改革的政策部署

在新一轮国企改革中，经理层成员任期制和契约化管理，在多项国家文件中作为改革举措加以强调。2015 年 8 月，中共中央、国务院印发了《关于深化国有企业改革的指导意见》（中发〔2015〕22 号）（以下简称《意见》），这是新时期指导和推进中国国企改革的纲领性文件。《意见》中指出，推行企业经理层成员任期制和契约化管理，明确责任、权利、义务，严格任期管理和目标考核，是建立国有企业领导人员分类分

层管理，完善现代企业制度的重要抓手。2018 年，在国企改革“双百行动”工作方案中，明确在“双百企业”要全面推行经理层成员任期制和契约化管理。2020 年 6 月，中央全面深化改革委员会审议通过《国企改革三年行动方案（2020—2022 年）》，指出要加快建立健全市场化经营机制，大力推进经理层成员任期制，契约化管理和职业经理人制度，着力提高企业活力和效率。

（二）江苏公司市场化经营机制建设的内在需要

推行经理层成员任期制和契约化管理，是对国企经理层传统管理方式的一次“破”和“立”，江苏公司于 2018 年 8 月入选国资委“双百行动”综合改革企业名单，围绕市场化经营机制建设，不断深化“双百行动”改革。江苏公司在完成股权多元化改革、推进混合所有制企业员工持股等改革的基础上，重点推进经理层任期制和契约化改革。2020 年 12 月，江苏公司经集团公司批准在公司系统率先实施了本级和所属企业两级经理层任期制和契约化管理全覆盖，虽然在面上实现了改革目标，但在政策精神、管理要求、配套制度、实施要点等方面的理解和把握还不深、不到位，还需进一步深化实化。

二、经理层成员任期制和契约化管理的政策研究

实施经理层成员任期制和契约化管理是国企改革三年行动的“标志性改革动作”，是国有企业三项制度改革的“牛鼻子”。《国企改革三年行动方案（2020—2022 年）》要求到 2022 年，各级国有子企业全面推行经理层成员任期制和契约化管理。但目前此项改革推行的覆盖面还不高，有的企业推行前后的改革效果亦不明显。为此，准确把握任期制和契约化管理改革的实质，对推动此项改革取得实际成果意义重大。

（一）实施经理层任期制和契约化管理的政策文件

国资委就经理层成员任期制和契约化管理印发了三个主要政策文件。2020 年，国资委印发了《“双百企业”推行经理层成员任期制和契约化管理操作指引和“双百企业”推行职业经理人制度操作指引的通知》（国企改办发〔2020〕2 号）（以下简称《操作指引》）并配套制定了《关于两个操作指引有关问题的回答》（以下简称《指引问答》），《操作指引》适用对象是“双百企业”。2021 年，国资委印发了《关于加大力度推行经理层成员任期制和契约化管理有关事项的通知》（国企改办发〔2021〕7 号）（以下简称“7 号文”），7 号文对国有企业推行经理层任期制和契约化管理的原则和方向、实施范围、契约主体、任期管理、契约内容、薪酬兑现等 10 个方面均有明确政策要求（见表 1），是国有企业推行经理层任期制和契约化管理工作的核心文件依据。适用的对象扩展到各级国有企业。

表1　　相关文件的主要政策要求

文件名称	方面	政策要求
“7号文”	原则和方向	坚持和加强党对国有企业的全面领导，有利于国有资产保值增值，坚持党管干部原则和发挥市场机制作用相结合
	实施范围	国有企业各级子企业。已开展经营业绩考核的分公司、事业单位，具备实施条件的事业部、项目部可参照实施
	契约主体	已建立董事会的，由董事会授权董事长签订；未建立董事会的，由上级控股股东或派出的执行董事签订；同时董事会或上级股东也可授权总经理与其他经理层签订；兼职多个岗位的，可按岗位分别签订
	任期管理	一般与企业董事会任期（届次）保持一致或与企业负责人经营业绩考核周期保持一致
	契约内容	根据职责分工，“一人一岗”差异化签订岗位聘任协议、年度和任期业绩责任书
	薪酬兑现	根据年度业绩考核结果，合理拉开薪酬差距。年度考核不合格的，扣减当年全部绩效年薪；超额完成年度目标或作出突出贡献的，要按约激励到位
	中长期激励	根据有关规定对经理层成员灵活开展股权激励、分红激励、超额利润分享、虚拟股权、跟投等中长期激励
	退出管理	年度经营业绩考核结果低于底线（如百分制低于70分）或主要考核指标未完成底线（如完成率低于70%）的，连续两年经营业绩考核结果或任期考核结果不合格的，以及综合考核评价认定不胜任或不宜继续任职的，应解聘
	行权履职	支持经理层发挥谋经营、抓落实、强管理的作用，确保经理层成员责权利对等；落实总经理对董事会负责、向董事会报告的机制，强化工作监督
	健全制度	在实施经理层任期制和契约化管理过程中，注重与企业领导班子和领导人员综合评价、企业负责人经营业绩考核等制度衔接。鼓励董事长等经理层成员结合实际探索实施任期制和契约化管理

从表中要求可以看出，实施经理层任期制和契约化管理在薪酬兑现方面更刚性，最严绩效薪酬可全部扣减；岗位退出规定更细化，明确了“双70”要求；同时也要求建立对经理层的授放权制度和监督管理制度等。

（二）经理层任期制和契约化管理与职业经理人制度的区别

任期制和契约化管理，主要是针对国有企业经理层成员无任期、无契约、有契约但不具体、契约执行不严格等问题，提出更加符合市场化改革方向的规范性要求。突出强调考核结果不仅影响收入的“能增能减”，更要影响职务（岗位）的“能上能下”。

职业经理人制度，不仅强调业绩与薪酬对标的原则，更加突出在解除（终止）岗位聘任关系的同时，要依法解除（终止）劳动关系。

我们理解：经理层任期制和契约化管理更侧重的是“岗位管理”，职业经理人制度在“岗位管理”的基础上加上了“进出管理”。因此，我们认为，经理层任期制和契约化管理、职业经理人制度是国有企业干部人事制度改革的两个不同阶段，7 号文也明确是在全面推进任期制和契约化管理基础上，优先支持商业类子企业加快推行职业经理人制度。具体来看，主要有以下不同（见表 2）。

表 2　　任期制和契约管理与职业经理人政策不同点

类别	任期制和契约化	职业经理人
实施范围	除央企及地方国企本级班子成员以外的所有国有企业原则上全面实施	需同时具备以下条件的企业：主业处于充分竞争行业和领域，或者从事新产业、新业态和新商业模式；人力资源市场化程度高；建立了权责对等、运转协调、有效制衡的决策执行监督机制；法人治理结构完善，董事会重大决策、选人用人、薪酬分配等权利依法得到有效落实
人员来源	企业内部	企业内部与外部人才市场
选聘方式	依据组织选拔流程	必须市场化选聘
劳动合同	本企业内部人员实行契约化管理不需要重新签订劳动合同	一般应当重新签订劳动合同
管理方式	由上级党组织管理	本级企业管理，上级党组织把关审核
人事档案	企业管理	调出企业，由市场专业机构管理
薪酬管理	在严格执行国有企业负责人薪酬制度改革有关政策要求的同时，强调薪酬与业绩联动，强化精准考核有效激励，注重拉开分配差距，体现强激励和硬约束	按照“业绩与薪酬双对标”原则，根据行业特点、企业发展战略目标、经营业绩、市场同类可比人员薪酬水平等因素，由董事会与职业经理人协商、合理确定
退出方式	经考核不适宜继续任职的，应当中止任期、免去现职	经考核不符合聘任合同要求的，应当解除（终止）聘任关系，如有党组织职务应当一并免去，并依法解除（终止）劳动关系

（三）实行任期制和契约化管理的关键要点

（1）实施经理层任期制和契约化管理要坚持加强党的领导，坚持党管干部原则。加强党的领导是全面从严治党的重要要求，坚持党管干部原则是推进国有企业经理层成员契约化管理的政治保证。党管干部，管的是基于企业负责人个人的政治修养、政治品格，是确保党的政治目的得以实现。而国企负责人契约化管理，应据现代企业制度进行管理，管的是基于企业战略及经营发展，对企业负责人以岗位为基础，明确任职资格、岗位责任和经营目标，提出在经营管理上的具体要求。两者既有本质区别亦能实现有效统一，即政治品德与经营才干的统一，实现德才兼备。

（2）实施经理层任期制和契约化管理要落实授放权，激发经营层内部活力。一方面，完善国有企业治理结构，实现企业所有权和经营权分离，是推行现代企业制度的基本条件，虽然契约化管理并未要求所有企业必须建立董事会，但切实保障经营层人员的权责到位是推行此项机制的基本要求，否则权责不清、权责不对等等问题将导致对经营层难考核、难激励、难追责等一系列问题。另一方面，有效放权是对经营层的“赋能”机制，建立好经营层的授权机制并明确权责清单，对经营层授权到位，才能更加有效激发经理层活力，充分调动和发挥其经营管理能力。

（3）实施经理层任期制和契约化管理要落实好契约化机制。以契约化机制，打破“责任大锅饭”机制，通过企业经营责任在经理层成员内部的细化分解，确保企业经营责任有效落实，并以“契约”方式约定考核内容，确保有职务就落实考核。以契约机制，打破“业绩大锅饭”机制，将考核对象落实到个人，实现从组织考核到个人考核的转变。以契约机制打破“目标大锅饭”机制，根据自身“内部业绩对标”以及企业“外部行业对标”方式设定差异化的跳起摸高目标，并通过完成业绩目标拉开收入分配水平。

（4）实施经理层任期制和契约化管理要发挥好考核分配机制。要提高绩效薪酬占年度薪酬比例，一般绩效薪酬占比不低于60%，同时，要求将考核结果与绩效薪酬的兑现刚性挂钩，拉大分配差距，对于业绩不合格的，绩效薪酬不兑现。此外，可以探索多元化的中长期激励模式。

（5）实施经理层任期制和契约化管理要刚性执行退出机制。落实退出机制，是真正打破干部“任用终身制”的关键所在，既是重点也是难点。一是要做到事先明确退出条件，在相关制度和协议中，就应事先明确退出要求和退出方式，确保退有所依。二是实行“双达标”考核机制，既要完成好经营业绩的考核目标，也要达到综合考核评价的要求，严格执行退出管理，一旦触发底线，就要据实解聘。三是进一步规范退出管理，对考核退出的经理层成员，进一步完善转岗、待岗以及市场化退出等机制，符合其他岗位任职条件的，可以按照企业领导人员有关规定聘任，促进经理层成员正常更替、人岗相适，增强经理层队伍活力，推动管理人员“能上能下”成为常态。

（四）实行任期制和契约化管理的监督管理

1. 监督追究

7号文中明确要求，支持经理层发挥谋经营、抓落实、强管理的作用，确保经理层成员责权利对等。因此，在做好经理层授放权的同时，国有企业应建立健全对推行任期制和契约化管理的经理层成员的监督体系，党组织、董事会、监事会等治理主体，以及纪检监察、巡视、审计等部门根据职能分工，做好履职监督工作。坚持以预防和事前监督为主，建立健全提醒、诫勉、函询等制度办法，及早发现和纠正其不良行为倾向。经理层成员在聘任期间应当维护企业国有资产安全、防止国有资产流失，不得

侵吞、贪污、输送、挥霍国有资产。经理层成员违反规定，未履行或未正确履行职责，在经营投资中造成国有资产损失或其他严重不良后果的，严肃追究责任。按照“三个区分开来”要求，支持鼓励国有企业按照公私分明、尽职合规免责原则，建立健全并细化相关工作机制的主体、标准、适用情形和工作流程，形成可落实可操作的制度安排。

2. 薪酬管理

《指引问答》中明确规定：推行任期制和契约化管理不得变相涨薪、借机涨薪。7号文也明确规定：地方国有企业集团公司在结合实际推行经理层成员任职期和契约化管理过程中，经理层成员薪酬应当严格执行国有企业负责人薪酬制度改革有关政策要求。并且提出企业应根据有关规定建立薪酬追索扣回制度，在岗位聘任协议中予以明确并严格执行。在规定期限内发现经理层成员给企业造成重大经济损失或重大不良影响的，企业应将其相应期限内兑现的绩效年薪、任期激励部分或全部追回，并止付所有未支付部分。薪酬追索扣回规定同样适用于离职的经理层成员。任期期限、最多连任届数和期限等一经确定，不得随意延长。

三、江苏公司开展经理层成员任期制和契约化的实施研究

江苏公司开展经理层成员任期制和契约化管理实践与探索是按照国企改革三年行动有关要求，参考《操作指引》，结合企业自身实际进行开展的，是江苏公司“双百行动”健全市场化经营机制的重要组成部分。在实施过程中，重点对体制机制、实施范围、契约签订、落实职权、任期管理、考核退出、目标制定、薪酬兑现、实施流程等九个方面开展研究和解决：

（1）重点研究在实施经理层任期制和契约化管理中需要建立健全哪些制度体系。江苏公司在认真学习《操作指引》的基础上，研究制定了“1+2+3+1”制度保障体系，确保实施过程和结果应用等能有据可循、协调有序。“1”是编制任期制契约化管理工作方案（以下简称工作方案）。作为对于任期制契约化开展管理的纲领性的办法，规范任期制契约化改革，以及未来对经理层成员管理的整体过程。“2”是做好两条落地制度的准备，通过薪酬管理办法、考核管理办法，来明确整个任期制契约化从签订契约到任期结束有据可依。“3”是三个操作文件，包括了聘任协议书、业绩责任书和岗位说明书，作为任期制契约化改革初步落地的重要节点的标志。“1”是建立董事会向经理层的授权机制。

（2）重点研究解决在领导班子中哪些岗位需要实施任期制和契约化管理。全面实施本部及所属企业两级经理层任期制和契约化管理，在企业范围上做到应推尽推、在

人员范围上做到全面覆盖。江苏公司总经理、副总经理、总会计师等经理层成员（含股东方派驻）以及江苏公司全资、控股或管理的所属企业（分支机构）经理层成员全面实施任期制和契约化管理。

（3）重点研究岗位协议、业绩责任书谁来签订。江苏公司在工作方案中明确分类实施逐级契约签订。岗位聘任协议由董事长（或执行董事）代表董事会与经理层签订；业绩责任书由董事长（或执行董事）与总经理签订，经理层副职由董事长（或执行董事）会同总经理签订。参股方派出的经理层成员的业绩责任书还应听取派出方意见。

（4）重点研究在实施任期制和契约化管理中如何落实经理层职权。根据经理层任期制和契约化管理改革的要求、结合现代企业制度建设，在工作方案中厘清并明确党组织、董事会、监事会和经理层等不同治理主体的权责边界，建立董事会和经理层之间、总经理和其他经理层成员之间的权责清单，清晰划分权责界面。同时要按照“一岗一责”原则建立经理层成员岗位说明书或岗位工作标准，明确并细化岗位职责及分工。

（5）重点研究经理层任期期限。原则上每任聘期为3年，在同一企业同一层级职位连续任职一般不超过3届，其中总会计师在同一职位任职不超过2届。

（6）重点研究经理层退出条件，并解决怎么退。江苏公司在工作方案中重点考虑退出条件和退出路径两个方面。退出条件：年度经营业绩考核结果未达到完成底线（百分制低于70分）的；连续两个年度经营业绩考核结果为不合格或任期经营业绩考核结果为不合格的；任期综合考核评价不称职，或者在年度综合考核评价中总经理得分连续两年靠后、其他经理层成员连续两年排名末位，经分析研判确属不胜任或者不适宜担任现职的等5种情形，终止任期、免去现职。退出路径：解聘的经理层成员，符合其他岗位任职条件，并有工作需要的，可以按照《江苏公司企业领导人员管理标准》相关规定聘任；未能聘任的，由所在企业研究安排。

（7）重点研究如何分类制定经理层业绩目标。为突出经理层业绩传导作用，在落实经理层“一岗一表”“一指标一规则”的差异化指标设置的基础上，为了保障公司整体目标的完成，采用团队目标和个人目标相结合的方式，其中，团队目标权重比50%。个人业绩目标重点要求“两不低于”，即总经理经营业绩目标不低于企业目标、经理层副职业绩目标不低于总经理目标；总经理考核标准不低于企业同类指标考核标准、经理层副职考核标准不低于总经理同类指标考核标准。

（8）重点研究业绩考核结果如何与个人绩效薪酬挂钩。按照“业绩升、薪酬升，业绩降、薪酬降”的原则，根据签订的差异化契约及考核结果合理拉开收入差距。根据考核得分，按照不同分段设置不同绩效薪酬挂钩系数，江苏公司在制度设计上将经理层的考核得分从 130 分以上到 70 分级以下划分 8 个档次，每个档次对应不同的业绩薪酬兑现系数，最高经理层副职绩效薪酬系数可与正职系数一致、最低系数 0，得分越高薪酬越高，鼓励经理层不断“摸高”。

（9）重点研究业绩制定、考核等重点环节的实施要求和实施流程，解决谁来定目标、谁来考核目标的问题。定目标：总经理业绩目标原则上与企业经营业绩目标一致、经理层副职业绩目标由总经理提出，提交董事会研究后签订；未建立董事会的，由执行董事报江苏公司确定。考核意见：总经理经营业绩目标由董事长提出考核意见，经理层其他成员经营业绩目标由董事长会同总经理提出考核意见，企业董事会确认、报江苏公司备案。未建立董事会的，由企业执行董事提出经理层考核意见，报江苏公司确认。经理层成员兼任党组织、工会等其他职务的，兼职岗位业绩考核按相关规定执行，考核得分计入经理层成员经营业绩考核结果中。参股方派出的经理层成员的业绩目标和考核还应听取派出方意见。

推行经理层成员任期制和契约化管理，目的就是为了推动国有企业更好适应市场竞争需要，加快从传统的“身份管理”向市场化的“岗位管理”转变，发挥以上率下的示范带动效应，推动中层管理人员及全体员工强化岗位意识和契约精神，做到“能否坐得住，契约说了算”“干得好不好，指标说了算”“收入多与少，业绩说了算”，进而普遍形成能上能下、能进能出、能增能减的机制，不断激发企业发展动力和活力。国有企业应当抓住当前经理层成员任期制和契约化管理改革的重要“窗口期”，以更大力度和效度确保改革落实落地。

煤炭产业碳达峰路径研究

中国华电集团有限公司煤炭产业部、华电电力科学研究院有限公司

董建立　李佩佩　杨圣彬　王兹尧　张翔宇
王　彤　汤效平　王光培　黄晓凡　张一帆

在“碳达峰、碳中和”目标的指引下，煤炭企业发展面临新的机遇和挑战，目前国内龙头煤炭企业，都在谋局光伏、风电业务，进军储能、氢能等领域。集团公司在新能源产业领域优势显著，所属煤矿大多位于国家“十四五”规划的清洁能源基地，煤矿与新能源具备较好的耦合条件，建议集团公司考虑华电煤业土地资源和地企关系优势，统筹开展煤炭产业新能源研究、关注并投入煤矿新能源业务，加快煤矿绿色低碳转型，推动煤炭产业高质量发展，提升集团清洁能源占比，助力集团创建世界一流能源企业。

一、煤炭产业发展形势分析

（一）煤炭产业的发展现状

华电煤业经过十余年的发展，总体建成5000万t级产能，2020年产量6136万t，13处生产煤矿、3处储备煤矿，原煤入洗率66%，商品煤平均热值4863kcal，初步估算吨原煤生产综合能耗为4.13kg/t（大于3.0kg/t先进值、小于7.5kg/t准入值），3处煤矿入选国家绿色矿山名录、2处煤矿进入省绿色矿山创建库，绿色低碳发展初见成效。

（二）煤炭产业发展面临的挑战

1. “减法”与“能源保供”的博弈

受我国经济持续恢复和国际大宗能源原材料价格上涨影响，我国煤炭消费超预期增长，供需偏紧，价格高位波动。一方面，国家深入推进煤炭能源领域供给侧改革，2021年10月26日，国务院印发《2030年前碳达峰行动方案》指出，推进煤炭消费替代和转型升级。加快煤炭减量步伐，“十四五”时期严格合理控制煤炭消费增长，“十五五”时期逐步减少。严格控制新增煤电项目，新建机组煤耗标准达到国际先进水平，

有序淘汰煤电落后产能，加快现役机组节能升级和灵活性改造，积极推进供热改造，推动煤电向基础保障性和系统调节性电源并重转型。严控跨区外送可再生能源电力配套煤电规模，新建通道可再生能源电量比例原则上不低于50%。推动重点用煤行业减煤限煤。大力推动煤炭清洁利用，合理划定禁止散烧区域，多措并举、积极有序推进散煤替代，逐步减少直至禁止煤炭散烧。另一方面，短期来看，我国能源消费总量还将增加，煤炭在我国能源安全稳定供应中的兜底保障作用依然无可替代。10月以来国家发展改革委连发14份文件，就煤炭产能释放、煤价回归合理水平、能源安全稳定供应等内容进行安排部署，对煤炭市场进行进一步调控。煤炭产业面临着“增产保供稳价”与“煤炭减量”的博弈。

《关于完整准确全面贯彻新发展理念做好碳达峰碳中和工作的意见》和《2030年前碳达峰行动方案》明确要求把握“处理好发展和减排、整体和局部、短期和中长期的关系”，在减碳与储碳、提效与增汇、适应与应对、自然增汇与工程增汇方面开展深入研究，充分发挥自然资源在碳达峰碳中和工作中的基础性作用。在“双碳”时代，煤炭企业既要坚定地退出老旧煤矿，实实在在做“减法”；又要在能源形势紧张时，依法依规释放煤炭先进产能，在提高生产效率、智能化转型等方面做“加法”。

2. 绿色发展不充分

一是集团实施绿色矿山建设以来，部分煤矿区已建成绿色矿区，显著改善了矿区周边的生态环境质量。然而仍有部分煤矿区还存在较为严重的环境问题，如开采沉陷造成矿区的土地大面积积水受淹或盐渍化，水土流失与土地荒漠化；煤炭开采过程对水资源的污染加重，进一步加剧了水资源紧缺。煤炭产业绿色发展水平距离国家要求还有差距。

二是集团瓦斯矿井的煤层气的开发利用仍未得到充分的重视。煤层气是以甲烷为主要成分的烃类气体，既是一种清洁能源，也是一种温室气体。据国际气候变化委员会（IPCC）调查显示，甲烷是全球气候变化的第二大参与者，煤矿是排放甲烷气的主要来源之一，占全球甲烷排放量的8%～10%，且甲烷的温室效应是二氧化碳的21倍。尽管目前碳市场尚未纳入煤炭开采行业和甲烷气体，但是随着“双碳”行动的推进，未来煤炭产业和甲烷气体极有可能纳入碳市场。

9月12日，中共中央办公厅、国务院办公厅印发了《关于深化生态保护补偿制度改革的意见》，文件指出：在合理科学控制总量的前提下，建立用水权、排污权、碳排放权初始分配制度。加快建设全国用能权、碳排放权交易市场。健全以国家温室气体自愿减排交易机制为基础的碳排放权抵消机制，将具有生态、社会等多种效益的林业、可再生能源、甲烷利用等领域温室气体自愿减排项目纳入全国碳排放权交易市场。据有关机构的测算，当 CCER 碳价为 30 元/tCO_2 时，CCER 对甲烷回收项目的业绩贡献在 18.92%～24.86%之间。因此，加强煤矿甲烷气体排放的监测和煤层气的开发利用，无论从应对未来高额碳成本压力还是通过出售 CCER 获取部分收益上，都是节能减排、改善大气环境、保障煤矿安全的重要举措。

3. 企业转型升级不充分

集团大多数煤炭企业仍是单一的“采煤、卖煤”业务模式，以煤炭外销为主，向高端产业延伸不多，导致企业盈利能力较多依赖煤炭价格，没有形成可持续发展的资源优势和风险防范能力。在“双碳”时代，煤炭企业需积极寻求多元化发展道路，通过与下游产业、新技术新业态的融合发展，初步形成了以煤为基础，建材、金融、新能源等相关产业协同发展格局，增加应对风险防范能力，形成可持续的发展模式。

4. 部分基础理论与技术瓶颈亟待突破

虽然华电煤业已组织了煤矿绿色开发技术的研发，但矸石回填技术、深部煤层瓦斯富集及抽采流动理论、矿区生态环境损毁调查诊断及修复技术、土地清洁和污染治理技术、废旧矿山的可持续利用、地貌重塑、土地复垦及植被恢复技术等基础技术理论研究还比较薄弱。在煤炭洗选及深加工等技术方面还存在短板，煤矸石用于矸石电厂发电、矿井中抽采出的瓦斯用于发电等技术尚不成熟，还处于初步探索阶段。

（三）煤炭产业发展面临的机遇

1. 煤矿企业生存环境面临重大变革

2020 年煤炭消耗总量为 28.3 亿 t 标准煤，全球能源互联网、中国煤炭工业协会等多家机构预测，2030 年前煤炭消耗将达到峰值（约 29 亿 t 标准煤），此后逐步下降，2060 年下降到满足实现碳中和的较低水平量。碳达峰前预留了 10 年时间以及碳达峰后煤炭与非化石能源之间的博弈发展时间，煤炭行业未来仍有时间通过推进相关创新技术的发展与碳汇的应用，来赢取更大可能的煤炭行业转型机会。

2. 煤炭企业需承担重要减碳任务

按照《矿山企业温室气体排放核算方法与报告指南（试行）》，主要分为能源消耗产生的碳排放和系统副产物排放产生的碳排放。2020 年集团公司煤炭板块 13 座生产矿井，共耗电 7.5 亿 kW·h、锅炉燃煤 8.5 万 t、车用燃料 0.4 万 t，副产 900 万 t 煤矸石、5000 万 m^3 瓦斯气，忽略疏干水影响，约产生 140 万 t 二氧化碳。按照目前全国碳市场碳价在 40 元左右测算，煤炭企业需要承担 4000 万元的碳排放成本。

3. 发展新能源是煤炭企业转型的现实选择

5 月 12 日，中国煤炭工业协会组织召开了“碳达峰碳中和目标下煤炭行业转型升

级与高质量发展研讨会”，国家能源局、国务院发展研究中心、国家发展改革委能源研究所及与会专家表示，中国煤电占比超过 50%，钢铁、水泥等高耗能产品占全球的 50%，经济结构决定能源消耗，发达国家倡导的“去煤化”本质上基本不存在，碳达峰之前并非放弃煤炭，仅是新的经济增量要靠非化石能源来支撑，我国碳中和愿景不会盲目地按欧洲“一刀切”关停、“快速退煤”路线执行，国家能源战略不只是考虑排放问题，更要注重安全保障。可见，变革煤炭开发利用理念，与新能源组合实现安全、高效、智能、绿色发展是煤炭转型的现实选择。

二、排放分析、达峰时间及排放峰值

（一）排放分析

煤炭相关的碳排放约占排放总量的 80%，电力、供热、冶金、化工等耗煤占比达 90%，其中电力与供热占了 60%。但碳排放主要源自利用环节，并非开采环节。

（1）煤炭行业与下游煤电等产业唇齿相依，但必须认清与煤炭相关的碳排放主要产生于利用环节，并非生产。因此，煤炭行业碳中和重点关注绿色开采，科学用煤应由煤电、煤化工等下游产业着力承担。

（2）“脱碳”与“去煤”非对等关系，煤炭与新能源耦合共生，可实现节能减排与开源增汇的双重效果。

（3）只要在建设、开采、关闭阶段借助绿色开采、节能减排、生态碳汇和 CCUS 技术减碳，实现了净零排放则可认定煤炭行业实现了碳中和愿景。

（二）达峰时间

碳达峰时间预测手段通常是模型模拟，研究对象为国家或地区。单行业、单企业碳达峰时间研究相对少见，无论“实现‘十四五’期间煤炭行业碳排放达峰”，还是“煤炭消费应早于 2020 年达峰”更倾向于定性判断，影响要素定量分析尚不充分。目前，尚无一家煤炭企业公开宣示达峰时间，但预计设定时间一般早于国家目标。集团公司已宣布在 2025 年前达峰，煤炭板块理应跟随集团步伐，在“十四五”期间达峰，碳减排、产能扩充双重压力，都会随着时间的推移更加严峻，因此，需要进一步挖掘现有煤矿企业潜能，来赢取更大可能的煤炭转型机会。

（三）排放峰值

从煤炭开采情况来看，主要分为能源消耗产生的碳排放和系统副产物排放产生的碳排放。

“十四五”期间，公司控股煤矿生产能力将达到 7000 万 t/年，煤炭洗选能力 6930 万 t/年，原煤入选率将达到 97%，大型煤矿实现智能化开采，建成 6 处国家级绿色矿山，基于煤炭行业发展宏观环境综合分析，2025 年前将实现“双达峰”，初估控股煤矿生产过程二氧化碳排放峰值（≤140 万 t/年）和二氧化碳排放强度达峰（≤27kg/t）。

三、煤炭企业低碳发展路线研究

（一）能耗达标、低碳开采，实现碳达峰

推动碳减排尽快达峰，煤炭利用过程中节能降耗置于首位；新的碳减排形势要求加快关键共性技术研发，通过智能化煤矿建设降本增效；逐步探索建立适用不同地质条件和开发条件的煤层气抽采利用技术、工艺和装备体系，大幅提升煤层气抽采利用规模、效率和质量；同步开展煤炭企业能耗认证体系建设，实现煤炭低碳化开采。

（二）技改升级，减少排放，实现碳减排

实施余热、余压、节水、节材等综合利用节能项目；开展矿用设备节能技改，降低煤矿开发利用能源消耗强度；开展煤基新材料研究，探索煤泥、煤矸石等大宗固废多途径应用示范。

（三）耦合发展，增加碳汇，实现碳中和

在矿区范围内与新能源耦合发展，探索实施林光互补、农光互补、牧光互补、光伏治沙等；开展绿色矿山建设，利用采空区、塌陷区实施矿区生态修复，植树造林，开发生态碳汇。

重点示范工程和任务如下。

（1）推进煤矿企业能耗达标。在开采各环节采用高能效开采技术和设备，开展余热、余压、节水、节材等综合利用节能项目，开展能耗认证，持续优化煤炭生产效率。

（2）应用低碳开采技术。通过智能煤矿建设提升劳动生产率，采用智能变频永磁驱动等节能技术降低矿用设备能耗。利用矿井水和回风余热、瓦斯等资源代替锅炉用煤。加强甲烷温室气体排放的监测，加快推进煤炭开发过程甲烷排放控制与利用，探索建立适用不同地质条件和开发条件的煤层气抽采利用技术、工艺和装备体系。

（3）矿山资源综合利用。开发煤炭分级高值利用技术，发展高效低成本煤矸石充填置换技术，探索煤泥、煤矸石多途径应用示范，跟踪煤基新材料研究。

（4）与可再生能源耦合发展。通过煤炭与新能源（风、光、生物质等）进行耦合化学转化、耦合发电、耦合燃烧，实施风光煤火储一体化，大幅减少煤炭碳排放，并提升新能源利用规模。

（5）绿色矿山建设。开展绿色矿山核心技术研究和攻关，通过有效的生态修复措

施，实现采煤对生态环境的低扰动，减少废弃物排放，同时以新型生态修复理念保障生态碳汇增加，甚至形成近零排放或负排放效应。

四、华电煤炭产业新能源规划思路

“十四五”期间我国将建设九个大型清洁能源基地，清洁能源基地是构建以新能源为主体的新型电力系统的重要抓手；2月25日，国家发展改革委、国家能源局发布《关于推进电力源网荷储一体化和多能互补发展的指导意见》（发改能源规〔2021〕280号），为煤矿新能源一体化项目提供政策支持，4月25日，国家能源局印发《关于报送“十四五”电力源网荷储一体化和多能互补工作方案的通知》，启动源网荷储、多能互补一体化项目方案报送，重点支持每年不低于20亿kWh新能源电量消纳能力的多能互补项目以及每年不低于2亿kWh新能源电量消纳能力且新能源电量消纳占比不低于整体电量50%的源网荷储项目。对照集团“五三六战略”“十四五”和“5318”发展规划，煤炭产业适宜按照“因地制宜、风光火储多能互补、集中式和分散式结合、生态光伏+土地复垦”的思路科学推进新能源发展，根据实际设定5～10年内新能源总装机及电量规模。

（一）总体思路

（1）“三步走”战略：2025年前碳达峰，实现能耗双控；2030年前碳减排，能耗及排放指标逐渐达到先进值；2050年前碳中和，逐渐实现近零排放，甚至负碳排放。

（2）三类建设模式：多能互补分布式能源（综合能源）、风光火（储）一体化、源网荷储基地。

（3）三种体量级发展：分布式及综合能源、10万～100万kW级矿区生态风光电、100万～1000万kW级清洁能源基地。

（4）三个阶段推进：技术开发引领、工业示范先行、产业发展支撑。

（5）三项标志性成果：出数据、出技术、出标准。

（二）发展目标

2025年前实现煤矿碳达峰，建成4～6处煤矿综合能源或煤矿新能源示范基地，建成1座零碳煤矿；2030年前，煤炭产业基本实现零碳生产。

（三）工作原则

以“一服从、三服务”为原则开展工作，服从于集团公司的统筹安排部署，服务于地方经济发展，服务于区域公司在地方的项目推进，服务于华电煤业自身转型升级高质量发展的现实需要。

五、煤矿新能源项目调研分析

（一）肖家洼煤矿新能源基地

（1）瓦斯利用及综合能源项目：现场瓦斯浓度平均为10%，年抽放纯瓦斯总量为1050万m^3，可采用低浓度瓦斯高效提浓技术，超低浓度乏风瓦斯销毁和余热利用技术，耦合分布式光伏/光热，取代现有燃煤锅炉或实现瓦斯发电。

（2）生态光伏：首采区6.7km^2、采空区约8000亩，矿区范围内可直接利用土地约1400亩，加上电厂厂址周边土地，考虑耕地范围内的农光互补，可建设8万～10万kW光伏。

（3）风光火储一体化项目：鉴于地方政府对于2×35万kW低热值煤电厂尽快开工建设的强烈要求，加之华电企业在乡村振兴方面的实际投入，经过协调和有效沟通，兴县政府同意为锦兴公司提供100万kW新能源指标，为保证煤矿正常生产经营，建议“十四五”期间，统筹整合吕梁地区存量风光电资源，新建100万kW新能源、推进2×35万kW低热值煤电厂开工建设，落实国家和地方政府风光火储一体化发展政策要求。

（二）小纪汗煤矿新能源基地

（1）综合能源项目：利用小纪汗煤矿厂房、公寓、办公楼屋顶及厂内空地、水池表面（合计约24万m^2），新建14～16MW分布式光伏/光热和电热储能一体化项目，耦合利用矿井水余热（25MW）、风井乏风余热（5.4MW），根据不同建筑物的单位热负荷需求，做到供暖“温度对口、梯级利用”，构建多能互补综合能源智能供热系统，取代现有2台20t/h燃煤供热锅炉，创建零碳排放的绿色清洁能源示范基地。

（2）生态光伏：首采区外可用地约3万亩，进行林光互补、农光互补和牧光互补生态示范，新建100万kW新能源生态示范区。

（3）风光火储一体化项目：抓住榆林地区地处“黄河几字湾清洁能源基地”的有利条件，在榆林区域建设1000万kW风光电项目。为响应国家和地方政府风光火储一体化发展政策要求，履行小纪汗煤矿煤炭就地转化政策任务，保证煤矿合法正常生产经营，规避政策风险，新建新能源项目与榆横电厂332万kW煤电项目（一期2×660MW，新增二期2×1000MW火电机组）调峰互济、协调发展。

（三）不连沟煤矿新能源基地

（1）自发自用：按照4月6日准格尔旗政府《关于推进矿区分布式光伏项目建设的通知》（拟文），以“自发自用、余电上网”方式推进。可用地包括矸石回填场、低产农田、厂区附近可利用的6个区块，自有地1200亩，初步估算装机容量6万kW。

该方案无政策因素制约，可行性高，投资相对较小，消纳率高，当前即具备实施条件。

（2）生态光伏：考虑采空区及其他可利用区域约 8.7km^2，可建设 15 万～20 万 kW 生态光伏，进行林光互补、草光互补或牧光互补。

（3）风光火储一体化项目：4 月 14 日，内蒙古自治区能源局发布加急文件《关于组织申报首批重点推进电力源网荷储一体化和多能互补项目的预通知》，明确要求“鼓励可再生能源最大化利用”和“严格落实能耗双控”，优先实施依托存量火电的“风光火（储）一体化”提升，鼓励建设“风光储一体化”电站。可依托大路电厂，策划实施“风光火（储）一体化”项目，在鄂尔多斯区域建设 50 万～100 万的新能源项目。

（四）隆德煤矿新能源基地

（1）综合能源：首先利用办公楼屋顶及厂内空地建设分布式光伏/光热，耦合利用矿井水、乏风余热，构建多能互补综合能源智能供应系统，取代现有燃煤锅炉。

（2）生态光伏：可利用采空区 15km^2，可建设 50 万 kW 的生态光伏，林光互补、牧光互补。

（五）万胜煤矿新能源基地

利用分布式能源，构建多能互补综合能源智能供应系统，取代现有燃煤锅炉；可利用 1.2km^2 采空区、2.7km^2 的非煤区、3.0km^2 的待采区，建设 30 万 kW 的生态光伏和 5 万 kW 的风电。依托河西走廊清洁能源基地，规划 100 万 kW 的新能源。

（六）石泉煤矿新能源基地

通过瓦斯高效抽采技术，采用瓦斯发电机组、瓦斯锅炉，利用低温余热，新建办公楼屋顶及厂内光伏/光热，构建多能互补综合能源智能供应系统。

矿区范围内涉及基本农田，暂不考虑建设风光新能源。

（七）前期煤矿（高家梁、西黑山、淖毛湖）新能源基地

设计过程充分利用清洁能源，按照多能互补综合能源智能供热系统设计。同步推进矿区新能源建设，高家梁煤矿矿区范围内约有 20km^2 非首采区，可满足 100 万 kW 光伏建设；西黑山煤矿矿区范围内约有 60km^2 非首采区，可满足 300 万～500 万 kW 光伏建设；淖毛湖煤矿矿区范围内约有 30km^2 非首采区，可满足 150 万 kW 光伏建设；依托新疆清洁能源基地，分别建设“风光煤火储一体化项目”。

六、有关工作建议

（一）编制专项规划，强化顶层设计

战略层面，组织编制专项规划，明确发展策略与重点，强化系统性和协作性。根

据华电电科院实地踏勘初步估算，华电煤业控股煤矿可供建设集中式光伏发电项目的土地资源超过 180km^2，装机规模达 660 万 kW 以上。为提高集团公司新能源发电占比，完成碳达峰碳中和任务目标，建议将煤炭产业新能源纳入集团整体规划，与区域公司协同推进；提前谋划好规划用地情况，落实国家及地方环保政策、生态红线、水资源利用及项目配套等政策要求；结合当地政策、电力消纳和送出条件，评估电网消纳新能源的能力，统筹好建设容量。

（二）承担项目投资，推进前期工作

投资层面，针对煤矿可持续发展产业需求、良好的土地资源和地企关系及股东多元化特征，建议由集团区域公司或华电煤业所属煤矿牵头开展新能源前期工作和工程建设，建成后的运行管理按照集团要求统一实施。为抢占先机，建议尽快协同推进新能源实施条件落实，启动建设报批手续，与区县政府签订风光电投资开发协议，组织设计单位开展规划及可研设计。

（三）研究应用场景，推进工程建设

产业示范层面，实施路径如下：

一是首先考虑利用屋顶、工业广场、空地等自有土地直接建设一批分布式光伏示范项目或综合能源项目，自发自用，其目的为锻炼人员、积累经验，创建零碳排放的绿色清洁能源示范基地，建议由华电煤业和华电电科院牵头组织实施；

二是利用采空区建设生态光伏，进行林光互补、农光互补和牧光互补生态示范，打造新能源生态示范区；

三是抓住煤矿大多地处“国家清洁能源基地”的有利条件，与集团相关产业协同，实现煤电与风光电项目调峰互济、协调发展，实施源网荷储、风光火储一体化发展。

（四）开展技术研发，寻求应用和集成技术的突破

研发层面，根据矿区新能源多专业耦合特点，依托华电煤业和华电电科院，建设专业化实验室，重点围绕煤矿企业能耗达标、低碳开采技术、矿山资源综合利用、新能源协同发展技术、绿色矿山建设等项目，开展以产业应用为目的的技术研究和示范，在形成华电特色低碳发展核心技术，支撑企业新能源产业发展的同时，积极开拓外部市场。

河南区域以地热供暖为主的综合能源服务实践与研究

中国华电集团有限公司河南分公司

范积立　侯冬慧　刘扬志　王建军

实现碳达峰碳中和，努力构建清洁低碳、安全高效能源体系，是党中央、国务院作出的重大决策部署。综合能源服务作为一种新型的为满足终端客户多元化能源生产与消费的能源服务方式，对提升能源效率、降低用能成本能够起到至关重要的作用。集团公司开展综合能源服务业务，是践行“四个革命，一个合作”能源安全新战略，助力实现“双碳”目标，推动集团公司由生产型向生产服务型转变的重要举措。

集团公司于 2019 年 6 月在同类型发电企业中率先发布《综合能源服务业务行动计划》，以“建设一流综合能源服务商”为目标，正式启动综合能源服务生态圈建设，着力打造具有华电特色的“清洁友好、多能联供、智慧高效”综合能源服务业务，扎实推进试点工作并取得积极成效。在集团公司引领下，区域公司既要充分借鉴先进经验做法，更要结合自身实际，通过探索、实践和研究，因地制宜选择适合本区域综合能源服务的发展方向，不断创新和完善商业模式，推动综合能源服务向更高质量、更有效率发展迈进。

本课题报告阐述了国内综合能源服务发展现有模式，对河南省内有意转型开展综合能源服务的企业主营业务和商业模式进行分析，提出了清洁供暖项适合作为省内综合能源服务主营业务的构想，结合省内供暖现状、主要问题和市场机遇，从资源、政策、市场、竞争四个方面对当前形势进行了深入研究，通过调研考察和实践探索，得出了以地热供暖为主的综合能源服务模式适用于河南公司的结论，并分享了工作思路、技术路线、商业模式的研究成果，最后，从资源储备、重心调整、体系强化等方面，对发展综合能源服务提出了意见建议。

一、综合能源服务发展模式

（一）国内综合能源服务发展模式

能源企业从生产型向生产服务型转型发展已成为全球趋势。国际上，美国、日本、欧洲国家的能源企业向综合能源服务转型发展起步较早，所开展的综合能源服务业务包括综合节能服务、分布式能源开发利用服务、能源交易服务、能源金融服务等，业务内容、服务形式、商业模式等不断创新并日趋多样化。我国各类能源企业探索开展综合能源服务业务起步相对较晚，但呈现出强劲的业务转型发展态势；在转型发展路径上，大都采用“1+*N*”模式，即以一项主营业务为切入点，协同发展能源行业其他产业链服务。主要的模式如下。

（1）能源销售公司以受电委托代理为切入点，协同发展能效诊断、节能优化、能源托管等综合能源服务，增加用户黏性，提升电力、热力销售的市场占有率。

（2）充电服务公司以新能源车充电为切入点，协同发展分布式光伏、储能、零售等综合能源服务，通过光储充一体化系统，有效解决电力容量不足问题，还能参与电网调峰调频等辅助服务。

（3）分布式燃气轮机经营单位以天然气发电为切入点，协同发展供汽、供冷等综合能源服务，通过建设运营配电、热、冷、气、水等供能网络，推进可用能的梯级利用最大化。

（4）节能开发公司以清洁供暖为切入点，协同发展供冷水、供热水、分布式光伏、售电、充电桩等综合能源服务，通过成熟技术整合清洁能源，提高能源利用效率，实现资源配置最优化。

（二）河南省综合能源服务发展模式

河南省区位优越，资源丰富，交通便利，人口众多，消费市场巨大，经济总量稳居全国第五位，发展活力和后劲不断增强，能够为综合能源服务发展提供优质环境和广阔空间。河南省内综合能源服务发展处于起步阶段，尚未形成成熟的商业模式，距离规模化、产业化还有较大距离。为准确定位发展方向，省内有意转型，开展综合能源服务的企业纷纷依托主营业务，不断探索相关业务延伸，创建适合自身的商业模式。以下是省内有关企业主营业务和商业模式分析情况。

（1）能源销售公司的主营业务是受电委托代理，随着燃煤发电量的完全市场化，售电营业收入将出现大幅增长。受省内用电总量整体平稳、新能源快速发展、净受进电量增多等影响，火电企业利用小时普遍偏低，电力市场竞争激烈。包括华电在内的各个大型发电集团均成立了售电公司，为争夺用户、抢占市场，纷纷按照成本价左右

进行售电，利润空间有限。

（2）充电服务公司的主营业务是新能源车充电，普遍采用“互联网+充电设施”经营方式，通过跑马圈地相互争夺市场，依靠收取充电电费和服务费来获取利润，但盈利空间有限，基本上处于亏损状态。为扭转被动局面，充电服务公司都在探索充电业务以外的盈利模式，包括广告、保险、金融、售车、大数据等，具有代表性的企业有特来电、星星充电、国家电网等。

（3）分布式燃气轮机经营单位的主营业务是天然气发电，通过冷热电三联供方式实现能源的梯级利用及就地消纳，能源综合利用效率在80%以上。受上网电价偏低、气价上位波动、工程造价高、无政府补贴等影响，热、电能源价格高，市场竞争力差，难以争取到能源用户。

（4）节能开发公司的主营业务是清洁供暖，通过地热、空气源热泵、污水源热泵等清洁能源方式实现供暖。此类项目受到政府大力支持，效果稳定可靠，整体成本可控，经济效益可观，适用于集中供热达不到的区域。随着清洁供暖市场的不断发展，节能开发公司的主营业务持续向好，发展前景广阔，能够为协同发展综合能源服务提供业务托底和资金保障。

从以上分析情况得出，售电、充电、天然气发电项目尚未找到成熟的盈利方式，清洁供暖项目盈利能力较强，市场潜力巨大，处于快速发展阶段，适合作为省内综合能源服务的主营业务。

二、河南省清洁供暖情况

（一）河南省清洁供暖现状

1. 燃煤集中供暖

燃煤热电联产、燃煤背压机集中供暖是豫北豫中大多数地级市、个别县城和豫南个别地级市主城区的主要供暖方式。优势是技术成熟、供热能力大，运维成本低；劣势是投资大、建设周期长、供暖区域受热电厂分布情况制约。

2. 燃气集中供暖

郑州市主城区煤电机组“清零”，洛阳市主城区煤电机组基本“清零”，两市市域范围内煤电机组装机规模大幅减少。受政策影响，燃气热电联产、分布式燃气轮机、燃气锅炉供暖逐步成为郑州市、洛阳市主城区的重要供暖方式之一。优势是能源利用率高、环境效益好、启停灵活；劣势是气价高、气量受国外限制、供暖能力有限。

3. 地热集中供暖

地热能是可再生能源，已通过水源热泵、地源热泵、中深层地热供暖方式在郑州中牟、三门峡陕州、开封尉氏、安阳内黄、周口鹿邑等地应用推广。优势是技术简单、建设灵活、运维成本低，劣势是受地热资源分布情况制约。

4. 小型天然气和电采暖

小型天然气和电采暖是河南省集中供暖未覆盖地区应用较为广泛的一种分散式供暖方式。优势是安装简单、使用方便，劣势是气价、电价较高。

（二）河南省清洁供暖的主要问题

1. 集中供暖热源不足

受限于节能减排和环保管控政策要求，各地小锅炉、小电厂逐渐拆改或关停，供热能力随之减小。近年来河南省集中供暖需求快速增长，虽然各地加快了集中供热设施建设，但短期内难以形成供热能力，供暖热源不足问题日益严重。

2. 管网建设相对滞后

各县市的热力管网各自分区域供热，未实现热网互联，造成供暖可靠性差，需要备用的热源较多。城市热网建设严重滞后于热源建设，热电厂供暖能力未充分发挥。

3. 清洁能源替代进展较为缓慢

河南省燃煤替代工作起步晚，在清洁能源替代改造运行过程中，电采暖、燃气供暖的成本是燃煤的2倍以上，成本增加问题突出，企业和居民实施电能替代的积极性不高，若无政府补贴，电采暖和燃气供暖推进难度很大。

4. 资金、技术等因素限制

近年来，国家鼓励推广使用清洁能源供暖，但由于资金、技术等多种因素的限制，如燃气锅炉运营成本较高、国家和河南省还未出台电采暖方面相关的配套政策、太阳能供热尚未实现商业化等原因，难以大面积推广和普及。

（三）河南省地热供暖市场机遇

《河南省集中供热管理试行办法》指出，秦岭、淮河以北市、县级人民政府应当将集中供热纳入国民经济和社会发展规划；鼓励其他市、县级人民政府根据本地实际情况，合理确定供热方式。该试行办法对豫中豫北地区集中供热有强制要求，但河南省秦岭、淮河以北的多数县城集中供暖特许经营权虽授予有关企业，却因各种原因未实施集中供暖；秦岭、淮河以南区域不是强制采暖区且大多数县城未实现集中供暖，各地对集中供暖的呼声日益强烈。

从以上得出，在目前燃煤、燃气、电供热方式不能完全满足人民群众对集中供暖日益强烈的需求背景下，具有清洁、高效、灵活、经济优势的地热供暖方式是集中供热未覆盖、地热资源较好区域最理想的选择。因此，积极拓展地热供暖项目是时不可失的机遇，也能够作为开发综合能源服务市场的主要切入点。

三、面临的形势

地热供暖作为主营业务对综合能源服务整体发展起着至关重要的作用，正确分析形势，牢牢把握机遇，进一步明确探索、研究和实践方向，有助于尽早确定适合自身的商务模式。

一是资源方面。河南省横跨寒冷、夏热冬冷两大气候分区，不仅供热供冷需求旺盛，而且拥有庞大的用户基础。从资源情况来看，河南省处于第二阶梯向第三阶梯的过渡地带，地热资源丰富，已探明的资源储量相当于 11.5 亿 t 标准煤，在全国处于中上等水平，地热资源储量丰富且分布广泛。其中浅层地热资源丰富且分布广泛，水文地质条件优越，适宜进行地源热泵（地下水、地埋管换热方式）开发利用的面积达到 10.9 万 km^2，占河南省总面积的 65.32%；中深层地热水可采资源呈带状或点状分布，地热资源热储面积为整个省内国土面积的 25.2%，热水资源较丰富，中深层地热具有较大发展潜力。

二是政策方面。国家发展改革委等八部门发布的《关于促进地热能开发利用的若干意见》指出，2025、2035 年的地热能供暖（制冷）面积要比 2020 年分别增加 50%、100%。河南省先后出台了《关于进一步做好地热能供暖有关工作的通知》《河南省促进地热能供暖的指导意见》等文件，大力支持地热开发利用，连续两年召开了地热工作推进大会，正在谋划第三年推进大会，出台的大气污染治理方案中明确提出了 2021 年底前要完成 1400 万 m^2 地热供暖任务，省里也出台了水税、财税等优惠政策，中央补贴政策有望继续延续。此外省里也出台了大力发展充电桩、分布式光伏的政策文件。

三是市场方面。河南省包括郑州、洛阳、新乡、开封在内的一半城市属于“2+26”京津冀和汾渭平原大气污染传输通道城市，更高标准的大气污染防治要求对清洁取暖供冷提出了更严格的要求。目前除了豫北、豫中部分地级市实现集中供热外，其他绝大多数县市都未实现集中供热，居民供暖增量市场发展前景广阔；近年来，郑州、洛阳煤电清零及全省小煤电、小锅炉淘汰，居民供暖存量市场出现大量空白。在政策环境鼓励地热能开发利用的背景下，河南省地热能开发利用项目已经由早期的单体项目、建设单位自行开发，逐步走向规模化发展。同时随着新能源车数量的与日俱增、光伏成本的持续下降，市场对充电桩、分布式光伏的需求将日益强烈。

四是竞争方面。河南省地热资源开发潜力巨大，截至 2020 年底省内地热供暖面积已超 1 亿 m^2，并以每年 1300 万～1500 万 m^2 的新增供热面积快速发展。国家电网、中核、国电投、中石化、中电建等国企，万江、润恒、顶峰等大型民企正在积极布局地热清洁供暖产业，其中万江公司和中石化新星公司作为地热供暖行业领先的代表性公司，拥有较强的投资、建设和运维能力，合计供暖面积达 2500 余万 m^2、规划面积达 1.5 亿 m^2。随着竞争对手不断增加，市场竞争将更加激烈，这也更能证明河南省地热行业的广阔发展前景。

四、实践探索、研究成果和意见建议

近年来，河南公司认真贯彻落实集团公司建设综合能源服务供应商发展战略，努力打造具有华电特色的综合能源服务产业，根据河南省资源禀赋、政策文件、市场环境，积极研究拓展地热综合能源服务项目，完成对省内外三十余个项目的调研考察和十余个项目的实践推进，在实践中探索，在探索中研究，不断总结经验，有效促进公司高质量发展。

（一）实践探索

1. 居民项目

河南公司积极拓展不同区域居民地热项目，开展当地政府对接、小区调研、开发商沟通等工作，在供暖的同时，开发屋顶光伏、充电桩项目，完成 1 个项目发起、1 个项目现场开工，对拓展后续项目具有较大参考价值。在豫南地区，当地政府均支持发展集中供热项目，但部分县市迟迟不出台相关政策，以财政紧张为由，不愿将已收取的配套费用于集中供热；城区居民普遍期待使用集中供热，但对自行承担配套费和设施改造费持观望态度，再加上“双替代”补贴政策，优先使用空调、壁挂炉等分散式采暖设施，致使发起项目进度缓慢。在豫北、豫中地区，大多数县市集中供热相关政策齐全，城区居民用热意愿强烈，热力公司向政府或开发商收取配套费，小区二次管网和换热站由开发商或热力公司承建，这些因素推动项目前期工作顺利完成。

2. 非居民项目

河南公司积极探索不同性质的非居民地热项目，开展用户对接、现场调研、招投标等工作，在供暖制冷的同时，开发供热水、供直饮水、屋顶光伏、充电桩项目，完成 1 个项目立项、3 个项目发起，积累了比较丰富的经验。公建非居民类项目是最优质的资源，综合能源服务竞争非常激烈，对投资主体综合实力要求很高，冷热价格普遍偏低，例如某大学供暖制冷系统投资建设运营项目招标时，有 16 家单位报名投标，包括国网、国电投、中核、华润等大型国有企业，最终中标的是行业影响力最高、类似业绩最多、报价比市政定价低 18%的企业；民营非居民项目受资金紧张影响，普遍需要节能服务公司投资建设供暖制冷项目，冷热价格普遍中等偏上，但因供暖制冷系统属于配套工程，双方合同内容应明确对主体工程偏慢甚至停工、冷热费支付不及时等风险的相关条款；对于用户分散的产业园、写字楼等非居民项目，还应收取开发商

配套费来降低投资风险。

（二）研究成果

1. 强化规划引领，确定工作思路

从发展趋势、竞争格局、自身优势等方面进行整体统筹，编制地热综合能源服务中长期发展规划，充分发挥公司在供热领域的开发技术积累和产业基础优势，研究确定发展工作思路，即以地热为主、多种方式并举发展供暖项目为切入点，协同开拓综合能源服务市场。通过分布式综合能源服务项目和打造综合能源服务基地两种方式，着力推进综合能源服务业务多元化、规模化发展，努力构建“运营一批、建设一批、储备一批”的滚动发展格局，为建立综合能源服务商业模式和市场机制奠定基础。

2. 广泛调研考察，明确技术路线

通过各地资源、政策和市场环境的广泛调研考察，了解到中深层地热、地下水源、土壤源、污水源、空气源等技术路线的不同特点和适用场景，掌握了因地制宜选择最佳供暖制冷方案的办法。经过实地考察和技经测算，采用技术路线的优先顺序大体是浅层水源热泵、中深层地热、土壤源热泵、污水源热泵、空气源热泵方式，考虑到浅层水源热泵、中深层地热方式可能会受到地下水禁采限采、水量偏小、回灌难等因素影响，土壤源热泵方式会受到建筑周边占地面积偏小等因素影响，污水源热泵方式会受到管网覆盖不到等因素影响，优先顺序会根据实际情况调整。

3. 深入实践研究，创新商务模式

通过对项目拓展、发起、立项、开工等实践推进，研究总结出项目主要分为两种商业模式，并制定了具体开发方案。一是发展分布式综合能源服务项目。根据省内各县市新建项目计划，重点开拓条件具备的医院、学校等大型优质综合体综合能源服务项目，即以地热为主、多种方式并举供暖供冷为切入点，协同发展屋顶光伏发电、售电、充电桩、储能、供汽、供热水等项目。二是打造综合能源服务基地。根据省内各县市区域地热资源、用暖需求、用汽需求、供热规划、政策补贴等，以解决居民供暖问题为切入点，集中精力开拓条件具备的县市区域项目，针对每个县市区域特点，按照“一次规划，分步实施”的工作思路，因地制宜制定地热、工业余热、污水源、空气源等多种清洁能源方式的供暖方案，协同发展屋顶光伏发电、售电、充电桩、储能等项目，将各县市打造成具有华电特色的示范基地。

（三）意见建议

1. 健全资源储备机制

通过网络、设备厂家、施工方、政府、中介商等各种渠道，广泛搜集省内综合能源服务新建拟建项目，第一时间掌握规划、前期、建设等信息，根据每个项目开发难易程度、收费保障系数、经营盈利能力、投产工期要求等因素，经过充分分析和深入研究后，列出优先拓展顺序的清单并定期更新，作为“十四五”期间储备项目。对于排名靠前的项目，成立专班，通过自开发、引入中介等各种途径锁定资源。

2. 调整市场拓展重心

按照“先易后难、循序渐进”的原则，将主要人力物力调整到集中供暖市场认可度较高的区域，优先拓展豫北、豫中传统供暖区，特别是郑州及其周边的经济较发达地区，择优拓展其他区域。通过取得县市特许经营权、与当地热力公司合作等多种方式，在集中供热达不到的区域大力拓展清洁供暖市场，协同发展售电、充电桩、屋顶光伏等项目，实现规模连片化开发，打造成为综合能源服务基地。

3. 强化开发体系建设

居民类项目优先拓展新建小区，采取协商收取配套费和按政府定价收取热费的开发体系，向用户提供“能源站、能源站+二次管网、能源站+二次管网+室内设施”三种方案，根据不同投资建设范围收取不同配套费，使用户能够选择适合自身的开发模式。非居民类项目优先拓展医院、学校等优质资源，对于公建单位，采取不收取配套费和参与投标报价的开发体系，根据招标公告和文件编制投标文件，完善优化商务和技术部分，合理报价提高中标率；对于民营单位，向用户提供“收取配套费+市政定价、不收取配套费+报价偏上”两种方案，明确合同违约条款，将投资风险降到最低。

基于多场景应用的电储能系统集成及优化关键技术研究

中国华电集团有限公司浙江公司

盛华敏　丁　豪　程　刚　杨金星　邵　宁　单　然　许泽元

本课题结合以燃气轮机热电联产为主的区域分布式能源电气接线、控制系统、机组运行、调频性能及考核等情况，开展燃气电厂电储能系统建模技术、源储一体化集成技术、多场景应用的电储能控制和运行优化技术等关键技术研究，同时将储能系统与厂内已有光伏及充电桩系统相结合，开展具有多能耦合系统的电储能系统运行优化分析研究，为后续储能辅助调频示范项目建设提供依据，实现燃气电厂储能调频系统的示范及应用。

一、研究目的和意义

我国进行能源结构转型，电力结构中可再生能源发电的比重逐渐增大，但由于风电、光伏等可再生能源系统发电出力的波动性和随机性特征，增加了系统调频、调峰的压力，导致电能质量下降等问题。电储能系统可以有效地缓解上述问题。大规模电储能技术是未来高比例可再生能源发展的重要保障，尤其在电力领域，电储能技术已逐渐在电力系统移峰填谷、可再生能源发电并网、电力调频等辅助服务、分布式能源及微电网等方面体现出多重应用价值。

至 2018 年底浙江电网已基本建成以“两交两直”特高压为核心，以“东西互供，南北贯通”的 500kV 双环网为骨干，以沿海电源群为支撑的坚强主网架。复杂的电压等级分布和长距离外来电输送线路容易产生线路故障，需配置能够被快速调用的电网侧事故备用电源来提高电网的可靠性。目前浙江省装机仍以火电为主，光伏发电呈快速增长态势，装机规模已超过水电，成为省内第二大电源，截至 2019 年底分布式累计装机规模 9.25GW，持续位于全国第二位。因可再生能源间歇性和时变性特征，加剧了电网调峰难度，减小了电网调节裕度。基于以上现状，浙江电网存在调峰调频、分布式能源，微电网供电可靠性等方面的需求。同时，随着高比例新能源并网的发展，系统不仅仅面临调峰问题，还存在系统频率快速波动、转动惯量下降、次同步振荡（5～300Hz）等一系列新的问题。

本课题开展燃气电厂电储能系统建模技术、源储一体化集成技术、多目标的电储能控制和运行优化技术等关键技术研究，可以对同类型项目在系统选型、设备配置、使用寿命、经济性等方面做出指导；建立智能的电储能系统控制及管理模型，通过建模仿真，为电储能系统各个环节计算出最合理的运行方式，优化项目经济性；进行光储充模式下电储能运行方式研究，量化分析典型场景下电池储能系统运行参数及充放电策略，合理配置容量，实现利益最大化。有助于推广级联型高压储能技术在电源侧、电网侧的应用，为促进集团公司大规模储能电站发展提供技术参考。

二、研究背景

（一）国外研究情况

1. 美国

为公允地反映不同电源调频性能价值和贡献度，美国联邦能源监管委员会（FERC）755号法规顶层市场规则设计要求区域市场出台计及效果的AGC辅助服务补偿机制，将考虑性能的里程报价与容量报价结合为两部制报价。调频性能劣势的燃煤机组综合报价经效果评价算法调整后排序价格不具优势，或撤出调频市场投标容量或增资建设高性能机组，致使辅助服务收入减少或固定成本增加。而现有机组加装兆瓦级储能系统辅助调频改善性能，可增加投标竞争力，同时节省建设投资。

美国摒弃以往不计效果仅考虑容量的AGC服务补偿机制，具备里程优势的电量受限电源如电池储能与具备容量优势的爬坡受限电源如火电之间AGC收益由两部制调衡，激励飞轮、电池储能投资商等以独立个体进入AGC市场，政策不公性壁垒撤除后电量受限储能收益预期增加引发储能市场需求，美国输配环节独立并网储能项目占全部项目的50%。

2. 德国

德国计划2020年和2050年分别将清洁能源占全部发电能源比重提至35%和80%，频率稳定维护与实时能量平衡难度相应增加。其次，德国电力市场平衡单元机制要求发电商严格追踪合同负荷，否则支付不平衡罚金。市场环境与技术现状迫使发电商寻求实时电量交易，优化机组减少跟踪偏差，相当数量的储能项目引入发电端。据2019年统计，德国辅助火电机组调频模式下储能项目为全球最多。

随着家庭屋顶光伏推广，德国分布式电源并网补贴减少，供需时段错峰使各户消

纳电量仅占耗电量的30%。2013年德国复兴信贷银行实行配套储能补贴，预计2018年户用光伏—储能发电成本价与居民电价持平。需求侧分布式储能项目SWARM将65户20kW光伏储能连接成虚拟储能系统，参与频率控制，所得收入在居民和运营商之间分配，同时各户光伏消纳电量对家庭耗电量占比提高到60%～80%。

3. 英国

与德国能源转型进程相似，英国将分批关停占发电设施20%的老旧火电机组并增加30%～36%新能源电量。英国与德国调频市场自由化程度不一，但均实行平衡单元机制，对优质调频源的市场需求具有相似之处。

英国把眼光投向输配环节储能电站并网提供频率控制服务，该运行模式下技术论证与试点项目达10项，以测试电网在储能从输配电环节并网后的新特性。例如：威伦霍尔变电站接2MW/1MWh钛酸锂电池储能，研究配电网能量多向注入对功率需求与电能质量的影响，监测储能不同并网方式下的运行状态以建立可靠性评估方法并起草并网标准。

4. 其他欧洲国家

西欧和北欧国家主要为储能依托大规模新能源调频。荷兰、丹麦等欧洲国家风光资源丰富，同时为响应欧盟委员会《2030年气候与能源政策框架》增强能源安全性、产业竞争性、可持续性的政策，逐步提高风光渗透率。风光场储能设备切换至跟踪系统调频指令功能，可将电网波动影响由能量时移转换为实时供需平衡的补充。

5. 日本和韩国

根据相关资料统计，日本和韩国兆瓦级储能多从变电站并网独立调频，该运行模式可降低发电设备磨损，就近需求侧平衡供需差异也可减少因调节区域控制偏差所致区域间联络线损耗，缓解线路拥堵。

（二）国内研究概况

随着电力市场改革的进一步深化，电力辅助服务成为改革的热点和重点，储能作为调节手段之一，凭借其快速精确的响应能力和灵活的布置方式，已经在以调频为代表的辅助服务领域实现了商业化的突破。但是，一方面与储能高效合理应用相配套的市场机制和政策环境还存在诸多缺失；另一方面储能的身份还不清晰，储能参与电力市场的身份尚未明确，交易、调度和结算体系还难以匹配，储能资源无法为电力系统提供有力支持。今后随着更高比例可再生能源的接入，我国电力系统对灵活性资源参与调节的需求会更高，储能在未来低碳化的能源体系下将发挥着至关重要的作用。

三、现状和理论基础

我国能源资源布局不均衡，全国电网以火电为主，但是不同区域电源构成有较大差异，西南水电较丰富，“三北”地区风能资源较好，东南沿海一带核电配置较多。电力资源主要集中在经济不甚发达的西部地区，用电负荷主要集中在经济比较发达而能源短缺的东部地区，能源分布与电力需求市场呈逆向分布，可再生资源集约化发展给电网调峰和电网运行调控带来了一系列问题。

国内建设抽水蓄能电站是解决电网调峰和电网运行调控的主要手段，但是抽水蓄能电站选址受到地理位置、水头、地形地质等方面影响，大多数电网调峰资源极其短缺，基本上依靠火力发电机组进行调峰甚至深度调峰，300MW 的大型机组深夜谷电期负荷甚至只有 120MW。大型化、高参数机组参与调峰会造成机组金属疲劳，损害机组寿命，长时间低负荷运行其能效将会降低、经济性会变差、安全性也会降低，环保效能也会受到危害，而且受制于火电机组本身局限性，其短时间内适应负荷变化难度较大，调峰效果差。

随着西湖、大运河相继入选世界文化遗产名录，美丽杭州荣升“双遗产”城市。把杭州建设成为山清水秀、天蓝地净、绿色低碳、幸福和谐的生态文明之都既是共识，也是目标。公司致力于资源节约和环境友好型企业建设，积极探索“冷、热、电、水、气”综合能源供应服务模式，融入高生态价值、高经济活力的“运河文化+”创新发展高地，实施去工业化改造，实现公司转型发展中量的扩张和质的提升。2017 年 6 月 9 日，707kW 分布式光伏项目正式并网发电，开启了新能源发电新篇章；2017 年 11 月 14 日，公司数据中心燃气分布式一期项目获得集团公司批复；2018 年 11 月 7 日，“半山电厂去工业化改造提升工程三方协议签约”（杭州市拱墅区人民政府、杭州市运河综合保护开发建设集团有限责任公司、杭州华电半山发电有限公司），标志着公司去工业化改造工程正式启动。

本课题的研究，旨在提升半山电厂调频性能，使其成为浙江电网优质的调频电源，同时使得半山电厂成为国内少数能实现黑启动功能的燃气电厂之一，具有良好的经济收益及社会效应。

2020 年 1 月 17 日，教育部、国家发展改革委、国家能源局联合制定并印发《储能技术专业学科发展行动计划（2020—2024 年）》。文件指出，立足产业发展重大需求，统筹整合高等教育资源，加快建立发展储能技术学科专业，加快培养急需紧缺人才，破解共性和瓶颈技术，是推动我国储能产业和能源高质量发展的现实需要和必然选择。

2020 年 3 月 11 日，国家发展改革委、司法部联合印发《关于加快建立绿色生产和消费法规政策体系的意见》，意见表示，加大对分布式能源、智能电网、储能技术、多能互补的政策支持力度，研究制定氢能、海洋能等新能源发展的标准规范和支持政策。

2020 年 4 月 16 日，国家能源局印发《关于做好可再生能源发展“十四五”规划编制工作有关事项的通知》，文件指出，优先开发当地分散式和分布式可再生能源资源，大力推进分布式可再生电力、热力、燃气等在用户侧直接就近利用，结合储能、氢能等新技术，提升可再生能源在区域能源供应中的比重。

2020 年 4 月 10 日，国家能源局印发《中华人民共和国能源法（征求意见稿）》，其中第四十八条指出，国家实行可再生能源发电优先和依照规划的发电保障性收购制度。电网企业应当加强电网建设，扩大可再生能源配置范围，发展智能电网和储能技术，建立节能低碳电力调度运行制度。

2020 年 5 月 19 日，国家能源局《关于建立健全清洁能源消纳长效机制的指导意见（征求意见稿）》中，对加快形成有利于清洁能源消纳的电力市场机制、全面提升电力系统调节能力和着力推动清洁能源消纳模式创新方面，都提出鼓励推动电储能建设和参与，以促进清洁能源高质量发展。

2020 年 6 月，国家能源局发布《2020 年能源工作指导意见》提升能源发展质量需要，增强系统储备调节能力。积极推进抽水蓄能电站建设和煤电灵活性改造。加强需求侧管理，充分挖掘用户端调节潜力。完善电力系统调峰、调频等辅助服务市场机制和煤电机组深度调峰补偿机制。此外，文件还明确，加大储能发展力度。研究实施促进储能技术与产业发展的政策，开展储能示范项目征集与评选，积极探索储能应用于可再生能源消纳、电力辅助服务、分布式电力和微电网等技术模式和商业模式，建立健全储能标准体系和信息化平台。

四、研究目标和内容

1. 储能政策分析

发电侧企业储能业务发展主要受国家政策导向、企业清洁能源装机比例及项目投资收益驱动等因素影响，我国从国家政策、行业政策、地方政策三个层级，在谋划顶层设计、鼓励储能关键技术和核心装备研发、完善电力市场价格机制、强化行业管理等方面针对储能产业出台了多项政策，并明确“十三五”期间实现储能由研发示范向商业化初期过渡，“十四五”期间实现商业化初期向规模化发展转变，政策导向作用逐渐显现。因此只有吃透各级相关政策，以政策为依托，才能真正将项目做成合理性、经济性、指导性、典型性的项目。

2. 国内外储能技术分析

充分调研国内外储能项目方案，密切跟踪储能技术发展，对储能技术的选择作出合理判断，针对电储能技术在发电系统领域的适用性，得出电储能系统的技术特点及应用场合，确定电储能系统装机容量范围，进而得到电储能系统在燃气发电系统的合理配置。

3. 关键技术研究

（1）燃气电厂电储能系统建模技术。根据燃气电厂实际需求、调频性能参数及外部条件，建立多种电储能系统模型。

1）储能经济性建模。在微电网系统中，采用储能装置可以有效节约系统综合用电成本，利用储能装置的特性，在低成本时吸收电能，在高峰时释放，获得峰谷电价差带来的经济利益，其输入电池组的能量为

$$\Delta P(t)=\frac{P(t)+P_{\mathrm{PV}}(t)-P_{\mathrm{d}}(t)}{\eta}$$

式中：$P(t)$为t时刻内燃机发电和电网出力的总和；$P_{\mathrm{PV}}(t)$为t时光伏发电机组的出力；$P_{\mathrm{d}}(t)$为t时刻的功率需求；η为逆变器效率。

考虑储能系统的寿命限制，在实验平台必须进行装置的替换，根据不同的储能规模选取成本价，则电池储能系统的成本公式为

$$\begin{cases}C_{\mathrm{ES}}=\left(\dfrac{L_{\mathrm{PV}}}{L_{\mathrm{ES}}}\right)B_{\mathrm{ES}}R\\B_{\mathrm{ES}}=B_{\mathrm{Bstorage}}+B_{\mathrm{Conversion}}+B_{\mathrm{Balance}}\end{cases}$$

式中：C_{ES}为电池储能系统成本；L_{PV}为光伏机组的寿命；L_{ES}为储能电池的寿命；B_{ES}为储能电池单位容量下的建造价格；R为所配储能电池的容量；B_{Bstorage}为储能电池的能量存储价格；$B_{\mathrm{Conversion}}$为储能电池的能量转换价格；B_{Balance}为储能电池的能量均衡价格。

2）储能系统成本分析。电池储能系统成本主要包括初始投资成本和运营维护成本。储能系统的初始投资成本主要由功率成本和容量成本构成。容量成本与储能电池的投资有关，功率成本与储能电池用双向变流器、监控系统的投资有关。储能系统的运行维护成本为维持储能电站处于良好的待机状态所需要的费用。

3）储能系统循环寿命是其成本分析中的重要参量。储能系统的循环寿命，即标称容量降至储能电池初始额定容量的80%时，电池的完整充放电循环次数。

储能系统定位为电网负荷削峰填谷，其经济效益包括直接效益和间接效益。直接效益主要来自储能系统采取削峰填谷模式运营，通过电网用电高峰与用电低谷的电价差获取的经济效益。

储能的累计收益=Σ每年的储能收益–储能投资

储能投资=储能容量×储能单位造价成本

储能的年收益=年峰谷收益–运行维护费用

年峰谷收益=每天峰谷差收益×年运行天数

每天峰谷差收益=日充放电电价差×日放电容量

日放电电价差=高峰电价–低谷电价

日放电量=系统功率×每天的放电次数

日放电量=日充电量

（2）源储一体化集成技术。对未来同类型项目在系统选型、设备配置、使用寿命、经济性等方面做出指导。对储能系统的电、热安全进行预警分析和故障预判，设计分级能量协同控制架构，制定电池能量交换系统与双向变流器之间的协同控制规约。采用通过整合电站系统各环节的电、热预警及故障预判方法和能力，设计评估电站级电、热失控的抑制措施。

（3）多目标的电储能控制和运行优化技术。通过建模仿真，构建电网模型、模拟电网信号，为电储能系统各个环节设计出最合理的运行方式。根据峰谷差、电能质量、新能源消纳量等多优化目标，以及系统潮流、系统可靠性等情况，同时考虑利用电池单体实时状态、可靠性等差异性，以提高利用电池储能系统的经济性与寿命等为目标，通过优化电池单体组合方式实现下层决策，同时实现与上层多目标优化的联合优化决策。以厂区原有光伏及充电桩为基础，开展具有多能耦合系统的电储能系统运行优化方式研究。

4. 研究方法

本课题以杭州华电半山发电有限公司燃气机组为研究对象，结合并借鉴国内外先进的电储能调频项目经验，形成适用于燃气轮机 AGC 辅助调频的储能系统集成设计关键技术。

（1）技术调研。通过实地调研与文献调研相结合，掌握国内外储能项目特点，吸收融合至自身项目，为系统集成提供理论与技术支撑。

（2）市场与政策分析。充分收集目前各地方储能相关政策，掌握市场发展趋势，能够第一时间作出响应，抢占市场，争取更大收益。

（3）电厂实际需求分析。通过本课题建立的模型，能够针对不同电厂的不同需求作出对应的解决方案，使本项目的成果能够为其他项目提供关键技术指导。

（4）系统建模分析。通过搭建储能系统控制和管理模型，采用模拟与实际运行相结合，优化控制策略，提供系统运行的最佳方式。

（5）系统集成。对系统集成时面对的安全性、智能化、高效率、低污染等几大关键问题展开研究。提高系统整体效率，从而提升电站的经济效益，还能够进一步降低发电侧能耗，提高节能减排水平。

（6）实验项目建设。建设百千瓦级储能，同时利用原有光伏、燃气轮机和充电桩等系统，构建结合燃气轮机的光储充综合能源一体化项目。

五、政策建议和效果实施

（1）技术应用方面。先进大规模电化学储能系统具有毫秒级精确控制充放电功率的能力，应用于电网调频具有无可比拟的技术优势。电池储能技术的特征适合于电网AGC调频，技术上来说完全可行。从国内外应用业绩来看，储能系统已经能达到电力系统的安全性和可靠性要求。系统集成技术的研究必然能使电化学储能辅助调频的应用更加适用。

（2）经济效益上看。先进储能系统联合燃气机组对电网提供AGC调频将为发电企业带来经济上的一定收益，尤其是对于燃气轮机和汽轮机调频被考核的项目，同时储能调频可以大大减少燃气轮机调节频率，提高系统安全性、寿命和可靠性。并且目前国内此类项目极少，非常具有研究价值。通过本课题建立的控制及管理模型指导运行，并运用效益评估技术时刻计算电储能系统的效益状态，经济性也能够得到进一步提升。

（3）社会效益。本项目作为高性能调频资源加入电网，将机组从AGC调频任务中解放出来，提高发电效率，同时减少机组损耗，延长机组寿命，有效提高发电侧的节能减排水平，具有较好的社会效益和经济效益，符合国家产业政策和经济政策，对华电集团乃至中国电力系统具有重要的示范意义。